Einaudi Tascabili. Saggi
100

Antonio Ghirelli
Storia di Napoli

Nuova edizione

Einaudi

© 1992 Giulio Einaudi editore s. p. a., Torino

ISBN 88-06-12974-0

Indice

A Barbara

Storia di Napoli

Parte prima
La città antica

La città antica

Per ricostruire il meccanismo che ha condotto alla degradazione di Napoli e valutare al tempo stesso l'entità del tesoro perduto, tesoro di energie umane, di intelligenza, di sensibilità, di laboriosità, di fantasia, non sarebbe forse indispensabile risalire alle origini della città ed a tutti gli avvenimenti che dopo di allora, nel corso di ventuno o ventidue secoli, hanno preceduto l'ingresso dell'armata spagnola di don Consalvo di Cordova. È fuori di dubbio, in effetti, che soltanto con quest'ultimo evento si apre un discorso di interesse attuale, destinato a svilupparsi tra il 1503 ed il 1860, per estenuarsi quindi nell'agonia che si prolunga per oltre ottant'anni, quanti ne corrono dall'arrivo dei «Mille» di Garibaldi allo sbarco dell'armata alleata di Mark Clark. Una rievocazione della città antica sembrerebbe sconsigliabile anche perché la nostra ricerca non si propone il disseppellimento di notizie e documenti inediti ma mira, piuttosto, a scoprire i fili invisibili che stringono fatti e personaggi noti, notissimi, anzi frequentemente falsificati proprio in ragione della vastissima notorietà di cui godono.

D'altro canto, un'analisi che pretendesse di datare troppo minuziosamente le grandi svolte della storia di un popolo, peccherebbe quanto meno di astrattezza. Don Consalvo non trova a Napoli un deserto di uomini e di idee, cosí come Francesco II non si lascia alle spalle soltanto le rovine di un regno che ha perduto per sempre la sua indipendenza. Non sarà, dunque, del tutto arbitrario rievocare pur sommariamente le premesse essenziali del nostro discorso, prima di affrontarlo nell'immediatezza della sua evoluzione moderna, nella sua definitiva parabola.

La storia di Napoli parte da molto lontano, la città probabilmente è piú vetusta di Roma, le sue origini restano piuttosto vaghe e misteriose. Non si sa con certezza assoluta se sia stata fondata, fra il V ed il VI secolo a. C., da coloni eubei sbarcati direttamente sulla costa ovvero da un gruppo di abitanti della vicina città di Cuma, centro essenziale e venerando della colonizzazione greca nell'Italia meridionale. I cumani potrebbero aver costituito un nucleo abitato sulla collina di Pizzofalcone, dinanzi al mare di Santa Lucia, una trentina di chilometri a sud della città-madre, battezzando il villaggio col nome di Palepoli o Partenope, prima che una spedizione di emigranti eubei si stabilisse in una zona piú interna, per farvi sorgere la città nuova, Neapoli.

Quel che, invece, non è revocabile in dubbio è il tracciato tipicamente ellenico della città nuova, articolata su tre «decumani» che hanno resistito del resto all'oltraggio di venticinque secoli giacché si trovano fedelmente, nella Napoli contemporanea, in corrispondenza delle tre grandi direttrici di via dell'Anticaglia, dei Tribunali e della famosissima Forcella, intersecate da numerosi «cardini». Pure indiscutibile è che, verso il IV secolo a. C., si registrano i primi e non sempre pacifici contatti fra i coloni greci e le popolazioni autoctone dell'interno: i sanniti, gli osci, gli etruschi. Non passano altri cento anni che i romani mettono, alla loro maniera, tutti d'accordo: nel 326 nemmeno l'alleanza tra Cuma e Nola vale a bloccare l'esercito del console Quinto Publilio Filone. La Repubblica allunga i suoi artigli di acciaio sulla felice Campania.

L'atteggiamento dei vari nuclei condiziona una diversa politica delle forze di occupazione: estrema durezza verso i sanniti, particolarmente dopo l'alleanza di Capua con Annibale; tolleranza e comprensione verso i coloni ellenici di Napoli. La città conta 30 000 abitanti quando stringe con Roma un «foedus neapolitanum» al quale rimarrà sostanzialmente sempre fedele, ottenendo in cambio un insolito e scrupoloso rispetto dei propri riti, dei costumi e soprattutto della lingua greca. Nell'82, otto anni dopo essere diventata municipio romano grazie alla lex Julia, viene smantellata dai seguaci di Silla per essersi schierata in favore del suo grande antagonista. Anche Cesare la vede con antipatia, rimproverandole una ospitalità troppo cordiale verso Pompeo; e quando Augusto, piú tardi, ordina la spoliazione dell'intera Campania in favore dei suoi veterani, è la fine di tutte le autonomie cittadine, salvo quelle culturali che anche Claudio riconferma nell'atto di ridurre Napoli al rango di colonia.

In realtà alla base di questo rispetto c'è un complesso di inferiorità. Se è vero che «la Grecia conquistata seduce il rude vincitore», un centro come Napoli serve essenzialmente ad appagare la sete di ellenismo degli intellettuali romani, dei patrizi e degli stessi imperatori. Fedele alla tradizione dei coloni, rinsanguata da un costante flusso di immigrazione ateniese e calcidiese, costretta dalla potente occupante ad un oneroso contributo in navi e marinai, la città finisce per rinunciare ad ogni intrapresa e si vede costretta a cercare un parziale compenso nelle attività parassitarie. I traffici marittimi sono trascurati; si affollano stadi, ippodromi, teatri. Nel 2 a. C., cominciano le Itàlidi, competizioni di tipo olimpico che si disputeranno ogni cinque anni per laureare atleti celebri come Iatrocle e Melancoma, il favorito di Tito. Nelle sale annesse allo stadio, che sorge sulle sponde piú interne del golfo, fervono fra i retori ed i filosofi dispute cui partecipano gli spiriti piú eletti di Roma, da Cesare a Marc'Aurelio, da Stazio a Virgilio. In massima fama salgono i teatri, soprattutto l'Odeon che è costruito al chiuso nel centro della città; in materia, le tradizioni campane sono assai piú antiche e illustri di quelle romane. I riti fallici, le rappresentazioni sfrenate e buffonesche, il brutale realismo dei popoli italioti, particolarmente nella Magna Grecia, hanno trovato nelle favole atellane un modello insuperabile: i commedianti osci formano l'ammirazione di Roma già all'epoca della prima guerra punica, anche se il severo puritanesimo della repubblica rimane scosso dalla loro sboccata vis comica. Personaggi caratteristici ed irresistibili come Macco, Bucco, Pappo e Dosseno anticipano di secoli le maschere della commedia dell'arte, perfino quella di Pulcinella; dietro l'arte beffarda degli autori, s'indovina una civiltà di tipo agrario ma già smaliziata, penetrante, autocritica, con una carica vitale che i romani devono aver faticato a contenere e che assomiglia in qualche modo al travolgente naturalismo della Firenze di Boccaccio. Annientata quella civiltà dal mostruoso sviluppo dell'impero, il linguaggio atellano sopravvive soltanto nelle sue forme scurrili e decadenti, mentre in senso materiale Atella è già distrutta da un pezzo, per l'esattezza dal 30 a. C., quando Augusto l'ha fatta radere al suolo: sicché il centro teatrale della Campania e dell'impero è ormai Napoli.

È ben nota la predilezione di Nerone per la fragorosa platea partenopea, che la sua segreteria provvede opportunamente a galvanizzare reclutando, quando è di scena il divino «artifex», una robusta «claque» tra gli sfaccendati immigrati alessandrini che pullulano nella *regione Nilense*, uno dei quartieri piú vivaci intorno al Foro. Affascinato dalla prospettiva di una «tournée» in Grecia, questo singolare monarca pre-elisabettiano decide di collaudare le proprie virtú melodrammatiche e le reazioni del pubblico proprio a Napoli, dove infatti dà vita ad una specie di «sei giorni» lirica istallandosi in palcoscenico senza soluzione di continuità ed offrendo ai clienti allibiti anche lo spettacolo fuori programma dei suoi sontuosi pasti, che Petronio potrebbe aver anche parodiato nella famosa cena di Trimalcione. Durante la «sei giorni» lirica dell'imperatore avviene di tutto, perfino una scossa di terremoto che diffonde il panico in mezzo alla folla ma non impedisce all'imperturbabile istrione di eseguire il suo concerto fino all'ultima nota. Al ritorno dal ciclo di rappresentazioni in terra greca, propiziate con il solito sistema dei «plauditores», Nerone celebra il successo teatrale come un trionfo in guerra e dimostra la sua riconoscenza ai napoletani aprendo una breccia nelle mura della città, per penetrarvi in pompa magna su un cocchio trainato da cavalli bianchi.

Per la classe dominante, è un'epoca di lusso sfrenato. Orazio elogia la «otiosa» Neapolis nella quale i patrizi e i nuovi ricchi si abbandonano ad una sibaritica *vita in villa*, tra Posillipo, Megaride (l'isoletta dove sorge oggi il castel dell'Ovo) ed Ercolano. Ai margini di questa Miami classica prosperano i commerci ed i mestieri complementari: architetti, marmisti, fabbri, tessili, profumieri, orefici guadagnano fortune. Il cuore della bella e tumultuosa città batte soprattutto intorno al Foro, il quale sorge pressappoco nella zona in cui si leva oggi la chiesa di San Lorenzo. In base alle indicazioni delle fonti archeologiche degli antichi testi e delle pitture dell'epoca, uno dei nostri storici piú insigni, Bartolomeo Capasso, ha ricostruito la vita che brulicava nel Foro, rendendo tangibili le sorprendenti analogie tra le consuetudini di allora e quelle dei napoletani di oggi.

Il Foro è gremito in ogni ora di gente che viene a fare spese nelle botteghe piú eleganti e meglio fornite della città o incontra conoscenti per ragioni d'affari: nella folla tumultuante sono numerosi e pittoreschi gli stranieri di ogni provenienza, romani, alessandrini, asiatici, greci, orientali, abbigliati nelle fogge piú diverse. Le «tabernae argentariae» sono stipate di commercianti, acquirenti, usurai. In un angolo della piazza si ferma, proprio come accade tuttora o come accadeva fino a pochi anni fa, il venditore di carni cotte, che distribuisce i pezzi di carne togliendoli da una caldaia in cui sono tenuti a bollire su un braciere, mentre gruppi di acquirenti o, piú spesso, soltanto di curiosi gli fanno corona intorno.

Piú in là un fioraio o una fruttivendola espone la sua merce profumata; accoccolate sotto i portici, con un panno di lana avvolto intorno al capo, stanno le contadine che vendono verdura fresca. Oggetto di curiosità e di concitate trattative sono i mercanti di stoffe nuove o usate, gettate sulle spalle o sulle braccia come usano ancora oggi i «magliari». I disoccupati di ogni arte e mestiere passeggiano chiacchierando nel Foro o restano fermi, alla maniera dei nostri giovani contemporanei nei paesi del Sud, in attesa di un padrone che ne assicuri i servigi. Sulla piazza si affaccia anche la scuola pubblica, dove gli alunni riescono chissà come a seguire le lezioni mentre una frotta di scugnizzi fa, poco lontano, un chiasso d'inferno caprioleggiando in cento giochi diversi, come gettare in aria un fico o una pera per farselo ricadere in bocca oppure fingere di andare a cavallo su una lunga canna, o anche inseguirsi urlando e giocare «a pari e caffo».

Altrove un ingoiatore di spade o un incantatore di serpenti affascina i creduli popolani che seguono a bocca aperta i pericolosi esperimenti e mollano anche qualche moneta. Non manca, laggiú sotto i portici, il «pasterillarius», un dolciere che maneggia con vertiginosa bravura un pane di miele, lo rassoda, lo fa diventare bianco e, dopo averlo ridotto in forma cilindrica, lo sbatte, lo allunga, lo assottiglia fino a dividerlo in piccoli rettangoli da vendere a poco prezzo. Altri venditori ambulanti esitano a gran voce merci tipicamente partenopee: castagne al forno, noci, ceci abbrustoliti, quello che piú tardi si chiamerà «'o spasso», il passatempo per eccellenza.

Lo spirito, la vivacità, la cultura permangono greci ma le autonomie municipali ed in genere ogni forma di organizzazione politica sono ricondotte rigidamente all'ortodossia romana, comprese le antichissime «fratrie», associazioni gentilizie e corporative, nucleo germinale di quelli che saranno i «seggi» o «sedili» della città, uniche istituzioni civiche emerse dalla notte medievale. Alla fine del I secolo è già penetrato in profondità il cristianesimo: notevoli avanzi di arte paleocristiana si rinvengono nelle catacombe, si fantastica di una visita del principe degli apostoli che sarebbe immortalata nella chiesa di San Pietro «ad aram», si sa con certezza che nel III secolo Napoli è già eretta in diocesi. Quando Diocleziano scatena la persecuzione, tra le vittime è il vescovo di Benevento, Gennaro, che diventerà poi il popolarissimo protettore della città, la sua incarnazione cattolica per antonomasia.

Corre il 305 allorché Gennaro viene arrestato mentre esercita il suo ministero tra i correligionari imprigionati, ed è condannato «ad bestias», per finire viceversa decapitato nell'agro Marciano, una località contigua alla solfatara di Pozzuoli. Secondo l'antichissima tradizione, una pia donna, non vista dai carnefici, raccoglie il sangue del martire in due lagrimatoi e li nasconde in casa sua ad Antignano. Quando Costantino legalizza il movimento e le ossa di Gennaro sono portate a Napoli, la coraggiosa signora fa omaggio delle ampolline al vescovo ed è proprio in questa circostanza che si produce per la prima volta il «miracolo», nel senso che il sangue raggrumato nelle ampolle si liquefa senza l'intervento di alcun fattore estraneo. Il prodigio, di cui si ritrova un primo documento storico in una *Cronaca siciliana* del Trecento, si ripete nelle circostanze piú diverse ma soprattutto a tre scadenze fisse che sembra corrispondano alla data della traslazione delle ossa a Napoli, a quella del martirio e all'anniversario della terrificante eruzione del Vesuvio che avviene nel 1631 e si arresta alle porte di Napoli grazie all'intervento del santo, quando il patrono «ferma» la lava al ponte della Maddalena.

Nel 476, Odoacre manda l'ultimo fantasma di imperatore romano,

Augustolo, a morire proprio a Napoli, nella favolosa villa un tempo appartenuta a Lucullo. La caduta dell'impero e l'avvento di un cristianesimo inizialmente rigido ed eroico mettono la città di fronte ad un destino al tempo stesso piú duro e piú dignitoso: tra inenarrabili difficoltà materiali e pestilenze crudelissime, tra invasioni gotiche e alleanze bizantine, tra incursioni saracene ed aggressioni longobarde, svanisce l'euforia illusoria della città-parassita e matura lentamente la consapevolezza di una identità, di una consistenza civile da salvaguardare contro l'accerchiamento del mondo barbarico, fino alla conquista di un margine di autonomia, se non di assoluta indipendenza, dai gruppi dominanti dell'epoca. Accade a partire dal 766, quando l'impero d'oriente è ormai lontano anche psicologicamente, e il potere locale cade nelle mani di un duca che ormai è soltanto in teoria il rappresentante di Bisanzio. Rimasto vedovo, il pio Stefano prende i voti ed aggiunge alla dignità dogale quella episcopale, trovando la formula dell'indipendenza a mezza strada fra l'ossequio formale all'imperatore ed un concreto vincolo di alleanza con la Chiesa, tanto piú vicina.

Non si tratta soltanto di un calcolo politico. Mezzo secolo prima, all'epoca della crociata iconoclasta di Leone l'Isaurico, il popolo napoletano «già caldo adoratore degli idoli» ha scelto senza esitazioni la sua parte, professandosi «fervorosissimamente devoto» dei santi e della Madonna, come rimarrà per tutti i secoli avvenire. Alla diffusione del culto di san Gennaro si è aggiunto, dopo la terrificante eruzione del Vesuvio del 685, quello del vescovo Agnello che ha evocato la collera del vulcano per punire i peccati dei suoi concittadini. Non di meno, nei quattro secoli del ducato, la superstiziosa ortodossia della plebe non interferisce nella strategia del gruppo dirigente, che oscilla tra audacia e prudenza, bordeggiando con disinvoltura in mezzo a pontefici e longobardi, bizantini e saraceni e contrapponendo la sua astuzia alla «rude ingenuità» dei signori di Benevento. Chi li stronca risolutamente ed apre un periodo di splendore nel libero ducato è Sergio I, il quale rompe risolutamente anche con i musulmani: contro di essi la flotta comandata dal figlio, il console Cesario, riporta nell'849 ad Ostia una trionfale vittoria. Sebbene in questo periodo l'egemonia marinara spetti ad Amalfi, il ducato napoletano, diventato ereditario, incrementa traffici e scambi culturali, istituisce scuole, coltiva l'arte sacra e profana, dota la città di portici e giardini, bagni pubblici e chiese.

Il respiro dello Stato, tuttavia, è troppo breve e troppo limitate le sue risorse per consentire una difesa a tempo indeterminato della sua autonomia. Agli albori dell'XI secolo, i giorni del ducato sono ormai contati. La pressione longobarda torna a farsi incalzante e, per liberarsene, il duca Sergio IV recluta nel 1027 una schiera di normanni, capitanati da Reinulfo Drengot. È un passo fatale. Per compensare gli astuti avventurieri, Sergio concede loro uno spazio di terra nella località che essi chiameranno Aversa, cioè ostile (a Napoli come a Capua). Piantato il cuneo in Campania, i normanni si allargano a macchia d'olio, prima a spese dei longobardi di Benevento, quindi del Ducato. Nel 1130 l'ultima spallata viene da Ruggiero di Sicilia, l'intrepido Altavilla che pone l'assedio alla città, sbaraglia i fedeli dell'ultimo duca Sergio VII e riceve la resa degli «scheletri anziché uomini» sopravvissuti alla lunga fame. Nove anni dopo, a Benevento, una deputazione napoletana consegna al re le chiavi della città; ancora un anno e il «gigantesco vincitore dagli occhi azzurri» viene accolto trionfalmente a Porta Capuana, forse perché s'impone con la sua statura erculea alla ammirazione dei napoletani, piú probabilmente perché assedio, carestia, sofferenze hanno annientato la resistenza della popolazione.

Ruggiero è un grande re, saggio, accorto, rispettoso delle consuetudini tradizionali, costretto oltretutto ad affidare le maggiori magistrature agli amministratori locali, perché l'emigrazione normanna non ha carattere di massa. Egli impone ugualmente, però, con pugno di ferro un'organizzazione unitaria del Regno. Per Napoli, questo significa una brusca interruzione nel processo evolutivo del libero comune, che viceversa nell'Italia settentrionale contribuirà a selezionare il primo nucleo di una classe media, gettando le premesse per lo sviluppo economico. La pesante dominazione straniera stronca i fermenti civili; la sua rigida struttura centralizzata, che la classe dei curiali rende macchinosa ed intollerabile soprattutto sul terreno dei rapporti giuridici, spegne ogni iniziativa individuale. Nella lotta che presto diverrà feroce tra la monarchia e i baroni, la borghesia napoletana non riesce ad assumere una propria collocazione autonoma, anche se il periodo coincide con un notevole incremento dei traffici e della produzione, cui contribuiscono non poco gli scaltri operatori provenienti dalla costiera amalfitana, quelli pisani e cinquecento famiglie ebraiche, probabilmente concentrate nella «Giudecca».

Il dominio normanno non resiste piú di mezzo secolo all'espansione dell'impero tedesco: alla morte di Guglielmo il Buono, si apre un intricato problema di successione che sarà risolto brutalmente da Arrigo VI, lasciando sopravvivere appena il favoloso ricordo di re Ruggiero, magnanimo e cortese, piú il campanile romanico di Santa Maria Maggiore, sole testimonianze di un periodo lungo sessantaquattro anni, durante il quale la città è tornata ad incamminarsi senza rendersene conto verso la condizione parassitaria già conosciuta negli ultimi secoli dell'occupazione romana. Il favore dei normanni ha reso quasi indolore la perdita di ogni autonomia. Per altro verso, se si deve credere a vecchi viaggiatori ed a storici recenti, fino al secolo XIV i napoletani saranno ancora belli, di «maschio aspetto» e di «alta statura»; poi l'incrocio con gli spagnoli e la miseranda situazione socio-economica determineranno una sorta di degenerazione genetica. La tesi è suggestiva, anche se mancano a convalidarla documenti precisi, mentre i guasti sul costume, sullo spirito associativo e sull'evoluzione creativa del ceto medio non sono minimamente revocabili in dubbio.

I settanta anni del dominio svevo accentuano, nonostante le affascinanti illuminazioni di Federico II, le tendenze stataliste. Il regime tributario degli imperiali è ferreo, privilegi e libertà medievali sono soppresse senza pietà, la irrequieta massa studentesca è duramente ammonita a comportarsi «decentius et modestius». Alla morte di Arrigo VI è seguito un decennio di terrore: mentre baroni e soldataglie sveve saccheggiano le campagne, la città è angustiata dagli abusi dei nobili e dalle «male pratiche» dei curiali, che si arricchiscono al servizio della classe dominante. La tensione si allenta quando Federico, nel 1220, entra a Napoli. Sebbene impegnato in interminabili guerre ed isolato da tutti i ceti sociali, il grande imperatore lascia nella città un'impronta indelebile. Ne ricostruisce le mura, ne amplia la cerchia, ne incrementa i traffici, limita i poteri del suo rappresentante locale, il «compalazzo», affiancandogli una curia composta da cinque giudici e otto notai. Il 5 giugno 1224, con «lettere generali» dettate da Siracusa, istituisce finalmente lo Studio Generale: è la famosa università di Napoli che, nei piani di Federico, dovrà servire da contraltare a quella di Bologna, covo di sentimenti antighibellini, e che egli stesso contribuirà sensibilmente a valorizzare quindici anni più tardi, quando consentirà l'ammissione di studenti provenienti da ogni parte d'Italia.

Naturalmente, la grande maggioranza della popolazione non si lascia commuovere dalla politica culturale dell'imperatore, come non si è fatta intenerire dai riconoscimenti che lo svevo, durante una permanenza di un mese, ha tributato alle «dimore ampie» ed ai «costumi affabili» della città. Dopo la sua morte, anzi, l'insofferenza per il duro governo imperiale esplode in aperta rivolta contro Corrado IV ed il fratellastro Manfredi, reggente nel Sud. Corre il 1252 quando Napoli si costituisce in libero comune sotto la protezione di papa Innocenzo IV ed elegge il primo dei suoi tre soli podestà, Riccardo Filangieri. In coincidenza con l'aiuto del pontefice che verrà ad abitare e a morire sulle rive del golfo,

Napoli è alluvionata da una piena di sentimenti religiosi e da nugoli di tonache. Conventi di francescani e domenicani fioriscono nei punti piú panoramici della città, si moltiplicano le chiese e i pulpiti da cui rimbomba la tarda eco delle oscure profezioni di Gioacchino da Fiore, lo Studio è dominato da infaticabili teologi in mezzo ai quali emergerà presto la straordinaria personalità di Tommaso d'Aquino.

Nonostante le delusioni immediate ed i molteplici capovolgimenti futuri, la popolazione non si libererà mai piú, specialmente nei suoi strati femminili, da questa pesante cappa di bigotteria e di superstizione, che l'occupazione spagnola esaspererà fino al fanatismo. La durezza degli svevi, rendendoli odiosi alla cittadinanza, favorisce i disegni della Curia particolarmente dopo l'avvento di Urbano e poi di Clemente IV, due papi francesi che sono sostenuti dai finanziamenti dei banchieri di Firenze ed allacciano contatti con il piú eminente dei loro connazionali disponibile per una guerra di conquista, Carlo d'Angiò. Nel 1265, il fratello di Luigi IX scende a Roma, è incoronato dal Santo Padre ed accetta, in cambio, di sottoporsi al feudale omaggio della «china», il cavallo bianco riccamente bardato che sarà offerto al Santo Padre, il 29 giugno di ogni anno, in segno di vassallaggio religioso e politico. Il cerchio si salda. L'anno successivo, l'angioino batte e liquida Manfredi; ancora un anno e Corradino, calato da Verona in Abruzzo, è sbaragliato a Tagliacozzo, catturato ed avviato alla decapitazione che avverrà nel 1268, sulla piazza del Mercato, in una scena destinata a restare indelebilmente impressa nell'iconografia del popolo napoletano, come un episodio della *Cantata dei pastori*. Il seme svevo è distrutto, la mala pianta ghibellina estirpata dalle radici.

Per sottolineare il carattere italiano, cioè peninsulare del proprio dominio, Carlo trasporta la capitale da Palermo a Napoli. Il suo avvento non coincide soltanto con un'accentuazione del bigottismo di stato per parte di un principe che è anche vicario del pontefice in Toscana e fratello di un re santo e crociato. Sotto i tedeschi, nonostante i gravi limiti dell'accentramento e di uno spietato fiscalismo, si è andata delineando la formazione di un ceto burocratico legato alle classi medie della città, che avrebbe potuto trasformarsi nel nucleo di un futuro personale politico ed economico. L'Angiò interrompe questo processo, sostituendo ai notabili locali funzionari di tipo feudale, il cui distacco dalle popolazioni sottomesse è cosí totale da portare in Sicilia, nel 1282, all'esplosione dei Vespri: sembra un episodio circoscritto ma è, in realtà, evento di grandi conseguenze per la storia del Mezzogiorno, sia perché ne indebolisce la coscienza unitaria, sia perché getta il seme di una nuova invasione straniera, quella aragonese.

Nondimeno, i primi decenni del XII secolo scandiscono per la Napoli angioina un'epoca di singolare splendore, di cui godono soprattutto i nobili, il ceto intellettuale ed i mercanti stranieri. Il re Carlo dedica grandi cure all'allargamento e all'abbellimento del disegno urbano: al centro di un quartiere di palazzi signorili erige il mirabile Castel Nuovo, nel quale sarà ospitato anche papa Celestino V, il «povero cristiano»; sulla collina che domina il golfo da nord-est, alza il castello di Sant'Erasmo, che poi sarà consacrato a Sant'Elmo; ai due porti già in funzione, aggiunge un terzo «porto di mezzo»; accoglie numerose ed operose colonie cosmopolite formate dai suoi compatrioti provenzali, da genovesi, fiorentini ed altri mercanti, cui si deve la costruzione di fondaci e logge ma anche di chiese e conventi. L'ammirazione dei visitatori è grande: Boccaccio loda Napoli «lieta, pacifica, abbondevole, magnifica». Si diffonde l'abitudine all'eleganza, al lusso, alle mollezze, con un'incidenza crescente della moda cortigiana di Occidente e la scomparsa pressoché totale degli influssi bizantini. La popolazione cresce in pochi decenni dai 40 ai 60 000 abitanti. Gli edifici dell'epoca angioina rimangono tuttora ad attestare la singolare fioritura artistica propiziata dai francesi: pittori eminenti come Simone Martini e Giotto, scultori monumentali come Arnolfo di Cambio e Tino da Camaino, abbelliscono con le loro opere reggia, castelli, palazzi e le stupende chiese gotiche di San Domenico, Santa Chiara, San Lorenzo, Santa Maria la Nova, Donnaregina, il duomo.

All'attivismo di Carlo I, «che poco dormiva e usava dire che quanto tempo dormiva, tanto tempo se perdeva» – scontata la breve e tumultuosa parentesi di Carlo II lo Zoppo – corrisponde la magnifica ambizione di re Roberto, «il piú savio tra i cristiani», protettore delle arti e della cultura, «pacificatore d'Italia» come capo del partito guelfo e nemico implacabile di Arrigo VII e Ludovico il Bavaro. Convengono alla sua corte poeti orgogliosi, come Petrarca, di sottoporsi al giudizio del re; vigoreggiano gli studi universitari nello Studio Generale; acquistano prestigio la casa regnante ed il reame di Napoli. Si preoccupa di tutelare le popolazioni, Roberto, disponendo che il gran giustiziere e i giudici della Magna Curia percorrano sei settimane all'anno le contrade del regno per rendere giustizia: «patrono terrestre» dei suoi sudditi, egli impedisce che «lo piccolo sia mangiato dallo grosso» e getta cosí le basi del saldo sentimento monarchico che, insieme con la superstizione religiosa, rappresenterà una tendenza costante della plebe napoletana.

Dietro la facciata di tante meraviglie, si nascondono però inaudite sofferenze e miserie, giacché l'evoluzione dello Stato verso strutture piú moderne comporta pesanti sacrifici, dai quali l'Angiò esenta puntualmente nobili, ecclesiastici e provenzali. La codificazione curata da Bartolomeo di Capua è poco chiara, lenta, complicata; crudele l'amministrazione della giustizia, a malgrado della benevolenza sovrana; dura e avidissima la riscossione delle imposte, affidata ad appaltatori privati che spolpano il contribuente, soffocando per altro verso la formazione di un ceto mercantile, tanto che arti fiorenti come quelle della lana e della tintoria sono avviate a rapida decadenza. Arretrato è il sistema monetario, diffusa e funesta l'usura. Roberto, che non è un grande organizzatore ma piuttosto un signore di splendida fantasia, è indotto inoltre ad una dispendiosa politica estera dai banchieri fiorentini e veneziani, interessati ad un suo intervento in Ungheria. Per coprirsi le spalle all'interno, il re abbandona tutto il potere municipale ai seggi aristocratici, quelli di Capuana e di Nido, cercando di placare con i «capitoli di concordia e di pace» le furiose contese fra baroni e nobili di piazza. La prepotenza degli aristocratici e degli immigrati, il lusso sfrenato della corte, il pessimo esempio delle soldatesche straniere, diffondono vizio e corruzione anche in mezzo alla plebe, i cui costumi peggioreranno ulteriormente sotto gli aragonesi. In cambio, perduta la Sicilia, la monarchia fortemente centralizzata accentua il processo unitario nel Mezzogiorno peninsulare: Puglie ed Abruzzi graviteranno su Napoli come la Calabria e la Basilicata, per lunghissimo tempo, fino al XIX secolo, quando mezzi di comunicazione rivoluzionari modificheranno tutti i rapporti.

Negli anni successivi, l'anarchia succeduta alla morte di re Roberto e le confuse vicende legate al nome delle due Giovanne, accrescono le sofferenze della popolazione, sulla quale si abbattono senza tregua flagelli spirituali e materiali, come l'Inquisizione, il brigantaggio, la miciale pestilenza del 1348. Quando Giovanna II, dominata dai baroni ma carissima alla plebe, sceglie come proprio erede Renato d'Angiò e la città accoglie con simpatia il principe provenzale e la sua dolcissima sposa, Isabella di Aragona, la crisi sembra risolta. In realtà, l'altro principe che Giovanna ha designato in un primo tempo – Alfonso V d'Aragona – preme in armi alle porte dei castelli napoletani, favorito dall'appoggio dei baroni di antica osservanza sveva e dal tradimento del gran connestabile Antonio Caldora. È la vendetta postuma di Corradino. Il 12 giugno 1442, dopo un assedio inesorabile che costa ai napoletani atrocissime privazioni, Alfonso entra in città e la abbandona per quattro ore al saccheggio delle sue soldataglie, la cui efferatezza scava un incolmabile abisso di odio tra la città e i catalani. Precisi documenti attestano che l'invasore, come già i bizantini di Belisario, ha seguito la via dell'acquedotto. Due muratori «usciti per fame» oltre le mura, gli hanno segnato la strada, pilotando trecento soldati di Diomede Carafa nell'interno della città, attraverso il pozzo che sbuca in un'abitazione privata, la casa di una certa donna Ceccarella, alla quale Alfonso assicurerà una pensione annua di 36 ducati. Storia e romanzo tornano a coincidere, dopo quattro secoli, in questi due episodi cosí incredibilmente simili. Renato, come già ha fatto sua moglie Isabella, «Sabella sventurata», lascia per sempre Napoli.

Normanni, svevi ed angioini hanno soffocato brutalmente i germogli di indipendenza fioriti con il Ducato; l'avvento degli aragonesi sembra rianimarli, e non tanto con Alfonso il Magnanimo, quanto con suo figlio, il bastardo Ferrante. Nella tradizione della città, specialmente durante i due secoli susseguenti di dominazione spagnola, l'epoca degli aragonesi rimarrà come una mitica età dell'oro, l'affermazione di una capitale che l'Angiò ha scelto ma che Alfonso e suo figlio hanno imposto all'ammirazione e al rispetto dell'intera Europa. In effetti, con la conquista degli aborriti catalani, Napoli diventa il baricentro di un vasto dominio mediterraneo, che va dall'Aragona alle Baleari, dalla Catalogna alla Sicilia. Prima di riconciliarsi con la popolazione, il Magnanimo esige dai napoletani quel cospicuo trionfo che sarà immortalato da Pietro di Martino nello splendido bassorilievo dell'arco di Castel Nuovo, su disegni di Francesco Laurana, un artista dalmata; ma una volta sistemato nella reggia, s'innamora della città, la abbellisce con spese immense, chiama ad adornarla architetti come Giuliano da Maiano e fra' Giocondo da Verona, pittori come il Pinturicchio ed il Perugino, esponenti della scuola fiamminga e catalana.

Le arti della lana e della seta trovano nel grande re un fervido protettore, anche se Alfonso si vede costretto ad appoggiare ai baroni la sua ambiziosa politica estera ed arriva a sopprimere il seggio del popolo, che è poi il popolo grosso, quello dei mercanti e dei curiali. Ebrei siciliani e spagnoli, salvaguardati dalle inclinazioni liberali del Magnanimo, costituiscono una colonia numerosa ed influente. Bonifiche, restauri, opere varie ed igieniche completano l'opera di ricostruzione dell'aragonese che dà impulso soprattutto alla vita culturale di corte, improntandola di un vivace spirito rinascimentale e chiamandovi a rallegrare i suoi ozi il Panormita, Bartolomeo Facio, il Valla e finalmente Giovanni Pontano e il Sannazzaro. Lo Studio Generale viene trascurato, ma in compenso si fonda l'accademia, prima del genere in Italia, che sarà affidata alle cure del Pontano, mentre si raccoglie in Castel Nuovo una preziosa biblioteca di codici, miniati secondo lo squisito gusto dell'epoca. La celeberrima «Tavola Strozzi» rimarrà a perpetuare il ricordo di questa città risanata e incantevole, infinitamente piú raffinata di quanto non sia mai stata dopo la caduta dell'impero. La popolazione subirà presto, in questa splendida cornice ambientale, un sensibile incremento.

Ma anche nel caso dei catalani, come degli angioini, il rovescio della medaglia è assai meno brillante. Anzitutto, ad artisti e umanisti Alfonso mescola torme di frati spagnoli che devono placare le sue angosce mistiche, accresciute da una fedeltà quasi patologica ai dettami della Bibbia, che egli si vanta di avere letto per intero ben quaranta volte. Alle convinzioni religiose si salda la ragion di stato che lo induce a cercare contro angioini e turchi una perpetua e devota alleanza con il romano pontefice. Nondimeno, la propensione verso il lusso e la magnificenza assume forme deliranti: in onore dell'imperatore di Germania e di sua moglie, nel 1452, si celebrano feste durate dieci giorni consecutivi, nel corso dei quali la corona registra stravaganze degne di un moderno produttore di Hollywood, con i confetti dati in pasto ai cavalli, i ruscelli di vini pregiati che scorrono dalla collina, gli ospiti autorizzati a fare lo «shopping» a spese della corte in tutte le botteghe cittadine. Sebbene i pesi fiscali siano in teoria alleggeriti, la situazione economica del Regno è paurosamente compromessa da simili prodigalità, tanto piú che Alfonso esonera i baroni ma riversa ogni onere sulle università, cioè sulla comunità dei sudditi che vivono su terre demaniali.

Il ricatto della ribellione, collegata al minaccioso richiamo della Sicilia, accentua l'atteggiamento condiscendente del Magnanimo nei confronti dei feudatari, «uomini – come li definisce Machiavelli – al tutto nemici di ogni civiltà», prepotenti nella capitale ed onnipotenti nelle campagne, ove la sola via di scampo contro i loro soprusi è rappresentata dalla possibilità di esplicare la propria attività nell'ambito del demanio reale, che è protetto in concreto dalle due prammatiche emanate da Ferrante nel 1466 e nel 1468. Fuori dal demanio reale, ogni fonte di lucro, ogni privilegio, ogni libertà sono appannaggio dei «gentiluomini» la cui inettitudine forma oggetto dello stupore e del disprezzo di tutti gli italiani che visitano il Regno, scoprendo «la mercatura dei napoletani esser solo il servizio del re». Per tante logge di mercanti toscani, veneti o lombardi che sono disseminate in tutto il mondo e dunque anche a Napoli, non si riscontra in Italia una sola loggia napoletana o pugliese. Salvo qualche iniziativa di Ferrante, che si farà consigliare dall'armatore amalfitano Coppola, gli aragonesi non incrementano minimamente lo sviluppo della marina. Anche questo orientamento contribuisce ad accentuare la pigrizia, il servilismo, la scarsa bellicosità della popolazione, la quale avrà bisogno di provocazioni estreme per levarsi contro i suoi oppressori.

Sul letto di morte, Alfonso raccomanda al suo bastardo di allontanare i troppi catalani che si interpongono come un funesto diaframma tra la monarchia e i suoi sudditi italiani. Poiché è suo zio Giovanni ad ereditare la corona aragonese, Ferrante può consacrare il suo regno quasi quarantennale al generoso obiettivo di conquistarsi la fiducia dei napoletani. Nonostante le difficoltà che gli procurano le trame di Renato d'Angiò ed il conflitto tra Firenze e il papa, il monarca porta avanti con successo la sua «linea italiana» intensificando la promozione culturale ed urbanistica della città, cingendola di ventidue torri cilindriche, bonificandola, migliorando l'amministrazione della giustizia e il sistema doganale. Ferrante è un uomo duro e indifferente alla cultura, ma la sua influenza sui costumi e sul progresso è assai piú incisiva che non quella del Magnanimo. Un'aspra serietà di fondo lo induce a valersi degli intellettuali meno per diletto estetico che per sollecitare l'evoluzione economica del paese. La città vive di intensissimi traffici: «setaioli genovesi, fiorentini, veneziani, catalani, ragusei e tessitori di Cava dei Tirreni sono in continua attività. Moltissimi sono i cuoiai, mentre orafi e ricamatori, provenienti un po' dai maggiori centri italiani, rappresentano l'élite dell'artigianato e lavorano a corte: i primi a far collari, divise e insegne, ed a battere l'oro in fili; i secondi a ricamare abiti e paramenti sacerdotali e ad ornare bandiere, stendardi e baldacchini».

Ciascuna categoria si concentra nella propria strada, mentre a loro volta i quartieri popolari si addensano intorno ai palazzi nobiliari ed alla reggia, ma la psicologia già ben delineata dei napoletani sconsiglia divisioni troppo rigide, anzi alimenta commistioni arruffate e chiassose. Un anonimo veneziano descrive Napoli come l'ha vista nel 1444, partendo dalla porta del Mercato per enumerare minuziosamente tutte le contrade dove pulsa l'attività produttiva: merciai, *bambasci*, argentieri, armaroli, sellai, ma avverte che «tutte le predicte contrade de mercanti è contigue l'una all'altra sí che pare andando per quelle essere tutta una contrada», come cioè se il foro romano rievocato da Capasso si fosse smisuratamente dilatato, senza cambiare troppo di fisionomia ed anticipando anzi, puntualmente, la città fervida e brulicante che Nicola Amore tenterà di risanare e che Matilde Serao descriverà alla fine dell'Ottocento.

Della brutale energia di Ferrante fanno esperienza i baroni congregati nella famosa congiura, scaturita nel 1485 da un inasprimento delle imposte e soffocata l'anno seguente con l'esecuzione sommaria di tutti i cospiratori, tra i quali il segretario del re, Antonello Petrucci, uno dei borghesi che egli ha elevato alla condizione patrizia. La liquidazione dei baroni piú refrattari, sordi ad ogni sollecitazione politica che non sia il loro interesse egoistico rinsalderebbe le basi della dinastia, se le condizioni generali dell'Europa non minassero alle fondamenta non soltanto il dominio italiano degli aragonesi, ma la loro stessa sopravvivenza sulla mappa politica della Spagna. Il crollo dell'edificio, cosí splendido ed in apparenza cosí solido, si realizza nel giro di pochissimi anni: in trentadue mesi e sette giorni si alternano sul trono della città ben cinque re. Ferrante è appena sepolto nella cripta di San Domenico che la corona, in una specie di tragicomica partita di rugby, passa da Alfonso II a Ferrantino, da Carlo VIII a Federico III e finalmente, non senza qualche precipitoso e provvisorio recupero, dall'ultimo aragonese a Ferdinando il Cattolico, destinato «per virtú» di Consalvo Fernández, detto il Gran Capitano, a rimanere il padrone definitivo del reame.

La partecipazione di nobili e popolani al frenetico carosello oscilla, secondo uno schema ormai acquisito, tra un festoso entusiasmo ed un disinganno fulmineo, che altrettanto repentinamente si tramuta in odio profondo. Nel 1495 il prestigio degli aragonesi non impedisce alla cittadinanza di accogliere trionfalmente Carlo VIII, per quel «pazzo amore» che porta «ai Franzesi» sin dall'epoca di Renato e di Isabella. Feste, saccheggi e sifilide sono i munifici doni che il Valois reca per i napoletani, e non è quindi soltanto perché essi sono «gente naturalmente piú di ogni altra mutabile», che prendono a detestarlo. Quando Carlo si ritira al Nord, furibondo e sbigottito dinanzi alla «santa» lega di Venezia, Ferrantino viene richiamato d'urgenza e gratificato di un trionfale ricevimento. Spenta la breve e tumultuosa vita del nipote, l'ottimo Federico gli succede disponendosi a governare con tutta l'intelligenza e la cautela possibili, ma basta che le vicende europee portino all'assegnazione del Regno agli spagnoli, perché Napoli festeggi l'ingresso di don Consalvo, nel maggio 1503, con giubilo e grandi speranze, suggerendo la nota, amara, crudelissima definizione dei suoi labili abitanti:

> Servono il padrone del momento
> rimpiangono il padrone del passato
> aspettano il padrone che verrà.

Ma da qual di questi padroni, in verità, sarebbero stati essi temprati a piú alti sensi civici? Non certo dai monarchi stranieri degli ultimi cinque secoli, né tanto meno dai nobili furfanti con lo stemma baronale, non dai nugoli di frati e di preti che si dividono le loro spoglie mortali e terrorizzano la loro anima immortale, non infine da una borghesia comunale e mercantile che non ha fatto in tempo a conquistare nemmeno un simulacro di potere. Mantenuti deliberatamente in uno stato di superstizione, di ignoranza e di totale miseria, condannati a vegetare in condizioni igieniche degne di tribú trogloditiche e sterminati periodicamente da micidiali epidemie, quando a sgomentarli non siano le eruzioni del Vesuvio, i napoletani finiscono per ridursi alla funzione marginale del coro – un coro vociante, pittoresco, ma normalmente inoffensivo – nel dramma che si recita a loro spese tra «sedili», castelli e palazzi viceregnali.

La mitezza del clima e l'incanto dell'ambiente naturale stanno, probabilmente, alla radice di questa rassegnazione. La vecchia «chronica de Partenope» ha spiegato assai bene che la piú bella provincia «non solamente di Italia ma di tutto il mondo» è la Campania, «perché a niuna parte il cielo è piú temperato, fioriscono doi volte li arbori, niuno territorio se troue piú fertile in cose apte ad Bacche e Venus». L'armonia paradisiaca del golfo, la dolcezza delle colline digradanti nel mare, il rapporto perfetto tra le masse costitute dal Vesuvio, dalla penisola sorrentina e dalle isole, trovano un puntuale contrappunto nelle condizioni meteorologiche. La temperatura media, in assoluto, si aggira sui 16 gradi; le variazioni sono minime e graduali, perfino in gennaio e febbraio che è il periodo piú freddo dell'inverno locale, le alture circostanti riparano la città dai venti di nord e di nord-est.

Senza esagerare l'influenza di questi fattori, è ragionevole concludere che essi, riducendo al minimo le esigenze vitali, abbiano contribuito a sviluppare negli abitanti un'indole serena ed abitudini frugali che al momento opportuno, e non senza ripugnante cinismo, la classe dominante addurrà a pretesto per respingere ogni sollecitazione al progresso. In modo del tutto diverso, clima e paesaggio concorrono a spiegare pure l'altro fenomeno di cui ci siamo cosí a lungo occupati in questo capitolo, dallo sbarco dei coloni greci all'arrivo delle armate di Ferdinando il Cattolico, e cioè la frequenza incessante di invasioni, incursioni e scorrerie nordiche (quelle saracene hanno interessato il nucleo urbano di Napoli soltanto sporadicamente ed in punti marginali).

Prima che il moto illuministico alimentasse seri studi economici, la classe colta napoletana è rimasta lungamente vittima dell'illusione di una ricchezza di risorse naturali, che avrebbe richiamato la cupidigia degli invasori. In realtà, quella ricchezza era soltanto apparente anche quando, nel resto dell'Italia e dell'Europa, doveva ancora profilarsi la rivoluzione industriale. È stato scritto giustamente che «ricchezza non v'era ma povertà di suolo, di là delle fiorite e fruttifere cornici delle coste» e che «nondimeno, quella povertà fu preda agognata di duri dominatori», probabilmente per ragioni strategiche ed estetiche, le une e le altre non meno stimolanti di quelle economiche.

Col 1503, comunque, la girandola degli invasori s'interrompe. Per oltre due secoli, Napoli scompare dal concerto delle potenze e diventa una provincia periferica costretta a cercare spazio nell'immenso contesto dell'impero spagnolo.

Parte seconda

La muraglia spagnola

1.
Gli anni di Toledo

La conquista spagnola segna per Napoli il trapasso di un'epoca, anzi qualcosa di piú: l'erezione di una grande muraglia tra gli italiani del Sud ed il resto della penisola. Come dirà piú tardi un monarca borbonico, dopo il 1503 il reame comincia davvero a confinare a nord con l'acqua benedetta e nelle altre tre direzioni con l'acqua salata. Vengono a mancare di colpo le premesse per lo sviluppo di una politica «italiana» quale hanno tentato gli aragonesi e, ancor piú, di quella europea che è stata vagamente abbozzata da svevi ed angioini. I rappresentanti del Re Cattolicissimo, viceré e luogotenenti, stendono una cortina di ferro al confine settentrionale, assicurando al paese oltre due secoli di pace. All'interno, però, la contropartita di tanta tranquillità è molto pesante: all'implacabile annullamento del baronaggio come gruppo dirigente autonomo, corrispondono il piú arbitrario (e talora cervellotico) esercizio del potere, una prassi fiscale particolarmente esosa nei confronti dei poveri, l'organizzazione giudiziaria piú lenta e farraginosa del mondo.

L'esempio di nobili e militari spagnoli alimenta, a tutti i livelli sociali, il culto sfrenato delle apparenze, che con voce tipica i napoletani chiamano anche oggi «ofanità». Il formalismo dei rapporti è minuzioso fino alla pedanteria ed alimenta la religione del «pare brutto», locuzione semidialettale dietro cui si nasconde una fuga dalla realtà che, attraverso i secoli, renderà piú pigra l'evoluzione della piccola e media borghesia, sempre piú nevrotica la sua diffidenza verso la democrazia. Nel periodo viceregnale, la disputa sui pregi e sulle prerogative esteriori assume forme grottesche: basta l'altezza una panca in chiesa o di una sedia a San Lorenzo per scatenare furiosi contrasti fra viceré e cardinali, tra arcivescovi e duchi, tra nobili di piazza e baroni. La facoltà di tenere il cappello in testa o di essere costretti a cavarselo, di sedere sui guanciali o sulla nuda terra, di portare le aste del pallio durante una processione o di essere esclusi da questo onore, diventa un problema di vita o di morte perché costituisce un metro per la pubblica definizione dello stato sociale.

Per altro verso, i modelli ideologici imposti o importati dalla potenza dominante sono bigotti e retrivi, anche se non riescono a sopraffare nell'ambito delle relazioni individuali la cordialità, la mobilità d'ingegno e il beffardo scetticismo dei napoletani. L'isolamento dalle grandi correnti di pensiero nordiche e la pesante coltre dell'occupazione cagionano un ristagno culturale che durerà oltre centocinquant'anni. Nel 1547 soltanto l'insurrezione popolare eviterà l'introduzione di una variante spagnola dell'Inquisizione, particolarmente temuta per l'incremento delle delazioni e delle false testimonianze. Esattamente un secolo piú tardi, soltanto la furiosa rivolta di Masaniello instillerà nei vicerè un certo salutare terrore nei rispetti della plebe, socchiudendo lo spiraglio ad una lenta e prudentissima ripresa, che prenderà lena dopo la spaventosa epidemia del 1656. Per una sorta di amaro paradosso, la peste che falcidia oltre metà della popolazione, si lascia dietro una scia di effetti positivi: ritrovato, nel miracoloso recupero degli anni successivi, il gusto di vivere e di ribellarsi, Napoli costringerà i vicerè ad accettare entro certi limiti un dialogo con i nuclei intellettuali piú avanzati, in mezzo ai quali l'influenza del pensiero di Cartesio e le prime affermazioni della scienza economica – assai piú che non la personalità, gigantesca ma isolata, di Giambattista Vico – getteranno il seme della fioritura illuministica che germoglia verso la seconda metà del XVIII secolo.

Quando Carlo V, in base alla pace di Cambrai, ottiene anche l'investitura del Regno di Napoli, il suo primo rappresentante nel nuovo possesso ereditario degli Asburgo, è il famosissimo ed eccellentissimo vicerè don Pedro Álvarez de Toledo, secondo figlio del duca di Alba. Toledo, per Napoli, non è soltanto il nome di una strada ma l'inizio di un nuovo capitolo di storia. Con don Pedro, che resta in carica oltre venti lunghi ed operosi anni, dal 1532 al 1553, comincia una trasformazione radicale della città, della sua fisionomia edilizia, delle sue consuetudini di vita, dei costumi, della moralità, persino del dialetto e delle caratteristiche somatiche dei suoi abitanti. Muore, nel ventennio di don Pedro, la capitale mitologica degli angioini e degli aragonesi, lo splendido borgo di Boccaccio, l'idillio quattrocentesco delle «dolcissime aurette» o delle «onde odorose» care a Jacopo Sannazaro; e nasce, viva, febbrile e verminosa come una ferita, la metropoli moderna che ancora oggi conosciamo. Il mezzo secolo iniziale dell'occupazione spagnola, concentra nelle mura urbane e nei primi borghi che vengono nascendo fuori porta, una popolazione sempre piú numerosa e fitta. L'indice demografico, già elevato prima dell'epidemia del 1527, crescerà ancora dopo la peste del 1656 che pure falcidia una popolazione di 350 000 anime.

Da quando il principe di Orange ha annientato la potenza dei baroni di obbedienza francese, con il principe di Salerno alla testa, per punirli dell'appoggio concesso a Lautrec, la feudalità ha ricevuto un colpo mortale. I baroni, dopo aver accolto «in caruso» e cioè a capo umilmente scoperto la visita di Carlo V nel 1535, si avviano a diventare in gran parte semplici proprietari terrieri, che per giunta vivranno di rendita lontano dai feudi e dissiperanno gli averi in un'insensata smania di rivaleggiare per lusso e magnificenza con i maggiori esponenti dell'apparato spagnolo, politici e militari, corrivi a loro volta a lasciarsi corrompere senza scrupoli per mantenersi all'altezza della situazione. Insieme con le dure condizioni della campagna e con la costante minaccia di incursioni barbaresche sulla costa, il trasferimento di grandi signori nella capitale concorre ad accelerare l'inurbamento di migliaia e migliaia di provinciali, servitori, artigiani, commercianti, curiali, che vengono ad infoltire le file del popolo, mentre nei bassifondi della società pullula una plebe miserrima e pittoresca, disperata e violenta verso cui, come sostiene Croce, popolani e nobili non nutrono altri sentimenti che di paura commista a disprezzo.

Ad aggravare le difficoltà igieniche ed economiche di questo sottoproletariato, interverrà nel 1566 il drastico divieto di edificare fuori delle mura, che sarà assurdamente mantenuto in vita fino al 1716. In questa cerchia resta chiusa, come in una specie di crudele riserva che è la sua stessa miseria, un'immensa mandria di esseri umani dei quali si prendono cura spirituale soltanto i preti, i frati e le monache. Chiese e conventi, infatti, continuano a proliferare. Nei ceti intermedi, l'insensibilità sociale è ancora piú accentuata: i leguleii arricchiscono vendendo «fole» ai clienti e dànno la scalata alle magistrature; i mercanti accumulano patrimoni nel supremo intento di acquistare patenti di nobiltà che li renderanno, almeno formalmente, simili ai baroni e ai grandi di Spagna.

Don Pedro di Toledo tiene in pugno con lucida energia questa brulicante massa di uomini e di interessi. Privo di slanci romantici, sta tuttavia piuttosto dalla parte dei vassalli che dei baroni, contro i quali emana una serie di prammatiche intese a combattere gli abusi nell'esercizio della giustizia e del commercio, nonché le usurpazioni cui si sono abbandonati sui demani comunali e statali. Gli effetti dell'intervento del viceré sono superficiali e provvisori, perché la corruzione è diffusissima tra i magistrati ed i rapporti di forza sono irreversibili, soprattutto in periferia, ma le intenzioni sembrano buone. Nella capitale, don

Pedro scatena una dura offensiva contro ladri e briganti, i cosiddetti «campeadores» che terrorizzano la città, assaltano i viandanti isolati, violentano fanciulle, depredano le abitazioni private, penetrandovi spesso mediante lunghe scale. La repressione contro i «campeadores» o i «compagnoni», altra genia di ribaldi che preannuncia la camorra, viene condotta senza troppi scrupoli legalitari: si proclama spesso il coprifuoco; la Vicaria, il tribunale installato nei locali di Castel Capuano e debitamente rinforzato, lavora a tempo pieno irrogando galera, tortura, pena di morte, tanto che in diciotto anni finiscono sulla forca ben 18 000 furfanti indigeni, alla rispettabile media di mille impiccati all'anno.

Meno severa, purtroppo, è la giustizia del viceré nei confronti dei suoi connazionali dell'esercito, che stabiliscono con la plebe napoletana rapporti di avida e feroce promiscuità, contagiandoli di tutti i difetti spagnoleschi (turpiloquio e superstizione compresi) e di tutte le loro sozze malattie, taglieggiandoli, ricattandoli, compiendo innominabili atti «in perjuycio de la honestad y castidad feminil», acconciandosi volentieri a vivere alle spalle di prostitute e signore del popolo grasso. Il costume, che nell'epoca è abbastanza diffuso in Europa, lascerà a Napoli una gustosa traccia persino nel dialetto. Partendo dalla considerazione che l'arma piú diffusa nell'esercito di occupazione è l'alabarda, «appuggià 'a libbarda» rimarrà sino ai nostri giorni l'equivalente di mangiare a spese di altri e l'«alibbardiere» sarà appunto il cinico sfruttatore della generosità altrui, femminile o maschile che sia. Beninteso non tutti i soldati spagnoli trovano signore disposte ad invitarli a pranzo o cittadini rassegnati a subire le loro prepotenze: è piuttosto facile, anzi, scoprirne qualcuno agonizzante in uno dei mille sordidi vicoli della città, con una misericordia piantata tra le scapole, senza che sia possibile accertare la provenienza di quell'omaggio, anche perché l'omertà imposta dalla nascente camorra leva tra popolazione e polizia un muro di impenetrabile silenzio.

Dove il duca scrive una pagina indelebile nella storia di Napoli è nell'opera di abbellimento della capitale ed in particolare della zona che tuttora ne costituisce il centro. Nel gennaio 1533, il viceré convoca in casa dell'abate Carafa, a Chiaia, oggi palazzo Cellammare, gli eletti della città ed i «deputati della pecunia», per deplorare a nome di Carlo V lo stato pietoso in cui si trovano le strade e i vichi «di sí nobile città», sostenere l'opportunità di restaurare le mura e sostituire «al vecchio costume delle selci, l'ammattonamento». Don Pedro si preoccupa anche dell'insalubrità e dei pericoli che si annidano tra «supportici» e «pennate», e suggerisce di raccogliere in un solo edificio i diversi tribunali sparsi ai quattro angoli della città. Dalla riunione di casa Carafa, nasce un concreto piano di risanamento edilizio e di bonifica igienica; la nuova murazione, dettata da necessità militari e realizzata nel giro di quattordici anni, allaccia Port'Alba e Costantinopoli al castello di Sant'Elmo ed al borgo di Chiaia, attraverso grandi strade che ancora oggi costituiscono l'ossatura delle comunicazioni cittadine: via dell'Infrascata, verso l'Arenella e Antignano; via Santa Lucia verso Pizzofalcone; e finalmente, sul tracciato dell'antico fosso aragonese, «la nuova strada, detta appunto di Toledo, che ben presto sarebbe diventata il ganglio vitale della città, l'amore e il vanto dei cittadini». Tra via Toledo e le «ubertose pendici» di Sant'Elmo e di San Carlo delle Mortelle, la collina si popola via via di conventi, case e soprattutto caserme spagnole, i cosiddetti «quartieri» che, insieme con la chiesa di Montecalvario, definiranno il nome e la fama piuttosto equivoca della zona, «'ncoppa 'e Quartieri». Nonostante la prammatica del 1566 che vieta l'edificazione di suolo fuori della cerchia urbana, la prepotente spinta demografica va formando nuclei abitati a Mergellina, ai Vergini, all'Avvocata, a Sant'Antonio Abate, a Loreto e in altri borghi, che piú tardi costituiranno parte integrante della città.

Per finanziare l'opera di pavimentazione delle principali arterie, don Pedro decide di imporre una gabella sulla vendita del vino e quando, a nome del sedile del popolo, un certo Fucillo tenta di organizzare l'opposizione, lo fa arrestare ed impiccare ordinando che il cadavere sia esposto ad una finestra della Vicaria. Meno agevole riesce la prova di forza qualche anno piú tardi, allorché Carlo V chiede una contribuzione di ben tre milioni di scudi d'oro per finanziare le proprie operazioni belliche e il Parlamento dei feudatari napoletani resiste tenacemente all'imperiale stoccata. D'accordo con il nuovo eletto del popolo, Gregorio Rosso, i nobili cercano di ottenere la destituzione del viceré, ma don Pedro sostituisce il Rosso con un notabile meno intransigente, si giova del favore di cui gode presso buona parte della popolazione e rimane tranquillamente in carica, anche se poi finirà per accontentarsi di metà della somma richiesta.

Il successo pungola il duca verso nuovi traguardi: nel 1539 riesce a maritare la sua secondogenita Eleonora con il duca di Toscana, Cosimo; nello stesso anno inaugura una nuova, splendida villa a Pozzuoli, costruita in parte per amore del fasto, in parte per ragioni politiche. Una serie di fenomeni bradisismici e ripetute, paurose scosse di terremoto hanno sconvolto la costa tra Pozzuoli e il lago di Lucrino, con eruzioni cosí violente da formare una collina, il Monte Nuovo, e da trascinare la cenere con l'aiuto del vento fino alle coste della Calabria. Il viceré si installa in villa per placare le ansie della popolazione, ma vi ha preso appena alloggio che deve affrontare il problema degli ebrei. Si tratta di una cospicua ed influente colonia, costituita in buona parte da famiglie bandite di Spagna nel 1493 e che a Napoli si è conquistata uno spazio economico ed una certa popolarità grazie all'esercizio di prestiti su pegno, pratica disgraziatamente indispensabile in una città caratterizzata da cosí diffusa miseria. Gli usurai israeliti devono essere migliori della loro fama se è vero che, quando Carlo V ingiunge da Madrid al suo viceré di bandirli anche dall'Italia meridionale, l'opinione pubblica insorge. Nondimeno gli ordini dell'imperatore non ammettono deroghe: don Pedro li esegue fedelmente tra il 1539 ed il 1540, anche se si trova senza scampo di fronte alla necessità di risolvere in altro modo il problema del credito ai poveri. In mancanza degli ebrei, l'unico rimedio possibile è l'appoggio ai piccoli gruppi di benefattori privati che prestano denaro su pegno senza interesse, per puro spirito di carità; fino a quando, nel luglio 1549, i crediti del Monte di Pietà sono dichiarati privilegiati rispetto ad ogni altro, fino all'ammontare di quattro ducati. È la premessa per un cospicuo sviluppo dell'istituto che molto piú tardi, attraverso complesse vicende ed intricate fusioni, diventerà il Banco di Napoli.

L'inflessibile governo di Toledo riesce insopportabile soprattutto ai baroni, ai nobili di piazza ed a quanti cittadini soffrono per la compressione di tutti i privilegi, le autonomie ed anche le libertà locali. Ma don Pedro, che avverte questa sorda resistenza, calca la mano mescolando a preoccupazioni di ordine religioso un preciso e duro disegno politico: nel 1543 sopprime l'Accademia Pontaniana, i cui maggiori esponenti sono sospetti di eresia valdese; nel 1547 decide e appoggia con tutto il peso della sua autorità l'introduzione dell'Inquisizione «alla maniera di Spagna», in forma cioè assai piú esasperata e fiscale di quanto non siano state applicate finora le sanzioni del Santo Ufficio. Questo però è un passo falso, un giro di vite troppo stretto. Il 12 maggio, mentre don Pedro è a Pozzuoli, il «breve» che inasprisce la pratica inquisitoria, affidandola ai padri domenicani, viene affisso alla porta del duomo. Ne nascono furiosi tumulti, nel corso dei quali la «carta» viene «stracciata et levata via», mentre i birri mettono le mani sul capo della rivolta, un ufficiale municipale sorrentino che si chiama Tommaso Anello. L'arresto di questo primo Masaniello inasprisce gli animi anziché ammansirli. Tre gentiluomini, Cesare Mormile, Giovanni di Sessa e Ferrante Carafa, si mettono alla testa del popolo, «uomini donne fanciulli, gente di ogni affare», e costringono il reggente della Vicaria, Geronimo Fonseca, ad ordinare la scarcerazione di Tommaso Anello che viene caricato dal Carafa in groppa al suo cavallo e portato in trionfale corteo per tutta la città. Il 17 maggio, mentre i capitani del popolo destituiscono l'eletto Domenico Terracina, accusandolo di collusione con il duca di Toledo, questi invia loro una lettera in cui sostiene spudoratamente di essere estraneo all'inasprimento dell'Inquisizione e risoluto a combatterlo. È una ritirata clamorosa che tuttavia non basta a riportare l'ordine nella capitale.

Due settimane piú tardi, un altro episodio rinfocola l'indignazione popolare. Nel passare dinanzi al seggio di Portanova, un cittadino che viene condotto in prigione per debiti, chiede aiuto ad un gruppo di gentiluomini e, approfittando della confusione, taglia la corda. Inasprito dalle recenti disavventure, don Pedro ordina la cattura di due gentiluomini del seggio con un loro servitore, li fa tradurre a Castel Nuovo ed ingiunge che vengano scannati «ginocchioni in terra», senza processo. L'indomani, scoppia la fine del mondo: due alabardieri della guardia vicereale sono trucidati e il consiglio comunale decide di non riconoscere piú l'autorità del duca, rinchiuso prudentemente nel castello. La solidarietà di tutti i cittadini trova conferma in un corteo di nobili e plebei che, preceduti da un enorme crocefisso, percorrono le strade principali al grido di «Unione, Unione, in servigio di Dio, dell'imperatore e della città». Il 26, mentre i sedili decidono di spedire il principe di Salerno da Carlo V per chiedere il richiamo del viceré, appaiono le prime barricate e tuonano i primi colpi di cannone. Soldati spagnoli sono fatti a pezzi negli scontri armati, defenestrati o annegati nei pozzi; incendi e saccheggi sconvolgono la vita della popolazione, che tuttavia si lascia amministrare disciplinatamente dai propri deputati e mantiene l'assedio alle fortezze spagnole fino al 12 agosto.

A questo punto, la rivolta si estingue e con essa si spegne l'ultimo moto di indipendenza della città. Don Pedro, rassicurato dai messi che a sua volta ha spedito all'imperatore, annuncia ai deputati che Carlo si è persuaso essere l'insurrezione rivolta contro il Santo Ufficio e non contro il trono, decide di perdonare agli insorti (salvo i capi) e concede alla città il titolo di fedelissima, beninteso a condizione che cessi ogni atto di ostilità. Il bilancio dei tumulti comprende 600 morti e 112 feriti da parte spagnola, 200 morti e 100 feriti da parte napoletana, senza contare l'incendio di molti edifici e la totale distruzione di rua Catalana, quartier generale delle truppe vicereali. Dei capi della rivolta il solo Giovan Vincenzo Brancaccio finisce giustiziato mentre la «fedelissima» città di Napoli è condannata a risarcire i danni all'autorità di occupazione nella misura di centomila ducati. Sei anni dopo, il 26 novembre 1553, il primo «autodafè» viene celebrato dinanzi al duomo, senza che ne segua neppure una blanda protesta. A quell'epoca, però, don Pedro è già morto da quasi un anno lasciandosi alle spalle uno strascico di accuse piuttosto serie: brutale disprezzo per la legalità, disinvoltura amministrativa, debiti di gioco e trasporto per le belle donne. Nessuno, d'altro canto, disconosce l'efficienza del suo governo e l'inflessibile fedeltà agli interessi del suo sovrano. In città egli ha cercato di inquadrare in una severa cornice sia i rapporti tra i vari ceti, sia i costumi estrosi di una società «bene» che si diletta solo di rumorosi concerti notturni, rischiose avventure d'amore e cruenti duelli.

A reprimere gli eccessi del patriziato, il duca ha messo meno energia che nelle crociate contro le piaghe che affliggono il Regno: le false testimonianze e le delazioni, l'usura, la prostituzione, e su un piano piú ampio il brigantaggio, la minaccia dei turchi, o l'insidia delle terre paludose. I risultati sono mediocri perché il viceré ha realizzato una pura operazione di vertice, tagliando le unghie ai baroni senza preoccuparsi di rafforzare contemporaneamente l'unico strumento alternativo al loro predominio, che potrebbe essere il Seggio del Popolo, il cui eletto a partire dal 1548 è scelto addirittura con un «biglietto» dello stesso viceré. Ovviamente i napoletani recano la loro parte di corresponsabilità: i plebei, perché si rassegnano alla condizione servile anche se proclamano che «qua spiritiamo alla fame»; i nobili, perché si estraneano gradualmente, salvo sporadiche eccezioni, non solo dalla lotta politica, ma anche dagli impegni militari e dal processo di produzione, sprofondando nell'ozio, nell'ignoranza, ed in una bonaria quanto generica cordialità verso il prossimo; il ceto medio, infine, composto in gran parte del popolo grasso, dei curiali, degli appaltatori di gabelle, perché si concentra sul momento economico della sua ascesa senza alcuna prospettiva spirituale o ideologica, lasciando per giunta le posizioni-chiave (commercio, industria e banche) in mano agli stranieri. Anche nei fondi agrari, avvocati ed agenti prosperano alle spalle dei feudatari, emigrati nella capitale, ma non fanno avanzare di un passo la condizione delle masse contadine. Per quasi tutto il XVI secolo, uno scarso contributo viene anche dagli ambienti culturali ed artistici. La tradizione rinascimentale continua con una certa sensuale fiacchezza, languono gli studi politici e morali, gli storici sembrano incapaci di documentare le proprie alate ed astratte argomentazioni, le stesse alte testimonianze di Bernardino Telesio e Giordano Bruno, duramente perseguitati, restano senza eco perché manca ogni collegamento tra le avanguardie intellettuali e la cultura ufficiale, verbosa e bigotta. A scuotere gli spiriti bucolici di un ambiente nel quale il sospetto viceregnale ha liquidato perfino le accademie, non basta neppure uno spirito fantastico come quello di Giambattista Della Porta.

Filosofo, scienziato, scrittore di teatro, fondatore dell'Accademia dei Segreti, Della Porta sfida un processo per stregoneria ed alterna con geniale irrequietezza gli studi di «magia naturale» con quelli di fisica e chimica, i trattati di chiromanzia con una fitta produzione di commedie e, nel loro contesto, le reminiscenze plautine con le intenzioni moralistiche ed una stravagante passionalità. Piú pericolosa della sua solitaria testimonianza risulta la predicazione del Valdés e dell'Ochino, ma quando la diffusione delle loro idee comincia ad alimentare una allarmante problematica religiosa, Chiesa e Spagna si alleano per falciare l'erba sotto i piedi dei temibili sovversivi.

Per tutta la seconda metà del Cinquecento i successori di Toledo restano molto al disotto del suo livello di governo, impegnati come sono nelle intricate vicende belliche della Spagna e nella difficile, impari battaglia contro le incursioni turche. Nell'agosto 1533, per esempio, il pirata Dragut sbarca impunemente a Capri e vi saccheggia la Certosa dando alle fiamme chiesa e convento. Un anno dopo l'imperatore, stanco e deciso al ritiro, cede la corona di Napoli al figlio Filippo II, il cui primo viceré – il duca di Alba – sarà assorbito piuttosto dalle dure ostilità contro il papa Paolo IV ed i suoi alleati francesi, che non dalle cure della «fedelissima» città di Napoli. Qualche provvedimento marginale da lui firmato vale a dare un'idea dei problemi che affliggono i sudditi: pene severissime contro i soliti falsi testimoni, divieto ai funzionari di polizia di farsi sostituire (come spesso usano fare) nell'esercizio del loro ufficio, un ritocco al valore della moneta in senso deflazionistico. Un tentativo della nobiltà piú recente di guadagnare terreno nei seggi patrizi cade nel vuoto all'epoca del viceré Manriquez de Lara: la strategia antiautonomistica del re di Spagna non muta.

Piú importante, e per molti aspetti, piú tempestosa è la permanenza del suo successore, don Pedro Afán de Rivera, duca di Alcalá, gran signore che ha già rappresentato il suo re in Catalogna ma che a Napoli non trova la sorte amica. La peste portata dalla soldatesca spagnola di Sardegna, ha appena seminato la morte, che nel 1562 scoppia una prima «contagione di catarri» cui, vent'anni piú tardi, seguirà un'altra epidemia analoga, detta dei «castroni». Tosse, febbre violenta, emicranie feroci e «gran quantità di acqua fredda» mandata fuori dal naso sono i sintomi di questo singolare malanno, che qualche saggio consiglia di curare «bevendo vini generosi e potenti», mentre il duca di Alcalá è convinto ingenuamente che il rimedio piú adatto a stroncarlo sia la quotidiana accensione di fuochi dinanzi all'uscio di casa.

Anche nei confronti delle carestie e dei terremoti che turbano la sua residenza napoletana, il viceré palesa scarso spirito di iniziativa:

da buon grande di Spagna, indifferente alle sventure dei suoi sudditi, si limita a qualche provvidenza a sfondo assistenziale, senza nemmeno sospettare l'opportunità di un serio intervento su scala amministrativa. Ben altro slancio mette il viceré nell'annientamento di un gruppo di poveri contadini valdesi annidati nel cuore della Calabria, in un paio di villaggi (San Sisto e Guardia, oggi Guardia Piemontese): per la carestia, il catarro e la peste, passi, ma l'eresia va curata energicamente. Lo stesso criterio suggerisce nel 1564 di arrostire sul rogo in piazza del Mercato, Gianfrancesco Alois e Giovan Bernardino Gargano, due protestanti di Terra di Lavoro. Seppure non «alla maniera di Spagna», la Congregazione del Santo Uffizio garantisce un'assoluta funzionalità anche rispetto ai beni dei condannati, che continuano ad essere tranquillamente incamerati nonostante le proteste e le ambascerie napoletane. Il viceré contrasta i disegni della Chiesa post-tridentina soltanto quando si tratta di tutelare le prerogative del suo sovrano.

Ogni volta che il rappresentante spagnolo tenta di riportare ordine nel Regno, perfino quando decide di fronteggiare le incursioni saracene con un sistema di torri (tra cui quella cittadina, alla riviera di Chiaia, notissima sotto il nome di Torretta), malversazioni e peculati della burocrazia eludono le buone intenzioni, disperdendo in mille rivoli gli introiti dell'imposizione fiscale. Risultati altrettanto modesti sortiscono le periodiche campagne lanciate contro il brigantaggio sulle strade maestre e contro la malavita cittadina. In cambio, soprattutto con l'altero duca di Ossuna, il rappresentante di Madrid può togliersi qualche soddisfazione nei confronti della nobiltà locale, imponendole la piú rigida etichetta, ed aggravandola talora con stravaganti topiche che suscitano l'indignazione generale.

Situazioni piú pericolose si creano quando il duca di Ossuna esercita il suo non comune talento di «gaffeur» su problemi vitali, come nel maggio 1585, quando consente una dissennata esportazione di grano, provocando una durissima carestia ed aumentando per giunta il prezzo del pane: ne derivano agitazioni, tumulti, ammazzamenti che scuotono perfino l'albagia del viceré, inducendolo a chiedere la collaborazione dei disprezzati nobili e a prendere finalmente i provvedimenti piú elementari per assicurare il pane alla povera gente. Molti esiliati, trentuno condannati a morte e settantuno alla galera pagano tuttavia il fio degli spropositi amministrativi di don Pedro Téllez Girón, duca di Ossuna. Legato a filo doppio ai gesuiti, il duca rallegra ulteriormente l'esistenza dei suoi sudditi decretando, nel 1586, la censura preventiva sull'importazione dei libri stampati all'estero. Piú prudente e conformista di lui, il suo successore conte di Miranda tira avanti alla meglio fin quasi alle soglie del nuovo secolo, anche se l'immobilismo governativo condanna il paese ad un graduale ed inarrestabile declino economico. Del conte, resta memorabile – nel quadro del folklore cittadino – una curiosa iniziativa nel campo degli affitti per le abitazioni: egli ne sposta i termini dal 15 agosto al 4 maggio, avviando cosí una tradizione ancora cosí viva a Napoli che la voce «quatto 'e maggio» è passata in proverbio come l'equivalente del giorno «dedicato agli sfratti di casa».

Immobilismo, miseria, carestia, epidemie, eruzioni, terremoti, incursioni saracene, brigantaggio e malavita, corruzione burocratica, esosità fiscale, alterigia dei governanti spagnoli e soprusi dei signori indigeni, non riescono tuttavia a scuotere la popolazione. È come se la selezione naturale, eliminando spietatamente i piú deboli o i piú ingenui, operasse una lenta mutazione genetica; o, meglio ancora, è come se, nel crogiolo di tante incredibili sventure, la tempra degli indigeni si trasformasse in una sorta di resina divenuta infrangibile e indistruttibile, piuttosto però per il suo elevato indice di elasticità, che non per un'effettiva compattezza. Nemmeno le pessime condizioni igieniche e l'impotenza della scienza medica tolgono ai napoletani la gioia di vivere. Chi può, si dedica alle feste, agli spettacoli, alle cerimonie, alle tenzoni amorose ed alle serenate notturne; chi non può, si accontenta di stare a guardare. Le autorità spagnole che pure nel 1553 hanno introdotto perfino le corride, cercano di contenere le manifestazioni piú licenziose o tumultuose, sfornando prammatiche tanto severe quanto puntualmente disattese. In altro senso, però, esse condividono, addirittura alimentano l'istinto istrionico di un paese che trasforma in rito teatrale qualunque occasione di incontro collettivo, dai funerali alle esecuzioni capitali, dalle processioni alle risse nei vicoli.

Di teatro ce n'è tanto, nelle strade e nelle piazze, in chiesa e sulla marina, che non stupisce il tardivo rilancio degli spettacoli al chiuso. Accanto alla tradizione colta dai testi recitati da dilettanti nei palazzi dell'aristocrazia, è sopravvissuta una vena popolare che si ricollega per tradizione orale alle antichissime fonti atellane. In particolare gli aragonesi hanno favorito le «feste teatrali» di corte, alimentando un impegno che ha avuto in Pier Antonio Caracciolo e nello stesso Jacopo Sannazzaro, piú tardi in Giambattista Della Porta e in Giordano Bruno (con il suo *Candelaio*) gli esponenti piú significativi. Ma mentre nel tragico e nell'erudito, come ha ragione di sostenere Francesco De Sanctis, prevale l'imitazione di modelli stranieri, nel comico si riconosce piú volentieri il popolo. La stessa copiosa e rigogliosa produzione di novelle, da Masuccio Salernitano in avanti, contribuisce a ravvivare con un soffio di realismo gli intrighi romanzeschi o farseschi, in rappresentazioni che ora sono scritte, recitate o improvvisate nella lingua abituale degli spettatori e dei commedianti, cioè il dialetto. Le «farse cavaiole», in cui gli abitanti della deliziosa ma decaduta cittadina di Cava dei Tirreni vengono rappresentati come pezzenti e quindi su un livello di grossolana comicità, hanno segnato già una notevole ripresa del teatro popolare, dopo la notte del Medioevo e la definitiva prevalenza della cultura «toscana».

In realtà, istrioni saltimbanchi e giullari professionisti hanno continuato a lavorare anche durante i secoli della civiltà cortigiana, adattandosi ai sagrati, alle piazze, alle osterie, i luoghi piú frequentati dai contadini e dal basso popolo, e quindi mimando le attitudini, necessità e disavventure del loro pubblico. La continuità dal Macco dell'epoca romana allo Zanni del Cinquecento non è dimostrata né dimostrabile, ma discende piuttosto dall'identità del pubblico e dalla sostanziale immobilità delle condizioni di vita. Mancano i testi, restano i tipi, fino a quando – proprio agli albori del secolo XVII – accanto ai Matamoros, ai Coviello e Pantaloni, comincia ad imporsi il Pulcinella Cetrulo, che un grande attore come il capuano Silvio Fiorillo renderà celebre: «buffone di piazza» ed «emerito camaleonte», già noto a metà del Cinquecento per come figura in un quadro di Ludovico Carracci, vestito «di una casacca bianca alla vita e largamente rimboccata ad ampie borse» alla maniera dei contadini, la maschera nera col naso ricurvo, un enorme coppolone bianco che del resto si ritrova già come «tutulus» in una tomba etrusca di Tarquinia.

In un'incisione ristampata ai primi del Seicento, il cafone mascherato di Acerra, finto tonto e «sveglissimo» interprete dell'ironia popolare, è già diventato «il Pulcinella di tutti i tempi, buffone malinconico, filosofo rassegnato, uomo che porta la propria croce scherzando: vero napoletano». Dice di sé: «fatto strummolo son del mio destino», dove lo «strummolo» (da un'antichissima voce greca «strobos» o «strobilos») è una trottolina di legno con punta metallica ed un filo di spago, che gli scugnizzi fanno girare in rotazione tirando con forza il filo. Il suo carattere si è formato come quello dei suoi concittadini: le necessità della vita lo inducono a mostrarsi volta a volta servile e ribelle, coraggioso e codardo, cretino e geniale. Si finge minchione e si comporta da astuto, ma in realtà è «come ogni buffone, zimbello di un principe capriccioso», che è poi il proprio bisogno e l'altrui sopruso, di fronte a cui si sente autorizzato a fare il doppio gioco, a curvare la schiena, a prostituirsi, pur di sopravvivere, riservandosi sempre beninteso di vendicarsi con l'arma affilata dell'arguzia.

Mentre la Napoli dei bassifondi simboleggia nella maschera di Pulcinella la sua spiritosa e disperata rassegnazione, nelle classi piú alte muovono timidamente i primi passi gli artisti indigeni. Pittori come Girolamo Santacroce, Andrea da Salerno, Giovanni da Nola, hanno avviato ai primi del secolo un discorso che ad un certo punto viene di nuovo interrotto dall'influenza di maestri stranieri del calibro di un Vasari, ma che nel Seicento troverà il suo nitido sbocco. Altrettanto importante risulterà l'introduzione dell'insegnamento musicale nei conservatori dei Poveri di Gesú Cristo o della Pietà dei Turchini: ancora qualche decennio e la scuola napoletana esprimerà, con il Provenzale ed Alessandro Scarlatti, un originale contributo di esperienze.

2.
L'inferno del sottosviluppo

Il rigido accentramento normanno e le convulse vicende delle susseguenti dinastie: sveva, angioina, aragonese, hanno provocato nel corso del Medioevo un certo ritardo nell'evoluzione economica e civile della nazione napoletana; il dominio spagnolo, soprattutto in coincidenza con la prima metà del Seicento e la devastazione della «guerra dei trent'anni», le vibra il colpo di grazia, relegandola nell'inferno del sottosviluppo. Ridotto a provincia periferica di un impero troppo vasto, privo di un'adeguata rappresentanza del ceto politico e dell'iniziativa di un ceto mercantile autonomo, il Regno sconta nel suo corpo vivo, ricchezze popolazione cultura, il fallimento di una politica smisuratamente ambiziosa e dispendiosa, la cui paternità va attribuita essenzialmente ai due piú cospicui successori asburgici della regina Isabella: Carlo V e Filippo II.

La riconquista delle province occupate dai mori e la riunificazione di tutte le terre ispaniche sotto la corona di Castiglia hanno dato a Madrid l'illusione di una potenza sterminata, le cui basi sembrano diventare incrollabili allorquando i «conquistadores» piantano le unghie nei tesori delle Indie occidentali. Gli Asburgo si impegnano cosí, anche con il terzo ed il quarto Filippo e con Carlo II, su tutti i fronti possibili: le proprie colonie americane, quelle portoghesi in Brasile, l'Inghilterra ed il blocco protestante nell'Europa settentrionale, i principi tedeschi cattolici ma recalcitranti al predominio imperiale, la minacciosa Francia dei due Luigi. L'inflessibile vocazione controriformista moltiplica il numero dei nemici e delle difficoltà: all'interno, la persecuzione contro i «moriscos» e gli ebrei liquida due gruppi etnici che, praticando quasi in esclusiva agricoltura e commercio, potrebbero assicurare la prosperità del paese; all'esterno, si attizzano coalizioni a catena in cui finiscono per confluire anche i protestanti di Fiandra, che alzano la bandiera dell'indipendenza olandese. Alle figure rilevanti di Richelieu, Cromwell, Mazzarino la classe dirigente di Madrid contrappone una serie di favoriti del re, la cui impreparazione è troppo spesso pari all'albagia e alla venalità.

A conclusione di mezzo secolo di guerre pressoché ininterrotte, che hanno straziato soprattutto il territorio tedesco, si delinea un nuovo equilibrio europeo in cui la monarchia unitaria francese ed i paesi della Riforma assumono un peso decisivo, mentre la presenza della Spagna appare sempre piú sbiadita e marginale. Il prezzo dei sacrifici sostenuti sull'altare di un'impossibile egemonia continentale è altissimo: esauste a Madrid le casse del tesoro reale, a maggior ragione lo sono quelle della fedelissima città di Napoli. I vicerè che si susseguono dopo l'allontanamento del conte di Miranda, cioè dal 1595 al 1646, spolpano il Regno fino all'osso, in massima parte per finanziare le alterne imprese dei sovrani asburgici, in qualche caso per rinsanguare oltre il limite della decenza il proprio patrimonio, a titolo di consolazione per i disagi dell'esilio e per i fastidi procurati da sudditi ancora troppo vivaci.

Esponenti di una ristretta cerchia di nobili famiglie legate alle «camarille» imperanti a Madrid, soprattutto a quella del conte-duca di Olivares, questi funzionari di alto rango non si comportano in maniera difforme dai colleghi che governano la Sicilia o Milano e dai modelli che improntano l'amministrazione spagnola nei domini coloniali. Le variazioni riguardano, tutt'al piú, la personalità e la psicologia dei singoli vicerè, il loro margine di autorità e quindi di autonomia rispetto al governo centrale; ma, a scanso di equivoci, quando qualcuno di essi si fa scrupolo, come l'ammiraglio di Castiglia, di spennare la gallina senza tirarle il collo, la sconfessione di Madrid arriva fulminea. Resta inalterata in ogni caso la sostanza di una spoliazione implacabile, spesso dissennata anche per ignoranza delle piú elementari leggi economiche, di fronte alla quale il popolo napoletano manifesta a tratti soprassalti di rivolta, fino al clamoroso ed ambiguo episodio legato ai nomi di Masaniello e dell'eletto Genoino.

Nel gioco delle forze in conflitto con il rappresentante di Sua Maestà Cattolicissima si profila un'intesa fra l'aristocrazia cittadina e il «popolo grasso» ai danni dei baroni, nell'intento di concentrare nei seggi tutto il potere contrattuale con gli spagnoli e garantire agli ottimati napoletani le esenzioni ed i privilegi di cui godono in qualche modo sin dai tempi di re Tancredi. L'ultima seduta del Parlamento, il 18 ottobre 1642, suggella in via definitiva il successo dell'operazione, trasferendo ai fedeli cittadini ogni facoltà decisionale in materia di tributi. La grande nobiltà feudale esce esulcerata dalla sconfitta, ne attribuisce a buon diritto la responsabilità al vicerè e giura alla Spagna un odio eterno che condurrà alla congiura filoaustriaca del 1701 e perfino al fiancheggiamento della repubblica partenopea nel 1799. A sua volta il vicerè pianterà un cuneo tra i due alleati, appoggiandosi al seggio del popolo contro i nobili di città, salvo mutare radicalmente strategia di fronte ai tumulti di piazza ed agli intrighi francesi di mezzo secolo.

La galleria dei rappresentanti spagnoli a Napoli è ricca di personaggi oscillanti tra la tragedia alla Lope de Vega e la commedia dell'arte all'italiana. Alle soglie del Seicento, quando è appena morto il grande Filippo II, approda alle rive del golfo il conte di Lemos, un galantuomo che non si scalmana di fronte al disavanzo del bilancio e ai problemi dell'approvvigionamento: riduce il peso della forma di pane, in modo che siano i poveri a pagare il deficit, e, per suo conto, si abbandona talmente ai piaceri della cucina napoletana, innaffiata coi generosi vini delle sue terre, da volare al creatore nel giro di due anni. È lo stesso viceré che ha ordinato l'inizio dei lavori per il nuovo palazzo reale e per la bonifica del Mandracchio, la zona antistante al porto. Due eventi singolari hanno turbato le sue feste gastronomiche: la congiura eversiva di Tommaso Campanella, trascinato in catene dalla Calabria a Napoli per rispondere della sua violenta utopia; la frode di un bizzarro conterraneo del frate, che si spaccia per il defunto re Sebastiano del Portogallo e finisce recluso nelle segrete di Castel dell'Ovo.

Due anni di luogotenenza di un figlio del conte di Lemos preludono all'avvento di uno dei governanti piú incapaci, ribaldi ed arroganti che la città abbia conosciuto, don Juan Alfonso Pimentel de Herrera, conte di Benavente. Assillato tra il 1604 ed il 1606 da una micidiale carestia, il Benavente ritiene di cavarsela con una serie di provvedimenti demagogici che servono solo ad alimentare la borsa nera e ad impinguare i guadagni di un suo ignobile socio d'affari, il trafficante portoghese Michele Vaaz, piú tardi insignito della contea di Mola. È per ordine esplicito del viceré che i rappresentanti dei seggi si vedono costretti ad acquistare dal Vaaz, in danno dell'annona, enormi partite di cereali guasti e per di piú ad un prezzo piú alto di quello del mercato. I controlli di rito dei «visitatori generali» che il governo spagnolo manda nel regno, portano all'accertamento di scandalose irregolarità ma non scalfiscono la posizione di Benavente, il quale del resto non esita a sbarazzarsi di incomodi testimoni dei suoi traffici, come il conservatore dei grani Francesco Bianco e due funzionari dello stesso ramo, documentando le loro malversazioni e facendoli giustiziare in piazza del Mercato.

Cinicamente disinvolto nel maneggio del pubblico denaro e nella amministrazione della giustizia, don Juan esercita il mandato nel piú assoluto disprezzo dei sudditi, dal piú umile al cardinale: in piena carestia impone una gravosa gabella sulla frutta; realizza una riforma monetaria talmente sconclusionata che dopo pochi mesi deve modificarla; colleziona sconfitte in serie contro turchi e briganti; concentra un enorme potere nelle mani del figlio Giovanni, di un segretario e del famigerato Vaaz. Quando è costretto, nel 1610, a lasciare Napoli si è ormai cosí affezionato alle sue vittime che non riesce a trattenere le lacrime. La sola nota positiva del periodo che coincide, sia pur casualmente, con il suo mandato riguarda il soggiorno in città di un grande artista, Michelangelo da Caravaggio, dal quale partirà un memorabile rilancio della pittura napoletana, illustrata piú tardi dai nomi di Massimo Stanzione, Salvator Rosa, Luca Giordano, Francesco Solimena ed altri maestri. La società intellettuale dà in effetti qualche timido segno di ripresa. Il successore di Benavente, cioè il secondo conte di Lemos, fonda nel 1611 un'Accademia degli Oziosi che in parte è ancora legata ad assurde disquisizioni sul sesso degli angeli, ma in parte si onora della adesione di autentici scrittori come il Marino, Della Porta, Giambattista Basile, il cardinale Ascanio Filomarino. Il viceré cura la riforma dell'università ed il suo trasferimento nella nuova sede, un edificio già destinato a caserma di cavalleria che il figlio del grande Domenico Fontana ha trasformato in un magnifico palazzo.

Il secondo conte di Lemos è, del resto, egli stesso un intellettuale di qualche rispetto: protegge i letterati, tiene corrispondenza con Galileo Galilei e scrive perfino sacre rappresentazioni, mentre la moglie, donna Caterina, pratica fervorosamente la beneficenza ed assiste gli infermi ricoverati all'ospedale degli Incurabili. Nel clima pettegolo e bigotto che domina la città, scoppia intorno al 1611 lo scandalo di suor Giulia de Marco, una ex francescana di umili origini che è in odore di santità presso il popolino e fonda con padre Arciero ed un avvocato De Vicariis una congregazione piuttosto equivoca. Insospettita dalle pratiche misteriose a cui si abbandonerebbe la congregazione e soprattutto dalla superstiziosa devozione che circonda la monaca, l'Inquisizione piomba sulla setta ed apre un lungo, tortuoso e durissimo processo. Ai congregati, in sostanza, si muove l'accusa di praticare «commerci carnali» con il pretesto di «purificarli elevando la mente a Dio»: suor Giulia, vantando il dono infuso della castità, lo avrebbe comunicato ai suoi «fans» consentendo loro in tal modo di dedicarsi «ad atti venerei» senza dannarsi l'anima. Sottoposto a tortura, il povero De Vicariis si fa ad ammettere di essersi «molte volte inginocchiato alle parti impudiche» della presunta santa, «baciandole e chiamandole porte aperte del paradiso». Falsa o vera che sia la confessione, propiziata da un'accanita campagna dei padri teatini in contrasto con i gesuiti, essa viene ripetuta pubblicamente nella chiesa della Minerva in Roma e conduce alla rovina di suor Giulia e dei suoi «figli spirituali».

Coinvolto dalle diatribe tra ordini religiosi ed angustiato dall'ostilità dei seggi cittadini verso la sua riforma finanziaria, il secondo conte di Lemos non ha il tempo di leggere un sorprendente trattato di economia che un suo suddito calabrese, il cosentino Antonio Serra, dà alle stampe nel 1613. Pullulano nel Regno, come è documentato dalle prammatiche, i banditi, i rapitori di fanciulli da vendere come schiavi ai turchi ed ogni altro genere di delinquenti. Uno di essi sembra sia proprio il Serra, gettato nelle carceri della Vicaria sotto l'accusa di detenere metallo prezioso per battere moneta falsa. In realtà, nel trattato che si propone di esporre le «cause che possono far abbondare li Regni d'oro et argento dove non sono miniere», il calabrese si dimostra spirito acuto e moderno, spietato osservatore della realtà. Sostiene che Napoli, lungi dall'essere un paese ricco, va annoverato piuttosto tra quelli poveri di risorse per tutta una serie di ragioni: la collocazione periferica rispetto all'Europa, che rende insostenibili i costi dei trasporti; la scarsezza di industrie e il fiacco spirito d'iniziativa dei suoi operatori economici, assenti non solo dai mercati esteri ma anche da quello interno; la discontinuità della strategia governativa, conseguente all'alternarsi delle dominazioni straniere ed alla effimera durata del mandato viceregnale. L'impoverimento della nazione non è dovuto, dunque, soltanto alle spoliazioni della potenza dominante che sostiene pure elevatissime spese per il Regno, ma anche all'eccesso di importazioni, ossia all'organico disavanzo della bilancia commerciale. Le riforme suggerite dal Serra sono implicite in questa limpida diagnosi, ma restano consegnate ad un libro di cui i contemporanei non si accorgono neppure, tanto è piú avanzato dell'ideologia dominante. L'energica visione che vi è implicita, la robusta consapevolezza civile che lo ispira sono del tutto estranee alla cultura, politica e non politica, dell'epoca.

D'altro canto, la sventurata città ha il suo daffare per resistere alle follie del viceré succeduto al secondo conte di Lemos, don Pedro Téllez-Girón, della stessa famiglia ducale di Ossuna a cui apparteneva il famoso «gaffeur» di trent'anni prima. Brillante reduce della guerra in Fiandra, ancora giovane, ambizioso e presuntuoso al di là di ogni immaginazione, costui si tuffa a corpo morto in una gestione dissennata del potere. Accorda udienza a tutti, ma non può sentire esporre le ragioni altrui senza rimbrottare il visitatore e stranirlo di urli. Con i seggi nobili intrattiene pessime relazioni, anche perché si lascia sedurre da un personaggio singolare, Giulio Genoino, che nel maggio del 1619 sarà eletto al seggio del popolo e fomenterà la piazza contro gli aristocratici. Con i veneziani viene presto in urto, perché organizza contro di loro in Adriatico una vera e propria flotta privata. Cupido delle ricchezze altrui e prodigo delle proprie, alterna progetti faraonici ad avventure amorose degne di un soldato di ventura. Una sera, nel giugno 1617, offre a Poggioreale una memorabile cena ad una folla di commensali tra cui figurano venticinque delle piú note cortigiane cittadine. In giardino è imbandita una tavola carica di vini, formaggio, maccheroni, riso, carne e qualche specialità spagnola, che l'eccellentissimo mette a disposizione di tutti i poveri disgraziati che vogliono entrare, divertendosi un mondo a farli azzuffare tra di loro e bastonare i piú riottosi. Qualche settimana piú tardi, organizza una festa per signore sole, offrendo in dono a tutte le fanciulle intervenute vestiti che sono costati lo sproposito di 600 ducati a testa. Nel corso di un'altra festa carnevalesca, fa le cose ancora piú in grande: sfilano carri traboccanti di ogni ben di Dio, s'innalzano sei giganteschi alberi della cuccagna e il duca compare travestito da turco, con turbante ed uccello del paradiso, alla testa di oltre duecento cavalieri mascherati. Dopo di che, abbandona carri ed alberi al saccheggio popolare e si asside sotto un baldacchino, in piazza del Mercato, per vedere sfilare trecento miserabili seminudi, armati di bastoni spalmati di pece a cui si sono incollate pittoresche penne bianche.

Alla forma, don Pedro accoppia la sostanza. È un donnaiolo scatenato, tanto che lo si accusa di intrattenersi persino in chiesa con le signore compiacenti e di autorizzare prostitute di suo gradimento a gestire, in violazione della legge, botteghe di generi alimentari. La sua conduzione amministrativa e politica si mantiene sullo stesso livello di schizofrenia pura. Per darsi arie di amico del popolo ed accontentare l'eletto Genoino, sopprime la gabella sulle frutta e quella gravante sui privati che cuocono il pane nei propri forni. Che non si tratti di uno slancio sentimentale lo dimostra il fatto che don Pedro grava la mano sulle altre tasse e impone ai sudditi il crescente peso degli alloggiamenti militari di cui, come reduce delle patrie battaglie, è convinto sostenitore. Trovandosi a corto di quattrini, non esita ad attribuirsi la proprietà di galeoni e schiavi che in realtà appartengono allo Stato, onde rivenderli al fisco. Per tutti i quattro anni del suo mandato, rifiuta persino l'idea di far tenere al governo di Madrid bilanci o rendiconti di alcun genere, sebbene un calcolo approssimativo faccia ammontare alla gigantesca somma di 4 milioni di ducati la voragine che il duca ha scavato nelle casse del Regno. Per abitudine, en passant, si serve gratis da commercianti ed industriali, senza farsi scrupolo nemmeno di svaligiare la dogana.

Menando fendenti a destra e a sinistra, alienandosi le simpatie dei nobili e dei mercanti, dei veneziani e dei genovesi, dei mariti traditi e dei predoni della burocrazia esautorati dalla sua concorrenza, don Pedro finisce per spingere Madrid alla disperazione. Quando apprende di dover cedere il posto ad un luogotenente, il cardinale Gaspar de Borja, se la prende con la moglie e le tira in pieno viso un piatto d'argento. Al ritorno in patria, la morte di Filippo III cagiona la disgrazia dei suoi protettori e la sua rovina: piú gradasso e altezzoso che mai, il duca finisce in galera. Governanti del suo stampo, ovviamente, sono fatti per aggravare le difficoltà obiettive del Regno e gettare le premesse per quell'inevitabile esplosione di collera popolare che culminerà nella rivolta di Masaniello.

Nei tre decenni successivi alla scomparsa dell'Ossuna, i rappresentanti della Spagna si districano come possono in una situazione resa piú pesante, per un verso, dalle assillanti richieste di denaro e di uomini da parte del governo centrale e complicata, per altro riguardo, dai soliti ricorrenti affanni: carestie, epidemie, terremoti, eruzioni vulcaniche, incursioni barbaresche, proteste dei sedili contro l'imposizione fiscale e tosatura di una moneta sempre piú scadente. Una parentesi tollerabile coincide con i sette anni del mandato di don Álvarez de Toledo, duca d'Alba, che si fa ricordare per la porta aperta nei pressi di via Costantinopoli ed ancor oggi legata al suo nome. A succedergli, nel 1629, arriva però un altro duca di Alcalá, la stessa famiglia del persecutore dei contadini valdesi, un gran signore ridotto al verde che diventa presto lo zimbello della città per la sua inverosimile avarizia e per il suo sfrontato nepotismo. Quando sbarca la prima volta, compra per 100 ducati gli splendidi broccati con cui è stato addobbato il molo e che valgono almeno nove volte tanto; quando si sposa la figlia, approfitta della contemporanea nascita a Madrid del principe ereditario, per festeggiare il matrimonio con i soldi dello Stato; quando deve combattere il brigantaggio e controllare le fortificazioni, affida l'incarico ad un suo figlio naturale, assegnandogli un'enorme retribuzione.

Compromessa dalle concessioni che Capece Galeota ha ottenuto, a nome dei seggi, a Madrid, la sua autorità si sgretola irreparabilmente in coincidenza con la visita di una principessa reale, Maria Anna. Futura regina d'Ungheria ed imperatrice d'Austria, Maria Anna passa da Napoli, perché in Lombardia infuria la peste fatale a don Rodrigo, ma nonostante il suo disprezzo per la nobiltà locale e l'ostilità da cui si vede ripagata, non accenna a continuare il viaggio. Crescono di giorno in giorno spese ed ansie del povero duca che, ad un certo punto, non sa trattenersi e lascia trapelare la propria impazienza: offesissima, donna Maria Anna parte senza indugio, ma giura in cuor suo di punire l'insolente che, difatti, viene prima richiamato in patria, poi trasferito in Sicilia.

La crescente minaccia delle coalizioni che Richelieu fomenta in tutta

Europa per liquidare i centri focolai dell'influenza spagnola, dalla Valtellina alla Fiandra, si ripercuote sinistramente sulla «fedelissima» città di Napoli. Nei sei anni di mandato del conte di Monterrey, fanti, cavalli e ducati partono in massa dal Regno verso i fronti di guerra, grazie alle tassazioni indiscriminate del viceré che, arrivando in città, ha trovato il peso fiscale «molto leggero in confronto a quello imposto ad altre province» e provvede generosamente ad accrescerlo, riscuotendo dagli arrendatori anche il ricavato delle imposte future. Il processo contro fra' Fioravante da Cesena, incolpato di spionaggio in favore dei francesi, chiarisce a sufficienza la psicosi spagnola del momento. Dopo Monterrey, che nel 1636 ha fatto costruire il ponte di Chiaia, il duca di Medina rincara la dose, decretando odiose imposte sui contratti d'affitto e sulla carta bollata, ma urtandosi con i baroni per la loro riluttanza a contribuire allo sforzo bellico di Madrid. In sei anni, il nuovo viceré versa nelle casse del suo governo la sbalorditiva cifra di 44 milioni di ducati, vantandosi cinicamente di lasciare Napoli in condizioni tali che quattro famiglie, mettendo insieme tutte le loro risorse, non riuscirebbero «a fare un buon pignato maritato», cioè a mettere a bollire un'onesta minestra di carne e verdura.

Intanto l'insidia francese si avvicina: un intrigo con l'ambasciatore borbonico a Roma conduce don Giovanni Orefice, principe di Sanza, ad un processo per alto tradimento ed alla decapitazione in piazza del Mercato: pochi mesi dopo, una flotta con i gigli di Francia compare nel golfo, tenta uno sbarco a Nisida e Bagnoli, viene infine costretta a salpare le ancore. Ossessionato dalla rivolta portoghese e dalle travolgenti vittorie di Turenne ed Enghien, i due fulmini di guerra di re Luigi, il conte-duca di Olivares non può consentirsi sentimentalismi. Se ne accorge a sue spese il nobilissimo, potente, illuminato don Juan Alfonso Hernandez, ammiraglio di Castiglia, che arriva a Napoli fermamente intenzionato a riportarvi un minimo di giustizia e di correttezza amministrativa. Il tentativo di snellire il meccanismo delle esazioni ed il rifiuto di ripristinare la gabella sulle frutta si scontrano con le drastiche istruzioni di Madrid: dopo due soli mesi di mandato, sdegnato dei commenti ostili che le sue iniziative suscitano a corte, l'ammiraglio sollecita la propria rimozione e nella primavera del 1646, vagamente rimpianto dagli infelici sudditi, lascia la città. Si annunciano tempi burrascosi che il successore di don Juan, l'inetto e timido duca d'Arcos, non è certamente in grado di prevenire.

In un'atmosfera surriscaldata da un violento scontro tra i nobili del sedile di Capua e il cardinale arcivescovo don Ascanio Filomarino, il viceré si trova a fronteggiare immediatamente la minaccia di una seconda flotta francese che incrocia al largo di Portolongone, e poiché ha bisogno di denaro, chiede ai seggi un tributo straordinario di un milione di ducati. I dirigenti del sedile del popolo, Antonio d'Angelo e i fratelli Naclerio, complici di ogni vergognosa vessazione ai danni del popolo, votano tranquillamente con i loro colleghi nobili quattro nuove imposte, tra cui quella sulla frutta secca (10 carlini per cantaro, una misura pari a 80 chilogrammi) e sulla fresca (da 10 a 5 carlini, secondo la stagione). Sul piano politico si tratta di una provocazione tanto pazzesca quanto inutile, perché colpisce l'alimento basilare della povera gente, mentre il congegno aggrovigliato e corrotto delle esazioni storna a beneficio dei magistrati e dei gabellieri una grossa percentuale dei proventi. La cecità del gruppo dominante è tale che, per aggiudicarsi l'appalto dell'imposta, grandi signori come Brancaccio e Tarsia impegnano somme cospicue, ipotecando anche la dote coniugale, senza sospettare che quella frutta è avvelenata.

La reazione della piazza è furibonda, ma non completamente spontanea. Nell'insurrezione che prenderà il nome dal suo protagonista più pittoresco e drammatico, confluiscono in realtà spinte ed interessi diversi. Da una parte c'è un forte impulso del «popolo grasso», mercanti, artigiani, professionisti, ad approfittare dell'occasione per imporre una radicale riforma politico-amministrativa. Secondo questa corrente, che trova in Giulio Genoino il suo confuso ma tenace ideologo, le gravezze e l'odiosità della pressione fiscale sono dovute alla cattiva organizzazione del governo municipale, nel cui ambito i cinque seggi dei nobili possono costantemente prevalere in forza del numero sull'unico seggio borghese, perché l'eletto è sottoposto al duplice ricatto del viceré, che da circa un secolo se n'è arrogato la scelta, e dell'aristocrazia che lo condiziona o, più frequentemente, lo compra. Dall'altra parte, ovviamente, esiste una reazione istintiva, naturale, scomposta del popolo minuto che, una volta persa la pazienza, si scatena nei più atroci disordini rubando incendiando massacrando, beninteso finché fa comodo a chi manovra nell'ombra sfruttare la sua collera.

La sanguinosa commedia che si gioca sulla pelle di Masaniello e dei suoi lazzari parte dal presupposto di utilizzare il deterrente della rivolta, per indurre il viceré a modificare l'equilibrio istituzionale in favore del ceto di mezzo e in danno dei grandi signori. Il contrasto del cardinale Filomarino con il duca di Maddaloni e gli altri esponenti dell'aristocrazia favorisce il disegno di Genoino, che per suo conto è convinto in buona fede di una presunta base storica delle rivendicazioni di cui, a nome del «popolo grasso», egli si fa animoso interprete sin dall'epoca del secondo duca di Ossuna. Tradizioni molto diffuse e disinvolte inter-

pretazioni di importanti annalisti napoletani accreditano la leggenda secondo cui Ferrante II di Aragona avrebbe concesso, e Carlo V confermato, un «privilegio» che riconoscerebbe alla borghesia la partecipazione al potere nei seggi su basi paritetiche con la nobiltà. Gli stessi
annalisti favoleggiano di una continuità repubblicana che durerebbe addirittura da tremila anni. La verifica sui documenti di queste suggestive
affermazioni non è stata ritenuta necessaria: Genoino è persuaso del-
l'antica e costante eguaglianza di voti, che sarebbe stata semplicemente
interrotta da re Federico di Aragona, e si propone di ripristinarla definitivamente non in contrasto ma in perfetta armonia di propositi con
il rappresentante del re di Spagna, al quale la sua fedeltà non verrà mai
meno.

La prigione, le torture, la persecuzione, l'esilio di cui l'eletto del
1619 è stato oggetto dopo l'allontanamento del suo protettore, la stessa età avanzatissima non indeboliscono la fredda determinazione del-
l'agitatore ottuagenario che da qualche anno ha preso anche gli ordini
sacri. L'odio implacabile verso i nobili è pari, in lui, alla diffidenza per
le intemperanze anarchiche della plebe: egli dimostrerà alla fine di essere, in qualche modo, un uomo da 18 brumaio, con un secolo e mezzo
di anticipo e con tutte le varianti implicite in situazioni tanto diverse.

3

La tragedia di Masaniello

La città che fa da scenario alla sanguinosa tragedia di Masaniello, è radicalmente trasformata rispetto a quella che col duca di Toledo aveva assunto una sua peculiare fisionomia. Dei 300 000 abitanti che, alla fine del Cinquecento, si addensano nella ristretta cerchia delle mura grazie alle improvvide prammatiche dei viceré, si calcola che appena un sesto abbia un'occupazione stabile, mentre le classi alte vivono di rendita, di usura e di soprusi e quelle infime si macerano in una oziosa miseria. Alla metà del secolo seguente, la popolazione è salita fino al mezzo milione di sventurati, intasati per la stragrande maggioranza in abitazioni insufficienti, luride e costosissime. Nell'ambito del ceto patrizio, che annovera almeno ottocento nobili ed oltre seimila «vassalli», assolvono con zelo alle proprie responsabilità di carattere sociale soltanto i «cavalieri» dei seggi piú antichi, in particolare quelli di Capuana e Nido, mentre quasi tutti gli altri fanno mercato dei voti, speculando sulle gabelle e scaricando sulle spalle dei poveri il peso delle imposte indirette.

Il potere si traduce in una concreta possibilità di arricchimento specialmente quando si tratta di eleggere gli amministratori cittadini, decidere i rifornimenti e le assegnazioni, nominare i magistrati, scegliere i componenti delle varie deputazioni o i dirigenti delle banche e degli istituti assistenziali, le cosiddette «opere di carità». Si determinano cosí, nella nobiltà piú recente o di provenienza provinciale, e perciò non iscritta ai seggi, una spinta ad allargare i centri di potere per partecipare dei «diritti» e dei «privilegi»; e nel popolo grasso una tendenza a dimenticare le origini plebee per arruolarsi, mediante l'acquisto di titoli e feudi, nelle alte sfere. Ricchi proprietari, commercianti, magistrati e avvocati, ma anche speculatori ed usurai di ogni estrazione, spesso legati all'aristocrazia da vincoli di clientela, rifiutano la propria solidarietà con la «gente del popolo», artigiani pescatori battellieri bottegai, e ovviamente ancor piú con la schiuma dei quartieri e dei borghi, contadini inurbati, disoccupati, marioli e disperati di ogni risma.

Ciò nondimeno don Giulio Genoino, deciso a cogliere l'occasione che gli è offerta dal ripristino della gabella sulla frutta e dalla scandalosa prova di corruzione dell'eletto Naclerio, prepara attivamente la rivolta. Sua prima cura è di stabilire un collegamento con i capiquartiere, i capitani d'ottina e gli altri notabili disposti a sostenere, magari restando fra le quinte, l'insurrezione popolare; ma naturalmente i complessi argomenti dell'intellettuale che persegue da trent'anni anche una sua personale vendetta, non sarebbero sufficienti a trascinare le masse, se non esistessero le premesse obiettive per la rivolta e se, a farla scattare, non intervenisse un capo in cui esse possano riconoscersi. Questo capo è Masaniello di Amalfi, il primo personaggio storico che riassuma intensamente, anche se ad un livello istintivo e con tutti i condizionamenti possibili, l'essenza della *napoletanità*, ossia il primo napoletano che si presenti in un preciso contorno storico con una personalità fortemente caratterizzata da quello stesso ambiente di cui, sulle scene, Pulcinella è stato e sarà la maschera emblematica.

Tommaso Aniello è nato, in realtà, non ad Amalfi ma a Napoli, ventisei anni prima dell'avvento di don Rodrigo d'Arcos. Suo padre Cicco e sua madre Antonia Gargano si sono sposati soltanto quattro mesi prima che il bambino venisse al mondo in un'umile abitazione del Vico Rotto, a pochi metri da piazza del Mercato: condizione sociale ed ubicazione sono, dunque, quelle tipiche del *lazzaro*, un termine che la città ha ereditato dai dominatori angioini. L'origine del termine è controversa. Si vuole che quei nobili cavalieri della fede chiamassero *lazare* chi si era contagiato di lebbra durante le crociate; mentre, in ogni caso, per i napoletani il termine passò gradualmente ad indicare il ragazzaccio plebeo «costretto a fare tutti i mestieri» per tirare avanti, un tipo che le difficoltà della vita e la sua scioperatezza hanno conciato come un «santo Lazzaro». È questa, in effetti, la situazione in cui cresce, vive, esplode Masaniello. Gli storici ben pensanti e la propaganda controrivoluzionaria lo descriveranno, piú tardi, come un giovinastro vizioso, dissoluto, dedito al turpiloquio, alla bestemmia ed al gioco, tanto poco edificante da essere scomunicato per l'elusione del precetto pasquale. Il suo ascendente sulla «marmaglia» sarà spiegato soprattutto con una certa «temerarietà orgogliosa ed arrogante». Nel tragico epilogo della sua avventura, quaranta giorni che hanno fatto tremare tutti i grandi del Regno e lo stesso duca d'Arcos, si premerà il pedale sulle sconcezze, le stravaganze e le epilettiche manifestazioni di follia di cui si sarebbe macchiato questo Eliogabalo dei bassifondi, anzi dei *bassi*.

In pratica, Masaniello è un ragazzo immaturo, incolto ed impulsivo, ma ricco di una naturale attitudine al comando, di un temperamento fortemente istrionico e di un'incorruttibile fedeltà alla propria classe ed al re di Spagna. La sua giovialità è quella di ogni abitante di questo paese mite e splendido; la sua astuzia è il risultato di un'esperienza personale e biologica, cioè di una selezione che naturalmente si produce in un popolo povero e tormentato. Vivendo nella sua vivacissima città, percorrendo le strade del Mercato e del Lavinaio, rivendendo il pesce pescato dagli altri o i caciocavalli che arrivano dalla campagna, praticando bottegai e frati, donne e uomini, signori e gabellieri, bettole e galera, Masaniello si è fatto qualche nemico e un mucchio di «compari» cioè di padrini: l'onesto prete don Mercurio Cimmino, il ricco panettiere Carlo Catania, il cuciniere del convento del Carmine, fra' Savino Boccardo, che secondo i maligni non si limiterebbe a confessare i peccati della moglie di Tommaso. Tra i parenti, ce n'è anche qualcuno che ha messo da parte tanti scudi, come i due cognati: Ciommo Donnarumma, padrone di un magazzino di carbone, frutta e carne salata; e Mase Carrese, un ortolano che sbarca ogni mattina al mercato da Pozzuoli per vendere frutta e legumi.

Qualche volta al giovane è capitato anche di finire in carcere per il perfido tiro di un daziere disonesto che gli ha sequestrato le «spaselle» di pesce, cosí come la sua giovanissima moglie Bernardina Pisa ha avuto qualche fastidio analogo per un piccolo affare di contrabbando: e queste disavventure, mentre per un verso hanno accentuato la sua vocazione protestataria, lo hanno pur messo a contatto con gente di qualità, prigionieri politici, per esempio un certo dottor Vitale, cavese come Genoino e suo simpatizzante, come lo è del resto il cuciniere del Carmine, fra' Savino. Sono queste amicizie comuni, oltre al comune risentimento contro i nobili, ad avvicinare i due personaggi, il giovane popolano e il canuto agitatore, che confabulano per giorni e giorni nella penombra del Piccolo Carmelo dei gesuiti, concertando un'azione combinata che si tradurrà in uno dei piú singolari connubi della storia politica. Don Giulio domina il pescivendolo dall'alto della sua cultura e della sua esperienza di lotta, ma non arriverà veramente mai a plagiarlo, proprio per l'istinto di classe che resta vivo nel giovane fino alle ultime ore del suo dramma.

I tempi dell'incendio sono, via via, sempre piú rapidi. Il 26 dicembre 1646, quando le notizie sul ripristino dell'imposta sulla frutta si sono già diffuse nei quartieri popolari, il vicerè va a sentir messa, come ogni mercoledí, alla chiesa del Carmine. In piena piazza del Mercato, una folla circonda la carrozza invocando la soppressione dell'odiata gabella: il duca si fa coraggio, si affaccia alla portiera e con vaghe promesse esorta la gente a calmarsi, anche se poi, all'uscita dalla messa, preferisce eclissarsi in barca dal molo per raggiungere il palazzo reale. Qui i suoi consiglieri, particolarmente i nobili cointeressati agli appalti fiscali, gli suggeriscono di non prendere sul tragico l'episodio, ricordando che il popolo napoletano vuole essere governato «col bastone», e facendo prevalere quest'opinione sui suggerimenti dei pochi moderati, tra cui il cardinale Filomarino. Pochi giorni dopo, il 3 gennaio 1647 si pubblicano le minuziose tariffe in base alle quali si riscuoterà la nuova imposta.

Il malcontento si diffonde in città e nel Regno, alimentato da un'accorta propaganda del partito francese, ma rimane soffocato fino a primavera avanzata, quando arrivano da Palermo le prime voci sui tumulti scoppiati il 20 maggio e sulle violenze esercitate contro gli uffici del dazio. Il viceré di Sicilia, spaventato, ha soppresso tutti i «diritti»: la notizia rimbalza a Napoli come una bomba, suggerendo a molti esponenti della vecchia e della nuova aristocrazia di rifugiarsi in campagna, proprio mentre d'Arcos riceve l'ordine di spedire sui fronti di guerra altri contingenti delle truppe accantonate in città. Agli angoli delle strade cominciano a comparire minacciosi cartelli che incitano i napoletani a seguire l'esempio di Palermo, dando appuntamento alle autorità per il 23 giugno, giorno fissato per la classica cavalcata di San Giovanni. Due settimane prima di quella data, la notte del 6, festa dell'Ascensione, una mano ignota dà alle fiamme la baracca del dazio sulle frutta: si scoprirà in seguito che l'incendiario è Masaniello, il quale con questo gesto esce per la prima volta dalla legalità.

D'Arcos capisce che il peggio può essere ancora scongiurato e, mentre sopprime la cavalcata del 23, ordina alle deputazioni di sostituire la gabella sulle frutta con un'altra qualsiasi imposta, ma i nobili arrendatori corrompono anche l'ispettore di Madrid, il visitatore generale, pur di ottenere una dilazione. Si ordina cosí di ricostruire la baracca al Mercato, nei pressi della popolarissima taverna dei Galli, e si tenta di controllare le piazze attraverso intese di Naclerio con i capi piú temuti e rispettati dei quartieri plebei, magari liberandoli dal carcere come si fa col contrabbandiere Peppe Palumbo e con l'abate Perrone, due camorristi che sono al tempo stesso amici dell'eletto Naclerio e dello stesso Genoino. Qui però il gioco diventa arruffato ed equivoco. Masaniello, che ha bisogno di contare su uomini fidati, si dedica ad addestrare gli «alarbi» o arabi, una torma di scugnizzi che devono partecipare ai festeggiamenti per la Madonna del Carmine, organizzati da fra' Savino. Armati di canne e di una feroce disponibilità, gli «alarbi» rappresentano una piccola massa di manovra della quale conta di servirsi don Giulio Genoino per gli oscuri piani di battaglia che confida, almeno in parte, a Masaniello nel corso di un convegno a Poggioreale, allora contrada campestre, nella taverna all'Acqua della Bufala, dove gli fornisce istruzioni e denaro. La consegna è di arruolare altri «alarbi», pagandoli un tornese a testa, per portarli a manifestare contro il fiscalismo e il malgoverno, beninteso sempre sottolineando la piú assoluta devozione al re di Spagna.

Completate le intese, il giorno 16, grazie ad un rassicurante incontro con l'abate Perrone alla porta del Carmine, il giovane pescivendolo passa all'azione. Ora ha a disposizione duecento e piú «alarbi», armati con una grossa partita di canne che è costata due «reali»: il giorno 30, una domenica, scende in piazza alla testa di un corteo di quei disperati che avanzano a piedi scalzi, laceri, con uno straccio per bandiera ed un vecchio tamburo su cui battono la loro sgangherata melopea: «Viva il re di Spagna! abbasso l'oppressione!» Urlano di voler prendere d'assalto la fortezza ma, quando arrivano sotto le finestre del palazzo reale, si accontentano di scandire uno «slogan» piú concreto: «Basta con le tasse!», che serve tuttavia a spaventare gli sbirri. La loro mancata reazione, dovuta probabilmente a prudenti ordini del duca, offre una prova di debolezza che Masaniello ed i suoi amici, tra cui Carrese e Donnarumma, decidono di sfruttare audacemente per organizzare, la domenica successiva, 7 luglio, una manifestazione di protesta piú radicale.

Quel giorno, i napoletani non avranno il tempo di annoiarsi. Di buon mattino Masaniello si è messo in agguato con trecento dei suoi «alarbi», tutti giovanissimi e armati delle solite canne, dietro il muro del collegio di Sant'Eligio che domina la spianata del Mercato. Mano a mano che arrivano, contadini e pescatori dal mare, fruttivendoli e bottegai dall'interno, si schierano minacciosi davanti alla baracca del dazio ed avvertono i gabellieri che non hanno nessuna voglia di pagare. Una quarantina di loro ricorre all'eletto Naclerio, per sentirsi rispondere che faranno meglio a portare le ceste sui banchi del mercato e piegarsi all'imposta; una deputazione di un centinaio di negozianti, guidati da Carrese, si fa ricevere dal vicerè e viene paternamente rinviata al commissario dei viveri, don Diego Bernardo Zufia, la cui accoglienza è assai meno soave.

A questo punto la protesta cambia tono. Tornato con la sua gente furibonda al Mercato, dove l'eletto Naclerio tenta di fare la voce grossa, il cognato di Masaniello perde la pazienza e si mette a gridare: «Dio ci manda l'abbondanza e il malgoverno ci riduce alla fame!» Per farlo tacere, il capitano di giustizia gli allunga uno schiaffo e Carrese, al parossismo dell'ira, recide le funi di un'immensa sporta e ne rovescia il contenuto sulla piazza, mettendosi a urlare: «Buona gente, quattro soldi al rotolo, senza dazio!» È il segnale della rivolta. Tutti gli altri rivenditori lo imitano e, nello stesso momento, abbandonata la postazione di Sant'Eligio, irrompono sul mercato Masaniello e i suoi «alarbi». Il giovane li incita a fare come lui, a rimpinzarsi di frutta, mentre gli scugnizzi berciano a perdifiato: «Niente imposte! Viva il re, abbasso l'oppressione!» e, arrivati sul posto, si gettano sui fichi, ne mangiano a chili, se li tirano in testa, li lanciano in aria, sempre urlando ridendo bestemmiando cantando, facendo in poche parole un chiasso d'inferno. Una manciata ne tirano in faccia all'eletto che vorrebbe ridurli alla ragione e dinanzi agli sbirri e ai gabellieri, che li inseguono a suon di bastonate, scappano come lepri ma per farsi sostituire da altri compagni che, questa volta, anziché frutta prendono a tirare sassi. Uno di essi coglie in pieno petto il Naclerio che sviene e farebbe una brutta fine se non fosse messo in salvo dall'abate Perrone e dagli altri camorristi, a cura dei quali sarà trasportato a palazzo, nell'appartamento della duchessa d'Arcos.

Intanto la folla in piazza cresce, ondeggia, tumultua. Masaniello si inerpica agilmente su un banco di frutta, dietro la cappella di Santa Croce, lo stesso posto in cui pare sia stato decapitato Corradino di Svevia, e prende ad arringare il popolo. È il suo primo discorso pubblico: secondo qualcuno, il giovane pescivendolo si limita ad invitare i suoi ben disposti ascoltatori a vendicarsi del bargello, appiccando il fuoco a tutti gli edifici daziari; secondo altri, pronuncia una vera e propria orazione per annunciare ai suoi concittadini che la loro miseria, grazie alla gloriosa Vergine del Carmine e alla protezione di san Gennaro, è finita, a patto che lo seguano dovunque e riconoscano in lui un «capo fedele», dal quale saranno difesi sino all'ultima goccia di sangue. Lungo o conciso, il discorso basta ad esaltare gli animi già esacerbati. Guidata da Masaniello, la folla corre al posto del dazio eretto accanto alla taverna dei Galli, vi fa irruzione, fracassa i mobili, strappa i registri, dà alle fiamme gli uni e gli altri. L'insurrezione dilaga. I rivoltosi si precipitano in tutte le direzioni, mettono a ferro e fuoco gli altri uffici del dazio. Una colonna di circa ottocento energumeni, trascinata da Masaniello, incontra il visitatore generale e lo copre di contumelie, per dirigersi quindi a palazzo e forzare le porte dell'appartamento della duchessa di dove l'eletto Naclerio fa appena in tempo a scappare, calandosi da una finestra. Un'altra colonna di dimostranti, capeggiata da uno sconosciuto esule siciliano, si getta sulla baracca del dazio a Porta Nolana, la distrugge, disarma i soldati spagnoli, strappa le alabarde agli svizzeri e inizia il saccheggio.

A palazzo, don Rodrigo prepara la fuga, confortato da pochi intimi tra cui il residente della repubblica genovese, il conte Ottavio Sauli che, pur deplorando gli eccessi della plebe, sottolinea con ammirazione la sua fedeltà al re e suggerisce al duca di sopprimere la famigerata gabella. Mentre il corteo viceregnale attraversa la piazza antistante al palazzo per raggiungere il convento di San Luigi, dove il duca intende rifugiarsi, un insorto che potrebbe essere un certo Pione o lo stesso Masaniello, si lancia su di lui con un coltello. Il cittadino Giuseppe San Vincenzo si carica sulle spalle il terrorizzato signore e lo mette in salvo nella chiesa, dove l'Arcos e il conte Sauli si nascondono nel coro superiore. Di qui, sulla turba che li ha seguiti vociando e scherzando, il vicerè fa piovere i biglietti che il residente genovese ha scritto sotto la sua dettatura per annunciare l'abolizione dell'imposta sulle frutta.

Ma a don Giulio Genoino, che ha seguito i tumulti celato in una abitazione del Mercato, questo obiettivo non sembra piú sufficiente: la sua stella polare è il ripristino del presunto privilegio dell'imperatore Carlo, che in città è chiamato familiarmente «Cola Quinto». Prima ancora che gli insorti penetrati in San Luigi invochino a gran voce dal vicerè il riconoscimento di quel privilegio, il venerando agitatore ha spedito un altro corteo a rilevare don Tiberio Carafa, principe di Bisignano, per invitarlo ad assumere la rappresentanza ufficiale dell'insurrezione. Il disegno è di saldare un'alleanza tra popolo e vecchia aristocrazia, in odio ai nobili dei seggi, agli speculatori, agli arrendatori, ai nuovi ricchi. Con una mescolanza tipicamente napoletana fra trasporto rivoluzionario e sarcasmo, il corteo è passato attraverso il borgo di Chiaia, salmodiando una grottesca cantilena che dice: «Abbiate misericordia, fratelli, di queste povere anime del Purgatorio. Questa è la vera carità»; finché è arrivato a palazzo Bisignano ed ha chiamato a gola spiegata don Tiberio: «Signor Principe, Vostra Eccellenza ci difenda e ci aiuti, Vostra Eccellenza scenda e venga con noi!»

E don Tiberio, sebbene diffidente e ammalato di gotta, ha ritenuto piú prudente accettare l'invito. A cavallo, accompagnato dal nipote e dal principe di Satriano, è costretto a dirigersi verso il palazzo reale. Di passaggio a porta Chiaia, vede bruciare con un fremito il posto daziario, comprendendo di essersi cacciato in una pericolosa trappola. Una volta ammesso a palazzo, ottiene facilmente il biglietto che conferma l'abolizione della gabella ma quando si presenta nell'affollatissima chiesa del Carmine, si sente rispondere da quei diavoli che non basta piú, bisogna sopprimere anche tutte le altre imposte, compresa quella sulla farina. Allora si vede perduto: dapprima cerca di venire a patti con gli insorti, di calmarli, di indurli a ragionare; quindi – sentendosi proclamare, insieme con il nipote e con Satriano, generale in capo della rivolta – coglie la prima occasione per scomparire. Da questo momento, perduta la copertura della vecchia aristocrazia, i tumulti proseguono «senza regola e senz'ordine», sul filo della piú sfrenata anarchia. Bande armate si spargono ai quattro angoli della città. Lo sconosciuto esule siciliano ne trascina una a forzare tutte le prigioni salvo la Vicaria, disarma i guardiani e libera i carcerati; quindi muove minacciosamente in forze verso la chiesa di San Lorenzo, dove sono custoditi gli archivi erariali e l'artiglieria comunale. Qui però i baroni, che hanno trovato scampo nel chiostro della stessa chiesa, organizzano una dura resistenza e, mentre un colpo di moschetto fulmina il condottiero siciliano, provvedono a mettere al sicuro i documenti fiscali nel convento di San Paolo. Al mercato, dove gli insorti fanno capo a Perrone e Palumbo e si sono armati fino ai denti svaligiando i negozi degli armaioli, cresce la popolarità di Masaniello anche tra i numerosi commercianti e uomini di legge che aderiscono all'insurrezione.

A notte fatta, il giovane pescivendolo fa suonare a stormo le campane del Carmine, raduna la plebe del Mercato e degli altri quartieri della costa e la incita ad insorgere in armi l'indomani per liberarsi di tutte le tasse. Genoino e, con intenti piú abietti, Palumbo e Perrone contano di sfruttare le qualità demagogiche del giovane, lasciandogli credere di essere il capo della rivolta; ma in realtà a questo punto Masaniello comincia a prendere consapevolezza del proprio potere e, anche se in parte se ne serve per vendicarsi dei soprusi patiti, nella sostanza orienta la violenza popolare in senso rivoluzionario sforzandosi di contenerla in una cornice di un'intransigente onestà. Suo fratello Giovanni, per esempio, riceve un primo elenco di edifici da bruciare, abitazioni di nobili magistrati e speculatori tristemente noti, ma con l'ordine di non rubare nemmeno uno spillo e Giovanni, altro bel tipo che marcia a cavallo di una mula, piedi scalzi, camicia e calzoni stracciati, un berrettaccio rosso in testa, esegue l'ordine. Mentre Napoli «arde come Troia», secondo l'immaginifica espressione di un cronista contemporaneo, lo stesso Masaniello fa il giro delle botteghe di generi alimentari imponendo l'osservanza di prezzi onesti, pena il taglio della testa, ed elevando il peso della «palata» di pane.

Per tre giorni, dalla domenica al mercoledí, il vicerè abbandona la città agli insorti rifugiandosi a Castelnuovo. Le sue trattative con Genoino e Masaniello seguono un ritmo convulso e crudele. Utilizzando grandi nomi della vecchia aristocrazia per le ambascerie con il quartiere generale del Mercato, don Rodrigo cerca di ammansire la piazza con concessioni sempre piú ampie. Ratifica l'aumento di peso della «palata» e la soppressione di tutte le gabelle decretate dai successori di Carlo V: gli rispondono che si esige la conferma del famoso «privilegio di Cola».

Disgraziatamente nessuno sa dove si sia cacciato il documento, anzi nessuno lo ha mai visto, ed è qui che i negoziati diventano frenetici. I principi portano fasci di prammatiche polverose che Palumbo e Perrone passano a Masaniello e che Masaniello sottopone, di nascosto, al vecchio studioso. Niente da fare.

Il viceré commette, allora, uno sbaglio puerile scegliendo come messi due Carafa di Maddaloni, senza ricordarsi del sacrilegio che uno di essi ha compiuto aggredendo il cardinale e della ruggine che entrambi hanno con i due dirigenti della rivolta. Le furiose galoppate del duca Diomede, che non sa piú quali documenti esibire per accontentare don Giulio, si concludono con un drammatico confronto tra l'aristocratico e Masaniello. In mezzo all'universale ammirazione, il pescivendolo lo accusa di ingannare il popolo e lo fa scendere da cavallo. Quando l'altro, indignato, si sorprende dell'oltraggio arrecato ad un uomo del suo lignaggio, il ragazzo gli grida sul viso: «Meriti questo ed altro, perché sei un traditore della patria». Se non fosse per lo scaltro aiuto di Perrone e Palumbo, i due camorristi che fanno il doppio gioco, Maddaloni non salverebbe la pelle; ma in ogni caso, il contegno di Masaniello porta alle stelle il suo indice di popolarità.

Anche la mediazione del priore della Roccella naufraga miseramente: il «privilegio originale» dei re aragonesi, che sarebbe stato confermato dall'imperatore, resta introvabile. Ormai il diaframma che i vecchi baroni rappresentavano fra il viceré ed il potere popolare, è saltato: si va verso il confronto diretto e forse si potrebbe anche arrivare all'espugnazione dei castelli, che le truppe spagnole presidiano con forze e propositi modesti, se per un solo istante Masaniello ed il suo ispiratore concepissero l'ipotesi di una rottura con la Spagna. È proprio questo il consiglio che al giovane pescivendolo dà un suo antico protettore, il buon don Cimmino, convinto com'è che don Rodrigo finirà per fargli pagare cara la rivolta, ma la strategia di Genoino non si scosta dalla sua direttrice iniziale: realizzare una vasta riforma amministrativa, a scapito dei seggi nobili e sotto la protezione del governo spagnolo. Don Giulio e Masaniello sperano ancora, in pratica, di conseguire un onorevole compromesso, spaventando il viceré senza inimicarselo. Severe istruzioni sono impartite, in tal senso, ai capitani d'ottina per il ristabilimento dell'ordine. Le poche soldatesche straniere rimaste in città sgomberano il campo quando sono battute a Pozzuoli e a Pietrasanta dagli insorti, armati dei cannoni di bronzo che finalmente una colonna di duemila artigiani è riuscita a catturare nel campanile di San Lorenzo. Per accontentare il duca d'Arcos, Masaniello – che ha diretto personalmente il fuoco a Pietrasanta – concerta con il vecchio prete anche il riassetto dell'amministrazione civile: il nuovo eletto del popolo è il nipote di Genoino, Arpaia, suo compagno di congiura e di carcere, ben accetto ai rivoltosi perché «odia i nobili ed è nato al Mercato»; il «grassiere», cioè il responsabile della Annona, sarà un parente del cardinale, il principe di Rocca d'Aspide, convinto da Masaniello con metodi molto persuasivi, e cioè sotto la minaccia di decapitarlo o di bruciargli l'avita magione.

Al quarto giorno dell'insurrezione, però, il gruppo dirigente accenna a riprendersi dal proprio smarrimento. Riconciliatosi con il Nunzio, il viceré spedisce al Mercato preti e monaci a ondate successive, per indurre gli animi a piú miti consigli, ma la plebe accoglie con scarsa simpatia i rappresentanti di un ceto che non s'è mai preso a cuore le sue sofferenze. L'autorità è sbigottita di fronte al giro di vite del comando rivoluzionario, specialmente quando Masaniello sottoscrive col segno di croce un decreto in latino che ordina la distruzione dei seggi nobiliari e convoca al gran quartiere tutti gli aristocratici, pena il saccheggio di case ed averi. Un tentativo di corrompere il giovane pescivendolo cade nel vuoto: due giorni dopo sarà lo stesso Masaniello a rivelare al popolo che il viceré, «con regale magnificenza» gli ha offerto un vitalizio di 200 scudi al mese ed aggiungerà beffardamente di aver ricusato con «mille ringraziamenti» la cortese offerta.

Il duca si rende conto, a questo punto, di dover rettificare il tiro. Il punto debole dello schieramento rivoluzionario non è rappresentato da Masaniello e non può essere aggirato con i grandi baroni: è la borghesia guidata da Genoino che bisogna lusingare. Due celebri avvocati di notorie simpatie populistiche, Mastellone e De Palma, sono scelti per la delicata bisogna, e una volta accertata la necessità di trovare comunque un documento che accontenti don Giulio, si affida al teatino don Caracciolo il compito di scavare negli archivi trasferiti nel convento di San Paolo. Finalmente viene alla luce il privilegio concesso non dagli aragonesi ma da Ferdinando il Cattolico e confermato dal suo successore, appunto Carlo V: non è molto, ma può bastare. Mentre infatti Masaniello riceve l'incarico di spiegare agli insorti che i capitolari di Cola sono conservati in Spagna e che il suo maestro li sta riscrivendo, don Giulio si mette al lavoro nell'appartamento del padre generale dei carmelitani. Si tratta di colmare la vasta lacuna che sussiste fra il documento autentico e l'ipotetico privilegio di Cola. Don Giulio realizza in tal modo la sua vecchia chimera, infarcendo i ventitre capitolari vecchi ed i cinque nuovi degli stessi errori storici che si ritrovano in altri suoi scritti, ma ribadendo le proprie convinzioni di fondo: uguaglianza di poteri e di voti tra nobili e popolo; voto popolare preventivo per tutte le donazioni richieste dal re; ritorno alla durata e alle forme di elezioni primitive per le magistrature popolari.

Una volta raggiunto il grande traguardo legalitario, Genoino ed i suoi amici si illudono di non aver piú bisogno di Masaniello, dei suoi «alarbi», dei suoi «eccessi», ma questa appunto è la chimera che gli eventi successivi metteranno in piena luce. Mentre il vicerè si atteggia a scrupoloso esecutore della nuova convenzione, la nobiltà cittadina prepara un colpo di mano per liquidare Masaniello e decapitare il movimento insurrezionale. Trecento banditi comuni vengono fatti entrare nottetempo in città e disseminati nei punti-chiave, in attesa che la campana del Carmine annunci a stormo l'eliminazione del pescivendolo. Un malvivente, certo Antimo Grasso, che lavora per conto di Micaro Perrone, il fratello dell'abate, nonché su mandato della gentilizia casata dei Carafa, attenterà alla vita del giovane la sera del mercoledí, nella chiesa del Carmine, in coincidenza con il convegno dei capitani d'ottina e delle milizie popolari, adunati per ascoltare il testo dei capitolari di don Giulio.

I disordini scoppiano infatti violenti durante la cerimonia, anche perché qualcuno si leva a protestare contro l'accordo col vicerè, mentre Perrone grida provocatoriamente che l'amnistia prevista dai capitolari deve essere estesa anche ai banditi. Nel parapiglia che ne segue, i malviventi esplodono cinque colpi di archibugio contro Masaniello, lo mancano e riescono a dileguarsi. Troveranno scampo, però, soltanto per poche ore. Circondato da un'incondizionata devozione popolare, che dopo il fallimento dell'attentato si è arricchita di venature superstiziose, il giovane scatena una spietata repressione contro i nemici suoi e della rivolta, con i quali si è messo in contatto il duca di Guisa, che da Roma aspetta l'occasione propizia per entrare direttamente in gioco a nome del re di Francia. Don Peppe Carafa, Micaro Perrone, il Grasso ed un'altra trentina di birbanti sono catturati e giustiziati come ribelli al re e al popolo, le teste infilate sulle picche e messe in mostra al mercato, i corpi trascinati per dileggio nelle strade. Una taglia di 30 000 ducati viene promessa a chi assicurerà alla giustizia il duca di Maddaloni, fuggiasco. La caccia all'uomo si prolungherà per cinque giorni, dal martedí alla domenica, non senza la paterna benedizione del vicerè, che l'approva esplicitamente con un proclama emanato il giorno 12, nonché dello stesso cardinale che, d'intesa col nunzio, nega ai malfattori il diritto di asilo nei luoghi sacri.

È una settimana di fuoco, durante la quale autorità spagnole e dirigenti del popolo grasso non osano intralciare nemmeno indirettamente la violenza rivoluzionaria, anche se proprio dinanzi alla sua anarchica esplosione vanno maturando una crescente ostilità per Masaniello e per tutto ciò che egli rappresenta. L'oleografia popolare ci rappresenta il giovane pescivendolo nell'atto di amministrare giustizia come un capo barbarico: seduto sul davanzale della sua finestra a piano terra, le gambe penzolanti sulla strada, seminudo e scalzo come d'abitudine, con l'eletto Arpaia ed il segretario Vitale ai lati e – nell'ombra, alle sue spalle –, l'invisibile Genoino che fa, al tempo stesso, da spirito santo e da padreterno. A Masaniello basta grattarsi il collo con l'indice per pronunciare una condanna a morte, ma, in caso di provvedimenti piú complessi, si porta la destra alla fronte e fissa gli occhi in terra, simulando una profonda concentrazione che è, in realtà, solo lo sforzo per afferrare bene i suggerimenti che gli soffia all'orecchio il vecchio agitatore. Teatro e verità si mescolano nella scena che esprime in sintesi l'ambigua innocenza dell'indole napoletana, anche se il suo protagonista non scherza affatto ma fa, anzi, sempre piú sul serio.

Il mercoledí 10, Masaniello, messi sul piede di guerra in città 120000 uomini, ordina che i nobili gli mandino armi e famigli: molti obbediscono ma non sono pochi quelli che lasciano a precipizio la città. All'indomani, per accattivarsi le simpatie del cardinale, il giovane decide di far spianare al suolo un edificio che dà ombra al principesco palazzo dei Filomarino: altro tratto commisto di astuzia e di barbarie. L'esaltazione del governo cresce di ora in ora. Dopo la pubblica lettura dei capitolari nella chiesa del Carmine e la loro approvazione, intervenuta non senza contrasti, Masaniello urla alla folla che ha avuto torto a diffidare del cardinale e la induce a chiedergli perdono in ginocchio. Filomarino risponde alla manifestazione alzandosi in piedi e benedicendo gli astanti, ma subito dopo la cerimonia Masaniello dà altri segni di agitazione: prima pretenderebbe di condizionare la sua visita al palazzo reale, dove bisogna recarsi per la ratifica della convenzione, alla consegna in ostaggio dei due figli del vicerè; quindi si lascia convincere dal cardinale a rinunciarvi ma litiga con Genoino perché gli contesta il merito esclusivo del grande successo. Il cardinale, che fa da moderatore, invita il giovane pescivendolo a colazione nel refettorio dei carmelitani, lo rassicura sulla credibilità del vicerè e riesce addirittura a persuaderlo a cambiarsi per andare a palazzo, indossando un abito laminato d'argento che lo stesso d'Arcos gli ha mandato in regalo per lusingare la sua vanità.

Cosí addobbato, e con un fascio di documenti in seno, seguito dalla carrozza dove Genoino siede accanto al cardinale, Masaniello si dirige a cavallo verso la reggia, rivolgendosi lungo il percorso alla folla per invitarla a mettere la città a ferro e fuoco, nel caso che gli spagnoli gli giochino un brutto scherzo. Giunto sulla piazza del Castello, pronunzia una vera allocuzione mostrando i documenti che porta al vicerè: «Io non chiedo niente per me, io pretendo soltanto il bene pubblico. Per nessun'altra ragione avrei mai lasciato i miei stracci di marinaio, perché marinaio sono nato, marinaio sono vissuto e marinaio voglio morire». E ripete ai popolani il monito di non fidarsi della nobiltà e di incendiare tutta Napoli se non lo vedono tornare dal palazzo. Qui finalmente arrivato, fa per gettarsi ai piedi del vicerè ma, con grande spavento del duca, cade svenuto, forse in preda ad un attacco di epilessia o semplicemente di nervi. Riavutosi, professa i suoi sentimenti di attaccamento alla corona e promette un contributo straordinario di un milione di ducati, senza oneri per il popolo, a testimonianza della sua devozione per il re e per il duca. Dopo la firma dei capitolari, si affaccia con d'Arcos alla terrazza e parla ancora una volta alla folla: «Popolo mio, tutto è fatto. Siate devoti alla Santissima Vergine del Carmine e fedeli a Sua Maestà Cattolica. In segno di consenso alzate la mano». Tutti alzano la mano gridando evviva il re di Spagna, e Masaniello, mostrando il vicerè, ricorda che bisogna obbedirgli e chiedergli perdono, quindi si prosterna inopinatamente ai piedi dello spagnolo e glieli bacia, con grande edificazione del popolo e soprattutto del cardinale, che si sarebbe tenuto pago anche di un omaggio reso in privato. D'Arcos contraccambia la cortesia riconoscendo a Masaniello il titolo di capitano generale e regalandogli una collana d'oro, che piú tardi il pescivendolo mostrerà ai suoi amici del Mercato per chiedere se gli permettono di accettarla. È l'ultimo idillio tra i quattro protagonisti del dramma.

Tommaso rimane incrollabilmente fedele fino in fondo ai suoi principî sostanziali – onestà, amore per la causa popolare, devozione alla corona – anche se negli ultimi giorni la torbida passione del potere stravolge i suoi atteggiamenti. Il venerdí 12, la stretta rivoluzionaria si fa piú forte: dal davanzale della sua finestra, al «rez-de-chaussée», vulgo «basso», del Vico Rotto al Mercato, Masaniello assiste all'esecuzione sommaria dei nemici del popolo, organizza la distribuzione dei viveri e delle truppe, provvede alla pubblica sicurezza della città. Per costituire il donativo da devolvere alla Maestà Cattolica, dispone che siano saccheggiate le case lasciate deserte dai signori in fuga e che siano scovati i tesori nascosti dagli speculatori nei luoghi sacri. La promessa fatta a don Giulio, presente il cardinale, di abbandonare il potere quando arriverà da Madrid la ratifica dei capitolari, è dimenticata, anzi l'eletto Arpaia e lo stesso Genoino si vedono svillaneggiati in pubblico, presi a bastonate e perfino minacciati di morte. Ignorante ed ingenuo, il ragazzo non capisce che gli stanno facendo il vuoto intorno, e crede ciecamente nel ruolo che gli hanno lasciato recitare.

Il sabato 13, giorno fissato per il solenne giuramento dei capitolari nella Cattedrale, il comportamento di Masaniello diventa ancor piú catastrofico. Mentre sua moglie si reca a rendere visita alla duchessa, che le farà dono di tre preziosi abiti, egli monta a cavallo per andare incontro al duca ma, giunto in piazzetta del Nido, dinanzi al grande ritratto di Carlo V, esce in un elogio dell'imperatore infarcito di stravaganze e di strafalcioni. Sceso da cavallo dinanzi al Duomo, beve a garganella nel «trombone» di un acquaiolo, quindi si mette a urinare in un angolo dinanzi a tutti e, abbottonandosi frettolosamente i calzoni, si precipita incontro alla carrozza del vicerè, ruzzolando a piú riprese tra l'universale costernazione.

Scene analoghe si verificano all'interno della cattedrale: il capitano generale del popolo pretende di accoccolarsi sul pavimento ai piedi del cardinale e, nel corso della cerimonia, bacia alternativamente la pantofola del porporato e lo scarpino del duca. Quando, durante la lettura dei capitolari, si sente chiamare signore dal duca Coppola di Canzano protesta, dice di essere solo un povero venditore di pesce e di voler tornare a fare il suo mestiere. Alla fine della lettura, commosso, scoppia in lacrime, si straccia le vesti, corre a gettare le braccia al collo del vicerè. Mentre questi si accinge a giurare sul Vangelo l'adempimento dei capitolari, gli ripete concitatamente che verserà il donativo di un milione di ducati fra una settimana ed altri due ne promette entro un mese, ma a questo annuncio fa seguire dichiarazioni e gesti insensati. Alla conclusione del *Te Deum*, quando il duca fa per dirigersi verso l'uscita, è colto da un accesso di servilismo: si precipita ad aprirgli un varco in mezzo alla calca, distribuendo pugni e spintoni, urlando improperi ed evviva alla Spagna. Una volta rimontato a cavallo riacquista per miracolo il suo equilibrio ed indirizza, alla folla che fa ala all'esterno del duomo, un invito che rallegra il duca: «Per me, non avete piú niente da fare. Ecco il vostro padrone: siate fedeli al re». Per compensarlo, il vicerè chiede di passare al ritorno per il Vico Rotto, si sporge all'altezza della casa di Masaniello e scorgendo Bernardina in finestra la onora di un grazioso cenno di saluto.

Il marito di Bernardina si sveglia di buon umore anche l'indomani mattina, domenica, ignaro della rete entro cui sta per impigliarsi. Chiama il teologo dell'arcivescovo e lo spedisce dal vicerè con la preghiera di ordinare il disarmo della milizia popolare, perché lui non se la sente piú di esercitare il comando. La voce dilaga in città: in mezzo all'allegria generale, si smontano le barricate e si fanno falò di gioia con il legno delle botti. In piena euforia, Masaniello si reca a palazzo con un omaggio di pesce fresco per la mensa di sua eccellenza che, a sua volta, si sdebita mettendogli a disposizione una «feluca» colma di rinfreschi per fare una bella gita a Posillipo. È una trappola. Mentre il giovane si abbandona, in compagnia di un'allegra brigata ai pericolosi piaceri della passeggiata a mare, tra gli scogli e gli anfratti di quell'angolo di paradiso, don Rodrigo convoca una riunione di maggiorenti, compresi don Giulio Genoino e l'eletto Arpaia, per porre fine alla stravagante avventura di Masaniello. L'intesa è che, a partire dall'indomani, gli ordini del capitano generale saranno considerati nulli e tutti i poteri restituiti al viceré.

Il destino del povero ragazzo è ormai segnato ed è come se egli, intuendo vagamente l'oscura minaccia che gli si addensa sul capo, consumasse la propria rovina in uno scomposto delirio. Le movenze esteriori sono quelle di una canzone sceneggiata, tradizionale versione locale del pathos plebeo; la sostanza dei fatti è tragica. Ebbro e farneticante, al ritorno da Posillipo, Masaniello convoca nottetempo il grande architetto Fanzago per ordinargli di completare l'incisione marmorea dei capitolari con l'ingiunzione al popolo di non obbedire piú a lui ma al viceré. La mattina seguente, lunedí 15, si sveglia madido di sudore, di febbre e di pensieri nuovi: vuole continuare a gestire il potere, comanda esecuzioni su esecuzioni, impartisce ordini pazzeschi. Salvo la madre, che tenta di dissuaderlo con tutte le sue forze, nessuno osa contrastare apertamente i suoi capricci, sebbene ormai anche i suoi piú intimi amici complottino, per schietto orrore o per calcolo infame, contro la sua vita. Lo stesso Genoino scongiura il viceré di intervenire garantendogli l'appoggio dei quartieri piú popolari. Masaniello è appena tornato da un'altra gita a Posillipo, sulla scia di altre oscenità e di altri delitti, quando i capitani del popolo lo catturano, gli mettono i ferri e lo lasciano sotto custodia nella casetta di Vico Rotto.

La decisione definitiva viene presa a maggioranza in capo ad una lunga ed animata discussione dei capipopolo nel convento di Sant'Agostino; il generalissimo della rivoluzione è sospeso dalla carica e sarà relegato in fortezza fino al giorno della sua guarigione. Suo sostituto provvisorio è l'eletto Arpaia, il nipote di don Giulio. Letta in pubblico dal segretario del seggio del popolo, in piazza del Mercato, la risoluzione è confermata la mattina del martedí da un proclama del viceré, che ribadisce la validità dei capitolari ed affida a Genoino il compito di provvedere ai bisogni della città. Intanto Masaniello è riuscito a sfuggire alla sorveglianza e si è rifugiato nella chiesa del Carmine, dove quella stessa mattina il cardinale arcivescovo deve celebrare la festa della Madonna. La coincidenza rituale sottolinea la verità popolare del dramma. Il giovane, ormai braccato e sgomento, salta sul pulpito per improvvisare l'ultimo sconclusionato discorso al popolo: fa appello alla sua solidarietà, confronta la miseria di un tempo con l'abbondanza attuale, tutta dovuta a lui, piagnucola di esserne stato ricompensato soltanto con l'ingratitudine. Tra una frase e l'altra intercala l'annuncio che la sua morte è imminente, che è certo di essere ammazzato, e, per dimostrare chiaramente in che stato sia ridotto, si spoglia da capo a piedi, trasformando la pietà della folla in coro di derisione e di condanna. È stremato dalla stanchezza quando il cardinale, sdegnato e sconsolato, lo fa trasportare nel dormitorio dei monaci dove, poco dopo, lo seguiranno implacabili i congiurati che hanno assistito allo strazio. Masaniello sta riposando nella sua cella: qualcuno batte alla porta e una voce amica, quella che egli riconosce appartenere a Carlo Ardizzone, lo chiama. Mezzo assonnato, il ragazzo schiude la porta in camicia da notte: una salve di colpi di archibugio tronca il filo della sua vita.

L'epilogo è selvaggio. Un altro dei congiurati, Salvatore Catania, spicca con un coltello la testa dal busto del morto e corre, con un nugolo di compari, a mostrarla al vicerè, incitando lungo il percorso il popolo a gridare: «Viva il re!» Il duca ordina al consigliere Antonio Navarrete di prendere i nomi degli assassini per ricompensarli come si conviene: è la prova del suo cinismo, ma anche di una completa estraneità alla congiura. La testa mozza rimane ad Ardizzone, mentre il resto del corpo è trascinato a furor di popolo per le strade, prima di essere abbandonato, tra i rifiuti, sull'arenile della spiaggia.

4.

La grande peste

Nove anni dopo l'assassinio di Masaniello, scoppia la grande peste.
Ma in quel punto, nel 1656, la città è già stata quasi del tutto pacificata.
Premuti dalle disfatte militari, costretti ad accettare con la pace di Westfalia l'indipendenza della Svizzera e dell'Olanda, cosí come, con la pace
dei Pirenei, riconosceranno la supremazia di Luigi XIV sul continente,
gli spagnoli si preoccupano di liquidare nel modo piú indolore possibile
i contrasti nella città e nel Regno. In prospettiva la lezione della rivolta
popolare sarà messa a frutto da Madrid per operare scelte piú oculate
del personale e dei metodi di governo; nell'immediato, è alla restaurazione dell'ordine che si mira, anche per fronteggiare gli intrighi che il
duca di Guisa alimenta tra i baroni, risoluti a far pagare al viceré i suoi
giri di valzer rivoluzionari.

Poche ore sono bastate ai popolani per pentirsi del sacrificio di Masaniello: il disseppellimento del cadavere, la scoperta della testa sepolta da Ardizzone alle fosse del grano, il solenne funerale al Carmine e
quindi l'interramento sotto la porta della chiesa, dopo la processione sal-
modiante lungo le principali strade cittadine, hanno scandito il rituale
di una tardiva resipiscenza. Ma ormai l'irreparabile è compiuto e la rivolta decapitata, anche se i tumulti si prolungano ancora per molti giorni e riprendono, piú minacciosi, in agosto. Rinserrati nei castelli, d'Arcos ed i suoi uomini lasciano sfogare i disordini, armando di nascosto
i capi del popolo grasso e consentendo agli assassini del pescatore di
trovare scampo negli Stati pontifici. L'ostilità dei nobili rende piú arduo
il controllo della situazione, particolarmente dopo il ferragosto, quando cresce presso la plebe il prestigio di Gennaro Annese, un capopopolo
che è stato investito della carica ufficiale di castellano del Torrione del
Carmine.

Cominciando, non senza qualche ritardo, a dubitare dell'energia del
viceré, il governo centrale ordina per il tramite del suo ambasciatore a
Roma, conte d'Oñate, l'intervento della flotta che è comandata da don
Giovanni d'Austria, giovanissimo, brillante ed amatissimo bastardo del

re. L'ingresso in porto, il 1° ottobre, di quarantadue vascelli spagnoli, prelude all'inevitabile siluramento del duca di Arcos che partirà tre mesi dopo, quando don Giovanni avrà già domato la furiosa ribellione dei quartieri orientali, sbaragliando una flotta francese e creato le premesse per il fallimento dell'insensata avventura del duca di Guisa, l'avventuriero di sangue blu che vagheggia, nonostante i consigli di moderazione del cardinale Mazzarino, il confuso progetto di fondare una «repubblica aristocratica». Ma don Giovanni è anch'egli un irrequieto improvvisatore che Madrid preferisce presto sostituire con un diplomatico esperto ed energico, lo stesso conte di Oñate che negli anni di permanenza presso la curia romana ha imparato a conoscere da vicino i problemi e la realtà del Regno.

Assunto alla carica il 2 marzo 1648, il conte si preoccupa anzitutto di riportare la calma in periferia, sloggiando due presidî francesi da Fondi e Sperlonga, rioccupando Ischia ed annientando i rivoltosi in Calabria (ma non in Irpinia). Un mese piú tardi approfittando di un improvviso viaggio del duca di Guisa, strappa alla sua guarnigione anche l'isoletta di Nisida, finendo per catturare lo stesso lorenese. In estate, nuovi tentativi di sbarco di galeoni nemici al comando di Tommaso di Savoia sono respinti fin quando la flotta degli invasori salpa definitivamente per la Provenza, permettendo ad Oñate di sbarazzarsi anche di Gennaro Annese, processato e giustiziato per alto tradimento sotto l'accusa di intelligenza con i francesi. Altrettanto spietata la repressione contro gli altri esponenti della rivolta, sgozzati in carcere o decapitati, impiccati o costretti a cercare scampo nell'esilio.

Pur amante delle opere pubbliche e soprattutto dell'opera lirica, il grande viceré non perde il suo tempo: nel maggio del 1650, lasciato a Napoli come luogotenente suo fratello, piomba in Toscana per liberare le basi di Portolongone e di Piombino; tornato nella capitale, dirige con pugno fermo le operazioni di polizia contro i briganti dell'Abruzzo, stronca quando può gli abusi dei nobili in provincia e ne attira un cospicuo numero a corte per colpire il loro indiscriminato potere nei feudi. Del piú minaccioso di essi, il principe di Montesarchio, si è sbarazzato in precedenza prima chiudendolo nelle segrete di Castel dell'Ovo, poi imbarcandolo per Madrid dove tuttavia il ribelle riesce a conquistare il favore della corte, incarichi, pensioni ed il diploma di grande di Spagna. I cinque anni di governo dell'Oñate coincidono, tutto sommato, con un drastico ammorbidimento di tutte le opposizioni. Il conte si fa apprezzare anche per la ricostruzione della dogana, il finanziamento di bellissime fontane e la protezione ai «Febi armonici», una compagnia lirica che egli chiama a recitare a palazzo, in un ambiente musicale che dà già molteplici segni di risveglio.

Nel novembre del 1653, a prendere il posto del sagace vicerè è chiamato un celebre giurista dell'università di Salamanca, uditore della cancelleria reale, l'eccellentissimo Garcia de Avellaneda y Haro, conte di Castrillo. Non è una missione fortunata. Una prima disavventura attende don Garcia dopo solo un anno di governo, quando Enrico di Guisa torna alla carica e sbarca a Castellammare di Stabia, addentrandosi minacciosamente verso l'interno. Una serie di temporali imbroglia tuttavia le vele del duca che, prima di Natale, e questa volta definitivamente, preferisce prendere il largo. Ma della seconda disavventura il conte non si libera altrettanto facilmente: è la grande peste e scoppia nelle primissime settimane del 1656; un anno ed un evento che spaccano in due la storia di Napoli.

L'epidemia serpeggia in Spagna sin dal tempo di Masaniello. Pare sia stato un bastimento proveniente da Algeri con un carico di pellami a diffondere il contagio in Valenza, proprio nel luglio 1647. Dai calzolai che hanno lavorato quel cuoio infetto, le febbri si sono diffuse in tutti i ceti ed i rioni della città, poi verso ovest fino alle Americhe e verso oriente fino alla Catalogna. Dal continente, tre anni più tardi, raggiungono la Sardegna dove sono acquartierate le riserve di truppe, spagnole e locali, a cui attinge incessantemente il vicerè di Napoli per assicurare rinforzi all'esercito operante in Lombardia. Le preoccupazioni militari, rese assillanti dalla catastrofica piega della guerra, sono più forti delle preoccupazioni sanitarie, del resto molto relative nell'epoca: isolamento e quarantena delle navi vengono spesso ignorate per accelerare le operazioni di carico ed i movimenti di soldati; agli equipaggi ed ai servizi di sussistenza si concedono a cuor leggero patenti di sanità sommarie o addirittura false.

Secondo i più sospettosi nemici del governo viceregnale, non è neppure da escludere che il contagio sia deliberatamente diffuso dall'eccellentissimo, per estirpare alle radici la ribellione napoletana. Ignoranza, superstizione ed inettitudine sono tuttavia capi di accusa già abbastanza pesanti contro il vicerè, per non esigere in aggiunta un'ipotesi così agghiacciante e, tutto sommato, priva di qualsiasi documentazione, tanto più che il predecessore di don Garcia ha avuto modo di ridurre alla ragione tutti i gruppi che potevano inquietare il governo. Della verità, probabilmente, assai più semplice, si trova traccia abbastanza plausibile in un «libro dei morti» della chiesa di Santa Maria Maggiore. Una delle tante navi in rotta dalla Sardegna tocca il porto di Napoli: secondo certe fonti, è un trasporto militare che sbarca un gruppo di soldati spagnoli ammalati di lue; secondo certe altre, è una triremi mercantile che manda a terra la ciurma. Qualcuno di questi marinai o di quei soldati porta con sé monili e indumenti di pregio che naturalmente occulta alla dogana per farne omaggio ad una donna o rivenderli di contrabbando: saranno proprio questi oggetti, contaminati dalla peste di Sardegna, a spargerla dapprima nel Lavinaio, poi in tutta Napoli.

L'epidemia aggredisce la città in un momento di particolare labilità della psicologia collettiva. La rivoluzione di Masaniello ha sbigottito spagnoli, clero e nobili; il suo fallimento, per converso, ha esposto il popolo basso alla vendetta dei suoi padroni, alla loro reazione furibonda, alle cupe minacce terrestri ed ultramondane che preti e frati scagliano dal pulpito, annunciando orrendi castighi per un popolo che si è ribellato contro il suo cattolicissimo sovrano. In particolare i gesuiti diffondono voci di strabilianti miracoli, di portenti naturali, di imminenti sciagure, trovando facilmente brave comari disposte a vedere madonne che trasudano sangue o a sognare santi che pronunciano sinistre profezie. Perfino la cometa del 1653 e l'eclissi parziale dell'anno seguente sono citati come anticipazioni dell'apocalisse che qualche predicatore ha previsto esattamente per il 1656, partendo dallo scientifico presupposto che in un ipotetico anno 1656 dalla Creazione sarebbe avvenuto il diluvio universale, e giungendo alla conclusione che la data segnerebbe il limite della divina pazienza nei confronti dei peccatori. I pochi spiriti laici della città, tra cui lo scrittore cosentino Tommaso Cornelio, si accontentano di annotare nelle private carte lo sdegno per le assurdità e il terrorismo della cultura dominante. Tra poco ogni disquisizione svanirà ed infurierà esclusivamente una disperata lotta per la sopravvivenza individuale.

L'anno temutissimo comincia in apparenza meglio di quanto si sia previsto: le notizie sulla diffusione iniziale del contagio non sono ancora note, la primavera si annuncia con splendidi colori, il carnevale impazza. Soltanto i funzionari spagnoli, addetti alla numerazione dei fuochi, cioè al censimento delle famiglie, vengono scoprendo con stupore la crescente frequenza di decessi fulminei che si registrano nel popolarissimo rione del Lavinaio. Le voci cominciano piano piano a spargersi. Giunta la quaresima, i predicatori sentono il bisogno di spiegare ai fedeli l'allarmante fenomeno e naturalmente non si fanno scrupolo di identificarlo con la prevista catastrofe, il castigo di Dio. È un'interpretazione fatta per aumentare il panico senza per questo stimolare la vigilanza sanitaria, ma a contrastarla non c'è che un medico, un popolarissimo e coraggioso medico che abita nei quartieri bassi della città, il dottor Giuseppe Bozzuto.

Dopo Masaniello, ed in un senso del tutto diverso, Bozzuto è il secondo napoletano verace che la nostra storia individua. Appartiene alla borghesia colta ma non ha nulla del professionista accademico. È abituato a parlare con la gente del popolo nel suo linguaggio «concettoso e franco», si ferma in mezzo alla strada a discutere con le donne e con i vecchi, cerca di correggere le idee storte con la celia e le arguzie, armi tipicamente napoletane, ma di fronte ai piú ostinati, monta in collera, picchia forte il bastone per terra, annusa furiosamente la presa di tabacco. Circondato dall'affettuosa ammirazione delle creature semplici, l'onesto medico poco si cura di signori e spagnoli, di apocalissi e di miracoli, tenendosi piuttosto ai fatti. Quando gli arrivano all'orecchio le prime voci su queste morti improvvise, anziché rifarsi allo sdegno del Padreterno, le collega all'arrivo delle navi dalla Sardegna ed alla registrazione di un misterioso decesso all'ospedale dell'Annunziata. I sintomi del male lo fanno rabbrividire: sono petecchie e bubboni, che si rivelano su altri ammalati dello stesso ospedale o sui loro congiunti. Anche l'identità delle prime vittime gli sembra sintomatica, perché dopo un tal Masone, appena tornato dall'isola, muore nel giro di ventiquattro ore un infermiere, Carlo de Fazio, che lo ha assistito e, dopo di lui, sua madre. Il quarto defunto è un usuraio, un negoziante di castagne e noci, padrone di casa del De Fazio, che per ripagarsi della pigione si è preso due materassi e ci ha rimesso la pelle, contagiando per giunta tutta la famiglia. Tutto accade nello stesso quartiere, che è poi quello della rivoluzione di nove anni prima: segno, secondo i bigotti, che il Signore vuol punire i ribelli; conferma, secondo il medico, che si tratta di una spaventosa malattia infettiva e che questa malattia è la peste.

Gli argomenti del dottor Bozzuto sono fin troppo persuasivi ed uno dei suoi ascoltatori casuali, un Donato Grimaldi che è stato eletto dalla città, si fa premura di correre a riferirli al viceré. Il primo provvedimento che prende don Garcia è quello di far relegare l'impudente medico in «oscure prigioni» dalle quali uscirà soltanto per andare, grazie ad una benevola concessione delle autorità, a morire di peste a casa propria; il secondo è quello di consultare i grandi medici, protomedici e baroni dello Studio Universitario, per farsi illuminare dalla loro veneranda scienza. L'oracolo è che non si tratta affatto di peste né di altra epidemia, ma che ad ogni buon fine sarà meglio realizzare due arditi espedienti sanitari: «il bando di una quantità di animali immondi alle selve e la mondezza agli angoli delle strade». Gli animali sono i porci che i monaci di sant'Antonio Abate, l'amatissimo *Sant'Antuono*, posseggono in grandi mandrie e che per privilegio ecclesiastico sono autorizzati a vagare liberi per tutte le vie della città, dove ricevono i succulenti avanzi, l'omaggio e in qualche caso addirittura il caldo abbraccio dei devoti.

Intanto, con lo scoppio del caldo, la peste prende a vigoreggiare con rinnovata virulenza: a metà maggio, dopo quattro mesi di bugie ufficiali e di preghiere popolari, si viene a sapere che al Lavinaio si è spenta un'intera famiglia composta di sette persone. Tutta la città ne parla sgomenta ed invano l'arcivescovo e gli eletti tentano di persuadere il vicerè quanto meno a «dichiarare» apertamente l'esistenza dell'epidemia: don Garcia si limita, con una certa magnanimità, a consentire che si parli di un «morbo corrente». Purtroppo, con o senza licenza dei superiori, il morbo esiste, dilaga, infuria. In principio ha attaccato soltanto uomini molto robusti, quindi si è esteso ad un numero sterminato di donne e di bambini. Presenta sintomi inequivocabili: comincia con emicranie fortissime e deliquio, seguono quindi il vomito ed una febbre violenta che è accompagnata da inestinguibile sete e da segni vistosi sul corpo, quali l'arrossamento di tutte le ghiandole, la comparsa di bubboni all'inguine e sotto le ascelle, la fioritura di pustole sulle cosce e all'altezza del femore.

Mentre pullulano i miracolosi rimedi dei ciarlatani, il clero alimenta con zelo alluvionale le pratiche religiose, alternando le confessioni al viatico, le penitenze ai digiuni, le processioni ai giubilei e moltiplicando co sí incoscientemente le occasioni del contagio, oltre ad indebolire la resistenza fisica e nervosa delle vittime. L'esaltazione collettiva tocca l'apice quando a qualcuno viene in mente di ricordare la profezia di suor Orsola Benincasa. La santa donna, morta da una quarantina d'anni, non si è accontentata di costruire a forza di elemosine un «conservatorio» per fanciulle a mezza costa, sotto la certosa di San Martino, ma ha pure preconizzato ai napoletani che conseguiranno mirabili grazie celesti sempre che si preoccupino di erigere, accanto al convento, un eremo in cui allogare pie vergini consacrate al Signore. Come rimedio contro la peste, vale la pena di tentare anche questo. Verso la metà di giugno, tutti i napoletani in grado di camminare o di trascinarsi, con il conte di Castrillo alla testa, muovono in pellegrinaggio verso la località indicata dalla monaca. Mentre in città si raccolgono botti di monete e cesti di gioielli, sulle falde della collina si alternano i muratori volontari, recando chi pietre, chi travi ed altro legname per le fabbriche, chi cofani di calce portati dai somari, chi cesti di chiodi e fasci di funi, tutti intonando inni sacri e biascicando preghiere, nella speranza che suor Orsola voglia adempiere alla sua profezia. In pochi giorni il romitorio viene eretto ma l'epidemia non diminuisce, anzi s'incrementa di cosí intensificati contatti, diffondendosi in tutti i quartieri, dal momento che tutti i quartieri hanno concorso alla pia opera delle monache. L'ottimo don Garcia decide allora di rinunciare ad ogni ulteriore iniziativa e si rinchiude a palazzo con i propri fidi, disponendosi a ricevere i visitatori ben protetto dalle vetrate di un palco sopraelevato.

Tanto piú opportuno risulta l'isolamento del viceré in quanto la furia del morbo ha finito per concentrare la collera popolare proprio contro il governo spagnolo, che i vecchi ribelli cominciano ad accusare piú o meno velatamente di aver trascurato tutti i rimedi validi nella speranza di sterminare la povera gente, visto che i quartieri alti e le fortezze sono andati immuni finora dal contagio. Gli agenti di Castrillo cercano di ammansire la piazza diffondendo la voce che la malattia sarebbe determinata da polveri velenose portate dai seguaci francesi del duca di Guisa e sparse un po' dappertutto, dalle acquasantiere ai cibi, dalle monete ai mercati, e che basti quindi individuare i nemici stranieri perché l'epidemia rifluisca. Il solo effetto di questa criminale menzogna è un'esplosione di xenofobia che si traduce in una sanguinosa caccia a chiunque, uomo o donna, vesta in modo insolito, parli con accento sospetto o semplicemente torni a Napoli dopo lunga assenza. Un tal Vittorio Angelucci, coinvolto in un tentativo di linciaggio all'uscita dalla chiesa di Santa Maria di Costantinopoli, è spedito alla ruota dalle autorità insieme con altri cinque disgraziati, sotto l'accusa di dispensare la peste in polvere. È un espediente della Deputazione di sanità per farsi perdonare la propria negligenza? o è addirittura una congiura degli spagnoli, che hanno assoldato una manica di morti di fame, facendoli passare da untori per sacrificarli sull'altare dell'opinione pubblica?

Impossibile dirlo con certezza. È assodato che soltanto il 23 maggio il viceré si risolve a pubblicare le prime prammatiche sul morbo. La città è già trasformata in un deserto: stranieri e nobili sono fuggiti in provincia, a Roma, all'estero; i medici sono morti in grandissimo numero, come del resto i loro collaboratori di ogni genere, infermieri flebotomi erborai; perfino la innumere pletora dei preti è decimata, tanto che il cardinale arcivescovo deve imporre esplicitamente ai superstiti di attestarsi nelle rispettive parrocchie per sovvenire ai bisogni religiosi sempre crescenti. Impartito l'ordine, sua eminenza si ritira a pregare in un convento di certosini, fuori pericolo, ma per fortuna c'è il nunzio apostolico, il genovese Giulio Spinola, che non abbandona la trincea e anzi si fa premura di presentare al viceré una serie di suggerimenti attinti alla esperienza di altre città colpite dall'epidemia. L'8 giugno, don Garcia trasmette i consigli del nunzio alla Deputazione di sanità, con l'incarico di tradurli in pratica. Si comincia, finalmente, a prendere qualche provvedimento ragionevole: le abitazioni in cui muore un appestato vengono sigillate; i parenti, cui è fatto obbligo di restar chiusi nelle case, ricevono gli alimenti a spese del governo; le suppellettili e gli abiti degli appestati sono dati alle fiamme; ai frati si proibisce di seppellire i morti di peste nelle chiese; ai baroni, sempre privilegiati, si ingiunge di trasferirsi nei loro feudi. La nuova Deputazione, nominata per l'esecuzione di queste norme, incarica i medici piú famosi della città di condurre, visitando gli ammalati e sottoponendo i cadaveri ad autopsia, una seria inchiesta sul morbo, che alla buon'ora viene riconosciuto per quello che è.

Malauguratamente è già troppo tardi per arrestare l'epidemia, né i rimedi escogitati sembrano molto efficienti. Per ingentilire l'atmosfera si bruciano incenso, piante aromatiche, ramoscelli di alloro e di rose; si proibisce di far circolare in città cani ed altri animali; si costringono anche con la forza gli ammalati a rifugiarsi nei lazzaretti o negli ospedali. La gente va in giro proteggendosi con grossi ventagli, recando in mano una fumante fiaccola di pece e tenendo in bocca un cibo qualsiasi senza masticarlo. L'aceto è considerato come il disinfettante ideale per ogni oggetto, monete comprese, ma non manca chi inghiotte «boli di pietre preziose» per evitare contaminazioni, mentre tutti si guardano bene dallo scambiarsi la parola da breve distanza o dal leggere una lettera senza immergerla nella calce viva o in un forno acceso. Amuleti ed immagini sacre sono compagni inseparabili di ogni napoletano, vivo o morente. L'inutilità di espedienti siffatti accresce il panico e la disperazione di un popolo già poco disciplinato per indole e dissuaso dall'obbedienza per lo spettacolo di inettitudine delle autorità: di fronte al pauroso aumento giornaliero dell'indice di mortalità, si cominciano a disattendere le prescrizioni sanitarie e si resiste agli agenti incaricati di farle osservare, tanto che diventano sempre piú frequenti le risse, i tumulti, i disordini.

Chi ha ancora la forza di farlo, cerca scampo nelle campagne ma severe disposizioni ed una spietata vigilanza sbarrano l'accesso a tutti i villaggi e le città del regno, e le peregrinazioni delle sventurate turbe si concludono in un'infernale agonia sotto la sferza del sole di luglio. Altrettanto ferocemente incrudelisce l'epidemia tra coloro che restano a Napoli. Vagano nelle strade e nelle piazze desolate ricchi e poveri, uomini e donne, popolani e signori, laceri e discinti, trafelati dall'afa e dalla polvere, affamati e miserrimi, recando in collo bambini ed averi. I piú robusti cadono fulminati dal morbo, in un soffio o in preda alle vertigini; i piú deboli, sopraffatti dal delirio, corrono a gettarsi a capofitto nei precipizi, nei pozzi, nel mare per abbreviare le sofferenze; i piú malinconici errano senza parole e senza pensieri, vacillano, cadono, si rialzano, finché si accucciano sfiniti in un angolo per aspettarvi la morte. Sui tetti e sulle muraglie si scorgono le sagome di ammalati impaz-

ziti che passeggiano come sonnambuli fino a perdere l'equilibrio e ruz-
zolare nel vuoto.

I servizi funzionano sempre peggio. Si usano tutti i mezzi, compresi
carri e carretti trainati da buoi, per trasportare le montagne di cadaveri,
ma ne restano sempre caterve all'interno delle case, sui portoni, negli
atri, sulla soglia delle chiese, per la strada. Il reggente della Vicaria e
l'eletto del popolo, il pietosissimo Felice Basile, mobilitano tutti i mezzi
per sgomberare la città. Cumuli di appestati morti o ancora moribondi
sono trasportati nella grotta degli *Sportiglioni* (cioè dei pipistrelli) presso Poggioreale, e nessuna esitazione ferma la mano degli stessi parenti,
nessun servizio religioso accompagna gli infelici nell'ultimo viaggio;
altri corpi vengono lanciati in mare a decine e tornano, orribilmente
gonfi e deformi, sulla ridente spiaggia di Chiaia cantata dai poeti e dai
musicisti, per farsi divorare dai cani arrabbiati o seppellire dai pochi
generosi. Arenili, giardini, orti, caverne, cantine, cisterne si trasformano in tragici ossari. I carcerati e gli schiavi turchi, liberati per ordine di
don Garcia, scavano enormi fossati alla periferia, ammassandovi pile di
morti, coprendoli di calce e di detriti, anzi seppellendoli sotto una spes-
sa muraglia per soffocare il fetore pestilenziale della putredine. Quando
non bastano i galeotti, soldati spagnoli si incaricano della bisogna, aggiungendo alla crudeltà del morbo l'efferatezza della loro avidità e lascivia.

Le strade del centro sono cosí ingombre di moribondi e di cadaveri,
ammucchiati l'uno sull'altro, che i passanti e perfino le carrozze ci passano sopra calpestandoli come uno spaventevole selciato. I bambini,
perduti i genitori e privi di assistenza, sono falcidiati dall'epidemia: si
svuotano i conventi, quelli maschili piú dei femminili; le aule di tribunale sono deserte, chiese e botteghe restano chiuse per mesi, le famiglie dissestate, le campagne abbandonate, il porto desolato, il mare vuoto di vele e di barche. Né migliori sono le condizioni delle province,
salvo i pochissimi centri come Gaeta, Sorrento, Paola, Belvedere, dove
si sono applicate con diligenza le misure di isolamento. Il morbo dilaga
ben presto a Roma, negli Abruzzi, in Umbria, salvando il litorale toscano ma senza risparmiare quello ligure fino a Genova.

A Napoli è soltanto verso ferragosto che la furia del morbo si attenua. Il giorno 14 una «pioggia immensa» si abbatte sulla città, trasformando la grande fogna di via Toledo, il «chiavicone» (o cloaca massima) stipato di cadaveri e di suppellettili infette, in un impetuoso torrente che travalica, inonda la strada e i dintorni, corrode le fondamenta
delle case vicine, determina il crollo di quasi tutto il fianco che scende
verso il mare. L'acquazzone allontana gli umori pestilenziali e purifica

l'atmosfera. Tra i ringraziamenti, le preghiere, le novene dei buoni napoletani, lazzaretti ed ospedali cominciano a registrare un sensibile calo dei decessi quotidiani. Mentre i gesuiti attribuiscono il merito del fenomeno a san Francesco Saverio e i teatini lo conferiscono al beato Gaetano da Thiene, si tentano i primi bilanci. Le cifre citate dai memorialisti contemporanei sono probabilmente esagerate dallo sbigottimento; quelle dedotte dai posteri difettano del suffragio di documenti precisi, che il caotico disordine delle parrocchie ha impedito di stilare. È accertato comunque che la popolazione cittadina, valutata intorno ai 400 - 450 000 abitanti alla vigilia dell'epidemia, si riduce a molto meno della metà; le vittime ammontano, senza dubbio, almeno a 250 000 con medie oscillanti, nel periodo piú acuto, dai 2000 ai 5000 decessi quotidiani; numerosissimi sono anche i cittadini fuggiti nella speranza di sottrarsi alla peste e fulminati in provincia. La metropoli mediterranea, punto di riferimento obbligato all'ammirazione di tutto il mondo civile, è ridotta ad uno squallido e brulicante accampamento di ombre.

Quelle ombre, però, fanno presto a rianimarsi. L'8 dicembre 1656, sulla fede di un gruppo di medici sopravvissuti alla tragedia, Napoli viene dichiarata «libera di ogni sospetto». Il municipio celebra la solennità ordinando che, in onore dell'Immacolata Concezione di Maria, la città e i castelli reali risplendano di fiaccole e le artiglierie dei forti tuonino senza requie. Con l'intervento del viceré e dei piú alti dignitari del Regno, una cerimonia solenne viene celebrata nella chiesa di Costantinopoli, mentre al pomeriggio i banditori pubblici proclamano con laceranti squilli di trombe, a tutti gli angoli delle strade, il ritorno ufficiale alla salute e il ripristino totale della libertà di circolazione dentro e fuori le mura. Una processione serale, con don Garcia e i nobili in testa, ceri accesi alla mano, devoti inni sulle labbra, conclude la storica giornata. Cappelle ed edicole sacre si moltiplicano, come scolte, sulle porte della città e nei luoghi piú alti per tenere lontana nel futuro la peste, che il clero definisce in tutta serietà come un «avviso salutare» per i peccati del popolo.

Cessata la strage, affiorano le sinistre conseguenze economiche, etiche e sociali che l'epidemia si lascia alle spalle. Napoli ha perduto scienziati, medici, artisti, curiali, magistrati, cioè una parte sostanziale dei suoi quadri dirigenti, oltre ad enormi masse del popolo grasso e minuto. Infinite ricchezze risultano irreparabilmente distrutte o passate di mano attraverso furti, truffe, intrighi, falsificazioni di ogni genere. Le dispute ereditarie, moltiplicandosi in un groviglio di cavilli e di imbrogli, accrescono l'influenza della superstite classe forense. L'arricchimento improvviso, la concentrazione di molti beni nelle mani di pochi, la reazione esplosiva ai mesi di sofferenza e di terrore capovolgono tutti i parametri della pubblica moralità: fatica, obbedienza, sobrietà sono considerate, dopo tante privazioni, pesi insopportabili. La carenza di prodotti e di manodopera provoca una vertiginosa inflazione dei prezzi, che invano una prammatica viceregnale tenterà nel giugno dell'anno seguente di riportare al livello precedente. Il gettito fiscale decresce, per ovvie ragioni, paurosamente e bisognerà aspettare la ripresa dei traffici marittimi, quando Roma e Genova si saranno sollevate anch'esse dall'epidemia, per registrare un'impennata degli operatori economici napoletani e conseguentemente del bargello, sotto la spinta di svariati bandi emanati dalle autorità comunali.

Il capovolgimento delle fortune private determina un'ondata di lusso pacchiano, ridicole ostentazioni di boria, una febbre di piaceri e di frivolezze che corrispondono tuttavia ad un inserimento incondizionato nel sistema dominante: tra riscossa religiosa ed arrivismo sociale si liquidano anche i ricordi della rivolta di Masaniello. In verità i benpensanti, impressionati dallo spettacolo della città impazzita, si chiedono che cosa sia accaduto del vecchio mondo napoletano e come esso si sia «de botta sconzertato», tra uomini da nulla «risagliuti» e galantuomini «sconquassati», tra abati che gettano la sottana alle ortiche per sposare una donna galante e vedove della buona borghesia che accettano come amante l'ex cameriere, tra analfabeti che si improvvisano avvocati e vecchie comari che si caricano di ornamenti e monili d'oro come madonne sull'altare. Si tratta, in realtà, di un fenomeno superficiale e transitorio che non intacca le strutture portanti del Regno e che spaventa il governo spagnolo assai meno di un'insurrezione di massa. Saranno, semmai, gli avvenimenti esterni, i grandi mutamenti nell'equilibrio europeo, l'avanzata impetuosa dei paesi e dei valori della Riforma a determinare una seria frattura tra il governo viceregnale, con i suoi infidi alleati del clero e della nobiltà da una parte, ed i nuclei piú irrequieti del ceto intellettuale dall'altra.

In definitiva, a forzare leggermente il significato simbolico dell'evento, si può concludere che la peste del 1656 spazza via un mondo già in crisi prima della rivolta di Masaniello e definitivamente spento per il fallimento del moto. L'epidemia completa con la sua obiettiva ferocia l'opera repressiva del viceré e dell'Inquisizione post-tridentina, travolgendo nell'alluvione della grande fogna di via Toledo anche due secoli di speranze, di fermenti, di lotte in una città che ha imparato ad essere se stessa sotto i re d'Aragona ed ha quindi cercato spazio per il suo grandioso sviluppo demografico, umano e sociale fino all'illusione delirante degli «alarbi». Per una singolare coincidenza, hanno chiuso gli occhi pochi anni prima della peste gli scrittori piú rappresentativi di quella città, del suo popolo, del suo dialetto: Giulio Cesare Cortese e Giambattista Basile.

Negli stessi anni sono scomparsi anche Giambattista Della Porta e il Marino, ma la loro presenza nella cultura napoletana ha un significato diverso. Il cavalier Marino è il battistrada della controrivoluzione cortigiana: per l'esasperazione formale dell'arte e per gli sviluppi della prestigiosa carriera appartiene piuttosto all'*establishment* europeo dell'epoca, in quel suo momento trionfante che segna tuttavia anche il principio della fine per tutto l'imperialismo cattolico. Diverso e in qualche modo atipico il caso di Giambattista Della Porta, scrittore bizzarro, drammaturgo geniale, scienziato non esente da tentazioni esoteriche ed alchimistiche. Anche se il suo teatro contiene squarci di straordinario realismo e di aggressiva comicità, ciò che conta di piú è la posizione che occupa tutta l'opera di Della Porta, come un ponte gettato tra la superstizione medievale e lo sperimentalismo dell'era moderna: se a tradirlo non ci fosse sovente un temperamento stravagante e farraginoso, egli conterebbe assai di piú nella storia della cultura cittadina. Il personaggio piú celebre delle sue commedie, il Napoletano, rappresenta una deformazione del nobile ricco e influente ma goffo, ignorante e vanitoso, cioè in sostanza un ritratto della classe dominante contaminata dal modello spagnolo, piuttosto che un approfondimento della realtà popolare.

A questa realtà, all'immagine concreta del popolo napoletano come s'è enucleata nel corso del secolo XVI, ai modi verbali e cioè al dialetto in cui esso è venuto esprimendosi, si collega invece tutta l'opera di Basile, del «gran Cortese» ed in termini piú modesti dello scafatese Filippo Sgruttendio. Attraverso una gamma di espressioni liriche, narrative, drammatiche, la città prende coscienza di se medesima, si caratterizza, si definisce. Piú tardi qualcuno, come l'abate Galiani, esagererà la portata di questo sviluppo, esaltando per esempio un presunto primato del vernacolo napoletano rispetto al volgare toscano o pretendendo di dimostrare che gli aragonesi hanno adottato il dialetto nei documenti ufficiali, laddove il processo è stato ben altrimenti complesso, articolato e casuale.

È accaduto che, in coincidenza con le tendenze autonomistiche della monarchia di Aragona e con il suo limitato respiro internazionale, la città ha potuto sviluppare, senza condizionamenti soffocanti, la propria vocazione genuina, il proprio talento naturale, il gusto suo tipico della vita e dei rapporti umani. Nei primi decenni del governo viceregnale, la situazione non è sostanzialmente mutata, soprattutto durante la lunga gestione del duca di Toledo, quando l'intatta potenza della corte spagnola ha costituito per Napoli una garanzia di pace, di tranquillità e di floridezza. In quei decenni, l'enorme incremento demografico ha implicato anche una serie di apporti popolari e colti con cui l'immigrazione provinciale ha arricchito via via l'esperienza psicologica del napoletano. Il suo dialetto si è nutrito, allo stesso modo, dei succhi e degli umori di un ambiente sempre piú vasto, popoloso, vivace, impertinente e accomodante, ironico ed ottimista, voluttuoso e sentimentale. Assai prima che nell'opera di scrittori robusti come quelli scomparsi all'alba del secolo XVII, la fisionomia della città si è rispecchiata nella sua espressione poetica piú immediata, la canzone. Gli strambotti dell'epoca di re Manfredi, le «canzune» a distesa delle lavandaie, le tiritere dei bambini che invocano il sole, i melodiosi lamenti di Isabella del Balzo, sono diventati nel Cinquecento le villanelle di cui il Basile, piú tardi, si chiederà con rimpianto:

> dove è juto lo nomme
> vuosto, dove la famma,
> o villanelle meie napulitane?

canti popolari che si affidano ad una voce di contralto o ad un falsetto, con l'accompagnamento di strumenti tradizionali quali il tamburello o il colascione, o che vengono eseguiti anche nelle taverne, come quella celebre del Cerriglio, da un gruppo di suonatori muniti di violini e zampogne, «concertini» tanto simili, fors'anche nella melodia e certo nella tenera trepidazione delle parole, a quelli di fine Ottocento.

Nelle villanelle, echeggiano ad un tempo i ricordi lontani della poesia siciliana o toscana («vorria che foss'io ciàola, e che bolasse | a sta fenesta a dirte na parola | ma non che me mettisse a la gaiola») e le ingenue ispirazioni della vita campestre («voccuccia de no pierzeco apreturo | mussillo de na fico lattarola | s'io t'aggio sola, dinto de quist'uorto | nce possa restà muorto | si tutte sse cerase non te furo»). Sono canzoni che portano avanti, con delicata freschezza di ispirazione ed un intenso rapporto di scambio tra città e provincia, il discorso che gli scrittori di corte degli aragonesi hanno aperto, alternando al piú raffinato strambotto le canzoni a ballo o «frottole», divagazioni patetiche e scherzose piú vicine al sentimento della gente semplice. Non è certo un caso se alle soglie del Seicento, mentre la villanella perde gradualmente vigore per scadere nella banale canzonetta, la nascente scuola musicale napoletana riprenderà temi di piú arduo impegno: coltivando con mirabile maestria il madrigale, accentuandone via via i toni drammatici e perfezionandone la tecnica, fino a gettare, con la cantata da camera, le premesse essenziali del melodramma. È mancato l'anello di congiunzione tra la plebe e la classe dominante: la cultura, che poteva farsi nazionale-popolare, torna rigidamente aristocratica.

La «purezza espressiva» della villanella sopravvive ancora, comunque, nella pagina di Cortese e Basile. Coetanei ed amici, legati intimamente al linguaggio e al panorama sentimentale della città, consumati da una tenera nostalgia, essi raccontano gli ultimi squarci di una Napoli quasi mitica, pastorale e marina, divisa tra ingenui ideali e malizioso realismo. Ciascuno, naturalmente, la fa a modo suo: piú erudito e metaforico, Basile elabora le favole della tradizione, la vita reale e le illusioni fantastiche della sua gente, in un decamerone indigeno, un mastodontico «cunto» di tutti «li cunti»; ironico e smalizieto, avvocato, funzionario di alto rango e di vasta esperienza, il «gran Cortese» coglie piuttosto gli aspetti burleschi di un mondo che nessuno prima di lui ha descritto, in dialetto, con tanta eleganza. In una prima «chèlleta poselle-chesca», una favola dedicata alle bellezze di Posillipo, sfilano gente dei vicoli, prostitute e studenti in odore di eresia politica, i pittori della «compagnia della morte», gli osti e gli avventori delle taverne del Cerriglio e di Crispano. Nel poema di *Micco Passaro 'namorato*, il protagonista è un popolano che usa bene la spada ma ha poca voglia di lavorare ed è tentato dall'avventura tra le milizie che combattono il brigantaggio in Abruzzo. La compunzione bigotta e le disinvolte abitudini amorose delle comari napoletane rivivono delicatamente nella *Vaiasseide*, mentre il *Cerriglio 'ncantato* rappresenta un rendiconto fantastico dell'origine di statue e fontane conosciutissime in città, come i «Quattro del molo» collocati all'angolo della bellissima fontana fatta costruire dal duca di Alcalá.

È la Napoli della felicità popolare cantata da Velardiniello:

> co' ttanta suone... Che tiempo felice!
> E co' chelle ffontane d'acqua fresca,
> co' chelle gente guappe cantatrice,
> tozzoleianno co' ffeste e co' gioia
> lo canto se sentea 'nfi a Sant'Aloia;

la Napoli che si ritrova spesso come racconta il Tansillo, a godere le sue notti d'incanto, riversandosi sulla marina, dove c'è «gente infinita» che pesca chi con le reti, chi con l'esca, chi in secca, chi col tridente e con il lume, la lampara, in poppa alla barca, mentre, sul litorale liete comitive danzano a piedi nudi al chiaro di luna, accompagnandosi con cetre e zampogne, o intonano a distesa canti d'amore e, quando è inverno e fa freddo, accendono fuochi sulla spiaggia e restano fino all'alba a mangiare, a cantare, a chiacchierare, a ricordare «cient'anno arreto che era viva vava» o a rievocare le terribili emozioni dell'eruzione del 1631, quando il cratere centrale del Vesuvio è esploso in una notte di dicembre ed il vulcano, perdendo quasi duecento metri del suo cono, ha seminato la strage per chilometri e chilometri, seppellendo circa quattromila vittime sotto una pioggia di lava, di lapilli, di cenere, di sabbia, di pietre infuocate, di fangosi torrenti. I vecchi raccontano «'a lido 'e mare» e i giovani stanno a sentire a bocca aperta, un brivido passa sui fuochi della spiaggia, ma poi basta un richiamo, una voce, una risata, una canzone intonata a mezza voce e ripresa in coro, perché l'allegria torni sulle rumorose brigate. Nemmeno la peste del '56 dissuade i napoletani da questi inebrianti appuntamenti; anzi, ad epidemia esaurita, li moltiplica in una frenetica ansia di piacere che scandalizza i moralisti:

> mille zantraglie e mille pettolelle
> co 'n'auto tanto de zanne e guittune
> llà se jettero a 'nchire lo vodiello
> e deventà lo fecero vordiello.

Ma nelle orgiastiche gite a Chiaia o a Posillipo, quelle popolane piú o meno giovani, quei plebei piú o meno camorristi, i superstiti in altre parole della grande moria, si lasciano alle spalle una città che Cortese e Basile non riconoscerebbero piú.

5.

Vico e Giannone

Mezzo secolo esatto corre tra la grande peste e l'ingresso a Napoli delle truppe austriache comandate dal conte z Martinic. Costretta con la pace dei Pirenei a riconoscere l'egemonia di Luigi XIV sul continente, la Spagna si avvia a chiudere con segno negativo anche la partita con le colonie del proprio impero americano, nonostante la squillante vittoria navale del 1665 sulla flotta inglese. Mediocri, fiacchi e succubi delle camarille di corte, gli ultimi Asburgo di Madrid scontano tra l'altro le gravi conseguenze dell'intolleranza di Filippo II nei confronti delle minoranze religiose: i protestanti in Olanda, i «moriscos» e gli ebrei in Spagna, dove la crisi del commercio e dell'agricoltura si avverte tanto piú duramente, quanto piú la nobiltà castigliana si ostina a disdegnare ogni tipo di attività produttiva e la borghesia, anziché volgersi ad ammodernare le strutture della madre patria, preferisce puntare sull'avventurosa carta del rapido arricchimento oltre oceano.

Il crescente sfacelo della monarchia potrebbe creare le premesse ideali per la secessione di un dominio periferico ed inquieto come quello napoletano, o quanto meno per una sua autonoma evoluzione verso un assetto piú civile. In realtà, non accade nulla di tutto questo. I decenni successivi al fallimento della rivoluzione del 1647-48 scavano una voragine tra le classi dominanti e la plebe, associate, le prime in posizione subalterna all'assolutismo regio, l'altra abbandonata dal clero, dall'aristocrazia e dal ceto medio ad una condizione di miseria e di ignoranza tanto pittoresca quanto abbrutente. Gli eventi fondamentali del primo Settecento, dall'avvento austriaco alla restaurazione dell'indipendenza con Carlos di Borbone, si determinano cosí completamente al di fuori della volontà e della partecipazione di tutte le forze politiche indigene e quando, a fine secolo, parte della borghesia avrà recuperato una sua iniziativa rivoluzionaria nell'ambito del filone illuministico-giacobino, cercherà invano alleati nelle masse popolari che le si riveleranno, anzi, ferocemente ostili.

La parentesi della grande peste non spezza la linea strategica che i

viceré ereditano dal ferrigno conte di Oñate: annichilito il partito popolare con l'assassinio di Masaniello e l'esecuzione dell'Annese, essi
sviluppano conseguentemente le sue direttrici di fondo, giovandosi della larga sfera di autonomia concessa dai «consejos» madrileni in cambio del mantenimento dell'ordine e di una sostanziale fedeltà dei sudditi regnicoli alla corona di Spagna. L'assolutismo contempla, nei confronti dei ceti piú umili, una politica paternalistica fatta al tempo stesso
di concessioni, come quella fondamentale delle «grazie» sulle gabelle
accordata già nell'aprile del 1648, e di un abile svuotamento di ogni
velleità classista, come nei tumulti del 1672: politica agevolata dalla
totale sottomissione degli eletti del seggio popolare alle scelte e agli
orientamenti del palazzo. Uomini di fiducia del viceré, come il vecchio
Naclerio, il Vulturale, il Plasterna offrono piena garanzia non soltanto
per soffocare eventuali sussulti della plebe minuta ma anche per reprimere i soprusi, le ribalderie, l'insofferenza dell'aristocrazia, il controllo
della quale riesce piú arduo e complesso ma viene perseguito con eguale energia.

L'assolutismo decapita senza pietà le ali estreme dello schieramento
popolare e di quello aristocratico, mentre valorizza le forze moderate
egemonizzando le loro contraddizioni. Alla distanza la nobiltà si lascia
coinvolgere nel gioco, perché il suo interesse coincide sul piano oggettivo con quello della monarchia, specialmente dopo il trauma del '47-
'48. D'altro canto, essa non possiede la capacità di elaborare una prospettiva politica di ampio respiro, frazionata com'è da divisioni e gelosie tra nobili di piazza, patrizi cittadini e feudalità provinciale, e soffocata da un'angusta visione dei propri privilegi. La sua parte piú avveduta punta, nella seconda metà del secolo, a valorizzare gli organi rappresentativi della città, cioè i sedili aristocratici, per bilanciare il soverchiante potere del viceré. Rinsanguate le proprie file con innesti di ricchi
mercanti e di autorevoli professionisti, senza disdegnare nemmeno la
pratica delle «misalliances» con fanciulle della borghesia piú agiata,
molte famiglie nobili conservano o ritrovano una notevole prosperità
anche perché continuano a controllare le fonti del potere economico:
la carriera ecclesiastica e quella militare, i rifornimenti annonari, le
prebende dei piú alti ufficiali civili. Rassegnate ormai ad accettare la
autorità dello Stato e della corona, si preoccupano puramente e semplicemente di allargare le proprie prerogative.

Gli oltranzisti, invece, si lanciano in temerarie ed anacronistiche sfi-
de contro il viceré, esercitando la loro prepotenza soprattutto nei feudi,
dove tuttavia il loro atteggiamento consente al rappresentante della corona di assumere la veste di protettore dei vassalli e paladino dei deboli.

Le difficoltà militari della Spagna, acuite tra il 1674 e il 1678 dall'occupazione francese di Messina, scatenano la prepotenza e l'albagia del baronaggio piú facinoroso, fino alla decisiva campagna che il marchese del Carpio, viceré tra il 1683 e il 1687, conduce energicamente per stroncare il criminoso rapporto di complicità con il banditismo, affrontando in provincia i briganti con lo spiegamento di grosse forze militari e perseguendo anche in città i loro manutengoli patrizi con inaudito rigore. Del Carpio lotta con un certo successo anche contro la mania dei duelli, cui i nobili si abbandonano per i piú futili pretesti, e contiene l'allarmante fenomeno della delinquenza notturna nei vicoli di Napoli, col ridurre le licenze di porto d'armi e l'affidare il comando delle ronde ad alti magistrati. Alla fine dei conti il partito feudale confluisce su posizioni di completo conformismo, salvo una ristrettissima minoranza di grandi signori attestati su una tenace linea di resistenza antispagnola, che via via evolve verso un programma vagamente indipendentista e filoaustriaco. Le offerte di un'ipotetica corona a don Giovanni d'Austria e alla stessa Cristina di Svezia segnano, da parte di questa minoranza, il preludio alla congiura di Macchia che anticiperà di pochissimi anni l'ingresso delle truppe imperiali. Tracce di ostilità a tutto ciò che è legato al nome spagnolo, Borboni compresi, si ritroveranno perfino, come s'è già accennato, nel ristretto gruppo di aristocratici, da Pignatelli a Roccaromana, che nel 1799 aderiranno alla repubblica partenopea.

Mentre sistema i baroni, il rappresentante di Madrid deve difendersi anche dagli assalti che la curia arcivescovile e piú ancora la Santa Sede portano, senza tregua, contro la giurisdizione reale. Un momento acuto di crisi cade intorno al 1660, quando i giudici civili della Vicaria condannano a morte il cocchiere del cardinale e vengono scomunicati per ritorsione: l'espulsione dell'inquisitore monsignor Piazza annuncia il fermo atteggiamento del viceré, conte di Peñaranda che, spalleggiato dai Sedili e dal governo centrale, riporta un notevole successo di prestigio. I rapporti con Roma migliorano sensibilmente dopo il 1688, allorché l'arcivescovo di Napoli, Pignatelli, è assunto al soglio pontificio sotto il nome di Innocenzo XII ed un altro grande patrizio napoletano, Antonio Carafa, è nominato ambasciatore dell'imperatore d'Austria in Vaticano. E quando a Napoli, verso la fine del secolo, si profila un movimento antigesuitico ed anticlericale che scatena le ire degli inquisitori, fino a suggerire un processo contro un gruppo di presunti «ateisti», il viceré conte di Santistebán interviene a tutela dei funzionari della sua amministrazione, ma non protegge con altrettanta fermezza gli intellettuali coinvolti nelle indagini.

Non sono, del resto, gli intellettuali che in questo momento rappresentano il punto di riferimento piú interessante, ma i funzionari. La liquidazione dei capipopolo ribelli e dei baroni piú facinorosi ha finito per concentrare un'aliquota di potere sempre piú cospicua nelle mani dei grandi burocrati, che diventano gli alleati naturali della monarchia assoluta, anche in coincidenza con altre circostanze rilevanti: il declino del Collaterale, la rinuncia definitiva alla convocazione del Parlamento di medievale memoria, l'asservimento totale del Seggio del Popolo ai voleri del palazzo. Dopo il 1666, l'avvento di un viceré come don Pedro d'Aragona, tanto incline al fasto e alla mondanità quanto riluttante agli impegni di governo, favorisce ulteriormente i progressi dei cosiddetti «togati»: reggenti, luogotenenti, presidenti, consiglieri, commissari, delegati, razionali e naturalmente magistrati di tribunale. In una società come quella napoletana, che esaurisce il gioco politico nei contrasti settoriali fra uomini o fra piccoli gruppi, con un ricambio sociale sclerotico ed una promozione economica caotica e viscosa, il controllo dei centri di potere da parte dei funzionari cresce di anno in anno, agevolato dopo il 1672 dall'idiosincrasia di un altro viceré, il marchese di Astorga, per le minuziose pratiche dell'amministrazione.

Sebbene molti aristocratici continuino a perseguire le carriere governative, la nobiltà nel suo complesso è la sola vigorosa antagonista della burocrazia regia, nelle cui file confluisce una parte dell'alta borghesia che, naturalmente, offre un gettito elevato anche al reclutamento dei «forensi»: la plebe sterminata di «paglietti», ossia di minuti azzeccagarbugli, ma anche un nucleo di abilissimi avvocati e di giurisperiti colti, preparati, moderni, spesso all'avanguardia dell'intelligenza cittadina. Nel rapporto con il gruppo dirigente spagnolo per la distribuzione delle cariche maggiori, bisogna arrivare al viceregno del marchese di Los Vélez, intorno al 1675, per veder sancito il principio dell'alternanza tra napoletani e stranieri nei primi uffici dello Stato, con l'avvertenza che, d'altro canto, non pochi regnicoli sono investiti sempre piú frequentemente di delicate mansioni in Italia, a Madrid e a Vienna. In ogni caso, acquistano sempre maggiore importanza i grandi organi giurisdizionali ed amministrativi: Vicaria, Sommaria, Sacro Regio Consiglio, Delegazione della reale giurisdizione, cassa militare e tesoreria generale e ancor piú le segreterie del viceré, sorta di agile strumento esecutivo nelle mani dell'Eccellentissimo.

L'efficienza e la probità di questa burocrazia, nonostante gli innegabili progressi rispetto agli ultimi decenni, non sono esemplari. Salvo la «numerazione dei fuochi», cioè il censimento portato a termine soltanto nel 1669, e la rivalutazione della moneta realizzata faticosamente venti anni piú tardi, sull'arco dell'intero XVII secolo non si registrano riforme sostanziali: non può essere considerato a questo titolo nemmeno lo snellimento della procedura forense, promosso da don Pedro d'Aragona intorno al 1670. Quando, due lustri dopo, il visitatore regio Casati è invitato dal governo centrale ad indagare sulle condizioni dell'apparato, la sua relazione è tanto pessimistica da essere sconfessata dallo stesso Consiglio d'Italia: vi si denunciano senza mezzi termini gli eccessi (cosí tipicamente napoletani) nell'assunzione e nell'utilizzazione del personale, l'enorme mole di lavoro arretrato, l'imperversante corruzione, le irregolarità procedurali esasperate dalla litigiosità e dalla scaltrezza della popolazione, finalmente le persistenti magagne degli appalti fiscali, o «arrendamenti».

D'altro canto, le ristrettezze di bilancio aggravate dalle continue malversazioni e le richieste di denaro da Madrid, sono tanto pressanti che nel 1679 il marchese di Los Vélez si vede costretto, per la prima volta dopo la concessione delle famose «grazie», a ripristinare una gabella collegata al monopolio sulla vendita dell'acquavite; e, poco dopo, escogita di introdurre a Napoli quel gioco del lotto alla maniera genovese che costituirà, nei secoli futuri, la morbosa passione della plebe locale. Né bastano le opere pubbliche, vanto caratteristico di tutti i governi assoluti, ad assolvere i viceré del Cattolicissimo dai loro innumerevoli peccati amministrativi. Tra essi, il già citato don Pedro d'Aragona si segnala per la magnificenza catalana delle iniziative, dalla costruzione del nuovo arsenale all'apertura dell'ospizio dei poveri di San Gennaro *extra moenia*, dal restauro delle Terme flegree alla decorazione della fontana di Monteoliveto con la piccola statua che rappresenta il giovanissimo Carlo II, l'ultimo degli Asburgo di Spagna. Tre successori di don Pedro volgono le loro cure al lungomare: il marchese del Carpio valorizza la passeggiata tra Mergellina e Posillipo; il conte di Santistebán apre un varco nel baluardo di Alcalá a Santa Lucia, primo embrione della futura via Partenope, e finalmente nel 1698 don Luigi della Cerda, duca di Medinaceli, decide di abbellire la spiaggia di Chiaia facendo lastricare la strada che la fiancheggia dall'attuale palazzo Sirignano alla Torretta, piantandovi salici ed altri alberi ombrosi, disseminandola di sedili di pietra ed erigendovi a refrigerio dei viandanti fontane istoriate di iscrizioni greche e latine. Nasce cosí la Riviera di Chiaia, che ottant'anni piú tardi Ferdinando IV ornerà di una splendida «villa reale», mettendola a disposizione di tutti i cittadini napoletani, esclusi beninteso «quelli vestiti impropriamente, i servi in livrea, i poveri e le persone scalze».

Anche i viceré, del resto, tengono all'eleganza, al lusso, al prestigio esteriore. Il conte di Castrillo, in punto di morte, fa chiedere a Filippo IV il grandato di Spagna. Piú modestamente, il suo successore conte di Peñaranda tiene a battesimo una particolare foggia di cappello in paglia, di piccolo formato, ricoperto di taffetà abitualmente nero, che prende nome appunto da lui e incontra grande successo. Basso, atticciato, forte bevitore, l'eccellentissimo don Fernando Fajardo, marchese di Los Vélez, lancia il primo aprile dell'anno di grazia 1679, sabato santo, la moda della «perucca» che da poco è stata proibita in Venezia, anche se solo temporaneamente, «per evitare al pubblico la spesa e di arricchire li francesi barbieri». Qualche anno dopo, il severo marchese del Carpio, pur ammettendo la legittimità della moda parigina, emana drastiche leggi suntuarie contro il lusso smodato, inclinando personalmente piuttosto verso piú nutrite manifestazioni di carattere culturale: dotte conversazioni, rappresentazioni teatrali, raccolte d'arte, riunioni sociali di dame o gentiluomini. Purtroppo, un attacco di pleurite stronca prematuramente la vita di questo viceré, uno dei piú eminenti che Napoli abbia avuto dopo il duca di Toledo ed il conte di Oñate, tra i pochi capaci di anteporre le esigenze sostanziali del governo al culto delle forme esteriori.

In ogni caso, nella seconda metà del Seicento, anche i rappresentanti meno brillanti della monarchia seguono la linea che il duca d'Arcos ha tracciato nel fuoco dell'insurrezione di Masaniello e che il suo successore ha concretato con feroce energia. Dopo il '48, il cuneo aperto tra popolo grasso e plebe si allarga decennio per decennio. Mentre il ceto mercantile e quello forense perseguono, attraverso una febbrile accumulazione di ricchezza, la sospiratissima investitura nobiliare, gli intellettuali «togati» si lasciano integrare per altro verso nel sistema dell'assolutismo regio, barattando la rinuncia ad ogni velleità rivoluzionaria anche solo sul piano ideologico contro una cogestione puramente tecnica del potere. È proprio su questo terreno che la borghesia napoletana perde la sua prima, e forse fondamentale, battaglia col rassegnarsi, perfino nella sua avanguardia e con l'eccezione di isolatissime individualità, ad una collocazione moderata che non trova serie contropartite in termini di libero sviluppo come classe e tanto meno di concreta eversione della feudalità.

Questa capitolazione, sottolineata dal declino politico del seggio popolare e dal crescente immobilismo della burocrazia, diventa trasparente al termine della lunga e tormentata battaglia che la cultura piú avanzata sferra negli anni successivi alla grande peste. È una battaglia contro l'irriducibile aristotelismo, il monopolio della scolastica, lo stagnante conformismo della cultura ufficiale, in una parola contro la pesante ipoteca che la Controriforma continua a far gravare non solo sullo Studio napoletano ma su tutta la vita intellettuale della città e del Regno. È altresí una battaglia contro l'isolamento a cui Napoli si vede condannata da oltre un secolo rispetto al risveglio filosofico, scientifico e politico dell'Occidente europeo.

Prima della rivoluzione del 1647, un esile spiraglio è rimasto aperto grazie agli economisti e ai giuristi che hanno portato avanti la loro ricerca anche se con tutta l'ortodossia teorica possibile. Con tenacia hanno lavorato anche gli sperimentalisti che si rifanno al Della Porta e a Galileo e vivaci polemiche ha alimentato, sul filo di una larvata sfida all'Inquisizione, l'accademia filosofica di Camillo Colonna, volta a rivalutare motivi epicurei e platonici. Allorché concede al Cornelio, nel 1653, una cattedra universitaria e ripristina l'Accademia degli Oziosi, il viceré conte d'Oñate ha l'aria di allargare lo spiraglio, per quanto in realtà si preoccupi di controllare – anche attraverso una precisa delega ai gesuiti – i fermenti piú inquietanti dell'intelligenza cittadina. A questo punto, però, l'argine comincia a vacillare. Già l'anno prima, l'introduzione delle opere di Cartesio, Gassendi e Boyle, confortando le intuizioni piú ardite ed alimentando spregiudicati dibattiti, ha indotto il cardinale Filomarino ad emanare un editto sul commercio dei libri troppo restrittivo per non essere respinto come vessatorio non solo dai diretti interessati ma persino dal Collaterale e dallo stesso viceré. Ormai, il contatto con le grandi correnti riformiste è stato stabilito e non sarà interrotto neppure dalla peste del 1656. Negli anni successivi alla grande epidemia, si delineano cosí due grossi filoni del pensiero napoletano: storici e giuristi elaborano, in appoggio all'assolutismo regio, una piattaforma giusnaturalistica per la difesa delle prerogative dello Stato contro le pretese curiali; medici, matematici, scienziati e filosofi lottano sul terreno del razionalismo contro le bardature della vecchia metafisica.

La polemica sull'interpretazione dei moti del 1647-48 segna il primo avvio alla ripresa intellettuale. Qualche scrittore di parte popolare, come Francesco Vitulano, viene perfino incarcerato per aver sostenuto la legittimità della ribellione e la decadenza dei diritti pontifici sul Regno in conseguenza del mancato intervento in sostegno ai rivoltosi. Un altro storico, il medico Giuseppe Donzelli, è costretto a rifugiarsi a Roma per la violenta reazione dei nobili alla pubblicazione della sua *Partenope liberata*, ma dopo qualche tempo può rientrare in città con l'appoggio del viceré, in virtú del suo dichiarato lealismo spagnolo. Dal canto suo, la parte aristocratica partecipa al dibattito con una serie di scritti che naturalmente attribuiscono alla vocazione eversiva della plebe la responsabilità fondamentale dei tumulti, esaltando il contributo dei baroni all'opera di repressione soprattutto in provincia.

Sono idee poco gradite al conte di Oñate, che affida a Raffaele Torre il compito di estendere un resoconto ufficioso degli avvenimenti, dal quale i soprusi della nobiltà emergono come la causa della rivolta e gli eccessi della plebe come quella del suo fallimento, mentre si prospetta ai patrizi la fedeltà alla corona come unica alternativa contro la vendetta popolare. Comune a molti di questi analisti è la preoccupazione di confutare la tesi secondo cui Napoli sarebbe stata «conquistata» dopo la parentesi rivoluzionaria, ed avrebbe perduto di conseguenza il suo privilegio di alta fedeltà e la continuità costituzionale. Un'altra caratteristica da notare è la crescente carenza di combattività degli storici di parte popolare, che si vanno allineando sulle posizioni di Oñate o addirittura su quelle piú conservatrici che prevalgono dopo il richiamo del conte a Madrid. Togati e forensi si estraniano totalmente dalla polemica; i sostenitori della curia tacciono con pari prudenza ma per ragioni piú apprezzabili, visto che taluni ordini quali i cappuccini, gli agostiniani, i carmelitani e i frati minori sono stati molto vicini ai ribelli e lo stesso cardinale Filomarino ha mantenuto un atteggiamento piuttosto ostile a nobili e spagnoli. Una denuncia contro l'indegnità e le «mercanzie» dei baroni è contenuta, comunque, nel racconto di uno scrittore vicino al cardinale, Marino Verde.

Quando, nel 1665, Filippo IV muore, lasciando l'erede Carlo II in minore età, agli storici napoletani si offre l'occasione per passare da una funzione settaria o puramente accademica ad una precisa partecipazione politica, che tuttavia avrà l'effetto di accelerare il processo di subordinazione del ceto intellettuale al sistema dell'assolutismo regio. Partendo dal presupposto dell'alta sovranità feudale che il papato vanta sin dall'epoca normanna e cedendo anche alle sollecitazioni di fuorusciti napoletani del partito francese, Roma avanza la pretesa della reggenza sul Regno. Tocca a Madrid e a Napoli fornire una risposta alla richiesta e nel sostegno delle ragioni spagnole brilla per eleganza ed efficacia uno scrittore napoletano, Marcello Marciano, la cui opera (*De baliatu Regni*) concilia una stringata logica storica, del tutto insolita, con una elaborazione giuridica che si rifà ai principî del diritto naturale: ed è novità assai rilevante. Per scongiurare il riconoscimento di ogni sovranità della Chiesa, Marciano approda però ad una concezione privatistica del feudo che, se è strumentale nella circostanza, pure contiene in germe la premessa di una pericolosa autonomia dei baroni rispetto alla pubblica autorità. Altrettanto innovatore l'orientamento di Francesco d'Andrea, il maggiore giurista napoletano del secolo, negli studi condotti per rispondere ad una richiesta di don Pedro d'Aragona, nel quadro della contesa franco-spagnola per la successione nel Brabante. Documentazione su usi e costumi del paese, scrupolosa ricerca delle fonti, fermo ancoraggio al diritto delle genti sono le chiavi del lavoro in cui il D'Andrea riafferma la sua fedeltà, anch'essa sorprendente, ad uno stile fatto di chiarezza e di stringatezza.

Nei due storici del diritto v'è già un atteggiamento mentale di tipo pragmatico che va in una direzione totalmente diversa non solo dalla cultura tradizionale, ma anche della platonizzante accademia di Colonna; e già si è creato un allacciamento con le grandi correnti europee del pensiero riformato. Sono le due direttrici di tutta la cultura di avanguardia napoletana all'indomani della grande epidemia, quando la contestazione passa dal campo umanistico a quello scientifico, unificando nella battaglia filosofi, medici, fisici, chimici, che nel 1663 finiscono per confluire nell'Accademia degli Investiganti. È una svolta importante. La fondazione dell'accademia, ospitata nel palazzo del marchese di Arena, segna il momento cruciale del trapasso dal provincialismo di stretta osservanza spagnola ad un impegno di largo respiro continentale: il momento in cui Napoli rientra in Europa, per la prima volta dal giorno della conquista di Consalvo di Cordova, per restarvi esattamente due secoli, fino alla definitiva perdita dell'indipendenza.

L'Accademia del Cimento e la Royal Society britannica, Galilei, Bacone e Hobbes, sono i modelli cui si riferisce esplicitamente il sodalizio napoletano, il cui nome attesta l'ansia di una ricerca sperimentale della «verità latente nel libro della Natura», ricerca che si vuole condurre in gruppo e sulla base di un interscambio tra le piú diverse esperienze, anche sociali, se è vero che ai lavori degli Investiganti partecipano nobili, prelati, togati, forensi, tutti interessati «ad esaminare le singole cose piuttosto che credere negli altri»: in polemica contro l'inviolabile tabú dell'autorità, si mira ad indagare l'essenza delle cose sensibili attraverso la certezza dell'esperimento. Celebre rimane la scena della visita che oltre cinquanta membri dell'accademia, sotto la guida di Francesco d'Andrea, compiono, una mattina del tardo autunno del 1664, sulle sponde del lago di Agnano, per «controllare i mitici racconti tramandati da altri», e Tommaso Cornelio raccoglie «amorevolmente le zolle di terra destinate all'indagine chimica»: ingenua ed elettrizzante «partie de campagne» che sembra annunciare una splendida rinascenza della Napoli moderna. *Natura* e *corpo* sono i due concetti rivoluzionari che entrano di prepotenza nel chiuso delle dotte adunanze consacrate fino a ieri ai tortuosi concetti e alle dogmatiche certezze della cultura post-tridentina: gli Investiganti giungono a criticare persino Cartesio, ancora troppo legato ad ipotesi aristoteliche, per riaffermare rigorosamente le ragioni di una fisiologia che assorbe anche la vecchia polemica scolastica sulla sede dell'anima ed esclude altrettanto perentoriamente le «ciurmerie» e gli «indovinelli» cosmologici di Campanella o di Della Porta.

Anche se non sono trascurabili le differenze di tono tra gli accademici, taluni dei quali ancora riluttanti a staccarsi dalle concezioni del passato, innegabile è la fede comune nell'esperienza e nella ricerca concreta. Contro le provocazioni di un movimento cosí ardito, la reazione degli ambienti tradizionalisti è vivacissima. In campo medico, dove sono in gioco concreti interessi economici, si muove alle idee e ai testi patrocinati da Tommaso Cornelio una guerra senza quartiere che culmina nella fondazione di un'Accademia dei Discordanti ed in polemiche tanto feroci da costringere, nel 1668, il viceré a sospendere le riunioni dell'una e dell'altra società. Uomini di chiesa, scienziati, storici ricusano sdegnosamente i nuovi indirizzi, accusando gli Investiganti di insipienza professionale, immoralità e ateismo, fino a provocare nel 1671 una lettera dei cardinali inquisitori che non solo equivale ad una minacciosa condanna ideologica dei cartesiani, ma incita i fedeli a denunciare i propagandisti del «nuovo sistema filosofico». In realtà, se la fisica di cui si discute a Napoli è soprattutto quella del grande pensatore francese, gli Investiganti sono già piú vicini al probabilismo di Gassendi e allo spiritualismo di uno Spinoza: decisamente estranei ad ogni concezione metafisica, approdano anzi ad una ipotesi atomistica, in forza della quale si arriva alla conoscenza della realtà, che si presume costituita da corpuscoli ed atomi, soltanto quando se ne sia risolta la struttura negli elementi che la compongono. Filosofia, fisica e chimica saldano cosí il processo conoscitivo verso la scoperta di una verità «operativa» che, se il movimento si sviluppasse concretamente, anticiperebbe la metodologia scientifica e di conseguenza l'organizzazione culturale dei paesi piú progrediti.

Il fascino di queste idee e delle personalità che le diffondono con la parola, l'insegnamento e gli scritti – dal Cornelio al Bartoli, dal Di Capua al Valletta – alimenta un alone di grande prestigio intorno al gruppo anche quando, dopo pochi anni di vita, l'accademia è costretta a cessare i suoi lavori; ma in realtà le condizioni oggettive in cui gli Investiganti si trovano a lavorare sono quasi disperate. Nella città travagliata dalla crisi di assestamento dopo la rivoluzione e la peste, la resistenza alla circolazione delle nuove idee è forte anche, anzi soprattutto, negli ambienti dello Studio, dove pochi frequentatori del palazzo d'Arena occupano cattedre, per giunta marginali, e sono sopraffatti dalla schiacciante maggioranza dei tradizionalisti ed ancor piú dall'arretratezza delle strutture universitarie, dominate dal monopolio clericale e dalla corruzione. Non a caso, nel 1677, amareggiato dalla scarsa considerazione in cui è tenuto, Cornelio abbandona il suo corso di medicina e matematica, per rifugiarsi in un eremo fuori città.

Nel gruppo degli innovatori, mentre medici scienziati e filosofi lavorano esclusivamente per il futuro, offrendo un contributo determinante per l'affermazione di un tipo piú moderno di intellettuale, soltanto ai giuristi è concesso di operare in una prospettiva concreta, ma è appunto questa prospettiva che si traduce in un inserimento nel regime con una funzione subordinata e paternalistica, ancorché nettamente antifeudale. Il punto di vista politico, in altre parole, è assai meno avanzato di quanto non sia la teoria scientifica. Alla luce degli avvenimenti di venti anni prima, si suggerisce bonariamente alla plebe di rinunciare a ribellarsi ai soprusi dei baroni in città e nelle province, per rimettersi invece alla protezione del re e del suo governo: la reazione legittima alla prepotenza feudale può venire soltanto dallo Stato, a sostegno della cui autorità i giuristi piú avvertiti, come il D'Andrea e il Valletta, pongono il diritto naturale, forza originaria della comunità che nemmeno l'arbitrio del principe può violentare. In altre parole, il «ceto civile» si è disposto a collaborare con il vicerè nel quadro del sistema assolutistico, nobilitandone linguaggio ed istituti, anziché puntare ad una alleanza con gli strati piú combattivi del popolo per modificare radicalmente il quadro istituzionale.

Per altro verso, neppure questo ripiegamento, giustificato da ragioni intrinseche di debolezza della borghesia napoletana e dallo stesso ritardo nello sviluppo economico del Regno, basta ad attenuare la diffidenza dei gruppi dominanti. Tutto ciò che, per un certo periodo, gli Investiganti possono fare è di applicarsi ad un lavoro di chiarimento teorico che solo indirettamente produce effetti politici. La scelta di un metodo filologico, nell'analisi della realtà e nello studio della storia, finisce, ad esempio, per investire prima la sfera teologica, poi la strategia politica della Chiesa. Un interesse molto vivo suscita pure la polemica gallicana contro il potere temporale ed il primato gerarchico del papa: su questo terreno Napoli, pullulante di conventi, oppressa dalla ricchezza e dall'invadenza dei preti, è sollecitata da un interesse diretto che il «ceto civile» avverte con maggiore sensibilità degli altri. Lo scontro tra la curia e la nunziatura diventa aspro: tra il 1691 e il 1693 gli inquisitori celebrano il processo degli «ateisti», che investe anche le opinioni scientifiche dei giovani imputati e le loro filiazioni cartesiane; nel 1693 un altro procedimento viene aperto contro i seguaci della «filosofia atomista». Dai personaggi minori, sul finire del secolo, si passa agli esponenti piú significativi del movimento: nel 1696 i gesuiti scatenano una velenosa campagna contro il Valletta e don Nicola Caravita, tacciandoli di «persecuzioni ai danni degli ecclesiastici».

Ma anche le tensioni anticlericali finiscono paradossalmente per ricondurre gli intellettuali napoletani all'obbedienza regia, perché accentuano la loro tendenza a collaborare con il governo del vicerè, a tutela della sua giurisdizione. Naturalmente le posizioni di potere che di conseguenza essi vanno acquisendo in misura sempre crescente sopiscono i fermenti piú vivaci acuendo la tradizionale passione per il formalismo giuridico ed il culto della ragion di Stato. In tal modo, l'orizzonte della nuova cultura viene a restringersi proprio nel settore piú incisivo: i possibili teorici di un assetto meno ingiusto ed irrazionale della società napoletana, se non addirittura di un energico capovolgimento sociale, si trasformano in burocrati disposti a mettere la loro elevata preparazione al servizio dello stato assoluto, fuori da un rapporto approfondito con la realtà umana del paese e con le esigenze degli strati piú umili. La rottura dell'alleanza tra Giulio Genoino e Masaniello trova il suo logico seguito: quarant'anni piú tardi, Valletta e D'Andrea, De Fusco e Caravita, sono diventati i teorici di un regime oligarchico la cui unica garanzia legale è costituita dalla presenza nell'amministrazione di un gruppo di dotti magistrati, che finiscono per diventare i piú severi custodi dello *status quo*.

Dalle ceneri del «pagliettismo» seicentesco risorge il mostro della cultura forense che nemmeno l'illuminismo riuscirà ad esorcizzare, per modo che la dissociazione tra popolo e uomini di legge, tra classe dominante e democrazia, tra cultura e realtà perdurerà fino ai nostri giorni, associando il «ceto civile» del Sud alle inerzie piú ottuse e alle peggiori aberrazioni della burocrazia italiana. È proprio in questo momento, alla fine del Seicento, quando la potenza spagnola è agli sgoccioli e il baronaggio in crisi, che la borghesia napoletana manca la sua occasione. Anziché lottare per sostituirla al vertice del potere politico-economico, scende in concorrenza con la nobiltà per strapparle le maggiori cariche dello Stato; anziché lavorare per introdurre nuove forme di organizzazione economica, sul modello della Francia e dei grandi paesi riformati, investe tutti i suoi guadagni nell'acquisto di feudi e si trova cointeressata alla difesa di un sistema improduttivo ed arcaico. La fiducia nella rendita agraria come nell'entrata «piú stabile», che si trova esplicitamente affermata negli *Avvertimenti* pubblicati dal vecchio D'Andrea nel 1694, rimarrà un'altra caratteristica inalterabile del ceto medio napoletano e piú in generale di tutto il Mezzogiorno, quindi un'altra spiegazione fondamentale del suo sottosviluppo economico e politico. Sul momento, la assunzione di crescenti responsabilità nella gestione del potere assoluto per conto della monarchia, si traduce in un atteggiamento sempre piú cauto anche dal punto di vista ideologico. Quando nel marzo 1698 si inaugura, alla presenza del vicerè, l'Accademia di Medinacoeli, è come se si celebrasse ad un tempo il riconoscimento ufficiale della cultura napoletana da parte delle autorità spagnole e il distacco della nuova generazione dalle posizioni piú ardite degli Investiganti. Nel dominio politico, i «regalisti» rivalutano la ragion di stato persino a spese dello stesso diritto naturale; in quello filosofico, il pensiero cartesiano viene filtrato in chiave metafisica, assai piú tranquillizzante anche per la Santa Chiesa. La «mente» torna a prevalere sulla scienza; la ricerca torna a spostarsi bruscamente dall'oggetto sensibile all'interiorità della coscienza: perfino il primo Giambattista Vico si fa interprete delle preoccupazioni del ceto forense, ormai integrato nel sistema e inteso a contenere entro schemi retorici le suggestioni piú stimolanti della nuova cultura. Quando Vico maturerà la sua ciclopica concezione della storia e, piú ancora, quando Giannone ne fornirà la sua interpretazione lucidamente rivoluzionaria, l'intelligenza napoletana eleverà intorno ai suoi due massimi esponenti una sorta di cordone sanitario, condannandoli senza rimorsi all'isolamento, allo scherno, alla persecuzione.

Piú violenta e rabbiosa sarà l'aggressione allo storico pugliese, perché Giannone elabora una materia piú immediatamente politica e spezza in maniera provocatoria la spirale involutiva che dall'inquietudine degli Investiganti ha portato al «platonismo» di Gianvincenzo Gravina e della sua scuola, per la quale le categorie della politica si sono ridotte «al secco rapporto fra la ragione dirigente di pochi sapienti e l'opaca materia di corporeità in cui si racchiudono i fermenti della ragione plebea». Su queste ultime posizioni, sostanzialmente subordinate agli interessi del ceto baronale, hanno finito per confluire anche i grandi magistrati come Gaetano Argento.

In sede scientifica è l'abate Celestino Galiani, che nel 1731 sarà nominato cappellano maggiore del regno, a rilanciare la polemica contro le evasioni metafisiche appoggiando con tutto il peso della sua autorità la diffusione delle dottrine di Newton: ma qui l'allarme suscitato nell'*establishment* è minore anche perché le nuove teorie stanno dilagando senza rimedio in tutta l'Europa. Nel caso di Giannone, invece, si tratta di un assalto frontale che colpisce la struttura ideologica delle classi dominanti nel punto di congiunzione con il potere ecclesiastico. Lo storico pugliese palesa la sua modernità nell'atto stesso in cui, per cominciare, sposta l'obiettivo della ricerca dall'epoca romana ai secoli del feudalismo, tanto piú strettamente collegati ai suoi tempi. I contatti con l'Accademia di Medinacoeli, anziché vincolarlo all'obbedienza di Cartesio o di Gassendi, lo confermano in uno spregiudicato orientamento critico fondato sull'esperienza e sulla ragione. Le contese giurisdizionali a cui, come studioso di legge, si trova mescolato nello studio di Gaetano Argento, ravvivano i suoi interessi per la storia feudale ed ecclesiastica, anche qui senza invischiarlo affatto nel formalismo e nello spiritualismo del gruppo, ma conferendogli in cambio l'impulso iniziale per elaborare in gelosa solitudine il disegno della *Istoria civile*.

Nei quaranta libri dell'opera, la rettifica del tiro si manifesta con assoluta evidenza: l'indagine sulla storia del Regno, dalla caduta dell'impero romano ai primi del XVIII secolo, non viene condotta piú soltanto nell'intento di accumulare i documenti a garanzia della giurisdizione reale contro le pretese papali, ma punta a dimostrare l'inconciliabilità tra interesse nazionale e prepotere ecclesiastico. Gli abusi e le ingerenze del «sacerdozio», aggravati dall'indifferenza dei dominatori stranieri per gli interessi del popolo, hanno compromesso irreparabilmente il progresso civile ed economico del Regno: prendere coscienza di questa verità, significa anche gettare le premesse per la creazione di uno stato nazionale, tanto piú forte delle vecchie strutture feudali ed ecclesiastiche da allineare in prospettiva Napoli alle formazioni statali dell'Europa moderna.

Nel suo secondo capolavoro, il *Triregno*, pubblicato una dozzina di anni piú tardi, Giannone porta avanti inflessibilmente la ricerca sulle origini della Chiesa e di quel potere temporale che ha finito per togliere al monarca «il dominio sulla metà dei suoi sudditi, sottratti alla giurisdizione del loro giudice naturale per essere sottoposti ad una giurisdizione che non ha alcun rapporto con le cose di questo mondo: perché il regno di Dio non è di questa terra». In sostanza, nell'una come nell'altra opera, lo storico pugliese propone una riforma politica globale dello Stato e dei suoi rapporti istituzionali con la Chiesa, ripudiando la visione oligarchica del ceto forense per identificare, invece, nello Stato medesimo «l'interprete illuminato dello svolgimento e della ragion d'essere di tutta la società civile».

Un'impostazione cosí aperta e radicale, appena velata da una certa cautela sul terreno piú strettamente teologico, è fatta per suscitare una reazione feroce. Già subito dopo la pubblicazione della *Istoria civile*, che esce senza il prescritto *imprimatur*, il clero napoletano prende decisamente posizione minacciando anche fisicamente l'incolumità dello scrittore con l'additarlo ai lazzari come empio ed ateo. Il vuoto si fa immediatamente intorno a Giannone: la vendita del libro è sospesa, il gruppo piú vicino a lui in seno al Collaterale si astiene dal promuovere il benché minimo intervento in suo favore, letterati ed avvocati gli negano la benché minima solidarietà. Nell'estate del 1723, mentre sta per essergli irrogata la scomunica, lo storico è costretto a fuggire e cerca rifugio alla corte di Vienna, dove in effetti ottiene protezione ed aiuto finanziario dall'imperatore Carlo che in definitiva è il beneficiario ultimo della sua battaglia anticuriale. La scomunica viene revocata, ma la *Istoria* è messa all'indice tanto piú rapidamente in quanto il nuovo pontefice Benedetto XIII è dichiaratamente ostile alle teorie giannoniane.

A Napoli, però, esse si fanno ugualmente strada, soprattutto tra i giovani e specialmente quando il viceré austriaco, conte d'Harrach, accentua la polemica regalista del suo governo. Se ne allarmano allora i preti che nel 1729 affidano ad un gesuita, padre Sanfelice, il compito di riaprire il fuoco contro l'esule con uno scadente e virulento libello, che costringe lo stesso prudentissimo Collaterale a pronunciarne l'aperta condanna. Un anno piú tardi, certo padre Pauli si assume la paternità di una seconda, ponderosa polemica contro la *Istoria civile* ed anche questa volta i vecchi giurisdizionalisti reagiscono assai blandamente, accogliendo invece con sollievo nel 1732 la pubblicazione di una *Istoria delle leggi e dei magistrati del Regno*, che Gregorio Grimaldi ha tracciato con spiriti temperati.

L'amarezza soverchia Giannone che è indotto a restituirsi quasi per protesta ai vecchi studi filosofici e nel 1734 sta appunto per completare il *Triregno*, quando si vede privato del sussidio imperiale in conseguenza del rovescio che gli austriaci subiscono in Italia con una sconfitta che apre la strada all'avvento di don Carlos di Borbone. Restare a Vienna, a questo punto, sarebbe inutile: lo storico ormai quasi sessantenne parte alla volta di Napoli ma viene bloccato a Venezia ed impedito di proseguire. La persecuzione si intensifica: i gesuiti lo attaccano, lo denunciano al governo della Serenissima e finiscono per farlo espellere dal territorio della repubblica. Sbarca a Crispino, su suolo pontificio ma riesce a raggiungere Modena e di là passa a Milano; obbligato a lasciare anche Milano, trova rifugio a Ginevra, che al fuoruscito appare una splendida oasi di libertà. Si tratta, ancora una volta, di una fuggevole parentesi: nel 1736, caduto in un agguato che gli viene teso per ordine congiunto della corte di Roma e di Carlo Emanuele di Savoia, viene trascinato prima a Chambéry, quindi nel castello di Miolans. Indotto ad una penosa abiura dopo due anni di dura prigione, il vecchio storico continua nonostante tutto a lavorare ai *Discorsi sopra gli annali di Tito Livio* e ad altri studi di schietta impronta illuministica, per morire nel 1748 tra acute sofferenze e crudeli disagi nel castello di Ceva. Preti e principi non hanno avuto alcuna pietà per il Galileo napoletano: la coesione del sistema è stata anche piú forte della lusinga che avrebbero potuto esercitare sul monarca le suggestioni di un monopolio del potere.

Sensibilmente diverse le ragioni dell'isolamento di Vico e delle ostilità che la sua opera titanica incontra fra i contemporanei, non escluso lo stesso Giannone. In lui, ciò che per Giannone è una «restaurazione metafisica e mitologica», appare ai cartesiani di ritorno ed agli altri moderati, specialmente dopo la svolta del 1708, come un capovolgimento iconoclastico di tutte le certezze accademiche. Vico diventa «forestiero nella sua patria», si vede negata perfino una cattedra universitaria e trascinato a maledire l'intellettuale pigrizia dei suoi piú distinti concittadini. Sono al tempo stesso la forma complessa della scrittura e la grandezza della visione a farlo condannare dagli uni come uno scolastico in ritardo, dagli altri come cultore di astruse fantasticherie. Per chi come Giannone è coinvolto fino alla cima dei capelli in una dura polemica politica, la sintesi che Vico compie a livello scientifico sulle leggi di sviluppo dell'umanità, la sua ricostruzione di una storia totale del mondo, hanno il sapore di una soluzione di disimpegno rispetto ai problemi piú brucianti dell'epoca. In realtà, Vico è lontano anche dalle maggiori correnti del pensiero contemporaneo: la conoscenza empirica del mondo sensibile, verso cui si orientano i discepoli di Campanella e di Bacone, rimane estranea alla sua esigenza gnoseologica; ma anche la persuasione della scuola cartesiana di attingere al nocciolo della realtà attraverso lo approfondimento dello studio della matematica, gli appare puramente illusoria. Al bivio tra «una conoscenza compiutamente vera ma priva della concretezza esistente», come appunto è la matematica, «ed una conoscenza fondata sul reale ma deficiente di quell'assoluta trasparenza del pensiero che è la nota essenziale della verità», come è la fisica, il filosofo napoletano finisce per concludere che la «scienza nuova», cioè il campo per la perfetta conoscenza dell'uomo, è propriamente ed unicamente la storia, dal momento che l'uomo «crea il suo mondo cosí come Dio la sua natura». Determinare i principî universali del divenire storico, «di cui egli è l'artefice», sarà dunque il compito sommo per l'uomo in quanto filosofo. Inutile sottolineare quali risultati consegua Vico, soprattutto nella ricostruzione dell'ambiente in cui si sono determinati i grandi avvenimenti del mondo e dello spirito che li ha animati. Ciò che importa è rilevare come la fondamentale intuizione storicistica della *Scienza nuova* sfugga a Giannone, non meno che agli altri precursori dell'illuminismo, insieme con il pur netto orientamento antifeudale del filosofo e con la sua anticipazione di una società in cui il potere sia «la definizione di un consenso». In particolare, l'incomprensione tra i due giganti è da considerare un'altra jattura per la cultura e per la società napoletana, mentre una loro convergenza potrebbe creare un ambiente intellettuale piú aperto a capire, accettare e approfondire il tentativo riformista del marchese Tanucci, il ministro di Carlo III. Isolamento ed incomprensione aggravano invece la loro sconfitta. Giannone, bandito e praticamente distrutto dalla feroce persecuzione dei gesuiti, sarà riscoperto soltanto dopo morto dai giovani intellettuali napoletani, mentre Vico continuerà ad essere ignorato per lunghi decenni. In vecchiaia, l'autore della *Scienza nuova* sarà costretto a piatire dal nuovo sovrano la nomina a storiografo regio, ottenendola assai piú in virtú della propria fama di raffinato umanista e della protezione di monsignor Galiani, che non per le «astruserie» del suo incompreso capolavoro.

Nel frattempo è mutato radicalmente il panorama politico della città e, con esso, il rapporto tra il Regno e l'Europa. Due viceré, il duca di Medinaceli ed il marchese di Villena hanno suggellato, a cavallo del nuovo secolo, il lungo periodo della dominazione spagnola senza migliorarne peraltro, nemmeno marginalmente, il bilancio. Malaccorto, prepotente e sospettoso, il primo ha lasciato anzi che si aggravasse l'antica piaga degli «arrendatori», cosca mafiosa che rapina città e Regno senza riempire le casse del governo centrale. La morte di Carlo II, sul finire dell'ottobre 1700, viene a complicare ulteriormente le difficoltà di Medinaceli, meno brillante come amministratore che come galante mecenate di belle donne e canterine alla moda. Se ne rinvigorisce il partito austriaco che fa quadrato intorno alla candidatura dell'arciduca Carlo, figlio dell'imperatore Leopoldo ed aspirante alla successione dell'ultimo Asburgo di Spagna, in contrapposizione a Filippo V, il duca d'Angiò, nipote e pupillo del Borbone di Francia. Nell'autunno del 1701 la congiura di Gaetano Gambacorta, principe di Macchia, anticipa in qualche modo l'imminente cambio della guardia: gli emissari della corte imperiale, costretti da delazioni altrui e proprie imprudenze ad anticipare i tempi dell'azione insurrezionale, cozzano contro lo scetticismo della plebe cittadina ed una risoluta reazione spagnola anche in provincia. Nei quartieri popolari, qualche vecchio rivoluzionario ricorda ancora il tradimento della nobiltà, all'epoca di Masaniello, e sconsiglia ai giovani di mescolarsi ad un conflitto che non li riguarda. Quasi tutti i capi della cospirazione, salvo Carlo di Sangro, scampano con la fuga alla spietata repressione del viceré che tuttavia, poche settimane piú tardi, è richiamato in patria.

Al viceré che lo sostituisce, il marchese di Villena, non restano né il tempo materiale né le risorse politiche per scongiurare un collasso che dipende essenzialmente dallo sviluppo delle vicende europee. Quando, nell'aprile del 1702, Filippo V, accompagnato dal conte di Santistebán, mette piede a Pozzuoli per visitare la prediletta città di Napoli, è come se i fantasmi dell'Escuriale tornassero ad aleggiare per l'ultima volta sulle rive del golfo. Le guerre dinastiche a catena da cui il continente è tuttora lacerato, stanno per decretare la fine di un'epoca che per Napoli dura da due secoli. Nell'estate del 1707 bastano ottomila soldati imperiali, al comando del conte von Daun, per sgominare al Garigliano le truppe spagnole, mentre il primo viceré austriaco, il conte Giorgio Adamo z Martinic, maresciallo di corte dell'imperatore Leopoldo I, si avvia verso la capitale, dove fa il suo ingresso il 7 di luglio.

Si apre cosí nella storia della città la fase interlocutoria, breve e poco significativa, che si lega all'effimera occupazione dell'Austria. Sono ventisette anni che in pratica non lasciano traccia, perché i funzionari viennesi, arrivati sulla scia della guerra di successione spagnola, se ne andranno sull'onda della guerra di successione polacca, due tragici balletti dell'assolutismo europeo ai quali Napoli come altri domini italiani, la Sicilia come la Sardegna, i Paesi Bassi come la Catalogna, servono soltanto da inerti fondali. Del tutto estranei ai problemi vitali ed alle tradizioni della città, z Martinic ed i suoi successori non riescono nemmeno a lasciare nel Regno quell'impronta di lucida e retta amministrazione che caratterizzerà la lunga egemonia austriaca in Lombardia e poi nel Veneto.

La svalutazione monetaria ha portato, tra il 1688 e il 1691, ad una discreta ripresa economica che tuttavia trova un freno nella nuova esplosione di conflitti in Europa e nel conseguente dissanguamento delle finanze pubbliche e private. La pressione è particolarmente forte fino al 1711, quando l'arciduca Carlo – dopo un breve interregno di Giuseppe – eredita la corona imperiale e può rinunciare a servirsi del Regno come di un pegno contro gli intrighi di Vienna e di Madrid, ma deve pur utilizzarne le superstiti risorse per la guerra che lo impegna immediatamente contro la Francia. Sbiadisce cosí il programma di provvidenze che il viceré von Daun, duca di Teano, ha elaborato per riattivare il commercio, intensificare i traffici e portare finalmente a termine il nuovo censimento: l'interesse di Vienna finisce per limitarsi a rettifiche di mero carattere contabile escludendo interventi di fondo, tanto piú quando il trattato di Passerowitz apre all'impero la prospettiva di una fruttuosa penetrazione nei Balcani. Il distacco psicologico di Carlo VI dal Mezzogiorno italiano si accentua ulteriormente dopo il 1729, allorché Parigi riesce a cementare contro di lui una coalizione tra Spagna, Francia, Olanda e Inghilterra e questa coalizione riconosce i diritti di don Carlos di Borbone alla successione negli stati di Toscana, Parma e Piacenza.

Don Carlos è il figlio di Filippo e della sua seconda moglie, Elisabetta Farnese.

In sostanza, salvo un breve periodo di tranquillità intercorso fra il 1725 e il 1728, i viceré austriaci sono costretti a realizzare quasi esclusivamente una politica di prelievi fiscali e di difesa militare che neppure il piú vigoroso di essi, il conte d'Harrach, riuscirà ad integrare con interventi piú lungimiranti. Partito d'Harrach nel 1733, dura poco meno di un anno il suo successore, conte Giulio Visconti principe di Beaumont, prima che le truppe spagnole del generale Montemar e di don Carlos entrino, l'8 maggio 1734, a Napoli per insediarvi la nuova dinastia dei Borboni.

6.

All'arrivo di don Carlos

Nell'atto in cui don Carlos se ne impadronisce, Napoli è già una capitale inserita nel circuito dell'Europa contemporanea, con tutto l'enorme carico dei suoi problemi ma anche con il peso di una presenza viva, specifica, universalmente avvertita. L'azione riformatrice del nuovo sovrano contribuirà ad accelerare certi processi, così come la battaglia di avanguardia dei maggiori intellettuali ha concorso negli ultimi settant'anni a farli maturare, ma né l'una né l'altra esauriscono la totalità dei modi attraverso cui la città va realizzando la sua identità culturale e sentimentale, il suo paesaggio visibile ed interiore, la sua fisionomia inconfondibile. Non è ancora venuto, né verrà ancora per assai più di un secolo, il momento in cui l'inestricabile groviglio delle contraddizioni non risolte finirà per soffocare ogni prospettiva di sviluppo, condannando il popolo napoletano a «rifiutare la storia»; ben al contrario, per grandi linee e con ampie zone d'ombra, il Settecento coinciderà con la stagione più luminosa del genio locale, con i suoi adempimenti più originali, con una individuazione corposa e definitiva della «napoletanità».

Le condizioni ambientali continuano ad essere molto dure. Seppure in proporzioni assai più modeste ed in un contesto politico-economico del tutto diverso, Napoli è cresciuta come Londra e Parigi, con tutte le storture e le deformazioni che alimenteranno, in pieno illuminismo, la polemica tra la megalopoli e la provincia. A metà del secolo, la sua popolazione sfiora la soglia dei 350 000 abitanti, pari a circa un dodicesimo di tutto il Regno, che ne conta poco più di 4 milioni. È scontato l'interesse che hanno avuto i viceré spagnoli, a partire dal duca di Toledo, nel concentrare un simile agglomerato entro le vecchie mura e nei borghi contigui, per strappare al feudo i prepotenti baroni insieme con i loro famigli, tenendoli sotto il controllo dei castelli cittadini e del potere centrale, non meno rigorosamente di quanto hanno tenuto il popolo grasso e la plebe. Ma neppure ad avviare una soluzione adeguata ai bisogni economici di una così fitta collettività, essi hanno saputo provvedere, preferendo abbondare in «grazie» e privilegi di ogni genere e finendo per trasformare Napoli in una sorta di città-vampiro che succhia a tutto il rimanente del Regno le risorse agricole, manifatturiere, finanziarie ed umane.

La tendenza si è ancor piú accentuata dopo la rivolta di Masaniello, quando la condizione parassitaria della popolazione è diventata la sola alternativa ad un libero sviluppo che, con differenti motivazioni, il governo straniero, i nobili e il «ceto civile» hanno contrastato e contrastano con uguale accanimento. La sconfitta della Spagna nei grandi conflitti continentali ha aggravato d'altro canto la carenza di quadri mercantili locali, spalancando le porte del Mediterraneo alle flotte del Nord-Ovest europeo ed aprendo il varco ad una massiccia infiltrazione di operatori olandesi e inglesi. Mercanti e banchieri dei paesi riformati si sostituiscono cosí ai genovesi, ai veneziani ed a quanti altri italiani hanno esercitato il monopolio del commercio con l'estero. Il volume degli affari è irrilevante anche nel campo del commercio interno e dell'industria, in cui sono in crisi settori tradizionalmente solidi come la produzione tessile, le costruzioni navali, l'attività edilizia, la pesca del pesce e del corallo, l'arte tipografica, le industrie di lusso, perfino la guerra di corsa.

Sul finire del Seicento, alla deficienza del circolante che ha caratterizzato tutto il dominio spagnolo, si aggiunge un «ciclo infernale» di svalutazioni a catena che sono da considerare tra le componenti essenziali dell'asfissia economica. I freni all'iniziativa privata, senza parlare di astratte considerazioni etniche, vengono da molteplici altre circostanze: l'imperio di un governo straniero che paralizza la libertà delle scelte, il funzionamento arbitrario e cavilloso della giustizia che rallenta il ritmo delle contrattazioni, l'ideologia conservatrice dei ceti medi che suggerisce l'accumulazione della rendita a detrimento della ricerca del profitto. «Il commercio – come scrive P. M. Doria – è ridotto ad un'usura sfacciata: molta roba, pochissimo contante». Carattere usuraio, soprattutto nei confronti dei contadini della provincia, assume anche la gestione dell'approvvigionamento alimentare che rimane in mano a nobili e borghesi cittadini mentre il clero monopolizza gli arrendamenti.

Le insufficienze di strutture cosí fragili si riflettono particolarmente sui livelli salariali della manodopera e, piú in generale, sul potere d'acquisto degli strati popolari, il cui problema in definitiva si riduce alla difesa del minimo vitale. La città rigurgita di disoccupati: signori oziosi, clienti queruli, legioni di ecclesiastici dediti «alla infingarda e vuota convivenza monacale», ma anche medici senza ammalati, avvocati senza cause, servitori senza padroni, attori senza scritture, artigiani senza acquirenti, accattoni professionali e molesti, avventurieri senza scrupoli. La battaglia per sfamarsi, la concorrenza, l'invidia insidiano la coscienza del singolo e la dignità del rapporto sociale proprio nell'epoca in cui, nell'Europa occidentale e settentrionale, matura la nuova moralità protestante, stimolo essenziale per l'espansione del capitalismo e per la formazione di società egualitarie. Le frodi commerciali all'ingrosso e al minuto diventano la regola, inquinano non solo i buoni costumi ma anche la salute del consumatore, in un periodo nel quale peggiorano ulteriormente l'assistenza ospedaliera, la canalizzazione igienica, le condizioni ambientali. Nella «mappa» concepita da don Giovanni Carafa, duca di Noja, si delinea un panorama confuso e disordinato come la vegetazione di una giungla: ville e palazzi costruiti alla rinfusa, senza luce né verde; strade strette e tortuose come le «casbah» del Nord Africa; paurosa carenza non solo di ospedali ma anche di ospizi e perfino di alberghi, giardini botanici, caffè, musei. Pullulano invece uffici e tribunali, come alveari ronzanti di leguleii, mezzani, falsi testimoni, postulanti, provinciali storditi e beffati, sventurati travolti nell'ingranaggio di una legislazione volutamente indecifrabile.

Bloccato dal mare e dalle paludi, contenuto per lungo tempo nel perimetro delle vecchie mura in virtú delle assurde prammatiche viceregnali, il tracciato urbano si sviluppa esclusivamente verso nord e verso occidente. L'addensamento edilizio sulla superficie metropolitana è soffocante anche perché, dopo la Controriforma, si è consentito ai nuovi ordini religiosi di acquistare a basso prezzo, per demolirli, tutti i palazzi confinanti intorno ai conventi, col risultato di creare incantevoli «isole» ma anche di ridurre ulteriormente il respiro delle costruzioni civili. Sotto l'irresistibile spinta dell'immigrazione dalle province, si è continuato a edificare in spregio alle autorità o con la loro connivenza e, mentre nei borghi sono sorti illegalmente fabbricati rozzi e provvisori, all'interno delle mura le case hanno raggiunto altezze inusitate, conferendo alla città una fisionomia che non muterà fino ai nostri giorni. Neppure la strage provocata dalla grande peste del 1656 ha suggerito una revisione razionale nel disegno urbanistico; né il governo austriaco interviene a suggerire una pianificazione delle scelte, dopo la pur provvida decisione di Carlo VI, un imperatore di buon senso che nel 1717 dispone l'abrogazione delle prammatiche repressive e l'esenzione di ogni gravame fiscale per i lavori di costruzione, restaurazione o miglioria delle fabbriche.

Sotto il profilo architettonico, la città ha mutato radicalmente volto a partire dalla seconda metà del Seicento, grazie al rinnovamento proposto dal Grimaldi e soprattutto da Cosimo Fanzago, il maestro bergamasco che ha introdotto il gusto scenografico e decorativo del barocco, gettando le premesse per l'affermazione dei due architetti piú potenti ed originali della scuola locale: Domenico Antonio Vaccaro e Ferdinando Sanfelice. È come uno splendido tramonto che suggella il dominio spagnolo. Vaccaro si ricollega alle suggestioni della migliore pittura contemporanea, utilizzando con disinvoltura le tecniche piú disparate ed una concezione spaziale di ampio respiro; Sanfelice spezza ancor piú clamorosamente i vincoli della tradizione accademica, trasformando pareti e cavità in grandiosi fondali da teatro. La chiesa della Concezione a Montecalvario, con cui Vaccaro crea praticamente il modello di tutta l'edilizia religiosa del Settecento napoletano, quella della Nunziatella e l'incredibile palazzo costruito dallo stesso Sanfelice ai Vergini nel 1728 con una fuga di scale di vertiginosa bellezza, rappresentano la testimonianza di un talento tipico, impastato di una fantasia e di un vigore che Carlo III avrà il torto di trascurare quando porrà mano alle grandiose realizzazioni ispirate dal modello di Versailles.

Il barocco è cosí congeniale all'indole ed alla trepidante superstizione dei napoletani che, con la complicità di artisti grandi e mediocri, il clero ha potuto contaminare la nuda spiritualità di un gran numero di chiese gotiche e romaniche, da San Domenico Maggiore al duomo, sotto le pompose trabeazioni, le pieghe, i drappeggiamenti, le stravaganze e la sfarzosa opulenza di un'arte che pure lascia, qua e là, documenti affascinanti come il campanile colorato di fra' Nuvolo al Carmine, la chiesa del Gesú Nuovo o le bizzarre sculture del palazzo Sanseverino. Tre secoli dopo, ci vorrà un bombardamento aereo per liberare Santa Chiara dalle incrostazioni seicentesche e restituirla alla sua austera purezza angioina. D'altro canto, il barocco «che non vuole far poesia ma destare stupore» è la cornice ideale per un culto che i predicatori interpretano in chiave dichiaratamente terroristica, mirando a suscitare «paura e meraviglia», tra i fedeli sbigottiti dall'assillo di un Dio «irato, atroce, vendicativo» che promette fuoco, fiamme, tormenti e dannazione eterna a tutti i peccatori, specialmente i piú poveri e creduli.

Nei templi dove infuria la frenesia del barocco, è piú facile eccitare fino all'isteria il «devozionismo» che a Napoli surroga l'autentico spirito religioso, sulla scia di una tradizione derivata da oscuri riti pagani, vecchi di millenni. Tanti aspetti del folklore locale, da cui i grandi viaggiatori stranieri si lasciano entusiasmare o indignare, rappresentano in realtà il frutto del sistema sociale e di una pedagogia ecclesiastica ben calcolata. Una volta imposta l'immagine di un Creatore perennemente sdegnato, si suggerisce l'esigenza di placarlo attraverso un complesso meccanismo di pratiche utilizzate come poderoso strumento di potere. I gesuiti diffondono la devozione alle «piaghe di Gesú», i teatini replicano con l'esaltazione del «Bambeniello»: l'antagonismo tra gli ordini religiosi antichi e nuovi assume forme grottesche, talora violente fino allo spargimento di sangue. La corsa ai patroni celesti produce, nel giro di pochi anni, la candidatura di altri sette santi protettori in aggiunta agli otto già in carica da molto tempo, con note di particolare distinzione per sant'Anna, san Pasquale Baylón, san Francesco Saverio e san Gaetano, senza contare i numi indigeni. Il culto mariano si afferma a macchia d'olio. La propaganda mobilita una serie di «mass-media» che vanno dalle arroventate prediche agli scritti agiografici, dalle vite dei santi ai drammi sacri, mentre le elemosine, la distribuzione di minestre, l'educazione scolastica e l'assistenza ai carcerati – tutte innegabili benemerenze del clero – sono bilanciate dalla proliferazione di questuanti in tonaca e da altri deplorevoli eccessi che avviliscono i valori e i luoghi sacri. Il problema della povertà di talune comunità conventuali, per esempio, è risolto attraverso espedienti poco onorevoli come l'incetta delle «intenzioni» per le messe, l'accaparramento dei lasciti ereditari, la tosatura delle monete e – monopolio dei gesuiti – lo spaccio del vino. I lodevoli sforzi moralizzatori di qualche arcivescovo, come il Caracciolo o il Pignatelli, non valgono a modificare questo quadro desolante né a sensibilizzare sul piano sociale un clero che continua a serbarsi indifferente alle condizioni di vita della popolazione e non concepisce neppure in via ipotetica l'esigenza di lottare per modificarle.

Dove non bastano i rosari e i miracoli, a distrarre la plebe dai suoi guai, interviene anche la schizofrenica mania delle feste che il gruppo dirigente, dai viceré ai Borboni, alimenta con assiduo impegno, in parte per calcolo, in parte perché ne condivide largamente il gusto. Occasioni celebrative ne offrono tutti i giorni tanto le ricorrenze religiose quanto la vita di corte e la stessa iniziativa popolare. Ad alto livello si reclutano artisti sommi, dal Bibbiena al Sanfelice per confezionare addobbi, apparati, decorazioni da cui talora scaturiscono suggestioni innovatrici perfino per la grande architettura. Risalendo a ritroso nel tempo, si scoprono molteplici componenti per questa passione delirante: l'estro picaresco e il torvo bigottismo degli spagnoli, le «raffinate esperienze» di aragonesi ed angioini, gli echi di lontanissime liturgie greco-romane, come la «lampadodromia» o i misteri del culto di Priapo. Si vuole che, in particolare, siano il pellegrinaggio a Montevergine e alla Madonna dell'Arco e la stessa Piedigrotta a vantare ascendenti cosí remoti.

In ogni caso il repertorio è vastissimo: cavalcate, giostre, mascherate si alternano alle cuccagne, alle corride, alla sfilata di carri allegorici o gastronomici, mentre l'artigianato locale raggiunge vertici di incredibile maestria nell'allestimento delle macchine pirotecniche. Si fa festa dal primo all'ultimo giorno dell'anno, per il carnevale, per le Quarantore, per il Corpus Domini, per la settimana di Passione, per San Gennaro. Il presepio diventa il punto di riferimento per la devozione e l'ispirazione poetica di un'intera città. Sacre rappresentazioni, commedie profane e pompe funebri riscuotono vasto e fragoroso successo, specialmente quando si accompagnano a feste «di fuoco e di lumi», promettono al pubblico la spartizione della cuccagna o ne sollecitano il forte istinto teatrale, come accade nel 1672 quando si rappresenta una commedia in pieno mare «camminando la scena per la costiera di Mergellina, sopra alcuni barconi» o come nel 1702 quando, per solennizzare la visita di Filippo V, si organizza «una stupefacente girandola di manifestazioni».

Il mondo fantastico dei napoletani si alimenta di infinite suggestioni. Se mancano il lavoro, il pane ed ogni stimolo o strumento di promozione civile, non fanno difetto le occasioni per secondare la vocazione del popolo per lo spettacolo. Nel grande teatro che la città appronta, tra gli scenari incomparabili della natura e le quinte dell'arte, vibrano colori suoni e parole di una comunità ormai modellata su uno stampo senza uguali. S'è venuta definendo in modo netto, come e più dell'architettura e della scultura, la fisionomia dei pittori che si sono nutriti per tutto il XVIII secolo di influssi esterni, dal Caravaggio ai fiamminghi, dagli ultimi veneti ai giganti del Seicento spagnolo. Il fervore dell'ambiente è eccezionale anche a livello di valori medi, come nel caso di Ribera o di Fracanzano che seguono una sincera ispirazione mistica, ovvero di Massimo Stanzione e Andrea Vaccaro che coltivano un impegnato ritorno al classicismo. Nella pittura di cavalletto, fa spicco Aniello Falcone.

Ma è con Luca Giordano che il movimento acquista consapevolezza della propria originalità e, al tempo stesso, impara a misurarsi con le grandi esperienze del mondo contemporaneo. Luca compie, attraverso contatti personali e lunghi soggiorni oltre frontiera, un lungo viaggio culturale arricchendo ad ogni incontro la propria impetuosa sensibilità, la varietà dei mezzi espressivi, la squisitezza coloristica del racconto. Il Veronese ed il Tiziano lo aiutano a scoprire il barocco, Rubens lo colpisce profondamente, una permanenza di dieci anni in Spagna lo introduce alla familiarità con Velázquez e i suoi compagni di lavoro. Agli albori del nuovo secolo, il maestro è ormai maturo per siglare la sua felice stagione con una serie di «immani» cicli decorativi e con opere di cavalletto, in cui immaginazione e sentimento creano una dimensione fantastica del reale, la sola in cui possa credere un napoletano, alle soglie di un'intuizione preromantica.

All'effervescenza di toni e luci della sua pittura, l'ambiente locale reagisce, almeno inizialmente, con una drastica chiusura cui fa eccezione solo Mattia Preti il calabrese. Successivamente, le forze tradizionalistiche riprendono lena con Francesco Solimena, il piú prolifico e longevo degli artisti locali. Solimena rifiuta «l'enfasi ottimistica» del barocco, che sente estranea alla propria severa spiritualità, per utilizzare un linguaggio rigoroso e imponente nel quale il pittore rivaluta l'intelletto rispetto al gioco irrazionale della fantasia e finisce per saldarsi all'ala piú classica dell'Arcadia, quella che con il Gravina si staccherà dal gruppo dei letterati romani per rivendicare un impegno piú asciutto, meno trionfante e lezioso.

È, già prima che don Carlos entri in città, il periodo in cui le grandi capitali europee hanno imparato ad apprezzare i maestri napoletani, e non solo Giordano o Solimena, ma anche Paolo de Matteis e Giacomo Del Po, Filippo Falciatore e il «fuoruscito» Corrado Gianquinto. In patria si vanno distinguendo, nella scia di un disimpegno laico che si ricollega al movimento degli Investiganti, artisti quali Paolo Porpora e Giuseppe Recco, che preferiscono dedicarsi alla «natura morta», per penetrare la realtà con una curiosità quasi scientifica o trarne materia di riflessione sulle misteriose presenze che la realtà ci nasconde e ci svela.

Tributaria per tutto il Seicento dei maggiori architetti, scultori e pittori stranieri, Napoli sviluppa viceversa in piena autonomia il suo genio nativo nei campi del teatro e della musica. Come s'è visto, è un discorso che parte da lontano. Parigi si è già accorta dei formidabili attori, come Michelangelo Fracanzano, che portano in giro per l'Europa il repertorio al quale, sul finire del secolo, si rifarà il conte di Casamarciano per la raccolta di 183 canovacci dei Pulcinella e dei Coviello. Pressappoco negli stessi anni la codificazione tecnica del professionismo nella commedia dell'arte è offerta da uno scrittore palermitano di origine ma napoletano di adozione, Andrea Perrucci, autore di un ampio saggio *Dell'arte rappresentata, premeditata e all'improvviso*. Il teatro in vernacolo attraversa un periodo di involuzione anche perché la frattura tra popolo e intellettuali ha compromesso il rinnovamento del dialetto, ne blocca l'evoluzione, riduce la stessa recitazione ad un virtuosismo tecnico, fatto di soluzioni meccaniche e di «lazzi». Sulle maggiori scene cittadine, imperversano i comici lombardi e le prime donne spagnole, piú vicini al gusto sofisticato degli spettatori di qualità. Allo stesso modo, nell'ambito del teatro colto si avvertono influenze spagnole, veneziane e perfino arcaiche, che ne accentuano la sterilità. La grande lezione che Tiberio Fiorilli ha trasmesso allo stesso Molière, quella del «senso della danza», del vivace «dinamismo psicologico», di una perfetta scelta del «tempo scenico», rischia di essere dimenticata proprio a Napoli. Tutto ciò che sopravvive, nel sottobosco plebeo, è il teatro sacro concepito in funzione edificante: il già citato Perrucci scrive per i gesuiti una specie di *sceneggiata* sul presepio, *Il vero lume tra le ombre, ovvero la nascita del Verbo umanato*, che sarà tramandato ai posteri, fino ai nostri tempi, sotto il nome celeberrimo di *Cantata dei pastori*. Tutto sommato sono proprio gli eroi del presepio sceneggiato, Razzullo e piú tardi Sarchiapone, a parlare un linguaggio ed usare riferimenti concreti in cui lo spettatore può riconoscersi con emozione.

La disputa intorno alla vitalità del dialetto e addirittura ad una sua presunta supremazia sul «toscano» suscita tra don Ferdinando Galiani, nipote di Celestino, e Luigi Serio una furiosa polemica che l'abate conduce con molto spirito e scarsa documentazione, nel nobile intento di dimostrare che il dialetto ha tanta dignità da essere stato usato, all'epoca degli aragonesi, come lingua ufficiale del reame. Al di là della tesi stravagante ed insostenibile, conta l'intuizione di un patrimonio culturale e sentimentale da salvare e forse ancor piú la fedeltà di un letterato squisito come Galiani, diplomatico e uomo di mondo, alle radici popolari della sua città. Quanto esse siano tuttora feconde, lo dimostra del resto la brusca ripresa del teatro di prosa che, come accadrà poi all'opera buffa, si nutre essenzialmente di quelle radici. Nei primi decenni del secolo XVIII, Nicola Maresca e Nicola Corvo, tornano a sollevare il sipario sulle miserie e sull'allegria della «gente cchiú bascia», come si dirà piú tardi per il maggior commediografo del primo Settecento, Pietro Trinchera. Nello stesso momento, Carlo Sigismondo Capece lancia da Roma la moda della «commedia scritta per maschere», presagio della rivoluzione goldoniana, e Pulcinella viene recuperato da Giovanni d'Antonio nella irresistibile «scola cavajola», trovando dal 1717 in poi un bugigattolo tutto suo a due passi da piazza del Castello, il teatro della Cantina o del Fosso.

La *Deana* del Maresca, un fabbricante di ventagli da salotto, nasce da un appassionato lavoro di ricerca filologica tra i popolani del Lavinaio e degli altri quartieri poveri; anche se i personaggi oscillano ancora tra realtà e favola. Con il Corvo, che appartiene già alla storia dell'opera buffa, la verità ambientale diventa piú esplicita ed aggressiva: i protagonisti sono pescatori di Mergellina, padroni di barche e sensali di mercato, scugnizzi, saltimbanchi, canterine «resagliute». Nei canovacci «all'improvviso» di Pulcinella, il legame profondo con il sottobosco plebeo non è garantito dai testi, che sono semplici appunti di un intrigo elementare, e neppure degli altri tipi, anch'essi astratti ed eterni, ma dallo stesso meccanismo della improvvisazione. Gli equivoci, le astuzie, le candide goffaggini, le ribalderie, i trionfi, le disgrazie a catena del Cetrulo vengono costantemente riportati dall'attore al sentimento contingente degli spettatori e all'attualità dei loro problemi. Esiste una coincidenza perfetta tra platea e palcoscenico in ordine alle esperienze, alle abitudini, all'indole, al gergo, alle necessità materiali di ogni giorno. Il realismo magico, la comicità «pazza ed esasperata», l'evasione dalla logica costituiscono la sola alternativa che la vita di ogni giorno conceda a Pulcinella sulla ribalta, come ai suoi vocianti e ridenti concittadini in sala, con l'avvertenza che mentre nell'intellettuale la fuga dal reale assume toni retorici o idilliaci, il lazzaro si vendica ferocemente della propria condizione, denunciandola con la beffarda volgarità dei lazzi mimici e verbali, cioè con quella stessa esuberante caricatura che è stampata nel suo codice genetico e nel paesaggio che lo circonda. È nell'uso che, nella commedia «improvvisa», dopo molte rappresentazioni e manipolazioni, si stenda un copione sul genere di quelli che, proprio nell'anno in cui don Carlos di Borbone conquista il Regno, saranno raccolti in una *Selva ovvero Zibaldone* dal monaco lucchese Placido Alfani, che reciterà persino con la maschera di Pulcinella nel convento perugino dove va a rinchiudersi dopo un lungo soggiorno a Napoli.

La passione per il teatro moltiplica in città i locali di spettacolo, in relazione sia ai diversi gusti di strati sociali che non possono mescolarsi insieme, sia all'importanza crescente della produzione musicale. La voga dei castrati e delle canterine, introdotta dal conte di Oñate, ha fatto la fortuna dell'opera lirica che dal 1653 si rappresenta al San Bartolomeo, ricostruito trent'anni dopo per ospitare nel 1684 il *Pompeo* di Alessandro Scarlatti. Nel giorno di Santo Stefano del 1707, don Tiberio Carafa principe di Chiusano ospita nel suo palazzo, alla presenza del viceré austriaco, la *Cilla*, prima opera buffa della storia, parole di Francesco Antonio Tullio, musica di Michelangelo Faggioli, un modesto compositore che mescola vecchi canti napoletani del Cortese con duetti «ridicolosi» quali sono già inclusi da tempo nelle opere serie, aperte per loro conto alle parentesi distensive anche con gli «Intermezzi». Da casa Carafa, la *Cilla* passa ai Fiorentini, dove finalmente il medio ceto trova il suo ambiente e si affeziona ad un genere di spettacolo che, come nel caso delle commedie di Corvo, è vicino alle sue inclinazioni per la schiettezza del vernacolo e la grazia della partitura. Un salto di qualità registra il locale nel 1708, quando presenta a chiusura di stagione una strepitosa novità, *Il trionfo dell'onore*, su testo in lingua del Tullio e musica di Alessandro Scarlatti, un nome che garantisce un giro culturale molto piú vasto ed ambizioso. Nel 1724, mentre trionfa al San Bartolomeo la *Didone abbandonata* di Metastasio, aprono i battenti due nuovi teatri cittadini, quello della Pace o della Lava nella zona dei Tribunali, e il Teatro Nuovo costruito da Domenico Antonio Vaccaro, con una specie di miracolo architettonico, in un'area ridottissima ricavata «sopra i quartieri», nella zona di Montecalvario, da un giardino privato. Ad inaugurare i due locali si mobilita ancora l'inesauribile musa di Nicola Corvo, che non rinnega la sua ispirazione popolaresca pur inclinando ad un certo patetismo di situazioni che, del resto, coincide con il gusto della platea.

La fioritura della scuola musicale, nonché moltiplicare le iniziative degli impresari, segna probabilmente uno dei momenti piú alti nel processo di identificazione della «napoletanità»: la città diventa europea anche e soprattutto per il contributo determinante dei suoi conservatori. Le radici del fenomeno sono profonde. A Napoli si fa e si studia musica sin dai tempi di Ferrante d'Aragona, ma specialmente dal giorno in cui l'Oratorio Filippino, fondato nel 1584, ha cominciato a rappresentare un ideale centro di raccolta per tutte le opere musicali stampate dentro e fuori i confini del regno. Un singolare tipo di gran signore ed artista «maudit», Carlo Gesualdo principe di Venosa, condannato ad una sorta di esilio nel suo castello per essersi macchiato di uxoricidio, segna con i suoi «madrigali» la prima tappa memorabile nel campo della polifonia vocale. A sollecitare l'evoluzione della scuola locale intervengono gli insegnanti dei quattro conservatori (Santa Maria di Loreto, La Pietà dei Turchini, Sant'Onofrio a Porta Capuana e i Poveri di Gesú Cristo) fondati dai viceré spagnoli nel XVI secolo e che soltanto nel XIX confluiranno tutti nel vecchio convento di San Pietro a Majella. Il valore tecnico-didattico del movimento è pari ai suoi pregi estetici, giacché nei quattro istituti vige la consuetudine di introdurre gli allievi allo studio dell'armonia, sulla base di testi composti dai docenti a questo scopo e che finiscono per costituire una ricca letteratura. Le partiture di Francesco Durante e le esercitazioni di Fedele Fenaroli diventeranno un prezioso punto di riferimento per molte generazioni di studenti fino alle soglie dell'Ottocento.

Sull'abbrivo delle rappresentazioni promosse dal conte di Oñate e dal duca di Medinaceli prende quota quel teatro dell'opera la cui popolarità darà modo ai compositori della scuola napoletana di affinare senza tregua il proprio talento, anche se assillati dalle frenetiche richieste degli impresari e tenuti in scarsissima considerazione dalla società. Alessandro Scarlatti, il padre del grande clavicembalista, esordisce poco piú che ventenne nel teatrino del Real Palazzo con *Gli equivoci del sembiante* ed ottiene una tale affermazione da farsi preferire, come primo maestro di cappella, al venerando Francesco Provenzale. Originario di Palermo, Scarlatti si stabilisce definitivamente a Napoli solo nel 1708, per svolgervi un'intensissima attività fino al 1725, quando muore. Le prime esecuzioni di Händel e l'arrivo di Metastasio accentuano, per altro riguardo, l'apertura cosmopolita della cultura musicale napoletana che, poco piú tardi, potrà contare anche sull'apporto di Johann Adolf Hesse il «Sassone», un allievo di Porpora che eredita l'incarico e anche la singolare prolificità di Scarlatti.

È un viceré austriaco, il Borghese, a chiamare a corte Metastasio nel 1719. Dopo aver composto un'ode in onore dell'imperatrice Elisabetta, *Gli orti esperidi*, il poeta romano scrive nel 1721 il libretto dell'*Angelica* che la celeberrima Bulgarelli porta ad un clamoroso successo nel teatro San Bartolomeo. Nella storia del melodramma, finora insidiato da un divismo isterico e dal dilagante malcostume, si apre un capitolo nuovo: Metastasio restituisce dignità all'opera, conciliando la musica con un testo altrettanto armonioso e sensato, vibrante di una lingua dolcissima e raffinata. È una rivoluzione estetica che cade in un mondo assurdo fino alla follia. I capricci, gli eccessi, la crudeltà di castrati e canterini superano ogni immaginazione; né il pubblico in sala si raccomanda per interesse, sensibilità artistica, educazione. Compositori e librettisti si sono visti costretti per anni a condizionare il proprio lavoro alle pretese dei soprani e delle loro farneticanti colleghe, molte delle quali alternano le fatiche del teatro a quelle dell'alcova, suscitando tanto scandalo da farsi confinare in quartieri chiusi, come le meretrici.

Secondo le consuetudini dell'epoca, ciascuno degli interpreti principali ha diritto ad un minimo di cinque «arie» personali, suddivise secondo regole ferree, intese soprattutto a scongiurare o a ridurre lo scoppio di rivalità che arrivano spesso alla piazzata o alla rissa, talora perfino all'omicidio. Il contegno che si tiene in palcoscenico durante la rappresentazione, è ignobile: conclusa la propria «aria» il cantante si disinteressa dell'opera per fare il proprio comodo, bere vino, tranguggiare arance o biscotti, fiutare tabacco da presa e starnutire fragorosamente, intrecciare conversazioni con gli amici dei palchi piú vicini e con gli orchestrali per fornire ampie spiegazioni sull'eventuale calo di voce o su altri disturbi. Gli spettatori, che per conto loro considerano il teatro come un qualsiasi luogo di ritrovo, si immergono in conversazioni galanti o in pettegolezzi mondani, giocano a carte, consumano pasticcini, fanno insomma di tutto salvo che prestare orecchio alla musica, tranne i pochi passaggi in cui sanno di dover acclamare o censurare le acrobazie vocali degli artisti, le cui vicende private sono note e commentate come accadrà molto piú tardi per gli eroi del rotocalco.

È la forte personalità dei musicisti che salva l'opera seria dalla decadenza. Nel 1731, lo stesso San Bartolomeo tiene a battesimo Giambattista Pergolesi, un compositore marchigiano destinato, pur nell'arco di un'esistenza troppo breve, a lasciare non labile traccia della sua contraddittoria e convulsa ricerca. Allievo di un conservatorio napoletano da cui viene espulso ancor giovinetto per aver partecipato ad una contestazione di gruppo contro i gesuiti, egli matura in quegli anni la rivolta contro l'ipocrisia di quei reverendi padri ed assimila idealmente tutti i motivi del movimento anticlericale che gli è coevo. Ha un senso istintivo del comico e del popolaresco ma è, al tempo stesso, troppo tormentato da vicende personali non liete e da una grave forma di tuberculosi ossea, per trovare una autentica dimensione di serenità. Morirà a ventisei anni, della stessa romantica morte incontrata in monastero da Maria Spinelli, la ragazza che si è lasciata spegnere per amore di lui; e, naturalmente, lascerà in tutta la sua opera il segno della stessa alternanza tra felicità e disperazione, gaiezza e malinconia. L'ispirazione drammatica allaccia il *San Guglielmo di Aquitania* allo *Stabat mater*, la prima all'ultima sua composizione, ma, nel 1732, ai Fiorentini, Pergolesi firma un lavoro dichiaratamente comico come *Lo frate 'nnammorato* e l'anno seguente, al San Bartolomeo, con il famosissimo «intermezzo» della *Serva padrona*, spalanca all'opera buffa napoletana una prospettiva che si allargherà su tutto il XVIII secolo.

A Parigi, la *Serva padrona* – intermezzo de *Il prigionier superbo*, su testo di Gennarantonio Federico – è accolta trionfalmente; cento repliche all'Opéra ed altrettante alla Comédie italienne scatenano feroci polemiche tra sostenitori ed avversari del nuovo genere, «buffons et anti-buffons». Ambientato a Capodimonte e scritto in dialetto, *Lo frate* ha un collegamento piú scoperto con la realtà popolaresca, ma la *Serva* stupisce per la modernità della situazione e per l'efficacia con cui Pergolesi l'ha trascritta, nella limpida vocalità dei personaggi e nella travolgente strumentazione. Serpina non è un simbolo, un tipo astratto o una pastorella, ma una ragazza viva che combatte la sua battaglia d'amore anche contro il pregiudizio di classe, mettendo a frutto furberia, grazia, sesso con la spregiudicatezza del secolo nuovo; e quando s'infila finalmente nel letto nuziale del suo padrone, Uberto, è come se avesse riportato una vittoria quasi storica. Del compositore che ha reso immortale la vicenda, J.-J. Rousseau dirà che è «le premier musicien de son temps et du nôtre».

In altre parole, la città in cui entra, come ultimo di una lunga serie di conquistatori don Carlos di Borbone, non è piú quella soffocante e bigotta che i dominatori spagnoli hanno recluso per due secoli dietro una muraglia. Pur senza intaccare sostanzialmente la struttura del potere politico ed economico, ventisette anni di occupazione austriaca hanno coinciso con un sensibile allargamento dell'orizzonte. Perfino le raffinate disquisizioni dei letterati, dalla disputa sul petrarchismo alla fondazione della «colonia sebezia», con il successivo scontro fra il gruppo di Gravina e gli arcadi romani, sono servite a sprovincializzare la cultura napoletana introdotta da Vico e Giannone nell'ambito dell'Europa prerivoluzionaria. Nel 1732 monsignor Celestino Galiani presenta un progetto di radicale riforma dello Studio universitario e propone l'istituzione di un'accademia delle scienze ispirata alle teorie di Newton, in cui sia proibito «discorrersi di metafisica e di sistemi generali». È un'idea significativa, quasi provocatoria. L'avvento della monarchia indipendente vibrerà alle posizioni conservatrici il colpo di grazia.

Parte terza

I Borboni

Il buon re

Ad una metropoli come quella che Napoli è diventata nel periodo austriaco, con le dimensioni e le contraddizioni proprie di una capitale europea, manca evidentemente soltanto l'indipendenza. Due secoli di isolamento al di qua della grande muraglia spagnola, se hanno compromesso in modo irreparabile lo sviluppo della società cittadina e le risorse della provincia, sono pur serviti ad approfondire la coscienza che il Regno s'è creata della sua propria identità come nazione. La sopravvivenza delle leggendarie tradizioni aragonesi, lo stesso tentativo di teorizzare l'autonomia linguistica del dialetto, la fioritura originale della cultura e dell'arte testimoniano esaurientemente di questa consapevolezza. Perciò il sollievo con cui è accolto don Carlos, rassomiglia soltanto superficialmente alle manifestazioni di tripudio, esteriori ed opportunistiche, con cui si è sempre festeggiato il cambio della guardia dei vari corpi stranieri di occupazione: stavolta, la sostanza delle reazioni è diversa.

Don Carlos non arriva come un ennesimo despota straniero, ma come il re che il concerto delle potenze europee e soprattutto la tenacissima volontà di sua madre, Elisabetta Farnese, hanno insediato a Napoli con la clausola inderogabile che la corona rimarrà assegnata ai suoi discendenti senza poter essere mai piú confusa con quella di Spagna. Mentre i siciliani si entusiasmano molto relativamente per la novità, sospettosi come sono delle ingerenze continentali e sprezzanti verso la capitale che ha declassato Palermo, i napoletani non hanno dubbi, né si lasciano turbare da una designazione dinastica che rientra fra le piú pacifiche consuetudini dell'epoca. Naturalmente, il fattore determinante per assicurare al nuovo sovrano una durevole popolarità, sta nel suo comportamento: nella misura in cui don Carlos si compenetrerà della sua parte, la fedelissima città di Napoli e le popolazioni del Regno lo sentiranno come l'interprete delle loro esigenze e lo ameranno, tramandando fino ai nostri giorni il ricordo del «buon re», il «saggio fra gli sciocchi», lo scrupoloso custode di un patrimonio ideale che non sarà possibile annullare completamente nemmeno nel crogiolo dell'Italia unita. Fino alla seconda guerra mondiale, in pieno secolo xx, il nome e le opere del primo Borbone resteranno familiari alle generazioni partenopee come una cara memoria: le strade, i palazzi, gli istituti legati al suo passaggio saranno istintivamente individuati come i segni dell'incoraggiante principio di una storia che, purtroppo, confluirà in un epilogo ben piú deprimente nel 1860.

Don Carlos, che in Spagna assumerà il nome di Carlo III in omaggio alla genealogia della casa regnante di Borbone, è soprattutto il figlio di sua madre. Da Filippo, eredita invece la pietà religiosa spinta fino al bigottismo, un istinto di grandezza degno dell'avo Luigi XIV, e lo spettro di una pazzia che egli riuscirà ad esorcizzare, fino all'ultimo giorno della sua vita, con l'esercizio quasi maniacale della caccia ed un amore coniugale senza evasioni. Quando rimarrà vedovo, rifiuterà ostinatamente ogni idea di nuove nozze o di relazioni effimere, dominando gli accessi sessuali che lo aggrediscono nel cuore della notte con nevrotiche passeggiate, a piedi scalzi, nell'immensa stanza della reggia dove dorme solo, o con cavalcate lunghe anche dodici ore. La passione venatoria lo possiede fino alla tarda vecchiaia come una droga da cui non potrebbe liberarsi neppure volendo: gli impone un abbigliamento trasandato, sopra il quale butta in fretta qualche capo sfarzoso quando concede udienza; lo sollecita a programmare la giornata secondo un piano febbrile; gli suggerisce incessanti spostamenti da un capo all'altro delle sue splendide tenute e determina la scelta della località dove farle sorgere; lo induce perfino a lasciar emanare insolitamente leggi crudeli a protezione della sua tranquillità contro bracconieri e disturbatori. Per dirne una, basta che, nell'ambito dei «siti reali», una penna di fagiano sia scoperta nell'abitazione di un suddito, perché l'infelice sia sottoposto alla tortura. Ancora: le sole strade che si costruiscono nel Regno, sono quelle che permettono al re di raggiungere piú sollecitamente Pozzuoli, Venafro, Persano, i possedimenti dove può dedicarsi senza freni al suo sport preferito.

Il temperamento depresso ed una mediocre istruzione non gli impediscono tuttavia di far bene il suo mestiere. Al contrario del padre, è serio, pacato, umano, sommamente sollecito dei propri doveri e della «felicità» dei suoi popoli. Coraggioso in guerra, avveduto in tempo di pace, risoluto nei rapporti con la curia a malgrado della sua fanatica devozione, smarrito esclusivamente nella trattazione dei problemi economici e negli adempimenti mondani, si ritrova perfettamente a suo agio nell'esercizio di una regalità che gli è congeniale. Esile e curvo nella persona, ha tuttavia un viso simpatico, abbronzato dall'intensa pratica all'aperto ed illuminato da due occhi intelligenti, gli occhi di un timido che detesta la sua solitudine ma non la baratta con la condiscendenza. In questo senso, il suo rapporto con la madre è esemplare.

Discendente dei Farnese e dei Medici, la seconda moglie del re di Spagna incarna il momento conclusivo, e come postumo, delle grandi signorie rinascimentali. Per Carlo e per l'altro figlio, don Filippo, esclusi in partenza dalla successione alla corona di Spagna, traccia un disegno ambizioso che mira ad utilizzare la superstite potenza di Madrid, nel quadro dei contrasti dinastici europei, per riportarli sul trono dei loro antenati italiani. Il piano scatta come un congegno ad orologeria; nel 1731 don Carlos è riconosciuto signore di Parma e Piacenza, nonché erede dell'ultimo granduca di Firenze; nel 1734 conquista il reame di Napoli e Sicilia; nel 1749 vede insediato suo fratello nel secolare dominio dei Farnese. Il cerchio si chiude dieci anni piú tardi: Carlo diventa il padrone di casa all'Escuriale e cede a sua volta la corona di Napoli al figlio Ferdinando.

Quando il principe ancora minorenne si congeda a Siviglia dai genitori, per lanciarsi nell'avventura italiana, Filippo gli consegna solennemente la spada del Re Sole, ma Elisabetta, insieme con un enorme anello di brillanti, gli affida qualcosa di piú prezioso: una storica missione di famiglia che, per una concatenazione di eventi, vedrà trasferito il suo baricentro dal nord al sud della penisola. La regina madre seguirà assiduamente il lavoro di Carlo, senza fargli mai mancare consigli e ordini. Il 20 gennaio 1734, al compimento del diciottesimo anno e cioè della maggiore età, fa tenere al giovane una lettera che gli ingiunge di partire alla conquista del Regno di Napoli, «la piú bella corona d'Italia».

È opera di Elisabetta tanto la rottura del fidanzamento di Carlo con una principessa francese, quanto il matrimonio con la figlia del re di Sassonia, Maria Amalia. È portavoce di Elisabetta il conte di Santistebán, onnipotente alla corte napoletana nel primo periodo del soggiorno di Carlo ed autorizzato a comportarsi come suo tutore anche quando egli ne farebbe volentieri a meno. Costretto nel 1738 a tornare in Spagna per lasciare l'incarico al duca di Montealegre de Salas, il conte viene sostituito da lui anche come confidente della principessa parmense, alla quale Montealegre deve riferire quotidianamente ogni minuzia che riguardi Sua Maestà, dai giochi di carte alle pratiche religiose. Solo nel 1746 Maria Amalia riesce a far leva sull'orgoglio del marito per indurlo ad affidare il governo al piacentino Fogliani, rinviando in patria anche Montealegre, poco gradito ai sudditi come straniero e spagnolo; ma se, a questo punto, la giovane sassone e i suoi consiglieri si sono illusi di avere in pugno Carlo, vanno incontro ad un crudele disinganno perché egli, pur continuando ad amare la moglie e a sentirsi profondamente attaccato a Elisabetta, affermerà con crescente vigore la propria autorità.

Per esercitarla al di fuori delle asfissianti camarille di corte, Carlo si sceglie collaboratori fatti su misura per il suo temperamento pessimista e disadorno, il piú eminente dei quali è Bernardo Tanucci, un ex professore dell'università di Pisa, «grand commis» grigio ed onesto che pratica sul tronco della caotica amministrazione locale un robusto innesto di buon-governo toscano e crea, con Bartolomeo Intieri, l'ambiente propizio per fecondi contatti culturali tra Napoli e Firenze. Prima consigliere giuridico, quindi ministro di giustizia e presidente della Giunta di Inconfidenza, Tanucci diventa arbitro del Regno nel 1755, quando Carlo si libera del marchese Fogliani per assegnare al professore toscano anche la cura degli affari esteri e scegliere un altro «parvenu», l'ex barbiere e neomarchese di Squillace, come titolare delle finanze, della guerra e della marina. Tutto il programma di riforme del re, la sua politica internazionale e la strategia nei confronti della curia vaticana ruotano sull'azione dei ministri. Tanucci conserverà il potere per quasi quarant'anni, anche dopo che Carlo avrà trasferito al figlio la corona, e lo eserciterà costantemente al servizio dello Stato, consacrando tutte le sue qualità, la pedanteria, il senso di probità e di concretezza, ai sovrani che egli, da perfetto strumento dell'assolutismo, considera esseri superiori, «diversi dai comuni mortali».

Naturalmente, prima e dopo il licenziamento di Montealegre, l'iniziativa del governo napoletano trova obiettivi condizionamenti nella situazione del Regno, nelle sue modeste risorse e soprattutto nell'intricato gioco delle grandi potenze. L'avvento del principe sul trono di Napoli scaturisce, nel quadro della guerra di successione polacca, dall'alleanza tra Francia e Spagna contro l'Austria; ed è ancora antimperiale la sua collocazione nel 1740, quando esplode in Europa un nuovo conflitto per la successione austriaca, benché Carlo sia costretto per qualche tempo ad uscire di scena, sotto una minaccia di bombardamento della flotta inglese. La violenta rampogna dei genitori lo induce, tuttavia, a tornare disciplinatamente in campo per cogliere, tra il 10 e l'11 agosto del 1744, contro le truppe di Lobkovic, la contestata vittoria di Velletri, un fatto d'arme piuttosto confuso e tragicomico che nondimeno documenta incontestabilmente il coraggio personale del monarca, «esperto e prode capitano», cui si riconosce nella giornata «una costanza degna del suo sangue», secondo la cavalleresca definizione del re di Sardegna, nemico dichiarato e specialista del ramo.

Ma è proprio l'odio per i Savoia, temuti come concorrenti diretti al primato italiano e guastafeste dell'equilibrio peninsulare, che suggerisce a Carlo e al Tanucci un graduale riavvicinamento a Vienna, in coincidenza con l'inizio della guerra dei sette anni, alla quale Napoli rimarrà scrupolosamente estranea. I tentativi di Guglielmo Pitt per creare nella penisola una lega in funzione antiaustriaca, falliscono appunto in relazione alla diffidenza del figlio di Elisabetta verso Torino. Nell'agosto del 1759, due anni dopo la scomparsa di Filippo V, muore anche Ferdinando VI, che lascia al fratellastro la corona di Spagna imponendogli tuttavia, secondo il dettato dei trattati internazionali, di tenerla separata per sempre da quella di Napoli. Il 3 ottobre, poche ore prima che Carlo s'imbarchi per tornare in patria, Tanucci firma con il conte di Neipperg un trattato che sancisce la perdita dei presidi toscani, ma garantisce la protezione dell'Austria. A suggellare solennemente il rovesciamento delle alleanze, l'erede al trono Ferdinando sposerà una figlia dell'imperatrice Maria Teresa, l'arciduchessa Maria Carolina.

L'impulso iniziale verso la funesta alleanza con Vienna sottolinea una delle contraddizioni di fondo in cui si impiglia Carlo III, pur nel quadro di un'opera che non ha l'eguale nella storia napoletana. La sua attività riformatrice è ambiziosa ed imponente. Quando confida all'ambasciatore sardo, Montasterolo: «Spero di far rifiorire questo Regno», Carlo enuncia un programma di governo al quale rimarrà fedele nel corso di tutti i venticinque anni della permanenza a Napoli, con un impegno ed una capacità di lavoro assolutamente sconosciuti ai suoi predecessori e, ancor piú, ai discendenti. L'ampiezza dei suoi interessi, o forse piú precisamente delle sue curiosità in funzione di supremo responsabile dell'esecutivo, è tanto piú sorprendente in quanto trova riscontro in una vita privata semplice fino alla grettezza e in una mentalità elementare, angusta, incolta, assai lontana dal fervore intellettuale del secolo dei lumi. In Carlo, il senso del dovere regale è un fattore quantitativo cosí marcato da determinare un salto di qualità della sua presenza storica. Non lieve stupore suscita altresí l'attitudine a spogliarsi, appena conquistato il Regno, di ogni subordinazione a interessi stranieri, salvo l'ossequio verso i genitori che tuttavia, a partire dal 1746, diventa esclusivamente personale, perdendo ogni sottinteso politico.

I sudditi gli sono grati di questa gelosa tutela dell'indipendenza che incontra una vivace corrispondenza, particolarmente nella plebe e nel ceto civile, per reazione ai soprusi spagnoli ed austriaci. Ad accrescere i consensi, contribuiscono l'incremento economico ed edilizio che il nuovo governo promette, il prestigio che deriva dalla presenza di una corte fastosa, le stimolanti prospettive che si aprono alla classe dirigente locale. Almeno in parte, il personale burocratico avverte l'importanza di un ammodernamento delle strutture ed accoglie amichevolmente l'immissione al vertice dello stato del gruppo toscano di Tanucci, Intieri e

Corsini. Nonostante il persistente ostracismo a Giannone, anche gli intellettuali sentono che comincia un'epoca migliore, nella quale la circolazione delle idee avrà un respiro piú largo ed il paese una realizzazione piú piena. «Noi siamo, la Dio mercè, pure in qualche modo risorti», dirà piú tardi Antonio Genovesi. Negli ambienti militari il favore verso il nuovo regime si accentua dopo il 1740, quando Carlo traccia programmi di rafforzamento dell'esercito e della marina. Dopo l'umiliazione dell'ultimatum inglese nella prima fase della guerra di successione austriaca, il monarca si è persuaso della necessità di difendere la capitale, fortificare il porto e creare un'armata nazionale con ufficiali napoletani, un'innovazione di cui gli serberanno gratitudine perfino i patrioti della repubblica partenopea e i primi protagonisti del risorgimento.

Non meno positiva è l'accoglienza che fanno gli ambienti commerciali all'azione esplicata dal governo in un settore che langue da decenni. Carlo raggiunge un'intesa con l'impero ottomano riducendo ai minimi termini le incursioni piratesche, rinnova gli accordi con i paesi scandinavi e l'Olanda, conferma quelli già esistenti con le grandi monarchie dell'Europa occidentale. L'istituzione di un tribunale di commercio si accompagna alla moltiplicazione dei consolati all'estero, mentre leggi fin troppo drastiche sono emanate contro i fallimenti dolosi. Una Deputazione di sanità tutela la popolazione nei contatti con equipaggi, visitatori e merci straniere. La fondazione di un collegio nautico assicura l'avvenire della marina mercantile, razionalizzando uno strumento fondamentale per la prosperità del paese, a vantaggio della quale Carlo decide inizialmente di riaprire le porte alla colonia ebraica, senza stabilire alcuna discriminazione di residenza o di diritti.

Sulla strada delle riforme non mancano ostacoli, esitazioni e aspre resistenze. La politica protezionistica danneggia le industrie provocando, con gli altissimi dazi sulle importazioni, un crescente aumento nel costo della vita, anche perché l'incubo della carestia frena le esportazioni di frumento, olio e vino, unica fonte di entrata per il Regno. La concentrazione dei capitali in mano ad un esiguo gruppo di operatori paralizza il mercato: il denaro liquido viene profuso quasi esclusivamente in spese di lusso o speculazioni usuraie; banche ed amministrazione governativa non concepiscono nemmeno l'idea di un intervento propulsivo attraverso una strategia piú dinamica del credito. L'ignoranza dei meccanismi economici piú elementari inceppa le eccellenti intenzioni dei ministri di Carlo, presso i quali si esercitano invano le suggestioni dei Broggia, dei Doria e di quanti altri economisti si adoperano per divulgare a Napoli le teorie liberiste già affermate ad Amsterdam o a Londra.

La minaccia di nuovi equilibri nella distribuzione della ricchezza o dei privilegi coalizza contro le riforme gli ambienti piú tradizionalmente discordi. Carlo, che ha stroncato l'opposizione politica già nel primo anno del suo ingresso in città, affidando alla Giunta di Inconfidenza nobili e magistrati sospetti di simpatie austriache, trova il compito assai meno agevole quando entrano in gioco precisi interessi socio-economici. La revisione dei codici, per esempio, non entusiasma affatto il ceto forense, cosí come il timido approccio ad una revisione della legislazione feudale lascia molto freddi gli stessi esponenti della borghesia di toga. Spaventato dal groviglio delle undici legislazioni che si sono accumulate nei secoli di occupazione straniera, Tanucci pensa ad un riordinamento delle competenze regie e vuole rivalutarne l'autorità rispetto ai tribunali provinciali, ma si accorge presto che all'interno della stessa struttura statale i contrasti sono troppo virulenti per consentire un autentico chiarimento. Da parte loro, giudici e avvocati sono tutt'altro che accaniti nella lotta contro i baroni, dei quali semmai aspirano ad ereditare titoli, rendite ed abusi.

In questa situazione, le innovazioni restano relative ed incerte. Il nuovo codice lascia una grande confusione nelle competenze, tollera largamente gli arbitrî dei tribunali e conferma senza riserve il processo inquisitorio e la tortura. Il tentativo iniziale di ridurre la potestà dei grandi feudatari, richiamandone molti a corte, nel salvaguardare le ragioni delle collettività agricole o artigiane, si scontra con precise necessità politiche ed uno spirito di casta che lambisce anche i gradini del trono. La partecipazione forzosa alla guerra di successione austriaca non sarebbe possibile senza la collaborazione degli aristocratici e difatti nel 1744, a conflitto concluso, il sovrano è costretto a ripristinare molti degli antichi privilegi. Già del resto al momento di partire per il fronte abruzzese, dove è atteso dal confronto con Lobkovic, il Borbone ha compiuto un clamoroso gesto di riconciliazione, ordinando la scarcerazione immediata di tutti i nobili compromessi col partito imperiale: un gesto che rientra nelle tipiche manifestazioni di «magnanimità» di Carlo, delle quali, assai piú tardi, il Colletta dirà che «produssero nel popolo tanto amore e tanto zelo, che pareva famiglia e non Stato».

Meno familiari si fanno i rapporti con il clero allorché, anche per ragioni di carattere fiscale, il governo si vede costretto ad invadere la sfera delle sue «immunità» personali, locali e reali. Anche qui sono escluse implicazioni ideologiche. Carlo è troppo «devoto e pio» per condividere l'impostazione radicale di Giannone o del Grimaldi: egli rifiuta di ammettere le ingerenze pontificie semplicemente per rivendicare le proprie prerogative. Il primo scontro si produce pochi mesi dopo l'avvento del Borbone, quando Clemente XII rifiuta la sua «chinea» ed accetta quella dell'imperatore d'Austria. Allarmato tuttavia dalla risoluta reazione di Carlo, il papa rettifica il tiro offrendo un compromesso che contempla, tra l'altro, anche una buona sistemazione a corte di suo nipote Orsini. Sarà il suo successore Benedetto XIV, il cardinale Lambertini, ad accelerare le trattative, modificando sostanzialmente l'orientamento della curia: il 2 giugno 1741 le parti siglano un concordato che prevede concessioni notevoli alla giurisdizione borbonica, anche se non intacca sostanzialmente le posizioni economiche e politiche che il clero conserva nel Regno.

Carlo ottiene il controllo sulle nomine dei vescovi e sull'assegnazione dei benefici, la designazione di un proprio candidato in seno al conclave alla stregua dei grandi potentati europei, la riduzione del numero dei conventi. Soppresso il tribunale del Nunzio, congrui limiti sono imposti alla manomorta ecclesiastica. Un duro colpo ricevono le famose «immunità». Per secoli il diritto d'asilo è stato esteso ai conventi, alle cappelle, agli orti, a tutti gli edifici contigui alle chiese, ivi compresi i forni e le botteghe, consentendo l'impunità ai peggiori furfanti: ancora nel 1740 sono oltre 20 000 quelli che ne fruiscono soltanto in città. Il concordato circoscrive l'asilo alle sole chiese e ai reati piú lievi, prescrivendo che per l'omicidio la competenza sia trasferita in ogni caso ai tribunali laici. Nel settore delle immunità reali, le novità non sono meno notevoli.

Il principio è che anche le comunità religiose, le cui proprietà ammontano pressappoco al terzo di tutte le rendite del Regno, siano soggette all'imposizione fiscale. Si sceglie una via di mezzo: i beni già posseduti all'atto della stipula dell'accordo, pagheranno soltanto il 50 per cento dei tributi, il cui carico totale graverà invece su quelli di nuova acquisizione, mentre si avrà cura di separare nettamente dal patrimonio del clero «le proprietà laicali confuse in esso per malizia o errore». Naturalmente, bisogna predisporre i mezzi per condurre i necessari accertamenti ed è a questo scopo che Tanucci organizza un catasto «onciario». Le denunce saranno in grande maggioranza infedeli, gli strumenti di indagine estremamente rozzi; ciò nondimeno il catasto finirà per attenuare almeno parzialmente gli enormi squilibri fra le varie classi di contribuenti e consentirà allo Stato di triplicare in breve tempo le proprie entrate. Su questa rispettabile piattaforma finanziaria, Carlo impianterà la sua faraonica politica di lavori pubblici.

L'interpretazione che il governo borbonico dà al concordato è piuttosto restrittiva: si proibisce ai gesuiti di fondare nuovi collegi e procedere a nuovi acquisti, si suggerisce ai magistrati di decidere le liti giudiziarie piuttosto in favore dei laici che dei chierici. Questo atteggiamento del re trova conferma negli avvenimenti del 1746, in coincidenza con uno dei periodici tentativi di ripristinare l'inquisizione in città. Questa volta, è il cardinale Spinelli ad azzardare il colpo di mano, predisponendo tutte le attrezzature necessarie e spingendosi fino ad affiggere nel palazzo arcivescovile l'aborrito cartello del Santo Ufficio. La reazione popolare è cosí immediata e decisa da indurre Carlo a giurare solennemente «come cavaliere», sull'altare del Carmine, che a Napoli l'inquisizione non sarà mai introdotta. Fa specie verificare questa endemica ostilità della plebe verso il tetro istituto quando si consideri che, nello stesso anno, la sua fanatica pressione – combinata con quella del clero e da esso forsennatamente alimentata – costringe il Borbone a revocare l'editto del 1740, ripristinando il bando degli ebrei. La liberalità di Carlo ha urtato gli interessi concreti dei concorrenti indigeni nel settore del commercio e del credito, ma si è infranta soprattutto contro la superstizione dei frati e dei preti, primo fra tutti il gesuita padre Pepe, che hanno minacciato maledizioni celesti sui crocefissori di Cristo e sui loro protettori, senza escludere la stessa Maria Amalia, cui si è profetizzato che non avrà figli maschi fin tanto che gli ebrei resteranno su suolo napoletano. In questo, come nel caso dei rapporti con la casta feudale, la fragilità ideologica di Carlo e dei suoi ministri ha finito per soffocare un'apertura suggerita, in parti uguali, da un calcolo di convenienza e da generose esigenze di giustizia.

Né mancano fatti esterni a ridimensionare i disegni riformisti del Tanucci: un violento terremoto nel 1742, la peste scoppiata a Messina nel 1743, la dispendiosa partecipazione alla guerra di successione austriaca, riducono nel giro di pochi anni il margine per le iniziative innovatrici, e piú tardi lo stesso desiderio di pace che si diffonde in tutta Italia, sconsiglia mutamenti troppo bruschi nel tessuto vivo della società napoletana, dove d'altro canto l'arretratezza del paese – frutto di secoli di soprusi e di catastrofi, di miserie e di orrori – si riflette in una vischiosità di consensi, alla base come al vertice dello Stato, in provincia come nella capitale.

Antonio Genovesi descriverà con crudele realismo l'abbrutimento e l'inerzia dei contadini che abitano come «huttentotti» alle porte di una città che pure, «per gentilezza e nobiltà e grandezza», è da classificare fra le prime quattro d'Europa. La situazione della plebe è allucinante. L'incremento demografico conseguente allo spopolamento delle campagne (a fine secolo i 270 000 abitanti del 1734 saranno diventati 440 000) implica un crescente aumento del costo di abitazioni che, per altro verso, offrono un quadro desolante: «bassi» privi di aria e di luce, casupole dirute e minacciate ad ogni istante di crollo, sordidi posti-letto ceduti ad un prezzo esoso, perfino grotte e stalle illuminate soltanto da fievoli lucerne, corredate da un immondo pagliericcio e gremite da una promiscuità umana di bruti, megere e fanciulli senza infanzia. Stalle e friggitorie spargono per ogni dove, anche in pieno centro, fumi e miasmi che tolgono il respiro. Perfino la parte privilegiata della popolazione, quella che lavora alle arti e ai mestieri, si trova esposta senza la minima protezione igienica alle piú svariate malattie professionali, dalla silicosi alla tisi, dalle coliche gastriche alle infiammazioni della pelle. Esalazioni pestifere si levano dalle rivendite di carbone e dai cimiteri inclusi nella cerchia urbana, col pericolo sempre incombente di epidemie. Pigrizia, ozio, inefficienza, lo stesso lentissimo ritmo della giornata napoletana sono il frutto di questa condizione umana, aggravata dalla crescente dequalificazione della manodopera e dal movimento costantemente ascensionale dei prezzi per i generi di largo consumo come il grano, i legumi, l'olio, la carne, le uova.

Ciò nondimeno, tra la vittoria di Velletri e la pace di Aquisgrana, il primo Borbone trova finalmente modo di avviare un piano di lavori pubblici che doterà Napoli e dintorni di monumenti grandiosi, senza risolvere tuttavia uno solo dei terrificanti problemi urbanistici che angustiano la capitale. Nella visione neoclassica del sovrano, non trova spazio nemmeno l'ipotesi di un diverso stanziamento delle cospicue somme che vengono profuse in reggie e teatri. Il gusto cosmopolita gli suggerisce di preferire generalmente agli architetti piú rappresentativi della scuola locale, Vaccaro e Sanfelice, artisti docili come il Medrano o di formazione straniera come Ferdinando Fuga e Luigi Vanvitelli, figlio di un pittore fiammingo che ha scelto Napoli come sua patria di adozione, italianizzando anche il proprio cognome. Gli edifici vengono, cosí, concepiti ed inseriti nel paesaggio con un procedimento astratto che non tiene conto della tradizione culturale dell'ambiente e tanto meno delle sue esigenze urbanistiche. Il palazzo di Capodimonte sorge in una zona quasi sgombra di abitazioni, allacciata alla città unicamente da un impraticabile sentiero: dopo un impetuoso inizio dei lavori, le difficoltà incontrate per la friabilità del suolo e il pesante impegno economico rallentano il ritmo della costruzione che sarà completata soltanto nell'epoca napoleonica, quando il ponte della Sanità la collegherà al Museo.

«Siti reali» per la caccia sorgono un po' dovunque: a Procida si espropria una tenuta del marchese del Vasto; a Portici, la reggia viene costruita a cavallo della strada che porta alle Calabrie, ma serve a rilanciare clamorosamente la moda delle ville patrizie, che già due secoli prima sono fiorite alle pendici del Vesuvio, in una delle plaghe piú incantevoli del mondo, la stessa dove torneranno alla luce Ercolano e Pompei.

La nostalgia del paterno palazzo di San Ildefonso e l'ambizione di inventarsi anch'egli una piccola Versailles, inducono Carlo a commissionare a Luigi Vanvitelli, intorno al 1751, la colossale reggia di Caserta, in un altro dei «siti reali» dove il sovrano ha fatto allestire da una quindicina d'anni un padiglione da caccia, ai piedi dei monti Tofatini. Sotto la direzione dell'architetto italo-olandese, un esercito di galeotti e schiavi musulmani pone mano il 20 gennaio 1752 alla costruzione di una mole che domina la pianura con le sue dimensioni sterminate – due facciate larghe 238 metri, gli altri due lati lunghi 186 – cinque piani, un numero inverosimile di camere e di finestre, giardini di favola ed una grande fontana con quattro vasche in cui affluisce, balzando di roccia in roccia da un'altezza di 80 metri, l'acqua di una cascata che scende per 40 chilometri dal Taburno. Il re, che con Maria Amalia pone la prima pietra del palazzo, seguirà poi fino all'ultimo giorno della sua permanenza in Italia i lavori, troncati dal Vanvitelli solo in punto di morte, nel 1773. La regolarità della costruzione e la sua monotonia sono ampiamente riscattate dalla grandiosità di una concezione che in fondo corrisponde al senso elevatissimo che Carlo ha del proprio compito.

Ad un criterio altrettanto magniloquente è ispirato, nello stesso periodo, il progetto del Reale Albergo dei Poveri che il Borbone affida a Ferdinando Fuga. Nell'edificio, che avrà uno sviluppo frontale di oltre 350 metri, si dovrebbero ospitare tutti i sudditi privi di mezzi di sostentamento ammontanti, secondo una stima approssimativa dell'epoca, a circa 8000: idea bizzarra che rispecchia in modo emblematico la paternalistica, ma generosa preoccupazione di Carlo per la felicità del suo popolo. L'ha ispirata al monarca padre Rocco, una sorta di rissoso e sanguigno Savonarola napoletano che serve da collegamento tra la corte e i lazzaroni, lottando a suo modo per l'elevazione della plebe, tempestando contro i peccatori, interponendo i suoi buoni uffici per la fondazione di istituti di beneficenza anche su scala piú ridotta ed efficiente del Reale Albergo dei Poveri. Padre Rocco contribuisce positivamente persino alla battaglia contro la malavita, suggerendo al governo un sistema singolarmente efficace per illuminare la città: disseminare le edicole dei santi a tutti gli angoli delle strade, fidando sull'immancabile pietà dei fedeli per il rifornimento dell'olio. Il sistema funziona.

Quanto al Reale Albergo dei Poveri, caduta la scelta definitiva sull'area che unisce la via del Campo a Foria ed abbattuto un gruppo di case che appartiene a cittadini veneziani, si avvia un'altra laboriosissima messa in opera, destinata a prolungarsi fino al 1819, quando l'Albergo – concepito nell'ottica di una tipica ideologia da «esclusione» – alloggerà duemila sventurati. Nel 1779, il successore di Carlo affiderà allo stesso Fuga l'ideazione di un'enorme fabbrica in riva al mare, al di là del ponte della Maddalena, che ospiterà arsenali di artiglieria, fabbriche di cordami e i granai pubblici e prenderà perciò il nome di Granili. Il risanamento della zona che gravita su quel tratto di costa e sul porto, forma oggetto di altri benefici provvedimenti di Carlo che prevedono, tra l'altro, l'ampliamento del porto, la costruzione dell'Immacolatella e cioè dell'edificio dove è allogata la Deputazione di sanità, la sistemazione della via Marina. Anche Mergellina e la parte iniziale della salita di Posillipo rientrano in un piano di bonifica che favorisce l'espansione del tracciato urbano, insieme con l'abbattimento di molte porte sul mare e di buona parte delle mura aragonesi.

La scenografia della città cosí trasformata, che dalle colline verdeggianti digrada mollemente verso l'abbraccio del golfo, nel trionfo dei nuovi palazzi borbonici accanto ai vecchi castelli, con le cupole e i campanili frammischiati alle ridenti terrazze delle case, il mare gremito di vele e di barche, si raccomanda all'arte di vedutisti di tutta Europa, ispirati dal gusto di un secolo «che chiede grazia e coerenza prima ancora che verità». Anche la fabbrica di porcellana, impiantata nel 1743 a Capodimonte dal re in omaggio alla sua sposa sassone, s'inquadra nella stessa cornice di eleganza squisita e un po' esotica che è simboleggiata ancor oggi dalle «chinoiseries» del *salottino della regina*, insuperato capolavoro del genere. Ma la fama del primo Borbone corre il continente soprattutto per due opere singolari: la costruzione del teatro San Carlo; gli scavi che portano alla luce le due cittadine romane sepolte nel 79 d. C. sotto la lava e i lapilli del Vesuvio.

È la fine del San Bartolomeo, la cui demolizione avviene nel 1736, a determinare il varo del progetto per un nuovo e piú grande teatro che sorgerà alle spalle del palazzo reale. Il progetto è firmato dall'ingegner colonnello Giovanni Antonio Medrano; la realizzazione ne è affidata anche questa volta al Carasale, un figlio di fabbro che dapprima sale a grande fortuna come appaltatore regio, per essere gettato pochi anni dopo in prigione per debiti e concludere la propria avventura con una miserrima fine. Iniziati nel marzo 1737, i lavori del nuovo teatro giungono a termine in poco piú di otto mesi, permettendo di inaugurarlo solennemente il 4 novembre, giorno onomastico di Sua Maestà. Accese polemiche hanno preceduto e accompagnato la fatica degli ideatori: si è discusso sull'enorme costo dell'opera, valutato globalmente intorno ai 100 000 scudi; sul materiale da scegliere per la costruzione, che per ragioni di acustica ha finito per essere il legno; sulla conformazione da dare alla sala che, sull'autorità degli antichi, è risultato un semicerchio prolungato agli estremi in due rette che convergono sulla scena. La platea ospita oltre cinquecento poltrone a bracciolo, la cui singolare caratteristica è di avere il sedile ribaltabile, che l'abbonato può chiudere a chiave. Delle sei file di trenta palchi che corrono intorno alla platea, le prime quattro sono riservate alle famiglie piú importanti, che fanno a gara per essere sistemate quanto piú vicino possibile al palco delle Loro Maestà, quattro volte piú grande degli altri. Dispacci reali vietano tassativamente di scolpire o dipingere stemmi sui palchi, di fumare nei corridoi e di salire sulla scena, come facevano al San Bartolomeo gli aristocratici galanti prima o dopo la rappresentazione.

La serata inaugurale del San Carlo segna il piú grande avvenimento musicale del secolo. L'opera prescelta è l'*Achille in Sciro*, libretto di Metastasio, spartito di Domenico Sarro, un modesto compositore che va molto di moda. L'orchestra formata da quarantacinque strumentisti è diretta dal primo violino Domenico de Matteis, docente al conservatorio dei Poveri di Gesú Cristo dove, forse, conta tra i suoi allievi anche Pergolesi. I ruoli principali sono affidati a due implacabili rivali, la bolognese Anna Peruzzi detta «la parrucchierina» e Vittoria Tesi Tramontini, un monumentale soprano che interpreta il ruolo maschile dell'eroe; Angelo Amorevoli è l'ineffabile tenore il cui successo anticipa in qualche modo il declino degli evirati anche se, nella serata, qualcuno lo giudicherà inferiore al «secondo uomo», Marianino. Quando si leva il sipario, alle otto di sera, il colpo d'occhio è mirabile. La sala, sfavillante di lampade ad olio e di candele, è gremita da tutti i bei nomi della corte e da stupende dame che sfoggiano scollature vertiginose.

Al puntualissimo arrivo delle Loro Maestà, la conversazione nei palchi è cessata di colpo, il primo cembalo ha attaccato l'inno borbonico e sono scoppiati «immensi battiti di mani con grida di: viva il re! viva la regina! con levarsi tutti all'impiedi e con riverenze». Da lontano non si distinguono i segni che il vaiolo ha lasciato sul viso di Maria Amalia, ma si nota che Carlo segue con vivo interesse i balletti mentre è poco sensibile alla musica ed al canto, anche se manifesta con ripetuti cenni del capo il proprio compiacimento quando, sul finale del prologo, il pubblico torna ad alzarsi tutto in piedi per gridargli il suo evviva. Qualche viaggiatore straniero nota con malignità che le ballerine, per ordine del re, indossano pantaloni neri lunghi fino alle caviglie, mentre gli spettatori sono tenuti ad attendere il cenno delle Loro Maestà prima di applaudire, anche se per lunghi tratti Carlo, assopito, si dimentica di farlo. Alla fine si esce storditi dallo spettacolo del nuovo teatro.

Una notissima leggenda racconta che, durante le sole tre ore della prima rappresentazione, Carasale sarebbe riuscito ad aprire un passaggio interno fra il San Carlo e palazzo reale, per evitare al sovrano il disturbo di passare dalla strada: l'aneddoto è suggerito, ovviamente, dall'incredibile celerità con cui l'appaltatore ha lavorato fra marzo e ottobre. Ma non c'è bisogno di leggende per alimentare la reputazione del teatro che nel giro di pochi decenni rivelerà al mondo il talento del Porpora, di Jommelli, di Piccinni e, nel 1767, di Giovanni Paisiello. Dieci anni dopo, il Fuga riceverà l'incarico di apportare modifiche ed ampliamenti al San Carlo che nel 1782 registra l'esordio di Domenico Cimarosa. Luogo di ritrovo e di conversazione per i signori napoletani, il San Carlo è ormai diventato una tappa obbligatoria per tutti i visitatori italiani e stranieri che si scandalizzano soltanto per la distrazione e il frastuono in mezzo a cui lavorano musicisti, cantanti e ballerini. Incondizionata, viceversa, è la loro ammirazione per gli scavi che il sovrano va conducendo alle pendici del vulcano sin dai primi anni del suo avvento, sulla scia delle esplorazioni condotte nel sottosuolo di Resina dal principe di Elbeuf.

La fase iniziale dell'intrapresa è stata catastrofica perché ingegneri e restauratori, suscitando l'indignazione di Winckelmann, mancano di ogni cognizione o rispetto per i preziosi reperti che Carlo sistema alla meglio in un'ala del palazzo di Portici. Nel 1750 la scoperta di Pompei accresce l'esaltazione degli specialisti, mettendo momentaneamente in ombra i lavori di Ercolano ed i suoi inestimabili papiri: a Pompei, assistendo come fa spesso alle operazioni di sterro, Carlo scopre personalmente un anello d'oro «figurato in maschere» e se lo mette al dito per ricordo. Nel 1755, fonda l'accademia che darà alle stampe le *Antichità di Ercolano*, un libro che contiene le incisioni delle più rilevanti pitture e consegue in tutte le grandi capitali europee un successo folgorante. La voga dell'antichità influenza arredatori, mobilieri, gioiellieri e sarti, suscitando un entusiasmo neoclassico che i giacobini e Napoleone utilizzeranno come strumento di propaganda, i rivoluzionari, ispirandosi piuttosto alla Roma repubblicana, l'imperatore a quella dei Cesari.

2

Un lazzarone sul trono

La morte prematura del fratello impone a Carlo di tornare controvoglia in patria; la pietosa demenza del suo primogenito Filippo, lo costringe a trasferire la successione a Ferdinando, un bambino di otto anni. Il 6 ottobre 1759, nel corso di una solenne cerimonia a cui partecipano tutti i familiari e i grandi del Regno, il sovrano dà lettura dell'atto con cui rinuncia per sé e per i propri successori alla corona di Napoli in favore del giovanissimo principe. Un consiglio di reggenza si occuperà della sua tutela fino al compimento del sedicesimo anno di età: vi figura, naturalmente con peso preponderante, Bernardo Tanucci. Grande emozione suscita la notizia che il re, sul punto di staccarsi dalla dilettissima Napoli, decide di lasciarvi tutte le ricchezze, i gioielli, gran parte dell'inestimabile collezione dei Farnese, perfino l'anello trovato tra gli scavi di Pompei: è l'ultimo tocco ad un abile autoritratto. Nello stesso giorno, scortato da un convoglio di vascelli spagnoli, Carlo salpa alla volta della vecchia Castiglia con la moglie, quattro principi e due principesse.

Una folla immensa assiste dal molo, dalla spiaggia di Chiaia, dalle terrazze delle case senza tetti, alla partenza del buon re di cui indovina e condivide tristezza, rimpianti, timori. Antonio Joli immortalerà la scena nel celebre dipinto in cui «la bellezza del colore aggiunge un'ulteriore nota di fascino all'immagine della città che, avvolta in un'impalpabile nebbia, appare sospesa tra il cielo e il mare». In viaggio verso Madrid, dove regnerà ancora per quasi trent'anni, il Borbone si chiede forse quale sarà il futuro della città che egli ha cosí grandiosamente trasformato. Che essa sia piú bella e moderna di quella ereditata dai viceré austriaci, è fuori discussione: gli architetti di Carlo le consentono ormai di rivaleggiare con le capitali piú celebrate dell'Occidente, le aperture e la tolleranza del Borbone hanno favorito la selezione di una minoranza generosa ed avveduta, capace di allacciare i fili con le correnti piú avanzate del pensiero e del gusto europei.

Ben poco è cambiato, invece, nelle condizioni della plebe. La distanza delle classi, che è poi la chiave di una componente patologica destinata ad esasperarsi sempre piú nella psicologia dei napoletani, è semmai aumentata nella misura in cui le intuizioni dei gruppi di avanguardia, le loro battaglie culturali e politiche urtano con la mentalità retriva, con le esigenze elementari, con i sentimenti tradizionali dei lazzaroni. Gli strati piú inermi della popolazione appaiono sempre piú condizionati dal linguaggio corrivo dei ceti dominanti e dai modelli di comportamento, tanto piú familiari, che essi suggeriscono, in contrasto con il rigore morale delle minoranze elitarie. Sono già poste, in altri termini, tutte le premesse per la mobilitazione di massa che insanguinerà, nel nome della Santa Fede, gli ultimi anni del secolo.

La lezione indigena di Vico e Giannone, gli stessi contatti con la cultura prerivoluzionaria di oltre frontiera, coinvolgono un numero assai limitato di intellettuali, reclutati nelle frange meno conformiste del ceto civile. Sensibilmente importante, in questo senso, è la funzione cui assolve come cappellano maggiore del Regno monsignor Celestino Galiani, autore di una riforma universitaria elaborata nel periodo conclusivo della dominazione imperiale e varata sotto gli auspici del primo Borbone. Alla fondazione della già citata Accademia delle scienze fanno riscontro l'istituzione di nuove cattedre, chimica fisica botanica astronomia e, nel 1755, la scelta di Antonio Genovesi come titolare dei corsi di «commercio e meccanica». La prima lezione di economia politica, tenuta in italiano anziché in latino per volere dello stesso Galiani, sconvolge in un duplice senso le consuetudini accademiche; la designazione di Genovesi getta il seme da cui germineranno grandezza e sventure della repubblica partenopea. Si delinea cosí il destino parallelo, ed inconciliabile, di due centri motori della Napoli settecentesca.

Per il peso della presenza morale, l'influenza esercitata sui giovani, la dolorosa acutezza dell'ingegno, la figura di Genovesi richiama quella di Giannone, anche se all'abate salernitano sono risparmiate le amarezze del carcere, dell'esilio e, in qualche misura, della persecuzione. Uscito da una famiglia di possidenti decaduti, egli nutre tutte le generose ambizioni di un adolescente povero; costretto a vestire l'abito talare per cercare fortuna, si ribella presto alla tentazione di sacrificare, sull'altare della carriera o dell'autocompiacimento, il proprio «amore per la verità». Consumate le prime esperienze, si stanca con altrettanta rapidità di astrazioni filosofiche e di sottigliezze forensi, i due tarli della cultura meridionale, per scoprire ancora giovanissimo la propria vocazione di educatore. Da una scuola privata passa a ricoprire, nello Studio, una prima cattedra di metafisica, già risoluto tuttavia ad anteporre ad ogni preoccupazione il bene pubblico ed il progresso della scienza. Il momento cruciale della svolta è segnato dall'incontro con uno studioso di fisica, Giuseppe Orlandi, che tra l'altro mette in relazione Genovesi con il gruppo degli amici toscani di Tanucci, stretti intorno a Bartolomeo Intieri, il settantenne amministratore dei beni immobiliari posseduti dai grandi signori fiorentini nel Mezzogiorno.

Con l'Orlandi, nel 1745, l'abate cura la versione italiana di un testo del Musschenbroek, accompagnandola con una dissertazione tutta consacrata ad esaltare, nel nome della scienza, la libertà di pensiero. Ci vuole assai meno per impensierire gli ambienti ecclesiastici, e se Genovesi riesce in via provvisoria a placarli, li ritrova ferocemente ostili qualche anno piú tardi, allorché tenta di farsi trasferire alla cattedra di teologia, in virtú di lavori centrati su tesi piuttosto eterodosse. Proprio questo pericoloso ostacolo lo induce a concentrarsi sui temi scientifici che il sodalizio con l'Intieri e col giovane Galiani, nipote del cappellano maggiore, gli permetterà di affrontare con ampio respiro. Fra i tre si crea un'affettuosa intesa che trova fertile alimento in una collaborazione di tipo filosofico-letterario intorno al problema fondamentale del secolo: la realizzazione di un «mondo migliore», cioè di un avvenire piú libero e prospero. Nel 1751 Ferdinando Galiani stampa il celebre saggio sulla moneta; nel 1754 Genovesi cura la ristampa di uno studio agrario del Montelatici, facendolo precedere da un *Discorso* che sottolinea la sua conversione ad un dichiarato impegno sociale. Il benessere dell'umanità, nel segno della ragione, diventa l'obiettivo di tutta l'opera dell'abate, persuaso che anche a Napoli i «lumi» possano determinare novità radicali nel settore dell'agricoltura, del commercio e delle manifatture, a patto beninteso che siano prefigurate certe istituzioni indispensabili (come le «accademie agrarie») e si mobilitino le migliori intelligenze nel quadro di una grande campagna ideologica.

Pochi mesi dopo, l'Intieri gli offre la possibilità di verificare questa teoria, contribuendo con un cospicuo fondo personale alla istituzione della cattedra di «commercio e meccanica», ed esigendo che sia assegnata all'uomo di cui ha imparato ad ammirare soprattutto la vigorosa passione ideale. Genovesi non delude le aspettative dell'influente amico. Il 4 novembre 1754, alla presenza di un pubblico folto ed attentissimo, tiene in italiano la sua prolusione sugli «elementi del commercio», che, insieme con il *Ragionamento sul commercio in universale*, serviranno di base per una serie di lezioni, di letture, di studi, ravvivata dalla dimestichezza con i filosofi e con gli economisti dell'enciclopedia. Il maestro s'ispira in misura crescente ad una robusta concezione «civile», che muove dall'analisi delle riforme realizzate nelle società nordiche, per sollecitarne di altrettanto energiche anche nel Regno, di cui pure riconosce la sconfortante arretratezza. Si tratta soprattutto, a suo avviso, di promuovere le arti «di comodo e di lusso» per accelerare il ritmo della circolazione monetaria ed allargarne i benefici anche agli strati meno abbienti della popolazione, sempre che si riservi la doverosa preferenza ai manufatti nazionali. L'ostacolo piú arduo per attuare a Napoli un siffatto programma, è rappresentato dall'inerzia del carattere indigeno: il solo modo per sradicare questa lebbra, alimentata da secoli di feudalismo, di malgoverno e di oppressione straniera, sta nella «coltura degli ingegni», vale a dire in un sistematico piano di istruzione popolare che raggiunga anche i contadini e le donne, avviandoli naturalmente allo studio delle scienze naturali e non già delle astruserie teologiche o forensi.

Con singolare modernità di vedute, l'abate sostiene che un simile tipo di formazione sarebbe sterile se non valesse ad inserire tutti i sudditi nel processo di produzione, estirpando ogni privilegio dei vertici sociali, allargando alla base la preparazione professionale, moltiplicando le risorse dell'agricoltura anche attraverso l'introduzione delle macchine. Egli è pure convinto che un'unione dei principi italiani affretterebbe la resurrezione economica del Mezzogiorno, tanto piú depresso rispetto al resto della penisola, ma questo accenno meridionalistico rappresenta appena una lampeggiante intuizione rispetto al momento essenziale della polemica. Nelle *Lettere accademiche*, ristampate dopo la terribile carestia da cui Napoli è colpita nel 1764, lo studioso salernitano estremizza la denuncia contro le classi dominanti che mantengono il popolo in schiavitú, sostenendo che «è la povertà, è la miseria, è il bisogno, è l'ignoranza, che fa gli uomini crudeli e sanguinari». Spingendosi piú avanti di qualsiasi altro pensatore napoletano, arriva ad invocare la divisione delle terre ed un'equa ripartizione dei frutti del lavoro, anche se in seguito non insisterà troppo su questo punto. In termini piú empirici, di fronte alla carestia sposa senza riserva la teoria di Claude-Jacques Hebert sulla liberalizzazione del commercio dei grani.

Tanucci sarebbe sensibile a questi suggerimenti se a legargli le mani non intervenissero nobili ed eletti cittadini, solidali nella difesa di enormi profitti. Al ministro toscano, tuttavia, Genovesi dedica il primo volume delle *Lezioni di commercio*, l'opera in cui riassume per i propri allievi tutta la dialettica del movimento preilluminista, con una documentazione confusa ma appassionata di ingiustizie ed errori, non esclusi quelli che si possono attribuire a re Carlo come il catasto onciario, il fallito rilancio delle manifatture, la stessa politica improduttiva dei lavori pubblici. Se il primo Borbone, però, ha fallito molti obiettivi, la responsabilità ne va addebitata soprattutto alle furfanterie dei suoi collaboratori e ancor piú allo scetticismo che l'ambiente oppone ad ogni tentativo di rinnovamento: un tasto sul quale il maestro torna a battere fino ai suoi ultimi giorni, per avvalorare l'urgenza di un programma di riforme la cui unica alternativa sta in una incontrollabile, cieca rivolta del popolo minuto, soluzione che al suo razionalismo appare aberrante e gravida di pericoli.

La sua vigorosa predicazione crea comunque intorno alla cattedra di Antonio Genovesi e fino alle piú lontane province del Regno, un fermento di idee che germineranno nei decenni successivi, anche se taluni discepoli approfondiranno solo l'aspetto economico del suo pensiero nell'ambito dei problemi regionali, mentre Mario Pagano e Gaetano Filangieri ne raccoglieranno il messaggio soprattutto in chiave di impegno politico e civile.

La vivacità della Napoli borbonica si manifesta in ogni direzione, anche al di fuori del contesto universitario, favorita dall'indipendenza e dall'intensificazione degli scambi con il resto dell'Europa: è come se la città, liberata da un peso, respirasse a pieni polmoni. Due intraprendenti impresari, il Tufarelli e il Grottatesta, convogliano al San Carlo i nomi piú celebri della lirica e del balletto: nel 1752 la prima della *Clemenza di Tito*, presente Gluck, suscita una tempesta di polemiche; nel 1761, lavora per il teatro reale anche il figlio di Bach, Giovanni Cristiano, che s'innamora di una ballerina ed è coinvolto in uno scandalo. Non meno vivace l'ambiente dei pittori. Dopo lo splendido tramonto del Solimena, il mecenatismo dei sovrani favorisce la vocazione arcadica di Francesco De Mura ed apre una preziosa prospettiva ai giovani artisti locali, con l'istituzione di una reale accademia del disegno. Primo direttore ne è Giuseppe Bonito, il piú caratteristico esponente del rococò napoletano, che dominerà la scena fino alla fine del secolo. Le stesse motivazioni di prestigio che sollecitano i Borboni, avvicinano le famiglie patrizie al mondo delle arti figurative, con tutti i limiti di gusto e di cultura che la definiscono rispetto all'aristocrazia parigina contemporanea. Accanto alla grande pittura decorativa, i paesaggisti sviluppano il discorso aperto agli albori del Settecento da Gaspare Van Wittel, il padre del grande architetto: Carlo Bonavia e un maestro modenese, il già citato Joli, fissano sulla tela le visioni piú luminose di una Napoli colta nella verità della sua vita di ogni giorno, delle sue strade, delle sue marine. Contemporaneamente si diffonde, come in Francia ed in Inghilterra, la moda di commissionare a singoli artisti o addirittura ad intere «spedizioni» di pittori e incisori, l'illustrazione dei panorami e dei ruderi meridionali, mentre piú tardi Maria Carolina favorirà piuttosto i maestri della scuola tedesca, dagli Hackert al Tischbein, alla Kauffmann.

Nella città, che non è mai stata cosí gaia e serena, una folla di illustri viaggiatori stranieri, da Goethe a Swinburne, da lord Tynley al principe di Brunswick, accorre a visitare i teatri, le ville, gli scavi, i dintorni, abbandonandosi con nordica esaltazione al richiamo di una natura che non ha confronti. Molti forestieri fissano a Napoli la loro residenza, e si tratta in massima parte di inglesi, stretti intorno all'ambasciatore di Sua Maestà, lord Hamilton, un umanista di singolare e varia cultura, che diventa il cicerone di tutti i visitatori piú eminenti, fulcro di un cenacolo intellettuale in cui si discute di scienze, di arte, di lettere, di archeologia, piú brillantemente – anche se con minore profondità – di quanto hanno sognato un secolo prima gli Investiganti. L'incontro con i piú diversi influssi stranieri e con le piú discordanti esperienze umane, dagli uomini d'affari ai funzionari, dagli artisti ai militari, dagli ospiti di rango agli avventurieri, affina anche le risorse degli artigiani locali, sempre piú fedeli in ogni caso alla sensibilità, alle tradizioni, all'originalità creativa della città: colori, materiali, stoffe, gioielli conservano cosí uno stile inconfondibilmente napoletano, anche se le influenze straniere sono sensibili.

In gran voga la ricerca scientifica. Un luminare come Francesco Serao, autore di una dotta relazione su una delle frequenti eruzioni del Vesuvio, ed un filologo come Alessio Mazzocchi s'inquadrano nella particolare atmosfera dell'accademia creata da monsignor Galiani. Un eccentrico di genio come Raimondo di Sangro, il principe di Sansevero, s'inserisce a meraviglia nel clima tra sperimentale ed esoterico che domina il secolo, segnato da storiche conquiste della fisica e della chimica ma anche dalla dilagante espansione dei riti massonici, nonché dall'incredibile fortuna di avventurieri come Cagliostro, Casanova e Auge Goudar. D'altro canto, nelle sottili o stravaganti invenzioni del principe di Sansevero – sul genere della «lampada inestinguibile» o di una macchina idraulica per spegnere gli incendi – è già implicata una vena beffarda che si tradisce nel tentativo quasi sacrilego di riprodurre artificialmente il miracolo di san Gennaro, mediante un «cocktail» di mercurio, oro e cinabro.

Anche nell'abbandonarsi alle passioni piú stravaganti, un napoletano si concede in genere un margine di ironia, di scetticismo, di scherzo giocoso: questa è una caratteristica che rimane inalterata nel tempo e che, anzi, viene accentuandosi. Il «sale attico» è versato a piene mani nella conversazione di ogni giorno, nei caffè come nei salotti, durante la passeggiata sulla Riviera o nel ridotto del San Carlo, alla stregua di una sorta di arte minore, che viene coltivata anche dai ceti meno accessibili alle curiosità erudite, fino ad entrare nella leggenda cittadina. È un costume che impronta di sé, anche all'estero, un secolo nel quale perfino la scienza, come osserva Francesco De Sanctis, assume un tono conversativo, e spiriti eminenti come Montesquieu e Buffon non disdegnano di mescolarsi ai brillanti convegni mondani e di divulgare in ogni forma, dall'epistolario agli articoli di giornale, un pensiero che non può restare piú appannaggio di pochi eletti, nella misura in cui si propone di trasformare radicalmente la società. Enciclopedia e rivoluzione nascono dalla stessa incubatrice, come il piú brillante e violento paradosso della storia.

Napoli vive solo di riflesso il fenomeno e ne va debitrice soprattutto al marchese Caracciolo, ambasciatore accreditato presso la corte di Luigi XV, e all'abate Galiani. Il nipote del cappellano generale è un personaggio straordinario, una sintesi ad elevata temperatura di tutti i pregi e i difetti del genio locale. Profonde un assoluto rigore scientifico nei celebri trattati sulla moneta o sul commercio dei grani, mentre s'impegna distrattamente nel saggio sul dialetto o nella stesura in collaborazione con il Lorenzi del *Socrate immaginario*. È abbastanza versatile da primeggiare indifferentemente nei salotti come nelle accademie, in diplomazia come a teatro, nella decifrazione di antiche epigrafi come nella ricerca su argomenti grammaticali, letterari, geologici, economici. Un trattato sui giganti e un saggio sui cicisbei rendono a sufficienza l'idea della latitudine ed anche di una certa frivolezza dei suoi interessi. Nel 1758, mezzo rovinato dagli obblighi di società, l'abate si vede costretto ad accettare un modesto impiego come segretario di ambasciata a Parigi, dove il governo di Tanucci è rappresentato da un vecchio gentiluomo completamente svanito, il conte di Cantillana.

Alla corte del Borbone di Francia, don Ferdinando funge per dieci anni da ambasciatore effettivo, ma ha modo soprattutto di conquistare Parigi e di lasciarsene conquistare per il resto della vita. I suoi poliedrici talenti, la sua cultura sfavillante e puntuale sono fatti apposta per sedurre grandi intellettuali, signori e dame di una città che tiene nella piú alta considerazione la «finesse d'esprit» e l'eleganza della battuta. La sua corrispondenza con la marchesa d'Epinay incanta i piú raffinati circoli europei come una esercitazione di alta scuola. Galiani finisce per diventare anche in patria un modello di «napoletanità», beninteso nel senso piú sofisticato del termine, un impasto di arguzia e di ironia, di versatilità e di galanteria, di superficialità e di penetrazione psicologica. Il «ceto civile» vede riflessi nella figura dell'abate le sue vertiginose acrobazie intellettuali, il suo scarso entusiasmo per la milizia politica, le sue riserve di fondo contro un'ipotesi rivoluzionaria che muti sostanzialmente il corso della storia e la natura umana. Con l'eccezione di un pugno d'eroi, che nella forza morale dell'idea crederanno fino al sacrificio della vita, questo rimarrà nelle grandi linee, anche in coincidenza con i grandi rivolgimenti dei successivi cento anni, l'atteggiamento mentale della borghesia napoletana: reazionaria per pigrizia e scetticismo, e quindi ottusamente pervicace nella difesa del privilegio economico e del suo sistema di valori.

Piú spensierato, meno dottrinario e forse perciò ancor piú apprezzato, l'altro ambasciatore in Francia, il marchese Caracciolo, famoso per la sua bruttezza e la bonaria ironia, quindi molto discusso come viceré di Sicilia per la pretesa di imporre a quei tenaci isolani un costume religioso meno fanatico. Naturalmente, piú che nelle briose battute di Caracciolo o nelle acrobazie intellettuali dell'abate Galiani, la città si riconosce nei personaggi di un teatro sul quale lavorano autori ed attori di grande efficacia, capaci di violentare perfino il dualismo tra lingua e vernacolo pur di lasciare allo spettacolo tutta la sua immediatezza. Il piú interessante di loro è Pietro Trinchera, scrittore robusto ed amaro, che accentua il verismo di Nicola Corvo per smascherare le contraddizioni piú evidenti, e dunque piú esilaranti, della società di cui vive. Gli strali della sua satira si appuntano sul bigottismo dei gonzi, di cui preti e frati approfittano senza pudore; sul tartufismo dei dotti, sempre pronti a servirsi della loro erudizione per ingannare i poveri e adulare i potenti; sull'ignoranza e la decadenza della nobiltà.

Gli illuministi del governo Tanucci lo lasciano sbizzarrire fino ad un certo punto. Quando, tuttavia, Trinchera osa additare allo scherno della platea un ciarlatano che si fa passare per un santo fratacchione, il protagonista della *Tavernola miracolosa*, intervengono bruscamente: l'infelice è snidato dalla chiesa del Carmine, rinchiuso nel carcere del Ponte di Tappia e minacciato dal magistrato inquirente di cosí orribili castighi da perdere la testa e squarciarsi il ventre con un coccio di piatto. Beninteso, le sue commedie non sono cosí drammatiche. Molte di esse, anzi, passando sui palcoscenici dell'opera buffa assumono spesso le movenze di un frenetico «vaudeville», anche se nel fondo amaro del poeta rimane una «santa acrimonia», lo sdegno dell'autentico moralista.

Nel confronto, assai piú superficiale risulta l'ispirazione di Gennaro d'Avino, autore di una *Annella, tavernara di Porta Capuana* che riporta un grosso successo ai Fiorentini nel 1759. Nello stesso anno, l'impresario del teatro del Fosso assume come «poeta di compagnia e concertatore» Francesco Cerlone, l'altro mattatore della scena napoletana nella seconda metà del secolo. Cerlone esprime un atteggiamento assai diverso da quello del suo sventurato collega: da «povero napoletano» costretto a campare alla giornata, egli rispetta in sommo grado la critica ma presta orecchio esclusivamente al pubblico che, secondo la moda imperversante, pretende azioni avventurose e violente, ambientazioni esotiche, personaggi bizzarri, scenografie macchinose e stupefacenti. Cerlone comincia col tentativo di trapiantare a Napoli la «commedia meditata» alla veneziana, poi accetta tutti i generi e tutti gli espedienti pur di strappare il successo, mescolando temerariamente la scurrilità del dialetto con l'aulica retorica del fraseggio toscano. Il rilancio di un personaggio come don Fastidio o la rivelazione di un comico come Vincenzo Cammarano, il maggior Pulcinella del Settecento dopo Domenicantonio Di Fiore, bastano a sottolineare la presenza di uno scrittore la cui produzione comprende piú di cento commedie per prosa e musica.

Nel 1769, Cerlone è impegnato a rifornire contemporaneamente tre teatri diversi, pressappoco come farebbe oggi uno sceneggiatore cinematografico di grido. Non ci sono ispirazioni che l'alluvionale commediografo rifiuti: la moda esotica gli suggerisce di spedire i suoi personaggi napoletani nelle contrade piú stravaganti; l'incontro con un grande musicista come Paisiello può anche ispirargli un'opera precisa come *L'osteria di Marechiaro*; l'entusiasmo per il teatro di Gozzi lo spinge a chiudere la faticosa carriera con una serie di commedie incredibili che mescolano il fiabesco all'orrido. Nel *Mostro turchino* e negli altri lavori conclusivi di Cerlone, degni di un Cecil B. de Mille della nostra epoca, qualcuno crede di ravvisare il riflesso di «un'epica plebea» che preannuncerebbe addirittura il terrore bianco del 1799. Sia come si vuole, è indiscutibile che il popolo «basso» è piú vicino alle sboccate e truculente fantasie dell'ultimo Cerlone che non alla caricatura raffinata e bonaria del *Socrate immaginario* che Paisiello mette in musica nel 1775.

Dimenticare la miseria si può soltanto sganasciandosi dalle risate per le buffonerie di Pulcinella o trasecolando per le imprese sovrumane di draghi e cavalieri. Sulla via del Molo, i cantastorie di una tradizione orale tramandata nei secoli, affascinano soldati popolani e scugnizzi con le gesta goffe ed edificanti dei paladini di Francia, come ad invitare il pubblico a specchiarsi nell'immagine della propria innocente barbarie. Queste fiabe per adulti immaturi sono le piú adatte a colpire i pronipoti di Masaniello, insieme con le prediche apocalittiche dei gesuiti, con le processioni dell'arcivescovado e le farse del rinnovato San Carlino. L'origine stessa di questo popolarissimo ritrovo coincide con la vocazione della plebe a vivere sulla strada: il locale sorge in una baracca al largo del Castello, tradizionale ricettacolo di «oziosi, vagabondi e perditempo, attirati dalla scena continua dei venditori ambulanti», proprio come nel foro della Napoli greco-romana. Nel San Carlino, non solo i lazzaroni, ma anche gli spettatori di piú alto lignaggio, si divertono senza ritegno alle oscenità, ai lazzi, alle improvvisazioni di Pulcinella, di Coviello e del dottore, notaio o don Fastidio di turno. Il pubblico elegante segue la rappresentazione dai palchi, mentre le prime file sono stipate di vocianti popolani in maniche di camicia, un sudicio berretto in testa e grandi sputi lanciati, con scandalo degli spettatori stranieri, in tutte le direzioni. All'uscita dal teatro si va a mangiare la pizza al mercato, il pesce fritto al porto, le succulente zuppe di soffritto alle baracche fuori Porta Capuana; e per chiudere la serata non c'è di meglio che una tazza di «caffè di levante» alla «Stella», in via Toledo. A tener l'ordine per le strade, rischiarate soltanto dalle edicole di padre Rocco, bada la sinistra ronda della polizia, un capitano, lo «scrivano» e dieci sbirri intabarrati e muniti di lanterna cieca per frugare nelle tenebre.

Ferdinando, il successore del primo Borbone di Napoli, è un personaggio perfettamente intonato al clima del San Carlino. Dagli otto ai sedici anni è vissuto senza l'affetto dei genitori e sotto la tutela pesante, grigia e tetra di Bernardo Tanucci. L'istruttore al quale è stato affidato, don Domenico Cattaneo principe di San Nicandro, è un vecchio gentiluomo bonario ed ignorante, che interpreta l'incarico nel modo piú conciliante possibile sia nei confronti dell'allievo che del vero padrone, il ministro toscano, troppo informato delle reali risorse del Regno per nutrire soverchie illusioni sulla sua missione storica. In questo quadro meschino, angusto, provinciale, il giovane principe inserisce una sua prepotente e rozza vitalità che si sfoga in una serie di esercizi smodati, di prepotenze canagliesche e di scherzi puerili. L'aneddotica che fiorisce sul conto del «re lazzarone» è interminabile: Ferdinando si mescola soltanto a giovinastri della sua risma, gioca a fare il generale con un battaglione di fidati «liparioti», s'improvvisa bettoliere o pescivendolo, si compiace di parlare esclusivamente il dialetto, non supera insomma il livello mentale del piú depresso tra i suoi sudditi, anche se non manca di un grossolano buon senso. Fisicamente, è tutt'altro che gradevole: alto, magro, anzi scarno, ha un singolare difetto alle ginocchia per cui cammina dondolando e dà sempre la sensazione di barcollare. Caviglie e polsi sono quelli di un uomo che pratica da sempre una pesante attività sportiva. Superstizioso e codardo fino all'ignominia, si dimostra umano soltanto nell'affetto che porta al povero don Filippo, il principe demente il cui passatempo favorito consiste nel farsi infilare dai servi, l'uno sull'altro, fino a sedici paia di guanti.

Almeno per i primi dieci anni, Tanucci approfitta della sciagurata adolescenza del re per mantenere la rotta segnata quotidianamente da Carlo III. I limiti della sua strategia rimangono inalterati: fermezza nei rapporti con la Chiesa, una relativa liberalità nell'amministrazione della giustizia e nella politica culturale, l'incapacità piú assoluta nella gestione degli affari economici. Il catastrofico andamento dei raccolti nel 1763 trova il governo totalmente impreparato a prevenire la carestia che scoppia l'anno seguente, mietendo vittime a decine di migliaia: i provvedimenti escogitati, tra cui la riduzione forzosa dei prezzi e il sequestro delle giacenze private di grano, provocano furibondi tumulti che vengono repressi duramente. Un'epidemia accresce le sventure della popolazione fin quando, per iniziativa di un gruppo di importatori stranieri, i forni non tornano a riaprirsi.

Nella vena di un robusto laicismo si segnalano, invece, altri progressi della giurisdizione regia: soppresse le decime ecclesiastiche; proibiti i cosiddetti «testamenti dell'anima», espediente escogitato dai religiosi per eludere la proibizione dei lasciti; il matrimonio, definito contratto civile «per natura» e sacramento «solo per accessione». Si abolisce altresí ogni forma di immunità personale e s'impone che il numero dei ministri del culto debba restare circoscritto prima al dieci, poi al cinque per ogni mille abitanti. Nel 1767 il governo presieduto da Caracciolo decide di cancellare definitivamente l'annuo omaggio della «chinea» al Santo Padre, ma pochi mesi prima Tanucci ha firmato un provvedimento ancor piú clamoroso: sull'esempio di Madrid, la Compagnia di Gesú è stata bandita da tutto il territorio del regno, i suoi beni sequestrati, il relativo incremento dei redditi pubblici devoluto «a sollievo della comunità» onde attenuare i rimpianti che i reverendi padri si lasciano alle spalle.

Il governo non provvede soltanto a creare collegi gratuiti, conservatori ed ospizi, ma accresce i suoi interventi assistenziali ed imposta una vigorosa riforma nel settore dell'istruzione, monopolizzato in precedenza dagli stessi gesuiti. Funzionari lungimiranti come il Palmieri e il De Gennaro, pensatori prerivoluzionari come il Conforti e il Galanti, preparano il terreno per ardite novità, che partono dalla netta separazione fra seminari religiosi e scuole pubbliche, per arrivare alla scelta dei docenti mediante esame di Stato ed al salario comunale per gli insegnanti delle poche e rare scuole comunali. Un migliore trattamento è garantito ai professori delle università, la cui sede viene trasferita in una splendida proprietà della disciolta Compagnia, il convento del Salvatore, mentre ricevono un sensibile incremento anche l'accademia scientifica e quella ercolanese. Come al solito, le avanguardie dell'intelligenza napoletana marciano a passo di carica, lasciandosi alle spalle, a distanza astronomica, le salmerie del ceto medio e le fanterie della plebe: l'indifferenza di Ferdinando e l'ignoranza delle moltitudini, come osserverà Pietro Colletta, rendono sterili innovazioni che la plebe tiene istintivamente in sospetto e che piú tardi lo stesso governo borbonico punirà come delitti.

In questo periodo, però, idee moderne penetrano anche nel campo giudiziario. In energica polemica con l'immobilismo del ceto forense, si emana una legge che impone alla magistratura di motivare le proprie sentenze anziché stilarle sulla base del piú assoluto arbitrio personale, prescrivendo il ricorso all'autorità del re per i casi di dubbia interpretazione o di vacanza della norma. È l'occasione che consente a Gaetano Filangieri, appena ventiduenne, di imporsi per la prima volta all'ammirazione degli studiosi con le *Riflessioni politiche sulla legge del 23 di settembre del 1774*, appassionato sostegno alla battaglia governativa contro un'opposizione che il supremo consiglio della magistratura alimenta perfino in forme sediziose. Confortato dagli argomenti del giovanissimo giurista, Tanucci rigetta duramente tutte le eccezioni e conferma con un editto reale il principio secondo cui la giustizia è indivisibile dalla sovranità.

Il vecchio nostromo che pilota lo Stato da quasi quarant'anni, è ormai sul punto di essere sbarcato anche se non se ne rende conto. Non sono i suoi rapporti con il re ad incrinarsi, nemmeno dopo il 12 gennaio 1767, quando Ferdinando esce di minorità e si fa confezionare un timbro affidandolo in custodia perpetua a Tanucci per risparmiarsi anche la fatica di firmare i documenti ufficiali. Finché il ragazzo è solo, Tanucci può ancora illudersi di restare alla barra, seguendo gli ordini di Madrid e le ispirazioni del suo temperamento cavilloso e realista. I guai cominciano quando bisogna trovare una moglie a Ferdinando e, per volontà dello stesso Carlo III, la scelta deve essere orientata su una delle numerose arciduchesse d'Austria. Le due prime candidate, Giovanna e Maria Giuseppa, sono falciate dal vaiolo; la terza e definitiva, Maria Carolina, ha circa due anni meno del re e tutte le qualità per diventare regina di Napoli, compresa una spietata ambizione. Ha trascorso l'infanzia con la sorella piú giovane, Maria Antonietta, ed anche questo tenero legame di affetto tra le due regine inciderà sul destino di Napoli.

La giovinetta arriva in Italia accompagnata da precise istruzioni di sua madre, Maria Teresa, che le raccomanda soprattutto di restare tedesca per le cose che contano, fingendosi napoletana «in tutto ciò che non ha importanza»: è essenzialmente un mandato politico. A rinsaldare i legami della principessa con il suo paese interviene anche la nostalgia per un ambiente tanto piú raffinato e progredito di quello napoletano. Quando Maria Carolina raggiunge lo sposo, in compagnia della cognata e di suo fratello Leopoldo, granduca di Toscana, il contrasto fra la finezza degli austriaci e l'ottusa volgarità della corte borbonica si rivela in maniera lacerante, per aggravarsi ulteriormente qualche anno piú tardi, quando arriva in visita l'imperatore Giuseppe II. Agli occhi degli Asburgo, cosí pieni di alterigia e di «filosofia», Ferdinando appare poco piú che un ritardato mentale che ha paura del mare come un bambino, gioca a pallone con i servi e la gente di strada, distribuisce calci e pugni perfino a sua moglie e all'imperatore ma, soprattutto, si rifiuta di affrontare un qualsiasi discorso serio sui propri doveri e sui problemi dello Stato. Di un essere umile non si può fare nemmeno un alleato, ma soltanto un succube, e Giuseppe nota con compiacimento che, nel suo intollerante e puerile sciovinismo, Ferdinando mostra un odio particolare per tutto ciò che è francese, tendenza che si accorda perfettamente con i disegni politici di Vienna. Perfino l'indolenza del Borbone e la sua «avversione per tutto ciò che è nuovo», apparentemente contrastanti con l'indole dell'illuminato imperatore, finiranno per secondare a suo tempo gli interessi imperiali.

Anche gli ambienti di corte apprezzano la differenza di stile tra moglie e marito; l'avvenenza, la vivacità, gli arditi princípi di Maria Carolina conquistano la simpatia di tutti i ceti. Nobili e plebei vivono spensieratamente il «carnevale austriaco», dopo la quaresima imposta da Carlo e dal suo deprimente ministro. Gli intellettuali sono grati alla regina per la fedeltà agli ideali illuminati dei fratelli: Filangieri anticipa con *La scienza della legislazione* le pagine piú nobili di Beccaria; *La descrizione delle Due Sicilie* di Galanti attesta dei progressi del nuovo dominio delle statistiche. Sulla giovane famiglia reale, che si arricchisce di figli ad un ritmo galoppante, piovono le benedizioni e i consensi: poeta di corte è nominato Luigi Serio, panegirici commossi sono dovuti alla penna di un'ardente gentildonna, Eleonora Pimentel Fonseca, due nomi che ritroveremo nell'elenco insanguinato dei martiri del 1799.

L'austriaca abbaglia tutti, salvo Bernardo Tanucci. Egli ha concepito sin dal primo momento un'istintiva antipatia nei suoi confronti ma ne ha sottovalutato le risorse, giudicandola troppo civetta e spensierata per appassionarsi al gioco del potere. Al contrario, specialmente dopo la visita dell'imperatore, Maria Carolina si è convinta di poter svolgere un ruolo determinante in virtú dell'investitura familiare e della sua schiacciante superiorità intellettuale su Ferdinando. Quando dà alla luce, nel 1775, il primo figlio maschio, si affretta ad esigere l'adempimento della clausola che Maria Teresa ha voluto includere nel contratto nuziale, ed entra a far parte attivamente del Consiglio di Stato. L'irritazione del Tanucci è accresciuta dal favore che la regina, come tutti gli Asburgo, dimostra per la setta dei frammassoni; ma a questo punto non basta nemmeno il vigoroso appoggio che Carlo III assicura al suo vecchio fiduciario dalla Spagna, per contenere la dilagante influenza di una donna che ormai dispone a proprio piacimento del re. La mattina del 26 ottobre 1776 un gentiluomo di corte porta allo sbigottito statista toscano un ordine scritto di pugno di Ferdinando che lo dispensa dal servizio; e tutto l'aiuto che il «patriarca» può assicurare nella circostanza è una lettera in cui Carlo confronta la sua malinconica vecchiaia con quella altrettanto amara del suo fedelissimo amico.

Successore provvisorio di Tanucci è un diplomatico siciliano, il marchese della Sambuca, che tuttavia ben presto Maria Carolina manderà in pensione, sospettandolo di intelligenza con la Spagna. Sono quasi tre secoli di storia che la principessa tedesca sta cancellando dal contesto della tradizionale politica estera locale: Tanucci scomparirà poco tempo dopo, Carlo III prolungherà stancamente la propria solitudine fino al 1788, il governo napoletano si volgerà sempre piú risolutamente verso l'alleanza con Londra e Vienna. Dopo i tre anni del marchese Caracciolo, il potere passa definitivamente nelle mani dell'uomo nuovo, un avventuroso ufficiale di marina inglese, John Acton, che è nato a Besançon ed ha servito lungamente il granduca di Toscana. Anche l'imperatore Giuseppe, durante la sua famosa visita, ha suggerito ai reali congiunti di potenziare la flotta, quasi inesistente, per garantire la situazione strategica del Regno: l'uomo adatto è appunto Acton, che si è distinto per notevoli capacità tecniche e presto rivelerà una gelida, implacabile determinazione.

Giovane, scapolo, ambizioso, l'inglese brucia le tappe appena posto piede a Napoli, nel 1779. La vanità di Maria Carolina è eccitata dalla devozione discreta ed assidua che le dimostra subito Acton, dalla sua esperienza cosmopolita, da una sottigliezza mentale che sembra prodigiosa in confronto alla rozzezza del re. L'ambasciatore Hamilton, ovviamente, intuisce tutti i benefici che il suo governo può ricavare dall'intesa con lo scaltro connazionale e lo appoggia incondizionatamente, servendosi delle sue informazioni per accrescere le difficoltà della diplomazia francese e spagnola. I furiosi pettegolezzi che si intrecciano intorno ai due amanti, raggiungono, ovviamente, il re ma senza smuoverlo dall'indifferenza in cui è sprofondato rispetto a tutto quanto non riguardi le sue comodità e i suoi puerili piaceri. Preparato e risoluto, Acton elimina via via tutti gli antagonisti, compreso il principe di Caramanico che lo ha preceduto nei favori della regina; nel giro di dieci anni diventa titolare dei principali dicasteri, maresciallo d'armata, consigliere reale, per succedere finalmente al defunto Caracciolo come ministro degli esteri. Raccolto tutto il potere nelle proprie mani, lo convoglia con scrupolosa onestà personale in direzione dei due obiettivi di fondo: la definitiva rottura della solidarietà borbonica con la Francia e la Spagna, il rafforzamento delle strutture militari in tutto il paese. L'ex ufficiale di Leopoldo si dimostra capace di una febbrile attività: apre nuovi cantieri navali e fabbriche d'armi, fortifica le coste, migliora le attrezzature portuali e la rete stradale della provincia. Per creare un telaio di quadri efficienti istituisce collegi nautici, immette istruttori stranieri nella flotta e nell'accademia reale, manda gli ufficiali napoletani di terra e di mare a seguire corsi di perfezionamento all'estero. È una solida piattaforma che Acton vuole assicurare ad una linea politica che si completerà con il fidanzamento di Francesco, erede del trono di Napoli, ad un'altra arciduchessa asburgica, Maria Clementina. Piú debole l'iniziativa in altri settori di governo: l'inglese si avvale anche della collaborazione di Galiani per assestare le pubbliche finanze ma senza grande successo; in campo commerciale stringe accordi con Tripoli, Genova, la Russia, ma senza riuscire a far rispettare all'interno il codice elaborato da Michele Iorio.

Acton è un soldato di mestiere che interpreta la politica come un altro modo per fare la guerra, e non si cura di riforme sociali. A titolo di passatempo se ne occupa invece, paradossalmente, il «re lazzarone» la cui originalissima trovata di fondare a San Leucio una sorta di comunità socialista per grazia divina, è rimasta giustamente celebre come una stravaganza in tutto degna del secolo, se non del personaggio. Corre l'anno di grazia 1789, quando Ferdinando promulga un editto il cui testo è dovuto probabilmente ad Antonio Planelli ma che egli ha rivisto puntigliosamente di proprio pugno, accentuandone lo spirito paternalistico. Duecentoquattordici popolani dei due sessi vengono trasferiti sull'ameno colle che si affaccia sulla reggia di Caserta, per dar vita ad una colonia la cui regola fondamentale sarà la piú assoluta eguaglianza: nei diritti, nel godimento dei beni e perfino negli abiti. Sola distinzione, il merito. Per il matrimonio, rito religioso e civile, ma con esclusione di ogni interferenza dei genitori nella scelta degli sposi. Abolita la dote, è lo stesso monarca che fornisce gli «aiuti necessari», la casa e gli strumenti di lavoro. I testamenti sono soppressi, la successione è aperta in parti eguali ai figli e alle figlie; se gli eredi mancano, i beni tornano alla proprietà comune. Esequie disadorne, vietato il lutto salvo un segno nero al braccio per non piú di due mesi. Obbligatorie la vaccinazione antivaiolo e la istruzione a livello di scuole normali o professionali. I seniori, magistrati del popolo, sono eletti dai capifamiglia, a scrutinio segreto e a maggioranza; salvo per cause di maggiore entità, la competenza passa ai tribunali del Regno e il colpevole perde il diritto a restare nella colonia. Nei giorni festivi, è fatto obbligo di adempiere ai doveri religiosi, di riferire sul lavoro compiuto in settimana e di effettuare un regolare addestramento militare.

Nella realtà politica, San Leucio si riduce ad una comunità di lavoratori della seta che costituirà per molti decenni un modello di organizzazione industriale molto progredita rispetto ai tempi, ma del tutto isolata nel contesto della società borbonica. Il 25 giugno dello stesso anno, a pochi chilometri dalla colonia collettivistica di San Leucio, nel teatro della reggia di Caserta, la corte di Ferdinando e Maria Carolina applaude con trasporto *La Nina, ossia la pazza per amore*, il capolavoro di Domenico Cimarosa che è anche l'ultimo omaggio alla struggente arcadia settecentesca. Ancora poche settimane, e i sanculotti parigini raderanno al suolo la Bastiglia, annichilendo i Borboni di Francia, la monarchia assoluta, l'*ancien régime*.

3

L'utopia del '99

Lo scoppio della grande rivoluzione atterrisce la corte di Napoli, dissolvendo di colpo l'atmosfera idillica delle feste ed il gusto per gli esperimenti di avanguardia. Al vertice dello Stato, non si registrano dissensi. Acton, che ha già attenuato la linea riformatrice di Tanucci e troncato i legami con la Spagna, accentua progressivamente la conversione verso i poli della reazione europea: diventa il piú sicuro punto di riferimento,. nel Mediterraneo, per i suoi connazionali; mette porti coste fortezze e truppe a disposizione degli austriaci e dei russi. L'Inghilterra, nonostante la diffusa simpatia per le idee liberali, è indotta alla guerra dalla logica di potenza; gli imperi continentali obbediscono anche al richiamo della solidarietà ideologica e dinastica con Luigi XVI. Nel quadro si colloca senza difficoltà, anzi con tutto lo slancio del suo temperamento e degli affetti familiari, la regina, votandosi ad un odio per il governo repubblicano di Parigi che è sollecitato fino ai limiti del delirio dalle quotidiane, velenose suggestioni della bellissima Emma Hamilton, del suo compiacente marito e, presto, del grande Nelson. La passione di parte e i pettegolezzi di palazzo gettano sul singolare «ménage» una sinistra luce di lascivia, che sedurrà la fantasia dei romanzieri dell'Ottocento e piú tardi perfino il cinema del nostro secolo, ma è fuori dubbio che i tre inglesi operano essenzialmente al servizio del loro governo, nel quadro della dura e complessa lotta per il dominio mondiale. Nelson subordina a queste esigenze anche i pregiudizi sull'onore militare: quando si macchia del processo all'ammiraglio Caracciolo, lo fa a ragion veduta, per eliminare un nemico che è insuperabile esperto della marineria e conoscitore profondo della costa tirrenica. Soltanto Ferdinando, cinico e indolente, forse sbigottito anche lui della bufera rivoluzionaria, si lascia trascinare a rimorchio della moglie e del favorito verso inconsapevoli abissi d'infamia.

Totalmente ignara della realtà nazionale, la corte non sospetta nemmeno che la fedeltà incondizionata delle masse popolari e la fragilità dell'opposizione interna garantirebbero al paese una posizione di forza, magari anche una tranquilla neutralità, da negoziare senza assilli con il governo francese che per il momento non ha alcun interesse a sacrificare nel Sud d'Italia un'aliquota del suo esercito. Disprezzo verso i napoletani e paura dei giacobini suggeriscono invece un comportamento catastrofico, fatto volta a volta di ferocia e di viltà, di grottesche ambizioni e di ritirate precipitose, col risultato di dilapidare il patrimonio di prestigio ereditato da Carlo III e compromettere irreparabilmente il futuro della dinastia, la sua rispettabilità in Europa, perfino la sua popolarità nel Regno. Lo stesso patriottismo dei lazzaroni, che potrebbe essere organizzato in funzione di elevazione civile e trasformarsi in una grande forza di coesione nazionale, seppure in senso conservatore, si corrompe nell'esplosione della violenza cieca e della superstizione, per modo che il partigiano potenziale delle «insorgenze» diventerà il brigante delle forre o il camorrista dei vicoli cittadini, entrambi irrecuperabili alla collettività anche dopo l'unificazione sabauda, ed esclusi in pari grado dal movimento di redenzione delle classi lavoratrici.

La marcia popolare su Versailles e il trasferimento forzoso di Luigi XVI a Parigi sorprendono i monarchi napoletani in visita a Vienna, presso l'imperatore Leopoldo. Si delinea in questi giorni, tra le lamentazioni degli aristocratici emigrati e lo sgomento dei sovrani assoluti, il fronte comune contro la sovversione rivoluzionaria: Maria Carolina, incurante dell'impreparazione militare ed economica in cui versa il Regno, non esita a farsi promotrice di una lega italiana che dovrebbe partire dal riavvicinamento tra Ferdinando e la santità di Pio VI. L'alleanza fra trono e altare liquida gli ultimi residui dell'anticlericalismo borbonico. Preti e frati sono già lanciati in una martellante propaganda dai pulpiti e dai confessionali contro i diabolici sanculotti, quando le loro maestà tornano a Napoli ed Acton, dopo brevi festeggiamenti, pone mano a una prima mobilitazione delle risorse belliche. La regina si occupa personalmente della repressione politica, affidando lo spionaggio interno al principe di Castelcicala e la reggenza della Vicaria a don Luigi de' Medici, un cavaliere giovane ed ambizioso in cui Acton intuisce subito un potenziale nemico. Il clima diventa irrespirabile per gli intellettuali, sospetti pregiudizialmente di simpatie per la causa rivoluzionaria: si fanno cessare le adunanze accademiche, si censurano libri e giornali stranieri, si nega l'accesso in città perfino agli emigrati realisti francesi, gente che arriva dall'inferno con tante tentazioni nei bauli. È un atteggiamento suggerito dal panico e non da un'esatta valutazione dell'ambiente nel quale, secondo la celebre sentenza del Cuoco, pochi intendono la rivoluzione francese, pochissimi la approvano e quasi nessuno la desidera per Napoli.

Dal momento in cui la fuga di Varennes liquida ogni prospettiva di compromesso costituzionale, l'Europa si prepara alla guerra e la polizia borbonica stringe i freni. Per vigilare meglio sui movimenti dei sudditi, si numerano i palazzi e si murano le targhe con i nomi delle strade, mentre il cavaliere de' Medici trasferisce sulle isole i detenuti piú riottosi, ripristina l'uso della frusta alla Vicaria e favorisce in ogni modo la delazione. La persecuzione consegue naturalmente l'effetto di esulcerare gli animi, allargando la base del movimento giacobino soprattutto dal momento in cui la Costituzione del '91 e la Dichiarazione dei diritti dell'uomo suscitano un'ondata di entusiasmo che a Napoli si concreta in una curiosa iniziativa: un gruppo di nobili cura la stampa in duemila esemplari, ne distribuisce qualcuno nelle strade e perfino nelle stanze della reggia, per gettarne poi a mare interi sacchi, nel timore improvviso di un arresto. La puerilità del tentativo non basta a placare l'inquietudine della regina e di Acton, il cui sgomento cresce quando il processo e l'esecuzione di Luigi Capeto aprono la strada al Terrore.

La tragedia getta nel panico la corte di Napoli: si vieta il carnevale, si proclama un lungo lutto, si sospende perfino la caccia del re. Contro la nascente repubblica, si manifesta un'ostilità tanto rabbiosa quanto impotente: il governo nega il gradimento al suo rappresentante, cittadino Makau, e preme sulla Sublime Porta perché usi lo stesso trattamento all'ambasciatore Simonville, nell'atto in cui ripropone ai governi di Venezia e di Torino il velleitario progetto di una lega italiana da contrapporre all'esercito che ha già scritto, nella giornata di Valmy, la sua prima pagina di gloria. La Sardegna fa appena in tempo ad accettare l'alleanza e la Serenissima a respingerla, che Ferdinando deve pentirsi della sua imprudenza, perché nel golfo di Napoli entra a vele spiegate un convoglio di quattordici navi francesi al comando dell'ammiraglio La Touche, latore di un brutale ultimatum. Si tratta di accettare Makau e promettere neutralità, o subire la guerra. Il Borbone si piega a tutte le condizioni, anzi offre premurosa assistenza alla flotta di La Touche, quando una tempesta la ricaccia in porto poco dopo la partenza; ma le spie di Castelcicala e la polizia di De' Medici prendono buona nota dei giovani che si sono recati a visitare l'ammiraglio, tornando a terra esaltati dalla sua eloquenza giacobina e dal piccolo berretto frigio che La Touche ha appuntato sulle loro giacche. Le vele francesi sono appena scomparse all'orizzonte che le prigioni cominciano a riempirsi dei prevenuti «molti nobili, tutti gentiluomini, ricchi e pieni di lumi», arrestati su ordine della Giunta di Stato per il «delitto di maestà».

La corte marcia a passo di carica verso lo schieramento sanfedista. All'interno, con la complicità della carestia scoppiata nel '93, si trova facilmente un certo numero di lazzaroni disposti ad arruolarsi in un corpo di «spuntonieri», che sono destinati ad utilizzare la rudimentale arma in piccole scaramucce o nella guerriglia campestre. Sul piano internazionale, nonostante la neutralità giurata a La Touche, Acton firma in segreto il 20 luglio un trattato di alleanza con l'Inghilterra, che segna in pratica l'ingresso definitivo nella coalizione europea. Un mese piú tardi, Napoli partecipa alla spedizione di Tolone e restituisce i passaporti a Makau. Il ritorno dei soldati, gettati in mare da Buonaparte, e i concitati racconti degli orrori rivoluzionari di cui essi si fanno portavoce, accrescono il furore della corte che decide la mobilitazione di tutte le risorse del Regno. Acton invia in Lombardia un corpo armato al comando del principe di Cutò e, per coprire le spese, rastrella denaro ovunque lo trovi, attraverso i «doni patriottici», l'inasprimento della pressione fiscale ed una brigantesca operazione ai danni dei risparmiatori. I sette banchi cittadini vengono riuniti in un solo istituto «nazionale», che offre fedi cartacee in luogo dei 50 milioni di ducati sottratti ai depositi dei privati, attuando una rapina di Stato che intiepidisce ulteriormente i sentimenti legittimisti del ceto civile. Nell'estate del '94, alle preoccupazioni economiche che ne derivano si aggiunge lo spavento per una serie di fenomeni sismici che culminano in una scena da apocalisse, quando la sommità del Vesuvio sprofonda con orrendo strepito in una voragine di fuoco.

Nel lutto universale per una cosí funesta serie di eventi, continua a funzionare a pieno regime soltanto la Giunta di Stato che, dalle torture e dalle deportazioni, passa al capestro. La prima vittima è un povero mentecatto, il siciliano Tommaso Amato, reo di aver profferito in chiesa «orrende bestemmie» contro Dio e il re; ma il processo importante, la «gran causa dei rei di Stato» che deve servire da esempio per tutte le teste calde, coinvolge cinquanta congiurati. Dopo processi sommari, si erogano senza parsimonia ergastoli, carcere, confino, e addirittura la pena di morte per tre degli accusati, i primi martiri della democrazia napoletana: Vincenzo Galiani, Vincenzo Vitaliano ed Emanuele De Deo, tutti ragazzi tra i diciannove e i ventidue anni. La regina promette la grazia al padre di De Deo, a condizione che il giovane sveli la trama della cospirazione, ma Emanuele respinge sdegnato l'offerta della «tiranna» e invita dolcemente il povero vecchio ad accettare il suo sacrificio: «Verrà tempo che il mio nome avrà fama durevole nelle istorie, e voi trarrete vanto che io, nato di voi, fui morto per la patria». Il ricordo di Plutarco vibra, con la musicalità di Metastasio, nell'animo del giovinetto che l'indomani andrà serenamente al supplizio con i due compagni, in piazza del Castello. Il rigore della Giunta accresce le simpatie della regina per il cavaliere de' Medici, un giovane non privo di qualità e di ambizioni, del quale però Acton sta tramando la rovina. È un detenuto politico, Annibale Giordano, insigne matematico che ha frequentato per anni la casa del reggente della Vicaria, ad accusarlo di aver complottato con i giacobini, nel corso di un convito notturno in una trattoria di Posillipo. Il cavaliere de' Medici finisce a Gaeta; il nuovo processo «di lesa maestà» viene affidato ad una giunta epurata dai suoi amici e dominata da due fiscali implacabili come il Vanni e il Guidobaldi.

Le vicende francesi condizionano in misura sempre piú pressante l'atteggiamento della corte di Napoli. L'avvento del Direttorio e le trionfali vittorie di Buonaparte alla testa dell'armata d'Italia, consolidano il regime rivoluzionario su basi borghesi, ingigantendo i timori di Ferdinando. Nel Regno è abbastanza agevole fronteggiare la propaganda giacobina con una crociata ideologica che vede mobilitati ecclesiastici e magistrati, fino alle province piú remote, in una predicazione infuocata, rabbiosa, apocalittica da cui germinerà il furore sanfedista. Sui campi di battaglia, invece, il nemico è invincibile e, l'11 ottobre 1796, costringe Ferdinando a firmare un trattato di pace che equivale ad una resa incondizionata, perché impone la chiusura dei porti agli inglesi, lo scioglimento delle alleanze, ancora una volta la neutralità. Alle riserve mentali del Borbone, corrisponde la malafede del Direttorio, il cui rappresentante esige una tangente sottobanco in aggiunta al tributo di guerra, impegnandosi in cambio a non muovere un dito in aiuto dei prigionieri politici napoletani. Un'intesa interviene, del resto, anche tra francesi ed austriaci: da Loeben, dove l'imperatore è rappresentato dal marchese del Gallo, si arriverà presto a Campoformio. Le corti di Napoli e di Vienna approfittano della fuggevole tregua per stringere il patto nuziale tra il principe Francesco e l'arciduchessa Clementina, nuovo pegno di amicizia per le due famiglie; e la fanciulla appena quindicenne sbarca in Puglia, per sposare a Foggia lo sbiadito erede del re.

Ma l'irrequietezza di Buonaparte non lascia respiro. Garantito alle spalle dalla pace con l'impero, decide di marciare verso sud: i violenti tumulti del gennaio '98, nel corso dei quali suo fratello Giuseppe corre seri pericoli e il generale Duphot viene trucidato, gli offrono il pretesto di spedire il fido Berthier ad invadere gli Stati romani. Il 15 febbraio, una pomposa cerimonia in Campidoglio suggella la restaurazione della «repubblica di Bruto»; cinque giorni dopo, il vecchio pontefice inizia la penosa marcia di trasferimento che lo trarrà a morte l'anno seguente nella fortezza di Valenza, sollevando un'ondata di sdegnata pietà in tutta l'Europa. I francesi battono alle porte del Regno. Berthier manda a Napoli un emissario, latore di condizioni durissime che prevedono perfino il congedo dell'ambasciatore inglese e il bando di Acton, due ipotesi che la corte non prende in considerazione, pur cercando disperatamente di guadagnare tempo.

Anche al di fuori delle inclinazioni personali, per Ferdinando non c'è altra scelta che tornare fra le braccia degli inglesi, mettendo il territorio e le risorse del Regno a disposizione anche dei loro alleati russi e turchi. I prelati e gli emigrati fuggiti da Roma contribuiscono a spargere un odio fanatico nei confronti dei francesi e dei loro effettivi o presunti simpatizzanti, contro cui la polizia si accanisce indiscriminatamente, prendendo di mira chiunque sia sospetto di idee liberali o anche semplicemente indulga alla nuova moda di Parigi, rinunci al codino e alla parrucca, si lasci crescere baffi e favoriti, porti il tricorno o i calzoni lunghi. Fioccano i processi e soltanto il buon senso e la moderazione di giudici imparziali, come il presidente Mazzocchi, risparmiano pene severe ad un gruppo di ventotto imputati, tra i quali ci sono Luigi de' Medici, Mario Pagano, Ignazio Ciaja ed altri valentuomini, la cui assoluzione manda su tutte le furie Maria Carolina. Si trova un capro espiatorio nel bieco Vanni: costretto a dimettersi, costui cade in preda ad una profonda depressione e più tardi, quando i francesi invadono il Regno, si uccide.

A corte si dimentica in fretta lo scacco della Giunta di Stato perché è arrivata la notizia che il grande nemico, impigliato nella trappola della spedizione in Egitto, è stato battuto per mare da Nelson. La vittoria di Aboukir infiamma la famiglia reale e gli inseparabili Hamilton: si corre incontro al trionfatore in mare aperto, gli si tributano doni e profferte d'amore, se ne ospitano nel porto le navi in spregio ai patti di Parigi. Le vibrate proteste dell'ambasciatore francese sono ignorate, tanto più che ormai Ferdinando è deciso a tornare in guerra affianco agli alleati per vendicarsi di tutti gli spaventi patiti per colpa di La Touche e di Buonaparte. Costituisce un esercito di 75 000 effettivi, in gran parte sprovveduti di ogni istruzione militare, e ne affida il comando al generale austriaco Mack, un presuntuoso stratega della vecchia scuola che, senza valutare l'inesperienza dei coscritti e la fragilità delle postazioni di frontiera, decide di portare lo sterminio in territorio pontificio.

L'avventura ha un andamento grottesco. Il 22 novembre, un manifesto informa l'attonita popolazione napoletana che Ferdinando sta per piombare su Roma alla testa della sua invincibile armata, risoluto a restaurare il governo del Santo Padre e a punire la protervia francese. Il 29 dello stesso mese, il Borbone festeggia la conquista della città eterna nell'avito palazzo dei Farnese, inviando messi a Napoli per annunciare la fausta impresa, propiziata dal «miracolosissimo» san Gennaro. Il 10 dicembre, il re guerriero è già fuggito alla volta di Caserta, bruciando sul tempo Mack che ordina la ritirata generale soltanto il giorno 13. «Per natura codardo», Ferdinando è tornato a casa sotto mentite spoglie, scambiandosi d'abito con un gentiluomo del seguito ma, appena al riparo nella reggia, riprende coraggio ed emana, con la falsa data di Roma, un bando che equivale ad un fanatico appello alla mobilitazione popolare. Dalla Terra di Lavoro agli Abruzzi, la risposta giunge violenta come una fiamma. Raccolti da preti, frati, nobili e maggiorenti borbonici, i disertori del campo di battaglia si trasformano in ardenti guerriglieri che combattono intrepidamente contro l'invasore della patria, nemico del re e della religione. Se Ferdinando nutrisse un eguale sentimento di dignità nazionale, sarebbe questo il momento di mettersi alla testa delle masse, affrontare i francesi alla frontiera, salvare l'onore, il trono, il paese; ma in realtà, egli condivide la diffidenza di Acton e il disprezzo di Maria Carolina. Incapace di capire e di amare il popolo, di cui pure ripete esteriormente gli atteggiamenti piú ribaldi, medita soltanto di fuggire ancora piú lontano dall'esercito che il generale Championnet, riconquistati gli stati romani, sta conducendo a tappe forzate sul Regno. I comandanti stranieri a cui la corte è ciecamente affidata, sgomberano senza colpo ferire le munite fortezze su cui si basa il sistema di sicurezza del Regno, con la sola eccezione di Capua che è difesa da ufficiali napoletani e protetta dalle scorrerie di due terribili briganti, Mammone e Fra' Diavolo. Ora che il cerchio si stringe intorno alla corte, s'infittiscono i contatti tra i gruppi giacobini ed il quartier generale di Championnet.

L'atroce episodio di linciaggio di Antonio Ferreri, forse organizzato da una provocazione degli ultras monarchici, affretta la partenza del re che ha assistito stravolto all'ultima scena del massacro compiuto dinanzi alla reggia da una plebaglia scatenata, cui si è fatto credere che l'infelice, corriere di palazzo, sia una spia dei francesi. Il 21 dicembre, la famiglia reale s'imbarca su un vascello inglese alla fonda nel golfo, mentre un avviso murale informa che il sovrano ha nominato vicario generale il principe Francesco Pignatelli e promette un ritorno fulmineo «con potentissimi aiuti d'armi». Il Borbone reca seco immense ricchezze e, durante i tre giorni in cui i venti contrari impediscono alla flotta di salpare, rifiuta di ricevere le ambascerie che vengono a scongiurarlo di non abbandonare il suo popolo. Per consentire agli inglesi di superare un furioso fortunale, occorre la valentia di due marinai napoletani, l'ammiraglio Caracciolo e Giovanni Bausan, che piú tardi pagheranno cara la gelosia di Nelson.

Napoli trascorre un Natale tristissimo. Degno rappresentante del suo re, Pignatelli cerca solo la maniera piú sbrigativa di cedere la città ai francesi; gli amministratori municipali si offrono di controllare la situazione almeno sotto il profilo dell'ordine pubblico, organizzando una milizia urbana, ma si vedono sabotati dagli agenti monarchici che il giorno 28 incendiano al largo di Posillipo il superstite naviglio di guerra. Le feste di Capodanno passano in un clima ancora piú teso e nei primi giorni del gennaio 1799 la situazione precipita, sempre sullo sfondo della contraddizione di base fra la combattività delle masse e l'inettitudine dei rappresentanti regi. Il giorno 12, il vicario conclude con gli invasori un'assurda tregua che concede loro l'occupazione immediata della fortezza di Capua e una taglia di due milioni e mezzo di ducati. Quando, però, i commissari francesi si presentano a riscuotere la prima rata del tributo, è la plebe a manifestare un'indignazione cosí accesa da costringerli alla fuga. E quando Pignatelli finisce per eclissarsi, rifugiandosi anche lui in Sicilia, è ancora la plebe ad assumere l'iniziativa, mettendo a ferro e fuoco le abitazioni dei sospetti giacobini ed acclamando come «generali del popolo» due giovani aristocratici, Moliterno e Roccaromana, che si sono distinti in recenti fatti d'arme contro i francesi. È sempre la classe dirigente che tratta con il nemico, e sono sempre i lazzari che prendono sul serio la guerra, la patria, il trono, l'altare.

Il fallimento di un compromesso con Championnet esaspera ulteriormente la plebe che si scatena contro i «galantuomini» in una serie di tumulti culminati, il giorno 19, nell'eccidio di due nobili rivoluzionari, i fratelli Filomarino. Scene selvagge si susseguono nelle strade della capitale, sconvolta dalla collera e dalla paura fino a tarda sera, quando il cardinale arcivescovo organizza provvidenzialmente una solenne processione, recando bene in vista la statua e le ampolle di san Gennaro. Dissolta l'amministrazione regia, non vi sono ormai che i preti a poter regolare gli umori della folla. Nondimeno, la resistenza ha le ore contate: i battaglioni di Championnet avanzano su quattro colonne verso la città, mentre un pugno di giacobini napoletani s'impadronisce di castel Sant'Elmo, a picco sulla collina del Vomero, catturando con uno stratagemma i centotrenta popolani che l'occupano e mettendo a disposizione delle artiglierie nemiche una posizione di decisivo valore tattico. L'epilogo è vicino.

Dal 19 al 23, sono giorni di dura guerriglia che i lealisti combattono da ponte Rotto al Fiume Lagni, dalle pendici del Vesuvio al ponte della Maddalena, da Porta Capuana al largo delle Pigne, casa per casa, nel chiuso dei vicoli, attaccando e ripiegando e poi tornando, testardamente, al contrassalto, con un eroismo che riempie di stupore i veterani dell'armata d'Italia, cosí facili vincitori delle truppe regolari di Mack. Ma quando si dà il segnale dell'ultima offensiva e le batterie di Sant'Elmo tuonano sulle piazze dei quartieri popolari, i lazzari capiscono di essere stati ancora una volta traditi. Ad indurli a deporre le armi vale anche l'abilità di Championnet, un soldato che dimostrerà presto di nutrire autentici sentimenti rivoluzionari, fervore di umanità, un luminoso idealismo.

La folla ha fatto irruzione nelle sale di palazzo reale e si teme che anche i vincitori si abbandoneranno al saccheggio, allorché viene affisso un proclama del generale che rassicura la cittadinanza «nelle persone e nella proprietà», invitando tutti i detentori di armi a consegnarle in Castel Nuovo, pena la fucilazione immediata. Poche ore prima, Championnet si è recato al largo delle Pigne e, parlando alla folla in buon italiano, ha enunciato un programma sorprendentemente moderato: «quiete, abbondanza e miglior governo», pieno rispetto per la fede e soprattutto per il «beatissimo» san Gennaro. Il capopopolo Michele il Pazzo, ha plaudito al discorso del generale chiedendogli, tuttavia, una prova concreta della sua lealtà; e il generale, fedele al copione, ha spedito sul tamburo due compagnie di granatieri in cattedrale, per montare la guardia al santo patrono. Lo sciame di lazzari che precede i granatieri, inneggiando agli ex nemici, suggella clamorosamente la conciliazione con i francesi. Due sere dopo, in una ben congegnata regia del cerimoniale, la città illuminata a festa celebra l'epilogo di scontri che sono costati mille morti agli invasori e tremila ai napoletani. Ribattezzato come «teatro nazionale», il San Carlo viene riaperto immediatamente e presto ospiterà gli autori della «nouvelle vague» cisalpina, il Monti e l'Alfieri. Sensibile alle vicende della metropoli, il Vesuvio partecipa all'universale tripudio levando, dopo qualche anno di tranquillità assoluta, «fiamme placide e lucentissime» che contribuiscono non poco a rasserenare un popolo risoluto, ormai, a dimenticare in fretta gli orrori della guerra.

All'alba del 25 gennaio, un venerdí, Napoli si sveglia giacobina disponendosi a vivere una drammatica avventura che durerà meno di sei mesi. Un editto del comandante francese delinea i contorni del nuovo regime: repubblica indipendente, governo provvisorio composto di venticinque eminenti cittadini, elaborazione di istituti che dovranno modellarsi sull'esempio francese ed affidarsi alla garanzia del corpo di occupazione. Per sottolineare la fraternità fra i due paesi, l'armata di Championnet assume il nome di «esercito napoletano». Nel corso della solenne investitura del governo, in San Lorenzo, l'ex scolopio Carlo Lauberg, un napoletano tornato dall'esilio al seguito dei francesi, risponde al cordiale indirizzo del generale e presta giuramento. Gli succede un nobile patriota, Mario Pagano, per ricordare ai giovani che la salvezza della patria è affidata al «valore guerriero» dei suoi figli e per incitarli quindi a correre alle armi. Intorno agli alberi di libertà, che si alzano in tutte le piazze, si improvvisano le cerimonie del nuovo culto laico: danze, discorsi, matrimoni, giuramenti, una sorta di balletto al quale la plebe si mescola senza capire, per amore di frastuono e di novità. Opportunamente sollecitato dagli aiutanti di Championnet, il cardinale arcivescovo promuove alla sua presenza il miracolo di san Gennaro in un'edizione piú sbrigativa del solito. Si tende a cristallizzare il nuovo stato di cose in una situazione di normalità, come se Ferdinando, Maria Carolina ed Acton fossero soltanto un brutto sogno, destinato a dissolversi nel trionfo delle armi rivoluzionarie.

In realtà, le basi della repubblica partenopea sono fragilissime. L'esiguità delle forze francesi e il rovinoso andamento della guerra al Nord in assenza di Buonaparte rendono ardua, in primo luogo, la sua difesa militare. Il corpo di occupazione è in grado, finché tutto va bene, di controllare la capitale e i principali capisaldi strategici del paese ma non riesce in nessun momento a garantire l'ordine nelle province e tanto meno a tentare lo sbarco in Sicilia. Le ciniche direttive del Direttorio impediscono, d'altra parte, la costituzione di una armata nazionale napoletana, nonché lo sviluppo di un coerente disegno politico-economico. Come se queste proibitive condizioni esterne non bastassero, i gruppi repubblicani rivelano presto gravissimi limiti di realismo politico, di chiarezza e di psicologia. La frattura tra ceto civile e strati popolari, che si è progressivamente allargata all'epoca di Masaniello, inaridisce la generosa ispirazione della minoranza illuminata, imbevuta delle ideologie francesi fino al punto di dimenticare la sostanziale diversità dei problemi e delle reazioni locali rispetto a quella realtà. Sono almeno due secoli, del resto, che la cultura napoletana si ispira ai «modelli stranieri», anziché applicarsi allo sviluppo di quelle che Cuoco definisce «le nostre facoltà»; e, in conseguenza di questa fatale fuga in avanti, la nazione s'è potuta giovare assai poco delle battaglie intellettuali di pochi spiriti eletti, concependo per giunta una sorta di oscuro disprezzo per i frutti del loro lavoro che, a dirla ancora con il Cuoco, non le sono stati utili e non può capire.

Un programma modesto e concreto potrebbe assicurare al nuovo regime anche il consenso degli indifferenti che costituiscono in ogni epoca la «maggioranza silenziosa». I problemi lasciati insoluti dal governo borbonico riguardano l'accentramento amministrativo, il riordinamento delle finanze e dei tributi, l'eversione dei privilegi feudali, la ripartizione degli sterminati latifondi ecclesiastici e demaniali. Riforme urgenti sono invocate dalle classi intermedie per la protezione dell'agricoltura ed il rilancio del commercio: provvedimenti efficaci in questi settori, vitalizzando il tono dell'economia, si rifletterebbero positivamente anche sul sentimento popolare. Purtroppo ai governi provvisori che si succedono al timone della repubblica mancano la calma e la lucidità per muoversi in questa direzione: sono impegnati in una corsa disperata contro il tempo, che si concluderà con una tragedia. L'ispirazione neoclassica che sta alla radice della loro formazione culturale, conferisce a questa tragedia una straziante dignità, nella stessa misura in cui purtroppo ha concorso ad estraniare dal linguaggio enfatico della repubblica la sensibilità popolaresca. Per citare sempre Cuoco, il popolo non è obbligato «a sapere la storia romana per conoscere la felicità». Né l'altissima tensione ideale, il disinteresse, il candore sono qualità che le masse apprezzino nell'immediato: il loro retaggio costituisce, semmai, un viatico per le generazioni future, come è vero che sul tronco del martirio toccato ai pionieri della repubblica partenopea si innesteranno i germogli del decennio murattiano e del primo risorgimento.

L'astrattezza dottrinaria si palesa sin nei primi provvedimenti del governo provvisorio. Un membro francese dell'esecutivo, Bassal, escogita un'insensata riforma dei dipartimenti, ignorando talmente geografia e tradizioni che dopo un mese bisogna tornare all'antico. Decisioni rivoluzionarie come la soppressione dei conventi, l'incameramento dei beni ecclesiastici, l'abolizione dei titoli nobiliari, l'epurazione dei simboli borbonici, suscitano indifferenza o addirittura irritazione perché si scontrano con pregiudizi profondamente radicati. La politica tributaria conduce a risultati contrastanti; la soppressione del «testatico», imposta personale diretta, e della gabella sul grano non entusiasma nessuno: quella della gabella sul pesce conquista, invece, alla repubblica le simpatie degli ambienti marinari. Unanime è il favore per lo scioglimento dei «fedecommessi», l'antica legge feudale che impone all'erede di conservare indiviso il patrimonio per trasmetterlo ai discendenti e che, ormai, è del tutto anacronistica. Difficoltà pratiche bloccano l'adempimento di decisioni coraggiose come l'abolizione definitiva dei feudi o la pubblica garanzia per i debiti dei banchi. La generosa assunzione dell'onere da parte della repubblica è destinata a restare un impegno puramente teorico, e quindi controproducente, a cagione dell'assoluta mancanza di disponibilità liquide. Sull'eversione delle feudalità si accende una furiosa polemica. La corrente più moderata, di cui Pagano è il più autorevole esponente, cerca di salvaguardare i diritti di proprietà dei baroni, accettando che vengano privati di quelli acquisiti come ufficiali della corona e «protettori dei popoli», cioè dei privilegi usurpati allo Stato e ai comuni. I giacobini più conseguenti esigono invece anche la liquidazione dei diritti di proprietà, suscitando la violenta opposizione degli interessati che, appoggiati dai francesi, finiscono per insabbiare la riforma.

Ma il tarlo che mina la popolarità e la vitalità del regime democratico è l'atteggiamento delle autorità di occupazione. Già prima di entrare in città, Championnet ha imposto un pesante tributo. Insediato il governo provvisorio, il comandante francese rinuncia alle somme pattuite per la tregua, ma impone una taglia di guerra di due milioni e mezzo di ducati, altri quindici esigendone dalle province, tutti da versare nel giro di due mesi. Alle vibrate proteste napoletane si risponde confermando l'imposizione e disponendo il disarmo della popolazione, eccezion fatta per il corpo delle guardie civiche, reclutate solo fra i giacobini di provata fede. Il provvedimento risulta doppiamente funesto perché priva la repubblica partenopea di un'armata popolare, mentre spinge tra le braccia dei borbonici tutti i soldati di mestiere e gli armigeri baronali che, in periferia come nella capitale, vengono a trovarsi disoccupati. I repubblicani indigeni e stranieri fanno a gara per accrescere il malcontento generale, fomentato anche dalla carestia del grano che non arrivava piú dalla Sicilia. Scarsi risultati consegue la predicazione rivoluzionaria degli ecclesiastici piú progressivi e dei pochi capipopolo che, come Michele il Pazzo, riescono a spiegare alla buona le parole d'ordine dell'eguaglianza e della libertà. «I signori erano colonnelli nel ventre della madre», dice Michele agli angoli dei vicoli, «io lo sono per l'eguaglianza: allora si nasceva alla grandezza, oggi vi si arriva». Qualche prete traduce perfino il Vangelo in dialetto, per dimostrare che Cristo portava idealmente il berretto frigio.

Disgraziatamente, i fatti contano piú delle parole. Il governo provvisorio commette errori esiziali nei confronti delle province. Dapprima decide di sottrarre al popolo l'elezione degli amministratori municipali per affidarla ad un collegio di elettori designati dal centro, col risultato di calpestare i principî democratici e di disgustare le masse locali attraverso la scelta di elementi impopolari o incompetenti. Il rimedio a cui si accede subito dopo è peggiore del male. Si inviano dappertutto nugoli di commissari, che hanno l'incarico di indagare sulle opinioni dei funzionari locali, nonché di cosiddetti «democratizzatori» con l'assurdo compito di indottrinare «i ruvidi abitatori delle campagne» sulla base di dottrine fatte per suscitare lo scandalo tra zotici e benpensanti. I burocrati regi, conservati in servizio ma screditati dalle ingerenze degli zelanti emissari repubblicani, si trasformano nei piú insidiosi nemici del regime. Si aggiunga che la difficoltà delle comunicazioni, moltiplicata dalle insorgenze che si allargano a macchia d'olio, rallenta fino alla paralisi i contatti con Napoli, mentre non ostacola la penetrazione capillare della propaganda realista.

Né le cose procedono meglio nella capitale, dove i dissensi tra i repubblicani si traducono nelle accuse che un componente del governo, il Rotondo, si vede rivolgere da un tale Nicolò Palomba e che sfociano nella costituzione di un tribunale «censorio», utilizzato come organo di controllo della pubblica moralità. Germinano dalla stessa matrice le «società popolari», una versione napoletana dei famosi «clubs» francesi che qui, in un ambiente politico tanto diverso, contribuiscono a deteriorare l'evanescente autorità del regime. Una prima società patriottica si è già formata sei anni prima ed è stata sciolta quando si è suddivisa in due tronconi, il club degli ultras «Reomò» (repubblica o morte) e quello moderato «Liomo» (libertà o morte). Il 7 febbraio del '99 un decreto governativo ha autorizzato la riorganizzazione delle sale, con particolare riguardo per quella «patriottica» e per quella «popolare»; tre giorni dopo, si è aperta una «sala d'istruzione pubblica», che esplicherà l'utile funzione di una piccola università popolare.

Il dibattito tra gli intellettuali piú eminenti sbocca nel progetto di costituzione elaborato, sul modello di quella francese del '93, da Mario Pagano, dall'avvocato Logoteta e da don Giuseppe Cestari, un prete giansenista. Nelle intenzioni del generale Championnet, il documento dovrebbe essere solennemente promulgato nel primo giorno del «germinale», cioè il 21 marzo, ma gli eventi provocheranno il rinvio e poi l'annullamento della cerimonia. Una critica fondamentale muove al progetto Vincenzo Cuoco, che lo trova «troppo francese e troppo poco napolitano» estraneo alle tradizioni politico-amministrative del Regno. Lo storico napoletano, che si può considerare come l'epigono piú significativo del pensiero di Vico e di Giannone, muove da una concezione «nazionale-popolare» che da sola attesta della sua straordinaria antiveggenza. Al di là dei discutibili riferimenti a remote radici sannitiche o elleniche di determinate istituzioni municipali, ciò che conta è l'accento posto energicamente sull'esigenza delle autonomie locali, là dove Cuoco invoca il trasferimento di una parte dei poteri legislativi dall'assemblea nazionale ai «comizi» e ai «parlamenti» della periferia, «avanzi di antica sovranità che la nazione ha sempre difesi contro le usurpazioni dei baroni e del fisco». Naturalmente, Cuoco condivide l'ispirazione moderata della Costituzione, sostenendo che il diritto di voto sia da riconoscere soltanto a chi sappia leggere e scrivere, nonché al cittadino «che possegga beni o abbia un'industria o eserciti un'arte la quale non sia servile». E tuttavia, pur nel rigido quadro di una democrazia borghese, la sua visione è piú aperta di quella dei costituenti partenopei. Il ristabilimento del «sistema municipale» che egli invoca, garantirebbe una legislazione assai piú sbrigativa, un piú rigoglioso sviluppo delle province contro il soffocante monopolio della capitale, il rispetto per le caratteristiche e le necessità locali.

Altro aspetto del progetto costituzionale che il Cuoco ed anche Pietro Colletta criticano severamente, è la rigidezza del congegno che regola l'equilibrio tra i poteri. Il progetto di Pagano affida il potere esecutivo ad un «arcontato», che è la traduzione aulica del contemporaneo Direttorio parigino, ma ne limita il mandato ad un solo biennio, sottoponendolo per giunta al controllo di un «eforato» che corrisponde pressappoco alla nostra corte costituzionale. La verità è che il gruppo dirigente, mentre si preoccupa di bilanciare l'influenza delle varie «sette» rivoluzionarie, non si risolve a delegare al popolo un'autentica partecipazione al potere. La sola concessione in senso democratico riguarda la scelta dei giudici, devoluta agli elettori non solo per le magistrature dipartimentali, ma anche per la corte di cassazione. Nel rimanente, la preoccupazione dominante dei padri costituenti è che il progetto «piaccia ai filosofi» piú che attagliarsi alle esigenze reali della popolazione: basti citare, per tutte, l'istituzione di una magistratura neoromana della «censura», che dovrebbe sostituire i tribunali «correzionali», con il mandato di garantire la purezza dei costumi. È questa generale ispirazione retorica che suggerisce a Vincenzo Cuoco il severo epitaffio apposto a conclusione della celeberrima corrispondenza con l'amico e patriota Vincenzo Russo: «Tu conosci la mia adolescenza e la mia gioventú; tu sai se io ami la virtú e sappia preferirla anche alla vita. Ma quando, parlando agli uomini, ci scordiamo di tutto ciò che è umano; quando, volendo insegnare la virtú, non sappiamo farla amare; quando, seguendo le nostre idee, vogliamo rovesciare l'ordine della natura, temo che, invece della virtú, insegneremo il fanatismo e invece di ordinar delle nazioni, fonderemo delle sette».

Fanatismo, settarismo, astrattezza accelerano, senza dubbio, la rovina della repubblica partenopea, ma non la determinano. La tragedia è nei fatti, nella situazione generale, nel condizionamento ai rapporti di forza tra le grandi potenze europee, che sono mutati a svantaggio della Francia per l'assenza di Buonaparte e per il gretto fiscalismo del Direttorio. Championnet è appena riuscito a creare intorno al corpo di occupazione un clima di benevola attesa, che il suo governo spedisce a Napoli un commissario avido e spietato, il Faypoult, che dichiara patrimonio francese tutti i beni pubblici dell'ex Regno, compresi i banchi, i monasteri, perfino gli scavi archeologici. Sdegnato dal contegno del Faypoult, il generale lo espelle dal territorio napoletano, rifiutandosi di dar corso al decreto e suscitando anche negli strati piú umili della popolazione un'ondata di riconoscenza; ma pochi giorni dopo, viene brutalmente esonerato dal comando. Sarà sottoposto in patria al giudizio di una corte marziale e sostituito con il generale Macdonald, un militare di carriera, che non soffre di debolezze ideologiche e non considera Napoli altro che terra di conquista. Championnet verrà assolto e morirà poco dopo ad Antibes; ma Faypoult tornerà al fianco del nuovo comandante e questa volta potrà svolgere indisturbato la sua sinistra missione.

L'occupazione della Toscana da parte dei francesi, alla fine di marzo, segna per la repubblica il punto culminante della sua effimera euforia. In realtà, già prima del ritorno di Faypoult, tutte le premesse della catastrofe sono acquisite. Nelle province continentali arde in ogni punto la rivolta: dirigono le «insorgenze» Pronio e Rodío negli Abruzzi, Michele Pezza – il popolarissimo Fra' Diavolo – in Terra di Lavoro, il mugnaio Gaetano Mammone nel territorio di Sora, altri briganti e guerriglieri borbonici nella provincia di Salerno, nel Cilento, in Basilicata. La propaganda repubblicana denuncia con vigore le nefandezze degli insorgenti, ma ottiene scarsi risultati sia per la difficoltà delle comunicazioni, sia per la crescente ostilità delle masse. In Puglia, quattro manigoldi corsi si spacciano per il principe ereditario Francesco ed i suoi scudieri, approfittando della credulità popolare e degli appoggi monarchici per occupare, con un pugno di disperati, le principali città della regione: avventura che meriterebbe di essere tramandata in un'operetta alla Offenbach, se non documentasse il drammatico disorientamento degli animi.

Assai di peggio accade in Calabria, dove il partito realista è molto forte e può mettersi facilmente in contatto con la corte rifugiata in Sicilia. Le insistenze dei borbonici calabresi si scontrano con la sospettosa incertezza di Ferdinando, finché a raccogliere il loro appello non si offre un singolare ed autorevole personaggio, il cardinale Ruffo, possessore di un feudo nella regione, già tesoriere personale di Pio VI, ambizioso, energico, ardito oltre ogni dire, piú guerriero che prelato. Quel che i «camelots du roi» non sono riusciti a fare in Vandea, Ruffo lo realizza in Calabria. La sua impresa si iscrive nella storia delle piú memorabili gesta reazionarie di ogni tempo: il prete-soldato, designato come vicario generale del re, sbarca in febbraio a Bagnara Calabra, raccoglie un immenso stuolo di disertori contadini e banditi e inizia una marcia trionfale verso il Nord, innalzando la bianca croce e la rossa coccarda dei Borboni come emblemi della Santa Fede. Esili sono i presidi francesi, scarsi ed inermi i patrioti giacobini: una dopo l'altra, cadono in mano all'armata di Ruffo Monteleone, Crotone, Catanzaro, Paola, Cosenza.

La reazione della repubblica e dei francesi non riesce ad essere efficace. Il disegno strategico punta sulla spedizione di due colonne, una al comando del generale francese Duhesme verso la Puglia, l'altra al comando di Giuseppe Schipani verso la Calabria con il compito di contenere l'armata della Santa Fede, in attesa che la colonna di Duhesne sopraggiunga da oriente. Il piano fallisce per l'insipienza dello Schipani, ma soprattutto per l'impopolarità della causa giacobina, che le popolazioni delle province identificano con quella dei ceti piú elevati, cioè degli ecclesiastici, dei nobili, dei «galantuomini» che hanno ostacolato le riforme di re Carlo e del primo Ferdinando, in nome dei vecchi privilegi feudali e forensi, lasciando alla monarchia borbonica il romantico ruolo di paladina del popolo: «Maestà, chi t'ha traduta – muonace, prievete e cavaliere – te vulevano priggiuniere».

L'odio ribolle contro i «cospiratori settari», a cui il proclama del cardinale a Palmi ha attribuito l'intenzione di involare ai sudditi di Sua Maestà «il dono piú prezioso del cielo, la nostra Santa Religione», nel protervo intento di «distruggere la divina morale del Vangelo, depredare le nostre sostanze, insidiare la pudicizia delle nostre donne». Questi motivi propagandistici risultano assai piú persuasivi della fumosa fraseologia rivoluzionaria, tanto piú che il comportamento delle truppe francesi e di taluni patrioti napoletani nella repressione delle insorgenze, come testimoniano le stragi di Andria e di Altamura, non è meno crudele di quello dei briganti della Santa Fede.

Nemmeno la scomunica scagliata su Ruffo dal cardinale arcivescovo di Napoli, cittadino Zurlo, vale ad arrestare la sua travolgente avanzata. Conquistata tutta la Calabria, i crociati del legittimismo e del saccheggio occupano fulmineamente la Basilicata e dilagano in Puglia, dove si congiungeranno ai russi sbarcati dalla base di Corfú. La corte di Palermo ordina al cardinale di punire severamente i sudditi compromessi con la repubblica e di fermarsi sulle posizioni acquisite, perché Acton e Nelson intendono lasciare alle truppe alleate la gloria di liberare Napoli; ma il prelato segue la strategia opposta, nella consapevolezza di avere in pugno un'immensa forza popolare. Il suo lucido realismo gli sconsiglia una repressione di massa, che alienerebbe alla causa monarchica il favore dei ceti medi, proprio ora che quella democratica è perduta. Cosí, il 24 maggio l'armata della Santa Fede, ingrossata da folti nuclei di soldati regolari, muove da Gravina verso Napoli; il 10 giugno si attesta a Nola.

Mentre battaglioni russi e turchi affiancano l'avanzata di Ruffo, la flotta di Nelson spadroneggia nel golfo, occupa Ischia e Procida, prepara un audace sbarco a Castellammare. La capitale della repubblica è ormai una fortezza assediata da ogni lato. Nei quattro mesi che sono trascorsi dallo sbarco del cardinale in Calabria, il governo provvisorio ha avuto le mani legate dai propri errori e dalla sprezzante sfiducia del Direttorio. Una delegazione di eminenti cittadini ha fatto anticamera per giorni a Parigi, senza essere degnata di un colloquio, anche se poi il commissario Abrial è venuto a Napoli ad insegnare come si organizza un esecutivo rivoluzionario ma non troppo. Scarsissimo è l'aiuto offerto da Macdonald, che è seriamente preoccupato dalle notizie di continui successi austro-russi nella pianura padana e bada esclusivamente a risparmiare le proprie truppe, finendo per concentrarle tutte intorno a Caserta. La rinuncia ad affrontare in modo serio le insorgenze è il preludio dell'abbandono definitivo dei giacobini locali a cui, infatti, ai primi di maggio il generale comunica la sua decisione di evacuare il territorio napoletano, fatta eccezione per le fortezze di Sant'Elmo, di Capua e Gaeta. Il giorno 7, l'oriundo irlandese si mette in marcia verso Fondi e Sangermano.

Ora che sono rimasti soli, i patrioti partenopei offrono tutta la misura della loro ingenuità e di un eroico idealismo. L'annuncio di Macdonald, accompagnato da enfatiche menzogne, viene accolto con entusiasmo, come se la repubblica possedesse pur in minima parte le risorse necessarie per resistere alla morsa dei suoi nemici. Si mobilitano migliaia di uomini agli ordini del generoso Manthoné e si affida all'ammiraglio Caracciolo una rischiosa guerra di corsa nel golfo, mentre a Procida gli inglesi hanno già insediato un tribunale presieduto dallo spietato giudice Speciale. Una cerimonia coreografica, come la parata militare a Toledo e la teatrale liberazione in piazza dei prigionieri borbonici, basta ad alimentare un clima di euforia, benché negli stessi giorni sia scoperta una cospirazione realista, i cui fili sono tirati da uno svizzero naturalizzato, un certo Baccher. È un'imprudenza di origine sentimentale a perdere i congiurati, che sono muniti di un contrassegno di riconoscimento: il fratello di Baccher ne regala uno alla donna che ama, Luisa Sanfelice, e la donna lo gira ad un giovane ufficiale, Ferri, che con virtuoso zelo denuncia l'intrigo alle autorità. La scoperta della congiura condurrà i cospiratori alla fucilazione nelle ultimissime ore della repubblica, ed è il solo delitto di cui si macchiano i patrioti.

Il regime non sopravvive piú di un mese alla partenza di Macdonald. La diserzione del corpo di cavalleria comandato da Roccaromana, vibra il colpo di grazia alle milizie di Manthoné che, pur battendosi con indomito coraggio, sono state mal distribuite dall'improvvisato stratega. Il nemico avanza da est, da sud, da ovest, giovandosi anche del sabotaggio degli elementi monarchici. L'11 giugno già quasi tutta la periferia, da Capodichino al forte Granatello, è in mano dei borbonici. Ruffo trattiene deliberatamente le sue bande alle porte della città fino all'alba del 13, il giorno di Sant'Antonio, allorché celebra la messa al campo ed ordina l'ultimo balzo, precedendo personalmente a cavallo la furente colonna che schianta le ultime resistenze repubblicane al ponte della Maddalena. A sera, la capitale è quasi completamente sotto il controllo delle orde sanfediste che, contro i «galantuomini» o presunti tali, si abbandoneranno ai piú crudeli eccessi, non escluso qualche caso di cannibalismo, mentre i dirigenti giacobini trovano rifugio in Castelnuovo ed i loro partigiani scampano febbrilmente negli altri forti, nelle case amiche, nei borghi vicini. Cinquecento superstiti armati difendono con disperato ardimento i castelli e tenterebbero addirittura una sortita, se non fossero scoraggiati dall'atteggiamento del generale Mégeant, il comandante del presidio francese a Sant'Elmo, che preme per le trattative di resa. Avviate il giorno 19, esse si concludono il 23 con la firma di una «capitolazione» il cui testo, garantito dal cardinale Ruffo e dai comandanti alleati, compreso l'ammiraglio inglese Foote, prevede un'amnistia per tutti i patrioti. Il punto v precisa, in particolare, che i repubblicani «potranno scegliere di imbarcarsi sopra i bastimenti parlamentari, che saranno loro presentati per condursi a Tolone, o di restare a Napoli, senza essere inquietati né essi, né le loro famiglie». Il punto vii assicura le stesse condizioni ai combattenti fatti prigionieri prima del blocco dei forti, tra i quali – quando si stipula la convenzione – resiste ancora quello di Sant'Elmo.

È domenica. La sera del lunedí, giunge nel golfo la flotta inglese che reca Nelson e l'ordine del re, «che non capitola mai con i ribelli», di dichiarare nulla la convenzione. Invano Ruffo tenta, rischiando anche l'arresto, di scongiurare una scelleratezza che copre d'infamia la dinastia: giunto a Napoli il 9 luglio, Ferdinando non presta ascolto che ai consigli di odio della regina, di Acton, di Emma Hamilton. In tal modo, senza che Mégeant muova un dito per tutelare la vita dei suoi vecchi camerati, i forti sono fatti sgomberare e i patrioti imbarcati sulle navi alla fonda, in attesa delle decisioni del Borbone. Questi festeggia il proprio ritorno a casa con un pomposo proclama ed un piano di spietate vendette. Una prima Giunta di Stato, creata da Ruffo subito dopo l'occupazione della città, è considerata troppo indulgente e rimaneggiata con l'inclusione del famigerato Guidobaldi e del tristo Speciale, sadico aguzzino che tormenta anche i suoi amici migliori. I giudici hanno mandato di considerare rei di morte tutti coloro che hanno seguito la repubblica, prima cospirando contro il trono, quindi unendosi ai francesi, combattendo al loro fianco, appoggiando il nuovo regime o anche soltanto esprimendo opinioni ostili alla causa reale.

Il terrore bianco si abbatte sui patrioti che sono stati catturati nelle ultime settimane: centoventi di essi, strappati alle navi su cui speravano di raggiungere la salvezza, sono mandati a morte; altri duecento e piú, trucidati senza processo; a migliaia, incarcerati, deportati, esiliati, privati degli uffici e dei beni. Rappresentano nella grande maggioranza, il fiore della cultura e della società napoletana: sono avvocati, medici, giuristi, magistrati, e poi aristocratici ed ecclesiastici di idee liberali, pochissimi impiegati e commercianti, qualche popolano come Michele il Pazzo. Al patibolo sono sospinte anche due donne: la povera Sanfelice, che guadagnerà invano qualche mese di vita invocando una falsa gravidanza; Eleonora Pimentel Fonseca, la scrittrice che ha curato la compilazione del «Monitore napoletano», primo giornale politico della storia cittadina e documento di alta coscienza civile. Gli ingenui idealisti che hanno fallito la prova, si riscattano dinanzi al giudice e al carnefice con un contegno eroico: dietro l'enfasi melodrammatica del loro linguaggio, in cui si riflette d'altronde il gusto letterario dell'epoca, sta una consapevolezza rivoluzionaria che è incrollabile perché nutrita di idee e di impegno morale. Il generale Manthoné affronta serenamente la morte, ricusando di giustificarsi presso «chi dispregia la fedeltà ai trattati». Oltraggiato vilmente dal giudice Sambuti, il conte di Ruvo gli scuote i polsi sul viso, rinfacciandogli: «Se fossimo entrambi liberi, parleresti piú cauto; ti fanno audace queste catene». Velasco si precipita su Speciale e lo trascina alla finestra: all'irrompere degli sgherri, si sottrae per sempre al giudizio, precipitando a capofitto nel cortile della prigione. Anche gli intellettuali piú innocui dànno prova di virile coraggio. Il dotto Niccolò Fiorentino non cede alle lusinghe di Guidobaldi che gli ricorda l'antico sodalizio: «Poiché amicizia mi protestate, – gli risponde pacatamente, – io vi esorto ad abbandonare il presente uffizio di carnefice, non di giudice». Amareggiato dalla sconfitta, Mario Pagano sdegna ogni difesa, dichiarando essergli ormai odiosa la vita. Domenico Cirillo rifiuta la grazia del re, di cui è stato medico curante per anni. «Medico sotto il principato, rappresentante del popolo nella repubblica», Cirillo bolla con gelida fermezza il giudice Speciale, che gli chiede beffardamente ragione del suo stato presente: «In tua presenza, codardo, sono un eroe!» L'intrepido Ettore Carafa d'Andria, l'eloquente Vincenzo Russo e cento altri patrioti affrontano il martirio senza tremare. Francesco Caracciolo, legato da amore profondo alla sua terra e ai suoi marinai, sta passeggiando sul cassero e ragiona delle strutture di una vicina nave inglese: quando gli annunciano la condanna a morte, continua tranquillamente il suo ragionamento. E piú tardi, al marinaio che piangendo esita a stringere il nodo del capestro, ingiunge con lo stoicismo del gran signore: «Sbrigati! È ben grazioso che, mentre io devo morire, tu debba piangere».

Il Settecento napoletano si chiude su questo capitolo sublime.

4.
Il decennio

Nel febbraio 1806, sette anni dopo la selvaggia esplosione della Santa Fede, la plebe cittadina e gran parte delle popolazioni provinciali accolgono senza emozione il ritorno delle truppe francesi al seguito di Giuseppe Buonaparte, fratello maggiore e zelante luogotenente di Napoleone. La vampata spontanea delle insorgenze si trasforma, allora, nel crepitante incendio del brigantaggio che arderà per anni, fin quando a soffocarlo nel sangue non interverrà brutalmente il generale Manhés, con l'acquiescenza se non addirittura la collaborazione dei regnicoli. Una serie di motivazioni, da cui si può escludere tranquillamente la presunta volubilità del carattere indigeno, interviene a determinare la singolare metamorfosi.

In primo luogo l'atteggiamento della cricca di corte, che oscilla tra il cieco isterismo di Maria Carolina e la distaccata apatia di Ferdinando. Lo spirito di vendetta che anima la repressione borbonica dopo la riconquista, accanendosi sui gruppi piú qualificati del ceto civile, distrugge ogni misura di equilibrio e di rispetto sociale. D'altro canto, il processo ai «galantuomini» ed a quella minoranza della nobiltà e del clero che ha abbracciato l'ideologia repubblicana, è interpretato da lazzaroni e contadini come la premessa per la soppressione dei privilegi di cui essi sono le quotidiane vittime, nel quadro di un nuovo patto istituzionale che dovrebbe modificare i rapporti di potere all'interno dell'amministrazione municipale, della manomorta ecclesiastica e del feudo. Ovviamente, Ferdinando e i suoi ministri non si prospettano nemmeno per ipotesi una svolta del genere: celebre, in proposito, è rimasto il motto del marinaio di Trani che, arrestato per ribellione nel luglio del '99, accusa Sua Maestà di essere «un pulcinella», per aver ripristinato l'ordine antico, anziché «far governare il popolo basso»; e figura in molte relazioni dei visitatori regi la testimonianza del malcontento concepito dai sanfedisti, che credevano di riconquistare il Regno «per loro» e non per i padroni di sempre, in una curiosa mescolanza di ingenuità e di illusione rivoluzionaria. Il disinganno non può che spingere il grosso di una nazione tanto povera di educazione politica verso un atteggiamento di scetticismo e di indifferenza, che negli anni successivi sarà esasperato dal turbine di contraddizioni interne ed internazionali. Per altro verso, l'abitudine alla violenza ed al saccheggio legalizzato sotto le bandiere della Santa Fede induce i piú disperati a rimanere alla macchia, questa volta con intenti esclusivamente criminosi.

In certo modo istintivo, la plebe continua a identificarsi nel re, ma si tratta di un rapporto passivo, talora canagliesco, che Ferdinando non è capace di coltivare in altro senso, anche perché in esilio ha maturato nei confronti dei suoi concittadini un misto di paura e di rancore da cui non si libererà piú. In Sicilia, dove nell'agosto dello stesso '99 torna per restarvi quanto piú a lungo possibile, si è avvezzato a lasciar governare Maria Carolina e gli inglesi, abbandonandosi senza ritegno alla passione della caccia ed a grossolani amori con le dame di corte, tra le quali la dolce duchessa di Partanna finirà per diventare la favorita. Dal momento che anche il cardinale Ruffo preferisce lasciare la capitale, per partecipare al conclave veneziano da cui uscirà papa Pio VII Chiaramonti, viene a saltare ogni collegamento tra le masse popolari e la corte: l'austriaca ne è tanto consapevole che, piú tardi, sfogherà con madame de Staël la sua amarezza per la perduta «confidenza» tra il trono e il paese.

Né l'evoluzione europea è fatta per rinsaldare l'autorità ed il prestigio dei Borboni. Tornato dall'Egitto, Napoleone liquida il Direttorio, ascende al consolato e riprende le armi contro i connazionali di Maria Carolina, sbaragliandoli prima con la battaglia di Marengo, quindi con la guerra-lampo dell'inverno 1800. La partecipazione napoletana alla coalizione, come sempre intempestiva ed inopportuna, si risolve nella mortificante pace di Firenze, che impone tra l'altro a Ferdinando di accettare il rimpatrio dei fuorusciti giacobini e lo stanziamento di distaccamenti francesi fra gli Abruzzi e Otranto. I lazzaroni la accettano come un tradimento. Il proclama con cui, il 17 febbraio 1801, si annuncia la forzosa amnistia ai repubblicani viene imbrattato di fango in piazza del Mercato; nello stesso quartiere, quando il governo ordina feste e luminarie per esaltare l'accordo con i vincitori, si minaccia di dar fuoco alle case che palesino il minimo segno di esultanza. La pesante tassazione imposta per pagare le spese di occupazione, non migliora le disposizioni del popolo, mentre l'aristocrazia entra in conflitto con la corte a causa della soppressione degli antichissimi sedili, provvedimento che segna l'estremo limite del dispotismo regio.

Neppure Maria Carolina, naturalmente, si rassegna ad accettare le mortificanti condizioni dettate da Buonaparte: nel suo tempestoso cuore, l'odio per il corso sostituisce presto quello nutrito cosí tenacemente per i giustizieri di Luigi XVI e di Maria Antonietta, anche se inconsapevolmente il temperamento la porta ad ammirare l'uomo del destino, anzi a considerarlo come l'unico antagonista europeo degno della sua megalomane irrequietezza. Perduto l'appoggio di Nelson e degli Hamilton, che sono stati richiamati da Napoli nei primi giorni del nuovo secolo, la regina copre di disprezzo tutti gli alleati, anche Acton che a sessantaquattro anni sposa una nipote adolescente e denuncia una crescente senilità; anche suo nipote l'imperatore d'Austria, che arriverà a concedere la figlia Maria Luisa in pegno di resa all'usurpatore; anche gli inglesi che utilizzano i Borboni in senso puramente strumentale, nel quadro della dura lotta contro la Francia, senza nemmeno curarsi di nascondere il loro disgusto per la corruzione e l'inettitudine della corte.

Il furore di Maria Carolina si alimenta della crescente, irresistibile ascesa dell'astro napoleonico: nel 1802 Buonaparte è primo console e presidente della repubblica cisalpina; nel 1803 accetta la sfida dell'Inghilterra e predispone a Boulogne lo sbarco nell'isola; nel 1804 si proclama imperatore dei francesi e re d'Italia. Il concordato con Pio VII, indotto a benedire l'incoronazione dell'antico rivoluzionario per sottolinearne l'involuzione moderata, garantisce la rispettabilità del regime imperiale, disarmando molti dei suoi nemici. Ma nella sostanza gli interessi economici di Londra e i rancori legittimisti delle vecchie dinastie non tollerano la cooptazione nel consesso delle grandi potenze di un «parvenu» che, d'altro canto, la logica delle sue origini costringe a cavalcare la tigre della guerra permanente. Il ritorno al governo dell'Inghilterra di Guglielmo Pitt il giovane rianima, nei primi mesi del 1805, la grande coalizione tra Austria, Russia e Svezia, cui aderisce ambiguamente anche la Prussia: in autunno, Napoleone si risolve a sguarnire la Manica per concentrare il suo micidiale volume di fuoco sul nemico continentale; il 3 settembre, l'imperatore Francesco proclama la riapertura ufficiale delle ostilità.

Considerazioni di ogni genere consiglierebbero ai Borboni di Napoli di tenersi estranei al conflitto. La consistenza delle loro forze militari è irrilevante; le condizioni del tesoro regio sono così disastrose da costringere nel 1803 il ministro Zurlo ad offrire le proprie dimissioni per trasferire i poteri ad un consiglio di finanza il cui vicepresidente è don Luigi de' Medici. L'antico cospiratore giacobino è tornato in auge dopo che l'ambasciatore francese Alquier ha ottenuto, con ricatti e minacce di crescente violenza, il relegamento di Acton in Sicilia. Nell'estate del 1804, uno spaventoso terremoto ed una serie di eruzioni hanno minato ulteriormente il già scosso morale della popolazione.

A rigore, Napoli è tenuta alla neutralità anche dal trattato di amicizia con la Francia, che il marchese Del Gallo rinnova con Talleyrand tre settimane dopo la dichiarazione di guerra dell'Austria, consentendo a Napoleone di ritirare le truppe di stanza nel Regno per gettarle nella fornace del fronte cisalpino. Ma non valgono calcoli di opportunità o di convenienza a mitigare l'odio di Maria Carolina per l'uomo che a Milano, dopo aver cinto la corona di ferro, investe con sdegno il plenipotenziario napoletano, pronunciando triviali invettive all'indirizzo della sua sovrana. Il 21 settembre Del Gallo sigla l'accordo di Parigi, il 9 ottobre il generale Saint-Cyr esce dal Regno, il 26 dello stesso mese Ferdinando ratifica il trattato che il duca di Campochiaro ha stipulato pochi giorni prima a Vienna con gli alleati continentali: un caso di doppiezza che ha pochi punti di riferimento nella storia della diplomazia mondiale e che è aggravato, sul terreno pratico, dall'assoluta impreparazione allo scontro con i francesi.

Frastornata dal vertiginoso voltafaccia del suo governo, la popolazione napoletana accoglie con freddezza le notizie della battaglia di Trafalgar, dove il vittorioso Nelson ha perso la vita, nonché lo sbarco dei soldati russi, montenegrini ed inglesi che vengono a presidiare il paese sotto il comando del generale Lacy. I frequenti casi di automutilazione tra i soldati borbonici testimoniano dello scarso entusiasmo con cui si va verso l'ennesima guerra. Solo la regina manifesta una gioia incontenibile mentre Ferdinando, patriota a modo suo, si compiace delle sconfitte a ripetizione che il vecchio Mack sta incassando in Germania e rinfaccia alla moglie gli ingiusti giudizi rovesciati nel '98 sui soldati napoletani. In realtà, le sorti della coalizione precipitano: dopo Ulma viene Austerlitz, dopo Austerlitz e i successi di Massena nel Nord Italia i francesi entrano a Vienna, costringendo l'Austria a firmare, il 29 dicembre, la dura pace di Pressburg. I giorni dei Borboni sono segnati: nel proclama che rivolge alla sua armata, Napoleone bolla quella corte «senza lealtà, senza onore, senza criterio» ed annuncia con qualche enfasi che «la dinastia di Napoli ha cessato di esistere».

Gli alleati sono dello stesso parere. Insultati dai lazzaroni, i soldati russi e montenegrini abbandonano la capitale, mentre i loro comandanti rinunciano anche al primitivo piano di difendere la Calabria, per convogliare tutte le forze al di là dello Stretto. Non rimane che Maria Carolina, esaltata dal pericolo, a lottare in ogni direzione: scrive all'imperatore dei francesi una lettera implorante per commuoverlo, spedisce a Roma il cardinale Ruffo per tentare di fermare il nemico, spera ancora nello scoppio di un'insurrezione popolare per rigettare l'invasore. Napoleone non si commuove, il nemico non si ferma, i lazzaroni non si muovono. Se il ceto civile si astiene da ogni iniziativa per timore di nuovi saccheggi, la plebe ha perduto la guida di Ruffo e la fede nella causa. Del resto, Ferdinando dà l'esempio imbarcandosi frettolosamente, il 23 gennaio, alla volta di Palermo. Il 31 dello stesso mese si apprende che il marchese del Gallo ha offerto i suoi servigi a Napoleone; il 6 febbraio, il principe ereditario, lasciato dal padre come vicario generale, rifiuta responsabilmente di lanciare l'appello alla mobilitazione delle masse, annunciando la propria partenza per la Calabria. Anche per la regina, ormai, non c'è piú scampo: la coraggiosa donna si reca per l'ultima volta in pellegrinaggio con le principesse alla cappella di Sant'Anna a Chiaia, quindi sale a bordo di una nave, *L'Archimede*, per puntare sulla Sicilia lasciando la capitale in preda ai sentimenti piú contrastanti: agitazione, speranza, curiosità, allarme, ma soprattutto una sostanziale rassegnazione.

Giuseppe Buonaparte, che ha varcato la frontiera il giorno 8, avanza senza incontrare resistenza se non dinanzi alla fortezza di Gaeta, che terrà duro altri sei mesi. Il giorno 14, sotto un diluvio, il generale Partouneaux apre la strada della capitale al fratello dell'imperatore che vi fa il suo solenne ingresso all'indomani, tra salve di cannone e stormi di campane. Gli inquisitori borbonici sono i soli a perdere la testa di fronte alla nuova realtà: il giudice Vanni si uccide, lo Speciale perde la ragione e la vita, il Guidobaldi viene esiliato. Mentre aspetta il decreto imperiale che lo nominerà re delle due Sicilie alla stregua di un qualsiasi prefetto, Giuseppe mette ordine nel governo e nelle province. La composizione di un gabinetto nel quale il solo Saliceti, vecchio giacobino corso, rappresenta tendenze vagamente rivoluzionarie, è in linea con le direttive moderate di Napoleone. Saliceti riorganizza la polizia politica per stabilire un rigido controllo sugli oppositori; il generale Regnier opera con altrettanta energia in Calabria, riportando a Maida un decisivo successo su un piccolo corpo di spedizione anglo-borbonico, senza tuttavia incidere se non superficialmente sul fenomeno del brigantaggio, a malgrado dei feroci sistemi messi in opera per colpire la fantasia popolare.

Piuttosto preparato, assai prudente, mediocre ma puntuale esecutore delle istruzioni di suo fratello, Giuseppe cerca di mettere ordine nell'amministrazione e nell'esercito, ricalcando i modelli francesi con la piú totale indifferenza per le diverse caratteristiche del paese. Napoli, del resto, lo interessa relativamente: ha altre ambizioni. La ripartizione del territorio in province, distretti, comunità ed una forte centralizzazione ispirano l'assetto del Regno, pilotato da un esecutivo i cui poteri trovano un limite esclusivamente nel Consiglio di Stato. Composto da trentasei membri, nominati dal monarca ed abilitati a fornire un semplice parere sui provvedimenti legislativi, questo organismo consente nondimeno ai superstiti della repubblica partenopea di collaudare, in un contesto ben piú organico, le esperienze e le generose ambizioni degli anni piú amari. Il governo del nuovo re interviene con modernità di intenti nel settore della finanza, garantendo il debito pubblico ed avviando un graduale risanamento dell'economia nazionale pur attraverso grandi difficoltà, aggravate dalla mancanza di un serio accertamento catastale. La separazione fra tesoro regio e patrimonio dello Stato segna un progresso rilevante anche sotto il profilo civico; l'espropriazione dei beni appartenenti ai piú ricchi ordini monastici consente al governo di attenuare la pressione fiscale. Una serie di rivoluzionarie leggi sopprime ogni residuo di feudalità, anche se bisognerà aspettare ancora parecchi anni prima che la riforma, superando contrasti e ripensamenti di ogni genere, giunga in porto. Oltretutto, lo stato dell'ordine pubblico è tale da rendere astratte tutte le ordinanze del nuovo re: sotto questo profilo, nemmeno la caduta della fortezza di Gaeta e la cattura di Fra' Diavolo, giustiziato subito dopo, modificano il quadro.

Della breve presenza di Giuseppe a Napoli restano, comunque, altre testimonianze positive. Nei tribunali viene introdotta la pratica del pubblico dibattimento, che tutela in qualche modo i diritti della difesa, «gran mezzo di civiltà». L'adozione dei codici napoleonici, pur discutibile per la meccanicità del trapianto di istituti francesi, segna in ogni caso una revisione profonda nel campo civile, penale e procedurale. L'istruzione pubblica viene rinvigorita a tutti i livelli: l'insegnamento elementare diffuso in ogni centro; collegi maschili e femminili aperti in ogni capoluogo di provincia; l'università napoletana potenziata; scuole «speciali» create in ogni settore, con uno sforzo tanto piú meritorio quanto meno viziato dal rispetto dei privilegi di censo o di casta. Una società reale e due accademie favoriscono gli studi piú dotti. La capitale, rischiarata da quasi duemila lampade, si abbellisce di vie e piazze mirabili: una grande strada allaccia Toledo a Capodimonte; si abbattono chiesa e convento di San Francesco di Paola per creare un immenso largo dinanzi alla reggia; alla Sanità si costruisce un ponte che migliora le comunicazioni con l'agro campano. Gioco e prostituzione vengono severamente regolamentati.

D'altro canto, Giuseppe dispone di margini molto ristretti, soprattutto in funzione delle prospettive europee che diventano sempre piú complesse ed inquietanti. Da Palermo, Maria Carolina lavora infaticabilmente contro la pace del Regno, disseminando di spioni la costa calabra e premendo sugli inglesi perché moltiplichino le incursioni in Calabria e gli sbarchi nelle isole del golfo. A Napoli, i suoi agenti organizzano senza posa complotti e attentati; nell'estate del 1807 Saliceti fa impiccare ventidue cospiratori; nel gennaio dell'anno seguente il palazzo Serracapriola, residenza del ministro di polizia, salta in aria per un'iniziativa terroristica la cui responsabilità è attribuita alla regina ed al Canosa, sulla base di una confessione estorta con la tortura al farmacista Viscardi. In Europa, Napoleone continua a sterminare le armate che tentano di contrastargli il passo; Jena, Eylau, Friedland scandiscono l'espansionismo a macchia d'olio della famiglia Buonaparte che s'installa in Olanda e in Westfalia. La pace di Tilsitt, accolta con furore dalla corte borbonica, riconosce la legittimità della corona di Giuseppe, che tuttavia viene ribattezzato re di Napoli e non più delle Due Sicilie.

Nel dicembre 1807, due eventi fondamentali arrivano a sconvolgere definitivamente il suo dominio: mentre gli inglesi proclamano il blocco continentale, le resistenze spagnole inducono l'imperatore a progettare la funesta spedizione punitiva che deve catapultare il fratello maggiore sul trono di Madrid. In un incontro segreto a Venezia, Napoleone lo informa dei suoi progetti. Il «dos de Mayo», con la terribile esplosione della guerriglia popolare, non modifica i piani dei Buonaparte: a fine maggio Giuseppe abbandona Napoli senza alcun annuncio ufficiale, per diramare il 20 giugno 1808 da Baiona un editto nel quale manifesta il proprio rammarico per il trasferimento, si congeda con alate espressioni dai sudditi napoletani e concede loro «a documento di amore» uno statuto che il suo successore è chiamato ad attuare. All'ottavo punto, il più importante, lo statuto di Baiona prevede la costituzione di un parlamento composto da cento membri, in rappresentanza di cinque ordini: clero, nobiltà, possidenti, «dotti» e commercianti. Rimane prerogativa regia l'iniziativa delle leggi e basta questo particolare a qualificare come dispotico il documento agli occhi dei democratici più conseguenti, anche se il grado di educazione politica del paese lo renderebbe tutto sommato accettabile. La stragrande maggioranza della popolazione se ne disinteressa completamente.

A renderlo esecutivo dovrebbe intervenire il nuovo re, Gioacchino Murat, che il 31 luglio un decreto dell'imperatore designa come successore di Giuseppe. Figlio di un modestissimo locandiere, marito di Carolina Buonaparte, ineguagliabile condottiero di cavalleria, Murat è un astro sfolgorante della costellazione napoleonica. Per estrazione sociale e valore militare, appartiene a quel ceto piccolo-borghese che la rivoluzione ha strappato alla miseria e che Buonaparte ha lanciato in una vertiginosa avventura esistenziale. Per mediocrità d'ingegno, intrepidezza ed impulsività di carattere, è eccellente esecutore, soprattutto sul campo di battaglia, ma pessimo stratega e politico dissennato. Per generosità di indole, è aperto come nessun altro nuovo principe a comprendere le ragioni dei popoli soggetti, anche se nel quadro di una rigida concezione autoritaria. Il matrimonio con la sorella piú intelligente ed ambiziosa dell'imperatore gli ha aperto la strada al trono, attraverso importanti incarichi diplomatici e l'assunzione del granducato di Berg e Clèves, uno dei piccoli stati in cui è frantumata la Germania del primo Ottocento. Nell'esecuzione di missioni delicate e talora ignobili, come l'affare del duca di Enghien o la repressione di Spagna, ha dimostrato zelo, efficienza, la durezza di un soldato di professione.

Gioacchino, che ha un senso spiccatamente teatrale della vita, entra a cavallo in città il 6 settembre con una rutilante uniforme da generale francese ed un aspetto tra splendido e bonario, fatto apposta per conciliargli le simpatie della popolazione. Cerimonie religiose, luminarie, indulti e la formulazione di nobili propositi accentuano il favore della plebe, che tre settimane dopo accoglie con entusiasmo la regina Carolina e i quattro bellissimi bambini. Il nuovo sovrano esordisce con un colpo a sensazione: la conquista di Capri, occupata da un presidio inglese, al cui comando c'è quello stesso Hudson Lowe che farà da carceriere spietato all'imperatore dopo il suo definitivo esilio a Sant'Elena. La spedizione, composta di francesi e napoletani, muove alla volta dell'isola la notte del 3 ottobre e la espugna completamente nel giro di due settimane, dopo un'iniziale e romanzesca scalata delle rocce di Anacapri.

È l'inizio squillante di un regno che nel giro di sette anni conoscerà vicissitudini burrascose e talora grottesche, lasciando tuttavia una traccia profonda nella storia del paese. Dopo Carlo III, nessun monarca ha amato tanto i napoletani quanto Gioacchino, nessuno ne ha capito ed apprezzato altrettanto l'indole, nessuno ha fatto e farà tanto per la loro elevazione civile. Perfino gli errori che egli commette, particolarmente negli ultimi tempi, perfino il tradimento che consuma nei confronti del grande cognato e le nevrotiche esitazioni che affrettano la sua finale rovina, scaturiscono in qualche modo dallo slancio con cui si è compenetrato delle esigenze nazionali del Regno. La rottura con Napoleone si determina assai prima del passaggio nel campo nemico, cioè nell'atto stesso in cui Murat rifiuta di considerarsi uno strumento passivo dell'imperialismo francese, come hanno fatto tranquillamente Faypoult o Giuseppe: l'imperatore disprezza italiani e napoletani in blocco, suo cognato valorizza i napoletani migliori e nel 1814 arriva a lanciare con il famoso proclama di Rimini il primo seppur nebuloso appello all'indipendenza politica dell'intera penisola.

La situazione in cui il maresciallo ed i suoi collaboratori affrontano il problema di rammodernare le strutture della società napoletana, rassomiglia per qualche verso a quella che ha condizionato i sei mesi della repubblica partenopea, soprattutto per il carattere di provvisorietà, acuita stavolta dalla minacciosa presenza inglese in Sicilia e dalla febbrile virulenza della politica di Napoleone, che dopo la Beresina dissolverà la sua carica aggressiva in una convulsa ritirata strategica, fino all'epilogo di Waterloo. Il Regno di Napoli è una fortezza assediata per mare e per terra dalla flotta inglese, dall'odio borbonico e dagli eserciti che a turno austriaci e francesi possono rovesciare sulla frontiera abruzzese. Notevoli, però, sono anche le differenze rispetto al '99.

In primo luogo, il decennio avviato da Giuseppe è un periodo abbastanza lungo per consentire una seria azione di governo. L'insidia del brigantaggio, che via via andrà decrescendo, non è in ogni caso comparabile con la morsa terrificante della Santa Fede, quantunque permangano gravissime le difficoltà delle comunicazioni. La stessa opposizione interna rimane, fino alla fine, nei limiti di un blando scetticismo o di un dissenso sotterraneo, ad alimentare il quale concorrono soprattutto le difficoltà economiche, esasperate dal blocco continentale, e l'irritazione per l'atteggiamento irriverente del regime verso i tradizionali tabú morali e religiosi. Piú della plebe, manifestano nel decennio una tenace ostilità la piccola borghesia cittadina, rovinata dallo strozzamento dei traffici marittimi; i preti e i monaci, colpiti negli interessi e nel prestigio dalla soppressione dei monasteri; una parte della nobiltà, nostalgica dell'*ancien régime* ed allergica all'eversione della feudalità; i «paglietti» che, con il trapianto del codice napoleonico, si vedono emarginati dalla unificazione delle leggi e dallo snellimento della procedura. È un malumore che si sfoga, secondo il talento beffardo della popolazione, in perfide satire come quella che irride alle novità giudiziarie:

> Chi vuole lupi rapaci
> vada ai giudici di paci.
> Chi vuole ignoranza
> vada ai tribunal di prima istanza.
> Chi vuole asinelli
> vada alle corti di appelli.
> Chi vuole confusione
> vada alla Gran Corte di Cassazione.

Comunque, soltanto nel periodo conclusivo del decennio, gli inglesi riusciranno ad organizzare nel regno una rete di *vendite* carbonare che, galvanizzate dalla carta siciliana del 1812, guarderanno a Ferdinando re costituzionale.

In cambio, molti esponenti dell'aristocrazia e dell'alto clero, il medio ceto delle province e la maggioranza degli intellettuali appoggiano incondizionatamente il governo di Murat. Sono gruppi che propiziano

le riforme perché le ricollegano alle grandi aperture dell'illuminismo settecentesco e della rivoluzione giacobina, beninteso nel quadro di un
orientamento assai meno estremistico, con quel tanto anzi di ordine e di
restaurazione che caratterizza l'assolutismo dei proconsoli imperiali, e
quindi anche di Gioacchino, troppo incline al fasto, alla solennità della
etichetta e al concentramento dei poteri, per non riluttare all'applicazione dello stesso statuto di Baiona. I superstiti della repubblica partenopea, gli esuli rimpatriati grazie al trattato di Firenze, i democratici che
hanno seguito l'armata o che vi militano con rango anche elevato, filtrano i loro ardori eversivi di un tempo al vaglio delle dolorose esperienze vissute dopo il '99 ed al contatto con i migliori burocrati borbonici
rimasti, come Del Gallo o Zurlo, al servizio del nuovo padrone. La vocazione progressista è cosí corretta, o forse integrata, da una conoscenza
diretta della realtà francese e, conseguentemente, dalla tendenza a farsi poche illusioni su Napoleone, per puntare piuttosto sulle risorse napoletane. È una classe dirigente matura, preparata, patriottica che accetta o sollecita la spinta di Gioacchino ad infondere nel paese lo spirito del
nuovo secolo, nella dignità degli istituti e nell'autonomia delle scelte.
Soltanto la furia degli eventi esterni, che si accavallano con ritmo ogni
anno piú angoscioso, impedisce a questi uomini egregi di trasformare radicalmente la fisionomia del Regno.

Murat dimostra una mano particolarmente felice nella scelta delle
personalità che chiama al governo: con Zurlo e Del Gallo, sbrigano un
lavoro di prim'ordine il ministro della giustizia Ricciardi, quello degli
interni che è l'arcivescovo Capecelatro, e due galantuomini di specchiata probità come Pignatelli e Cianciulli. Piú ambigui i ministri di polizia, lo spietato Saliceti ed il suo successore Maghella, che si lascerà invi-
schiare da oscuri legami con la setta carbonara; decisamente nefasto il
francese Daure, mediocre ministro della guerra e poco leale verso il re,
della cui moglie si dice sia diventato l'amante. Tutto sommato è un governo dinamico, critico anche nei confronti di Gioacchino, attentissimo
alle esigenze delle popolazioni, quali sono rappresentate dai consigli provinciali, in genere assai efficienti. In periferia, intendenti di notevole valore come Matteo Galdi, Giuseppe de Thomasis e lo storico Colletta
combattono energicamente il brigantaggio e cercano di realizzare le direttive del governo nonostante la fiacca collaborazione di sindaci e «de-
curioni», scoraggiati dalla soppressione delle autonomie municipali e riluttanti a compromettersi con un regime che sentono instabile.

Un altro organismo vivace è il Consiglio di Stato: Murat vi chiama a
farne parte personalità eminenti come Vincenzo Cuoco, Giuseppe Poerio
ed il vescovo di Pozzuoli monsignor Rosini, prelato colto e moderno, ma

quando si accorge che i consiglieri serbano un atteggiamento indipendente anche nei suoi confronti, ne accresce il numero e ne diminuisce le sedute. Alla stessa mentalità accentratrice è ispirato il provvedimento che, nell'ottobre 1808, sopprime tutti i privilegi e «diritti» plurisecolari della città di Napoli, riducendola al livello di un qualsiasi altro municipio, nel quadro di una riforma che trasferisce di peso nel Regno il modello francese. Contro gli inconvenienti che derivano dal sacrificio di «antiche, nobili costumanze», sta il vantaggio di una drastica epurazione della burocrazia locale, tanto venale quanto disorganizzata ed incapace.

Il decennio incide, in ogni caso, sul tessuto stesso della società napoletana, assai oltre i termini limitati di un mero riordinamento amministrativo. Pur tra proteste e lungaggini, la trasposizione dei codici napoleonici produce effetti positivi soprattutto perché è sorretta dall'operato severo ed accorto del conte Ricciardi, che elimina dalla magistratura gli elementi meno idonei senza riguardo alle loro opinioni politiche, liquida le ingerenze della polizia nelle cose giudiziarie e tempera con circolari riservate le disposizioni di legge contrastanti con il sentimento popolare, come quella che autorizza il matrimonio civile dei preti. Nella sostanza, guadagnano terreno princípi laici che nemmeno la restaurazione borbonica oserà completamente ripudiare: il carattere sociale del matrimonio viene rivendicato in via prioritaria rispetto al momento religioso con la conseguente istituzione del divorzio; l'ordinamento dello stato civile è sottratto al monopolio ecclesiastico. Nei confronti del clero, la novità radicale è la sua trasformazione in un organismo statale nel cui ambito il sacerdote diventa un pubblico funzionario che ha diritto allo stipendio e alla pensione, mentre ha l'obbligo di spiegare ai fedeli non solo il catechismo «unico» ma anche il codice, e di lottare non solo per la salvezza delle anime ma anche per la cultura delle intelligenze, contro l'analfabetismo. Sebbene venga conservata per i parroci l'esenzione dal servizio militare, sono inesorabilmente aboliti i benefizi non curati e piú in generale tutti gli ordini religiosi possidenti: soltanto negli ultimi anni, quando le fortune di Gioacchino precipitano, l'intransigenza verso il potere ecclesiastico si attenua.

L'evoluzione è sensibile anche in altri campi. In quello penale, accanto al pubblico dibattito, si introducono i criteri discriminanti della premeditazione e del tentativo di reato, che servono ad articolare delitti e pene con maggiore rispetto per la giustizia. Grosse difficoltà s'incontrano nell'elaborazione del codice di procedura, che ancora nel 1814 non avrà trovato una sua definizione esauriente. Benemerita è la politica murattiana nel settore della pubblica istruzione, dove si sviluppano le direttive illuminate di Giuseppe Buonaparte, in base al principio di una educazione uniforme per tutti i cittadini. Nei centri minori si incrementano con notevole equilibrio le scuole parrocchiali mentre nei capoluoghi provinciali si tende a trasformare il liceo nell'epicentro culturale di tutta la zona. Carolina segue con particolare amore una «casa di educazione» per fanciulle nobili, il collegio dei Miracoli, che acquisterà brillante e durevole fama. La grande biblioteca napoletana viene sistemata, si curano assiduamente le biblioteche dei conventi soppressi. Di larghi mezzi sono forniti i collegi e la stessa università, mentre si bandiscono concorsi per maestri e la Società reale diventa, agli occhi di Gioacchino, una versione locale dell'Istituto imperiale di Francia. Si eleva a Cosenza un monumento a Bernardino Telesio e si chiedono a Roma le ceneri del Tasso per una traslazione che le vicissitudini belliche renderanno purtroppo inattuabile.

L'incoraggiamento del regime non va soltanto agli studi classici, alle patrie memorie, alle belle arti ma anche e soprattutto all'istruzione tecnica: una cattedra di agraria acquista dignità universitaria, scuole agrarie e professionali sorgono in buon numero, si erogano borse di studio e premi di incoraggiamento ai cultori delle scienze. Si tenta anche l'introduzione del sistema metrico decimale incontrando, però, come accadrà un secolo e mezzo piú tardi in Gran Bretagna, una forte ostilità popolare. Opere pubbliche imponenti completano il quadro: ponti e strade carrozzabili in provincia, la bonifica delle paludi di Coroglio, la creazione di un osservatorio astronomico e di un manicomio ad Aversa, per non parlare della febbre edilizia che scoppia nella capitale, dove si procede a vaste demolizioni per aprire superbe arterie come quelle di Bagnoli, Posillipo, San Giovanni a Carbonara, Foria. È un'opera ardita e meritoria, che si allarga alla riforma carceraria, alla protezione degli orfani, all'incremento della pubblica beneficenza, ma il cui aspetto fondamentale resta ovviamente il tentativo di trasformare la realtà economica del paese, intervenendo su strutture arcaiche e parassitarie che hanno resistito ai cauti assalti del governo Tanucci, soprattutto quando lo scoppio della rivoluzione francese ha suggerito una sensibile attenuazione degli indirizzi innovatori.

Si comincia col sistemare il registro delle ipoteche, in maniera da definire con la maggiore esattezza possibile la consistenza dei beni patrimoniali, sconosciuta perfino a molti dei diretti interessati; quindi si passa ad affrontare il problema cruciale della cosiddetta «eversione» della feudalità, che re Giuseppe ha risolto soltanto in sede di enunciazione teorica con la legge del 2 agosto 1806. Le riforme settecentesche hanno intaccato sensibilmente il potere politico dei baroni, lasciando viceversa pressoché intatto il complesso dei diritti e dei privilegi di cui essi usufruiscono nel feudo, sia nei confronti delle «persone» cioè dei contadini e degli artigiani locali, sia nei confronti delle «cose», terre boschi fiumi acque e perfino industrie. Lavori gratuiti, servizi domestici, prestazioni di ogni genere o la soggezione a pesanti taglie per ogni uso dei beni feudali e spesso anche di quelli comunali o demaniali, costituiscono non soltanto una patente d'ingiustizia sociale, ma anche e soprattutto un funesto freno per lo sviluppo dell'economia del Regno, la ragione di fondo della sua arretratezza.

La linea di tendenza del decennio è francamente democratica anche se assai cauta: si punta a frazionare i possessi feudali, a favorire il riscatto delle terre da parte delle comunità, a privilegiare i cittadini piú poveri anche nel contenzioso. A dirimere l'immensa congerie di contrasti e di liti, non bastano i tribunali ordinari, mentre si rivela efficace l'attività della commissione feudale. Gioacchino le affida la stima dei beni e delle ragioni comunitarie, la ripartizione delle terre, la decisione inappellabile su ogni divergenza; per renderne piú rapidi i lavori, spedisce in provincia magistrati muniti di precise istruzioni, in modo che già nel 1810 il regime può celebrare, seppure con un eccesso di ottimismo, l'avvento della «libertà prediale e industriale». Pochi mesi prima, nell'ottobre 1809, un decreto reale ha delimitato i diritti di esazione della decima, per proteggere i cittadini anche dalle pretese dei comuni, che hanno ereditato le prestazioni già dovute ai baroni e spesso rivaleggiano con loro in esosità. Con analoghi orientamenti, si opera nella ripartizione dei beni demaniali, decretata da Giuseppe e perseguita da Gioacchino «per moltiplicare il numero dei proprietari ed agevolare in tal guisa il rapido cammino ad una perfetta civilizzazione».

Murat cerca di creare anche un gruppo-pilota per questa sorta di rivoluzione agricola concedendo, a partire dal 1811, titoli nobiliari e «maggioraschi», cioè vasti possedimenti terrieri, ai suoi migliori collaboratori, nella speranza di utilizzarne l'apertura mentale e la preparazione per una conduzione piú moderna. Disgraziatamente gli manca il tempo materiale per collaudare la validità di siffatte soluzioni. Mancano pure, ed è il punto dolente della riforma, i capitali che permettano agli agricoltori di riscattare i beni feudali, ecclesiastici e demaniali immessi sul mercato. I Monti Frumentari, strumenti di credito esistenti da secoli per favorire lo sviluppo dell'agricoltura, sono quasi sempre nelle mani dei grandi proprietari o di loro emissari, che prestano denaro ad un tasso usuraio. La mancata riforma del credito agrario neutralizza in sostanza tutti gli effetti positivi della *eversione*, condannando il Mezzogiorno ad un'inferiorità organica nei confronti non soltanto del Lombardo-Veneto, ma perfino del Piemonte e della Toscana dove pure lo sviluppo delle condizioni socio-economiche seguirà nei successivi cinquant'anni un ritmo assai lento. Tutto sommato il regime liquida gli aspetti giuridici della feudalità ma lascia intatta nella sua sostanza la proprietà baronale, liberandola per giunta dagli obblighi a favore della comunità o del sovrano.

In questo quadro, il decennio registra progressi notevoli ma momentanei. Dazi protezionistici, sussidi, mostre ed altri espedienti galvanizzano la produzione, specialmente nel settore delle industrie chimiche: è dell'agosto 1810 l'inaugurazione di una prima fiera a Napoli. Nel settore agricolo, meritano menzione i provvedimenti intesi ad incoraggiare il rimboschimento e la pastorizia, nonché le cure dedicate alla coltivazione di prodotti come il cotone e la canna da zucchero che, in conseguenza del blocco continentale, non possono essere importati. Particolarmente brillante è la politica finanziaria di Zurlo e degli altri collaboratori di Gioacchino che, per suo conto, ha promesso sin dalla prima seduta del Consiglio dei ministri di tenere accuratamente separata la propria amministrazione personale da quella del tesoro dello Stato. Inizialmente, si punta ad un regime di austerità che limita i fondi a disposizione dei singoli dicasteri e le spese del personale, ristretto in corrispondenza delle reali necessità del servizio. Il debito pubblico viene riconosciuto e garantito, nell'atto stesso in cui si riduce il tasso d'interesse delle cedole, per conferire ai titoli di Stato una maggiore sicurezza in cambio della minore rendita. Riorganizzato il sistema tributario in modo da gravare piuttosto sui ceti abbienti che sulle masse popolari e sugli operatori economici, il governo può annunciare il 3 gennaio 1813 il raggiungimento del pareggio, ottenuto anche grazie a un «donativo volontario» dei contribuenti ed un personale apporto del sovrano: conferma eloquente della correttezza e dell'ordine con cui si gestisce il pubblico denaro. Piú lenta e complessa la costituzione del nuovo catasto, le cui operazioni saranno completate soltanto nel 1815, a decennio concluso.

Alla serietà dell'azione di governo corrisponde, purtroppo, la precarietà della situazione internazionale. Il destino di Murat è legato irrimediabilmente alle fortune di Napoleone ed al suo impossibile sogno di dominare l'Europa, anche se il regime sembra definitivamente consolidato nell'ottobre del 1809, quando l'Austria firma la pace di Vienna, piegandosi a riconoscere l'assetto che Buonaparte ha conferito agli stati italiani. Gioacchino libera tutte le isole tirreniche dalle guarnigioni anglo-sicule ed occupa la Calabria fino al Faro, dopo aver offerto all'immensa platea napoletana il regalo di una battaglia navale combattuta nelle acque del golfo. È accaduto nel giorno di Ferragosto dello stesso anno: la piccola flotta murattiana, guidata dallo stesso sovrano in uniforme di grande ammiraglio dell'impero, ha spiegato le vele «ornate e colorate a festa», per affrontare la possente armata nemica, mentre i reggimenti di fanteria si sono schierati lungo la Riviera di Chiaia ed i cannoni dei castelli hanno tuonato minacciosi contro gli invasori. Alla fine i vascelli di Sua Maestà britannica sono rientrati senza danni alle basi, ma Gioacchino si è inorgoglito di uno spettacolo di cui nemmeno il San Carlo ha mai visto l'eguale.

La certezza del dominio, appena turbata dall'imperversare del brigantaggio, induce il re cavaliere a programmare la spedizione che dovrà ripulire anche la Sicilia di inglesi e borbonici. Quando ne viene informato, l'imperatore non si mostra affatto entusiasta dell'impresa, forse perché spera ancora in una pace con Londra, piú probabilmente perché teme che le linee di rifornimento del suo immenso esercito si allunghino e preferisce trattare sotto banco con Maria Carolina. Il primo dissidio tra i due cognati esplode in termini clamorosi nella primavera del 1810, quando Gioacchino è invitato a Parigi per assistere alle nozze di Napoleone con Maria Luisa, un matrimonio che egli ha avversato sin dal principio, propendendo piuttosto per la scelta di un'arciduchessa russa. Rientrato a Napoli in preda ad una delle sue tipiche frenesie, si precipita all'estremo capo della Calabria e pretende di imporre al generale Grenier lo sbarco al di là dello Stretto. Ma Grenier è fedele alle direttive imperiali e sabota l'invasione alla Scaletta, trasformandola in una grottesca disfatta che accresce fino al parossismo l'indignazione di Gioacchino. Il seme è gettato per una definitiva rottura tra il glaciale corso ed il suo bollente vassallo. Nell'inverno, i festeggiamenti per la nascita del re di Roma provocano un altro incontro tempestoso che Murat interrompe rientrando a precipizio nella capitale, deciso a riaffermare pubblicamente la propria indipendenza. L'impennata è caratteristica del personaggio: rifacendosi ad una norma mai applicata dello statuto di Baiona ed ignorando i consigli di prudenza della moglie, emana un provocatorio decreto che esonera dal servizio civile e militare tutti gli stranieri non ancora naturalizzati, inclusi i suoi connazionali cui deve il trono. Napoleone glielo ricorda nella forma piú dura, con una comunicazione che fa stampare sul «Moniteur» e alla fine, mentre l'esercito imperiale evacua il Regno di Napoli, i francesi che ricoprono cariche militari o civili nell'amministrazione murattiana sono autorizzati a rimanervi senza cambiare passaporto.

Ma la ferita nell'orgoglio di Gioacchino non si cicatrizzerà piú. Per i tre anni successivi, egli oscillerà tra la tentazione di staccarsi dalla Francia per cercarsi uno spazio autonomo nel concerto delle potenze, ed il rimorso di abbandonare il vecchio compagno d'armi, al cui richiamo obbedirà soprattutto nelle ore difficili, confermando irrimediabilmente di avere piú cuore che cervello. La campagna di Russia, che pure egli ha suggerito di rinviare alla primavera del '13, lo vede in prima fila al comando della cavalleria napoleonica, sia nella fase vittoriosa dell'avanzata su Mosca, sia in fase di ripiegamento: «*In tutta la guerra di Russia* – riferisce il bollettino di guerra dell'imperatore – *questo principe si è dimostrato degno del supremo grado di re*». Murat resta luogotenente generale della grande armata quando Napoleone rientra a Parigi ma, appena trasferito l'esercito in una zona piú protetta, abbandona il comando al vicerè Eugenio per tornare a spron battuto in Italia, meritandosi un altro rimprovero solenne sulla gazzetta ufficiale e velenose lettere di Napoleone alla sorella. La replica di Gioacchino è contenuta in un messaggio fremente ed amaro che sottolinea come «la scambievole antica fiducia» sia ormai «alterata».

In realtà, grandi mutamenti sono in corso nella situazione europea e, piú particolarmente, in quella italiana. In Sicilia, morto Acton nell'agosto del 1810, il potere è passato dalla cricca della regina nelle mani dell'ambasciatore inglese, lord Bentinck, convinto assertore di una revisione delle istituzioni sul modello parlamentare del suo paese. Due anni piú tardi, nonostante il boicottaggio borbonico, la Carta siciliana è approvata e Ferdinando diventa, suo malgrado, re costituzionale, una finzione provvisoria che durerà quanto il suo esilio da Napoli. Profuga volontaria in Austria per l'odio che nutre ormai nei confronti di Bentinck e di tutti gli inglesi, un odio che le ha ispirato perfino un riavvicinamento con Buonaparte, la vecchia indomabile Maria Carolina vi morirà il 10 settembre 1814, senza rivedere mai piú la stupenda reggia sul golfo. La Costituzione di Sicilia vale solo a scatenare contro Gioacchino la rete delle vendite carbonare, da cui germinerà il primo nucleo del risorgimento. Anche Murat, d'altro canto, si avvicina ai gruppi indipendentisti nell'atto in cui rompe con il cognato ed avverte la crescente fragilità del suo impero. Da quel momento, con infinite esitazioni e scarsa cautela egli muove in due direzioni: tenta un'intesa con Bentinck, per ottenere un mandato fiduciario di Londra nell'unificazione della penisola; progetta un'alleanza con Vienna, sul presupposto di un taglio netto con i francesi. Per condurre in porto piani cosí ambiziosi, sarebbero indispensabili condizioni generali diverse, la fredda abilità di un Bernadotte, soprattutto una forza diplomatica e militare di cui Gioacchino non dispone all'interno del suo regno, tanto meno nel resto della penisola, dove il movimento nazionale è appena agli albori.

L'imperatore intuisce le esitazioni del volubile maresciallo e per riconquistarlo alla sua causa spedisce a Napoli Ney e Fouché. Basta, del

resto, il richiamo della guerra per strappare Murat agli intrighi e restituirlo alla sua unica vocazione autentica: a fine agosto Dresda sembra
confermare l'invincibilità di Napoleone; poche settimane piú tardi Lip-
sia suona a martello per la declinante epopea della grande armata. Questa volta il re di Napoli, che pure ha combattuto con l'usato valore sui
campi di battaglia, si persuade che soltanto un rovesciamento delle alleanze può salvargli la corona ed intavola negoziati tradotti, l'11 gennaio 1814, in un formale trattato di amicizia sottoscritto da Neipperg e
Del Gallo. Patti dichiarati sono la lega tra i due stati per far guerra alla
Francia, il riconoscimento della sovranità di Gioacchino su Napoli e
l'ammissione delle «antiche ragioni» austriache sugli stati italiani; clausole segrete, l'impegno di Vienna ad ottenere da re Ferdinando la rinuncia al trono in favore di Murat, che a sua volta ripudia le pretese sulla
Sicilia. Il 26 dello stesso mese Del Gallo firma anche con gli inglesi un
armistizio che equivale all'abolizione del blocco continentale, novità salutata con festosa speranza dalla popolazione come promessa di tranquillità e di benessere.

In realtà, i nuovissimi alleati diffidano in egual misura l'uno dell'altro. Vienna ha accettato l'accordo soltanto perché teme ancora Napoleone, mentre lord Bentinck nutre pochissime simpatie per Gioacchino,
il cui disagio intanto si accentua di giorno in giorno soprattutto nei confronti degli ufficiali francesi rimasti al suo servizio. L'andamento della
campagna contro le truppe del viceré Eugenio risente di questi tentennamenti, dei sospetti alleati e dell'ostile cospirazione carbonara; e quando
l'Austria, sconfitto definitivamente Napoleone e conquistata in aprile
la sua capitale, firma con gli altri componenti della coalizione la pace di
Parigi, Murat constata con sdegno come nel documento non si faccia
menzione del re di Napoli. Il silenzio non è casuale. Al Congresso di
Vienna, che è destinato a stabilire l'assetto dell'Europa per decenni avvenire, Metternich e Talleyrand sono d'accordo sulla netta affermazione
del principio di legittimità, una direttrice che condanna senza scampo
tutti i napoleonidi, salvo il piú avveduto e fortunato re di Svezia.

Vani risulteranno tutti gli espedienti che Gioacchino mette in opera
per scongiurare la catastrofe. Il principe di Cariati e il duca di Campochiaro, suoi ambasciatori al congresso, vi ottengono distratta udienza.
Lo sgravio delle tasse, i provvedimenti decisi per incoraggiare il commercio, la promessa di applicare finalmente il famoso statuto di Baiona,
l'esclusione degli stranieri da tutte le cariche, cadono nel vuoto; la popolazione è già ostile da tempo al sovrano che continua a promettere glo-
rie militari, mentre i borbonici rialzano la testa ed i liberali invocano la
costituzione «all'inglese» che perfino Ferdinando ha dovuto concedere,

cercando poi conforto nel matrimonio morganatico con la duchessa di Partanna, sposata dopo cinquanta soli giorni di vedovanza. A Napoli le feste del Capodanno 1815 cadono in un'atmosfera dimessa, preoccupata, febbrile. In febbraio, ad accrescere la confusione, arriva la notizia della fuga di Buonaparte dall'isola d'Elba: aggiungendo errore ad errore, tradimento a tradimento, Gioacchino cede ad un ritorno di fiamma per il cognato ed allestisce la spedizione contro gli austriaci, dichiarando ufficialmente la guerra il 30 marzo con un editto che le assegna come obiettivo l'indipendenza italiana e chiama i popoli della penisola sotto le bandiere napoletane. Salvo un nucleo di quattrocento volontari, comandati dal generale Negri, nessun patriota raccoglie l'appello. Le sorti del conflitto si decidono nel giro di due settimane, quante ne corrono dal rovescio di Spilimbergo alla sconfitta di Tolentino.

Murat, ormai, è già un bandito anche se si illude di poter giocare ancora la carta della Costituzione, concessa da Pescara con un proclama che finge di aver emanato da Rimini, retrodatandolo al 30 marzo. Insorgono intanto i carbonari, gli inglesi occupano le coste e le truppe austriache avanzano sul Regno da tre direzioni, sopraffacendo le ultime resistenze napoletane il 17 maggio a Mignano. All'esercito non resta che la resa, al re la fuga: difatti il giorno 20 i generali Colletta e Carascosa firmano la capitolazione a Casa Lanza, una località poco discosto da Capua; il 21 Gioacchino raggiunge Ischia da Napoli, dove è stato accolto affettuosamente dalla popolazione; il 22, con un ridottissimo seguito, salpa alla volta della Francia, precedendo di poche ore sua moglie che s'imbarca su un vascello inglese in direzione di Trieste. La coppia non si ricongiungerà mai più. Ipnotizzato dalla stella cadente di Napoleone e dal proprio destino, Murat cerca invano di combattere al suo fianco l'ultima battaglia. Nascosto a Tolone, vi è raggiunto dall'annuncio di Waterloo; tenta di ottenere un'udienza da Luigi XVIII ma riceve per tutta risposta uno sprezzante silenzio della corte e la persecuzione della polizia borbonica. È allora che comincia ad accarezzare il folle disegno che metterà fine ai suoi giorni.

Rifugiato in Corsica, dove un gruppo di amici bonapartisti gli offre ospitalità, progetta di organizzare uno sbarco a sorpresa sulla costa di Salerno, dove tremila uomini del suo vecchio esercito sono concentrati per aspettare le decisioni di Ferdinando. L'idea è di rianimarne i depressi spiriti, marciare con essi su Avellino, infiammare alla rivolta tutto il Regno; i mezzi, tragicamente insufficienti di cui dispone, consistono in duecentocinquanta avventurieri corsi e sei barche di infimo tonnellaggio. A distoglierlo da un progetto così insensato non serve nemmeno l'arrivo del fido Maceroni, latore di un documento scritto di pugno dal principe di Metternich in cui l'imperatore d'Austria garantisce pacifico asilo nei suoi domini a lui e a Carolina, contro la promessa di non abbandonare senza autorizzazione gli stati austriaci. Ad una melanconica vecchiaia da vigilato speciale, il prode cavaliere preferisce l'avventura senza speranza: il 28 settembre, braccato da una muta di spie, Gioacchino salpa le ancore da Ajaccio; l'8 ottobre, spinto dai venti piú a sud del previsto, decide di approdare a Pizzo Calabro, pur potendo contare su una scorta di soli ventotto uomini.

La farsa si muta in tragedia. Esasperato dall'indifferenza con cui lo accoglie la popolazione, Murat pensa prima di puntare su Monteleone, poi torna sulla spiaggia per fuggire, allorché si avvede che le barche dei corsi sono scomparse all'orizzonte. Una breve zuffa, e il capitano Trentacapilli trascina l'infelice verso il piccolo castello che domina la punta del Pizzo: il vecchio guerriero che ha cavalcato vittorioso sulle pianure di tutta l'Europa, lo splendido monarca che ha trattato alla pari con papi e imperatori, è gettato in fondo ad un oscuro carcere come un manigoldo. Nondimeno, nella sventura Gioacchino rivela le sue qualità migliori: un tranquillo coraggio, la serenità e l'umanità di un nobile animo. Da Napoli, dove le notizie di Pizzo hanno suscitato la piú viva costernazione, giunge l'ordine di trattarlo come un nemico pubblico, applicando beffardamente ai suoi danni la legge che egli ha emanato contro i ribelli nel 1808. Murat rifiuta la difesa del capitano Starace, dichiarando che un tribunale composto dai suoi sudditi non è competente a giudicare un re, e mette alla porta il giudice «compilatore» venuto a stendere il verbale. Sollecitato dal canonico Masdea ad ottemperare ai suoi doveri religiosi, compie «gli atti di cristiano con filosofica rassegnazione», non senza aver ricordato col buon prete una visita precedente, compiuta cinque anni prima, in ben altre circostanze, nella stessa cittadina calabrese. Posto dinanzi al plotone di esecuzione, in un cortiletto del castello, ricusa la benda sugli occhi e prega i soldati di mirare al cuore, salvandogli il viso. La scarica dei fucili lo fulmina mentre stringe in mano i ritratti della moglie e dei figli lontani.

Parte quarta
La fine del Regno

1

La restaurazione

«Se n'è fuiuto lo mariolone, e se ne vene lo Nasone», ha motteggiato la plebe della capitale quando il proclama di Ferdinando ha annunciato pateticamente agli angoli delle strade la restaurazione: «Napoletani, ritornate nelle mie braccia. Io sono nato tra voi, io conosco ed apprezzo le vostre abitudini, il vostro carattere, i vostri costumi».

Ma quali sono queste abitudini, questo carattere, questi costumi? come si vive a Napoli ai primi dell'Ottocento?

La città, che conta oltre 350 000 abitanti, è rimasta naturalmente quella che l'abate Galiani ha descritto e Goethe ha ammirato pochi decenni prima: il cielo limpidissimo, l'aria salubre, la mitezza quasi costante del clima, l'abbondanza di purissime acque, ed un'immensa folla ad animarla nel movimento incessante dei traffici e degli umori, nello scintillio di colori stupendi e aggressivi, dai fiori alle frutta, dagli scialli ai nastri di seta delle donne, dai pennacchi dei cavalli ad ornamenti di ogni tipo, fino alle mostre famose dei negozi alimentari e alle barche dipinte nelle tinte piú vivaci. Le scorpacciate di Natale o di Pasqua sono sollecitate dall'arte con cui i bottegai espongono la loro merce. Canta Giulio Genoino, il poeta piú fresco dell'epoca:

> Tè! che folla ccà mmiezzo è scapolata!
> Non m'allicordo ancora comm' 'a st'anno
> tanta ggente a rrevuoto per la strada
> Chiazze e ppoteche sbommecate stanno
> de tanta sciorte de provvisiune
> che ll'uocchie strevellà te fanno.

Piazze e botteghe rigurgitano di provviste, che fanno strabuzzare gli occhi: montagne di broccoli, carretti di pigne e di capponi, quintali di lasagne e vermicelli, lardo e sugna, alici e frutti di mare, polpi e baccalà, noci di Sorrento e zuppe di soffritto, capperi e olive di Gaeta, mozzarelle di Aversa e paste dolci.

Alla tradizionale cucina locale, che ha celebrato per secoli i suoi trionfi nelle taverne e nelle locande, i contatti con i francesi hanno apportato un tocco di cosmopolitismo di cui i cuochi napoletani, che non a caso si chiamano adesso «monzú», vanno molto orgogliosi. L'esempio di Boulanger, fondatore nella Parigi di fine Settecento del primo «restaurant» moderno, rilancia la vecchia «trattoria», un locale tipico che spesso si giova di una terrazza panoramica sul golfo e si allieta delle canzoni intonate a mezza voce dal «posteggiatore», mentre l'ostricaro esita all'ingresso la sua merce insidiosa e ghiottissima. In questo periodo, la vena musicale della città è piú felice che mai: i compositori dell'opera buffa hanno attinto consapevolmente al tesoro del «folk» e vengono, a loro volta, saccheggiati dai canzonettisti che adattano versi di un espressivo e melodioso dialetto alle arie del San Carlo e del Fondo. Come Cimarosa e Mercadante, via via anche Donizetti, Rossini e Bellini entreranno nel filone.

Su un piano piú generale, la scuola napoletana continua ad imporsi a livello europeo. Nel maggio del 1800 muore a Parigi, dove è stato chiamato da Buonaparte, Nicola Piccinni mentre Giovanni Paisiello, che è rimasto a Napoli, impiega due anni per farsi perdonare dai Borboni i trascorsi repubblicani del '99. All'ingresso di Giuseppe, il maestro tarantino recupera la sua vocazione progressista e mette in musica *I pitagorici* di Vincenzo Monti, mantenendo una posizione eminente anche sotto Gioacchino. Quando Ferdinando rientra definitivamente nella sua capitale, Paisiello conserva a fatica l'incarico di maestro di cappella e muore letteralmente di dolore, nel maggio del '16, allorché è ricevuto a corte senza essere degnato nemmeno di uno sguardo da Sua Maestà. I francesi hanno dedicato grandi cure alla scuola napoletana: nel 1806, Giuseppe ha fatto riunire tutti i conservatori in un solo istituto; l'anno seguente *La vestale* di Spontini ha conseguito a Parigi un memorabile successo; nel 1813 Murat ha chiamato a dirigere il conservatorio di Napoli Nicola Zingarelli, che annovererà tra i suoi allievi Vincenzo Bellini.

In un ambiente cosí sensibile, molti tra gli scrittori piú in voga lavorano anche per il teatro lirico o comico. È librettista per il San Carlo il Morbilli, commissario di polizia nel quartiere di Montecalvario, mentre il Genoino, ecclesiastico e bibliotecario di stato, scrive due cantate che saranno volte in musica da Rossini per il San Carlo, e il testo di un'opera, *La lettera anonima* che sarà rappresentata per la prima volta al teatro del Fondo nel 1822, su spartito del maestro Donizetti. Sforna commedie per il San Carlino il barone Michele Zezza, altro arguto e popolarissimo poeta. Il prodotto piú tipico della letteratura in vernacolo resta tuttavia, ai primi dell'Ottocento, la cosiddetta «nferta», strenna in versi che si compone in occasione delle feste di fine d'anno e serve a tenere in vita una tradizione dialettale che riprenderà vigore e dignità d'arte qualche decennio piú tardi. Gli scrittori appena citati o altri loro contemporanei, propongono riflessioni ispirate dal buon senso tipico del temperamento napoletano, ma anche personaggi sanguigni, colorati, popolareschi che ritroveremo piú tardi nella pittura o nella poesia di fine Ottocento. Rosa la «mpagliaseggia», per esempio,

> ha 'na faccia tonnolella,
> liscia, morbeta e gentile;
> ave 'n'uocchio, che 'na stella
> pare justo a lo guardà.

Un'altra piccola eroina dello stesso autore, Rocco Mormile, è Carmosina, una bella ed elegantissima popolana che «de Franza 'no smargiasso», un bravaccio dell'armata francese, ha ricoperto di doni, di abiti, di gioielli, un tesoro che per il futuro marito della ragazza equivarrà a due «corna d'oro», ma corna «fora de gabbella», esenti da tasse. La stessa ispirazione realistica si ritrova nei versi che il barone Zezza dedica ad una «nennella» piena di qualità ma poco raccomandabile come moglie:

> Sí bbella, sí bbona
> sí tutta cianciosa,
> ma p'essere sposa
> nn' è llatte a quaglià.

Il latte delle nozze non può quagliare perché la fanciulla interviene a tutte le feste, spende un patrimonio per vestirsi, ama le gite in carrozza nelle piú ridenti località di campagna e ci va con le comitive di amici, cantando a squarciagola. Non si può sposare una pettegola simile:

> Mbarcone e nfenesta
> staje sempre affacciata
> pe ffà qua' risata,
> pe tutto appurà.

La dimensione artistica è quella del bozzetto, ma la vita che s'indovina dietro i versi bonari è ricca di aggressività, di sensualità, di umore. È perfettamente comprensibile che dalla bocca degli amanti e dei fratelli di queste ragazze ardenti e sfacciate siano nati i graffianti «couplés» del '99 e del '15, contro repubblicani, francesi e realisti. Quello feroce contro la Pimentel Fonseca, l'eroica patriota che è passata dai madrigali di corte al giornalismo rivoluzionario e dal giornalismo al patibolo:

> A signora 'onna Lionora
> che cantava 'ncopp' 'o triato
> mo abballa mmiez' 'o Mercato.

Quella specie di beffarda e travolgente Carmagnola che hanno intonato i lazzari della Santa Fede:

A lu suono della grancascia
viva sempre lu popolo bascio!
A lu suono de li tammurrielli,
so' risurte li puverielli!
A lu suono de le campane
viva, viva li pupulane!
A lu suono de li violini
sempre morte a li giacobini!

Quando il re Borbone per volontà del Congresso di Vienna, cambia numerazione e diventa Ferdinando I, dopo essere partito da Napoli come Ferdinando IV e tornato dalla Sicilia come Ferdinando III, lo stesso implacabile Pasquino popolare lo ammonisce, questa volta in lingua:

Fosti quarto, fosti terzo
or t'intitoli primiero;
e se seguita lo scherzo
finirai per essere zero!

La misura estetica è modesta. In realtà, ciò che colpisce di piú nei quarant'anni a cavallo del secolo, è proprio il completo silenzio di Napoli nel concerto delle voci che preparano la grande stagione del romanticismo italiano. Il nome piú significativo di una marginalissima costellazione letteraria è, ad esser generosi, quello del marchese Caccavone, un funzionario dell'amministrazione finanziaria che in gioventú partecipa alle polemiche culturali del primo Ottocento, collaborando ad un modesto periodico che si chiama «Il caffè del molo»; ma si tratta di un salace epigrammista alla Trilussa, nulla piú che un amabile fustigatore di costumi:

Ciccio dice ca l'uommene so' rrare,
l'uommene comme a isse,
e ca si fosse rre, farria jettà
tutte li fesse a mmare.
E i' dico: Ciccio mio, comme farisse?
tu che nun sai natà?

Chi rifiuta un'ispirazione realistica, compone versi o romanzi che s'inabissano nell'oblio, commedie o melodrammi di cui si perde ogni traccia. La breve stagione alfieriana, che il decennio murattiano ha riproposto dopo le prime esperienze dei repubblicani del '99, non ha risvolti letterari o teatrali. Il settore piú avanzato dell'intelligenza napoletana, in questi anni, fa soltanto politica: Paribelli ed i suoi amici presentano a Lazzaro Carnot un «rapporto» che vibra già di un romantico anelito risorgimentale; Vincenzo Cuoco e Pietro Colletta incidono nel marmo di una prosa scultorea la storia degli anni eroici e degli eroici ideali. Le intense relazioni con i democratici del Nord, quelli delle Legazioni pontificie o del

Regno di Eugenio, sono anch'esse essenzialmente politiche, o tutt'al piú militari: Napoli si sprovincializza solo in questo senso, che diventa italiana, acquista – almeno negli strati sociali piú alti – la consapevolezza di un'unità linguistica e culturale. Ma nessun poeta, nessun drammaturgo, nessun romanziere napoletano si applica, in questo periodo, alla sintesi che Monti, Foscolo, Manzoni ed infine Leopardi realizzeranno felicemente tra il sentimento nazionale-popolare e le nuove esigenze espressive della cultura europea.

Waterloo apre le porte ad una valanga di visitatori, soprattutto inglesi e francesi, che accorrono a Napoli attirati dalla fama della sua bellezza, dalla curiosità per gli scavi, dalla mondanità dei suoi salotti e dello splendido teatro. I ricevimenti in casa del marchese Berio o dell'arcivescovo di Taranto hanno lo stile e la vivacità intellettuale delle grandi capitali europee: Canova, Rossini, la Colbran sono gli idoli dei loro ospiti, tra i quali Stendhal è colpito dal tono cosmopolita della conversazione, quasi quanto lo è stato tutte le volte che è andato al San Carlo o la prima volta che è arrivato qui: «Non dimenticherò mai via Toledo e la vista che si ha di tutti i quartieri di Napoli: per me è senza confronti la piú bella città del mondo... Pur con le sue 340 000 anime, Napoli è come una casa di campagna situata in un paesaggio delizioso. A Parigi, non si riesce neppure ad immaginare che vi siano al mondo dei boschi o delle montagne; a Napoli, non c'è angolo di strada che non ti sorprenda con un colpo d'occhio originale su monte Sant'Elmo, su Posillipo, sul Vesuvio».

Il trapasso dalla liquidazione del Decennio al ritorno dei Borboni non provoca scosse violente. Mentre suo padre si trattiene ancora in Sicilia, il principe Leopoldo palesa una notevole moderazione nei confronti dei personaggi compromessi con il regime francese; e lo stesso Ferdinando, quando aspetta ancora di sbarcare dalla nave britannica che lo riporta a casa, sceglie un gruppo di fedelissimi della vecchia guardia per formare il governo ma ne affida la guida al cavaliere de' Medici, che non è esattamente un reazionario. Un solo episodio drammatico suggella il cambio della guardia, ed è il suicidio del duca di Civitella che si precipita a capofitto da un dirupo perché non sopporta il dolore della disfatta di Gioacchino. Per il resto, l'atmosfera sembra piuttosto tranquilla. Il vecchio re sbarca a Portici il 9 giugno senza riuscire a nascondere la sua gioiosa eccitazione e, ai preti che si affrettano ad avvicinarlo, confida la propria intenzione di sciogliere un voto a san Francesco di Paola, dedicandogli un tempio che sorgerà nel largo aperto da Murat dinanzi alla reggia, in uno stile neoclassico che arieggia al Pantheon. Accoglienze calde ed affettuose si rinnovano la sera del giorno 19, allorché Ferdinando compare nel suo palco a teatro, in un tripudio di luci, di abbaglianti «toilettes» e di bandiere alleate. Il matrimonio con la duchessa di Partanna ha addolcito il carattere del patriarca, che in settembre partecipa perfino alla festa di Piedigrotta, ripristinata per la prima volta dopo la lunga parentesi dell'occupazione straniera.

Il documento fondamentale che segnerà per oltre un trentennio la politica estera del Regno, è il trattato di alleanza con l'Austria: lo firmano Metternich e l'ambasciatore Ruffo, a Vienna, il 12 giugno dello stesso anno, cioè tre giorni dopo lo sbarco di Ferdinando. Il Borbone si impegna ad accettare un comandante austriaco per il suo esercito, ad ospitare e finanziare un corpo di occupazione, ad escludere per l'avvenire ogni tipo di riforma incompatibile con i principî dell'assolutismo regio e della Santa Alleanza, alla quale egli aderirà formalmente il 26 settembre. Questi patti implicano, per un verso, una dolorosa emorragia per le finanze dello Stato e per altro riguardo la liquidazione della Costituzione siciliana, che sarà soppressa in modo esplicito l'anno successivo; ma, soprattutto, conferiscono alla monarchia napoletana un'impronta reazionaria che le impedirà a suo tempo ogni intesa con i Savoia e, quando sarà suonata l'ora di scacciare gli austriaci dalla penisola, finirà per costarle la corona.

Sul momento, l'attitudine del governo in materia di politica interna non è altrettanto netta. Alla vocazione forcaiola del principe di Canosa, che rientra dopo Tolentino ed è chiamato al governo nel gennaio del 1816, fa argine il buon senso di Medici che propugna la teoria dell'*amalgama* interpretando le esigenze moderate e concilianti della burocrazia, nelle cui file i rivoluzionari del 1799 e del 1806 costituiscono ormai in grande maggioranza una «nuova classe» di conservatori, illuminati ma prudenti, attestati a difesa del potere statale e delle conquiste che l'eversione della feudalità ha assicurato alla borghesia agraria. Importa poco che il re non si curi di celare la propria antipatia verso ufficiali e funzionari murattiani: nella sostanza, poiché discriminazioni effettive non se ne lamentano, essi sono acquisiti al nuovo regime. Canosa cerca invano di rafforzare le proprie posizioni, scatenando contro la carboneria un nugolo di agenti provocatori annidati nella setta dei «calderari»: nel maggio dello stesso anno, si vede costretto a presentare le dimissioni.

Con minore successo, Medici cerca di arginare le pressioni che Ferdinando, angosciato dalla prospettiva della morte e suggestionato dal suo confessore, esercitá sul governo per indurlo ad un clamoroso riavvicinamento con la Santa Sede: dopo lunghe trattative con il cardinal Consalvi, il 16 febbraio 1818 si arriva alla firma di un concordato che compromette seriamente il carattere laico delle istituzioni, anche se garantisce alla «nuova classe» la convalida dell'acquisto dei vecchi beni ecclesiastici. Il Regno fa un tuffo nelle tenebre del confessionalismo di puro stampo spagnolo. Tutti i conventi soppressi dai francesi sono autorizzati, nella misura del possibile, a riaprire i battenti e tutte le proprietà delle comunità religiose sono dichiarate sacre ed inviolabili anche per il futuro. Il foro ecclesiastico viene ripristinato non solo per le cause dei chierici ma per quante altre siano previste dal concilio di Trento. Ai vescovi, che vedono accresciute le diocesi da 43 a 109, si conferiscono amplissime facoltà: l'arma della censura contro tutti coloro che trasgrediscono ai codici e ai canoni sacri; la libertà di comunicare senza autorizzazione con la Santa Sede; il diritto di impedire stampa, pubblicazione ed importazione di libri ritenuti contrari alla dottrina. Per tutta contropartita, soltanto l'obbligo di prestare al re il giuramento di fedeltà ed obbedienza, con l'impegno di astenersi da attività atte a turbare la pubblica quiete. L'articolo 12 riconosce la religione cattolica apostolica romana come il solo culto consentito nel Regno; ed è il suggello al totale ripudio non solo del Decennio o della repubblica partenopea, ma dello stesso Settecento borbonico: Ferdinando ha rinnegato completamente suo padre.

Medici non approva la virata, ma non è neppure uomo da impegnarsi strenuamente su un problema ideologico. Il suo obiettivo di fondo è il risanamento del bilancio, ed in questo quadro egli conduce una tenace battaglia diplomatica con Vienna per ottenere lo sgombero graduale delle truppe di occupazione, che tuttavia saranno ritirate completamente soltanto nel 1827. Corte e governo si cullano nell'illusione di restaurare il vecchio ordine in un clima ovattato di blanda tolleranza e di totale anestesia politica, anche se i pochi eventi drammatici sono fronteggiati con una certa energia: un'epidemia di peste, scoppiata in Puglia nel novembre 1815, è prontamente circoscritta e debellata; il San Carlo, distrutto da un violentissimo incendio una sera del febbraio 1816, viene ricostruito in meno di un anno, grazie all'impegno dell'architetto Niccolini e all'iniziativa del famoso impresario Barbaja; la prima nave a vapore che solchi le acque del Mediterraneo, è varata nei cantieri borbonici nel 1818, cosí come cinque anni piú tardi sarà costituita a Napoli la prima compagnia di navigazione. Meno efficace la reazione ministeriale ad una grave carestia che colpisce i consumatori piú poveri e contro cui il governo preordina le solite provvidenze di tipo protezionistico, fatte su misura per favorire i produttori e gli accaparratori di grano. Un danno serio all'economia napoletana deriva anche dalla conclusione di trattati commerciali con le grandi potenze marittime, alle quali si concedono condizioni di privilegio che ne favoriscono le importazioni nel Regno.

Ferdinando non si cura di questi dettagli. Continua a praticare la caccia e la pesca, suoi passatempi preferiti, ma dedica gran parte del suo tempo alla moglie, indirizzandole lettere piene di tenerezze o consacrandole ore di serena felicità negli splendidi recessi della Floridiana, la villa che le ha regalato sul Vomero, facendola favolosamente abbellire dal Niccolini con una teoria di giardini, di terrazze, di laghetti e rovine artificiali, non escluso un curioso serraglio di bestie feroci e di innocui, eccentrici canguri. Esultante per la conclusione del concordato, il patriarca si reca a Roma per onorare il papa, portando con sé non soltanto la duchessa di Partanna ma anche una piccola compagnia teatrale di suo gusto, che tuttavia non entusiasma gli spettatori locali. Al ritorno, Ferdinando è accompagnato da Carlo VI, l'ex re di Spagna: i due fratelli sembrano attaccatissimi, ma quando Carlo, pochi mesi dopo, si ammala gravemente e muore, il Borbone napoletano apprende la notizia con filosofico cinismo, senza nemmeno interrompere la partita di caccia in cui è impegnato a Persano. Nella primavera del 1819, riserva grandiose accoglienze all'imperatore d'Austria e al principe di Metternich, in visita «di diporto».

Questa atmosfera idilliaca è solo apparente: la situazione è assai diversa da come vorrebbero i fautori della Santa Alleanza. La fine del blocco continentale e l'emancipazione dell'agricoltura russa hanno determinato un impetuoso sviluppo dell'economia europea, in un regime di concorrenza che Napoli non è assolutamente in grado di sostenere, sia per la scarsa indipendenza politico-militare del suo governo, sia per la fragilità delle strutture socio-economiche. Alla carenza assoluta dell'iniziativa privata non possono certo sopperire gli astratti progetti di potenziamento dall'alto dell'industria nazionale, esposti dal principe Francesco al padre in una «memoria» redatta pressappoco con gli stessi criteri che trent'anni prima hanno suggerito a Ferdinando la fondazione della colonia di San Leucio. Il ceto commerciale, per suo conto, è esposto senza difesa ai contraccolpi del libero scambio che le potenze egemoni, con l'Inghilterra alla testa, impongono al Regno attraverso i trattati del 1818: armatori e marinai protestano contro accordi che costano una perdita secca di 200 000 ducati all'anno, mentre gli operatori piú avveduti possono proporsi tutt'al piú di orientare i propri traffici sui mercati minori del Levante o di trasformare il porto di Napoli in un punto d'appoggio per il commercio straniero.

Al centro della contraddizione tra passato e futuro si trova, però, essenzialmente la borghesia agraria, il solo gruppo che abbia beneficiato in misura quasi esclusiva della parziale eversione della feudalità, anche se rimane tuttavia tagliato fuori dal potere per l'assolutismo del re. È la carestia del 1816 a smuoverla dall'inerzia: costretta dalla politica annonaria del Canosa ad intensificare la produzione, si trova i magazzini congestionati di scorte granarie proprio nel momento in cui i trattati commerciali fanno saltare ogni protezione doganale. Il crollo dei prezzi la pone di fronte ad una drammatica alternativa: trasformare radicalmente le colture, limitando quelle cerealicole al minimo indispensabile per sviluppare invece vite, gelso, ulivo, ossia tutti quei tipi di prodotti che restano competitivi a livello mondiale; ovvero trincerarsi a difesa della rendita tradizionale, puntando sulla partecipazione al potere per meglio salvaguardare i propri interessi. La prima soluzione, che schiuderebbe al Mezzogiorno d'Italia notevoli possibilità di sviluppo viene scartata per mancanza di mezzi, di prospettive e di coraggio: sua condizione necessaria sarebbe un drastico mutamento delle strutture, anche politiche, su cui poggia da secoli l'assetto del Regno, col rischio di un radicale rivolgimento. Ma anche alla seconda soluzione si arriva a fatica e con una visione assai angusta degli obiettivi da perseguire, che per la grande maggioranza dei «galantuomini» consistono soprattutto in una riduzione dell'imposta fondiaria, senza salti nel buio.

Sono questi i termini ed i limiti entro cui matura la rivoluzione del 1820-21, propiziata dalla crescente diffusione della carboneria e dal peso preponderante che nelle sue file viene ad acquistare la classe dei «possidenti». Gli interessi economici, ovviamente, non spiegano tutto. Nel movimento carbonaro vibrano componenti liberali e nazionalistiche che rappresentano il retaggio ed insieme il superamento dell'eredità napoleonica, l'inquietudine romantica di una gioventú che non si arrende al tetro clima della restaurazione e non condivide l'involuzione dei burocrati murattiani, avvertendo confusamente le generose esigenze di rinnovamento dell'Europa piú moderna. Intellettuali, ufficiali e preti progressisti, sollecitati inizialmente dall'appoggio inglese, vanno allargando la rete delle «vendite», specialmente dopo le prime partenze delle truppe austriache, che il cavaliere de' Medici favorisce per ragioni finanziarie senza troppo preoccuparsi dei pur vistosi progressi della setta. Quando l'ammutinamento di Cadice, nei primissimi giorni del 1820, apre la strada al ripristino della Costituzione spagnola, l'entusiasmo dilaga nelle file dei cospiratori napoletani. Gli ultimi ritocchi al piano insurrezionale vengono apportati in coincidenza con un «campo» tenuto dall'esercito a Sessa Aurunca, in vista di un'operazione che dovrebbe scattare a fine maggio, ma per una serie di esitazioni e di intralci polizieschi è rinviata di qualche settimana.

È all'alba del 2 luglio che due giovani ufficiali di un reggimento di stanza a Nola, i sottotenenti Morelli e Silvati, in accordo con il prete carbonaro don Menichini, appiccano l'incendio, muovendo con un pugno di soldati e di settari sulla vicina Avellino, al grido di «viva Dio, Re, Costituzione!» La loro aggressività costringe il tenente colonnello De Concilj e le sue truppe ad unirsi piú o meno spontaneamente agli insorti, accolti con universale favore da una popolazione che è nutrita di tutti i rancori antichi e nuovi della provincia. A paralizzare la reazione del governo, intervengono il timore di suscitare la collera di Ferdinando e la diffidenza nei riguardi di Guglielmo Pepe, il generale murattiano che per ragioni di competenza territoriale sarebbe chiamato a spegnere il focolaio dell'insurrezione. Piú fidato sembra un altro esponente del Decennio, il Carascosa, a cui tuttavia si lesinano egualmente le truppe, che finiscono per essere distribuite su tre colonne, sotto comandanti diversi e quindi con un'efficienza troppo ridotta per impensierire i ribelli, arroccati sulle solide alture di Monteforte. L'insurrezione dilaga a macchia d'olio in tutte le regioni peninsulari del Regno e il fenomeno delle diserzioni assume proporzioni allarmanti quando il generale Napoletani, un ex sacerdote, e lo stesso Pepe abbandonano il campo governativo.

Il ritmo degli eventi diventa incalzante. La sera del 5, un gruppo di cospiratori si presenta al real palazzo, prende contatto con il duca d'Ascoli e gli impone di trasmettere a Sua Maestà un perentorio ultimatum: due ore di tempo per concedere la Costituzione delle Cortes o la rivolta investirà la capitale, la famiglia, la stessa persona di Ferdinando. Pur sbigottiti da tanta irriverenza, i cortigiani del Borbone cercano di guadagnare tempo e di intorbidire le acque, giacché come al solito non hanno né l'energia di fronteggiare la ribellione né il coraggio di accettarne le premesse politiche. L'editto che il patriarca firma il giorno seguente, accogliendo il «voto generale» nella nazione, contiene la semplice promessa di rendere pubbliche entro otto giorni le «basi» della nuova carta, col sottinteso che saranno diverse da quelle del documento approvato in Spagna. Subito dopo, Ferdinando compone un nuovo ministero e, come sempre nell'ora del pericolo, trasferisce al figlio primogenito tutti i poteri; ma ventiquattro ore piú tardi si vede costretto dall'indignazione popolare a compiere una precipitosa marcia indietro, che si traduce nella concessione della Costituzione di Spagna, «salve le modificazioni» che il Parlamento crederà di proporre per «adattarla alle circostanze particolari dei reali domini». Napoli accoglie l'evento con gratitudine o almeno con sollievo, compiacendosi del pacifico epilogo che ha avuto la rivoluzione-lampo: anche gli strati piú umili della popolazione intuiscono, pur nella loro sostanziale indifferenza, che il sommovimento rappresenta una garanzia di progresso. Sul momento, non suscita riserve nemmeno la composizione del nuovo governo, in cui si è fatta larga parte ad esponenti del Decennio come Zurlo e Ricciardi, accettati dal re e dai carbonari come il male minore, un ragionevole compromesso tra l'*amalgama* di Medici e l'estremismo democratico. Tuttavia, il duca di Campochiaro, che cura gli affari esteri, si affretta ad informare i governi alleati del radicale mutamento delle istituzioni, senza nascondere lo stato di necessità in cui è venuto a trovarsi il suo sovrano.

Il giorno 9 Guglielmo Pepe, esaltato dal facile successo, pretende ed ottiene il trionfo, celebrandolo con una pomposa sfilata attraverso le vie della capitale, uno spettacolo in tutto e per tutto degno del gusto teatrale comune a carbonari e reazionari indigeni. Apre il corteo il cosiddetto «squadrone sacro» formato dai primi rivoltosi di Nola, che precedono la maestosa galoppata del generale comandante e delle truppe regolari, a loro volta seguite dalle milizie civili e – scena madre della rassegna – da settemila carbonari addobbati con i fregi della setta e capeggiati dall'abate Menichini, che indossa l'abito talare ma è armato fino ai denti alla maniera del cardinale Ruffo. All'apparire di quest'ultima colonna dinanzi ai balconi della reggia, il povero vicario e i suoi fratelli si affrettano ad inalberare la coccarda con i colori rosso, nero e turchino cari ai settari, mentre il re ammalato per dispetto e per paura attende in camera da letto la visita di omaggio del vincitore. Quattro giorni dopo, il vegliardo giura solennemente fedeltà al patto costituzionale, invocando sopra di sé la disobbedienza dei sudditi e le maledizioni celesti in caso di mancamento. In attesa della convocazione del Parlamento, che terrà la sua prima seduta all'inizio del mese di ottobre, si insedia una giunta provvisoria di quindici membri, anche essi in grande maggioranza di estrazione murattiana.

A questo punto i carbonari e i burocrati del Decennio tengono virtualmente sotto controllo la situazione, contando sull'appoggio della borghesia terriera e sulla simpatia di altri numerosi strati della popolazione, contadini, militari, religiosi, commercianti, non pochi aristocratici e la stessa plebe cittadina. È proprio la base fortemente unitaria che ha assicurato al movimento rivoluzionario un successo cosí rapido, ma sarà altresí l'esigenza di conservare ad ogni costo questa stessa unità a rendere lenta e contraddittoria la realizzazione delle riforme, con la gravissima conseguenza di diradare i consensi popolari intorno al nuovo regime, nell'atto in cui Ferdinando lo tradirà e la controffensiva della Santa Alleanza ne comprometterà irreparabilmente la sopravvivenza. Ancora una volta, come nel 1799 e nel 1815, per non parlare della tragica e particolarissima esperienza di Masaniello, la fragilità intrinseca della democrazia napoletana cospirerà con l'accerchiamento diplomatico e militare della reazione europea, per condannarla al fallimento. E, con

Napoli, l'intero Mezzogiorno resterà inchiodato senza speranza al proprio sottosviluppo.

Molteplici sono gli elementi di debolezza anche sul fronte interno. Il blocco moderato che gestisce lo Stato costituzionale nei nove mesi della sua breve vita, resiste tenacemente alle spinte centrifughe che premono da ogni parte per disgregare il vecchio ordine: dalla provincia, dove si punta con vivace «esprit de localité» al totale decentramento amministrativo e magari politico; dalla base contadina, che comincia col pretendere il ribasso del prezzo del sale e passa ad invocare la liquidazione di tutti gli oneri che gravano sulla sua miserrima giornata; dalle avanguardie rivoluzionarie, che puntano su un'esasperazione delle tendenze democratiche ed anticlericali. La borghesia agraria deve difendersi naturalmente anche dal sabotaggio piú o meno dichiarato che viene al nuovo regime dalla corte, dalla burocrazia e dalla Chiesa, trincerata saldamente dietro le vantaggiose posizioni che le assicura il Concordato del 1818, ma con forze di questo tipo essa tende piuttosto ad allearsi, per farsene legittimare, che non ad inasprire i contrasti. Gli obiettivi che i grandi proprietari dei beni già feudali o ecclesiastici si pongono, sono pratici e limitati: anzitutto la riduzione della fondiaria, nella misura di un sesto; quindi, la trasformazione delle terre demaniali in proprietà private e la concessione di adeguati crediti per lo sviluppo, beninteso in senso tradizionale, delle colture. Il controllo degli strumenti di politica finanziaria garantisce la prosecuzione di questi obiettivi, ai quali si sacrificano gli stanziamenti per le spese militari persino nelle ultime settimane del regime, quando la mobilitazione generale sarebbe indispensabile per difendere la Costituzione e l'indipendenza del paese. Miopia, grettezza, paura del nuovo ispirano alla stessa stregua la rinuncia ad allacciare contatti con i movimenti rivoluzionari degli altri Stati italiani e, nel momento supremo, ad alimentare la guerra partigiana, come pure non ha temuto di fare Maria Carolina vent'anni prima.

Ma le mine su cui salta l'assetto costituzionale sono rappresentate soprattutto da fattori esterni al gruppo dirigente: la silenziosa ed inflessibile ostilità di Ferdinando, offeso nei suoi principî e nelle sue prerogative; la ferma volontà di Metternich di ristabilire l'ordine in un paese che, a differenza della Spagna, costituisce una grave minaccia per la tranquillità dei possedimenti austriaci in Italia; la grave turbativa dell'insurrezione che scoppia in Sicilia poco dopo l'epilogo di quella napoletana. L'isola non si è mai rassegnata a perdere i privilegi dell'indipendenza, tanto piú che la politica fiscale del Medici, la crisi economica e la coscrizione militare ne hanno accentuato il disagio. Moventi sociali ed impulsi autonomisti piú che secolari concorrono in parti eguali, a metà luglio, a provocare gravi tumulti che travolgono le truppe borboniche, costringendo il generale Naselli ad imbarcarsi velocemente per Napoli. Tuttavia, il fronte della rivolta non è compatto: salvo Girgenti, gli altri centri isolani rifiutano l'egemonia di Palermo, dove peraltro le «maestranze» e la plebe accentuano il carattere terroristico del movimento, spaventando nobili e borghesi. Ne approfitta il governo napoletano per rifiutare il riconoscimento dell'indipendenza, negando ai siciliani il diritto di costituire un proprio parlamento, e spedire a Messina un corpo di spedizione comandato dal generale Florestano Pepe, con il mandato di approfittare delle divergenze intestine per imporre una soluzione di compromesso. In effetti, dopo scontri violenti in campo aperto e nelle strade del capoluogo, una Giunta conciliante formata dal principe di Paternò, apre a Pepe le porte di Palermo il 6 di ottobre.

Cinque giorni prima, il Parlamento costituzionale ha tenuto a Napoli la sua seduta inaugurale con la partecipazione di tutti i deputati peninsulari e l'esclusione degli esponenti delle province ribelli. La campagna elettorale, le votazioni e la stessa vivacità dei dibattiti in aula rappresentano un momento indimenticabile, ancorché fuggevole, nella storia della democrazia napoletana. La popolazione guarda al Parlamento come ha guardato per secoli al sovrano, tutore dei suoi diritti contro i soprusi dei baroni, ma questa volta con una consapevolezza nuova della propria dignità civile. La partecipazione alle elezioni, allargata agli analfabeti, è «massiccia e disciplinata» e anche se nella stragrande maggioranza sono i proprietari e gli intellettuali ad essere eletti, non mancano coloni, artigiani, operai, seppure in numero troppo scarso per conferire all'assemblea un tono giacobino. L'invalicabile limite della sua composizione sociale finirà in pratica per condizionare tutta l'attività del corpo parlamentare. Ne offre una prova il primo problema di fronte a cui sono posti i deputati e cioè la ratifica degli accordi intercorsi tra Florestano Pepe e la giunta Paternò: il giudizio è nettamente negativo, il Pepe viene richiamato ed al suo posto si spedisce il generale Colletta con istruzioni molto severe, che saranno applicate inesorabilmente ma apriranno un incolmabile abisso di rancori e di frustrazioni.

I casi di Sicilia diventano, tuttavia, secondari rispetto al problema creato dall'atteggiamento ostile che le grandi potenze assumono senza indugi nei confronti del regime costituzionale. Metternich, che già il 25 luglio ha espresso esplicitamente la sua disapprovazione per i fatti di Napoli e adombrato l'eventualità di un intervento armato, convoca in ottobre a Troppau una conferenza delle potenze alleate per esaminare la situazione. La disertano soltanto gli inglesi che, pure, il giorno 6 dello stesso mese – probabilmente su invito degli ambienti di corte – spediscono una squadra navale nelle acque del golfo. Il ministro degli esteri napoletano ne sollecita ufficialmente il ritiro, ma scongiura a quattr'occhi l'ambasciatore 'A Court di non accettare la richiesta, tanto la lealtà costituzionale del governo rassomiglia a quella di Ferdinando. Lo stesso cinismo ispira i rapporti tra gli alleati: la conferenza di Troppau esclude dalla Santa Alleanza «gli Stati che hanno subito un cambiamento di governo dovuto a rivoluzione» ed il governo inglese proclama di disapprovare in linea di principio la decisione, mentre nella sostanza lascia mano libera agli austriaci per l'intervento militare. Prima di tradurlo in atto, Metternich si preoccupa di mettere in salvo il vecchio re, invitandolo a recarsi a Lubiana per partecipare ad un convegno con l'imperatore, lo zar e il re di Prussia.

Ferdinando, che sarebbe felicissimo di partire su due piedi, è costretto ad investire della questione il Parlamento e lo fa con un ambiguo messaggio, nel quale promette di garantire al ritorno una carta costituzionale qualsiasi, assicura l'impunità per i moti di luglio e chiede di essere accompagnato in Slovenia da una delegazione di quattro deputati. Per due giorni Napoli e molte località provinciali sono sconvolte dall'indignazione dei carbonari, risoluti ad impedire con tutti i mezzi la partenza del sovrano e la sconfessione della Costituzione spagnola. Di fronte alla collera della piazza, la maggioranza parlamentare si spaventa anziché rincuorarsi e prende per buono un secondo messaggio del re, che stavolta assicura di recarsi a Lubiana per difendere il patto costituzionale proclamandosi pronto, in caso di insuccesso, a rientrare in patria per combattere intrepidamente contro l'invasore. Accusato di tramare contro il regime, il governo è costretto a dimettersi, ma il vecchio sovrano ottiene il permesso di partire senza l'accompagnamento di alcuna delegazione, enuncia altre spudorate promesse in una lettera indirizzata al figlio e s'imbarca quindi il 14 dicembre su un vascello inglese che lo porterà verso il Nord.

In realtà, governo, Parlamento e carboneria sono sconcertati dinanzi alla minaccia di una rappresaglia austriaca. Sul piano diplomatico, Napoli non può contare su alcun alleato: Francia e Prussia sarebbero inclini ad offrire un certo appoggio, in odio a Metternich, ma lo condizionano ad una revisione costituzionale in senso conservatore; l'Inghilterra è interessata al mantenimento dello *status quo* nella penisola, per il timore di veder alterato l'equilibrio continentale. La sola direzione in cui varrebbe la pena di muoversi è quella suggerita dall'ala estrema della carboneria, che lavora concretamente per un'intesa con i movimenti rivoluzionari nelle Legazioni e in Piemonte, ed otterrebbe forse interessanti risultati senza l'opposizione dei costituzionali e dei ministri murattiani, allergici ad ogni illusione indipendentista dopo l'amara esperienza del proclama di Rimini.

Quanto al Parlamento, esso viene aggiornato a fine gennaio, dopo una sessione travagliata ma non sterile. In cooperazione con il governo, i deputati hanno affrontato ed affronteranno anche nelle successive sedute problemi di notevole complessità, come la soppressione dei maggioraschi, la liquidazione della feudalità in Sicilia e soprattutto la riforma amministrativa, ispirata a coraggiosi princìpi di decentramento democratico anche se elaborata con fatale ritardo. Battaglie meritorie, nonostante gli accesi contrasti ed il ristrettissimo margine di tempo a disposizione, sono condotte per il miglioramento della pubblica istruzione e per l'affermazione della libertà di stampa, insidiata aspramente dagli ambienti clericali che fanno capo al cardinale arcivescovo Luigi Ruffo. I rapporti con la Chiesa occupano, del resto, numerosi ed animatissimi dibattiti particolarmente riguardo al rigido confessionalismo dell'articolo 12 della Costituzione spagnola. Le forti resistenze dei vescovi e della corte, sulla quale Pio VII opera insistenti pressioni, finiscono per disarmare su questo punto la pattuglia anticlericale, che tuttavia si prende una rivincita con l'abolizione del foro ecclesiastico e la vittoriosa difesa della libertà di espressione. Meno brillanti, e se ne sono già accennati i motivi, le deliberazioni in materia di riassetto dell'agricoltura e del bilancio, due capitoli inesorabilmente bloccati dall'egoismo del ceto proprietario e dalle enormi difficoltà esterne.

Il rullo compressore austriaco si mette in azione rapidamente. Mentre a Lubiana Ferdinando denuncia la violenza di cui è stato vittima aderendo senza riserve alla spedizione punitiva, Metternich dà ordine al generale Frimont di varcare il Po e penetrare in territorio pontificio. Cinque giorni dopo, il 9 febbraio, il nuovo ministro degli esteri Del Gallo torna dalla Slovenia per portare al suo governo l'intimazione della resa incondizionata. Francesco, regio vicario, si atteggia per il momento a strenuo paladino del regime: convoca il consiglio supremo, affida la difesa del Garigliano a Carascosa e quella degli Abruzzi a Guglielmo Pepe, nomina capo di stato maggiore l'altro Pepe, Florestano, e Pietro Colletta ministro della guerra. Convocato in seduta straordinaria, il Parlamento ascolta con emozione un nobile discorso di Giuseppe Poerio e, proclamando l'illegittimità dell'intervento straniero, decreta all'unanimità lo stato di belligeranza. Purtroppo l'impreparazione e l'indisciplina quasi generali, i dissensi tra carbonari e murattiani, la scarsezza di armamenti e la povertà di mezzi finanziari rendono inconsistente un'armata dietro cui, per la lentezza e la prudenza delle riforme, le masse non accennano neppure a mobilitarsi. Accelera la fine una temeraria iniziativa di Guglielmo Pepe, che il 7 marzo opera una puntata verso Rieti pretendendo di cogliere gli austriaci di sorpresa e venendone invece duramente battuto.

Caduta Antrodoco il giorno 10, l'invasore dilaga negli Abruzzi. Mentre la frana si allarga al fronte del Garigliano, giungono il 17 a Napoli le prime notizie della rivoluzione liberale in Piemonte, ma, Francesco e il capo della polizia, riescono ad impedirne la divulgazione fino all'arrivo delle truppe straniere. Il panico si impadronisce dei carbonari e della popolazione: il giorno 19, Poerio riesce faticosamente a racimolare in Parlamento soltanto ventisei deputati con i quali sottoscrive una solenne e coraggiosa protesta «contro la violazione del diritto delle genti», rivendicando la legittimità delle funzioni assolte, «conformemente al giuramento del re» e degli stessi deputati. Due giorni dopo, mentre tutti i democratici compromessi col regime si nascondono o espatriano con passaporti inglesi, due battaglioni della guardia evacuati da Capua fanno irruzione in città inneggiando a gran voce al re e sbeffeggiando la Costituzione. Il 23 marzo, gli austriaci occupano la capitale.

Per Napoli è la restaurazione definitiva. Nonostante i consigli di moderazione dello stesso Metternich, prim'ancora di rientrare nella sua capitale Ferdinando sceglie il principe di Canosa per trarre vendetta degli aborriti liberali, includendo nel numero tutti i sudditi che gli hanno procurato dispiaceri dal 1793 in poi. I fatti del Piemonte ed un'impennata dei carbonari a Messina accrescono la collera del patriarca, che lascia mano libera a Canosa per instaurare un duro regime di polizia, articolato nel divieto di ogni riunione, nel disarmo dei privati, nell'imposizione di taglie sugli ex ribelli di Monteforte, nella formazione di «giunte di scrutini» che epurano spietatamente i quadri della burocrazia e stanano i dirigenti costituzionali. A edificazione della plebe cittadina si ripristina il costume di frustare in pubblico corteo con una «sferza di funi e chiodi» i rei di lesa maestà, mentre in provincia le corti marziali lavorano a tutto vapore. Incoraggiamenti e premi vengono prodigati ai delatori, anche nelle file dell'esercito. Non meno drastica è la repressione culturale: si condannano al rogo tutti i libri messi all'indice, le opere dei grandi enciclopedisti, perfino il catechismo ufficiale del 1816 ispirato al pensiero del Bossuet. Sui libri stampati all'estero si fa gravare un dazio cosí pesante da scoraggiarne l'importazione, con rovinose conseguenze per i rivenditori. Tornato in patria a metà maggio, il re bigotto non frappone indugi a ristabilire il monopolio ecclesiastico sulla pubblica istruzione, a restituire ai gesuiti beni ed influenza politica, a riaprire i conventi. L'assiduità alle pratiche religiose diviene elemento discriminante anche per far carriera a corte e nell'amministrazione dello

Stato. Una tetra muraglia torna ad alzarsi fra Napoli e l'Europa, ricacciando i gruppi democratici nelle angustie della cospirazione ed il popolo nell'abbrutimento di un folkloristico sottosviluppo, materiato di miseria, di superstizione e di rassegnate evasioni sentimentali.

Ferdinando si avvia, intanto, a chiudere la sua lunghissima avventura terrena. La necessità di rinsanguare le casse dell'erario lo costringe a ricorrere ad un prestito della banca Rotschild, ma Rotschild esige la garanzia del ritorno di Medici al ministero delle finanze e questo ritorno è incompatibile con la permanenza al governo di Canosa, il quale è costretto a restituirsi, e questa volta definitivamente, all'esilio. Non giova, tuttavia, il cambio della guardia, ad attenuare la virulenza della vendetta borbonica: Morelli e Silvati finiscono sulla forca, decine di detenuti politici sono avviati agli ergastoli di Pantelleria e di Santo Stefano, centinaia di proscritti prendono la via dell'esilio in Europa, nel Nord-Africa e perfino nelle due Americhe. Nel frattempo, il congresso di Verona decide la liquidazione dell'assetto costituzionale anche in Spagna, dove Ferdinando VII viene riportato sul trono dalle baionette francesi e la persecuzione degli elementi liberali è ancor più efferata.

Il re di Napoli, che ha partecipato al congresso ed ha compiuto altresí un estenuante viaggio in una Vienna travagliata da un inverno eccezionalmente rigido, si ammala una prima volta alla fine del 1824, ma sembra rimettersi completamente e si restituisce ai suoi passatempi preferiti, fra teatro e caccia, giochi delle carte e devozioni serali. La mattina del 4 gennaio 1825, però, cortigiani e familiari attendono invano la chiamata del sovrano e quando penetrano allarmati nella sua stanza, scoprono il letto sconvolto, il corpo del vecchio orribilmente attorcigliato nelle lenzuola, gli occhi sbarrati ed il viso contratto in un ultimo, inascoltato grido di aiuto. Un editto di Francesco I partecipa alla nazione la ferale notizia della morte per apoplessia del figlio di Carlo III, il monarca che ha regnato per oltre sessantacinque anni sulle terre al di qua e al di là dello Stretto, che ha perduto tre volte il potere assoluto e che tre volte, testardamente, lo ha riconquistato.

2

Fuga in Italia

Il fallimento della rivoluzione carbonara segna una tappa determinante nella storia della disgregazione di Napoli come entità nazionale autonoma. Per i gruppi che si raccolgono intorno al trono, si tratta di scegliere definitivamente come sistema di organizzazione politica l'assolutismo dispotico, appena temperato dal bonario paternalismo dei Borboni; per la minoranza liberale, di accettare senza rimedio la propria impotenza a rammodernare dall'interno le strutture del paese e volgersi quindi gradualmente alla causa dell'indipendenza italiana, fino ad abbracciarla in maniera esplicita nel 1848, rassegnandosi beninteso a svolgere nel suo ambito una funzione subordinata rispetto all'iniziativa e agli stessi interessi di casa Savoia. La polemica che infurierà per decenni, anche dopo l'unificazione, fra i nostalgici della dinastia indigena e gli apologeti della rozza soluzione piemontese, rimane del tutto estranea al nucleo essenziale del problema, il quale sta nella liquidazione di un popolo come portatore di una civiltà originale: una sorta di genocidio morale, che non diventa piú accettabile per il fatto di comportare un numero relativamente esiguo di vittime e di essere celebrato dagli stessi napoletani tra suoni, canti e battute salaci, al modo dei funerali negri di New Orleans.

La rinuncia allo scatto rivoluzionario, e persino ad una evoluzione graduale, non implica soltanto un arretramento generale sul terreno economico sociale e politico nei confronti dell'Occidente europeo e degli Stati padani, ma anche una paurosa stagnazione culturale che a sua volta, in un futuro prossimo e remoto, condizionerà severamente le caratteristiche, lo sviluppo, la stessa sopravvivenza della nazione napoletana. Anche l'intraprendenza di Ferdinando II, il monarca piú dinamico che la dinastia abbia avuto dopo Carlo III, sarà irrimediabilmente frustrata dalla sua vocazione provinciale, ammantata volta a volta di arguzia plebea, di ferocia poliziesca e di angusto campanilismo. L'acqua salata che circonda il Regno da tre parti e l'acqua santa che, secondo il celebre motto del «re Bomba», completa l'accerchiamento da nord, equivalgono in qualche modo alla muraglia che il dominio spagnolo ha eretto per due lunghi secoli tra Napoli e l'Europa. I messaggi che ora, in verità, vi filtrano con grande abbondanza grazie al progresso dei mezzi di comunicazione, all'invenzione del vapore e del telegrafo elettrico, alla dilagante moda dei viaggi, alla proliferazione dei giornali, sono ignorati o fraintesi dalla grande maggioranza della popolazione. Fanno eccezione pochi intellettuali e i pochissimi fautori del partito italiano, garanti fino all'eroismo di una tradizione che risale al Vico e a Giannone, ma condannati ad un isolamento che finirà per comprometterne il peso politico anche dopo il 1860.

Lo sdegno di Giacomo Leopardi dinanzi al desolante paesaggio della cultura napoletana, anche se eccessivo e nevrotico, non è del tutto immotivato. Si è già accennato alla modestia dei risultati letterari nei quarant'anni a cavallo del secolo. Il panorama non muta nel periodo che corre dalla morte di Ferdinando I all'epilogo della prima guerra d'indipendenza contro l'Austria. La città reagisce faticosamente e talora perfino goffamente alle sollecitazioni del movimento romantico, la cui «lugubre ispirazione» contrasta fra l'altro con la sua indole ottimistica e conciliante. Colpisce particolarmente, in questo periodo, lo squilibrio tra il fervore dell'impegno e il livello delle opere: la Napoli romantica scrive, compone, dipinge con un ritmo frenetico ma ci lascia ben pochi documenti poetici degni di ricordo. Alla prontezza con cui si recepiscono i modelli estetici del momento, non corrisponde il vigore di un'elaborazione creativa, perché manca l'ambiente capace di tradurli in un discorso che investa globalmente il gusto, l'arte, la cultura del paese.

La fantasia napoletana è colpita piuttosto dagli aspetti piú esteriori dell'infatuazione di moda, che non dalle sue motivazioni di fondo. Qualche volta sono i visitatori stranieri a valorizzare certi fenomeni locali, dilatandone i significati con un atteggiamento misto di simpatia e di vago, inconsapevole razzismo: si consolidano proprio in questo ventennio i peggiori pregiudizi sul folklore partenopeo, sull'infingardaggine e la furbizia dei nativi, sulla loro presunta vocazione musicale. I viaggiatori nordici si innamorano dei briganti e delle cantanti del San Carlo, esaltano il mito dell'arte popolare, studiano gli usi, i costumi, il dialetto, le tradizioni, scoprono la tarantella e la jettatura, si mescolano con gaio sbalordimento alle tumultuose feste e alle travolgenti cerimonie religiose, prestano ascolto incantati alle voci e ai richiami dei venditori ambulanti, analizzano con minuzioso entusiasmo gli inverosimili mestieri che i lazzaroni hanno inventato per campare la giornata. Da Stendhal a Dumas, da Kopish a De Bourcard, da Rossini a Donizetti, non c'è aspetto della vita locale che non incuriosisca, diverta, commuova gli ospiti illustri, sia pure ad un livello inconsapevolmente coloniale. Piú in generale, però, sono le mode straniere a conquistare il favore del ceto medio che, dopo il decennio francese e i relativi sommovimenti sociali, è piú aperto alle influenze esterne, anche se soltanto in superficie, e vuole sentirsi all'altezza della borghesia delle grandi capitali europee.

Fioriscono, nei caffè piú accorsati e nei salotti piú celebri, le conversazioni, le polemiche, i dibattiti sulle ultime novità letterarie e sulla pubblicazione di giornali di ogni risma. Il tono dei trattenimenti è piuttosto ingenuo: si leggono i versi piú appassionati, si gioca al «fatto storico», si danza al suono della polka, il ballo che imperversa a Parigi, e si ascolta con religioso raccoglimento la feconda produzione di Ernesto L. Coop, il pianista che rovescia sul capo dei suoi ammiratori torrenti di notturni, di «rêveries», di «pensieri lugubri» in perfetta armonia con lo spirito del secolo. Un grottesco ritorno al gotico come equivalente di un Medioevo impregnato di misticismo e di purezza, si combina con la voga di un Oriente immaginario, per ispirare nelle forme piú bizzarre l'arredamento, l'architettura, la scenografia teatrale. Le eroine femministe di George Sand diventano popolari quanto gli innamorati infelici di Paul de Cock. Con le riviste serie, dove si dibattono problemi di alto impegno, irrompe sul mercato una miriade di pubblicazioni pettegole o addirittura volgari, mentre poeti e parodisti sfogano il loro estro nella compilazione di «strenne» che incontrano tanto piú successo quanto piú riflettono il fondo sentimentale e bonario dell'indole napoletana, la sua tendenza a cogliere soprattutto gli aspetti bozzettistici della realtà.

Il contributo alla letteratura romantica è appena volenteroso. Poeti e romanzieri sono aperti agli influssi dei maggiori autori contemporanei, ma si fanno apprezzare esclusivamente per la nobiltà delle intenzioni, anche se godono dell'universale stima dei frequentatori di caffè, redazioni e salotti cittadini. Non soltanto Byron, Schiller o Manzoni, ma persino Berchet e Giusti rimangono modelli irraggiungibili per le elette dame, gli onesti patrioti e i pensosi ingenui, i Poerio e le Guacci-Nobile che si dilettano di belle lettere. Quando Balzac inizia la sua colossale produzione in serie, il solo a raccoglierne l'eco a Napoli è il giovane Francesco Mastriani che affastella i primi capitoli della sua «narrativa lutulenta». Il corrispondente locale di Alessandro Dumas padre è uno spiritoso cialtrone, Pier Angelo Fiorentino, che finirà tra i suoi *negri* a Parigi, dopo avergli suggerito le pagine piú amene del «Corricolo», spudorato «reportage» su una Napoli che il papà dei Tre Moschettieri ha appena intravisto passando di volata per pochi giorni attraverso i suoi vicoli. (Piú tardi, però, parteciperà in modo assai piú documentato e responsabile alla polemica sui problemi cittadini). I fantasmi di Walter Scott e i gobbi di Victor Hugo scatenano l'entusiasmo dell'intelligenza partenopea, senza stimolarne purtroppo il talento, né ottengono miglior fortuna i promessi sposi del grande lombardo, i campioni della disfida di Barletta e gli eroi di Tommaso Grossi. Tutt'al piú, si produce una fioritura di romanzesche rievocazioni delle patrie vicende, dai tempi lontanissimi del ducato a quelli cosí vicini e roventi dell'epopea napoleonica. Tutto sommato, la testimonianza piú interessante del ventennio è rappresentata da giornalisti come i Rocco, i Torelli-Viollier, i Bideri ed altri brillanti osservatori di un ambiente che, per essere limitato e mediocre, non è meno vivace, gradevole e pittoresco.

Poco piú rilevanti i risultati nel dominio delle arti. Stefano Gasse e Bertel Thorvaldsen non bastano a riportare l'architettura locale ai vertici degli ultimi due secoli. Dopo Giuseppe Cammarano e lo Smargiassi, una presenza incisiva nella pittura segna Domenico Morelli, che condensa nelle sue tele ambigue e sensuali le esperienze piú immaginose dell'epoca, dalla passione per i poemi ossianici al culto della Bibbia, dalla rilettura del Tasso alla riscoperta di Shakespeare. Quando i maestri napoletani si ribellano all'accademismo, in nome di una maggiore sincerità artistica, il loro lavoro prende quota. Ad orientarli è l'insegnamento di un olandese, Antonio Pitloo, che tiene per quindici anni la cattedra di paesaggio all'Istituto di Belle Arti, in coincidenza con le prime affermazioni di Filippo Palizzi, sensibile animalista, e dei suoi fratelli. Pitloo induce i suoi allievi ad abbandonare il chiuso delle aule per ritrovare all'aria aperta l'amore della natura, la dolcezza del cielo azzurro e della campagna, l'incanto delle marine e del panorama napoletano, dei suoi tipici terrazzi pieni di sole, delle sue antiche chiese, dei suoi colli luminosi. Nasce cosí la scuola di Posillipo, il cui maggiore rappresentante Giacinto Gigante anticipa il gusto degli impressionisti, forse con una tecnica approssimativa ma anche con un senso trepidante ed idilliaco del piccolo mondo a cui ormai la città affida la sua nostalgia. Il guaio di questi pittori è che sono entrati già nella logica del mercato, lavorano soprattutto per i visitatori stranieri e sacrificano troppo spesso la ricerca stilistica all'effetto emotivo. La loro fama, nel tempo, rimarrà circoscritta ad una cerchia piuttosto ristretta, pur se riscalderà il cuore napoletano per molte generazioni avvenire.

Dopo le ultime, clamorose schermaglie fra i seguaci di Paisiello e quelli di Cimarosa, l'originalità creativa degli artisti locali si affievolisce irrimediabilmente nel dominio della musica. La frivola ispirazione dell'opera buffa e il costume divistico del melodramma tradizionale rimangono estranei in egual misura alla serietà dell'ispirazione romantica, né prende piede nella città la voga dei concerti, ritenuti estranei al gusto nazionale. Intatto rimane, semmai, il fervore delle polemiche tra il conservatorio e i teatri, dove Rossini azzarda le sue prime innovazioni rivoluzionarie, Bellini fa tutte le sue prove piú alte in collaborazione con il librettista Felice Romani, e Donizetti esplica per circa vent'anni la sua fecondissima opera: l'iniziativa del grande impresario Barbaja attira al San Carlo i migliori compositori del momento e con essi gli astri del canto, dalla Malibran a Giuditta Pasta, al basso franco-partenopeo Léblanche. Nel 1845 Giuseppe Verdi esordisce al San Carlo con l'*Alzira*, dopo aver rivelato già il suo genio nel *Nabucco* e nell'*Ernani*, otto anni prima di esplodere nel capolavoro esemplare del romanticismo italiano, la *Traviata*. Tra i maestri indigeni, il solo a conquistare una fama perfino esagerata è il pugliese Saverio Mercadante, che dirigerà il conservatorio di San Pietro a Majella dal 1840 al 1870, esercitando un'influenza di primo piano sulla cultura musicale.

A cantare, per dirla retoricamente, non rimane che il popolo, fedele al suo mare, alle sue feste, ai suoi strumenti, e convocato anno per anno, in occasione della Piedigrotta, ad ascoltare le canzoni antiche e nuove: *Fenesta ca lucive*, attribuita addirittura a Bellini forse per inconsapevole riferimento alla lontanissima origine siciliana della struggente melodia; *Te voglio bene assai* di Raffaele Sacco, che il Settembrini ricorderà come l'avvenimento piú memorabile del 1839, l'anno in cui si inaugura la prima ferrovia a vapore; *Santa Lucia* di Cossovich e Cottrau, che inizierà dieci anni dopo un favoloso viaggio attraverso tutti i continenti. Quest'arte minore attinge talora a risultati di autentica poesia, ma trova un limite invalicabile nella vena ingenua e patetica di una piccola borghesia che è già condannata dalla storia a rifugiarsi nell'idillio. Negli stessi limiti resta la commedia dialettale, che nel ventennio romantico fiorisce soprattutto grazie al prolifico talento di Filippo Cammarano, alle sensazionali trovate di Orazio Schiano e alle rielaborazioni cronistiche di Pasquale Altavilla. Nel 1852 comincia la carriera del piú grande pulcinella del secolo, Antonio Petito, cresciuto sulle stesse tavole del Sancarlino dove Cammarano ha ereditato la maschera di suo padre, «Giacola», e l'ha proiettata, con un numero incredibile di commedie, nel vivo di tumultuose avventure alla moda, in ambienti che rievocano indifferentemente i poemi omerici come le storie dei briganti, le leggende medievali come le fiabe arabe. Sono canzoni e teatro di consumo, prodotti per appagare le esigenze di un'organizzazione commerciale già scaltrita, anche se la qualità degli interpreti e specialmente degli attori meriterebbe ben altro impegno.

È soltanto in una cerchia relativamente ristretta di studiosi e di cospiratori politici che le voci piú alte del pensiero europeo trovano un'eco adeguata, anche se a questo punto il timbro del discorso è ormai mutato e le superstiti illusioni di promuovere un'evoluzione autonoma del paese in senso liberale sono destinate ad infrangersi sulle barricate del maggio 1848. Il rinnovamento filosofico precede e prepara la rivoluzione, sia per il soffio di idee radicali che introduce nell'ambiente, sia per la particolare interpretazione che dà della grande lezione tedesca. A spazzare via i residui delle ideologie settecentesche arriva il criticismo kantiano che, nel magistero di don Ottavio Colecchi e del Galluppi (titolare all'università dal 1831), diventa soprattutto un imperativo morale, quel rigoroso modello di comportamento al quale si ispirerà appunto la generazione dei Settembrini e dei Poerio. Dopo il 1840, la traduzione degli studi di Victor Cousin sui giganti del romanticismo germanico suscita l'entusiasmo dei giovani intellettuali napoletani, disposti soprattutto a coglierne il messaggio di libertà e di patriottismo. Il dibattito sulla monumentale testimonianza di Hegel, che piú tardi troverà nel De Sanctis e in Bertrando Spaventa i suoi protagonisti piú autorevoli, ha anche il merito di risvegliare l'interesse per la *Scienza Nova*: Vico, naturalmente, viene riletto in chiave romantica in omaggio «alla sua fede nella storia e alle possenti aperture sul mondo primitivo»; ma anche in questo caso le remore religiose e politiche soffocano il processo dialettico. Il profondo ripensamento del passato rimane un'ipotesi letteraria, senza diventare strumento di lotta per una trasformazione globale della realtà.

Non è solo il ritorno alla tradizione vichiana o l'influenza tedesca a sollecitare gli studi di storia e tutte le discipline complementari, come l'archeologia, che concentra sugli scavi di Pompei le osservazioni penetranti di Francesco Alvino e di Giuseppe Fiorelli, attirando sull'arco del golfo i Mommsen e i Winckelmann. Le vibranti pagine di Guizot, di Michelet, di Sismondi trovano appassionata risonanza nell'opera principale di Carlo Troya, *La storia d'Italia nel Medio Evo* che è un'esaltazione del ruolo assolto dal papato come erede della civiltà di Roma e nemico dei barbari longobardi. Vi confluiscono la stessa tendenza neoguelfa che ispira il «Primato» giobertiano ed una forte carica di nazionalismo, ormai decisamente orientato verso l'affermazione dell'indipendenza italiana. Il ponderoso medievalista, che nel 1844 fonda nella sua città una società storica, testimonia anche di persona la propria fede liberale, trascorrendo molti anni in esilio dopo la rivoluzione del '21 e partecipando a quella del '48, anche se nelle file dell'ala piú prudente in nome della quale presiederà il governo costituito il 3 aprile.

Restano invece fedeli ad interessi municipali del tutto estranei al mito romantico, Bartolomeo Capasso che in questi anni si viene formando ad un duro lavoro filologico sulle fonti, Mariano d'Ayala autore di interessanti biografie, e Luigi Blanch autorevole specialista di scienze militari. Un ponte gettato tra passato e futuro, tra rimpianto per il naufragio della nazione napoletana e speranza nella indipendenza della penisola, è la *Storia del Reame* di Pietro Colletta, che il vecchio generale di Murat scrive in esilio senza disporre di fonti e che il suo amico Gino Capponi stampa a Capolago nel '34, tre anni dopo la sua morte. L'opera di Colletta s'impone immediatamente come un documento di straordinario vigore letterario e morale anche se assai discutibile sotto il profilo tecnico per la manifesta tendenziosità, l'imprecisione di infiniti particolari, la sproporzione tra le parti, il taglio concitato della narrazione; e contribuisce in misura rilevante alla formazione della minoranza liberale che si riallaccerà idealmente, anche se in termini aggiornati, al proclama di Rimini. L'ex ministro di Gioacchino ha documentato orgogliosamente il primato napoletano nella promozione del moto per l'indipendenza italiana: per taluni dei suoi ideali discepoli, dopo l'avvento di Ferdinando II, quest'orgoglio si trasforma nell'illusione di trovare nel giovane re il condottiero della guerra contro l'Austria, in accordo o in concorrenza con suo cugino Vittorio Emanuele; e l'illusione sarà condivisa anche da patrioti marchigiani ed emiliani.

Comunque è intorno a questo nucleo che, nel periodo a cavallo delle due rivoluzioni, si sviluppa il solo discorso serio nell'ambito di una cultura investita anch'essa, con la diffusione del messaggio di Gioberti, dall'esaltazione nazionale che affonda le sue radici nell'epopea napoleonica e va dilagando in Europa, sull'onda del risorgimento germanico. L'apparente conformismo neoguelfo del *Primato* inganna il censore borbonico, che interviene invece prontamente quando Giuseppe Ricciardi fonda nel 1832 una interessante rivista, «Il progresso delle scienze, delle lettere e delle arti», imprimendole un indirizzo scopertamente liberale. Costretto Ricciardi ad abbandonare l'incarico e lo stesso territorio del Regno, la direzione della rivista passa a Ludovico Bianchini, uno studioso di finanza, che ne accentua il carattere tecnico e dottrinario, ma riesce a conservarle un respiro europeo. La trattazione monografica di argomenti concreti, come lo sviluppo industriale o la pubblica amministrazione, si alterna a puntuali ed acute recensioni delle piú importanti pubblicazioni straniere, attraverso cui il «Progresso» riguadagna la tematica politica di attualità. Nel '47 la rivista chiude i battenti, ma l'anno seguente Saverio Baldacchini lancia con «Il Tempo» una sorta di manifesto del nazionalismo letterario, nello spirito al quale si ispira la contemporanea battaglia dei puristi, un gruppo che prende dapprima a riunirsi al Chiatamone, in casa di un gentiluomo veneziano poi morto prematuramente, e trova quindi la sua massima e piú celebre espressione nel marchese Puoti. Appare subito evidente che, sotto l'apparente pedanteria della caccia al neologismo o al gallicismo, oggetto di facili motteggi, si cela un trepido amore per la lingua come simbolo di una illustre tradizione e di un ideale politico nuovo. «Se vi dico di scrivere la vera lingua d'Italia – spiega il marchese – io voglio avvezzarvi a sentire italianamente e avere in cuore la patria».

Basilio Puoti, rampollo focoso ed arguto di una famiglia di buon lignaggio, rinuncia presto agli obblighi mondani del titolo, per concentrarsi sui prediletti studi letterari. Parla in un divertentissimo e pungente dialetto, scrive in un italiano antiquato e cruscante, ma conosce come pochi l'arte di conquistare il cuore dei giovani. Nel 1825 ha già aperto nel palazzo Bagnara al Mercatello, in una stanza gremita di libri scaffali e tavoli, con il letto nascosto da un paravento, una «scuola gratuita di lingua italiana» in cui studenti di ogni condizione, in prevalenza provenienti dalla provincia, vengono dapprima introdotti alla familiarità con i classici, e quindi invitati a risalire dalla pagina alla riflessione sulle regole strutturali della sintassi e della grammatica. La novità decisiva non sta tanto nella passione filologica o nella scelta di certi testi, a preferenza quelli del Trecento o del Cinquecento, quanto nel criterio di estrema modernità che ispira l'insegnamento del marchese, riluttante ad imporre la propria autorità per stimolare piuttosto il contributo critico dei discepoli. Nel suo studio, che diventa il luogo di convegno per i letterati di ogni parte d'Italia (vi fa qualche apparizione anche Giacomo Leopardi), la severità della ricerca erudita si stempera nel fervore di una passione morale che plasmerà il carattere di eminenti italiani come Angelo Camillo de Meis, Luigi Settembrini, Francesco De Sanctis, Vito Fornari, molti dei quali dopo il 1840 passeranno dalle file della scolaresca alla cattedra. Anche se nell'università regia non mancano filosofi di alto pregio come il Galluppi, giuristi come Nicola Nicolini e Francesco Avellino, medici del calibro di Vincenzo Lanza, il sospetto in cui il governo borbonico tiene i liberali dirotta molti onesti ingegni verso le scuole private, dove è piú facile discutere e cospirare.

Per un paradosso solo apparente, il risveglio dell'opposizione si manifesta dopo l'avvento di Ferdinando II e le sue iniziali aperture verso un programma di riforme. I cinque anni precedenti al 1830 hanno scandito il fuggevole e grigio passaggio di Francesco I, un «interregno» in cui si consuma tutta la mediocrità intellettuale della restaurazione. Chi fa politica, nel quinquennio, è il cavaliere de' Medici, tutto inteso al risanamento delle finanze e perciò solo ostile al trattato con Vienna che ha imposto al Regno un umiliante ed oneroso corpo di occupazione austriaco. Per convincere Metternich a ritirare le truppe, bisogna offrirgli le piú ampie garanzie sull'ordine pubblico, e sono il ministro di polizia Intonti ed il marchese Ugo delle Favare, luogotenente reale in Sicilia, ad assumersi il compito di esercitare una pesante repressione sulle sette segrete. Tanto piú facile riesce sgominare i cospiratori, quanto meno essi sono sostenuti da un'opinione pubblica piú che mai indifferente e rassegnata.

Francesco, che è arrivato al trono in età piuttosto avanzata e con un amaro retaggio di delusioni, incarna anche fisicamente le peggiori caratteristiche della dinastia: scetticismo, abulia, grettezza. Le generose impennate della giovinezza, regolarmente sconfessate dal padre, sono lontanissime dal suo spirito ormai completamente dominato da assurde pignolerie burocratiche, dal timore reverenziale dei preti e dall'influenza di una sfacciata camarilla di corte. Non sono i nobili o i generali a determinare le decisioni piú importanti del sovrano, ma due domestici, Michelangelo Veglia e Caterina de Simone, che abusano della sua fiducia per organizzare una ignobile speculazione sulle cariche pubbliche e religiose, sui provvedimenti legislativi e perfino sulle opere di beneficenza. Il loro rapporto con Francesco tocca il fondo dell'abiezione nella misura in cui egli è perfettamente consapevole, se non anche complice, delle malversazioni di queste due grossolane canaglie e si compiace della loro compagnia, fino a giocare al Veglia scherzi di una patologica puerilità. I coraggiosi rimproveri che gli rivolge in termini violentissimi il vecchio precettore, monsignor Olivieri, lasciano il re del tutto insensibile.

L'unica iniziativa che si leghi al nome di Francesco I è il viaggio compiuto a Milano, su invito dell'imperatore d'Austria, per concordare i termini dell'intesa che nel 1827 porterà al completo ritiro del corpo di occupazione. Al suo posto, in perfetta armonia con la tradizionale sfiducia dei Borboni verso i fedelissimi sudditi, saranno reclutati tre reggimenti di mercenari svizzeri che a suo tempo riusciranno molto utili per sventare i moti rivoluzionari. Avanzano alla ribalta, intanto, le forze che domineranno la scena dopo la morte del re: nel maggio 1827, al compimento del diciottesimo anno, il principe ereditario Ferdinando assume il comando nominale dell'esercito, dimostrando subito di prendere molto sul serio l'incarico; nella primavera dell'anno seguente, i gruppi clandestini tentano una sortita, incoraggiati dall'insurrezione dei patrioti greci contro i turchi e dall'avvento in Francia di un governo liberale, quello di Martignac. Una rivolta di «filadelfi», capeggiata nel Cilento dal canonico De Luca, è soffocata duramente dal maresciallo Del Carretto, vecchio carbonaro convertito alla causa forcaiola. Meno efficiente dei gendarmi, si dimostra la marina di Sua Maestà: spedita nell'agosto 1828 ad effettuare una crociera dimostrativa nel porto di Tripoli, per indurre il bey a rispettare il vecchio trattato di pace, la squadra napoletana naufraga nel ridicolo quando tenta di aprire il fuoco contro la flottiglia musulmana e deve constatare che la scorta delle polveri, bagnate a Baia dagli inglesi vent'anni prima, è inutilizzabile. Reca la responsabilità della grottesca vicenda il ministro della guerra, che però trova, come al solito, la rassegnata copertura di Francesco.

L'ultimo anno di vita del sovrano è occupato pressoché per intero dalle complicate trattative per alleanze dinastiche con le case di Spagna e di Sardegna: Maria Cristina sarà maritata al vedovo Ferdinando VII e il principe ereditario sposerà Maria Cristina di Savoia. Il lungo viaggio che suggella gli accordi riesce fatale prima al settantenne cavaliere de' Medici, che soccombe al micidiale inverno madrileno, quindi allo stesso Francesco I, che torna in patria, a fine luglio, in condizioni fisiche disastrose. Le notizie che giungono poco dopo da Parigi e da Bruxelles, non sono fatte per migliorarle: non è tanto la dichiarazione di indipendenza del Belgio quanto la caduta di Carlo X, del quale è stato ospite poche settimane prima, a riempire di costernazione il monarca napoletano. Una grave forma di depressione nervosa si aggiunge alla gotta e agli altri malanni di cui egli soffre da tempo. Il 4 novembre Francesco è colto da convulsioni, quattro giorni dopo passa a miglior vita in mezzo ad uno stuolo di monaci, di preti e di preghiere. «Conserva nella mente queste parole: nel mondo tutto è vanità, sogno, ombra fuggente»: tale il messaggio, non propriamente incoraggiante, che il melanconico sovrano lascia, in punto di morte, al figlio primogenito.

Il giovane Ferdinando, però, non se ne lascia deprimere. Sebbene sia già assai corpulento e soffra notoriamente di attacchi epilettici, è pieno di vitalità e di buone intenzioni. Con lo stesso puntiglio che ha messo nell'esercizio del comando militare, si accinge a cancellare dal Regno le tracce di trascuratezza, di corruzione e di sperpero che vi ha lasciato suo padre; nel proclama lanciato l'8 novembre enuncia un programma di riforme che va dalla bonifica dell'amministrazione giudiziaria al risanamento delle finanze e dell'economia; liquida senza remissione i cortigiani e i poliziotti che hanno fatto fortuna alle spalle di Francesco I; emana un'ampia amnistia per i detenuti politici e per gli esuli; riordina il governo e lo stato maggiore dell'esercito, facendo posto spregiudicatamente ai migliori elementi del vecchio gruppo murattiano; rinuncia perfino alla «guerra dei peli, nemici perpetui dei Borboni», facendosi crescere i baffi e consentendo a tutti i sudditi di portarli senza subire molestie dalla polizia.

Gli austriaci temono e gli oppositori sperano che Ferdinando nutra sentimenti liberali, ma si tratta di un equivoco. A Luigi Filippo che gli scrive, consigliando un'apertura costituzionale, risponde che il suo popolo «è di altra pasta del francese»; all'imperatore Francesco che gli suggerisce di stringere i freni, offrendogli il proprio sostegno, ribatte affermando la propria indipendenza e ricusando ogni appoggio. Non si lascia commuovere neppure dalle invocazioni dei patrioti che da ogni angolo d'Italia lo implorano di assumere la direzione del moto unitario: propone svagatamente una lega al re di Sardegna e al papa, ma di fronte alle loro esitazioni, si guarda bene dall'insistere. Egli è, in realtà, orgoglioso e geloso unicamente dell'indipendenza del Regno che ha ereditato dai suoi avi; è profondamente ed esclusivamente napoletano. Lo è nel senso più pieno ed anche più volgare del termine: intelligente ed arguto, onestissimo, virtuoso fino allo scrupolo, devoto fino alla superstizione, buon marito ed amorevole padre, rassomiglia ai suoi lazzaroni non solo perché ne parla abitualmente il dialetto come il nonno, ma anche e soprattutto per l'ignoranza abissale, l'indole menzognera e beffarda. Come loro, tiene in sommo pregio la furberia, mentre diffida della cultura come di un pericolo per la sicurezza dello Stato, tanto da battezzare sprezzantemente «pennaiuolo» chiunque sappia leggere e scrivere. Al fondo di questo atteggiamento, che lascerà un'impronta disastrosa nella storia del paese, sta una sfiducia totale nella natura umana, uno scetticismo filtrato nel sangue del padre e dall'altro Ferdinando, ma sicuramente esasperato dalle penose esperienze dell'adolescenza e da una pessima educazione che è stata affidata, come è tradizione della dinastia, ai preti, ad incolti aristocratici ed a servitori di basso rango. I suoi scherzi triviali a corte, perfino ai danni della santa moglie, vanno presto famosi come la sua generosa e sciatta promiscuità con il popolo nelle strade, al mercato, in caserma. Trent'anni prima, probabilmente, sarebbe stato un grande re, alla stregua di Carlo III; per la sua epoca, è soltanto uno straordinario personaggio, troppo pittoresco ed irreparabilmente in ritardo con i tempi, con le esigenze del Regno e con gli sviluppi sempre più impegnativi della situazione italiana. Il suo napoletanismo, che Settembrini definirà «gretto e pettegolo», finisce per condannarlo a un ruolo storico di retroguardia, senza consentirgli nemmeno di trasferire intatti nel crogiolo del moto unitario gli elementi essenziali della civiltà che gli sta così a cuore. E questa sarà la tragedia non solo dei suoi ultimi giorni, ma del Sud e in prospettiva di tutta l'Italia.

Eppure la sua statura regale è assai più nobile e ferma che non quella del più diretto e fortunato antagonista, Vittorio Emanuele II. Fino alla rivoluzione del 1848 ed in qualche misura anche oltre, Ferdinando è davvero il padre della patria municipale in cui si esaurisce il suo orizzonte. Quando commette ai suoi ministri il compito di portare in pareggio le pubbliche finanze, è il primo a dare l'esempio decurtando il proprio appannaggio. Per conoscere i problemi dei sudditi, moltiplica le udienze ed opera frequenti apparizioni in provincia, Sicilia compresa. Nel 1836, allorché scoppia un'epidemia di colera, emana regolamenti d'igiene rigorosi e ne controlla l'esecuzione con ispezioni personali negli ospedali e nei lazzaretti. Convinto che l'indipendenza del Regno dipenda essenzialmente dalla sua forza militare, consacra molto denaro e molta della sua attività al riordinamento dell'esercito, alle parate e alle manovre, anche se questi sforzi si producono paradossalmente in una dimensione astratta, senza riguardo alle possibilità di un impiego effettivo delle truppe. Ferdinando non è insensibile neppure alle ragioni del progresso economico ed industriale. I nostalgici esagereranno più tardi la portata delle sue iniziative in questo campo, polemizzando aspramente con la spoliazione che i liberatori piemontesi faranno di tutte le risorse delle due Sicilie, ma è un fatto che il re imprime un notevole impulso alla «macchinizzazione» del paese. Non costituisce un episodio isolato la memorabile cerimonia con cui, il 4 ottobre 1839, Ferdinando inaugura con tutta la famiglia la prima ferrovia a vapore della penisola, la Napoli-Granatello, precedendo di un anno l'apertura della Milano-Monza e di ben nove quella della Torino-Moncalieri.

In realtà lo sviluppo economico del Regno, nel periodo in cui la rivoluzione industriale decolla in tutta l'Europa, si mantiene lontano dai livelli inglesi o francesi, ma non è affatto disprezzabile. Secondo scrittori apologetici della dinastia, si tratterebbe anzi di «progressi patenti e prodigiosi». In concreto, prendono piede le fabbriche di vetro e cristalli, i mobilifici, i cappellifici in feltro e in paglia, le aziende chimiche. Le cartiere dell'isola Liri sono già motorizzate nel 1829 ed alimentano una assidua corrente di esportazioni verso la Grecia, l'Inghilterra e Trieste. La mostra industriale del 1853 pone in risalto l'eccellenza dei guantai napoletani, la cui fama dilagherà per un secolo in tutto il mondo. Nel settore della tessitura in lana e seta, nonostante la prevalenza della lavorazione a domicilio, la produzione regnicola fronteggia dignitosamente per quantità e qualità la concorrenza del Nord. Ferdinando destina cospicui stanziamenti all'industria di Stato nel settore siderurgico e metalmeccanico, con una chiara consapevolezza della sua importanza bellica, come dimostra l'istituzione di una scuola per macchinisti, installata nell'opificio reale di Pietrarsa (a mezza strada tra Portici e San Giovanni a Teduccio), «perché del braccio straniero a fabbricare le macchine mosse dal vapore, il Regno delle Due Sicilie più non abbisognasse». Vengono pure potenziati i cantieri navali di Castellammare di Stabia e il glorioso arsenale di Napoli, ma il vanto dell'industria pesante borbonica è la costruzione di un ponte in ferro, «un audace traliccio metallico sospeso, il primo del genere in Italia», inaugurato nel 1832 sul Garigliano e battezzato col nome del re. Tre anni piú tardi, un ponte dello stesso tipo dedicato alla memoria di Maria Cristina, viene gettato sul fiume Calore.

La riduzione di taluni dazi interni ed il relativo miglioramento della rete stradale favoriscono un incremento del commercio il cui volume, secondo alcune fonti, sarebbe addirittura cresciuto di cinquanta volte nel giro di trent'anni. Quadruplicato nella capitale è il numero dei negozi, mentre le tipografie sono dieci volte piú numerose; prosperano, in particolare, gli artigiani che servono la nuova borghesia, come i sarti, i cappellai, gli ebanisti e i tappezzieri. Nel settore navale si concedono una serie di opportuni sgravi fiscali, con il risultato di raddoppiare gli effettivi della flotta mercantile. Anche qui, però, come nel capitolo ferroviario, il governo borbonico si accontenta di un primato platonico: sebbene sia napoletano il primo piroscafo che dal 1818 solca il mare, vent'anni piú tardi la stragrande maggioranza dei vascelli naviga ancora a vela; e cosí, dopo il clamoroso «exploit» della Napoli-Portici, la diffusione delle strade ferrate procede tanto a rilento che nel 1860 saranno in funzione soltanto 125 chilometri di binari in tutto il territorio continentale e nemmeno uno in Sicilia. Una sorte ancor piú miseranda tocca alla «delegazione reale dei pacchetti a vapore», prima regolare compagnia di navigazione creata nel Mediterraneo: nel 1836 è già fallita. La dinastia guarda lontano, ma non ha la tenacia, né tanto meno l'organizzazione adatta a perseverare nel tempo.

Il progresso economico del Regno incontra, del resto, ostacoli di ogni genere. Il primo e piú serio è rappresentato dal pauroso squilibrio tra la situazione della capitale, che da secoli sfrutta spietatamente le risorse del retroterra, e il resto del paese. Nelle campagne, l'eversione della feudalità ha moltiplicato il numero dei piccoli proprietari, accelerando il processo di bonifica delle terre paludose e favorendo qua e là la costruzione di case rurali, ma lasciando di regola i braccianti in condizioni miserrime per la scarsità del salario e l'inumana durezza della fatica. Fortissimo è anche il dislivello tra Napoli e gli altri capoluoghi di provincia, compresi quelli siciliani. A frenare tuttavia lo sviluppo della stessa capitale interviene la politica finanziaria di Ferdinando, che in undici anni porta in attivo il bilancio dello Stato ma attuando restrizioni del credito bancario in misura cosí severa da determinare fallimenti a catena. Il governo arriva al punto di vietare perfino la concessione di anticipi sugli stipendi degli impiegati, mentre il culto ossessivo del risparmio e la reverenza per il mito della rendita agraria o immobiliare continuano a dominare la borghesia. Disoccupati e sottoccupati costituiscono pur sempre l'aliquota dominante della popolazione napoletana, come attestano i visitatori stranieri che nel 1837 toccano la cifra-record di settemila: da Dickens a Mayer, essi sono unanimi nel descrivere la mitezza del clima, l'incanto dei luoghi ma, insieme con la maliziosa allegria dei lazzaroni, anche l'estrema precarietà della loro giornata. La miseria fa colore, ma non cessa per questo di essere dura. Il basso costo della manodopera limita, d'altro canto, l'agiatezza degli stessi operai o artigiani che contano su un cespite relativamente sicuro, per quanto l'abbondanza di maccheroni e di ortaggi, di frutta e di pesce, garantisca quasi a tutti un minimo vitale accettabile, tanto piú che la frugalità e la semplicità sono caratteristiche ormai connaturate alla psicologia napoletana, che trova facile consolazione nelle feste, nelle luminarie, nelle parate, care al penultimo Borbone come e piú che ai suoi predecessori. Altra caratteristica permanente è la prolificità: nel primo decennio del regno di Ferdinando II, che per conto suo avrà undici figli, la popolazione cresce in complesso di mezzo milione di unità, nonostante la tragica falcidia del colera.

Il progresso di industrializzazione del paese è sottratto, in buona parte, alla già debole iniziativa degli operatori locali dall'ingerenza, talora spietata, del capitale straniero. Sono napoletane le fonderie e le ferriere che nel 1839 contribuiscono con le loro attrezzature alla costruzione della strada ferrata e all'impianto dell'illuminazione «a gas idrogeno» nella capitale, ma le società proprietarie delle due installazioni sono francesi, come francesi o inglesi sono i Guppy, gli Henry e molti altri imprenditori che dominano il settore privato dell'industria. Lo stesso sovrano sperimenta in prima persona l'onnipotenza dell'imperialismo britannico, allorché tenta di sottrarre le miniere di zolfo siciliane al monopolio di fatto che gli inglesi si sono assicurati con gli accordi del 1816. Per esaudire le richieste dei minatori e dei commercianti locali, Ferdinando conclude nell'estate del 1838 una nuova intesa con una società marsigliese, la Taix-Aycard, convinto di poter resistere alle prevedibili proteste del governo di Londra. Presto, però, deve accorgersi che l'altezzoso lord Palmerston non ha l'intenzione di rassegnarsi ad un gesto che lede seriamente gli interessi ed il prestigio del suo paese: Londra spedisce a Napoli messaggi di una violenza ingiuriosa, spinge il ministro degli esteri principe di Cassaro a dimettersi, dà ordine, infine, ad una squadra navale di eseguire minacciose manovre di avvertimento nel golfo, mentre la nave pirata *Talbot* incrocia sotto falsa bandiera il mar Jonio e il canale di Sicilia, abbordando tutti i vascelli borbonici che le capitano a tiro. Ferdinando sarebbe disposto perfino a rispondere con le armi, ma viene indotto dall'Austria a cercare una soluzione di compromesso, e finisce per accettare la mediazione di Luigi Filippo, col risultato di doversi piegare all'annullamento del contratto con i marsigliesi e al pagamento di un congruo indennizzo ai commercianti britannici.

L'irritazione per l'ambiguo atteggiamento di Metternich non distoglie tuttavia il Borbone dalla linea strategica che passa per l'indissolubile alleanza con Vienna. L'allineamento non è soltanto militare e politico, è soprattutto ideologico. Non a caso, dopo la morte di Maria Cristina, Ferdinando finisce per scegliere come seconda moglie un'arciduchessa austriaca, Maria Teresa, nipote dell'imperatore. Non è un gran guadagno per i sudditi napoletani: la santa sabauda può aver steso sul Regno un velo di mistica compunzione, contribuendo indirettamente a consolidare le posizioni di potere della Chiesa, ma ha pure esercitato una benefica influenza sulla moralità della corte e sulla clemenza del re, mentre Maria Teresa sarà consigliera di spietata severità contro l'opposizione. Stretto tra l'istinto conservatore e il patto di famiglia con gli Asburgo, Ferdinando si allontana sempre piú dall'ipotesi di una partecipazione alle lotte per l'indipendenza italiana e di una conversione al regime costituzionale, che del resto considera inadatto all'indole e al grado di maturità dei propri sudditi. Ne risulta una linea di immobilismo che finisce anche per snervare le forze armate, spesso utilizzate soltanto come strumento di repressione interna, mentre sconsiglia in ogni caso qualsiasi disegno espansionistico, non escluso quello di tipo coloniale perseguito dalla Francia a partire dal 1830.

L'involuzione del giovane re, che ricorda per qualche verso quella del primo Ferdinando e di Maria Carolina dopo lo scoppio della rivoluzione francese, spegne gradualmente tutte le illusioni accese tra i liberali dai suoi primi atti di governo. Un sintomo eloquente si è già riscontrato quando il ministro di polizia Intonti, accusato di indulgenza verso le sette, è stato esiliato e sostituito con il rigido Del Carretto. Nel 1832, quando si scopre una rete di cospiratori che si ispirano alla Costituzione francese, la reazione poliziesca è molto aspra e culmina con una serie di condanne a morte, poi tramutate nell'ergastolo: il sottufficiale Angellotti sarà ucciso nel 1839 durante un tentativo di evasione dal bagno penale di Procida: il suo compagno Cesare Rossaroll morirà eroicamente, nel 1848, tra i protagonisti della difesa di Venezia. Le persecuzioni non fiaccano il partito liberale che fa capo al barone Carlo Poerio e conta su personaggi di rilievo come il marchese Dragonetti, Matteo de Augustiniis, Pier Silvestro Leopardi e piú tardi l'avvocato Bozzelli. Nell'agosto del 1833 il governo austriaco segnala il gruppo in parola come collegato con i patrioti che stanno preparando un moto insurrezionale in Romagna, ma Del Carretto si limita a bandire dal Regno il Leopardi e altri sei congiurati, minimizzando l'episodio nel timore che il re si spaventi e richiami il principe di Canosa. Per la stessa ragione, si salvano i giovani che hanno concepito il pazzesco progetto di rapire Ferdinando mentre si reca in carrozza alla reggia di Capodimonte: questi ragazzi ed il loro ispiratore, professor Granchi, vengono internati alla chetichella in manicomio, senza processo.

La tensione politica si allenta temporaneamente negli anni seguenti. Nel gennaio del 1836, quindici giorni dopo aver dato alla luce l'erede al trono Francesco, muore di febbri puerperali Maria Cristina, accompagnata dall'universale compianto; nell'autunno dello stesso anno comincia a manifestarsi un'epidemia di colera che in pochi mesi farà 22 000 vittime a Napoli, tra cui Giacomo Leopardi, e quasi altrettante a Palermo. Ma sotto la cenere dei lutti e delle sciagure, continua a covare il fuoco dell'opposizione costituzionale, che già nella primavera del 1837 esplode in Sicilia con moti di piazza a Palermo, a Messina e Siracusa, impegnando Del Carretto in una spedizione punitiva che si conclude con 80 condanne a morte. In luglio, il maresciallo Lucchesi-Palli è chiamato a soffocare focolai insurrezionali sul continente tra Penne, Lecce e Bari. All'alba degli anni quaranta, le Due Sicilie sono mature per l'esplosione rivoluzionaria il cui fallimento determinerà la fuga del partito costituzionale verso la soluzione italiana.

3

Barricate troppo fragili

Il conservatorismo di Ferdinando II e la sua sprezzante diffidenza per gli uomini di cultura scavano un incolmabile abisso fra il trono e la borghesia intellettuale, indotta all'isolamento e di conseguenza alla fuga verso la soluzione italiana anche dall'atteggiamento delle altre forze sociali: burocrazia e forze armate, masse rurali e plebe cittadina, tutte in varia misura estranee, quando non addirittura ostili, al moto di rinnovamento. Col passare degli anni, il rigore del regime di polizia instaurato da Del Carretto e le seconde nozze del sovrano con un'arciduchessa austriaca affievoliscono le già scarse speranze di un successo pacifico del partito costituzionale: per l'opposizione, che si rianima al soffio delle tumultuose novità europee, l'attività cospirativa rimane una via d'uscita obbligata.

Nel maggio del 1839, la denuncia di un parroco calabrese porta alla scoperta di una società segreta che opera a Catanzaro sotto le insegne della Giovane Italia, anche se si tratta di organizzazione completamente diversa da quella mazziniana. La dirigono un giovane agitatore locale, Benedetto Musolino, e Luigi Settembrini, un insegnante napoletano che è stato tra i piú brillanti allievi del marchese Puoti e sarà il piú inesorabile accusatore del governo borbonico, contribuendo non poco a mobilitare contro di esso l'opinione pubblica europea, compreso quel Gladstone che avrà modo di definirlo, con qualche esagerazione, la «negazione di Dio». Incarcerati per sette mesi a Napoli, i prevenuti apprendono finalmente che il processo viene assegnato alla suprema commissione per i reati di stato, un tribunale composto a metà da giudici militari; ma devono aspettare ancora lunghe settimane per l'inizio degli interrogatori. Le lungaggini procedurali, i piccoli abusi, l'inumanità della condizione carceraria, su cui pesa anche il ricatto della camorra, risultano assai piú odiosi che il non funzionamento della giustizia, tutto sommato piuttosto equa. Nel caso della Giovane Italia calabrese, per esempio, la commissione non esita ad assolvere tutti gli imputati di cui «non consta» alcuna responsabilità, mentre la polizia ne prolunga arbitrariamente la detenzione per altri quindici mesi, in capo ai quali Musolino e i suoi compae-sani sono rimpatriati a Catanzaro e Settembrini è costretto a rimanere a Napoli, disoccupato.

Il professore, che narrerà le «ricordanze» della sua vita in un libret-to meritatamente celebre, si riduce a tener scuola clandestinamente in ca-sa, senza perdere però i contatti con gli altri gruppi liberali (Carlo Poerio sarà arrestato nel 1844) e con la «cospirazione lenta, continua, palese» che si sviluppa nel mondo della cultura. Nell'autunno del 1845 un'oc-casione d'incontro è offerta ai liberali di tutta Italia dal settimo congres-so scientifico, ospitato a Napoli per interessamento del ministro dell'in-terno Santangelo, nel clima di entusiasmo che il *Primato* del Gioberti ha suscitato anche negli ambienti moderati. Lo stesso Ferdinando rivol-ge un cordiale indirizzo di saluto ai congressisti, pur sospettando in cuor suo che siano tutti «mazziniani», ma si rifà poco dopo, tributando so-lenni accoglienze allo zar di Russia, dal quale riceve in dono i due famosi cavalli di bronzo che campeggeranno di fronte al Maschio Angioino. Se-condo il Settembrini, il gruppo scultoreo simboleggia il dominio dei monarchi sul «popolo-bestia», ma si tratta, in ogni caso, di una bestia re-calcitrante, come dimostrano nello stesso periodo i moti di Romagna ai quali si interessa da vicino Massimo d'Azeglio, impegnandosi in un altro testo classico del Risorgimento.

Con l'ascesa al soglio di Pio IX, il 16 giugno 1846, si apre la dram-matica e convulsa stagione costituzionale. A Napoli, le civetterie pro-gressiste di papa Mastai sollevano grande sensazione, soprattutto per-ché hanno l'aria di smentire la fama di ateismo che pesa da sempre sui liberali, ma Ferdinando non si lascia commuovere dalle riforme del «pre-vetariello» ed afferma pubblicamente di non voler imitare nessun «poli-tico figurino di moda», mentre affida alla polizia il compito di censurare ferocemente lettere e giornali provenienti dal Nord. Nasce in questa at-mosfera contraddittoria la *Protesta del popolo delle Due Sicilie*, una sor-ta di pamphlet che Settembrini scrive a caldo sotto l'impulso di una sce-na di brutalità a cui ha assistito per caso nei paraggi di palazzo Del Car-retto. La denuncia dell'ottusa oppressione borbonica, stampata alla mac-chia da un gruppo di amici dello scrittore, «vola di mano in mano» fino a posarsi sulle ginocchia dello stesso sovrano, un giorno di luglio che Ferdinando attraversa in carrozza le vie di Palermo.

La *Protesta* non è che un sintomo. La cattiva annata agraria e le sug-gestioni progressiste del Santo Padre contribuiscono in egual misura a suscitare una serie di tumulti in Sicilia e nella tormentata Calabria, do-ve già due anni prima i fratelli Bandiera hanno dato vita al temerario tentativo che li ha condotti, con altri compagni di sventura, dinanzi al plotone di esecuzione. Le notizie dei moti scoppiati al di là e al di qua dello Stretto, provocano a Napoli vivo fermento, inducendo un gruppo di cospiratori a progettare per fine ottobre il rapimento del re: gli ingenui congiurati, traditi da un delatore, finiscono nelle grinfie della polizia, ma lo spavento e i contrasti fra i collaboratori di Ferdinando sono tali da determinare un rimpasto ministeriale. Cresce il nervosismo a corte un mese dopo, quando viene organizzata una manifestazione apparentemente festosa in favore della lega doganale che si è costituita tra Stato della Chiesa, Toscana e Sardegna: furibondo contro il papa non meno che contro Carlo Alberto e il granduca, Ferdinando ordina a Del Carretto di impedire in qualsiasi modo adunate e «grida sediziose», fossero pure di giubilo; ma altre dimostrazioni si producono egualmente a Napoli e a Palermo, mobilitando i piú famigerati poliziotti, dal Morbillo al Campobasso, in una ridda di bastonature feroci e di arresti, che si rivelano poco saggi perché finiscono per trasformare le prigioni in un punto d'incontro e in una palestra politica per i liberali. Il solo a salvarsi è Luigi Settembrini, che è stato finalmente individuato come l'autore della *Protesta* e si vede costretto a prendere il largo, imbarcandosi l'8 gennaio 1848 sulla fregata inglese *Odin*.

È cominciato l'anno fatale. Sei giorni dopo, scoppia a Palermo la rivoluzione, che nel giro di due settimane, dilagherà in tutta l'isola. Quando Settembrini rimette piede a Napoli, il 7 febbraio, trova un quadro politico completamente sconvolto anche nella capitale: «costituzione, amnistia, Bozzelli agli interni, Carlo Poerio direttore di polizia». Nel mese precedente gli avvenimenti sono precipitati, anche se in maniera piuttosto pacifica, costringendo Ferdinando a promulgare «le basi» (per ora soltanto quelle), di uno statuto che si rifà alla carta francese del 1830, e a formare un ministero costituzionale. La compattezza del movimento, però, è solo apparente: a pilotarlo sta un'esigua minoranza di patrioti liberali usciti dalle file dei rivoluzionari del 1821 e spalleggiati fino ad un certo punto dal vecchio gruppo murattiano, mentre la stragrande maggioranza della borghesia è attestata su posizioni di grande prudenza. Possidenti, burocrati, alto e medio clero non indietreggiano dinanzi alla possibilità di gestire il potere, ma vorrebbero farlo in «un regime ordinato e pacifico», anche perché si sono convertiti ai nuovi princípî soltanto quando hanno constatato che i principi italiani e perfino il papa marciano, inspiegabilmente, nella stessa direzione.

Gli obiettivi che si pone nel suo complesso il partito costituzionale corrispondono a questa visione temperata del rivolgimento: il principio fondamentale è la tutela della proprietà, anzi la sua protezione mediante un adeguamento del meccanismo tributario, in cui l'imposta fondiaria deve essere sostituita da quella personale. Se vigorosa è la difesa dei diritti politici, attraverso l'affermazione della rappresentanza parlamentare e delle libertà civili, dominante appare la preoccupazione di utilizzare la Camera dei pari e la guardia nazionale di nuova istituzione, come baluardo contro la pressione popolare: questo limite di classe è una delle ragioni della debolezza che il movimento rivoluzionario rivelerà nel momento cruciale della lotta. Un altro equivoco nasce dall'illusione dei liberali di scuola hegeliana di guadagnare le forze cattoliche ad una ideologia razionalistica, di fronte a cui Pio IX arretrerà scandalizzato: l'incontro, favorito dalla propaganda neoguelfa, si concluderà presto con un clamoroso divorzio. Né sono piú chiare le prospettive dei rapporti con gli altri stati italiani, perché la monarchia a cui i moderati si appoggiano come garante di «continuità e stabilità», è legata da un'antica alleanza con Vienna e non può quindi accettare un'intesa con il re di Sardegna né un'altra qualsiasi soluzione federativa, anche se probabilmente sarebbe il solo mezzo per opporre un'adeguata resistenza alla controffensiva austriaca.

Sono mesi febbrili. Il ministro di polizia, i suoi funzionari piú compromessi, lo stesso confessore di Ferdinando monsignor Cocle sono costretti a sparire dalla circolazione. L'11 febbraio il monarca sottoscrive lo statuto compilato da Bozzelli, che in pratica lo ha tradotto dal francese, e deve rassegnarsi irosamente a lasciarsi coinvolgere nei festeggiamenti popolari per una concessione che nel suo intimo egli considera soltanto alla stregua di una «trave» gettata tra le gambe di *don* Pio IX e di Carlo Alberto onde ripagarli del «bastone» che hanno messo tra le sue, con il loro atteggiamento liberale. Lo stato d'animo è identico a quello che ha portato suo nonno al tradimento di Lubiana: il 24 giura fedeltà alla Costituzione nella chiesa di San Francesco di Paola ma quando vede un esponente rivoluzionario inalberare la coccarda tricolore, non sa trattenersi: «Togliti codesta coccarda, non sono i colori napoletani». Ad accrescere il suo sbigottimento intervengono le notizie da Parigi, dove Luigi Filippo è travolto dalla rivoluzione repubblicana, e da Palermo, dove si insiste per ottenere la Costituzione del 1812. Il Parlamento siciliano si inaugura il 25 marzo all'insegna del separatismo ed anche questo «gretto» orientamento, dietro cui si cela un'intensa pressione della diplomazia inglese, si inserisce come elemento di scissione nel moto costituzionale, favorendo implicitamente il disegno reazionario. Che gli animi siano divisi, lo conferma l'ennesimo rimaneggiamento ministeriale che il 6 marzo porta il duca di Serracapriola alla presidenza ed il principe di Cariati agli esteri. Il mite Settembrini che viene integrato nei ruoli del ministero della pubblica istruzione, abbandonerà presto l'incarico, disgustato dal disordine generale e dalla sfrenata logorrea degli estremisti, la cui stampa inorridisce i benpensanti per il tono scandalistico e intimidatorio a cui si abbandona. Ancor piú allarmante, ai loro occhi, la situazione nelle campagne dove i contadini affamati occupano le terre demaniali ed anche quelle che i privati hanno acquistato dal demanio: lo spettro di una rivoluzione sociale, agitato dai seguaci di Albert e Louis Blanc, è ingigantito dalla sensazione che l'incendio sta divampando in tutta la penisola e che la guerra con l'Austria è ormai inevitabile. Ma proprio queste prospettive esasperano la resistenza del blocco moderato. Il ministro Saliceti, che spinge dall'interno del governo napoletano per ottenere una svolta radicale, è costretto a dimettersi. Quando si sparge la voce di inesistenti persecuzioni contro i frati, la plebe del Mercato si leva minacciosa in tumulto. Ostile al regime è anche l'esercito, soprattutto in conseguenza della rivalità con la guardia nazionale, peraltro «mai ordinata, né istruita» da un gruppo dirigente che, in gran parte, ne diffida quasi quanto i generali borbonici.

Nondimeno, gli avvenimenti sembrano travolgere egualmente la destra costituzionale e il partito monarchico. La rivoluzione a Vienna, la fuga di Metternich, le cinque giornate di Milano, l'insurrezione di Venezia Modena e Parma, l'ingresso in Lombardia di Carlo Alberto con la bandiera italiana, diffondono enorme entusiasmo nella capitale, portando ad una nuova crisi di governo il 3 aprile, dopo la clamorosa dimostrazione di una «immensa moltitudine» che ha dapprima bruciato lo stemma dell'ambasciata austriaca e quindi invocato a lungo, sotto i balconi della reggia, l'invio di un corpo di spedizione al fianco dei piemontesi, «per scacciare lo straniero». In questa circostanza, detto per inciso, neppure gli elementi piú accesi mostrano di intendere che, per fare davvero la guerra all'Austria, bisognerebbe sbarazzarsi della monarchia. Seguendo i consigli del generale Filangieri, un murattiano ormai totalmente convertito alla causa dell'ordine, Ferdinando lascia «crescere la anarchia» per spaventare il ceto medio e indurlo a raccogliersi all'ombra del trono, mentre finge di accogliere tutte le richieste della piazza: nomina Guglielmo Pepe, reduce dall'esilio, comandante delle truppe che il giorno 12 partiranno per il Nord con il tricolore nazionale; chiama al governo, dopo qualche titubanza, lo storico Carlo Troya: concede alle due Camere la facoltà di «svolgere» determinati punti della carta statutaria in senso piú liberale. Naturalmente, è pieno di riserve mentali, tanto piú dopo l'allocuzione pronunciata in concistoro, il 29 aprile, da Pio IX per sconfessare la dichiarazione di guerra. Ben pochi appoggi trova cosí il ministro Del Giudice, che deve organizzare la spedizione; istruzioni assai poco chiare vengono impartite a Pier Silvestro Leopardi, che è accreditato come ministro plenipotenziario presso Carlo Alberto ma non è in grado di promuovere alcun progetto concreto di alleanza.

Il giorno 18 si svolgono le elezioni che portano in Parlamento una maggioranza di deputati liberali, molto stimabili e risoluti a difendere la Costituzione. Purtroppo essi sono isolati, e blandamente sostenuti dallo stesso ministero, composto in gran parte di avvocati che hanno fede «solo nelle chiacchiere», si spaventano di fronte alla durezza della lotta e sono sempre pronti a dimettersi mentre i nemici del regime lo soffocano giorno per giorno in una invisibile ragnatela, fatta di voci allarmistiche, di notizie scoraggianti, di velenose accuse contro lo spirito «comunistico» dei contadini e l'ateismo dei liberali. La situazione esterna non è più propizia, dal momento che l'andamento della guerra appare molto incerto, tra il Piemonte che segue una strategia ambigua e l'Austria che, viceversa, si rivela decisa a ribattere duramente colpo su colpo. La secessione della Sicilia completa un quadro che sembra fatto apposta per incoraggiare Ferdinando II ad irrigidirsi su posizioni autoritarie. L'occasione per la prova di forza è offerta dalla disputa sulla formula del giuramento che gli eletti del popolo devono prestare all'apertura dei lavori parlamentari: il re pretende che si giuri fedeltà alla Costituzione del 10 febbraio, senza alcuna concessione al programma elaborato in un clima ben diverso il 3 aprile, e tiene duro nonostante la minaccia di dimissioni dei suoi ministri e la vibrante protesta opposta dai deputati, che si sono riuniti nel palazzo municipale di Monteoliveto. Le trattative condotte febbrilmente il 13 e il 14 maggio nella speranza di trovare un punto d'incontro, s'infrangono contro la sua caparbia resistenza, col risultato di spaccare in due il partito costituzionale e spingere i rivoluzionari più conseguenti, quelli che Carlo Poerio chiamerà i «nostri forsennati fratelli», a staccarsi definitivamente dal blocco legalitario.

Il dramma si consuma in poche ore. La sera del 14, il ministro Conforti si presenta a Monteoliveto con una nuova formula scritta di suo pugno dal re ma priva di varianti sostanziali: i deputati la respingono sdegnosamente. In sala si accende un tumulto «indescrivibile», fatto di urli di rampogne di proposte, mentre in piazza la folla agita un mare di fiaccole incitando a gran voce i suoi rappresentanti a non cedere. A tarda ora, l'episodio decisivo. Un gruppo di cittadini guidato da un ufficiale della guardia nazionale irrompe in Parlamento per annunciare che le truppe, concentrate dinanzi al palazzo reale, stanno per mettersi in marcia e che bisogna alzare le barricate. Invano i dirigenti più cauti, Spaventa, Imbriani, Pica, lo stesso Poerio, tentano di scongiurare una reazione che equivale alla guerra civile: a fermare gli insorti non vale neppure la notizia che Ferdinando, a mezzanotte, ha finalmente accettato di modificare la formula, né tanto meno l'ordine di demolire le barricate che la Camera, in conseguenza, fa pervenire alla guardia nazionale. Perfino il comandante del corpo, il colonnello Gabriele Pepe, lo stesso gentiluomo che ha sfidato a duello Lamartine per fargli ingoiare il famoso insulto alla «terra dei morti», vede disattesa la sua autorità. Quando Luigi Settembrini si sveglia, all'alba del giorno 15, scopre sgomento che in via Toledo, al largo della Carità, a Santa Brigida, a San Ferdinando, e cioè proprio nelle strade piú larghe del centro, si sono innalzate ingenuamente le famose barricate e che in giro circola molta gente, «tutti armati, e chi in divisa di guardia nazionale, chi in nero abito e nero cappello calabrese, facce sconvolte, diverse favelle e strane». Gli insorti, rifiutandosi di obbedire ai deputati che ritengono ingannati dal perfido Ferdinando, pongono condizioni estreme: «si mandino tutti i soldati in Lombardia, si dieno i castelli al popolo, e allora toglieremo le barricate».

Ma Ferdinando non scherza. Mentre a Monteoliveto si dibattono i problemi piú astratti e si forma un comitato di sicurezza pubblica, le truppe escono all'alba dai quartieri per presidiare, fronteggiati minacciosamente dagli insorti, i punti strategici della città. Le undici e mezzo sono scoccate da pochi secondi, quando una fucilata rompe il silenzio che pesa su piazza San Ferdinando. Non si sa chi l'abbia esplosa, non si esclude neppure che sia partita casualmente dalla carabina di un patriota ma è certo che, al primo misterioso colpo, altri ne seguono e che due granatieri cadono feriti. È l'inizio della carneficina. Al nutrito fuoco dei soldati borbonici, si risponde vigorosamente dalle barricate, tra gli applausi che piovono dai balconi, donde la brava gente segue, come a teatro, la prima fase degli scontri. Quando sugli spalti dei castelli cittadini si leva la bandiera rossa e l'artiglieria reale dà voce al cannone, nella allucinante dolcezza di una giornata tersa ed assolata, migliaia di colpi prendono ad echeggiare lontano, riempiendo di fumo e di terrore tutta Napoli.

I generali Ischitella e Nunziante, a cavallo, sciabola sguainata, trascinano all'assalto le milizie nazionali mentre gli svizzeri sopraggiungono a passo di carica da piazza del Castello e i fanti di marina piombano sull'incrocio tra Chiaia e Toledo. Seguiti dalla plebe esaltata dalle prospettive di saccheggio, i soldati avanzano casa per casa, liquidando facilmente gli scarsi nuclei di insorti che sono armati di soli moschetti. L'antico grido «viva lu rre» ed un grido nuovo ed ancor piú tremendo «viva il re, mora la nazione» rompono il sepolcrale silenzio della città atterrita. A sera l'ordine è ristabilito, centinaia di prigionieri sono tratti a Castelnuovo, molti di essi fucilati nel fossato. Anche i deputati asserragliati a Monteoliveto finiscono per piegarsi all'intimazione del comandante ed escono in mezzo a due file di soldati, nel chiarore dell'incendio che sta divorando il palazzo Gravina, antistante alla sede del Parlamento.

Altrettanto netta è la svolta politica. Il sovrano emana il giorno 16 un proclama che garantisce l'esercizio delle libertà statutarie, ma forma un nuovo governo presieduto dal principe di Cariati ed improntato ad uno spirito «grettamente municipalistico ed antidemocratico», quale si manifesta sin dai primi provvedimenti: il disarmo della guardia nazionale, la chiusura delle Camere, il richiamo del corpo di spedizione comandato da Guglielmo Pepe. Salvo il coraggioso generale e i mille fanti e trecento cavalieri che lo seguono volontariamente a Venezia, tutte le truppe rientrano rapidamente in patria: anche l'esercito, dunque, è con il re.

Finché dura la guerra al Nord, Ferdinando rispetta formalmente i principî della Costituzione, ricondotta beninteso alla lettera e allo spirito del 10 febbraio. La combinazione ministeriale è accortamente dosata fra vecchi aristocratici, generali murattiani pronti a tutto e liberali di tipo conservatore mortalmente offesi, come il Bozzelli, per quella che ritengono l'ingratitudine degli estremisti. I deputati si ritrovano il 1º luglio, i pari diciotto giorni piú tardi, per ascoltare il distensivo discorso della corona letto da un ministro, ma quando votano un appello al re perché torni ad impegnarsi nella guerra di indipendenza nazionale, non ottengono nemmeno udienza per la loro delegazione. Negli stessi giorni sono tradotti in catene a Napoli i capi delle milizie siciliane sbarcati a suo tempo in Calabria e catturati, dopo una campagna inesorabile, dal generale Nunziante.

Il sovrano dosa con scaltrezza la sua vendetta, in conformità delle alterne vicende internazionali. La disfatta di Carlo Alberto, che apre agli austriaci le porte di Milano, gli permette una prima sterzata repressiva: torna ad aggiornare i lavori delle Camere, proclama lo stato d'assedio e spedisce Filangieri a riconquistare la Sicilia, ormai perduta da un anno e mezzo. Una certa cautela gli suggeriscono, invece, i clamorosi avvenimenti che si registrano negli ultimi mesi dell'anno. La nuova rivoluzione di Vienna e l'avvento di Luigi Napoleone alla presidenza della repubblica francese prospettano un brusco capovolgimento dell'equilibrio europeo: ed ancor piú allarmanti per il «re Bomba» sono i fatti della vicina Roma, che costano la vita a Pellegrino Rossi e costringono Pio IX a chiedere ospitalità nella piazzaforte di Gaeta, episodio di cui si giova notevolmente il prestigio di Ferdinando. È solo quando giunge la notizia della fatal Novara, che l'odio lungamente represso contro «pennaiuoli» e «paglietti» può esplodere in tutta la sua protervia. La rivoluzione, come dice Settembrini, «è vinta in ogni parte»: dopo il drammatico viaggio di Carlo Alberto, il 15 maggio 1849 Filangieri espugna Palermo, il 25 dello stesso mese gli austriaci entrano a Firenze, il 30 giugno i francesi annientano la repubblica romana. Ferdinando ne approfitta per restaurare il proprio dominio assoluto, prorogando all'infinito la convocazione delle Camere, lasciando deperire la Costituzione senza prendersi nemmeno la pena di abrogarla, dando via libera alla polizia, che diventa il suo strumento preponderante di governo. «Ignoranti e volgarissimi», i funzionari non conoscono limiti nell'esercizio del potere, superiori come sono alle stesse leggi e forti della incondizionata protezione del monarca, che nell'ultimo decennio del Regno affida loro il controllo non solo dell'ordine pubblico ma in pratica di ogni attività: tra l'altro «gli scavi di antichità, le bande musicali, il corso pubblico, le strade ferrate, il censimento, l'archivio, il telegrafo, il giornale ufficiale, il contrabbando, l'introduzione di cavalli dall'estero, gli studenti, le scuole e la posta». Lo stupefacente elenco è di Raffaele de Cesare, che vi aggiunge «il riconoscimento dei diplomatici e degli agenti consolari, le reali riserve, le guardie d'onore, le prigioni e persino le farmacie».

Nell'estate del '49 la repressione si abbatte sulla società segreta dell'Unione italiana, fondata sul finire dell'anno precedente da Luigi Settembrini, Silvio Spaventa e Filippo Agresti. Tutti i liberali che non hanno trovato scampo all'estero, cadono sotto le grinfie degli sbirri e dei giudici borbonici, i quali inscenano due grandi processi contro i membri della setta e contro i veri o presunti responsabili dell'insurrezione del 15 maggio, colpendo gli uni e gli altri con pesanti condanne, mentre la sorveglianza su decine di migliaia «attendibili», cioè sui sospetti di attività politiche clandestine, sarà esercitata a lungo, anche se con una certa goffa inefficienza. Una persecuzione cosí tardiva e cieca, aggravata dall'asprezza degli interrogatori, dall'abuso delle delazioni, dall'infame condizione degli ergastoli, si dimostrerà funesta per l'avvenire della dinastia e del paese, nella misura in cui trasformerà gli incerti protagonisti di un tentativo fallito nei martiri di un'idea sublime, comunicando al mondo civile un'immagine del regime borbonico che l'ostilità inglese e l'appassionata propaganda degli esuli renderanno odiosa a tutta l'Europa.

Ancor piú ottuso l'accanimento contro galantuomini di specchiata onestà e di opinioni non propriamente rivoluzionarie, come il Poerio e il Settembrini, il Nisco e il Castromediano, che rappresentano il gruppo piú illuminato della cultura napoletana. Trattati alla stregua di delinquenti comuni e di pericolosi sovversivi, questi intellettuali finiranno per passare nel campo dei nemici giurati del nome borbonico e si consacreranno definitivamente alla causa dell'indipendenza italiana, a rimorchio della egemonia sabauda. La rivolta contro l'ennesimo spergiuro della dinastia si mescola, nella pattuglia liberale, all'amarezza per l'isolamento in cui l'ha abbandonata la grande maggioranza della popolazione: matura, cosí, il convincimento che il riscatto del Mezzogiorno sia condizionato da una violenta scossa esterna e che questa scossa non possa venire se non dal Piemonte, protagonista di una guerra eroica ed incrollabile nella difesa dei princípi costituzionali. Su posizioni analoghe si alleano i neoguelfi, delusi dalla diserzione del papa, mentre i seguaci di Mazzini costituiscono un'esigua minoranza estranea alla realtà psicologica del paese ed il superstite nucleo murattiano è troppo legato alla politica francese per conservare un margine apprezzabile di iniziativa.

4.

La paura di Ferdinando

La rinuncia ad utilizzare il contributo dei gruppi piú qualificati per l'ammodernamento delle strutture statali e sociali, influisce in maniera catastrofica sull'evoluzione del paese nell'ultimo decennio di Ferdinando. Le prospettive innovatrici del periodo iniziale si dissolvono in un panorama grigio fatto di rassegnazione e di immobilismo, proprio nell'epoca in cui l'esperimento costituzionale promuove nel Regno di Sardegna e ai suoi confini un processo di febbrile partecipazione alla vita pubblica, alla polemica culturale e alla trasformazione dell'economia. Al terrore patologico per ogni riforma suscettibile di promuovere nuove agitazioni, si aggiunge il ricorso ad un personale politico incolto, arretrato e sprovveduto: il re riduce il numero dei ministri, sostituendone molti con «direttori» che costano meno ed obbediscono di piú, col risultato che la «indifferenza piú apatica» dei burocrati si aggiunge alla macchinosità del sistema.

Anche i diplomatici, reclutati in massima parte tra i patrizi piú fatui e impreparati, sono scelti esclusivamente sulla base della loro docilità alle istruzioni del re, la cui direttiva immutabile è una neutralità sospettosa ed inerte, dominata dall'ossessione degli intrighi piemontesi. Superiore per dottrina e per spirito di indipendenza è la magistratura, almeno negli alti gradi, ma in cambio cresce smisuratamente l'influenza del clero al quale Ferdinando trasferisce molti poteri, soprattutto dopo l'attentato di Agesilao Milano e le misteriose esplosioni dello stesso inverno, che lo atterriscono. I vescovi esercitano la censura sulla stampa ed il controllo sulle scuole, anche pubbliche; gli ecclesiastici incriminati ottengono il riconoscimento di vecchi privilegi quali la segretezza del processo penale e la facoltà di scontare la condanna in convento; chiese e campanili vengono restaurati a spese dell'erario; reparti di soldati partecipano regolarmente alle processioni religiose come all'epoca dei viceré spagnoli. Tanta compunzione non impedisce al sovrano di irrigidirsi nella tutela del «regio patronato» sui vescovi, anche nei confronti della Santa Sede: «col papa», usa dire «patti chiari e amici cari». Le diocesi sparse in ogni angolo del Regno devono costituire, in armonia con l'alleanza fra il trono e l'altare, una rete in cui s'impiglia il progresso materiale e civile dei sudditi. La corruzione delle amministrazioni provinciali fa il resto.

Rallenta, di conseguenza, anche lo slancio che Ferdinando ha impresso inizialmente all'economia del paese. L'orientamento deflazionistico, se giova per un verso a contenere il carovita, restringe per altro riguardo le spese per le opere pubbliche e per l'istruzione, compromesse al di là di ogni ragionevolezza rispetto a quelle profuse per le forze armate, mediamente un terzo delle uscite totali previste in bilancio. Questo enorme dispendio di risorse si dimostrerà, al momento decisivo, del tutto inutile perché l'esercito borbonico è attrezzato alle parate e alle operazioni di polizia piú che alla guerra, privo di ogni spirito nazionale, snervato dalle pratiche bigotte, tormentato da un severissimo regolamento e da un'organizzazione camorristica diffusa e potente. I soldati, «raccolta di frati armati desiderosi di quieto vivere», diffidano della popolazione civile e odiano i reggimenti svizzeri, ai quali l'incondizionata fiducia del re riserva un trattamento privilegiato sotto ogni aspetto, dal rancio all'alloggiamento, dal soldo all'uniforme. I generali sono di norma decrepiti e ignorantissimi, divisi da puerili gelosie e detestati dagli ufficiali inferiori per l'esasperante lentezza delle promozioni. Ipnotizzato dal timore di un'invasione dal Nord, Ferdinando dedica cure assai minori alla marina da guerra, anche se essa gode di buona fama, tanto che nel 1860 la flotta italiana ne adotterà le ordinanze, i segnali di bandiera e perfino le divise.

Nell'ultimo decennio, si accentua altresí la tendenza a favorire la capitale, a scapito non solo dell'aborrita Sicilia ma di tutto il resto del territorio continentale. In Campania si concentrano praticamente le principali industrie, il solo istituto di credito operante nel Regno, le poche opere pubbliche di iniziativa governativa, le rare linee ferroviarie costruite tra il 1839 e il 1860. Riordinato dal Medici nel 1816, il Banco di Napoli apre la sua unica succursale a Bari, soltanto tre anni prima della caduta del Regno: alle deputazioni provinciali che gliene chiedono altre, Ferdinando risponde che vogliono rovinarsi con le cambiali, che non sono commercianti e non capiscono nulla. Il mancato sviluppo del credito, cosí come la difettosa organizzazione degli impianti portuali, dei magazzini generali, delle vie di comunicazione, impediscono non solo lo sviluppo dell'economia interna del Regno ma anche la sua proiezione verso i mercati del Nord Africa e verso i traffici con l'Oriente, che presto l'apertura del canale di Suez renderà agevoli. Quanto alle strade, Garibaldi al suo arrivo ne troverà privi ancora 1431 comuni su 1828, con soli 100 chilometri di ferrovia in funzione. Un ardito progetto per la costruzione di una strada ferrata da Napoli a Brindisi, concepito da un ingegnere barese di origine greca, il Melisurgo, viene approvato da Ferdinando con decreto del 16 aprile 1855, ma fallisce miseramente sia per l'indifferenza del governo, sia per l'inerzia della borghesia locale. Onde evitare il ricorso al capitale straniero, il Melisurgo apre una sottoscrizione tra i «proprietari» delle cinque province interessate alla linea, per un ammontare complessivo di 22 milioni di ducati, senza riuscire a raccoglierne neppure un sesto e con un contributo statale del tutto irrisorio, talché nel 1856 di tutta l'impresa non resta che un inestricabile groviglio di vertenze giudiziarie. Anche la concessione accordata al barone de Riseis per la costruzione di un allacciamento ferroviario tra Napoli e il territorio pontificio attraverso gli Abruzzi, viene fatta cadere dal re per timore di rischi finanziari e di chissà quali complicazioni politiche. Cosí le due regioni continuano ad essere unite a Napoli «dalle sole strade consolari costruite da Giuseppe Buonaparte e da Murat, e non tutte sicure dai banditi», con grave danno delle rispettive economie, specialmente di quella pugliese, la cui produzione agricola alimenta i due terzi delle esportazioni del Regno. Soltanto del telegrafo elettrico il Borbone mostra di non aver paura, ordinando nei primi mesi del 1858 l'aumento delle stazioni, la loro piena disponibilità per il pubblico e l'estensione della rete alla stessa Sicilia. Poche settimane prima, è stato emesso dalle poste borboniche il primo francobollo, obbligatorio per l'affrancamento di giornali e stampe, facoltativo per l'invio di lettere e plichi, che si possono spedire a spese del destinatario.

Il provincialismo del re condanna il paese al sottosviluppo e la sua diplomazia all'isolamento nel concerto delle potenze europee. Quando Gladstone reduce da Napoli pubblica nel luglio del 1851 le due famose lettere a lord Aberdeen per denunciare la tirannide borbonica, l'eco è immensa nella stessa Inghilterra, tra gli esuli italiani e in tutta l'Europa: Ferdinando non se ne rende affatto conto, anzi coglie al volo l'occasione per sbarazzarsi degli ultimi liberali e costituire un ministero interamente asservito al suo dispotismo. È cosí allergico alle novità che respinge perfino l'invito ad unirsi ad una lega di stati conservatori, che gli viene rivolto dal primo ministro di suo cugino Leopoldo di Toscana. L'irritazione per l'Inghilterra lo induce a sconsigliare alle ditte napoletane di partecipare all'esposizione di Londra e lo spinge a riconoscere prontamente Napoleone III come imperatore dei francesi, nella lusinga che il Buonaparte possa trasformarsi adesso in un vigile gendarme dei principî legittimisti, ma anche nella speranza che rinunci a proteggere ulteriormente i seguaci di Luciano Murat. Il suo ideale è una specie di tranquillo e bonario patriarcato. Cosí, quando un terremoto, nell'estate del 1851 sconvolge la Basilicata, Ferdinando si prodiga sul posto nei soccorsi alla popolazione e quando, nell'ottobre dell'anno seguente, l'esercito svolge le grandi manovre in Calabria, non si risparmia nei giri d'ispezione e nei contatti con la truppa. Provvedimenti di clemenza vengono decisi in coincidenza con l'onomastico della regina, poco prima che suo marito salpi per la Sicilia, dove gli amatissimi sudditi lo accoglieranno con deliranti manifestazioni di affetto. Due anni piú tardi, l'epidemia di colera che mieterà oltre settemila vittime nella sola capitale, trova il re in prima fila, accanto al cardinale Riario Sforza, negli ospedali e nei quartieri popolari nonostante il ribrezzo che gli ispira comprensibilmente il contagio.

Se l'acqua santa e l'acqua salata funzionassero davvero come una muraglia insuperabile, Ferdinando sarebbe un uomo felice. Disgraziatamente, le idee scavalcano anche gli oceani e quando non basta la loro incoercibile forza morale, c'è il conte di Cavour a tramare per ridurre alla disperazione un regno che, secondo il parere del diabolico ministro sardo, una «fortuita rivoluzione» può disintegrare in qualsiasi momento. Lo scoppio della guerra di Crimea rappresenta per i Borboni di Napoli, il principio della fine. Insinuatosi tra gli alleati occidentali, Cavour manovra infaticabilmente per portare Napoleone III sulle sue posizioni e l'8 aprile 1856, a dieci giorni di distanza dalla firma della pace, ottiene che il conte Walewski sollevi pubblicamente la questione italiana, all'unisono con il governo di Londra. Due settimane dopo l'emissario del ministro francese degli esteri e l'ambasciatore di lord Clarendon presentano al governo borbonico note ultimative che chiedono una larga amnistia per i detenuti politici e la riforma della procedura giudiziaria. Il freddo rifiuto che il re sempre pieno di dignità oppone ad un'ingerenza palesemente illegittima, induce i due governi a ritirare i propri rappresentanti, Brenier e Temple, che lasciano Napoli a fine ottobre, salutati dagli applausi di un coraggioso gruppo di simpatizzanti.

La vita pacifica di Ferdinando e della sua numerosa famiglia è ormai finita, né la maturazione del duca di Calabria si annuncia promettente per il futuro della dinastia. Soprannominato dal padre Ciccillo o *Lasagna* e per vezzeggiativo *Lasa* in ragione di una sua ghiottoneria da fanciullo, Francesco rassomiglia piú ad un «timido seminarista» che all'energico principe cui sarebbe commesso il drammatico compito di fronteggiare l'aggressione straniera. È un ragazzo pallido, triste, pieno di regale serietà ma debole e titubante, come chi è piú vicino all'ascesi mistica che al richiamo violento dell'azione. Il culto per la memoria della mamma perduta, di cui è in corso il processo di beatificazione, è esaltato dall'educazione che gli è stata impartita per ordine del re: frequenti letture delle vite dei santi, maestri militari ed ecclesiastici di infimo rango, «non viaggi, non conoscenze del mondo, non esercizi del corpo, non amore delle armi, nessuna educazione virile», e qualche massima di governo ultrareazionaria sul tipo dell'equazione «constitution - révolution». L'ambiente familiare è congeniale a questo tipo di condizionamento, eccezion fatta per il salotto dello zio conte di Siracusa, l'unico Borbone che manifesti convinzioni costituzionali ed una accentuata simpatia per la cultura e per l'arte, oltre che per le belle signore.

Sull'ottusa abulia della reggia si abbattono, a partire dal novembre 1856, una serie di colpi che ne minano la tranquillità. Dapprima si accendono a Palermo e a Cefalú due focolai di insurrezione mazziniana subito soffocati. Pressappoco un mese dopo, l'8 dicembre, si registra l'attentato di Agesilao Milano. Figlio di un sarto albanese, nato nel paesino di San Benedetto Ullano in provincia di Cosenza, allevato nel collegio di San Demetrio Corone al culto della libertà e della rivoluzione, Agesilao si è fatto soldato per miseria e cospiratore per elezione. Entrato nei cacciatori di linea a Napoli, in stretto contatto con ardenti mazziniani, concepisce il progetto di sbarazzare il regno del tiranno colpendolo alla luce del sole, per consacrarsi ad una morte gloriosa in tutto degna di un discendente di Giorgio Scanderbeg. Nel giorno dell'Immacolata, mentre il re passa in rivista a cavallo i reggimenti schierati al Campo di Marte, il soldato albanese esce dai ranghi e vibra a Ferdinando un colpo di baionetta che sarebbe fatale se non venisse deviato dalla fondina della pistola. Prima che il giovane ventiseienne possa ripetere il gesto, un ufficiale gli salta addosso, lo immobilizza e lo consegna a chi lo trascinerà in carcere. Dinanzi alla corte marziale, Milano ricusa sdegnosamente l'attenuante dell'infermità mentale, affermando di aver premeditato da solo il regicidio, sollecitato anche dalle voci dell'iniquo accordo di Ferdinando con il governo argentino per la deportazione dei prigionieri politici in una colonia penale in Sud America. Condannato a morte, è impiccato il 13 dicembre. I nervi del re, che sul momento ha reagito con mirabile pacatezza scongiurando forse cosí una sanguinosa reazione delle fedelissime truppe svizzere, accusano alla distanza il contraccolpo. A confortarlo non bastano le manifestazioni di solidarietà piú o meno spontanee che arrivano dalle piú lontane province; amarezza e paura lo invecchiano di colpo, incubi atroci turbano le sue notti, un torpore malsano si impadronisce di lui quasi presagio della morte vicina e di un piú ampio, generale sfacelo di tutto il mondo che egli rappresenta.

Ad accrescere i suoi timori prima di Natale scoppia un deposito di polveri dell'arsenale e dopo il Capodanno salta in aria nel porto la *Carlo terzo*, una fregata a vapore carica di armi e munizioni. L'opposizione, ormai organicamente collegata con gli emigrati e con i centri propulsori dell'azione risorgimentale, non dà tregua al governo. La nascita di un ennesimo principe borbonico, Gennaro, offre lo spunto il 1° marzo per la provocatoria beffa di un comitato liberale diretto da Michelangelo Tancredi, che fa affiggere alle cantonate di via Toledo il facsimile perfettamente imitato di un presunto decreto reale con cui Ferdinando concederebbe piena amnistia ai detenuti politici, richiamerebbe in vita la Costituzione del 1848 ed annuncerebbe l'immediata convocazione delle Camere, nominando Francesco suo vicario generale. Il re, che in principio prende gusto alla burla, si diverte molto meno rileggendo l'accenno alla Costituzione, da lui «sinceramente giurata sul Vangelo», ma non riesce a mettere le mani sugli autori del falso decreto. Quanto all'accordo con l'Argentina per il trasferimento dei detenuti politici nella colonia penale, siglato il 13 giugno 1857, esso non troverà mai applicazione per la vigorosa campagna propagandistica concertata tra il gruppo di Poerio e gli esuli.

L'euforia per gli ultimi successi, che in effetti sono soprattutto di ordine psicologico, induce Giuseppe Fanelli e gli altri esponenti locali dell'organizzazione a prospettare a Mazzini una maturazione rivoluzionaria dell'ambiente che non ha riscontro nella realtà. Se ne sente galvanizzato ad attuare un'impresa da tempo vagheggiata Carlo Pisacane, la figura piú interessante e complessa di tutto il movimento democratico napoletano. Figlio cadetto della nobile famiglia dei duchi di San Giovanni, Pisacane ha frequentato l'Accademia della Nunziatella e raggiunto il grado di tenente del genio, ma prim'ancora che scoppiasse la rivoluzione del '48, ha avuto troncata la carriera da un incidente, un misterioso ferimento di cui è forse responsabile il marito di Enrichetta Di Lorenzo, la donna di cui il giovane ufficiale si è innamorato. Lo scandalo costringe i due amanti a fuggire dall'Italia, sebbene a questo punto Carlo sia già un ribelle, insofferente della società da cui è uscito, disgustato dalla sua ottusità e dal suo egoismo. A Parigi, egli ha modo di legarsi, grazie all'amicizia con Guglielmo Pepe, ai circoli francesi che pochi mesi dopo si impadroniranno del potere. Trascinato però da un temperamento irrequieto e avventuroso, lascia presto la Francia per arruolarsi nella legione straniera e partecipare a qualche combattimento in Algeria contro 'Abd-el Kader.

I moti del 1848 lo richiamano in Italia. A Milano conosce Cattaneo e precisa meglio, alla luce dei suoi insegnamenti, i propri convincimenti democratici, dando alle stampe uno scritto sull'ordinamento dell'esercito lombardo che contiene già i principî essenziali di una strategia rivoluzionaria fondata sulla lotta armata del popolo. La formazione militare gli permette di affrontare il problema nei termini tecnici, oltre che politici, suggerendogli anche una concezione centralizzata del comando che piú tardi lo metterà in contrasto con Garibaldi. Quando si trasferisce a Roma per partecipare alla difesa della repubblica, incontra Mazzini e ne viene nominato capo di stato maggiore dell'esercito, contribuendo sensibilmente alla vittoriosa battaglia del 30 aprile contro i francesi. Costretto a ritornare in esilio, pubblica a Genova un secondo libro di riflessioni sulla «guerra combattuta in Italia negli anni 1848-49», nel quale prende le distanze tanto dalla generosa indisciplina del guerrigliero nizzardo, quanto dal «formalismo» di Mazzini, per affermare con chiarezza la propria vocazione socialista. Al contrario del maestro, egli ritiene che la rivoluzione politica sia cosa vana senza un «cambiamento di stato», cioè senza l'eversione del regime proprietario: sono concetti che verranno ulteriormente approfonditi nei *Saggi storici-politici-militari sull'Italia*, pubblicati postumi nel 1858.

Anche se risultano evidenti gli influssi del pensiero di Proudhon e magari di Marx, che potrebbe aver conosciuto indirettamente durante un soggiorno a Londra, l'ideologia di Pisacane ha un suo timbro inconfondibile e lo qualifica come il precursore piú lucido del materialismo storico in Italia. Per la prima volta nella pubblicistica meridionale, gli eventi politici sono interpretati alla luce della «ragione economica», in base al principio che «le idee risultano dai fatti, non questi da quelle». Di totale spregiudicatezza l'atteggiamento di fronte ai miti fondamentali della società borghese, che pure attraversa il suo periodo di aureo splendore: i sacri principî della proprietà, della fratellanza e della religione sono demoliti nei *Saggi* con un linguaggio che non sapremmo aspettarci da un aristocratico delle Due Sicilie. La posizione di Pisacane è cosí coerente da ispirargli, nel nome di «una riforma completa degli ordini sociali operata con la forza», un netto ripudio del costituzionalismo sabaudo, considerato piú dannoso dello stesso assolutismo borbonico. Nel testamento politico che detta alla vigilia della partenza per la spedizione di Sapri, egli manifesta esplicitamente la convinzione che «il socialismo espresso dalla formula *Libertà ed Associazione* sia il solo avvenire non lontano dell'Italia, e forse dell'Europa» e che i progressi della società industriale, «finché il riparto del prodotto è fatto dalla concorrenza, accrescono questo prodotto ma l'accumulano sempre in ristrettissime mani ed immiseriscono la moltitudine», col solo vantaggio che, accrescendo i mali della plebe, la sospingeranno «ad una terribile rivoluzione».

Il momento mazziniano del pensiero di Pisacane riguarda dunque non la strategia degli obiettivi, ma la tattica cospirativa. Nello stesso testamento, sostiene che la «sola opera che possa fare un cittadino per giovare al paese è quella di cooperare alla rivoluzione materiale», attraverso «cospirazioni, congiure, tentativi», in altre parole con l'estrinsecazione di un «impulso gagliardo» che, per quanto lo riguarda, dovrà mettere in moto nel Sud la «rivoluzione morale» della cui rispondenza nelle masse popolari non dubita affatto. Ed è proprio questo punto di contatto con la dottrina di Mazzini che lo induce a progettare ed attuare la spedizione di Sapri, incurante non solo del giudizio che potrà darne «l'ignobile volgo», ma dello stesso successo: «Tutta la mia ambizione, tutto il mio premio» conclude «lo trovo nel fondo della mia coscienza e nel cuore di tutti quei cari e generosi amici che hanno cooperato, e diviso i miei palpiti e le mie speranze».

In realtà, Carlo è destinato alla stessa fine miseranda di Gioacchino Murat e dei fratelli Bandiera perché, come loro, realizza l'impresa in condizioni impossibili. Il fallimento dei moti in Sicilia ha suggerito al comitato centrale segreto di puntare su un'insurrezione nella parte continentale del Regno, che è ritenuto l'anello piú debole della catena degli stati reazionari italiani. Fanelli da Napoli e Nicola Fabrizi, che da Malta regge le fila della setta, sono convinti che la rete cospirativa stabilita sulla costa tirrenica e in provincia di Lecce sia pronta a scattare alla prima occasione propizia, per esempio «uno sbarco di un centocinquanta uomini armati in un punto qualunque». Mazzini e Pisacane si innamorano del progetto, anche se i successivi rapporti del comitato segreto sono assai meno incoraggianti: il primo pensa addirittura ad un'insurrezione simultanea a Livorno e a Genova; il secondo stabilisce con Rosolino Pilo ed altri compagni i termini definitivi del piano ai primi di giugno del 1857. Sebbene un viaggio clandestino a Napoli raffreddi successivamente il suo entusiasmo, Pisacane decide di rompere gli indugi sia per naturale ansia, sia per il timore di essere battuto sul tempo da un colpo di mano murattiano, in preparazione a Marsiglia. Il giorno 25 s'imbarca con Giovanni Nicotera, Giovan Battista Falcone ed altri ventidue compagni sul piroscafo di linea *Cagliari* diretto a Tunisi; poche ore dopo, s'impadronisce della nave, punta su Ponza e la occupa liberando i detenuti, una parte dei quali si aggrega alla spedizione. Il 28 sera, il *Cagliari* arriva al largo di Sapri.

Disgraziatamente la sosta troppo prolungata a Ponza ha messo sull'avviso le autorità borboniche che prendono energici provvedimenti, mentre l'organizzazione di Fanelli rimane inspiegabilmente inerte. Sbarcato sulla terraferma, Pisacane non riesce a stabilire il contatto con la setta, incontrando viceversa un'accoglienza prima fredda, poi ostile da parte degli abitanti, ai quali si è fatto credere che si tratti di una banda di galeotti evasi dall'ergastolo e risoluti a mettere a sacco la provincia. L'assenza dei braccianti agricoli, che in questa stagione lavorano quasi tutti in Puglia, liquida definitivamente il sogno di una rivolta contadina, inducendo il gruppo dei ribelli a dirigersi verso il Nord, nel tentativo di trovare un terreno di lotta piú favorevole. L'esercito di Ferdinando sta marciando, però, a tappe forzate verso i rivoltosi: il 1º luglio un primo scontro a Padula ne assottiglia i ranghi; l'indomani, nel Cilento, i superstiti sono aggrediti dalle guardie urbane e dai popolani di Sanza. Al termine del furioso combattimento, venticinque uomini sono massacrati, Nicotera e pochi altri catturati, Pisacane e Falcone feriti si uccidono con un colpo di pistola per non cadere vivi nelle mani della plebaglia inferocita. Esito altrettanto disastroso conoscono i moti di Livorno e di Genova, dove lo stesso Mazzini sfugge per miracolo alla cattura. Nel gennaio 1858 si celebra a Salerno il processo contro i patrioti scampati all'eccidio di Sanza: Nicotera ed altri sei condannati a morte usufruiscono della grazia del re, che li spedisce all'ergastolo insieme con altri nove compagni. Le pressioni del loro ambasciatore permettono a due inglesi implicati nel trafugamento del *Cagliari* di essere dichiarati fuori causa per presunta infermità mentale.

Cavour approfitta anche del sequestro della nave sarda nel porto di Napoli per sferrare un colpo basso a Ferdinando, dal quale esige l'immediata restituzione del bastimento alla compagnia Rubattino. Dal momento che il governo inglese appoggia la richiesta, aggiungendovi quella di indennizzo per i suoi sudditi, il re finisce per accettare l'ennesima umiliazione. Il confronto tra il naufragio delle avventurose iniziative mazziniane e i crescenti successi della politica sabauda, è destinato ad esercitare un'influenza determinante non solo sui liberali moderati, che naturalmente deplorano «imprese sconsigliate» come quelle di Pisacane, ma anche su Garibaldi. Quando a Parigi un altro esponente del radicalismo, Felice Orsini, attenta alla vita di Napoleone III, il trionfo psicologico della causa piemontese è completo, tanto piú che il conte di Cavour riesce a persuadere l'imperatore che solo la guerra contro l'Austria potrà consolidare il suo trono e spegnere le velleità del partito estremista. L'incontro segreto del 20 luglio a Plombières suggella cosí un'alleanza che non prevede esplicitamente la liquidazione dei Borboni di Napoli ma neppure la esclude, col malizioso sottinteso che potrebbero essere i napoletani ad approfittare «del momento» per sbarazzarsene, magari a favore di Luciano Murat, cugino del monarca francese.

Emarginato dalla febbrile attività del suo nemico e dalla propria inerzia, Ferdinando si concentra sull'orto di casa, badando ad alleggerire la pressione fiscale, a rilanciare l'economia nazionale e a garantire un'adeguata assistenza agli abitanti della Basilicata, funestata da una serie di micidiali scosse telluriche. La sua diffidenza verso ogni tipo di novità rimane inalterata pressappoco come la sua riluttanza a mescolarsi in qualsiasi modo al gioco diplomatico. Da buon padre di famiglia, si preoccupa soltanto di trovare moglie al principe ereditario e finisce per fissare la propria scelta su Maria Sofia di Wittelsbach, una gagliarda principessa bavarese nelle cui vene scorre sangue di guerrieri e di ribelli. Il matrimonio per procura avviene a Monaco l'8 gennaio 1859. Pochi giorni dopo Maria Sofia inizia il viaggio che, dopo breve sosta a Vienna e a Trieste, dovrà portarla tra le braccia del casto sposo, il quale a sua volta si muove nello stesso momento da Napoli verso la costa adriatica, in compagnia dei genitori e di un pomposo corteggio, attraverso strade il cui pessimo fondo è peggiorato da orribili condizioni meteorologiche.

Obeso e precocemente invecchiato sebbene non abbia ancora compiuto i cinquant'anni, Ferdinando affronta la traversata dell'Irpinia e delle Puglie contro l'esplicito parere del suo medico. Un primo presagio funesto per lui che è superstizioso come un pescivendolo del Mercato, viene da due frati cappuccini incontrati all'uscita del palazzo. La neve non lo ferma comunque ad Avellino ma costringe la carovana ad una permanenza di due notti ad Ariano, dove il re è colto da febbre violenta e da incubi. Il viaggio prosegue relativamente meglio fino a Lecce, dove tuttavia egli pretende di assistere ad uno spettacolo di comici napoletani in un teatro gelido e pieno di correnti che gli fanno tornare la febbre. Una dolorosa fitta all'inguine mette in allarme anche la regina, che fa chiamare un medico scegliendo beninteso quello piú in fama di «uomo d'ordine»: i Borboni hanno piú paura dei liberali che della morte. Un salasso di sangue non basta a provocare il regresso della malattia che, secondo la curiosa diagnosi, sarebbe una «febbre reumatico-catarrale con complicazione gastrica». Finalmente, dopo una settimana, il corteo reale può rimettersi in marcia alla volta di Brindisi. Qui il sovrano è folgorato da un altro segno di malaugurio: avvista nella cattedrale un pover'uomo calvo, perde l'appetito e si trascina a stento fino a Bari, dove una ricaduta del suo misterioso malanno lo costringe di nuovo a letto.

È in queste condizioni che Maria Sofia, sbarcata il 3 febbraio, fa la conoscenza del suocero moribondo, per ricevere subito dopo la benedizione nuziale dal vescovo. Tutta la corte è colpita dal contrasto fra l'aggressiva giovinezza della principessa bavarese e la timida melanconia di Francesco, accentuata dall'angoscia per la malattia del padre; e i pettegolezzi dilagano quando si viene a sapere che nella prima notte e per tutte le notti successive della permanenza a Bari, il virtuoso principe non ha neppure sfiorato la sua fata turchina. Intanto le condizioni di Ferdinando peggiorano per il sopravvenire di un ascesso alla gamba che nessuno dei medici locali osa incidere, per non moltiplicare terrori originati dalla convinzione che la baionetta di Agesilao Milano fosse avvelenata. Altri lutti in famiglia e il contemporaneo discorso di Vittorio Emanuele II sul «grido di dolore» contribuiscono a rendere ancor piú deprimente la atmosfera che pesa sulla comitiva. Finalmente, il 7 marzo, il re si lascia trasportare in barella a bordo di una nave e cinquanta ore piú tardi sbarca a Resina.

Ormai gli restano poche settimane di vita. L'incisione dell'ascesso risulta tardiva, tanto che cinque giorni dopo un'infezione «purulenta» si diffonde per tutto il corpo, tragica allegoria della disgregazione di una dinastia e di un regno. Ai lancinanti dolori fisici del moribondo si aggiunge il tormento delle cattive notizie. La nave che trasporta in America sessantasei deportati politici viene dirottata in Irlanda da un giovane ufficiale di marina, il figlio di Settembrini: accolti festosamente a Londra, i patrioti rientrano subito dopo in Italia, costituendo tra Genova e Torino due fervidi centri di attività antiborbonica. Contemporaneamente, l'audace partita del conte di Cavour giunge alla mossa risolutiva. Messo con le spalle al muro dalla diplomazia sarda e trascinato dal bellicismo insensato del proprio stato maggiore, il governo di Vienna compie esattamente il passo che Cavour aspetta per compromettere Napoleone. Il 23 aprile parte l'ultimatum austriaco che fa scattare l'alleanza franco-piemontese; il 27 la Toscana si libera del granduca, invocando la protezione di Vittorio Emanuele; il 29 l'esercito di Gyulai valica il Ticino.

Il cataclisma non smuove Ferdinando che resta fedele fino all'ultimo respiro alla sua politica timida, miope, anacronistica. Nello stesso giorno in cui il Piemonte è invaso, egli ordina al ministro degli esteri Carafa di riaffermare ufficialmente la neutralità del Regno delle Due Sicilie. Sul letto di morte, confida ai familiari di aver rifiutato la corona d'Italia, per non essere oppresso «dal rimorso di aver conculcato i diritti degli altri sovrani, ed in particolare del papa». Piede di casa, rimorsi, ossequio ai preti: sono gli scrupoli di un galantuomo di provincia. Poco prima, nel trasmettere le ultime raccomandazioni al figlio, ha saputo suggerirgli soltanto di non scendere a compromessi con la «rivoluzione», non prendere partito tra Vienna e Torino, e rifugiarsi dietro il «baluardo» dello Stato pontificio. Il patriarca se ne va con le sue povere illusioni. All'una pomeridiana del 22 maggio, «con una mano sul crocefisso del suo confessore e l'altra stretta alla mano della moglie», il pronipote di Carlo III chiude gli occhi su un mondo che non è riuscito a capire e da cui è stato inesorabilmente ripudiato.

Beninteso anche se non mancano gli oppositori convinti, gli uomini di gusto europeo e di moderne opinioni, la grande maggioranza della popolazione condivide la filosofia del sovrano defunto. Nell'ultimo decennio dell'indipendenza, la capitale è immersa in un'atmosfera spensierata ed amabile, nient'affatto presaga della bufera che sta per abbattersi sulle istituzioni e sulle tradizionali abitudini. È un tranquillo crepuscolo che entrerà nella leggenda cittadina come una mitica età dell'oro; salvo la corte, oppressa dal malumore di Ferdinando e dalla sua crescente tendenza a rinchiudersi nella ristretta cerchia familiare, la vita dei ceti privilegiati trascorre lieta e vivace, mentre quella meno facile degli strati popolari è riscattata dalla generale bonomia dei rapporti umani e da una semplicità di costumi in tutto degna della società arcaica che in fondo è Napoli.

L'aristocrazia va famosa in tutta l'Europa per l'eleganza e la magnificenza delle sue feste, con punte di autentico splendore nei galà del San Carlo. Durante il carnevale, veglioni mascherati al Fondo e allo stesso grande teatro reale serbano ancora il sapore dell'intrigo e della finezza del secolo XVIII, un passato al quale nobili e popolani sono parimenti legati. I salotti sono aperti ogni sera a sontuosi ricevimenti, animati da una folla di invitati cosmopoliti e da una brillante conversazione in cui gli argomenti mondani si mescolano a quelli culturali o politici, con quell'impegno temperato di riserve e di ironia che è caratteristico dell'indole napoletana. Il patriziato si diletta di teatro e di musica, allestendo spesso nei saloni e nei teatrini spettacoli di prosa, dizioni di poesie e concerti, ai quali partecipano non di rado anche celebri professionisti. Una parata di toilettes e di languori è la passeggiata quotidiana in carrozza alla Riviera di Chiaia, la strada sulla quale si affacciano i palazzi piú signorili della città. Nella buona stagione, a partire dal giorno di San Giuseppe, cominciano le corse dei cavalli al campo di Marte, dove gran folla accorre ad ammirare i prodotti piú selezionati di un allevamento curato personalmente da gentiluomini e da ricchi borghesi. Alla domenica è frequente la scampagnata in comitiva, ma anche negli altri giorni si monta a cavallo volentieri, partendo magari dalla grotta di Pozzuoli, per galoppate avventurose cui non disdegnano di partecipare belle ed allenatissime amazzoni. I bagni di mare si prendono nello stabilimento Manetti alla Villa comunale o da Gigliano, e quando il caldo diventa intollerabile si parte per la villeggiatura, nei casini di Posillipo o di Portici, nelle ville di Castellammare o sulla penisola sorrentina. Si va diffondendo, proprio di questi anni, la moda di trascorrere una parte dell'autunno nel Nord: a Venezia, per esempio, o in Brianza, anche se sono lussi che soltanto pochissime famiglie possono permettersi.

Svaghi non dissimili, sia pure a rispettosa distanza, coltiva l'alta borghesia, cioè i pochi industriali, i molti commercianti, i potenti banchieri, che spesso sono reclutati nelle file dell'immigrazione straniera, recente o già antica di qualche generazione. Il ceto medio, invece, si consacra con entusiasmo alle «periodiche», cordiali serate fatte di incontri gastronomici, di teneri idilli, di scherzose battute e soprattutto di strazianti esibizioni al pianoforte. D'ispirazione straniera è ormai da un pezzo la moda. Sull'esempio di sarte parigine trapiantate con enorme successo a Napoli, come madame Cardon o madame Giroux, si è creata una scuola locale che consente un costante aggiornamento alle buone borghesi e alle signore di provincia. «Il desiderio di vestir bene» ossessiona anche, forse soprattutto, gli uomini, il cui traguardo in questo campo è di conciliare «la grazia francese con la proprietà del gusto inglese»: cappelli e cravatte vengono da oltre frontiera, scarpe e guanti sono assicurati invece dall'impareggiabile artigianato indigeno. Queste predilezioni rimarranno in vita per oltre mezzo secolo, costituendo altrettanti capitoli di fede per gente tanto raffinata da farsi stirare le camicie a Londra, ultimi bagliori di un culto spagnolesco delle apparenze, che ha il suo risvolto in un'eleganza di impeccabile misura, una «douceur de vivre» che ricorda i sospiri di Talleyrand per l'antico regime.

5.
Il Montezuma di Gaeta

In diciotto mesi, quanti ne corrono dalla morte di Ferdinando II alla sconsolata partenza di Francesco II da Gaeta, il Regno delle Due Sicilie scompare inghiottito dalla voragine garibaldina, come un fatiscente edificio tarlato dai secoli e dall'incuria degli uomini. I vecchi decrepiti ai quali la dinastia affida la sua salvezza politica e militare, sono il simbolo fin troppo ovvio di un crollo che è solo in apparenza repentino; l'altro simbolo, meno ovvio e piú nobile, è rappresentato dalla malinconica rassegnazione con cui il giovane Montezuma borbonico accetta la sequenza di avvenimenti che lo portano alla fuga dalla reggia, all'agonia dell'assedio, all'esilio. Irresoluto e sgomento, il «figlio della Santa», riceve l'eredità paterna come un fardello troppo pesante per la sua povera esperienza umana, un impegno sproporzionato all'angustia, al grigiore, alla mancanza di nerbo della sua personalità. La storia delle viltà e dei tradimenti che scandiscono l'incredibile rotta napoletana fino al Volturno conta, tutto sommato, assai meno perché vale solo ad accelerare una sentenza che la storia ha già pronunciato da molto tempo, forse fin dal lontano momento in cui il primo Ferdinando, lasciandosi sopraffare dai consigli del partito austriaco e dal trauma della rivoluzione francese, ha rinunciato al disegno riformatore di suo padre e del Tanucci. Il graduale e sempre piú netto distacco dalla borghesia illuminata, ha scavato sotto il trono dei Borboni l'abisso in cui precipita di schianto il loro ultimo discendente, per modo che neppure l'incrollabile fedeltà del popolo minuto serve a scongiurare la disfatta, per quanto luminose siano le pagine scritte dai marinai e dai soldati di Francesco nella fase conclusiva della resistenza, animata dal leggiadro e come inconsapevole eroismo di Maria Sofia.

Se il re avesse il temperamento di sua moglie, venderebbe piú cara la pelle, ma non saprebbe egualmente modificare il corso degli eventi. Quando muore il suo predecessore, i giochi sono già fatti, l'ideale unitario ha già conquistato gli strati piú combattivi del ceto medio italiano, i rapporti fra le potenze europee sono già fissati nella prospettiva in cui

Cavour si è inserito con insuperabile avvedutezza sin dall'epoca della guerra di Crimea. L'alleanza con Parigi e l'intesa di fondo con Londra costituiscono per il ministro sardo due punti di riferimento assai piú sostanziosi di quanto non sia per l'erede di Ferdinando II la meccanica adesione ad una Santa Alleanza che è ormai soltanto un ricordo. All'interno del Regno, la situazione è altrettanto precaria. In Sicilia l'ostilità verso la dinastia è pronunciatissima, in ragione delle tenaci tendenze separatiste e dell'identità che per secoli si è instaurata tra la capitale borbonica e il malgoverno. L'aristocrazia feudale, ancora molto forte, ha dirottato abilmente il malcontento delle masse verso i rappresentanti napoletani della corona, assumendo per proprio conto un orientamento piuttosto liberale ed allestendo squadre armate di contadini che a tempo debito collaboreranno, entro certi limiti, con Garibaldi. Nelle province continentali il clima è meno esasperato. Le amare esperienze dei fratelli Bandiera e di Pisacane hanno vibrato un serio colpo al movimento democratico di ispirazione mazziniana, disperdendone in carcere o nell'esilio i maggiori dirigenti ed accentuando l'inclinazione dei moderati verso un attendismo che si concreta nell'organizzazione dei «comitati d'ordine», un termine abbastanza significativo. Confortati dall'affinità ideologica di molti patrioti rifugiati a Torino e Genova, i comitati sono potenzialmente disponibili per una collaborazione con i diplomatici e gli agenti di Cavour. A Napoli, le opinioni liberali sono professate soprattutto da intellettuali, professionisti ed operatori economici, mentre i funzionari statali e gli ufficiali dell'esercito si serbano fedeli alla monarchia, o quanto meno partecipano di un maggiore conformismo alle vedute provinciali e bigotte della cricca di corte. Nelle campagne l'indifferenza dei proprietari agrari per la causa dell'unità nazionale si trasformerà in aperta simpatia quando la spedizione dei Mille diffonderà il timore di una rivolta contadina a sfondo «comunista». In questa prospettiva, naturalmente, l'obiettivo dell'annessione al Piemonte apparirà assai piú tranquillizzante che non la perpetuazione di una dittatura garibaldina, dietro cui s'intravedono i fantasmi della costituzione mazziniana o del disegno federalistico di Cattaneo.

La vittima di questa eterogenea convergenza di interessi, su cui Cavour gioca magistralmente la sua scommessa unitaria, è – subito dopo le plebi cittadine e rurali – il derelitto «Francischiello». Il suo calvario comincia nel giorno stesso in cui, seppellito Ferdinando II con il lugubre rituale spagnolo, si sfrena intorno al giovane re la sarabanda delle pressioni politiche e diplomatiche. A palazzo, gli ultras della reazione piú nera si stringono intorno alla regina madre, mentre il conte di Siracusa assume un atteggiamento sempre piú dichiaratamente favorevole al rilancio della Costituzione del '48, all'alleanza con Vittorio Emanuele e successivamente all'annessione pura e semplice. Un ruolo ambiguo svolgono i figli di Maria Teresa, il primo dei quali, conte di Trani, non nasconde l'ambizione di soppiantare il fratellastro e cospira goffamente per riuscirvi. Per guadagnare Francesco alla loro causa, plenipotenziari ed ambasciatori stranieri piombano a Napoli quando il cadavere del vecchio patriarca è ancora caldo. Il barone Hübner, rappresentante austriaco, è il piú discreto: si accontenta di consigliare l'immobilismo piú assoluto, neutralità in politica estera e nessuna concessione in senso liberale, una linea che coincide perfettamente con il testamento spirituale del monarca defunto. L'inviato inglese, lord Elliot, è d'accordo sulla neutralità perché paventa l'ulteriore potenziamento del blocco franco-sardo, ma suggerisce contemporaneamente riforme di tipo parlamentare, senza rendersi conto della contraddizione implicita nel suo atteggiamento, dal momento che qualsiasi tipo di assemblea elettiva trascinerebbe il Borbone nella guerra d'indipendenza italiana. Giunto con lieve ritardo sui concorrenti, il barone Brenier, vecchia conoscenza dei napoletani, esige in nome dell'imperatore dei francesi tutto e tutto insieme: riforme, costituzione, alleanza con Torino, anche se Napoleone III nutre in realtà parecchia diffidenza per gli istituti democratici e vede nell'intervento napoletano soprattutto uno strumento per arginare l'espansionismo del suo scomodo alleato piemontese. Questi, per proprio conto, ha già spedito a Napoli un ambasciatore straordinario, il conte di Salmour, con l'incarico segreto di accelerare la caduta della dinastia e quello ufficiale di proporre al giovane re una specie di patto di famiglia che comprende Parlamento, Costituzione, riforme in Sicilia e adesione all'alleanza anti-austriaca. Il sospetto con cui è accolto l'emissario di Cavour, cresce a dismisura quando egli è fatto oggetto di una manifestazione di entusiasmo da parte dei liberali, in coincidenza con la notizia della vittoria di Magenta.

Per districarsi nel dedalo delle proposte, dei suggerimenti e delle minacce che gli giungono da ogni parte, Francesco avrebbe bisogno di consiglieri energici ed avveduti. Disgraziatamente, il sistema che egli ha ereditato ed in cui è stato educato a credere, s'identifica con una grigia ed abulica gerontocrazia nella quale confluiscono la tradizionale inettitudine dell'aristocrazia cortigiana e le nostalgie assolutiste del superstite personale murattiano. Il solo elemento a cui crede di potersi affidare è, appunto, il settantacinquenne principe Filangieri, brillante combattente delle guerre napoleoniche nella prima giovinezza, inflessibile conquistatore in maturità della ribelle Sicilia, onesto, ambizioso, aperto quanto meno ad un'intesa con la Francia e a qualche cauto rinnovamento, ma legato per età e per naturale scetticismo ad un ritmo di azione troppo lento, incerto ed incoerente, rispetto all'urgenza drammatica dei tempi. La sua strategia si risolve in un compromesso esitante e sterile. Nella lusinga di ammansire l'opposizione, promuove il 16 giugno 1859 una larga amnistia, aprendo le porte del Regno ai piú accaniti cospiratori; e sopprime la lista degli «attendibili», facilitando l'attività dei «comitati d'ordine». Quando in luglio, per un grossolano equivoco, scoppia una rivolta dei reggimenti svizzeri e il generale Nunziante semina la strage tra gli sventurati mercenari, Filangieri condivide la tesi dello scioglimento definitivo di un corpo armato che pure è il solo sulla cui efficienza la dinastia potrebbe contare nell'ora del pericolo. Dopo una serie di contatti con un altro inviato del governo parigino, il generale Roguet, propone a Francesco una costituzione di tipo napoleonico ed una revisione degli alti gradi amministrativi: offeso dalla riluttanza del giovane sovrano ad accettare provvedimenti che forse sarebbero stati opportuni appena all'inizio del secolo, il vecchio principe offre le dimissioni e si ritira in villa a Sorrento, abbandonando al suo destino un re «tanto vincolato al concetto del governo dispotico».

Il povero ragazzo viene cosí a trovarsi solo, proprio nel momento in cui cominciano a circolare le prime voci sui piani di Garibaldi ed il Piemonte si annette disinvoltamente Parma, Modena e la Romagna. Per formare il nuovo ministero, Francesco aspetta le idi di marzo del fatale 1860: a presiederlo, chiama un altro «revenant», il principe di Cassaro, che è stato ministro degli esteri trent'anni prima, ponendogli al fianco come collaboratore nel dicastero della guerra l'ottantaduenne Winspeare. È come se una compagnia di vecchi caratteristi, sordi e gottosi, interpretasse l'ultimo atto dell'opera buffa con cui la nazione napoletana si congeda dall'Europa. Lo scroscio di risate con cui Maria Sofia ha salutato pochi mesi prima, al ricevimento di corte, i magistrati bardati alla don Basilio, con «toga nera e cappellaccio», è un inconsapevole presagio dell'epilogo tragicomico che attende monarchia e regno, anche se a Gaeta sarà sottolineato da molti nobili singhiozzi. In realtà gli ultimi giorni felici del vecchio mondo sono stati scanditi dalla Piedigrotta 1859, quando il rutilante esercito borbonico è sfilato in parata dinanzi al palazzo, la flotta ha salutato a cannonate il regio corteo, e l'immenso strepito della festa ha stordito la folla col suo rituale pagano e pantagruelico. Poi è cominciato il grande naufragio.

La pace di Zurigo, nel novembre dello stesso anno, sancisce una vaga soluzione confederale del problema italiano che in seguito nessuno discuterà mai seriamente. Sei giorni dopo, Garibaldi rinuncia al comando della spedizione su Roma, per ritirarsi a meditare sull'invito che gli viene da mazziniani e democratici ed allestirne una in Sicilia. Cavour, che senza rendersene perfettamente conto lavora ad esclusivo beneficio di casa Savoia e della destra italiana, ha deciso che la liberazione di Roma e di Venezia può attendere: il ventre molle del fronte nemico va cercato per ora piú al Sud, nel dominio di «Lasa», il paese che secondo il ministro degli esteri Carafa, altro gentiluomo in polpe e calze di seta, «non ha bisogno di novità». Il capodanno del 1860 segna una fuggevole parentesi di euforia per il re, salutato da un'ovazione al teatro San Carlo e rallegrato dal varo della *Borbone* a Castellammare di Stabia; ma alla fine di gennaio, arriva a Napoli un altro emissario piemontese, il Villamarina, che stringe amicizia con il conte di Siracusa, mentre insiste a prospettare al nipote una improbabile intesa con il suo governo. Piú irresoluto ed inquieto che mai, timoroso di farsi chiudere in trappola, il Borbone respinge anche l'offerta di Napoleone III, di sostituirlo nella difesa degli Stati pontifici, e preferisce seguire le febbrili iniziative dei suoi nemici in una condizione di ipnotica inerzia. Il 20 gennaio, Cavour torna al governo dopo la burrascosa parentesi seguita a Villafranca; l'11 marzo, Toscana ed Emilia decidono con un plebiscito l'annessione al Piemonte; il 24 dello stesso mese, il conte firma il trattato con cui, sempre previo plebiscito, si riconosce alla Francia il possesso di Nizza e della Savoia, sacrificio accortamente meditato che scava tuttavia un abisso incolmabile tra il grande statista e Garibaldi. Ai primi di aprile, scoppia l'incendio siciliano.

Prim'ancora che i due Riso appicchino il fuoco della rivolta nei paraggi del monastero di Gancia, Francesco II riceve dallo zio liberale una specie di lettera aperta che gli suggerisce provocatoriamente di adottare il «principio nazionale» e di «collegarsi» con il regno sabaudo, per salvare paese e dinastia. La reazione del destinatario è, come sempre, assolutamente passiva: il conte di Siracusa resta indisturbato a fare la fronda, la politica borbonica rimane immutata. Il guizzo di energia del governatore militare di Palermo, che schiaccia il primo tentativo insurrezionale catturando tredici ribelli e condannandoli a morte, non trova alcun seguito. Quando sull'isola sbarca Rosolino Pilo per recare l'annuncio dell'imminente avvento di Garibaldi, le squadre di picciotti riprendono lena, sprofondando nel terrore le autorità militari e governative. Negli stessi giorni, gli esuli napoletani concentrati a Torino si pronunciano esplicitamente per l'annessione delle Due Sicilie al Piemonte, martellando l'ultimo chiodo sulla bara delle illusioni municipali. Ormai il Borbone è praticamente fuori causa, spettatore impotente e trasognato della lotta che contrappone anche nei suoi domini il partito d'azione e il blocco conservatore: l'uno sospeso tra il delirante idealismo di Mazzini e l'attivismo sentimentale del condottiero partigiano, l'altro pilotato da Cavour verso l'epilogo trionfale che deciderà per un secolo l'assetto socio-politico del paese.

Nella commedia degli inganni che il conte intesse, rientrano anche le offerte di alleanza al Borbone «prima che sia troppo tardi», offerte reiterate nelle stesse settimane in cui Vittorio Emanuele assicura il suo appoggio ai disegni garibaldini e il primo ministro spera ancora di affidare il comando della spedizione in Sicilia ad un uomo di propria fiducia, il generale Ribotti. Pur essendo ragguagliato giorno per giorno dei trasparenti intrighi sabaudi, Francesco si limita a piagnucolare proteste, senza preparare alcun piano difensivo o tanto meno assumere una qualsiasi iniziativa diplomatica. D'altro canto, i margini di movimento sarebbero estremamente ristretti anche per un timoniere piú esperto e spregiudicato. Una sortita in direzione dell'Austria, alleato naturale contro l'aggressivo espansionismo dei sardi, è resa impossibile dallo smarrimento in cui sembra piombato il governo di Vienna, dal quale arriva solo il suggerimento di conservare un'astratta neutralità. Ma anche il rovesciamento delle alleanze, proposto in assoluta malafede dai plenipotenziari piemontesi, è irrealizzabile per tutta una serie di ragioni, che vanno dalla pesante influenza sul re degli «strateghi» di Maria Teresa al discredito in cui la dinastia è ormai irrimediabilmente caduta agli occhi dei liberali, dentro e fuori i confini delle Due Sicilie. Forse, se Francesco puntasse con risolutezza su un accordo con Napoleone III e riuscisse soprattutto a spaventarlo con il fantasma della rivoluzione italiana, si potrebbe ancora salvare il salvabile, ma allo spaurito ragazzo mancano sia la lucidità di siffatta intuizione, sia i collaboratori capaci di tradurla in atto: si rassegnerà a «mettersi nelle mani» dell'imperatore, soltanto quando avrà già perduto la Sicilia e sarà naturalmente «troppo tardi».

Garibaldi suona il *de profundis* ai Borboni con inesorabile rapidità: l'appoggio inglese, le perplessità di Napoleone, il disinteresse delle altre potenze europee cospirano con lo sfacelo del regime napoletano e con l'enorme talento militare del guerrigliero nizzardo, per accelerare al di là di ogni verosimiglianza i tempi della sua marcia nel Sud. In venti giorni le camicie rosse passano da Marsala a Palermo; nel giro di un mese, tutta l'isola cade nelle mani del generale che otto settimane piú tardi entra a Napoli, benché tutte le circostanze gli siano inizialmente sfavorevoli. Non può giovarsi del fattore sorpresa, perché il governo borbonico viene informato ora per ora di ciò che accade tra Quarto e la Sicilia. Non gode del vantaggio numerico, che appartiene costantemente, almeno fino all'arrivo delle truppe piemontesi, all'esercito e alla marina di Francesco. Sono l'inefficienza degli alti comandi, il panico generale, la profonda consapevolezza di difendere una causa perduta, a facilitare la travolgente avanzata dei Mille, assai piú che non il tradimento e la codardia; e Garibaldi, con la straordinaria sensibilità umana che lo distingue, capisce talmente tutto questo che, subito dopo la traversata dello Stretto, si slancia quasi solo verso la capitale del Regno per completare la conquista nel modo piú pacifico, evitando un inutile spargimento di sangue. Il gigantesco bluff della spedizione, subito dai regi fino al Volturno, sarà poi sventato paradossalmente da Vittorio Emanuele, che non esiterà a liquidare il condottiero e a relegarne le malconce bande in seconda linea.

La difesa borbonica contro l'invasione ha l'andamento di una farsa, anche se gli storici parleranno in termini piú alati di «una serie di fatali errori». L'11 maggio, quando i garibaldini sono appena sbarcati e le loro due navi si offrono alle bordate nemiche nelle acque di Marsala, il comandante dello *Stromboli* si lascia paralizzare dal timore di colpire due fregate inglesi alla fonda nonché i magazzini vinicoli pure di proprietà britannica che si affacciano sul porto. Il principe di Castelcicala dispone di 23 000 uomini contro le poche centinaia di sgangherate camicie rosse ma, quando apprende le notizie dello sbarco, si lascia dominare dallo sbigottimento, chiede ansiosamente rinforzi a Napoli e li destina alla difesa di Palermo anziché scagliarli nella mischia. Alla testa dell'esercito di prima linea, un altro settuagenario, il generale Landi, muove verso il nemico a piccole tappe, in carrozza, come un personaggio di Prospero Mérimée. Il giorno 15, a Calatafimi, lo stesso Landi si lascia battere soprattutto per mancanza di munizioni, cioè di preveggenza, e ordina a precipizio la ritirata prima che lo scontro sia definitivamente perduto. È cosí spaventato che non riorganizza i suoi soldati ma, esponendoli lungo il percorso ai crudeli attacchi dei ribelli, li trascina in fretta e furia verso la capitale, dove le truppe giungono naturalmente a ranghi mutilati e con il morale a pezzi.

Informato della partenza da Quarto sin dal giorno 10 e ragguagliato via via dei progressi della spedizione, Francesco II scongiura il principe Filangieri di abbandonare il rifugio sorrentino per assumere il comando delle operazioni in Sicilia. Ma Filangieri, sempre oscillante tra corruccio e cinismo, si limita ad abbozzare un piano strategico e ne affida la realizzazione ad un ennesimo vegliardo, il generale Lanza, universalmente noto per una comica caduta da cavallo fatta, tempo prima, durante una solenne cerimonia militare. Il genio strategico di Lanza è pari al suo vigore atletico: appena arrivato in Sicilia, si trincera anch'egli a Palermo, limitandosi a spedire a Monreale una colonna volante comandata dallo svizzero von Mechel e dal coraggioso colonnello Beneventano del Bosco. Naturalmente il valore dei due ufficiali non basta ad arrestare l'infiltrazione degli invasori: Garibaldi simula un ripiegamento su Corleone, si fa gioco dei borbonici e piomba col grosso delle sue bande verso Palermo, dove ha concepito l'ardito piano di penetrare d'impeto attraverso la porta di Termini.

Se Lanza difetta di visione strategica, le sue lacune tattiche e morali sono ancor piú scandalose. Di fronte all'irruzione del condottiero partigiano nel cuore della capitale isolana, perde completamente la testa: arroccato con 18 000 soldati nel palazzo reale, fa bombardare senza pietà da terra e da mare i quartieri popolari della città e dopo ventiquattro ore scongiura l'ammiraglio inglese Mundy di interporre la sua mediazione per ottenere dagli invasori una tregua che dovrebbe permettergli di evacuare i feriti. Ottenuta la tregua, lascia che Garibaldi ne approfitti per rimettere ordine fra le proprie milizie ed occupare tutti i punti vitali intorno alla piazzaforte nemica; anzi, allo scadere dell'armistizio, chiede una proroga di tre giorni, acconsentendo a cedere al nizzardo l'edificio della zecca, senza neppure prendersi la briga di ritirare il deposito di cinque milioni di ducati che consentirà l'ulteriore finanziamento dell'impresa garibaldina. Due messaggeri di sventura, il generale Letizia e il colonnello Buonopane, vengono spediti a Napoli per presentare al re, beninteso con una coloritura apocalittica, un rapporto sulla situazione e chiedere istruzioni.

A questo punto il Borbone non può fare altro che ratificare la capitolazione di Palermo e tentare, su suggerimento del Filangieri, l'apertura ai francesi. Le condizioni di Napoleone III sono quelle di sempre, appena aggiornate con il consiglio di riconoscere l'indipendenza della Sicilia attribuendone la corona ad un principe di famiglia; e questa volta Francesco si rassegna a cambiare rotta. Il 25 giugno, un «atto sovrano» emanato da Portici annuncia agli scettici regnicoli la concessione di una costituzione e di una amnistia generale, la promessa di uno *status* particolare per la Sicilia, l'adozione della bandiera tricolore, l'apertura di trattative con il governo di Vittorio Emanuele II. A comporre un ministero meno retrivo viene chiamato Antonio Spinelli che, pochi giorni dopo, preoccupato dalle violente dimostrazioni di piazza contro la polizia, propone di affidarne la direzione generale, poi il dicastero, ad un ambiguo tipo di liberale, don Liborio Romano, che è già o si appresta a mettersi in contatto con gli agenti di Cavour. Per mantenere l'ordine, don Liborio non trova di meglio – ed è un altro tocco farsesco nella tragedia del crepuscolo borbonico – che reclutare tra gli sbirri un buon numero di camorristi, i soli capaci di mantenere a modo loro l'ordine nella capitale disorientata e sconvolta.

In ogni caso, la tardiva conversione del regime non incanta nessuno:

gli ultras del partito di corte sono indignati per il tradimento di tutti i sacri principî; la borghesia liberale non concede piú alcun credito alla dinastia e semmai, dinanzi alla minaccia di una rivoluzione sociale che l'avanzata di Garibaldi potrebbe scatenare tra le masse, si orienta definitivamente per la tesi dell'annessione. Dal canto suo, Cavour avvia blandamente le trattative con il governo borbonico per non scontentare Napoleone, ma spedisce a Napoli il Visconti Venosta con l'incarico di suscitarvi una rivolta degli elementi moderati in funzione ostile a Garibaldi e ai mazziniani. Le une e le altre previsioni sono sfuocate, giacché le camicie rosse sono diventate in Sicilia il presidio della proprietà privata e a Napoli gli elementi moderati non hanno alcuna capacità insurrezionale, ma contribuiscono egualmente a fare il vuoto intorno al Borbone, che può contare ormai soltanto sull'obbedienza dei marinai e dei soldati di truppa, generosi popolani rimasti fedeli alla vecchia bandiera. È stato uno di loro, un umile cacciatore dell'ottavo reggimento, che durante l'ultima parata allestita a Palermo per compiacere la senile incoscienza di Lanza, ha urlato in faccia al generale il suo accorato furore per la vergogna della resa, ricevendone in cambio uno sprezzante insulto.

L'inetto stratega sbarca a Napoli il 20 giugno e viene relegato ad Ischia, in attesa del giudizio di una corte marziale che non troverà mai il tempo per riunirsi. Del resto, il generale Clary che lo ha sostituito in Sicilia, è fatto della stessa pasta. Sgomberata anche Catania, concentra 18 000 uomini nella munitissima cittadella di Messina dove, sol che nutrisse un minimo di fiducia nella propria causa, potrebbe non solo opporre una vigorosa resistenza ma perfino preparare una massiccia controffensiva. Tutto ciò che riesce, viceversa, ad immaginare è di spedire con pochi reparti Beneventano del Bosco in direzione di Milazzo, negandogli tuttavia chiare istruzioni e gli indispensabili rinforzi. La diserzione di un ufficiale superiore di marina, il conte Anguissola, passato al nemico con la fregata *Veloce*, accresce le difficoltà del prode soldato che il 20 luglio deve arrendersi, dopo durissima lotta, ai volontari di Garibaldi. Otto giorni piú tardi, Clary sottoscrive un'incredibile convenzione accettando di sgomberare senza colpo ferire Messina e ordinando ai presidî delle tre fortezze ancora in possesso dei napoletani di non aprire il fuoco se non provocati. L'ultimo tradimento spalanca, in tal modo, al condottiero nizzardo la strada dell'invasione sul continente.

A Napoli la confusione degli animi è giunta al culmine. Le forze armate hanno prestato malvolentieri il giuramento di fedeltà alla Costituzione e i funzionari statali lo hanno fatto soprattutto per paura delle liste di proscrizione, che vengono pubblicate quotidianamente sulla gazzetta ufficiale. Zuffe ed alterchi si producono ad ogni piè sospinto tra i militari e i camorristi della polizia. Gli aristocratici di opinioni conservatrici, con il pretesto di difendersi dall'estate che si annuncia torrida, espatriano coraggiosamente nelle stazioni climatiche di moda nel Nord Italia o all'estero. A corte, anche il conte d'Aquila si scopre liberale, mentre il generale Nunziante presenta le dimissioni e parte per mettersi al servizio della monarchia sabauda, come farà piú tardi il ministro della guerra Pianell. La convocazione dei comizi elettorali viene rinviata dapprima al 19 agosto e poi a fine settembre. La stampa, liberata da ogni censura in base alla legge del 1848, si scatena ferocemente contro il re e la sua cricca, mentre nelle vetrine dei negozi compaiono sempre piú spesso le fotografie di Garibaldi e di Vittorio Emanuele. I tentativi diplomatici messi in opera per fermare l'avanzata delle camicie rosse falliscono uno dopo l'altro: Cavour respinge le offerte degli inviati napoletani, Napoleone III cerca invano di indurre gli inglesi a bloccare lo sbarco garibaldino in Calabria. Col pretesto di tener fede al principio del non intervento, Londra continua ad assicurare alle camicie rosse il suo pieno appoggio.

Un esule meridionale, Nicola Nisco, è rientrato a Napoli per allacciare contatti con gli elementi annessionisti e prepara con don Liborio Romano la sospirata insurrezione dei comitati d'ordine. Anche l'ammiraglio Persano, la cui flotta incrocia spudoratamente le acque del golfo, svolge una analoga missione imponendo a re Francesco la presenza di un battaglione di bersaglieri. Si tratta, come sempre, di prevenire l'arrivo di Garibaldi ed una pericolosa affermazione dei democratici di simpatie repubblicane o federaliste. Ma il 18 agosto, il condottiero rompe gli indugi ed avvia le operazioni di passaggio dello Stretto, sulla base di un geniale piano d'azione che in tre settimane lo catapulta da Reggio a Salerno, consentendogli di schiacciare la resistenza borbonica e disintegrarne i ranghi. Il generale Briganti, che è il primo a capitolare, viene fatto a pezzi dalle sue truppe a Mileto. Il generale Ghio si arrende con diecimila uomini senza combattere, a Soveria. Abbandonati a se stessi, i soldati napoletani rifiutano per la maggior parte di arruolarsi con i garibaldini e tornano a casa mendicando e maledicendo ai loro ufficiali. Mentre i proprietari calabresi riescono a mobilitare diecimila uomini sotto le bandiere dell'esercito liberatore, il cui condottiero riceve a Sapri i dirigenti dei comitati patriottici, soltanto le truppe agli ordini del generale Afán de Rivera ripiegano con un certo ordine su Nocera.

In realtà sta per cominciare la fase piú rispettabile della difesa borbonica. Francesco respinge la proposta del generale Pianell di dar battaglia agli invasori nella piana del Sele e, accettate il 3 settembre le sue dimissioni, decide di sgomberare la capitale per ritirarsi verso Gaeta. Il giorno 6, mentre i reparti rimasti fedeli si concentrano intorno a Capua, il re lascia Napoli con Maria Sofia, a bordo del *Messaggero*, dopo aver lanciato al suo popolo un mesto proclama nel quale asserisce di voler compiere il proprio dovere «con rassegnazione scevra di debolezza» e denuncia la spedizione garibaldina come «una guerra ingiusta e contro la ragione delle genti». Al sindaco e alla guardia nazionale, l'onesto sovrano chiede di risparmiare alla città, «questa patria carissima, gli orrori dei disordini interni e i disastri della guerra civile»; ed è anche la spiegazione della sua affrettata partenza. «Discendente di una dinastia che da ben 136 anni regnò in queste contrade continentali, dopo averle salvate dagli orrori di un lungo governo viceregnale», Francesco sottolinea con malinconica nostalgia: «I miei affetti sono qui. Io sono napoletano, né potrei senza grave rammarico dirigere parole di addio ai miei amatissimi popoli, ai miei compatrioti. Qualunque sia il mio destino, prospero o avverso, serberò sempre per essi forti ed amorevoli rimembranze, raccomandando loro la concordia, la pace, la santità dei doveri cittadini. Che uno smodato zelo per la mia Corona non diventi fonte di turbolenza».

Anche se non è scritto di suo pugno, il documento rispecchia i sentimenti del re, ne conferma la dolcezza, la moderazione, il municipale patriottismo. La riaffermazione della fedeltà ad un popolo cui la sua famiglia ha saputo cosí intimamente legarsi, prescinde da ogni notazione autocritica: nemmeno nell'ora piú drammatica Francesco sospetta che questo popolo, diversamente guidato, avrebbe saputo salvaguardare con ben altro vigore, nel concerto delle nazioni europee, la propria inconfondibile individualità. Piú ansioso dello stesso istinto di sopravvivenza dinastica, rimane nel Borbone il timore della rivoluzione sociale: l'ultimo appello è lanciato non per invocare la rivincita, ma per scongiurare ogni «turbolenza». Identica preoccupazione, beninteso, ispira Vittorio Emanuele, il suo grande ministro, il suo titubante alleato francese ma, mentre la forza e la scaltrezza stanno dalla parte dei vincitori, il vinto non sa opporre alla sventura se non una solenne protesta contro le «inqualificabili ostilità sulle quali pronunzierà il suo severo giudizio l'età presente e futura». In attesa del quale verdetto, il re fuggiasco punta con sua moglie e pochi amici leali verso la fortezza di Gaeta, dove le altre navi della flotta si rifiutano al gran completo di seguirlo. A bordo del *Messaggero*, egli si sfoga con il fedelissimo comandante Criscuolo, questa volta in tono meno bonario: «I napoletani non hanno voluto giudicarmi a ragion veduta; io, però, ho la coscienza di aver fatto sempre il mio dovere. Ad essi rimarranno solo gli occhi per piangere». Una profezia che, all'orecchio dei suoi superstiziosi concittadini suonerebbe sinistra, ma la cui esattezza, a distanza di oltre un secolo, appare per lo meno sorprendente.

Comunque, nell'atto in cui Francesco si avvicina alla tappa conclusiva del suo calvario i napoletani festeggiano l'ingresso dell'ultimo conquistatore con lo stesso entusiasmo che hanno messo, sistematicamente, nel salutare gli altri. Le ore della vigilia sono trascorse piuttosto tranquille, con i caffè ed i teatri affollati. Un telegramma di Liborio Romano raggiunge Garibaldi a Salerno, dove il giorno 6 Spinelli spedisce il sindaco e il comandante della guardia nazionale, per trattare la resa ed evitare contatti con il governo piemontese. Preoccupato anche lui degli intrighi di Cavour, Garibaldi decide di partire all'alba del giorno seguente, il 7 settembre 1860, raggiungendo in carrozza Vietri e quindi in treno, tra due ali di popolo acclamante, la stazione di Napoli, dove è stato preceduto da un ufficiale e da un proclama. L'ufficiale è il colonnello Ludovico Frapolli, che si è presentato tutto solo in camicia rossa, a prendere possesso dell'ufficio centrale dei telefoni. Il proclama avverte la cittadinanza che Garibaldi arriva pieno «di rispetto e di affetto» per «questo nobile ed imponente centro di popolazione italiana, cui secoli di dispotismo non han potuto umiliare»: il dittatore «invittissimo» in guerra non è altrettanto fortunato nelle battaglie letterarie, anche se si fa capire benissimo dall'immensa folla che lo aspetta all'una del pomeriggio dinanzi all'edificio della strada ferrata.

Le accoglienze sono deliranti. Don Liborio Romano pronuncia il primo indirizzo di saluto, inneggiando all'unità italiana «sotto lo scettro di Vittorio Emanuele», che per un ministro di Francesco II è un bel giro di valzer. La vettura pavesata con il tricolore nazionale, su cui prende posto il trionfatore, percorre in testa ad un fragoroso corteo le strade del centro, fino alla piazza antistante alla reggia, passando sotto i forti ancora occupati dalle truppe borboniche senza essere degnata di uno sguardo. Dinanzi alla chiesa del Carmine, il nizzardo è invitato a scappellarsi da un popolano che si è issato in serpa alla carrozza: «Levateve 'o barretto, si no abbuscammo!», se no ci linciano. Alla Foresteria, un palazzo prospiciente alla piazza che prenderà nome dal plebiscito per l'annessione, un altro indirizzo di Mariano d'Ayala prelude ad un discorso dal balcone in cui Garibaldi ringrazia gli astanti «in nome di tutti gli italiani e dell'umanità intera» per «l'atto sublime» che stanno compiendo. In duomo, il vecchio anticlericale è costretto ad ascoltare il *Te Deum* e una predica di fra' Pantaleo, l'indemoniato cappellano dei garibaldini, per rendere quindi omaggio come Championnet alle reliquie di san Gennaro. Alloggiato finalmente in una modesta stanzetta nel magnifico palazzo d'Angri, allo Spirito Santo, prima di potersi concedere il meritato riposo deve affacciarsi decine di volte per salutare la folla che urla frenetica: «Vulimmo vedé a don Peppe!»

Sono, del resto, le ultime ore liete del dittatore. La sua fantastica avventura corre verso l'amaro epilogo, che coinvolgerà tutta la sinistra italiana e l'avvenire stesso della nostra democrazia, oltre l'assetto specifico del Mezzogiorno. Il successo della spedizione garibaldina insieme con l'incapacità dei gruppi moderati di contrapporle localmente una soluzione alternativa, induce Cavour a rompere gli indugi, superando le ultime esitazioni dello stesso Napoleone III. Il 28 agosto, a Chambéry, Farini e Cialdini illustrano all'imperatore le ragioni che consigliano imperiosamente al governo torinese di riprendere l'iniziativa. Il 7 settembre, cioè nello stesso giorno in cui il condottiero entra a Napoli, il conte scrive al cardinale Antonelli la lettera che gli annuncia l'invasione. Il 18, la sconfitta pontificia a Castelfidardo consente all'esercito piemontese di completare la fulminea occupazione delle Marche e dell'Umbria, che ne prepara l'annessione. Il 3 ottobre ad Ancona Vittorio Emanuele assume formalmente il comando supremo per l'ultima parte dell'impresa, lo sfondamento delle posizioni borboniche tra l'Abruzzo e Gaeta.

In questa fase, come gli succede sempre quando è strappato alla realtà incandescente della guerriglia, Garibaldi si lascia soverchiare dagli eventi e soprattutto sconta le contraddizioni di fondo del partito d'azione, la cui vocazione unitaria finisce costantemente per prevalere sulle istanze democratiche, secondando il gioco delle forze che manovrano alle spalle di Cavour e che presto si sbarazzeranno anche di lui. Negli ultimi mesi, del resto, la concentrazione sullo sforzo militare per la rapida conquista delle Due Sicilie, con l'ingannevole miraggio della marcia su Roma e Venezia, ha suggerito addirittura ai dirigenti garibaldini un contegno repressivo nei confronti delle masse contadine, come dimostrano il famigerato episodio di Bronte e ancor piú la virulenta ripresa del brigantaggio.

Nel tardo autunno del 1860 è proprio per fronteggiare le prime insorgenze in Sicilia ed in tutte le province continentali, che trenta dei cinquantamila uomini di cui dispone Garibaldi nel cosiddetto «esercito meridionale», vengono dislocati nelle retrovie col risultato di ridurre gli effettivi di prima linea ad una consistenza appena sufficiente per mantenere le posizioni sul Volturno. Il comportamento del dittatore è contraddittorio, rispetto alle premesse ideologiche della sua spedizione, anche sul terreno della politica interna. Subito dopo la liberazione di Napoli, egli consegna all'ammiraglio Persano tutta la flotta borbonica e forma un governo di elementi moderati, la cui influenza è appena temperata dalla scelta del mazziniano Bertani come segretario della dittatura. L'arrivo dello stesso Mazzini modifica assai marginalmente i rapporti di forze, e

lo stesso comportamento di Garibaldi, che non accetta per ovvi motivi
politici e militari il suggerimento di avanzare sullo Stato pontificio, anche
se fa appello a Vittorio Emanuele, con una serie di pressanti messaggi,
perché congedi il conte di Cavour, reo di aver ceduto Nizza e la Savoia ai
francesi.

La risposta del re è durissima: considera la richiesta poco riguardosa
per sé e per il Parlamento, senza contare che pochi giorni prima, in un bur-
rascoso colloquio con il suo primo ministro, si è già impegnato a non fare
la crisi. Il passo falso del generale serve solo a convincere Cavour che bisogna accelerare la liquidazione della dittatura e dell'esercito meridionale:
lo stesso Vittorio Emanuele provvederà alla seconda bisogna e, quanto
alla prima, se ne occupano gli agenti sardi e i moderati napoletani. Il 22
settembre, Garibaldi tenta il colpo di forza, avocando alla propria segreteria gli affari piú importanti e chiamando Crispi a collaborare con Bertani, ma il governo risponde con le dimissioni. Cinque giorni dopo, un colloquio col generale e la costituzione di un nuovo ministero annessionista
persuadono Mazzini che la partita è perduta; «Non andiamo a Roma, non
andiamo a Venezia».

Ad accentuare le difficoltà del dittatore sta la compattezza che l'esercito borbonico ha ritrovato dopo il riflusso sul Volturno. Perduti i disertori
e i disfattisti, Francesco II può contare ora su un nucleo di 40 000 uomini
col morale molto alto ed una disperata fede nel cuore. Anche la salda posizione strategica intorno a Capua consente una difesa tenace, quando non
addirittura una controffensiva su Napoli che avrebbe un valore psicologico
incalcolabile. Formato un governo a Gaeta, il sovrano chiama al comando
delle truppe il generale Ritucci ed emana un proclama che invita i soldati a
raccogliersi «attorno alle bandiere», ricordando che sono in numero sufficiente per «fiaccare un nemico combattente con arme di seduzioni e d'inganni». Lo squillo di guerra trova un'eco sollecita nel fatto d'arme di
Cajazzo, il borgo capuano che Türr occupa sconsideratamente il giorno 19
settembre e che i legittimisti riconquistano quarantotto ore dopo; ma
Ritucci non è meno cauto e circospetto dei suoi predecessori e, anziché
sfruttare una circostanza tanto piú favorevole in quanto coincide con un
viaggio di Garibaldi in Sicilia, si gingilla per dieci giorni in elaborati prepa-
rativi. Allorquando si decide finalmente, il 1° ottobre, a sferrare un'offensiva generale, il dittatore è già tornato, ha riorganizzato i rifornimenti
e ripresa fermamente in pugno la situazione. Sebbene i borbonici contino
su una sensibile superiorità numerica e si battano con estremo valore, il tentativo di aprirsi la strada verso la capitale attraverso Caserta e Maddaloni,
fallisce definitivamente ai Ponti della Valle. La vittoria garibaldina nella
battaglia del Volturno spinge Francesco a ritirarsi nel lembo di terra

che va dal Garigliano a Gaeta, ma costa abbastanza cara alle camicie rosse da costringerle ad aspettare con le armi al piede l'arrivo dei piemontesi.

Ventiquattr'ore dopo, si apre a Torino il Parlamento al quale Cavour sottopone il disegno di legge che fissa perentoriamente l'obiettivo politico del governo, autorizzandolo ad accettare mediante regi decreti le annessioni, a patto che siano deliberate con un plebiscito e vadano esenti da qualsiasi condizione. La sola voce che si levi a protestare contro un sistema che esclude ogni partecipazione attiva delle popolazioni liberate alla nascita del nuovo Stato, è quella ferma e coerente di Giuseppe Ferrari, fautore della soluzione federalista. Camera e Senato approvano con schiacciante maggioranza la proposta del presidente del consiglio, acclamando all'unanimità l'ordine del giorno di ringraziamento dedicato a Giuseppe Garibaldi. In realtà, si tratta di un benservito: la macchina moderata schiaccerà come un rullo compressore le ultime illusioni del partito d'azione. Il 13 ottobre, il dittatore si vede costretto a rinunciare alla convocazione dei comizi elettorali in Sicilia e sul continente, per limitarsi a fissare al giorno 21 la data dei plebisciti che verranno celebrati contemporaneamente al di qua e al di là dello Stretto. Limitata a meno di due milioni di cittadini ed accompagnata dal clima tra intimidatorio e trionfalistico di tutti i plebisciti, la consultazione sancisce una travolgente affermazione delle tesi annessionistiche, con l'esclusione di ogni assemblea costituente e di qualsiasi graduazione del processo integrazionista. «Volete l'Italia una e indivisibile, con Vittorio Emanuele re costituzionale e i suoi legittimi discendenti?»: al quesito unico del referendum organizzato «alla moda di Francia», soltanto diecimila continentali e seicento isolani rispondono di no; e, secondo la rabbiosa insinuazione di parte borbonica, i suffragi negativi sarebbero espressi esclusivamente da radicali militanti tra i garibaldini, i soli che possano «osarlo», mentre i regnicoli soggiacerebbero, per usare l'espressione del pretendente Luciano Murat, ad una atmosfera che sta «tra la corruzione e la violenza». In realtà, i risultati del plebiscito rispecchiano fedelmente gli orientamenti e gli interessi della grande maggioranza della borghesia meridionale, giustamente disgustata dal malgoverno borbonico ma troppo grettamente conservatrice per approfondire le ragioni del movimento federalista e democratico.

Nel contempo, l'esercito piemontese ha già valicato la frontiera ed annientato, fra il 15 e il 20 ottobre, le superstiti resistenze legittimiste in Abruzzo, aprendosi la strada verso il Garigliano attraverso Isernia e Venafro. Il 25 anche Garibaldi, che si lusinga ancora di svolgere una parte importante, valica il Volturno con cinquemila dei suoi stremati uomini e punta su Teano, nei cui paraggi avverrà all'indomani il suo incontro con Vittorio Emanuele. Ma l'accoglienza che l'attende è gelida. Dopo un sommario ringraziamento per un'impresa che ha raddoppiato i domini del suo reale interlocutore, il condottiero si sente apostrofare bruscamente: «I vostri soldati sono stanchi, i miei freschi. Tocca a me, ora». Ed è qualcosa di piú che un cambio della guardia: le camicie rosse scompariranno assai presto dalla circolazione come pericolosi sovversivi, Vittorio Emanuele si rifiuterà persino di passarle in rassegna e negherà ai loro ufficiali il riconoscimento del grado che rivestono nell'esercito meridionale. Dopo averlo accompagnato a Napoli il 7 novembre, in una giornata di freddo e di pioggia che non rassomiglia neppure vagamente a quella del suo ingresso trionfale di due mesi prima, il nizzardo respinge tutti gli onori e le ricompense, per imbarcarsi il giorno 9 alla volta di Caprera con un corredo piuttosto esiguo: «un sacco di semi, del pesce salato e 1500 lire», che si è fatto prestare da Bertani: prova sublime di disinteresse che nemmeno la bolsa iconografia scolastica in cui tenteranno di imprigionarlo i suoi liquidatori sabaudi riuscirà ad avvilire. Anche Mazzini, respinta sdegnosamente la grazia che gli offre Vittorio Emanuele, riparte per l'Inghilterra.

Le truppe piemontesi scandiscono intanto con implacabile puntualità l'agonia di Francesco II. Battuti ancora a Capua e a Nola, gli ultimi reparti fedeli al povero «Lasa» si riducono nel campo trincerato di Gaeta, dove resisteranno per tre mesi ai bombardamenti, alla fame e alle epidemie, esaltati dall'esempio intrepido di Maria Sofia e dalla dignitosa calma di suo marito. Un messaggio ufficiale inviato il 27 ottobre dal Foreign Office al suo ministro a Torino, sir James Hudson, il grande amico di Cavour, ha reciso l'ultimo filo di speranza in un intervento della diplomazia europea a favore del Borbone. Quando le navi francesi lasciano le acque del golfo, il 18 gennaio 1861, il destino della fortezza è irrimediabilmente segnato. Il 30 del mese, mentre la guarnigione è tormentata dalle bombe di Cialdini e dalla febbre tifoidea, un gruppo di marinai festeggia il carnevale alla vecchia maniera napoletana: indossano il costume tradizionale, tirano fuori il tamburo e si mettono a ballare la danza nazionale, inneggiando a Francischiello nel frastuono dei cannoni.

È l'ultima tarantella della storia borbonica. L'11 febbraio il ragazzo triste decide di negoziare la non piú differibile resa. La sera del 13, la capitolazione è firmata da Cialdini e dai suoi plenipotenziari. L'indomani, Francesco parte per l'esilio con Maria Sofia a bordo di una corvetta francese che lo porta verso Roma, mentre echeggiano per l'ultima volta le note dell'inno che Giovanni Paisiello, tanto tempo fa, ha musicato. Finisce il Regno indipendente delle Due Sicilie e comincia la questione meridionale.

Parte quinta

L'unità sbagliata

1.
La piemontizzazione

Il plebiscito del 21 ottobre 1860 per «l'Italia una e indivisibile con Vittorio Emanuele re costituzionale» non schiude un'era di felicità per il Mezzogiorno in generale e tanto meno, in particolare, per Napoli. Ciò che in realtà si apre con l'annessione, interpretata ed imposta dal conte di Cavour come una resa senza condizioni al regno di Sardegna, è un altro capitolo della tragedia storica che ha preso le mosse dalla occupazione spagnola, nel secolo XVI, e i cui sviluppi ultimi non sono ancora scontati per intero sul finire del secolo XX. Il processo di unificazione, ancorché legittimo ed irreversibile, si risolve in un fallimento senza eguali nella storia del nazionalismo europeo, eccezion fatta forse per il rapporto tra Irlanda del Nord e Regno Unito. A spiegarlo, bisogna individuare tutta una serie di debolezze, di errori, di delitti le cui responsabilità andranno ripartite equamente tra i conquistatori piemontesi, l'opposizione radicale e – almeno per quanto riguarda la città – la classe dirigente napoletana. Lo schermo vittimistico dietro cui essa si trincera, nei suoi elementi borbonici e più tardi anche in quelli unitari, per scaricare tutto il peso delle accuse sul governo nazionale e sugli interessi di cui esso si è fatto garante, suscita una notevole risonanza sentimentale a livello di massa ma non regge ad un'analisi ponderata dei fatti. In pratica, si può anticipare un giudizio molto severo: dal 1860 sino ai nostri giorni, si è ripetuta a Napoli la storia di servilismo e di cupidigia caratteristica di ogni élite indigena nei paesi coloniali, con tutte le contraddizioni e le aggravanti inerenti ad un'operazione del genere quando venga realizzata all'interno di una comunità nazionale ed a spese di un gruppo etnico di forte personalità e di cospicue tradizioni civili.

Ovviamente, in tema di colonizzazione del Mezzogiorno la responsabilità primaria va assegnata ai conquistatori. I ceti conservatori e quelli moderati, non solo piemontesi, la cui alleanza Cavour ha saldato nel «connubio», si accostano alle Due Sicilie con la diffidenza, l'incomprensione, il pregiudizio razziale che sono funzione, al tempo stesso, di un'ignoranza pressoché totale di quella realtà e di una ottusa difesa della propria egemonia. La paura della rivoluzione contadina, l'indifferenza per le condizioni di vita della plebe, l'esigenza di finanziare un determinato modello di sviluppo prevalgono su ogni considerazione di giustizia e di opportunità politica. L'arretratezza culturale del gruppo dominante esclude nell'immediato e almeno per il successivo mezzo secolo ogni ipotesi di programmazione e di interventi riformatori: «disprezzato come area depressa» il Mezzogiorno non ottiene tuttavia «speciali cure», né la indispensabile protezione contro l'impatto del «mondo economico liberalistico» e tanto meno «leggi speciali adatte al suo passato». Esercito ed amministrazione del Regno d'Italia realizzano una strategia di rapina che solleva inizialmente la reazione sanguinosa del brigantaggio e quella strisciante della camorra, per accamparsi quindi pressoché indisturbata sul deserto delle risorse e delle iniziative.

A sua volta l'opposizione radicale, concentrata nel partito d'azione ma frantumata tra le posizioni idealistiche di Mazzini, l'utopia federalistica di Cattaneo e Ferrari, l'attivismo patriottico di Garibaldi, rimane ipnotizzata per un decennio dal miraggio della liberazione di Venezia e di Roma, in una prospettiva che la espone senza difesa al ricatto unitario di Cavour e dei suoi mediocri successori. Moderati e conservatori si adoperano febbrilmente a tagliarle le unghie, eliminando i suoi esponenti piú aguerriti dal governo delle terre liberate nel Mezzogiorno, negando l'amnistia a Mazzini e ricacciando Garibaldi in una sorta di imbarazzante semiclandestinità che sarà interrotta solo dai due sciagurati episodi dell'Aspromonte e di Mentana.

In verità, nelle poche settimane in cui il dittatore conserva il controllo della situazione a Napoli, mentre Mazzini lavora ad organizzare un'associazione di mutuo soccorso tra gli operai della città, si avvertono i segni concreti di una generosa ispirazione che è fatta per allarmare non solo i borbonici e i clericali ma anche la grande maggioranza dei liberali unitari. A suo modo, pur con la eccentricità e la discontinuità da cui è afflitto quando non si occupa di problemi militari, il vecchio guerrigliero appare tutt'altro che indifferente alle condizioni della plebe napoletana, di cui anzi coglie con sorprendente acutezza i problemi essenziali. Appena quattro giorni dopo il suo arrivo da Salerno, firma un primo decreto per l'istituzione di dodici asili infantili gratuiti e promuove la fondazione di un collegio pure gratuito, detto «dei figli del popolo», per il quale raccomanda, accanto all'insegnamento delle materie fondamentali, «la pratica cognizione di ogni arte e mestiere, illustrata dalle teoriche dimostrazioni». Passano altri tre giorni e, con uno slancio di caratteristico moralismo, Garibaldi abolisce il gioco del lotto come strumento borbonico di speculazione sulla miseria e l'ignoranza della povera gente. Allo

stesso modo, occupandosi della distribuzione dei soccorsi ai piú bisogno-
si, il generale si preoccupa che essi «non vengano invertiti o in altri usi
o a fomentare la colposa medicità e l'accattonaggio», mostrando di non
ignorare che per modificare le condizioni di vita dei trecentomila napoletani privi di mezzi di sussistenza, esiste una sola strada sicura: «promuovere il lavoro, l'industria, che mentre costituiscono la vera sorgente
della pubblica e privata ricchezza, sono nello stesso tempo una scuola
moralizzatrice delle popolazioni e il fondamento su cui poggiano la civiltà e la prosperità delle Nazioni».

Il goffo candore del lessico è riscattato dalla severa consapevolezza
dei doveri di chi presiede un governo «nato dal popolo e che vive per
il popolo». Ben consigliato da don Liborio Romano e dai funzionari locali, Garibaldi impiega poco piú di un mese ad individuare in termini
puntuali un altro problema decisivo per il futuro della città, quello urbanistico. Viene emanato cosí un decreto che sviluppa in parte i progetti
già avviati dai ministri di Francesco II, ma inquadrandoli in un piano di
respiro piú vasto perché giustificato dall'esigenza di assicurare «a mo-
dico prezzo abitazioni comode e salubri» ai ceti piú umili, soprattutto
agli operai, addossandone le spese all'amministrazione municipale che è
autorizzata ad incamerare per questo scopo una parte delle rendite già
appartenenti alla casa di Borbone e trasferite allo Stato italiano. Oltre
all'apertura di una strada «in linea diretta» che passando dinanzi al
Duomo collegherà Foria alla zona portuale, si dispone la creazione di un
nuovo quartiere a Chiaia e la costruzione di case popolari all'estremità
dell'abitato e sulle colline circostanti.

Non si tratta evidentemente di misure rivoluzionarie ma, semmai, del
timido abbozzo di una strategia riformista che pure, in aggiunta alla richiesta dell'Assemblea costituente e alla minaccia della marcia su Roma,
basta a spaventare le consorterie locali e il gruppo dirigente piemontese.
I moderati napoletani hanno vissuto per mesi nel terrore di «una guerra
civile di classe», specialmente per i loro possedimenti di campagna, ed
invocano energia dal governo di Torino perché, come ha scritto il marchese D'Afflitto, «non si discrediti il movimento con la mancanza di rispetto per la proprietà». Non bastano la prudenza e la saggezza del dittatore, che ha costituito un governo di elementi annessionisti, a tranquillizzare i benestanti: Garibaldi è un «santo per i lazzaroni» ed il successo dell'impresa dei Mille costituisce una pericolosissima riprova del-
l'efficienza di quel principio dell'iniziativa popolare che si considera come l'insidia piú diabolica per l'ordine costituito.

Lo stesso Cavour è convinto che il generale si proponga «una specie
di dittatura popolare senza Parlamento e con poca libertà», ma teme so-

prattutto le tendenze repubblicane dei suoi collaboratori piú autorevoli, come Bertani e Crispi, nonché i piani di rivoluzione sociale che con molta fantasia si attribuiscono a Mazzini. Il conte non si fida neppure dei liberali napoletani, «pulcini bagnati» verso i quali lo predispongono negativamente i rancori degli esuli rifugiati a Torino e l'inerzia che il locale Comitato dell'ordine ha dimostrato nelle settimane precedenti all'ingresso di Garibaldi. Le cognizioni del grande statista sul Mezzogiorno in genere e sull'ex capitale in particolare sono piuttosto sommarie e viziate da pesanti pregiudizi; la sua ostilità per i radicali è troppo netta perché egli prenda in considerazione le loro critiche, tanto piú che in Parlamento conta su una maggioranza schiacciante e docile. Quando le prime elezioni manderanno alla Camera i deputati meridionali, saranno poche «ricche casate» a fornire i mezzi e i quadri per una rappresentanza tutt'altro che ardita nel sostegno di disegni innovatori.

Anche Vittorio Emanuele e i collaboratori del ministero condividono, quando non esasperano, il complesso di superiorità del conte. Il re è furioso con la «canaglia» partenopea che lo ha accolto freddamente, non capisce il suo dialetto e continua a preferirgli apertamente Garibaldi anche quando il generale offre al sovrano la prova suprema di obbedienza, strappando a Mazzini la celebre invettiva: «La debolezza di quest'uomo ha del favoloso!» Zanardelli giudica impossibile lavorare con i napoletani. Farini, che assumerà l'eredità del breve governo garibaldino, non è neppure arrivato che bolla gli indigeni con parole di fuoco e spreco di consonanti: «Altro che Italia! Questa è Affrica: i beduini, a riscontro di questi caffoni, sono fior di virtú civile». Diomede Pantaleoni, emissario di Cavour e piú tardi di Minghetti, considera la popolazione del Sud «nella sua gran maggioranza fiacca, indifferente, corrotta, piena di sua importanza», un paese di «codardi» da tenere «con la forza e col terrore della forza». Contro briganti, borbonici e contadini, il distinto medico marchigiano non vede altro rimedio: «truppa, truppa, truppa. Ci vogliono almeno 40 o 50 000 uomini effettivi e 3000 gendarmi». La reazione brigantesca è certamente efferata, anche se qua e là si colora di nostalgie legittimistiche e di rigurgiti clericali, ma i conquistatori non si pongono altri problemi che non siano quelli della piú feroce repressione: «contro nemici tali, la pietà è delitto» suona l'ordine del giorno del generale Pinelli, che prepara la soluzione finale in Abruzzo, proponendosi di purificare «col ferro e col fuoco» le regioni infestate. Nel Parlamento di Torino si leva solitaria la voce coraggiosa di Giuseppe Ferrari a deplorare «il disprezzo razziale» dei piemontesi verso le altre regioni e l'imposizione meccanica del loro sistema a paesi ricchi di tradizioni civili e giuridiche.

Per Cavour, il problema non esiste. Alla Camera promette che un giorno Roma «diventerà la splendida capitale del Regno Italico» e concede il voto di riconoscenza sollecitato per Garibaldi, ma in cambio pretende da entrambi i rami del Parlamento l'approvazione della legge che impone alle regioni liberate l'annessione senza assemblea costituente e senza patteggiamenti. Nel suo programma non c'è spazio per le riforme sociali e neppure per il decentramento amministrativo, che tra l'altro contrasta col modello napoleonico a cui si ispira la burocrazia torinese; le istruzioni ai rappresentanti nel Sud mirano a guadagnare al regio governo la casta militare borbonica ed il vecchio gruppo dirigente, piuttosto che utilizzare la mediazione di radicali e democratici per interpretare le esigenze popolari. Anche nella scelta del personale politico-militare che dà il cambio ai garibaldini, il conte si lascia guidare esclusivamente dall'ostilità verso il dittatore: il generale Fanti e Luigi Carlo Farini, destinati a Napoli; il marchese di Montezemolo, La Farina e Cordova, spediti a Palermo – sono tutti nemici giurati di Garibaldi, incapaci di apprezzarne lo slancio umano e le aperture sociali, ossessionati dall'incubo della rivoluzione.

Quando l'ex direttore del «Risorgimento» arriva a Napoli, nella grigia atmosfera di fine autunno in cui sembrano già dissolti gli entusiasmi e le esperienze del 7 settembre, giudica la situazione disastrosa sotto ogni punto di vista: le casse statali vuote, i volontari in camicia rossa refrattari ad ogni disciplina, le province sconvolte dalla «sedizione» accentuano uno smarrimento che nasce soprattutto dall'assoluta mancanza di idee, di orientamenti, di progetti costruttivi. Farini è venuto a troncare o a sopire i fermenti rivoluzionari, non a governare la città secondo uno schema organico. Considerare, d'altra parte, tutti i meridionali «infingardi e corrotti», dubitare della loro capacità di civismo e di progresso, significa implicitamente rinunciare a priori a mobilitare le riserve di entusiasmo che pure Garibaldi è riuscito ad infiammare. Farini, luogotenente generale del re, forma un Consiglio che equivale ad una sorta di governo chiamando a farne parte gli esponenti piú noti del partito dell'ordine, da Silvio Spaventa ad Antonio Scialoja; e in piú, designa una consulta di trenta membri, priva ovviamente di poteri deliberativi e tenuta dagli unitari intransigenti in un sospetto del tutto ingiustificato dal momento che i consultori non si pongono neppure il problema di ostacolare il processo di assimilazione intrapreso dal Farini. In effetti, il trapianto della legislazione e dei regolamenti sardi perfino nel campo della istruzione elementare ę degli enti locali avviene con una rapidità ed una meccanicità del tutto insensate, come se (per ripetere il motto di Antonio Ranieri) le Due Sicilie fossero «Costantinopoli o Giava» e non «la patria di Vico e di Filangieri». Si spiega ogni cosa, ogni errore, ogni impostazione «col principio annessionista», nonostante le proteste di uomini politici meridionali come il Crispi, secondo cui almeno «in materia di codici e di amministrazione» le province regnicole sono «di gran lunga piú progredite del Nord».

L'assioma può essere anche discutibile in assoluto, ma è fuori dubbio che il trapianto delle norme e degli orientamenti dovrebbe accompagnarsi quanto meno ad un attento lavoro di adattamento, di integrazione, di trasformazione: rinunciarvi è segno vistoso di miopia politica, se non debba addirittura addebitarsi ad un disegno premeditato. L'adozione del sistema fiscale sardo, per esempio, non risulta soltanto intrinsecamente deplorevole in quanto esoso e complicato, ma anche perché appare del tutto inadatto alle caratteristiche economiche del paese, fondate essenzialmente sull'agricoltura e sulla rendita fondiaria, i due settori che il meccanismo tributario dei Borboni, assai piú duttile e mite, si studiava appunto di proteggere. L'impoverimento delle risorse meridionali è aggravato in maniera irreparabile da altre due misure che le autorità unitarie emanano tra l'ottobre del '60 e l'agosto dell'anno successivo: la prima unifica il debito pubblico delle Due Sicilie con quello del regno di Sardegna, che è due volte piú pesante; la seconda estende, ancora automaticamente, alle terre liberate la tariffa doganale piemontese, abbassando dell'80 per cento i dazi protettivi e scardinando di conseguenza le strutture dell'industria locale, mentre finisce al Nord l'oro del Banco di Napoli: una consistenza monetaria di 443 milioni di lire oro contro i 148 del resto d'Italia.

Non meno esiziale un decreto del Farini che investe direttamente l'amministrazione della città, impoverita dalle spese militari sostenute negli ultimi anni e colpita dal crescente carovita. Il 16 novembre, sulla base di una relazione elaborata dallo Scialoja e da un altro moderato napoletano, Gaetano Ventimiglia, si sopprimono i dazi di consumo su parecchie derrate soprattutto cerealicole, col pretesto di ridurli «per quanto possibile» sopra «quelle materie che sono piú utili alla buona alimentazione del popolo», nonché di armonizzarli con la nuova tariffa doganale. La riscossione dei dazi superstiti, ed è questo l'aspetto piú rilevante del decreto, passa dal comune al governo con una perdita secca per l'amministrazione cittadina di circa il 60 per cento dei suoi introiti annui. Lo stesso Scialoja deve riconoscere che i 200 000 ducati lasciati al sindaco non rappresentano una «gran somma per provvedere sia ai miglioramenti edilizi di questa cospicua città, sia ai nuovi lavori ordinati e a quelli in corso»; ma non v'è da scandalizzarsi che un tenace annessionista come lui appoggi le misure del Farini quando lo stesso municipio, consultato intorno alla riforma, «vi ha fatto plauso». Dal giorno in cui il luogotenente generale emana il decreto sui dazi, comincia la crisi finanziaria dell'amministrazione locale che col tempo diventerà endemica, provocando guasti e corruzione senza fine: il suicidio di Napoli passa attraverso la disinformazione o la complicità della sua classe dirigente.

Per la festa dell'unificazione, celebrata in onore di re Vittorio proprio all'indomani della firma del decreto sui dazi, lo stesso comune spende in una volta sola oltre 150 000 ducati in luminarie, statue di gesso, archi di trionfo, carri da Piedigrotta e fuochi d'artificio, una bellissima messa in scena rovinata peraltro dalla pioggia battente. La restaurazione del clima borbonico aleggia nell'aria al punto che, negli stessi giorni, la luogotenenza si affretta a sospendere l'efficacia del decreto garibaldino sull'abolizione del gioco del lotto, di cui non si parlerà piú. Il Farini, a questo punto, ha già chiesto a Cavour di essere sostituito perché non riesce a trovare un punto di contatto con la popolazione di cui non si sforza di penetrare né la mentalità né i problemi. Nel frattempo, ripartito di malumore il «re galantuomo» (un titolo che i contadini e i sottoproletari del Mezzogiorno vedono come il fumo negli occhi, ritenendolo sinonimo di proprietario terriero), il luogotenente si dedica con il massimo impegno all'epurazione di «tutta quella canaglia, borbonica in parte, mazziniana in parte, ladra quasi tutta», preoccupandosi di sollevare dall'incertezza sul futuro non già le camicie rosse che hanno liberato il Mezzogiorno, ma i soldati e gli ufficiali del vecchio esercito di re Francesco.

Non si tratta di una sua iniziativa personale. Le istruzioni che riceve dal conte di Cavour parlano chiaro: «Domate col braccio ferreo i partiti. Mandate via Mazzini, fate arrestare i garibaldini che tumultano, cacciate i ladri, i dilapidatori; adoperate uomini dell'Italia del Nord checché ne dicano i napoletani». Sul letto di morte, il grande statista si pentirà di questa drastica impostazione della politica meridionalistica ed invocherà nel delirio i «suoi» napoletani: per ora, tuttavia, il Farini si tiene ai documenti ufficiali e picchia duro, riesumando un'altra costumanza del passato regime per spedire al confino, sulle isole, un certo numero di sudditi irriducibili. Ma la pressione dell'ambiente è troppo rude per i suoi fragili nervi: provato duramente da lutti e sventure familiari, criticato perfino da Torino per lo scarso successo dell'unificazione, il medico romagnolo si ammala gravemente in dicembre e finisce per rimettere il mandato. Morirà pazzo pochi anni piú tardi, dopo un'esperienza ancor piú infelice come presidente del Consiglio dei ministri.

Sul finire dell'anno della liberazione, la città è agitata da fortissime tensioni. C'è, in primo luogo, un diffuso malcontento politico perché alle nostalgie legittimistiche della plebe e dei gruppi piú retrivi, spesso tradotte in tumultuose manifestazioni di protesta, si aggiungono l'irrequietezza dei garibaldini e il disagio degli ambienti cattolici, allarmati dall'anticlericalismo del movimento liberale. C'è, altresí, un clima di sfiducia economica che investe anche i ceti agiati, contribuendo per esempio al crollo verticale delle obbligazioni statali, calate di 35 punti in pochi mesi. I napoletani di ogni classe sociale reagiscono duramente ai sistemi del nuovo governo; sono i giorni in cui si conia a livello di voce popolare lo slogan del «piemontizzare», una definizione ironica che piú tardi il duca di Maddaloni farà sua, nel contesto di una «mozione di inchiesta» presentata al Parlamento nazionale.

La denuncia del vecchio patrizio è formulata in termini agghiaccianti: «Intere famiglie veggonsi accattar l'elemosina; diminuito, anzi annullato il commercio; serrati i privati opifici per concorrenze subitanee, intempestive, impossibili a sostenersi e per l'annullamento delle tariffe e le mal proporzionate riforme». Frattanto «tutto si fa venir dal Piemonte, persino le cassette della posta, la carta per i dicasteri e per le pubbliche amministrazioni. Non vi ha faccenda nella quale un onest'uomo possa buscarsi alcun ducato che non si chiami un piemontese a disbrigarla. Ai mercati del Piemonte dànnosi le forniture piú lucrose; burocratici di Piemonte occupano quasi tutti i pubblici uffizi, gente spesso ben piú corrotta degli antichi burocratici napoletani. Anche a fabbricare le ferrovie si mandano operai piemontesi, i quali oltraggiosamente pagansi il doppio che i napoletani. A facchini della dogana, a carcerieri, a birri vengono uomini di Piemonte e donne piemontesi si prendono a nutrici dell'ospizio dei trovatelli, quasi neppure il sangue di questo popolo piú fosse bello e salutevole. Questa è invasione, non unione, non annessione! Questo è voler sfruttare la nostra terra siccome terra di conquista». Piú sinteticamente, Jessie White Mario scriverà in seguito: «Alle violente, affrettate annessioni delle province del Mezzogiorno, si deve tutta la serie di disordini e di infelicità che ne seguirono».

Il ritardo nella conquista di Gaeta e l'esplosione del brigantaggio in provincia contribuiscono ad accrescere il nervosismo dell'opinione pubblica che, del resto, ha motivi ben piú concreti di inquietudine. La perdita del rango di capitale si traduce inevitabilmente in una serie di frustrazioni psicologiche e di contraccolpi pratici, specialmente per quanti vivevano intorno alla corte, ai ministeri, alle ambasciate, nell'ambito insomma del settore terziario; ma anche per i lavoratori impiegati nel porto militare, nell'arsenale, in quell'opificio di Pietrarsa che rappresenta una sorta di azienda a partecipazione statale ante-litteram, e piú in generale in tutte le fabbriche della regione campana legate all'industria di guerra.

Se non nell'immediato, queste attività sono comunque mortalmente insidiate dal trasferimento al Nord del baricentro statale che arreca danni non minori al commercio e all'artigianato, angustiati dalla repentina caduta dei prezzi. Di queste preoccupazioni non si trova traccia nella campagna per le elezioni che si tengono a fine gennaio del '61, le prime in cui il Sud è chiamato a designare i propri rappresentanti nel Parlamento nazionale. Per quanto incredibile possa apparire, non vi sono piattaforme programmatiche per risolvere i gravi problemi delle Due Sicilie, né candidati che chiedano suffragi sulla base di specifiche rivendicazioni. I moderati, confluiti nel comitato di Monteoliveto, si attestano esclusivamente a difesa della linea di Cavour; i democratici, raccolti intorno al comitato del vico Nilo, individuano nella liberazione di Venezia e di Roma l'obiettivo prioritario per il paese, polemizzando contro la stretta dipendenza di Torino dalla strategia dell'imperatore dei francesi. I risultati sanciscono il loro insuccesso.

Dopo le dimissioni di Farini, assume la luogotenenza il principe di Carignano che ne eredita i pieni poteri e si avvale della collaborazione di Costantino Nigra alla segreteria di Stato. Nigra chiama Liborio Romano e un altro paio di esponenti della classe politica locale a far parte del Consiglio ma i contrasti con il gruppo unitario finiscono per paralizzare i lavori di questo organismo, lasciando via libera all'azione di Pasquale Stanislao Mancini. Pur essendo campano e militando nelle file della sinistra democratica, il grande giurista non esita ad introdurre di peso nell'ex Regno i codici, l'ordinamento giudiziario e le drastiche misure sarde contro gli ordini religiosi. Foro napoletano e curia reagiscono, per ragioni diverse, con la stessa asprezza. D'altra parte, la deformazione professionale induce Liborio Romano a ritenere che il malcontento popolare si riduca ad un problema di ordine pubblico di competenza della guardia nazionale, e che un rimedio efficace possa essere rappresentato dall'appalto di lavori pubblici a livello comunale: è un piano intrinsecamente modesto al quale manca, per giunta, il conforto di adeguati finanziamenti. In marzo, le dimissioni dello scoraggiato don Liborio offrono al luogotenente il destro per liquidare con lui anche il Consiglio e sostituirlo con quattro segretari «collegiali», il piú attivo dei quali risulterà Silvio Spaventa, addetto all'interno alla polizia e particolarmente sensibile al problema della divisione delle terre comunali, che è strettamente collegato alle agitazioni e al fenomeno del brigantaggio.

A titolo di consolazione, Cavour include nel suo ministero due esponenti meridionali, Vincenzo Niutta e Francesco De Sanctis. Già governatore per poche settimane ad Avellino sotto la dittatura di Garibaldi, il grande critico è l'unico degli esuli napoletani che, pur rimanendo fedele al principio dell'annessione, venga staccandosi cautamente dal partito moderato perché convinto della necessità di «serie e grandi riforme». Una di queste, del resto, egli si è già provato a realizzarla nei mesi precedenti, all'indomani del plebiscito, quando ha accettato da Farini la Direzione degli Studi. Non ha avuto il tempo di impiantare, come si promuoveva, «nuovi ordinamenti» per gli istituti secondari ed una scuola popolare, ma ha realizzato con singolare dinamismo il disegno di rinnovare l'Università «dalle fondamenta», liberandola dalle incrostazioni reazionarie e bigotte che vi si sono accumulate nell'ultimo decennio dopo la diaspora rivoluzionaria del 1848.

L'epurazione di De Sanctis è ispirata all'obiettività e alla generosità che caratterizzano l'uomo. Prima di accedervi, egli si preoccupa anzitutto di sopprimere due disposizioni tipiche del sospetto e del sottosviluppo borbonico: un decreto che legalizza l'antico divieto fatto agli studenti provinciali di affluire liberamente nella capitale, subordinando il visto di soggiorno ad un certificato «di provata pietà religiosa»; la umiliante concessione di soccorsi «agli studenti e ai letterati poveri». Dopo di che, colloca a riposo ventidue cattedratici la cui «puerilità» culturale è un'offesa per le tradizioni dell'ateneo, ne destituisce due, cinque ne manda in ritiro a mezzo soldo, quattro ne allontana con varie motivazioni. I nuovi docenti sono reclutati tra i migliori ingegni liberali: Bertrando Spaventa, Ruggiero Bonghi, Antonio Ranieri, Pasquale Villari, Giuseppe Fiorelli, Antonio Scialoja. La furibonda reazione dei baroni esautorati contro «gli uomini del colore», capeggiata dall'insigne matematico Vincenzo Flauti, giunge fino ai piedi del trono sabaudo, senza arrestare tuttavia il corso della riforma di De Sanctis, che mira a innestare sul tronco della vecchia cultura napoletana le esperienze, la dottrina, la moderna prospettiva del pensiero liberale europeo.

Per un singolare paradosso, l'Università si rinsangua con gli uomini che hanno dato vita, negli anni piú oscuri della seconda restaurazione, agli studi privati, ma nell'atto stesso in cui se ne arricchisce uccide il germe del libero insegnamento, come lamenta invano il buon Settembrini. De Sanctis avvia l'opera di trasformazione dell'ateneo e delle scuole superiori senza troppi scrupoli regolamentari: vuole «rinnovare gli uomini per rinnovare i sistemi», lasciando poi al tempo e agli esperti il compito marginale di codificare le innovazioni. A questo obiettivo attribuisce tanta importanza che, chiamato poche settimane dopo ad assumere il dicastero della pubblica istruzione, continua anche da Torino a lavorare per il rilancio degli Studi napoletani, apre concorsi, nomina docenti d'autorità, conferisce la cattedra onoraria ai piú grandi nomi della cultura nazionale, da Manzoni a Tommaseo, da Capponi a De Meis, da Mancini a

Ferrari, affermando senza falsi pudori di voler fare «dell'Università di Napoli la prima d'Europa». Le iscrizioni salgono ad una cifra senza precedenti: oltre diecimila allievi. Alle vecchie cricche borboniche sembra che sia scoppiata una «baraonda»; in realtà, l'ateneo vive una nuova vita.

Il sacrificio del libero insegnamento, consacrato ufficialmente dalla parificazione dell'Università, è giustificato dalla decadenza sempre piú pronunciata dei docenti privati, senza contare che De Sanctis conserva all'istituto napoletano il carattere di «grande e libera scuola», escludendo l'obbligo dell'immatricolazione e il pagamento delle tasse. Forcaioli e preti fomenteranno anche negli ultimi anni successivi, con il pretesto della battaglia ideologica contro l'imperante ateismo hegeliano, proteste di taluni settori studenteschi e perfino moti di piazza: nondimeno, il processo di unificazione è irreversibile anche e soprattutto in questo campo, tanto che nel 1875 tutte le università del Regno saranno parificate. Purtroppo, a quell'epoca De Sanctis non sarà piú ministro da molto tempo e i suoi successori avranno già interpretato nel senso piú repressivo e burocratico le direttive dell'accentramento, fino ad introdurre l'obbligo dell'iscrizione, l'imposizione di una tassa, esami fiscali e la discussione della tesi di laurea. A Napoli, nel '69, accanto alle facoltà tradizionali si costituirà una Scuola Normale, che sette anni piú tardi sarà trasformata in Magistero.

2.

L'economia strozzata

Di meridionali capaci di battersi in concreto come il grande critico irpino per il progresso delle loro regioni se ne contano purtroppo assai pochi in Parlamento, anche tra gli esponenti della sinistra. I napoletani se ne rendono conto e, nell'agosto 1861, protestano pubblicamente contro l'inettitudine e l'indifferenza dei loro rappresentanti, nessuno dei quali si preoccupa di documentare seriamente il governo sulla necessità di interventi concreti per proteggere l'industria e per realizzare opere pubbliche, particolarmente indispensabili nel settore dei trasporti e delle comunicazioni. Né le polemiche cittadine sono piú fervide dell'impegno che i deputati profondono in Parlamento: in genere la stampa, come i partiti nazionali, gioca le sue carte sul problema della liberazione di Venezia e di Roma, ovvero ripiega sulla rabbiosa nostalgia di un passato che ovviamente non può tornare. Anche se il «Pungolo» acquista un certo credito agitando questioni pratiche collegate allo sviluppo sociale della città, nessun movimento organizzato raccoglie la sua voce o quella di pochi, lungimiranti intellettuali per i quali «la questione napoletana» è già materia di studi approfonditi e di allarmate riflessioni.

C'è un gruppo di «autonomisti» che si muove intorno ad Enrico Cenni, a Giacomo Savarese, al Dragonetti, partendo da una concezione mitologica della Napoli borbonica, vagheggiata come un centro pulsante di industrie e di prosperità, per approdare a proposte quando velleitarie, come quella di trasferire sulle rive del golfo la capitale del Regno d'Italia; quando serie, come quella di sopprimere «bassi» e «fondaci» per garantire alla plebe cittadina condizioni di vita tollerabili. Piú pertinente la monumentale relazione *Sulla igiene pubblica della città di Napoli* presentata nel 1861 da Marino Turchi, che descrive con spietato realismo le incongruenze del tessuto urbano e prospetta l'urgenza di interventi volti a dotare la città di acqua potabile e di fognature, ad aprire nuove strade, a regolamentare le costruzioni, a risanare i quartieri piú malsani che si concentrano nell'area di Porto, Prendino e Mercato. Turchi raccomanda al Consiglio comunale di far precedere questi interventi da una doppia indagine: una da svolgere in loco, per accertare lo stato effettivo delle abitazioni; l'altra da condurre nelle principali città europee per valutare i metodi adottati all'estero nella soluzione dei problemi ambientali.

Sin dagli ultimi·mesi del '60 un altro studioso, Pasquale Villari, ha impostato in termini ancor piú ampi e consapevoli la polemica, in una lettera al luogotenente Farini che anticipa le sue storiche corrispondenze a riviste italiane di grande prestigio come «La perseveranza» e «L'opinione». Nel settembre successivo, la sua analisi del malcontento napoletano appare comunque già lucida: «il governo che, uscendo dalla rivoluzione, veniva a governare queste province, doveva assumere l'indirizzo di tutta la cosa pubblica; giacché sperare che un popolo, il quale si era abituato a credere che il governo era tutto, potesse ad un tratto persuadersi che il popolo è tutto, che esso deve provvedere a se stesso, era perlomeno strano». Torino viceversa ha seguito una strada del tutto opposta: «Ha cominciato col credere questo paese simile affatto al resto d'Italia, ha preso delle misure che riusciranno dannosissime, come per esempio l'abolizione immediata di molti dazi, il rispetto ad una legalità troppo esagerata, il tenere in impiego il gran numero di borbonici», e via dicendo. Per reazione, successivamente, si è commesso lo sbaglio eguale e contrario. «S'è dimostrata una diffidenza strana verso i napoletani. Non solo si è creduto, ma si è avuta anche la poca accortezza di ripetere ogni ora che il Piemonte doveva moralizzare i napoletani con l'infondere loro il rispetto di loro stessi». Un bilancio fallimentare, insomma, già ad un solo anno dalla liberazione: «Sul principio si è avuto forse troppo riguardo alle pretensioni napoletane; s'è finito poi col non averne alcuna. S'è distrutto e non s'è mai edificato».

Probabilmente, quando denuncia il recupero del personale borbonico, Villari allude soprattutto a Ponza di San Martino, il luogotenente che in maggio è subentrato al principe di Carignano e al Nigra. Pochi giorni dopo muore il conte di Cavour e il nuovo presidente del Consiglio, Bettino Ricasoli, conferma in carica a Napoli il vecchio burocrate, la cui maggiore preoccupazione è appunto quella di riconciliare la borghesia conservatrice alla causa sabauda, riportando ordine in città ed attenuando i toni della battaglia anticlericale. Il ripristino della legalità esigerebbe, tuttavia, un'azione piú risoluta nelle campagne contro il dilagante fenomeno del brigantaggio e a questo fine, d'accordo con il comandante militare Durando, Ponza di San Martino sollecita dal governo l'invio di rinforzi. Lo Stato Maggiore glieli nega perché non ritiene di poter indebolire le linee difensive sul Mincio: offeso, il luogotenente rassegna le dimissioni, due mesi dopo essere arrivato a Napoli, e a metà luglio lascia al generale Cialdini, il liberatore dell'Italia centrale, il compito di raccogliere nelle proprie mani luogotenenza e comando militare.

Il minaccioso ritorno di fiamma del partito legittimista suggerisce a Cialdini di appoggiarsi alla sinistra democratica ancor piú che ai liberali unitari, per scatenare una serie di arresti e costringere lo stesso cardinale arcivescovo Riario Sforza ad abbandonare la città; ma si tratta di una svolta puramente tattica. La strategia governativa rimane sostanzialmente moderata, anzi l'irritazione di Ricasoli per l'irrequietezza e la carenza di proposte politiche dell'ex capitale gli consiglia di sopprimere la luogotenenza, per ridurre Napoli al rango di capoluogo di provincia, col suo bravo prefetto regio, il generale La Marmora, il cui prestigio carismatico dovrebbe consolare i derelitti partenopei dei perduti privilegi. Di prefetti, in verità, ne arrivano due perché accanto al generale un altro se ne insedia con compiti amministrativi: Giovanni Visone, noto come esperto di problemi meridionali. Le istruzioni tornano ad essere quelle impartite a Ponza di San Martino: conciliare, armonizzare, rispettare le tradizioni e soprattutto tentare di risolvere i problemi mobilitando le risorse locali. Strade, ferrovie, porti, scuole, servizi sociali, dovrebbero sgorgare, nell'illusione del Ricasoli e dei suoi collaboratori, da una presunta fervida iniziativa della popolazione napoletana, della sua classe dirigente, dei suoi quadri tecnici, dei suoi capitali. Per sottolineare paradossalmente la fiducia che nutre nell'autonomia di questa operosa plaga, l'onorevole presidente del Consiglio ordina la costruzione di una strada ferrata sull'Adriatico, dal lato opposto della penisola, contribuendo cosí in maniera definitiva ad isolare ed isterilire l'economia campana che per secoli è vissuta in funzione di forza trainante, spesso anche parassitaria, dell'intero Mezzogiorno.

Quanto poco idonea sia in realtà l'ex capitale ad autodeterminare il proprio sviluppo lo dimostrano l'assenteismo degli elettori nelle consultazioni amministrative, l'angustia delle polemiche di stampa e soprattutto le vicende della gestione municipale. Nel primo decennio di storia unitaria una girandola di sindaci lascia le cose pressappoco al punto di prima. Al di là delle ristrettezze finanziarie e delle difficoltà obiettive, comuni a tutte le metropoli europee dell'epoca, si incontrano insuperabili limiti di mentalità, di efficienza, di preparazione: anche quando gli obiettivi sono intravisti con perspicacia, intralci burocratici e fiacchezza di impegno li rendono irraggiungibili. Il fervore di studi e di discussioni tra ingegneri, architetti e tecnici consente di individuare i settori di intervento piú urgente: la bonifica della zona tra piazza del Mercatello, oggi piazza Dante, e il Museo; l'apertura di una grossa arteria, che sarà poi il Rettifilo, tra la stazione ferroviaria ed il centro; la sistemazione del grande largo dinanzi al Maschio Angioino, oggi piazza Municipio; l'impianto di un nuovo rione residenziale nel quartiere di Chiaia e di un altro rione nella fascia orientale della città; l'incanalamento della cosiddetta «lava dei Vergini», il torrente dei rifiuti solidi e liquidi che scende a valle da quell'abitato. Ma per le realizzazioni di queste opere di immediata necessità bisognerà attendere ancora anni.

Il disordine in cui versano gli enti amministrativi colpisce Rattazzi, quando l'amico di Vittorio Emanuele sostituisce il barone Ricasoli: la sua visita a Napoli nella primavera del '62, in compagnia del re e di tutto il governo, produce effetti soltanto nel settore burocratico. Uno dei ministri che hanno fatto con lui l'inutile viaggio al Sud è il titolare delle finanze, Quintino Sella, austero assertore della necessità di riportare a tutti i costi in pareggio il bilancio dello Stato, soprattutto mediante l'inasprimento della pressione fiscale ed un drastico taglio delle spese. Per il Mezzogiorno questa direttiva si traduce in una nuova, definitiva lacerazione delle strutture economiche: piú tasse, meno lavori pubblici e smantellamento degli impianti industriali creati dai Borboni, che saranno ceduti a speculatori privati. I dispacci in cui la prefettura avverte il governo delle crescenti difficoltà in cui si dibattono industrie e commercio, zecca e concessionarie ferroviarie, cartiere ed arsenale, cantieri ed aziende manifatturiere, sono letti distrattamente a Torino. In questo clima di rassegnata smobilitazione, scoppiano nell'estate del 1863 i significativi e drammatici incidenti di Pietrarsa.

Il grande stabilimento, sito nel circondario di San Giovanni a Teduccio, è incluso dalle autorità governative nel «pacchetto» di aziende da cedere ad imprenditori privati senza la contropartita di alcuna protezione o garanzia da parte dello Stato. I dipendenti della fabbrica sono ottocento: il fiore della classe operaia napoletana, lavoratori altamente specializzati come quelli dei cantieri di Castellammare e dell'arsenale, che potrebbero costituire il nerbo per una crescita economica, sociale e civile della città. L'azienda viene ceduta in concessione ad un ambiguo imprenditore, un certo Jacopo Bozza, che un giornale mazziniano definisce «uomo di dubbia fama, ex impiegato del Borbone, vendutosi corpo ed anima» al governo sabaudo. Il Bozza diminuisce dapprima il salario degli operai da 35 a 30 grane al giorno, quindi ne conferma in servizio soltanto 440, mettendo una parte degli altri a mezza paga e molti cominciando a licenziarne con i piú vari pretesti. Si è formalmente impegnato a mantenere inalterati i livelli occupazionali, ma nessuna autorità glielo ricorda.

Bozza scherza col fuoco. Il 6 agosto alle tre del pomeriggio, uno degli operai suona a distesa la campana dell'opificio e seicento dei suoi compagni abbandonano il lavoro, radunandosi in cortile e lanciando contro il concessionario urla di abbasso «ed altre parole di sdegno». Terrorizzato, il Bozza corre personalmente a chiedere l'aiuto di una compagnia di bersaglieri che è di stanza poco lontano a Portici. Al comando di un baldo maggiore, i fanti piumati accorrono senza por tempo in mezzo a Pietrarsa, baionetta in canna, come se fossero ancora alla Cernaia; gli operai inermi spalancano ingenuamente i cancelli della fabbrica dinanzi a soldati che credono fratelli, e i prodi guerrieri di re Vittorio si slanciano «con impeto su di essi, sparando e tirando colpi di baionetta alla cieca, trattandoli da briganti e non da cittadini italiani». Cinque lavoratori restano esanimi al suolo, altri due che si sono gettati in mare per trovare salvezza vengono raggiunti dalle fucilate fraterne, i feriti sono venti. Bozza ha inventato per le vertenze sindacali una soluzione che Bava Beccaris e Pelloux utilizzeranno circa quarant'anni dopo e che Mussolini si incaricherà di perfezionare da par suo all'indomani della guerra mondiale.

Nello stesso anno in cui i bersaglieri fanno irruzione nell'officina di Pietrarsa, la Camera di commercio pubblica un documento sullo stato dell'economia cittadina per denunciare la contraddizione fra le condizioni altamente competitive dell'ambiente e la carenza di infrastrutture, di crediti, di appoggi governativi. Il clima è mite, il porto offre un punto di riferimento ideale per il traffico di importazione ed esportazione, la sovrabbondanza e la «docilità» della manodopera permettono di contare per il lungo periodo su un regime di bassi salari. Purtroppo, oltre a difettare le attrezzature ed i mezzi di comunicazione, mancano i fondi da investire a sostegno di un'industria che deve sopportare i contraccolpi della caduta di ogni barriera protezionistica. L'anno seguente, in Consiglio comunale, una protesta analoga viene formulata da Angelo Incagnoli, che lamenta il dirottamento dei prodotti dell'entroterra agricolo verso nuovi mercati e l'esodo di capitali ed aziende verso altri lidi. Si annunciano tempi molto difficili per l'imprenditoria napoletana, stretta fra la strategia liberista che il governo seguirà per circa un ventennio in campo doganale e commerciale, e l'indirizzo vessatorio che assumerà contemporaneamente la sua politica tributaria.

Già al momento dell'annessione, la situazione è tutt'altro che brillante. Il regime borbonico è riuscito a preservare un certo equilibrio tra produzione e consumo, ma ad un livello assai modesto e a patto di mantenere il paese nel piú completo isolamento. La persistenza del latifondo e della cultura estensiva ha congelato l'agricoltura in uno stato di estrema arretratezza, che per altro verso rappresenta la condizione necessaria per la difesa dell'egemonia politico-economica della borghesia agraria. Il suo appoggio alla rivoluzione liberale le ha garantito, dopo l'unificazione, l'incondizionata solidarietà della destra e le consente via via di allargare la propria influenza anche tra gli esponenti meridionali della sinistra, il cui trasformismo avrà come sottinteso proprio la subordinazione agli interessi e all'ideologia dei proprietari terrieri. Quanto all'industria, il mancato rinnovamento dell'assetto agricolo e l'inconsistenza delle infrastrutture l'hanno privata dei settori di espansione che negli ultimi decenni hanno permesso alle imprese del Nord un'adeguata accumulazione di capitale, e di conseguenza un programma di investimenti, l'ammodernamento degli impianti e delle tecnologie, insomma la capacità di sostenere almeno in qualche misura la concorrenza dei paesi occidentali piú avanzati.

La Napoli unitaria ha ereditato dai Borboni un piccolo nucleo di aziende moderne, limitato però ad alcuni settori (tessile, metalmeccanico, cantieristico) e per giunta malservito dalle comunicazioni e fiaccamente sorretto dal mercato meridionale, rispetto al quale tra l'altro la sua dislocazione è eccentrica. Gran parte di queste imprese sono controllate dallo Stato o dominate da finanziatori e dirigenti stranieri, i Wenner e i Vonwiller in campo tessile; i Macri & Herry, i Guppy, il franco-napoletano Cottrau, poi i Pattison e gli Armstrong, in campo metalmeccanico. Anche se col tempo non mancheranno iniziative di tutto rispetto in altri rami (alimentari, lana, carta, editoria e tipografia), gli operatori indigeni dimostrano in genere scarsa intraprendenza ed una preparazione tecnica piuttosto limitata, come è provato del resto dalla persistenza di un apparato produttivo a carattere semiartigianale. Forse l'ostacolo piú serio è costituito, però, dalla tendenza prevalente ad investire nel commercio, nelle aziende di credito ed assicurazione, nella concessione di mutui e prestiti ad enti pubblici, negli appalti di servizi municipali, tutte attività che presentano senza dubbio rischi minori, piú immediati e sicuri ricavi.

D'altro canto, nessuna seria incentivazione arriva dal governo centrale. L'avarizia nella concessione dei fidi bancari e la manipolazione delle commesse statali all'industria pesante costituiscono solo l'aspetto piú vistoso di una politica il cui connotato sostanziale sta nell'alleanza fra il capitale del Nord e il latifondo del Sud, un blocco storico che impone la borghesia come forza dominante. Questa politica risulta esiziale per le terre dell'ex Regno sia in senso attivo che passivo. Favorendo la concorrenza dei gruppi piú forti e delle imprese straniere, la prassi liberista della destra funziona da inesorabile meccanismo selettivo, con il risultato di riqualificare le poche industrie vitali costringendole ad aggiornarsi e a rifinanziarsi, ma anche di relegare le piú deboli nel ghetto della loro arretratezza. Il meccanismo impedisce, soprattutto, la formazione di quella che Gramsci definirà «una diffusa classe media di natura economica», capace cioè di creare e gestire in modo efficiente un'azienda moderna. Quanto alla legislazione unitaria in materia doganale, essa sgretola l'argine eretto dai Borboni a protezione della gracile economia napoletana, oltre a privare il comune delle risorse finanziarie derivanti dall'esazione dei dazi di consumo. Il colpo di grazia viene dalla politica tributaria: l'esosa imposizione fiscale impedisce l'accumulazione di risparmio e di capitale, bloccando cosí per altro verso il potenziale sviluppo della industria, mentre espropria una larga parte del reddito disponibile nel Sud per coprire il disavanzo statale nonché le altre spese amministrative, infrastrutturali e militari di cui si giovano soprattutto le regioni e i gruppi industriali del Nord.

È una grandinata di tasse che si abbatte sui ceti produttivi e sulla popolazione: prima la ricchezza mobile, poi la famigerata imposta sul macinato, l'imposta sui pesi e le misure, quella sulle vetture e i domestici; una serie di fendenti vibrati all'impazzata contro tutte le classi sociali, con l'effetto di stroncare contemporaneamente offerta e domanda. Il governo unitario non trova energie e risorse per altri obiettivi che non siano la preparazione della guerra contro l'Austria per liberare il Veneto e, piú tardi, l'ultimo assalto agli stati della Chiesa. Di conseguenza, la sua sola preoccupazione politica riguarda la difesa dei precari equilibri all'interno del blocco conservatore: ai prefetti comandati sulle rive del golfo non si consiglia piú la brutale energia dei primi anni di annessione, ma si chiede quasi esclusivamente di influenzare i gruppi locali a sostegno della linea seguita, volta per volta, dal ministero. Dopo Lissa e Custoza, l'infelice andamento della campagna suggerisce una cauta apertura verso gli ambienti cattolici, un po' per mobilitare tutti i gruppi moderati a sostegno delle istituzioni, molto per fronteggiare l'opposizione. La gretta ispirazione della nuova alleanza e la sua ristrettissima base sociale soffocano il dibattito nelle angustie di beghe locali che fanno premio non solo sulle polemiche ideologiche ma perfino su una seria valutazione dei problemi economici. Non è dunque un caso se tutti i sindaci che si succedono in questo periodo sono di estrazione patrizia, in gran parte incapaci per mentalità e formazione culturale di avvertire le esigenze di una società che non è piú in armonia con se stessa e tanto meno con il resto del paese.

È il prefetto Gualtiero a farsi per primo zelante interprete delle direttive ministeriali richiamando dall'esilio romano il cardinale arcivescovo e corteggiando assiduamente il gruppo cattolico raccolto intorno al «Conciliatore». L'intesa, almeno in principio, serve a contenere la spinta della sinistra che diventa sempre piú incalzante anche grazie all'appoggio di un quotidiano molto combattivo, il «Roma», che Giuseppe Lazzari ha fondato nel '62 con spiriti garibaldini ed un linguaggio di sicura presa popolare. Piú serrata si fa la polemica nel biennio '65-66, quando la città è chiamata a fronteggiare nuovi carichi fiscali, sensibili rincari nel costo della vita e nei fitti, infine un'epidemia di colera contenuta ma funesta per il turismo locale. Nondimeno, nelle elezioni amministrative del 1868, su ottanta seggi ben sessantasette vanno alle liste moderate. In appoggio al nuovo sindaco Capitelli arriva un autorevole prefetto, il marchese di Rudiní, siciliano e quindi in grado di capire perfettamente le ragioni e magari la suscettibilità degli autonomisti napoletani. Per assicurarsene il consenso, il marchese suggerisce al governo di garantire un'era di sviluppo economico e di tranquillità, venendo incontro alle tradizionali aspirazioni dei ceti imprenditoriali; ma ottiene solo concessioni marginali e frammentarie, che si rivelano addirittura controproducenti nella misura in cui inducono la Giunta ad impegnarsi in un programma di spese privo di adeguata copertura, aggravando il disavanzo di cassa.

Non stupisce perciò che l'opposizione guadagni gradualmente terreno, fino a conquistare una prima volta la maggioranza con Paolo Emilio Imbriani nel settembre '70. Provvede il governo a liquidare l'esperimento dopo due anni con un decreto di scioglimento del Consiglio comunale, ma ormai il blocco moderato non fa piú presa sulla realtà cittadina. Nell'estate del '76 la sinistra riconquista il municipio col duca di Sandonato, sulle ali della «rivoluzione parlamentare» che, poche settimane prima, ha liquidato l'egemonia del blocco liberale.

Sandonato, anche lui aristocratico come i sindaci che lo hanno preceduto ma di orientamento radicalmente diverso, si trova a fronteggiare una situazione disperata. La liberazione di Roma non ha affatto giovato alle sorti della metropoli borbonica, che viene a perdere anche il mediocre vantaggio di essere considerata una testa di ponte per l'ultimo assalto alla rocca pontificia. La nuova capitale, cosí vicina e seducente, è destinata ad esercitare un'attrazione irresistibile proprio su chi dovrebbe collocarsi all'avanguardia nella difesa degli interessi locali. Le grandi famiglie corrono al Quirinale per mettersi al servizio della corte sabauda; i borghesi vi si trasferiscono per far carriera in Parlamento, nei ministeri, nei giornali. Per le stesse ragioni cambiano rotta perfino i giovani intellettuali della provincia, abruzzesi, molisani, irpini, che per secoli hanno frequentato l'Università di Federico II o gli studi privati, assicurando alla cultura napoletana un contributo determinante. Lo sviluppo delle vie di comunicazione sul versante adriatico e il mancato ammodernamento delle attrezzature portuali sminuiscono l'importanza della città anche come centro di smistamento: nonostante le perorazioni e le suppliche, non si è ottenuto neppure l'allacciamento con il Cilento e la Lucania. Per altro verso, la breccia di Porta Pia chiude momentaneamente il capitolo della guerra di liberazione, sottraendo al gruppo dirigente l'alibi idealistico dietro cui negli ultimi anni ha finito per mimetizzarsi la sua sostanziale strategia di classe.

Purtroppo la sinistra conosce lo stesso processo di involuzione della sua controparte. Ha già perduto due nuclei essenziali per la propria vocazione innovatrice: l'ala mazziniana se ne è staccata nel '65, inseguendo propositi di rivincita contro la monarchia che la mancanza di una base popolare rende in partenza velleitari; l'ala repubblicana si è frantumata nel '69, almeno a Napoli, in un assurdo complotto insurrezionale sventato agevolmente dalla polizia. Napoleone Colajanni, Giorgio Imbriani e gli altri cospiratori si sono dispersi al Nord e all'estero, sono finiti tra i garibaldini di Digione, non contano piú. Nell'agosto '74 un gruppo che fa capo al Coppino, a Francesco De Luca e a De Sanctis, pubblica su due giornali locali il manifesto della «Sinistra giovane», ma la spigliata etichetta copre un programma sostanzialmente centrista che privilegia le riforme amministrative rispetto a quelle politiche, puntando su un accordo a livello nazionale tra Depretis e Minghetti. Poche settimane dopo, Nicotera riassorbe il gruppo, riuscendo a ricostruire l'unità della sinistra meridionale e portandola al successo nelle elezioni del mese di novembre. La sua linea è tuttavia ancor piú moderata giacché spaccia come un momento di autonomia e di polemica contro la borghesia del Nord – nonché contro la Destra storica che ne detiene la delega politica – quella che è in realtà la difesa dei proprietari terrieri del Sud e della rendita fondiaria su cui si fondano le loro fortune. Anche se la sinistra padana ha ben altre connotazioni sociali, politiche e ideologiche, collegandosi spesso all'estrema, sarà la componente meridionale a prevalere nel complesso, soprattutto a partire dal 1882 quando Depretis realizza l'accordo con Minghetti e dà praticamente inizio all'operazione trasformistica. Passano le riforme che fanno comodo al blocco dominante – allargamento del suffragio elettorale, istruzione primaria gratuita ed obbligatoria, attiva politica di opere pubbliche nelle regioni piú arretrate – ma rimane una prassi di governo empirica e spregiudicata almeno quanto quella della Destra, alla cui base stanno piú che mai la manipolazione delle elezioni attraverso l'apparato statale e la collusione con la camorra, senza rispetto per la funzione dell'opposizione parlamentare e per la stessa sostanza del gioco democratico.

Naturalmente non tutti gli strati sociali accettano passivamente l'emarginazione. Se la plebe non ha risorse culturali e materiali per impegnarsi nella lotta contro il sistema, i primi nuclei consapevoli della classe operaia s'inseriscono vivacemente nel circuito delle idee sovversive che circolano in Europa da almeno vent'anni. Per un singolare concorso di circostanze, proprio Napoli, che marcia ormai alla retroguardia della rivoluzione industriale, diventa la culla del movimento: ancora un primato civile che, purtroppo, non sarà confortato nei decenni futuri da adeguati sviluppi, come è già accaduto per l'isola collettivista di San Leucio, per l'impianto di stabilimenti metallurgici, per l'utilizzazione del vapore nelle linee marittime e ferroviarie. Nell'ottobre del '64 le «società operaie» di ispirazione mazziniana tengono a Napoli il loro XV Congresso, da cui esce un «atto di fratellanza», destinato a suscitare un'eco molto modesta. L'estate dell'anno seguente arriva in città un celebre agitatore, Michail Bakunin, appena fuggito dalla Russia e già inserito nell'Associazione internazionale, l'organizzazione operaia che fa capo a Marx ed Engels e che passerà alla storia come la I Internazionale. È un *coup de foudre* reciproco: Bakunin viene a Napoli per un breve soggiorno, incaricato dai due esuli a Londra di stabilire collegamenti con i centri italiani, ma vi scopre «la sua vera patria politica» e vi si ferma per due anni. Proprio qui, anzi, matura la concezione anarchica che lo porterà a staccarsi dai comunisti e che si trova già elaborata limpidamente in una serie di lettere pubblicate sul giornale mazziniano «Il Popolo d'Italia». A loro volta, i pochi lavoratori ed intellettuali napoletani che militano nell'associazione Giustizia e Libertà, s'infiammano subito di entusiasmo per il grande rivoluzionario, che alla suggestione dell'origine slava aggiunge il fascino di un fervido ingegno e di un forte idealismo. Sono ex garibaldini come Fanelli, Gambuzzi, lo spretato Mileti; vecchi mazziniani, come Dremis, complice a suo tempo nell'attentato di Agesilao Milano; giovani ardenti come Alberto Tucci o come lo studente capuano Errico Malatesta, che mezzo secolo piú tardi ricorderà con commozione l'uomo che ha portato «nella morta gora delle tradizioni napoletane un soffio d'aria salubre».

Sotto la guida di Bakunin, il gruppo rompe definitivamente con l'ala patriottica ripudiando Mazzini e Garibaldi, due apostoli a cui rimprovera di aver estraniato dal Risorgimento milioni di operai e di contadini. In un manifesto redatto nel '66 dall'esule russo, si annuncia l'inevitabile scontro tra queste masse e le forze da cui finora esse sono state oppresse, per arrivare alla rivoluzione che farà dell'Italia una libera repubblica di liberi comuni. A Ischia, l'anno seguente, Bakunin scrive a Herzen la famosa lettera sulla questione slava, in cui teorizza la definitiva condanna del nazionalismo ed afferma esplicitamente l'adesione all'ideologia anarchica. Sta ormai per concludersi il soggiorno napoletano del grande rivoluzionario, allietato dal sostegno della principessa Obolenska, una sua giovane e ricca connazionale fuggita in Italia per ragioni politiche. Quando parte per Ginevra, dove atteso dal Congresso della Lega per la pace e per la libertà, lascia un compatto gruppo di socialisti federalisti che è ormai maturo per il distacco da Marx, in nome della lungimirante profezia di Proudhon secondo cui «la piú disastrosa combinazione sarebbe quella tra il socialismo e l'assolutismo».

Il 31 gennaio 1869 si apre a Napoli la prima sezione italiana dell'Internazionale, che nel giro di un anno raggiunge «la cifra di piú che 3000 operai di ogni mestiere associati, oltre l'immensa simpatia che desta nella classe *lavoriera*» (*sic*). Subito dopo, si forma a Castellammare di Stabia un'altra sezione che raccoglie rapidamente cinquecento adesioni. Il successo del movimento, la dura campagna anticapitalistica del suo organo ufficiale «L'eguaglianza», suscitano allarme: cominciano le provocazioni, le infiltrazioni poliziesche, gli interventi repressivi. Gambuzzi, che è diventato il piú fido collaboratore di Bakunin, rappresenta l'Internazionale al cosiddetto «Anticoncilio», l'assemblea di liberi pensatori che nel dicembre '69 si tiene a Napoli sotto la direzione di Giovanni Bovio, in violenta polemica con il Concilio vaticano. Un prudente commissario di polizia scioglie bruscamente il convegno quando esso travalica dal campo filosofico in quello politico, col formular voti «per la distruzione del presente ordine di cose»; ma Gambuzzi ha fatto in tempo a chiarire dalla tribuna che non basta rivendicare le libertà civili, bisogna puntare senza tentennamenti «alla emancipazione dell'operaio dal capitalista». Dalle parole i discepoli di Bakunin passano ai fatti: nello stesso periodo, un manifesto clandestino preparato da Alberto Tucci dà il via alla rivolta dei contadini contro la tassa sulla «macinatura» del grano, imposta per risanare il bilancio. È una tragica esplosione di collera che in pochi mesi lascia sul terreno 47 morti, 162 feriti, un migliaio di militanti in galera; ma è anche la prova di una prima saldatura tra i nuclei di avanguardia e le masse.

A partire dal 1871, la fiammata libertaria della Comune di Parigi trova naturalmente un vivido riflesso nel movimento italiano dei lavoratori, avviando una fase di dirompente sviluppo che per una decina di anni rimarrà caratterizzata dal primato ideologico degli anarchici e dominata dalla figura di Carlo Cafiero. È un giovane agiato proprietario pugliese che mette al servizio dell'idea il suo patrimonio, il suo fervore, purtroppo anche la sua ragione visto che morirà presto in preda ad una penosa ed incurabile forma di schizofrenia. Cafiero è ancora in contatto con Marx quando, a fine giugno del 1871, arriva a Napoli col mandato di riorganizzare la sezione, ma non condivide affatto la decisione di trasformare l'Internazionale in un vero e proprio partito politico fortemente centralizzato ed esprime apertamente il proprio dissenso in un foglio locale, «La Campana», sottolineando l'ostilità contro ogni tendenza autoritaria. Ai primi di agosto del '72 le sezioni italiane convenute a Roma decidono la costituzione della Federazione italiana, atto di nascita di un movimento anarchico su basi nazionali. Lo stesso Cafiero, Malatesta, Fanelli e Tito Zanardelli rappresentano Napoli al Congresso.

Nel '74 la Federazione raggruppa già 129 sezioni sparse in tutta la penisola, con oltre 26 000 aderenti: l'animatore dell'organizzazione è Andrea Costa, che cura la «commissione di corrispondenza». Nell'estate dello stesso anno, il Comitato italiano per la rivoluzione sociale organizza un tentativo insurrezionale, preceduto da una serie di scioperi. A Imola, a Firenze, in Puglia, il tentativo si scontra con la insormontabile resistenza della truppa, e gli uomini migliori della Federazione finiscono in carcere o sono costretti ad espatriare. Tuttavia, proprio quando l'organizzazione sembra annientata, la spettacolare serie di processi orchestrata dalla magistratura per mobilitare l'opinione pubblica offre ai dirigenti anarchici l'occasione per respingere sdegnosamente le gravi accuse, ribaltare i termini della polemica e riaffermare la superiorità degli ideali socialisti. Appena scarcerati, il 1° luglio 1876, Andrea Costa ed i suoi compagni annunciano di aver convocato il Congresso della Federazione: nello stesso giorno, si spegne in un ospedale di Berna Michail Bakunin.

Sono le settimane in cui, per riflesso della ben piú pacifica «rivoluzione parlamentare», si registra la svolta nella vita amministrativa napoletana dove, secondo l'aspra accusa di Sonnino, «vien su, frutto dell'anarchia intellettuale e della corruzione elettorale, un Consiglio tutto d'un pezzo e tutto d'un colore». Nicotera, che è tornato al ministero dell'interno, propizia il successo dei suoi amici trasferendo da Venezia il prefetto Mayr, mobilitando la questura ed anche i capi della camorra piú vicini al partito. Nuovo sindaco è per l'appunto Gennaro Sambiase di Sanseverino, duca di Sandonato, personaggio controverso e cruciale nella storia di questi anni, tanto popolare in città che Umberto lo apostroferà come «viceré» di Napoli. Esce da una lunga battaglia di opposizione che è cominciata nel luglio del '61 al Parlamento torinese e si è sviluppata nel decennio successivo sulla base di un programma «garibaldino e progressivo». La sua difesa degli interessi locali è stata sempre cosí accesa da suscitare diffidenza in Depretis e negli altri dirigenti della sinistra settentrionale che, alla stregua dei conservatori, considerano le proteste degli esponenti napoletani come un fastidio o un pericolo.

Nemico giurato dei Borboni in gioventú, tutt'altro che tenero con la consorteria moderata e con la stessa camorra, Sandonato si affretta a chiedere una commissione d'inchiesta sulle gestioni comunali degli ultimi anni, convinto che i suoi predecessori abbiano dilapidato cospicui fondi senza trasformare l'aspetto della città, come è avvenuto per esempio nella Parigi del barone Haussmann, e senza aver provveduto ai piú urgenti bisogni edilizi ed igienici. C'è un'accusa di cattiva amministrazione ma c'è anche e soprattutto la denuncia di un'incapacità a governare la città in termini moderni, nel quadro di un disegno programmatico: quando difatti espone i principî ai quali si ispirerà la sua azione, il sindaco si chiede se sia piú saggio eseguire i lavori di bonifica sanitaria e sociale «a spizzico, un tanto all'anno» o non piuttosto eseguirli possibilmente «di un tratto», conseguendo l'obiettivo a breve termine e ripartendo invece le spese ratealmente nei vari esercizi successivi, come quote di ammortamento di un debito calcolato fino al centesimo. Un programma «saviamente coraggioso di opere produttive che, mentre abbelliscono la città, la risanino» creerà nuove risorse, offrendo al municipio l'opportunità «di chiedere all'indomani ai cittadini un legittimo corrispettivo». Sandonato considera in altre parole l'imposizione fiscale come una conseguenza del benessere che sarà alimentato dal risanamento, e non semplicemente come un espediente a cui ricorrere per tamponare le falle del bilancio.

Le idee sono abbastanza chiare anche a proposito delle misure piú urgenti da affrontare: firmare il contratto per la costruzione dell'acquedotto del Serino, far scomparire al piú presto i fondaci, affrontare il problema delle fognature, completare la galleria del Museo e via Duomo, attuare il languente progetto della strada che deve allacciare la stazione ferroviaria a via Roma. In due anni di gestione, la Giunta Sandonato porta avanti come può il programma e lo completa con altre iniziative, come la sistemazione del rione Fuorigrotta, la creazione di una banchina per il lavaggio del pesce, l'estensione dell'illuminazione a gas a tutta la città. Il 9 gennaio '77 indirizza al governo una mozione per auspicare l'istituzione della nuova linea ferroviaria Napoli-Gaeta-Roma, che tuttavia sarà realizzata solo mezzo secolo piú tardi. Concluse dopo tre mesi le indagini della commissione di studio per il problema dei fondaci, il 28 aprile dello stesso anno si approva il provvedimento che prevede l'inizio dei lavori nei quartieri di Porto e Stella; il 13 giugno il sindaco pone la prima pietra di un'opera che è definita grandissima, umanitaria e civilizzatrice e di cui si perpetua il ricordo con una lapide.

Le idee di Sandonato non cadono dal cielo. Per una coincidenza molto significativa, sono proprio questi gli anni in cui non solo l'estrema ma anche i vecchi gruppi democratici e l'ala piú sensibile della cultura liberale si confrontano con i problemi dei ceti popolari. Comincia l'era delle inchieste sociali; si accende il dibattito sulla politica economica, che aprirà la strada alla svolta protezionista. Nel 1875 Leopoldo Franchetti pubblica un saggio sulle condizioni economiche ed amministrative delle province napoletane; nel marzo dello stesso anno, Pasquale Villari conferma ed approfondisce nelle *Lettere meridionali*, inviate alla rivista fiorentina «L'opinione», l'indagine appena delineata quattordici anni prima. Nel 1876, Alessandro Betocchi propone in termini realistici e documentati un confronto fra le reali risorse economiche di «Settentrionali e meridionali», mentre Dotto De Dauli stampa uno studio sulle condizioni morali e materiali delle province del Mezzogiorno. Altre riviste ospitano le corrispondenze del giovane Giustino Fortunato e il saggio di Rocco De Zerbi sulla *Miseria di Napoli*.

Il metodo è nuovo perché sostituisce le perorazioni con le statistiche. Gli argomenti sono spesso comuni ai diversi osservatori, come comune e fondamentale è il difetto di una certa separatezza, ossia di un totale distacco dello studioso dall'organizzazione di partito e di potere che sola potrebbe tradurre in atto le istanze riformistiche, per moderate e prudenti che siano. In qualche modo, l'impostazione piú organica rimane quella del liberale Villari, mosso da un gusto dell'osservazione sperimentale che coinvolge, modificandolo profondamente, l'atteggiamento degli intellettuali meridionali rispetto ai problemi del paese ed apre la strada al proficuo lavoro di Turiello e di Fortunato, piú tardi alle battaglie di Nitti e di Salvemini, nel quadro di una visione comune che mette il Sud al centro dei problemi postrisorgimentali.

Villari parte da una posizione autocritica, rimproverando alla destra il suo immobilismo, la difesa di antichi privilegi e di vecchi istituti, la contraddittoria pretesa di controllare rigidamente il processo di assimilazione delle terre liberate, senza farsi carico di alcuna seria mutazione delle loro strutture, anzi lasciandone deperire senza rimedio le risorse. Bisogna capovolgere questa strategia, instaurando un rapporto nuovo tra Mezzogiorno e governo, beninteso non con i metodi cari alla sinistra, contro cui i vecchi liberali come Villari sono estremamente polemici. Con esemplare onestà politica, lo studioso non si lascia deviare dalla psicosi del pericolo rosso, che dilaga in Europa dopo il dramma della Comune: anche se da un punto di vista nettamente conservatore, Villari si rende conto che la repressione del movimento sarebbe vana se non si modificassero le condizioni di vita dei ceti popolari, che stanno all'origine dei gravi perturbamenti all'ordine pubblico.

Nello scrittore che deprca l'indifferenza di cui si circondano la miseria delle masse contadine e l'abbrutimento delle plebi in città non c'è solo indignazione virtuosa, c'è una lucida visione della linea generale che la classe dominante dovrebbe seguire per tutelare piú saggiamente i propri interessi permanenti; e c'è una proposta pratica, ispirata da un robusto realismo. Poiché la questione sociale è destinata ad aggravarsi, Villari giudica indispensabile predisporre adeguate misure legislative se non si vuole che la catastrofe si produca non solo attraverso «sommosse sfrenate» ma anche semplicemente sotto forma di uno stato prolungato di inerzia e di abbandono. Il rimedio non può consistere che in uno sviluppo della produzione agricola e industriale, a cui si accompagnerà automaticamente il pareggio del bilancio. In questa visione, tutt'altro che sentimentale o moralistica, è implicita l'ammissione che le energie autonome del Sud non bastano a riscattarlo: al contrario di quanto sosteneva Ricasoli e mostrano di credere anche i suoi successori, l'iniziativa privata non riuscirà mai a risolvere problemi cosí complessi senza l'intervento del Parlamento e dello Stato. Il disinteresse che si ostenta al Nord e a Roma per il contadino che soffre la fame o che emigra, per gli infelici che vegetano nei fondaci napoletani, per le stesse classi elevate che nel Mezzogiorno mancano al dovere di aiutare gli umili, equivale ad un suicidio. Non ci sono alternative: «O voi riuscite a rendere noi civili, o noi riusciremo a rendere barbari voi».

Le altre denunce si collocano in una dimensione minore, piú tecnica e circoscritta. Giornalista di brucianti e non sempre corrette esperienze politiche, Rocco De Zerbi mette a fuoco nella *Miseria di Napoli* la decadenza del retroterra agricolo, senza la cui prosperità il destino economico della città è segnato; ed analizza sagacemente il divario profondo che si coglie tra «densità sociale e densità urbana». Con linguaggio pittoresco, De Zerbi contrappone ai 3000 «uomini attivi» e alle 7000 «scimmie mondane» 450 000 «animali» che non leggono i giornali e tantomeno i libri, non si occupano di politica, non frequentano i teatri né le passeggiate mondane, hanno abitudini, opinioni, gusti diversi, perfino una diversa lingua. Ci sono, insomma, due Napoli: la città vera e propria, chiusa entro un ristretto perimetro che va dal Museo alla Riviera di Chiaia, con esigui nuclei marginali; e il resto dell'abitato, un ammasso informe, risultante dalla successiva aggregazione dei vecchi borghi o casali, in cui si stipa una popolazione sub-umana. Evidentemente è il ceto di mezzo che ha fallito l'operazione storica di unificare le due città giacché, come nota nello stesso periodo James De Martino, non po-

tevano farlo né il popolo «per ignoranza», né il patriziato «per ignavia».
E il fallimento dell'operazione si spiega con la struttura sociale della
borghesia, fatta di «curiali» che hanno studiato molta economia ma non
hanno svolto attività imprenditoriale, lasciandone quasi esclusivamente
l'iniziativa al governo borbonico.

Nello stesso filone di pensiero si collocano le lettere indirizzate nel
1873 da Pasquale Turiello all'ex sindaco Capitelli e il saggio di Alfredo
Cottrau, un ingegnere di origine francese, sulla crisi della città. Il discorso è ancor piú limitato ma egualmente concreto. Turiello è convinto che
per restituire slancio e respiro all'economia si debba creare la «grande»
Napoli, includendo nella cinta urbana le località viciniori, nell'intento
di eliminare la frantumazione dei centri amministrativi e recuperare
quella parte del ceto medio possidente che ha stabilito la sua residenza
nei sobborghi e spende colà quel che guadagna nella metropoli. Il piano
regolatore dovrebbe assicurare l'espansione verso oriente e occidente,
anziché puntare sullo sventramento del centro storico o sull'assalto alla
collina, anche perché lo sventramento comporta l'emarginazione degli
abitanti piú poveri. Cottrau batte invece sul tasto delle vie di comunicazione, in particolare di quelle ferroviarie. Milano, egli osserva, si è
sviluppata impetuosamente non solo in virtú delle risorse di intelligenza
e di operosità dei lombardi ma anche e soprattutto per l'efficienza della
rete ferroviaria, con il prezioso «sblocco» del Gottardo a Chiasso; le
stesse province centro-meridionali possono contare su un discreto collegamento con il Nord. Soltanto Napoli è rimasta tagliata fuori dal circuito e, secondo Cottrau, non a caso ma per un preciso disegno dei governi unitari, interessati a «denapoletanizzare» le Due Sicilie per prevenire la riscossa del partito legittimista, e, ancor piú, per dirottare i traffici commerciali verso gli approdi padani. Il disegno ha avuto ripercussioni funeste soprattutto sull'industria metalmeccanica, a cui l'ex capitale avrebbe potuto affidare il proprio avvenire.

Negli stessi anni, accanto alla copiosa produzione saggistica, si segnalano i libri di due scrittori di formazione democratica che, insieme con
un gusto spiccatamente narrativo, portano nella polemica il fuoco di una
vibrante solidarietà umana. Il 5 maggio '77 arriva a Napoli un giovane
intellettuale toscano, Renato Fucini, che sotto lo pseudonimo di Neri
Tanfucio conquisterà piú tardi vasta fama con i bozzetti di *All'aria aperta* e *Le veglie di Neri*. Della breve permanenza di venticinque giorni sulle
rive del golfo, egli riferisce in nove lettere che immagina di scrivere ad
un imprecisato amico: dopo un approccio iniziale di tipo folcloristico,
che ci sembra influenzato dalla lettura del divertente «Corricolo» di Dumas, l'intonazione diventa via via sempre piú seria e sobria, specialmente

quando il viaggiatore prende ad addentrarsi nei «desolati» quartieri poveri, tra gli spettri che abitano i fondaci, i vecchi bambini e le «talpe» che vegetano in promiscuità in quella spaventevole «sepoltura di vivi». *Napoli a occhio nudo* non è un gran libro, è una onesta testimonianza dello sgomento che pervade l'Italia liberale di fronte alle contraddizioni da cui scopre di essere lacerata. Esce pure nel '77, per i tipi dell'editore fiorentino Le Monnier, un libro di Jessie White Mario, anche questo sulla *Miseria di Napoli*. Jesse è una scrittrice inglese che si è tuffata impetuosamente nelle battaglie del Risorgimento, prima accanto ai mazziniani con i quali ha partecipato alla spedizione di Sapri, poi con suo marito Alberto Mario, amico di Cattaneo e volontario garibaldino nel corpo di Medici del Vascello. Se l'emozione di fronte alle sventure della città è altrettanto viva di quella del Fucini, il metodo d'indagine è tuttavia assai più oggettivo ed accurato. Al centro del libro, insieme con una descrizione spietata delle condizioni di vita della plebe, emerge la consapevolezza che, dopo l'annessione, l'incapacità e la corruzione degli amministratori hanno aggravato i termini del problema.

Le rivelazioni dei due giornalisti scuotono un settore assai limitato dell'opinione pubblica nazionale, non certo i gruppi di potere. Del resto, la commissione parlamentare incaricata di condurre un'inchiesta sulla situazione in Sicilia, ha appena concluso in tutta serietà che nell'isola «non esiste né una questione politica né una questione sociale». Dal canto suo, Antonio Salandra accusa il Villari di avere esagerato sia la entità, sia la «ubicazione» dei mali che si deplorano. Per il giovane giurista pugliese, futuro nazionalista ed interventista, anche la White Mario ha prestato ascolto con deplorevole leggerezza ad informazioni «di fonte malsicura», mentre al Fucini si possono addebitare le felici colpe dell'artista, nel senso che egli generalizza un episodio colto al volo, reputandolo caratteristico quando invece è eccezionale e caricandolo di un rilievo fantastico. L'effetto di tanta superficialità e di cosí poetiche montature, secondo Salandra, è catastrofico: si contrappongono artificiosamente le classi «infime» alla borghesia, si attribuiscono a quest'ultima responsabilità che non le spettano, si finisce per inasprire proprio quei ceti da cui «deve cominciare la riforma». In altri termini, il docente pugliese condivide la tesi di Quintino Sella secondo cui la questione sociale in Italia sarebbe un problema di produzione, non ancora di distribuzione della ricchezza. Per ora, pensate a lavorare; poi, a suo tempo, avrete le fogne, le case, le scuole, gli ospedali.

Di fronte a posizioni di questo genere non v'è da stupirsi se il sindaco Sandonato aspetta invano dalle autorità di governo l'aiuto massiccio di cui avrebbe bisogno anche per coprirsi le spalle dai duri attacchi che il partito moderato viene muovendo contro i suoi invero spregiudicati criteri di spesa pubblica. Si accusa «Re Pappone» di aver aumentato gli stipendi dei dipendenti comunali per demagogia; di aver dilapidato milioni di opere pubbliche per soddisfare l'ingordigia degli appaltatori; di aver raddoppiato il disavanzo annuo, portandolo da 6 a 12 milioni; di aver fatto votare dal Consiglio comunale uno stanziamento di 300 000 lire «per raddrizzare la pubblica opinione», ossia per corrompere la stampa. In effetti, è nel periodo del suo sindacato che Fucini e la White Mario recano le loro appassionate testimonianze, ma i due scrittori sono molto vicini alle posizioni politiche del duca e non esistono prove di altri legami fra i tre personaggi che non sia la loro personale amicizia. Semmai, è Pietro Ferrigni – lo Yorick di *Vedi Napoli e poi...*, a parlare in modo aperto di un'ospitalità largamente e generosamente esercitata dal sindaco verso i giornalisti invitati in occasione della visita di principi stranieri e della principessa Margherita; quello stesso Yorick che ripaga l'aristocratico pioniere delle pubbliche relazioni dettando per il «Pungolo» una serie di articoli interamente solidali con il suo programma di bonifica edilizia.

Anche il vertiginoso aumento del deficit di cassa è un dato di fatto innegabile. Quando Sandonato vara il suo piano di opere pubbliche, si preoccupa immediatamente di aprire trattative con la Maison Berthier, una banca francese, per ottenere un prestito di 60 milioni, sperando che Nicotera riesca ad assicurare l'appoggio del ministro o quanto meno a mobilitare il Banco di Napoli come garante dell'operazione. Il tentativo fallisce: il prestito si riduce a soli 10 milioni, il disavanzo del bilancio sale ulteriormente, il sindaco che ha cercato di «bandire la grettezza» viene accusato di finanza allegra dal blocco conservatore che, stretto intorno all'Associazione unitaria sotto la guida di Quintino Sella, comincia a dare segni di riscossa. La posizione di Sandonato si indebolisce anche all'interno della maggioranza quando l'onorevole Billi, non avendo ottenuto a determinate condizioni l'appalto del teatro San Carlo, se ne distacca clamorosamente insieme con altri dissidenti che fondano «Roma capitale», un giornale aspramente polemico con l'amministrazione. Nicotera, che è molto vicino a Billi, sostituisce il prefetto Mayr con Luigi Gravina, un ex radicale i cui rapporti con il duca sono pessimi. I primi mesi del 1878, fra vuoti di bilancio, insuccessi nelle elezioni parziali e velenose polemiche di stampa, esasperano la crisi fino a quando Zanardelli, nuovo ministro dell'interno, non decide lo scioglimento del Consiglio. Le consultazioni amministrative, tenute a fine luglio, condannano ad una clamorosa disfatta la lista di Sandonato che personalmente non viene neppure rieletto, sebbene la sua «bonaria e florida immagine», secondo la gustosa notazione di Benedetto Croce, sia «intagliata o dipinta in tutte le botteghe di maccaronai ed oliandoli».

Al di là del singolo episodio, si va diffondendo in città come in tutto il resto del paese un clima di scetticismo e di rassegnazione, in coincidenza con il tramonto fisico e morale della generazione che ha combattuto la battaglia del Risorgimento: le frustrazioni della destra ed il mediocre opportunismo della nuova maggioranza contribuiscono in pari misura a deprimere il livello del dialogo. Gli elettori, reclutati esclusivamente tra professionisti, burocrati e benestanti, sono «inerti o compiacenti»: le responsabilità dei ceti piú elevati vanno considerate determinanti. Successore del duca è per fortuna un pacato signore, il conte Girolamo Giusso, che guiderà per cinque anni di fila – un periodo straordinariamente lungo per il comune di Napoli – la Giunta emersa dall'accordo tra clericali e moderati.

Forte dell'appoggio di due eccellenti prefetti di carriera, il Fasciotti e il Sanseverino, il nuovo sindaco parte col piede giusto varando uno dei progetti tracciati sulla carta da Sandonato, la costruzione dell'acquedotto del Serino: i lavori, che hanno inizio nel 1881, sono affidati ad una impresa inglese, la Naples Water Works Company, filiazione di un grosso gruppo internazionale. Un'impresa pure straniera, la Società belga dei Tramways napoletani, si assicura l'appalto per la realizzazione di «strade ferrate a trazione di cavalli» che devono integrare le 4000 carrozzelle e le 12 000 carrozze private circolanti in città. Nel 1880, si è inaugurata la funicolare che da Pugliano si inerpica fino al cratere del Vesuvio e la godibile canzonetta di Turco e Denza («jammo, jammo, jammo 'ncoppa jà») ha portato ai quattro angoli del globo l'eco di una cerimonia che s'inserisce a meraviglia nel clima di trionfalismo tecnologico i cui fasti saranno celebrati in tutta Europa con la galleria del Sempione, la Torre Eiffel e il ballo Excelsior.

Giusso propone anche l'impianto di un ospedale per le malattie infettive ed avvia uno studio per creare un quartiere industriale e costruire altre due funicolari destinate ad allacciare la città al Vomero. Nel luglio del 1881 un ingegnere scozzese, il Lamont Young, aggiorna un suo vecchio e ardito progetto per l'apertura di una ferrovia sotterranea, la metropolitana, destinata a collegare con pochi tratti allo scoperto Bagnoli e Posillipo ai quartieri del centro, al Vomero, a Capodimonte e al Reclusorio. La realizzazione è presentata al Consiglio comunale con il corredo di lettere che eminenti personaggi sono venuti indirizzando negli ultimi tempi al tecnico britannico, per esprimere consenso o critiche al suo disegno. Qualcuno di essi pone in risalto i problemi geologici, sanitari, urbanistici che potrebbero scaturire dallo scavo di gallerie, in un sottosuolo «formato di sedimenti alluvionali resi molli da acque a livello non costante ed infiltrate da molti secoli da liquidi organici putrescibili». Altri, come il professor Schrön, sottolinea l'opportunità di utilizzare la creazione della metropolitana per la bonifica dei quartieri piú popolari e malsani.

Giusso parte da posizioni conservatrici, apparentemente antitetiche a quelle del suo predecessore, ma per la chiarezza delle idee e la personale onestà finisce per approdare alle stesse conclusioni di Sandonato, quando si rende conto che il comune di Napoli non può colmare il disavanzo di bilancio esclusivamente con le proprie risorse ed ha pertanto bisogno di un concreto aiuto da parte dello Stato. A differenza del duca, però, egli riesce a conseguire almeno in parte l'obiettivo: con la legge 14 maggio 1881, il governo accoglie una serie di richieste avanzate dalla Giunta per la concessione di prestiti a basso tasso d'interesse e la riduzione del canone per il dazio di consumo. Due mesi piú tardi, il sindaco può presentare finalmente il bilancio in pareggio e prospettare la realizzazione del programma di Sandonato, piú una particolare attenzione riservata allo sviluppo del porto. Purtroppo, il meccanismo elettorale scatta ancora una volta ad interrompere un discorso impostato con notevole buon senso. Nelle consultazioni tenute nel luglio 1883, per il parziale rinnovamento del Consiglio comunale, i collaboratori di Giusso subiscono un duro smacco, inducendo il suscettibile gentiluomo a presentare le proprie dimissioni ed a mantenerle, nonostante le insistenti sollecitazioni della nuova Giunta.

Sono stati i cattolici a mettere in crisi l'amministrazione, spostando i loro voti su un gruppo liberale dell'opposizione che fa capo a Nicola Amore, già questore a Napoli e direttore generale della pubblica sicurezza. Eletto assessore al primo scrutinio, Amore non aspetta la nomina a sindaco, che verrà soltanto nel maggio dell'84, per impegnare la coalizione sulla politica delle cose, tracciando un ambizioso piano di interventi pubblici ed offrendo rassicuranti garanzie sullo stato delle finanze municipali. Nell'atto, però, in cui si accinge a passare dai progetti alla realizzazione, una violenta epidemia si abbatte sulla città: la chiamano «febbre napoletana», è colera. Su circa 30 000 casi diffusi nell'intera provincia, se ne riveleranno letali ben 15 000, percentuale che basta da sola a rilevare, piú brutalmente di quanto abbiano fatto scrittori e saggisti nel decennio precedente, le condizioni igieniche, sanitarie ed economiche in cui versa la sventurata popolazione. L'epidemia si abbatte su una città piú che mai divisa, secondo la definizione di Rocco De Zerbi, tra pochissimi «uomini attivi», poche «scimmie mondane» ed una sterminata moltitudine di poveri «animali». Nel trentennio seguito all'unificazione, l'incomunicabilità fra le due Napoli si è accentuata anziché attenuarsi. I signori, le belle dame, i buoni borghesi, i poeti e gli innamorati scivolano piú leggiadramente che mai in mezzo agli stracci, alle croste e ai pidocchi della plebe, pressappoco con lo stesso distacco che in Sud America l'aristocrazia di origine spagnola mantiene rispetto agli aborigeni indiani.

Sono due pianeti che girano parallelamente nella stessa orbita senza incontrarsi mai, altro che agli occasionali passaggi della compassione, della carità o della servitú. Il temperamento conciliante della popolazione esclude da una parte un rancore sociale troppo diffuso, dall'altra un cinismo troppo consapevole, e ciò rende la situazione piú umana e al tempo stesso piú irreparabile, piú chiusa ad ogni prospettiva di riscatto.

Preso a sé, separatamente e per cosí dire in astratto, anche in questo periodo il pianeta della Napoli per bene continua a brillare di viva luce. Non siamo ancora alla *belle époque*, ma ci manca poco. I salotti, i caffè, le redazioni dei giornali sono rallegrati dai frizzanti epigrammi di un vecchio gentiluomo temutissimo per la sua feroce ironia, don Raffaele Petra marchese di Caccavone (titolo autentico e non inventato) e da quelli di un suo piú giovane e non meno caustico collega, Francesco Proto duca di Maddaloni. È uno spirito bonario e scurrile, come il dialetto che questi patrizi parlano con lo stesso accento e lo stesso gusto dei lazzari. Il sarcasmo del marchese di Caccavone è pungente:

> Ciccio dice ca l'uommene so' rrare,
> l'uommene comme a isse
> e ca si fosse rre, farria jettà
> tutte li fesse a mmare.
> E 'i dico: Ciccio mio, comme farrisse?
> tu che nun sai natà?

Si compiace piuttosto di doppi sensi e di pesanti allusioni il duca di Maddaloni, tanto che Salvatore Di Giacomo piú tardi pubblicherà un'edizione purgata dei suoi maliziosi componimenti:

> L'aiutante di campo
> di quel brav'uomo del general Sulpizio
> la vedova or ne sposa:
> Oh fedeltate! in questo e in quel servizio!

Molti degli epigrammi del duca sono pubblicati dai giornali critico-letterari, come quelli di Caccavone sono usciti inizialmente su «Il caffè del molo». I napoletani hanno scoperto nel 1860 il giornalismo con la Costituzione concessa *obtorto collo* da Francesco II e con «L'Indipendente» di Alexandre Dumas, il cui segretario di redazione Torelli Viollier fonderà sedici anni dopo, a Milano, «Il Corriere della Sera». Non esiste attività piú congeniale alla loro intelligenza svelta e briosa, alla loro passione per la polemica, alla loro cavillosa dialettica. Tra i maggiori giornali politici, accanto al «Pungolo» ed al «Roma» che si arricchisce perfino della firma di Francesco De Sanctis, si affermano presto il «Piccolo» di De Zerbi ed il «Corriere del Mattino» di Martin Cafiero. Seriamente impegnato in campo culturale è il «Giornale napoletano di filosofia e le lettere» che comincia ad uscire nel 1872 sotto la direzione di Silvio Spaventa, Francesco Fiorentino e del giovanissimo Vittorio Imbriani: dopo una serie di vicissitudini, dieci anni piú tardi, lascerà il campo al «Giornale napoletano della Domenica», stampato dai fratelli Morano, gli editori che si sono assicurati l'esclusiva delle opere di Settembrini e di De Sanctis. Il nuovo settimanale si inserisce nel filone di moda dei giornali domenicali, di cui il «Fanfulla» è certo il piú autorevole; ma disgraziatamente, al contrario del periodico di Ferdinando Martini, non ha alcun messaggio artistico o letterario da lanciare, alcun movimento poetico da rappresentare, anzi è chiuso a tal punto nella provinciale angustia dell'ambiente da polemizzare aspramente con Carducci e con il primo D'Annunzio del *Canto novo*. Per ritorsione, Carducci sentenzia che i meridionali, nonostante le apparenze, non sono artisti né tanto meno poeti, sono «musici e filosofi» o tutt'al piú offrono alle patrie lettere «la volubilità delle loro chiacchiere», quale si sublima nella copiosa opera del cavalier Marino.

Alla letteratura, la Napoli elegante preferisce il teatro che è come un piú grande ed affascinante salotto dove si va non solo per ascoltare un testo ma per apprezzare gli attori, ammirare le attrici e le belle spettatrici, fare conversazione nel *foyer*, raccontare l'ultimo pettegolezzo e sfoggiare l'ultimo modello giunto da Parigi e da Londra. In città non mancano certo i locali dove passare la sera. La notte del 20 febbraio 1861 il Nuovo è stato distrutto da un incendio ma si è fatto in fretta a ricostruirlo. Al vecchio Fiorentini, dove recitano Tommaso Salvini ed Ernesto Rossi, opera fino al '75 una compagnia stabile nelle cui file debutta come servetta goldoniana Eleonora Duse. Nel '74 si inaugura a via Chiaia un altro ritrovo piccolo e scintillante: il Sannazzaro. Due anni dopo, la sera del 24 marzo 1876, sul palcoscenico del San Carlino muore Antonio Petito, il piú grande Pulcinella dei tempi moderni, degno erede di Pasquale Altavilla. È una scena memorabile, come del resto quella del trapasso del marchese di Caccavone che, spegnendosi nella sua camera da letto, ha improvvisato l'ultima, fioca quartina:

> I lumi ormai sono spenti,
> lo sciacquitto è finito,
> salute ai rimanenti,
> guagliú, levate 'o brito!

La festa è conclusa, i valletti possono sparecchiare, il vecchio signore si congeda dal mondo con squisita discrezione. Petito, invece, esce di scena da quel sommo attore che è, in una sorta di misteriosa dissolvenza: cala la tela sul finale della *Dama Bianca* del conte Marulli, il suo fedele «negro», e mentre il pubblico acclama ancora una volta il proprio idolo, don Antonio si fa servire in camerino il solito caffè. Di colpo, l'attrice-servetta che porge la tazzina lo vede far boccacce, tirar fuori la lingua, strabuzzar gli occhi, come se mimasse per burla un attacco di apoplessia e in questa convinzione, seppure un po' spaventata, lo scongiura «Don Antò, nun facite sti ccose!»; ma Petito questa volta non recita. Allorché finalmente il sipario si alza, la platea ammutolisce dinanzi allo spettacolo di Pulcinella disteso, più pallido del suo camicione, immobile per sempre sul materasso dove è stato pietosamente adagiato.

Non è solo un comico esplosivo, una forza della natura, un demonio del ritmo, che scompare con lui: quasi analfabeta, Antonio ha saputo anzitutto reinventare una maschera e un repertorio, restituendo Pulcinella alla realtà del personaggio scaltro, arguto, popolaresco che è stato nel Seicento ed inserendolo in un repertorio satirico attento alle occasioni della cronaca e della polemica, arricchito da geniali trovate di regia e limato da una severa coscienza professionale. L'umanità e la verità dei caratteri sono resi da Petito con una tecnica scarna, modernissima, come moderno è l'impasto di buffoneria e di malinconia che egli riversa nella maschera, della quale d'altronde non si sente prigioniero se è vero che sa recitare, cantare, ballare, suonare strumenti, ordinare coreografie e può incarnare ogni tipo, ogni soggetto, ogni situazione, diventando «perfino ragazza ingenua e vecchia galante, oltreché banchiere, industriale, ricco signore, aiutante militare, nobile barone». Salvatore Di Giacomo narrerà di come comunicava al pubblico un godimento che faceva dimenticare la volgarità, la superficialità, la assurdità del testo; una felicità che perdurava a luci spente, accompagnando lo spettatore fino a casa, inducendolo al sorriso perfino nel sonno.

La buona società dell'epoca non si accontenta di frequentare il teatro, vuole anche scriverlo. Non c'è gentiluomo che non tenti, secondo la moda di Francia, il dramma alla Scribe e la commedia alla De Musset, mentre imperversano altresí i «proverbi drammatici», i lavori storici in versi e in prosa, le tragedie passionali, un immenso cumulo di pagine strazianti e frivole da cui, tuttavia, emergono un autore di limpido talento ed una commedia che rimarrà. L'autore è Achille Torelli; la commedia, *I mariti*, è rappresentata per la prima volta nel novembre del '67 a Firenze. La premessa moralistica tipica del «teatro a tesi» (il buon marito crea la buona moglie) si stempera in un dialogo elegante che il giovane scrittore, uscito da una famiglia aristocratica, ha trascritto dalle conversazioni sorprese nei salotti mondani, senza dimenticare tuttavia l'impasto sciolto e suadente del dialetto. Il clamoroso successo non si ripeterà perché, nelle commedie successive, Torelli s'impegna in una ricerca sociologica forse sproporzionata alle sue risorse e certamente sgradita al pubblico, che gradualmente gli fa il vuoto intorno. Tormentato da una singolare crisi di coscienza, si rifugia per qualche tempo tra biblioteca e scuola, per riemergere qualche anno dopo con *Scrollina*, un testo piú tenue che la Duse impone alle platee di mezzo mondo.

La Napoli per bene non è fatta per le indagini alla Ibsen sui conflitti tra le classi, le generazioni, i sessi. I pregiudizi contro le novità inquietanti si sposano all'indole spensierata e all'inclinazione per l'intrigo galante, la *bohème* artistica, la vita notturna. Anche ad un crescente provincialismo: non a caso perfino gli storici ripiegano su studi regionali, come ha fatto Carlo Troya e come fanno Bartolomeo Capasso e Giuseppe De Blasiis, la cui attività del resto esemplare culmina nell'istituzione della Società di Storia patria. In realtà, chiusa la plumbea parentesi del declino borbonico e dell'occupazione piemontese, la gente ha voglia di divertirsi. Tornano di moda anche i celebri caffè di via Toledo e di Chiaia dove sono maturati i propositi e le intese che hanno portato alla rivoluzione del '48, ma questa volta l'aria è assai piú pacifica. Mentre aspettano che la classica caffettiera «napoletana» distilli l'aromatica bevanda nel bricco predisposto sul bancone, i clienti discutono di politica, di arte, di mondanità, si scambiano commenti e pettegolezzi, motteggiano, leggono versi, ricevono amici e forestieri. C'è perfino un ritrovo a Santa Brigida, la Pilsen, in cui i gentiluomini si cambiano d'abito come in un club inglese, tra un impegno pomeridiano ed uno serale. Famoso è il Caffè d'Italia, che sorge a Toledo di fronte a San Giacomo: lo frequentava Giacomo Leopardi, ghiotto di sorbetti e spumoni, prima di ritirarsi a Torre del Greco; lo ha frequentato il sindaco Sandonato, che anzi vi aveva installato il suo quartier generale, e qualche volta vi teneva perfino qualche riunione della Giunta comunale. Fra qualche anno, quando tramonterà la stella del Caffè d'Italia, spunterà quella del Gambrinus, ubicato tra San Ferdinando e piazza del Plebiscito, ritrovo preferito di politici, avvocati, giornalisti, musicisti. Fiumane di avventori sciamano anche nelle celebrate pasticcerie, Val Bol e Feste, Caflisch, e nei locali dove presto nascerà il *café-chantant*.

La grande passione della borghesia è la musica, anche quella seria. Con la fine del Regno, dissolto il fantasma dell'opera napoletana, lo stesso Conservatorio vive fino al 1870 un periodo grigio sotto la direzione di Francesco Saverio Mercadante, ormai ottuagenario e cieco. Alla sua morte, dopo il rifiuto di Verdi, la successione passa a Lauro Rossi, poi a Pietro Platania, due docenti di gusto raffinato, di notevole preparazione e sapienza didattica, che affidano le classi di pianoforte al coordinamento di Beniamino Cesi, allievo di Thalberg. Si forma alla sua scuola Giuseppe Martucci, studioso attento di Brahms e di Schumann, pianista di alto magistero, compositore capace di ardite innovazioni formali e ricco, soprattutto, di pagine colorate e festose in cui la strumentazione, arpa nacchere tamburelli, si richiama alla piú genuina tradizione musicale della città. Martucci svolge anche un'opera determinante per la diffusione della cultura concertistica in un ambiente votato da sempre al culto del melodramma: nel 1878, ancora assai giovane, fonda una Società del quartetto, pochi anni piú tardi la Società orchestrale napoletana; e farà molto anche per la conoscenza di Wagner, la cui visita del 1881, in coincidenza con la prima del *Lohengrin* al San Carlo, inasprisce le diatribe con il partito verdiano. Pure allievi del Cesi, in quel Conservatorio di San Pietro a Majella che Martucci sarà chiamato a dirigere nel 1902, sono i tre esponenti meridionali del melodramma verista: Leoncavallo, Cilea e Umberto Giordano.

Il primo trentennio italiano segna una svolta nell'evoluzione della canzone. Le raccolte di Guglielmo e Teodoro Cottrau, gli album di Francesco Florimo e i volumi editi tra il 1875 e il 1882 dalla casa Ricordi consegnano le piú belle composizioni del passato al ricordo degli appassionati ed all'attenzione degli studiosi, anche stranieri; sono canti popolari di terra e di mare, cittadini e campestri, sempre rielaborati, spesso riscritti da cima a fondo sulla base dei motivi originali magari antichi di secoli. Naturalmente il passato non basta. Nello stesso sviluppo della società locale durante gli ultimi decenni del Regno ed i primi dell'Unificazione, è implicita una proliferazione degli svaghi, dei passatempi, degli spettacoli e, con essa, un'operazione di tipo consumistico sulla stessa canzone. Prima ancora che la festa di Piedigrotta si imponga con tutto il suo piccolo retroscena speculativo come un rituale appuntamento d'autunno, ci sono altri mille canali per portare la canzone in ogni casa e in ogni angolo della città: le «periodiche», convegni settimanali tra famiglie amiche; le feste pure familiari per battesimi, cresime, prime comunioni, compleanni, fidanzamenti, nozze, promozioni e quante altre occasioni possa escogitare il costume meridionale; i concertini delle «posteggie», piccoli complessi di suonatori ambulanti, nelle trattorie, nei caffè o all'aperto; i «pianini a cilindro» che girano faticosamente e gioiosamente all'angolo dei vicoli, accontentandosi dell'obolo lanciato dalle finestre circostanti; le prime forme di spettacolo misto di parole e musica, che germinano inizialmente nei «casotti» allestiti alla meglio in baracche o addirittura nei «bassi». Sono altrettanti «media» che trasportano ovunque il modesto messaggio musicale e che, ovviamente, condizionano a loro volta una produzione sempre piú intensa e, quando l'ispirazione non soccorra, sempre piú approssimativa.

Nel 1863 *Dimme 'na vota sí* conquista un successo memorabile quasi come quello che, circa trent'anni prima, ha riportato la celeberrima *Te voglio bene assai*, cosí cara al detenuto politico Luigi Settembrini. Poco dopo, per iniziativa della casa Bideri, viene lanciato un foglietto quindicinale che offre per un soldo dodici novità canore. Nel '76 si torna ufficialmente alla festa di Piedigrotta: non c'è piú la parata militare come ai tempi del Borbone, ma si bandiscono concorsi per i piú bei carri e per le piú belle canzoni; e quattro anni dopo scoppia il primo caso su scala industriale, quello già citato di *Funiculí funiculà*, che la editrice milanese Ricordi diffonderà nella penisola e in tutto il mondo. Con le prime composizioni di Salvatore Di Giacomo e Mario Costa (*Nanní* è del 1882) si apre una stagione trionfale per la «canzone d'arte», anche se sono forti le riserve della critica musicale sul «graduale cedimento» verso languori sentimentali ed effusioni melodiche di dubbia autenticità.

Severo in assoluto è pure il giudizio che si darà dei pittori piú popolari in questo periodo: per esempio, il Tofano viene definito un illustratore della vita mondana ed Edoardo Dalbono un artefatto celebratore del folklore locale. All'Esposizione nazionale organizzata a Firenze nel '61 il grande Morelli, Saverio Altamura e Bernardo Celentano si adeguano al clima edificante del quale finirà per essere vittima anche Michele Cammarano, sacrificando alla retorica ufficiale le sue robuste intenzioni realistiche. La «verità storica» che si presume di rappresentare è in effetti quella stereotipa, trionfalistica, patriottarda, che sarà perpetuata dai libri di scuola fino ed oltre l'avvento del fascismo. I paesaggi, i colori, le atmosfere di Giacinto Gigante rimangono senza eco in un ambiente nel quale domina l'accademismo o tutt'al piú si afferma, come nelle tele di Filippo Palizzi e di Gioacchino Toma, un verismo sommesso e malinconico. Nel mondo artistico si accende un conflitto di potere tra l'Istituto delle Belle Arti e la Società promotrice, creata da Palizzi e Morelli in polemica con il vecchio spirito accademico ma nella stessa logica, come denunciano vigorosamente i giovani radicali raccolti, dopo il '63, nella *scuola di Resina* intorno a De Gregorio, a Rossano e a Cecioni. Il pittore piú dotato del gruppo, De Nittis, è anche quello che piú superficialmente e fuggevolmente aderisce ai suoi principî: una volta emigrato a Parigi, si farà sedurre dalla lezione impressionista e soprattutto dai mercanti d'arte. Nel '67 arriva dal natio Abruzzo, ancor giovanissimo, Francesco

Paolo Michetti, destinato a figurare con Gemito Mancini e Irolli tra i protagonisti della Napoli di fine secolo.

Il distacco rispetto alle condizioni e ai problemi della plebe è ancor piú pronunciato negli ambienti intellettuali. L'assenza di una mediazione democratica con gli strati piú umili soffoca il respiro della ricerca anche quando essa si collochi su posizioni piuttosto avanzate, se non addirittura all'epicentro «di una comunicazione sotterranea della cultura nazionale ed europea», secondo una definizione di Luigi Russo che sembra ispirata da un eccesso di ottimismo liberale. In effetti, la riforma universitaria di De Sanctis immette in cattedra studiosi piú che rispettabili, come Bertrando Spaventa ed Augusto Vera, consentendo un recupero almeno parziale del pauroso ritardo accumulato nella lunga parentesi della restaurazione borbonica. Si apre cosí il dibattito sulla filosofia classica tedesca che le tradizioni dello stesso Vera e di altri docenti rendono accessibile, sia pure attraverso le versioni riduttive di Fischer e Rosenkrantz o la discutibile interpretazione della scuola eclettica di Cousin, alla quale il Vera si è formato. Per gli esponenti locali della Destra storica l'hegelismo dovrebbe rappresentare il «fondamento etico» della sua aspirazione a gestire in funzione egemonica lo Stato unitario. Definita come la culla del pensiero e della filosofia, Napoli dovrebbe realizzare per conto di tutta la nazione la grande sintesi, erigendo all'idealismo un monumento imperituro, piedistallo teorico per la difesa concreta delle strutture capitalistiche ed autoritarie. Ma si tratta del vagheggiamento «piú di un gruppo che di una classe, piú di un centro culturale che dell'intera area nazionale», un fenomeno intellettuale «tipicamente minoritario» anche rispetto allo Stato Maggiore della Destra storica.

Proprio perché la realtà contraddice vistosamente queste euforiche premesse, l'astrattezza finisce per rappresentare una sorta di passaggio obbligato per i professori hegeliani di cui, trent'anni piú tardi, Antonio Labriola dirà perfidamente che scrivevano, insegnavano e disputavano come se vivessero a Berlino anziché a Napoli, intrecciando incomprensibili monologhi con interlocutori fantomatici, noti soltanto a loro. Un aneddoto citato da Adriano Tilgher conferma indirettamente che l'accusa non è infondata. Il culto del filosofo di Stoccarda, racconta Tilgher, si è talmente diffuso a Napoli che il suo *Begriff*, concetto o idea che sia, è entrato addirittura come locuzione proverbiale nel gergo degli studenti, i quali chiamano «'e begriffe» i suoi seguaci. Popolarissimo, tra loro, è il professor Donato Jaja che un giorno, passeggiando in compagnia di un discepolo, s'infiamma a tal punto della grandezza concettuale di Hegel, da mettersi a urlare: «Il *begriff* è tutto! Il *begriff* è beltà, bontà, verità! Fuori del *begriff* non esiste nulla! Chi sono io che parlo? Un'ombra, un fiato di voce, un niente». Pausa, poi con voce tremante: «Io sono un fesso!»

Al di là del divertente episodio, cosí caratteristico della bonaria e beffarda psicologia partenopea, non è certo lecito sottovalutare il contributo che al dibattito deriva dall'introduzione del pensiero hegeliano in ambienti che, in città, hanno un punto di riferimento nella centralissima libreria Detken, il cui proprietario è anche presidente del Circolo tedesco. Tanto piú fecondo diventa il dibattito, per tardivo ed astratto che sia, in quanto non cade nel vuoto e non incontra poche resistenze, anche interne, Bertrando Spaventa e De Sanctis, per esempio, cominciano assai presto ad assumere un atteggiamento critico nei confronti dell'interpretazione rigidamente conservatrice del Vera, mentre si fa strada tra gli «autonomisti» una rivalutazione di Vico e dello sperimentalismo seicentesco che anticipa in qualche modo, sia pure soltanto sul terreno della scienza giuridica, la svolta positivista. Fortissima, naturalmente, è anche l'opposizione dei filosofi cattolici stretti alle bandiere neoguelfe. Quando poi Giacomo Lignana si fa promotore della diffusione del pensiero di Herbart e dei suoi discepoli, i fondatori della scuola cosiddetta «della psicologia dei popoli», il giovanissimo Labriola intuisce che si è aperta la strada maestra per un ripensamento della dialettica hegeliana in chiave antimetafisica: primo passo verso la conversione al materialismo storico che Labriola verrà meditando a partire dal 1874, dopo il suo trasferimento a Roma come docente straordinario in filosofia morale e pedagogia. Gli sviluppi rivoluzionari impliciti nel suo orientamento, sia pure soltanto a livello teorico, sono cosí evidenti che i vecchi baroni della commissione esaminatrice, col venerando Terenzio Mamiani alla testa, gli negano la cattedra ed arrivano a denunciare al ministero le sue tesi come un pericolo per la gioventú.

Del resto, sono le conquiste della scienza, della tecnica e dell'organizzazione imprenditoriale a determinare una svolta radicale nel mondo della cultura, costringendola a prendere coscienza dei mutamenti e dei valori che bisogna riconoscere nella realtà. Tra il 1865 e il 1880 fiorisce anche a Napoli una pubblicistica di stampo positivista a cui corrisponde l'ingresso nell'Università di docenti come Tommasi, Semmola e Cantani che portano nella facoltà di medicina l'eco delle dottrine di Comte, di Stuart Mill, di Darwin, di Ardigò, mentre a Firenze, Villari introduce contemporaneamente l'applicazione del metodo storico alle scienze morali. Naturalmente i baroni dell'idealismo non entrano in crisi di colpo, né offrono una resa incondizionata, quanto piuttosto si studiano di definire un compromesso che tenga fermo in ogni caso il principio del razionalismo hegeliano, di una metafisica sottoposta, per quanto si voglia, a revisione critica: e nello stesso senso operano gli esponenti della cosiddetta «colonia napoletana» presso l'Università di Bologna: il Siciliani, il Fiorentino, l'Acri, il De Meis. È chiaro che si tratta ormai di un atteggiamento difensivo, reso ancor più sospettoso e allarmato dalle drastiche trasformazioni sociali che accompagnano in questo periodo l'impetuoso sviluppo del capitalismo del Nord. Anche chi come Spaventa e De Sanctis ha colto la potenzialità dialettica del pensiero hegeliano, è troppo legato ai vecchi schemi risorgimentali, per rendersi pienamente conto di quanto sia mutato il panorama socio-culturale del paese, di quanto sia diminuito l'interesse per la filosofia teorica, di come sia irreparabilmente tramontato il sogno di dominare i processi del reale in nome di una mitica «unità del sapere». Si sta sgretolando il fronte degli intellettuali, che a loro modo tentano anch'essi tra feroci contrasti un'operazione trasformistica, mentre i vecchi maestri rimangono isolati ed inascoltati.

Ne fa amara esperienza Francesco De Sanctis, benché il suo contributo alla cultura meridionale e nazionale si riveli sempre più rilevante, soprattutto a partire dal 1865, quando egli conclude la parentesi ministeriale ed entra nel periodo più felice della sua maturità creativa. Nei tre anni successivi, stampa le due raccolte dei «saggi critici»; dall'agosto del '70 comincia a pubblicare la *Storia della letteratura italiana*; il 29 gennaio 1872 tiene la prima lezione all'Università di Napoli dove resterà fino al '76, salvo un fuggevole ritorno alla vita politica consacrato dal famoso *Viaggio elettorale*. I corsi, che saranno tramandati grazie agli appunti di Francesco Torraca, sono dedicati alla letteratura dell'Ottocento, cui De Sanctis ha appena accennato nel secondo volume della *Storia*: Manzoni, la scuola manzoniana e il romanticismo meridionale, la scuola democratico-mazziniana, la poesia di Leopardi – in altre parole il movimento culturale del Risorgimento. Non è splendido soltanto ciò che scrive o ciò che dice: è nuovo, è modernissimo il suo metodo didattico, l'idea che la lezione debba nascere sperimentalmente, in concreto, come risultato delle ricerche degli allievi. La scuola per lui è un laboratorio; la cultura una manifestazione della vita, anzi un momento dell'azione, concepita come sentimento e consapevolezza, non come calcolo e sfrenamento di istinti. Eppure pagine, concetti che infiammeranno centinaia di migliaia di giovani in tutte le regioni d'Italia e in tutti i decenni che seguiranno, lasciano piuttosto freddi i suoi discepoli. «La gioventù sta senza bussola, tra spensierata ed annoiata». Il maestro avverte l'indifferenza di una generazione che non ha fatto il Risorgimento e non sente la bellezza dei suoi ideali; ed in effetti, nonostante la venerazione di cui è circondato, non trova allievi capaci di continuare la sua opera.

De Sanctis si rende perfettamente conto del proprio isolamento. Nel marzo '76 propone l'istituzione di un Circolo filologico e la giustifica con l'opportunità di promuovere «l'unione degli uomini colti ed intelligenti che è sempre mancata a questa spiritosa ma scollata città»; ed è proprio al Filologico che il 30 marzo 1883, pochi mesi prima di morire, terrà la sua ultima conferenza, dedicata significativamente al linguaggio popolare. Pressappoco nello stesso periodo se ne vanno con lui Bertrando Spaventa, Antonio Ranieri, Augusto Vera, Francesco Fiorentino, e, ancora molto giovane, Vittorio Imbriani. Scompare un mondo che, nel bene come nel male, ha esaurito la propria missione: purtroppo il bilancio che può presentare non è tutto positivo, almeno nella misura in cui ha tentato invano di unificare il paese in un ordine razionale e democratico. Nell'atto in cui si è formata l'Italia, si è «sformato» il mondo intellettuale e politico da cui essa è nata.

Che non vi siano sostanziale democrazia né ordine razionale non sono, tuttavia, ancora in molti a pensarlo, sebbene non manchino certi sintomi inquietanti. Un fenomeno patologico che riguarda non solo Napoli ma tutto il Sud ed anche il Veneto, è quello dell'emigrazione che proprio tra il '73 e il '74 prende a manifestarsi con virulenza acquistando carattere di massa, tanto da suggerire già nel '79 a Giustino Fortunato la definizione di oscura malattia sociale, anzi addirittura di pauroso enigma per l'avvenire del paese. La classe dirigente non lo analizza, però, con le stesse preoccupazioni, semmai avverte unicamente il pericolo che la riduzione della manodopera possa compromettere il regime dei bassi salari. Una circolare di Lanza diramata nel '73 ai prefetti e poi revocata, documenta in questo senso la posizione del governo, che tende a reprimere tanto l'emigrazione clandestina quanto quella legale, comminando severe misure contro gli agenti, accusati non a torto di speculare cinicamente sulla fame e sull'ignoranza dei lavoratori.

Nemmeno l'avvento della Sinistra modifica sostanzialmente l'atteggiamento dell'esecutivo, se è vero che il ministro degli interni Nicotera si limita ad inasprire i controlli sull'attività dei figuri che organizzano l'espatrio degli emigranti. Il fenomeno si accentua in conseguenza della grave crisi che colpisce tutta l'agricoltura europea per l'impetuoso sviluppo delle culture granarie negli Stati Uniti e in Russia, dove è stata appena soppressa la servitù della gleba. Un'altra componente decisiva è rappresentata, particolarmente nel nostro Mezzogiorno, dalla svolta protezionistica a cui il governo si risolve a partire dal 1878, anche per ispirazione del gruppo di teorici raccolti intorno a Luigi Luzzatti e al «Giornale degli economisti». Gli imprenditori del Nord, in prima linea i tessili e i lanieri, chiedono ed ottengono un aumento delle tariffe doganali per fronteggiare la concorrenza dei paesi tecnologicamente più avanzati; ingenti capitali vengono cosí distolti dall'agricoltura meridionale per essere dirottati sui piú redditizi investimenti industriali nella pianura padana.

Ovviamente, i contadini e i popolani che emigrano sono al di qua della lotta politica ed è comprensibile che i galantuomini li vedano partire dalla banchina dell'Immacolatella Vecchia con un sospiro di compassione, salvo riprendere poi serenamente la vita di ogni giorno. Perfino un episodio traumatico come la rivolta del Matese passa senza scalfire la tranquillità della Napoli per bene e senza lasciare tracce rilevanti nei suoi ricordi, nei documenti, nei testi letterari ed artistici: silenzio assai significativo, che equivale ad un vero e proprio processo di rimozione.

È nell'aprile del 1877 che Cafiero, Malatesta e Ceccarelli lanciano, in coincidenza con l'aggravamento della crisi agraria, la sfida anarchica alle autorità costituite. Armi e materiali non sono però nemmeno partiti da Napoli per la zona montagnosa che una spia ha già provveduto ad informare il ministero degli interni, consentendo al prefetto ed al questore di allestire una trappola per gli ingenui cospiratori. Vessillo rossonero in testa, la marcia dei romantici guerriglieri ricorda per piú aspetti le spedizioni di Pisacane o dei fratelli Bandiera: lo stesso coraggio senza speranza, la stessa fiducia nel «fatto insurrezionale» come deterrente pedagogico e rivoluzionario e lo stesso amaro epilogo, la rotta nel freddo e nella fame, di fronte ai dodicimila soldati del generale De Sauget. Atterrite da un tentativo che sbigottisce la borghesia nonostante la sua modesta portata, le autorità costituite reagiscono con una sventagliata di arresti e con lo scioglimento di tutte le associazioni internazionaliste, ma alla resa dei conti il processo celebrato nel luglio '78 alla corte d'assise di Benevento si conclude con l'assoluzione degli imputati, portati in trionfo da una piccola folla di duemila simpatizzanti.

Pochi mesi dopo, l'opinione pubblica moderata patisce un altro trauma: un attentato ad Umberto I, che è succeduto da un anno al padre e viene in visita ufficiale a Napoli, accompagnato dal presidente del Consiglio Benedetto Cairoli. La carrozza reale è giunta a Toledo, all'altezza di via Carbonara, quando un giovane armato di pugnale salta sul predellino e, prima di essere abbattuto dal fendente di un corazziere della scorta, riesce a ferire di striscio il sovrano e il ministro. Benché Giovanni Passanante, un cuoco lucano poco meno che trentenne, non abbia legami di sorta con l'Internazionale, il suo gesto scatena una autentica caccia alle streghe che culmina nella messa al bando delle sezioni internazionaliste come «associazioni di malfattori» ed in una serie di clamorosi processi. Il 7 marzo 1879 la corte d'assise di Napoli condanna l'attentatore alla pena capitale che verrà commutata in quella dei lavori forzati a vita, mentre ergastoli e diecine di anni di carcere sono inflitti dai tribunali italiani ad altri «malfattori». Nel corso dei violenti dibattiti giudiziari, si distingue tra i difensori degli imputati un giovane avvocato napoletano, Francesco Saverio Merlino, che è anche uno dei piú risoluti militanti della nuova generazione.

In ogni caso, la repressione non rimane senza esito; la Federazione italiana va in pezzi e il movimento operaio, per effetto delle persecuzioni e delle polemiche, si spacca in due tronconi, quello dei rivoluzionari che restano fedeli ai principî dell'anarchia in una chiave sempre piú esasperatamente individualistica; e quello che sfocerà, sotto la guida di Andrea Costa e dell'esule Anna Kuliscioff sua compagna ed ispiratrice, nella costituzione del partito dei lavoratori. La disintegrazione della Federazione anarchica è sottolineata, emblematicamente, da una tragica notizia: l'8 febbraio 1883 Carlo Cafiero viene trovato seminudo, tremante di freddo e di fame, in una cava di pietra nei paraggi di Firenze. Finisce in manicomio e morirà, senza essersi mai ripreso completamente, nove anni piú tardi, in quello stesso 1892 nel quale si vota al Congresso di Genova il programma costitutivo del futuro Psi.

Il ventre di Napoli

Certo neppure Cafiero, l'agitato proprietario pugliese che ha sacrificato patrimonio ed esistenza alla causa dei lavoratori, è riuscito a stabilire un contatto con la plebe dei fondaci napoletani. Gli internazionalisti della sezione locale sono operai, artigiani, intellettuali di avanguardia il cui linguaggio rimane estraneo alla percezione, non diciamo all'interesse politico, dei 450 000 «animali» aggregati ai margini della vita cittadina. Di questi tempi, in realtà, un solo intellettuale sa parlare al loro cuore di sentimenti elementari come la bontà e la sete di giustizia, e con un linguaggio altrettanto elementare: è Francesco Mastriani. Alle sue spalle c'è senza dubbio Eugène Sue, c'è Victor Hugo, c'è il gusto truculento e melodrammatico del basso romanticismo, c'è anche la pedantesca erudizione del «professore di scuola», ma c'è soprattutto la millenaria tradizione del cantastorie che piega le leggende cavalleresche alla sensibilità rozza ed accesa del suo pubblico.

La scrittura di Mastriani è popolare nella misura in cui stabilisce un contatto immediato con il lettore, e vi riesce perché trabocca di osservazioni dirette, di profonda pietà umana, di una ingenua ma incrollabile convinzione morale, di una fede tenace nella virtú catartica del romanzo. Sull'arco di un'attività terrificante, durata mezzo secolo, produce oltre cento romanzi pubblicati quasi tutti in appendice sui quotidiani, contro il pagamento di una miserrima mercede giornaliera, cartella per cartella, capitolo per capitolo. Le cieche, i lazzari, le sepolte vive, i camorristi, le prostitute, i vermi, le ombre, i morti di Napoli sono i protagonisti di un'opera grottesca e grandiosa, affascinante ed insopportabile, che anticipa nel taglio incisivo, nel ritmo incalzante, nella girandola dei fatti di sangue e dei colpi di scena, il cinema d'azione del secolo successivo, anche se la pagina è troppo spesso appesantita da lunghe pause espositive. Difatti, il cinema si approprierà dei suoi soggetti piú truculenti, come del resto se ne sono impadroniti, lui vivente, il teatro napoletano e perfino la tradizione orale, secondo il modello delle «chansons de geste» travisate dal cantastorie e dall'opera dei pupi. E, come il cinema del nostro secolo, i romanzi di Mastriani aiutano il lettore plebeo a sognare ad occhi aperti, secondo la celebre immagine di Gramsci, a fantasticare sulla vita, a trasferire sui protagonisti della vicenda il suo bisogno di consolazione e di vendetta sociale.

Il «professore» non arriva subito al mondo popolare. Prima del '60 si è lasciato attirare da personaggi ed intrighi aristocratici, ambientati in castelli e saloni nobiliari; poi l'epopea garibaldina e, piú ancora, la dolorosa ondata di riflusso psicologico che il fallimento della rivoluzione democratica suscita tra le masse meridionali, determinano la metamorfosi, i cui momenti piú significativi e ciclopici sono rappresentati dai *Vermi* (ovvero «studi storici sulle classi pericolose di Napoli»), pubblicati tra il 1862 e il 1864; e dal famosissimo *I misteri di Napoli*, anticipato in ben novantatre dispense tra il '69 e il '70, quindi stampato in volume cinque anni piú tardi. Il trauma della Comune di Parigi e l'attentato di Passanante ad Umberto I provocano, successivamente, un ripensamento nello scrittore che dopo l'Unificazione ha firmato opere nutrite di spiriti garibaldini e socialisti come *Il materialista*, *Le ombre* e *I vermi*; ma in realtà lo scrupolo legalitario è disseminato un po' in tutta la sua alluvionale produzione e in qualche modo corrisponde anch'esso al confuso e contraddittorio tradizionalismo della plebe napoletana, malavita compresa, fedele al suo spagnolesco ed atroce codice d'onore. Rivoluzionario è il proletario consapevole, non il plebeo e il guappo; e Mastriani non è un rivoluzionario, è un operaio della penna che conosce la psicologia e i costumi del popolo e della piccola borghesia piú minuta, li ama, li descrive, li fa parlare con il loro linguaggio, li educa a suo modo ad un umanesimo – per dirla ancora con Gramsci – laico e moderno.

Il limite del suo socialismo sentimentale, non lontano dai modelli ideologici cui si è ispirato Mazzini e si ispira il De Amicis del *Cuore*, sta essenzialmente in una concezione spiritualistica secondo cui la plebe dovrebbe aspettarsi il riscatto in questo mondo da una classe dirigente progressista e nell'altro dal trionfo della fede. Al fondo, c'è un disperato pessimismo, la cupa coscienza della vanità di ogni sforzo umano contro «l'onnipresenza e la fatalità della morte», la cui testimonianza al tempo stesso «biologica e morale» lo scrittore ha colto lucidamente in una città che a tanti altri osservatori, magari meno rozzi ma piú superficiali, è sempre apparsa e continua ad apparire come un caleidoscopio di colori e di allegria. Mastriani vede le cose come stanno, anzi carica le tinte, ma personalmente è troppo incline «alla rassegnazione e alla passività» per trasformare la propria analisi in un incitamento alla rivolta. La lotta di classe rimane totalmente estranea alla sua tragica visione del mondo.

Ciò non toglie che uno scrittore di questo tipo, traboccante di retorica e di effetti grossolani, sentenzioso e prolisso, capace di buttar giú un capitolo sul tram a cavalli e di interrompere la puntata del *feuilleton* senza sapere bene come continuarla all'indomani, sia fatto per spiacere ai raffinati esegeti della Napoli per bene che, come Federico Verdinois, lo bollano quale romanziere a tassametro, commesso viaggiatore della letteratura. In realtà, ciò che non si può perdonare a Mastriani è di far cadere la muraglia che rinchiude i miserabili nel ghetto della loro abiezione, scoprendo nelle cronache dei bassifondi cittadini una verità intollerabile per la violenza della parola, del gesto, della disperazione. Stroncare lo scrittore per le sue incredibili parentesi descrittive, le lunghe tirate didascaliche e autobiografiche, le citazioni dotte, le esagerazioni ridicole, il «gergo barbaro e osceno», è fin troppo facile; ma né Verdinois né alcun altro critico rinomato si chiedono quale sia il segreto della sua popolarità, e soprattutto, quale frattura si sia aperta tra le realtà e gli altri scrittori, quelli di cui la plebe non sospetta neanche l'esistenza.

Nel vuoto di una cultura democratica che scuola, società e Stato non sanno colmare, nell'abisso dell'analfabetismo e dell'indigenza piú animalesca, il fiume lutulento della narrativa di Mastriani scorre impetuoso come la lava dei Vergini, trascinando con sé il fango dei postriboli e delle taverne, il sangue dei *dichiaramenti* e del disonore, il turpiloquio dei «bassi» e del porto, l'infamia dei ricchi e dei preti. Nello sterminato repertorio di Mastriani non manca il colera anche se, nei *Misteri di Napoli*, lo scrittore si riferisce alla spaventevole epidemia del 1836 e utilizza fuggevolmente l'argomento per raccontare, con un gusto tipicamente macabro, la storia di un giovane studente provinciale che seduce una virtuosa fanciulla per abbandonarla quindi cinicamente e sposarla in *articulo mortis* solo quando ella viene colpita dal «misterioso carnefice, ravvolto nel suo nero mantello».

L'edizione 1884 del colera è meno romantica e micidiale ma suscita nel paese un'eco assai piú clamorosa. Allorché, il 19 maggio, Nicola Amore informa i colleghi del Consiglio comunale di essere stato nominato sindaco dal re, in città si segnalano già molti casi di «febbre napoletana». La buona stagione favorisce il contagio che naturalmente dilaga soprattutto nei quartieri in cui è piú alto il numero dei «bassi» e dei fondaci: Mercato, Pedino, Porto, Vicaria, la zona bassa tra Spaccanapoli e il mare. Mediamente nell'intero territorio urbano si addensano 61 000 abitanti per chilometro quadrato, un indice che sale di molto nelle quattro sezioni in parola: il censimento di tre anni prima ha accertato che oltre 100 000 individui vivono stipati in poco piú di 30 000 vani, il che praticamente significa che almeno cinque persone dormono nell'unica stanza da letto. Alla stessa data, i fondaci – vicoli ciechi e cortili chiusi – sono

106: secondo la icastica definizione di Salvatore Di Giacomo, sono altrettanto *scarrafunere*, ossia tane di scarafaggi, covi luridi e brulicanti di uomini-blatte, privi di fognature, di impianti igienici e di acqua potabile, per non parlare dell'aria pura. Su quasi 12 000 pozzi, oltre 7000 risulteranno infetti o sospetti di inquinamento.

Né sono migliori le condizioni delle strade; gli edifici altissimi le privano di luce, la carreggiata è spesso cosí stretta da impedire il passaggio delle carrozze, al centro del budello scorre una specie di ruscello pantanoso sul quale galleggiano gli avanzi del pasto, la saponata e la lisciva del bucato, l'acqua piovana. Dalle botteghe escono il tanfo di cattivi grassi, l'effluvio di formaggi rancidi, i miasmi di acidi e di pelli conciate male; sotto gli archi si accumulano per giorni e giorni montagne di immondizia e di rifiuti. Molti palazzi fatiscenti sono puntellati con i «barbacani», come si chiamano con tipica voce di origine araba, e cosí restano per decenni. L'alimentazione esclude sistematicamente carne e vino, salvo qualche domenica e le piú solenni festività, basandosi essenzialmente su cibi di scarsissimo contenuto proteico.

Ovviamente, non si tratta di particolari inclinazioni gastronomiche ma di una scelta obbligata: le misere entrate non ne consentirebbero altre. Manca il lavoro e bisogna inventarselo; quando per caso lo si trova, corrono paghe di fame; perfino nelle rare aziende industriali, il salario è inferiore di due terzi a quello che viene corrisposto nel resto dell'Italia. Gli artigiani lavorano dodici ore al giorno nei «bassi» per strappare dai 20 ai 30 soldi; ma esistono mestieri ancor piú modesti in cui si scende fino alla metà. Guadagni cosí esigui condizionano, naturalmente, il regime dei fitti e la qualità dell'offerta: soltanto gli operai piú fortunati possono consentirsi il lusso di pagare fino a 15 lire al mese la pigione, laddove la maggior parte delle famiglie si accontenta di abituri anche da 5 lire, con tutte le implicazioni del caso. Le donne lavorano tutte e duramente anche se il loro contributo al bilancio domestico è ancor piú modesto: quando è possibile, fanno le sarte, le modiste, le fioraie, le tabacchine, per un salario regolarmente inferiore del 50 per cento a quello dei maschi; se non trovano un «posto», ideale supremo di ogni napoletano, si adattano a fare le serve per poche lire al mese, qualche volta cumulando due e perfino tre «mezzi servizi» e quindi rincasando in fretta e furia per allattare l'ultimo nato, accudire agli altri figli, preparare la cena al marito e magari ai vecchi di casa. Sono lacere, sciupate, sdentate, esposte a tutte le malattie, già vecchie prima di toccare la soglia dei quarant'anni. Anche i loro bambini lavorano appena si reggono materialmente in piedi, come mozzi di stalla, ragazzi di bottega, crestaie, bustaie; e se non trovano un padrone o una *maèsta*, rimangono nel «basso» tutta la giornata, ridenti, vocianti, urlanti, mezzi morti di fame, razzolando nel vicolo, bestemmiando come scaricatori di porto, giocando allo *strummolo*, «la trottola di legno», e alla *semmana*, il salto su un disegno tracciato col gesso sul selciato, sciamando queruli e minacciosi intorno al malcapitato passante per strappargli un regalino, un'elemosina, magari il portafoglio.

L'epidemia scoppia a fine agosto in tutta la sua violenza, divampando dal 7 all'11 settembre in città e in provincia. Inizialmente, come al solito, l'ignoranza suggerisce sospetti sulla diffusione del morbo: tumulti scoppiano un po' dovunque contro la disinfezione delle scuole e degli asili infantili; aggressioni contro i medici costringono le autorità a predisporre scorte di guardie. Il trasferimento dei colerosi dall'ospedale della Conocchia a quello della Marina, che sorge a Piedigrotta, provoca una manifestazione di protesta da parte dei familiari, armati di mazze coltelli e pietre. Una riduzione di lavoro alla Pattison & Guppy, la grossa fabbrica meccanica, suscita il malumore degli operai che sono organizzati dai primi sindacalisti, tra cui un certo Giovanni Cirelli. Il proprietario dell'azienda reagisce con la serrata e cede soltanto alle insistenze del questore, che tuttavia autorizza il licenziamento prima, poi l'arresto del Cirelli. Ai disordini subentra la rassegnazione, accompagnata da manifestazioni di fanatismo religioso che costringono le autorità a vietare le processioni, anche per prevenire il contagio. Una gara di pietà, tardiva ma sincera, si accende tra i ceti elevati e gli esponenti di ogni partito: dal cardinale Sanfelice al sindaco Nicola Amore, dal radicale Cavallotti (che arriva a Napoli con 62 volontari toscani e lombardi) al repubblicano Giovanni Bovio, da Errico Malatesta ad Andrea Costa, tutti si prodigano nell'assistenza ai malati e alle loro famiglie.

Il 7 settembre il ministro degli esteri Pasquale Stanislao Mancini, che non ha lasciato la sua città sin dal primo giorno dell'epidemia, riceve comunicazione telegrafica dell'imminente visita di Umberto I. Due giorni dopo, nel momento piú tragico, il re arriva accompagnato dal duca d'Aosta, dal presidente del Consiglio Depretis e da altre personalità di spicco, per rimanere in città quattro giorni, visitare gli ospedali, entrare nei quartieri infetti, penetrare nei fondaci e nei «bassi» pullulanti di malati. Mancini e gli esponenti del municipio insistono perché il sovrano prenda nota di persona dello stato di miseria e di abbandono nel quale versano i suoi infelici sudditi: Umberto sembra perfino perdere in qualche circostanza la sua militaresca alterigia, organizza un «villaggio di ricovero» al Campo di Marte e promette agli amministratori municipali il suo appoggio per il futuro. Quando gli illustri ospiti sono condotti agli Orefici, dinanzi al fondaco Marramarra e al cupo vico Lamie, il «venerando» presidente Depretis ne rimane talmente scosso da esclamare che «bisogna sventrare Napoli».

È una frase che fa subito il giro d'Italia. Matilde Serao segue da lontano, il «cuore da napoletana» tormentato da una schietta angoscia, le notizie del colera. Vive da due anni a Roma, dove ha appena conosciuto Scarfoglio, ed è già celebre in tutto il paese per le novelle, i primi romanzi, l'attività giornalistica sulle colonne del «Capitan Fracassa». Le parole di Depretis la colpiscono vivamente, suggerendole il primo di una serie di vigorosi articoli che saranno raccolti sotto il titolo *Il ventre di Napoli*: perorazione eloquentissima, come scriverà Croce, in favore di un popolo al quale la lega un affetto viscerale; pagine secche, semplici, spoglie della verbosità abituale della Serao, trepidanti di pietà e di indignazione. Anche se la sensibilità sociale della grande giornalista è meno avvertita, per fare un esempio, di quella del medico svedese Axel Munthe che nello stesso periodo denuncia duramente la responsabilità della classe politica nazionale e della Napoli per bene, la Serao non manca il bersaglio. La frase di Depretis non la commuove e non la persuade, perché egli è il governo e «il governo deve sapere tutto», non può pretendere di scoprire all'improvviso la situazione della città, quando dispone della più ampia documentazione sulle condizioni reali dei suoi abitanti, sul numero dei mendicanti e dei vagabondi, delle prostitute e dei loro protettori, dei moltissimi nullatenenti e dei pochi «commercianti»; sugli introiti del dazio, della fondiaria, del monte di pietà, del lotto. Se questa documentazione è imprecisa o incompleta, a che serve l'enorme e dispendioso ingranaggio burocratico? a che servono i ministeri?

L'atto di accusa di Matilde Serao contro le autorità si stempera, secondo il temperamento della donna e della scrittrice, nella descrizione di tutte le atrocità e le miserie che gonfiano orrendamente il «ventre» di Napoli (questa tematica dell'esplorazione del «ventre» ci viene «anche essa d'oltralpe», cioè dalla Francia). La scrittrice difende con passione non soltanto le qualità dei suoi concittadini – pietà e gentilezza anzitutto, allegria e musicalità – ma anche i loro difetti: la superstizione quasi pagana, il vizio del gioco, le consuetudini pittoresche. Il nocciolo degli articoli, comunque, sta nella netta affermazione che *sventrare* la città non basta, non basta aprire tre o quattro grandi strade attraverso i quartieri popolari per salvarli. Non basta sventrare Napoli per distruggere la corruzione materiale e quella morale, per restituire la salute e la coscienza alla povera gente, per insegnarle a vivere: bisogna «quasi tutta rifarla».

Agli smaglianti articoli della Serao, la stampa italiana non fa eco all'unisono. Se a Roma, per esempio «Il Bersagliere», vicino a Nicotera, denuncia vigorosamente l'orientamento antipopolare della politica seguita dopo l'annessione del Mezzogiorno, a Firenze «La Gazzetta d'Italia» ha il cattivo gusto di ironizzare sul colera come un antidoto efficace, ancorché insufficiente, all'esuberanza demografica della plebe partenopea. Piú serio l'approccio di un foglio locale, «Napoli», che ospita una serie di articoli dedicati al «miglioramento» della città: l'autore, un tale ingegner Piccoli, respinge gli sprezzanti pregiudizi nordisti, sostenendo che essa è soltanto malata, gravemente malata ed ha bisogno delle «cure piú tenere». Pochi giorni prima si è registrato un intervento ancor piú concreto ed autorevole, quello del «Corriere del Mattino», molto vicino al ministro degli esteri Mancini, il quale condivide la preoccupazione, assai diffusa negli ambienti cittadini, che tutte le promesse governative abbiano a svanire come neve al sole non appena l'incubo dell'epidemia si sarà dissolto.

Gli stessi timori Mancini esprime in una fitta corrispondenza con il presidente del Consiglio. Il ministro non vuole rientrare a Roma prima di essere autorizzato a costituire un gruppo di studio, formato da tecnici e personalità locali, con il compito di approfondire la situazione ed elaborare le misure necessarie. Depretis, che sospetta a torto nella premura del collega un interesse di natura elettorale, non intende riconoscere carattere di ufficialità alla sua iniziativa, rivendicando esplicitamente a sé la paternità di un disegno di legge articolato su tre punti essenziali: questione igienica, trasformazione edilizia, finanziamento dell'impresa. Alla base della diffidenza del presidente e degli altri suoi collaboratori, non c'è soltanto una meschina rivalità politica ma anche e soprattutto la sottovalutazione della crisi napoletana. Lo dimostra una riunione informale che si tiene a Stradella, dove Depretis convoca il ministro delle finanze Magliani ed altri esperti ministeriali, per arrivare alla discutibile conclusione che bisogna contenere l'intervento nei limiti del «piú stretto e urgente bisogno», alla stregua di un qualsiasi provvedimento di ordinaria amministrazione e sempre nella logica puramente contabile del bilancio statale. Anche la cifra di cui si sarebbe parlato a Stradella, e cioè uno stanziamento di 30 milioni, appare inadeguata. Secondo Magliani, che pure è notoriamente un ministro delle finanze tutt'altro che austero, governo e Banco di Napoli dovrebbero sovvenzionare esclusivamente i lavori di bonifica dei vecchi quartieri, lasciando ad una «poderosa società» il compito di creare quelli nuovi in cui trasferire la popolazione sfollata, ed incentivando l'impresa con la concessione gratuita dei suoli comunali e demaniali, piú l'esenzione decennale dell'imposta sui fabbricati.

Di ben altro respiro la nota che il 4 ottobre Mancini fa tenere al prefetto e al sindaco per fissare i criteri essenziali dell'opera, mentre sollecita dalle rappresentanze diplomatiche nelle maggiori capitali europee un ragguaglio sulle soluzioni adottate all'estero. Il completamento dell'acquedotto del Serino e la realizzazione di un nuovo sistema di fogne sembrano le premesse indispensabili per la trasformazione edilizia della città, che va dotata altresí di un nuovo regolamento igienico. Il ministro sottolinea con particolare energia un aspetto della questione di cui i suoi colleghi di Roma non sospettano neppure l'esistenza, quello che piú tardi sarà sintetizzato con la formula dell'*economia del vicolo*: particolarmente nei quartieri piú poveri, il «basso» è al tempo stesso abitazione, officina artigiana e spaccio commerciale, mentre gli abitanti piú agiati degli appartamenti superiori o degli edifici adiacenti costituiscono i soli destinatari di questi umili negozi. Anche ammesso che nella zona orientale, al Vomero e a Santa Lucia sorgessero per incanto quartieri-modello di case operaie, la popolazione sradicata dai vicoli non saprebbe egualmente come sostentarsi. È un'osservazione in cui c'è già in embrione un principio fondamentale dell'urbanistica moderna, ossia l'esigenza di salvaguardare il tessuto antico della metropoli, nella sua integrità e continuità, assicurando il piú rigoroso rispetto tanto della struttura edilizia, quanto – e soprattutto, in un caso come quello di Napoli – della composizione sociale. La nota ottiene l'adesione di massima del governo, per conto del quale Depretis sollecita la rimessa del dossier con tutti gli elementi necessari per elaborare il progetto di legge che si propone di illustrare alla riapertura delle Camere.

La parola passa alle autorità locali, le quali una volta tanto fanno la loro parte come meglio non potrebbero, essenzialmente per merito del sindaco che mette al servizio della causa tutto l'ingegno, il fervore, l'enfatico talento oratorio di cui è dotato. Dopo aver delineato nella risposta alla nota di Mancini le misure considerate necessarie ed urgenti, Nicola Amore affida lo studio del progetto ufficiale ad un valente tecnico del comune, l'ingegner Giambarba, che lo estende in soli quindici giorni e glielo consegna, il 10 ottobre, insieme con un'interessante relazione a carattere statistico sulla distribuzione nei singoli quartieri degli abitanti e degli edifici. Con quello di Giambarba, altri progetti affluiscono sul tavolo di Mancini che finalmente, due settimane piú tardi, inoltra a Roma una «carretta» di documenti, mettendo Depretis in grado di presentare già a fine novembre il disegno di legge alla Camera. Non meno serrati sono i tempi della discussione in Parlamento, sulla base di una relazione che Rocco De Zerbi prepara per conto della commissione Nicotera. A Montecitorio, il dibattito dura soltanto tre giorni, in un clima patetico che il presidente del Consiglio sottolinea tributando un clamoroso omaggio al duca di Sandonato, attualmente schierato sui banchi dell'opposizione al governo, per i suoi meriti nel «bonificamento» di Napoli. Il 21 dicembre, il disegno di legge passa nella sua stesura definitiva con 259 voti favorevoli contro 145. Al Senato, Brioschi e Pasquale Villari conducono una polemica piú vivace, senza riuscire tuttavia ad impedire che il provvedimento sia approvato con 96 sí contro 21 no.

Finalmente il 15 gennaio 1885, la «legge per il Risanamento della città di Napoli», numero 2892, diventa esecutiva. Il testo non si riferisce ad alcun piano specifico di opere, ma delega al municipio il compito di definirlo entro trenta giorni e prevede che il governo debba pronunciarsi nel merito entro tre mesi, anche se in realtà i lavori cominceranno soltanto quattro anni dopo. D'ora in poi, l'impresa sarà caratterizzata da un andamento piuttosto fiacco, rallentato da intoppi procedurali, dalla inconsistente volontà politica del governo e da una ricorrente crisi dei finanziamenti; e quanto alla sua ispirazione socio-urbanistica, il discorso da fare sarà ancor piú critico. Nel veloce dibattito parlamentare sono già emersi i punti piú controversi, relativi anzitutto ai crediti, quindi alle modalità delle espropriazioni per pubblica utilità ed agli «obblighi» da imporre ai proprietari, che naturalmente mobilitano tutti i mezzi a loro disposizione per ridurli al minimo. Le forze che tutelano gli interessi costituiti son ben piú efficienti degli sparuti riformisti che, come Villari, considerano il progetto di legge inadatto a risolvere la questione sociale, preminente rispetto agli stessi risvolti urbanistici e sanitari. Nell'assenza di una forte organizzazione socialista di cui in pratica a Napoli, dopo la dissoluzione del movimento anarchico, sopravvive solo un nucleo sparuto, i gruppi dominanti hanno mano libera per gestire il Risanamento a proprio profitto. D'altro canto, la collusione dei partiti e dell'amministrazione con la camorra è fatta per favorire ulteriormente la speculazione edilizia, a scapito delle esigenze di fondo della collettività.

Nell'applicazione della legge n. 2892, si ripete quella tendenza ad impiegare le pubbliche risorse fuori da ogni finalità sociale che è stata caratteristica della borghesia italiana sin dal momento dell'unità e che rimarrà tipica della nostra struttura statale fino ad oltre il secondo dopoguerra, con la tragica conseguenza di perpetuare gli squilibri tra le classi, tra le regioni e – all'interno della città – tra centro urbano e quartieri di periferia. A Napoli come altrove, il potere politico ed economico appare incapace anche in senso culturale di elaborare un assetto organico del territorio. Tutte le decisioni in materia di edilizia vengono assunte in termini puramente settoriali nell'ottica di una frettolosa rincorsa ai fenomeni spontanei, risolti caso per caso. Gli artefici del Risanamento non sospettano nemmeno, per esempio, la necessità di creare spazi e servizi collettivi; gli amministratori comunali e il governo non avvertono il dovere di condizionare al rispetto di determinate norme di interesse collettivo il sostegno finanziario e le agevolazioni fiscali riservati all'edilizia privata. Nella città in cui, per ragioni politiche economiche e sociali, il sistema raggiunge il punto estremo della sua degenerazione, bisognerà arrivare al piano regolatore del 1972, quasi un secolo dopo, per veder recepiti dal legislatore siffatti principî, essenziali per una civile crescita delle strutture urbane.

Esistono anche grosse difficoltà obiettive per realizzare la bonifica della città. La prima è rappresentata dalla sua configurazione geografica e dalla situazione conseguente alle restrizioni cinquecentesche contro l'espansione edilizia all'esterno delle mura aragonesi. Anche dopo l'abrogazione dell'editto viceregnale del 1566, intervenuta un secolo e mezzo piú tardi, la cerchia delle colline ha impedito lo sviluppo concentrico delle nuove abitazioni, accentuando l'addensamento della popolazione nell'agglomerato corrispondente al tracciato greco-romano, talché agli artefici del Risanamento si ripropone il problema di incastrare la città moderna all'interno di quella antica. La sola zona pianeggiante in cui sarebbe possibile trovare spazio è quella orientale, tra il porto e i comuni vesuviani, ma nello stesso periodo la nascente industria si va installando in quel contesto per sfruttare le attrezzature marittime e ferroviarie, con l'effetto di diradare o addirittura bloccare insediamenti di massa. È essenzialmente per questa ragione che, negli anni seguenti, comincerà l'assalto alle colline con l'ausilio di nuovi mezzi di trasporto economico come le funicolari e le tramvie elettriche. La speculazione si allargherà a macchia d'olio prima sui suoli edificatori contigui al corso Vittorio Emanuele e nella fascia che digrada alla Riviera di Chiaia, quindi sulle pendici del Vomero. L'apertura di due tunnel faciliterà l'accesso a Fuorigrotta, mentre molto piú tardi i comuni viciniori della zona vesuviana e taluni villaggi agricoli del retroterra entreranno nell'orbita della città. La mancanza di un piano regolatore, la carenza di una dialettica democratica a livello nazionale e locale, distorceranno questo processo anche prima che fascismo e postfascismo avranno condannato Napoli al totale sfacelo.

La seconda difficoltà nasce dalle resistenze che la «economia del vicolo» oppone alla bonifica meramente edilizia, dissociata da ogni tipo di intervento piú complesso. La povera gente che vive nei «bassi» e nei fondaci di Porto, Mercato, Pendino, Vicaria, per un complesso di circa duecentomila abitanti, non capisce perché debba abbandonare il suo ambiente naturale e si rifiuta tenacemente di farlo. Per costringerla a partire, come racconta Villari, si arriva a scardinare le imposte delle porte e delle finestre; visto che nessuno si muove, si sloggiano d'autorità gli inquilini e si murano alle loro spalle porte e finestre, col risultato che l'indomani la maggior parte degli sfrattati è tornata a scivolare in casa attraverso le brecce aperte di notte. Ignorando le esigenze elementari della plebe, si punta su un nuovo sistema stradale che conferisce al centro urbano soltanto l'apparenza della città moderna, senza arricchirla di tutte le implicazioni sociali, economiche e strutturali che essa sottintende, anzi restringendo ulteriormente lo spazio edificabile dei vecchi quartieri. Come riconoscerà venti anni dopo la stessa Serao, il popolo finisce per essere respinto «dietro il paravento», dove lo confina volentieri l'ipocrisia della Napoli per bene. A trarre cospicui vantaggi dall'operazione sono i proprietari espropriati che, in difetto di rigorose disposizioni di legge e di efficaci controlli, si guardano bene dall'investire i proventi indennizzi nella costruzione di edifici decorosi, e tornano a gremire la zona di ignobili tuguri, entro cui va a stiparsi una massa umana ancor piú fitta e disgregata.

La maggior arteria contemplata dal progetto Giambarba è il Rettifilo che allaccerà piazza Municipio e piazza della Borsa, continuando quindi «in perfetto rettilineo» fino alla «stazione delle ferrovie», l'attuale piazza Garibaldi. Per decongestionare l'addensamento dei fabbricati, si apriranno traverse perpendicolari al «rettilineo», nonché altre strade piú o meno ampie in direzione nord. Per diradare la popolazione, si pensa di creare tre nuovi rioni in collina, tra Capodimonte e il Vomero, piú un quarto, pressappoco tra Poggioreale e i Granili. Lavori di demolizione e di assestamento sono pure previsti per i rioni di Santa Lucia e di Santa Brigida, con l'apertura di una via panoramica lungo il litorale. Nel marzo del 1889, si approva il piano relativo alla bonifica dei vecchi quartieri, per un complesso di circa un milione di chilometri quadrati: la massa di popolazione da spostare, in via definitiva oscilla tra i 40 e gli 80 000 individui; il costo dell'opera, da attuare nel giro di cinque bienni, è calcolato in circa 132 milioni.

Lunga e tormentata è la polemica per l'attuazione degli altri due momenti del progetto Giambarba: la sistemazione del centro e soprattutto la creazione della nuova rete ferroviaria, intorno alla quale si disputerà per altri quindici anni. Un passo avanti importante, tuttavia, viene compiuto con il completamento dell'acquedotto del Serino, che porta a Napoli 172 000 metri cubi al giorno di purissima acqua, massa fin troppo cospicua per le attrezzature cittadine, tanto che per anni una parte ne resterà inutilizzata e sarà incanalata nel condotto dei Vergini. La cerimonia inaugurale si celebra il 10 maggio del 1885 in piazza del Plebiscito, alla presenza del re: nel possente getto che sale al cielo i napoletani salutano una speranza di resurrezione che purtroppo si dimostrerà largamente illusoria. All'indomani, lo stesso sovrano assiste alla posa della prima pietra per il nuovo rione da costruire al Vomero, sui terreni che la Banca Tiberina ha acquistato con un colpo di mano scavalcando ogni remora burocratica.

Parte sesta
La « belle époque »

1

Il Risanamento

Il clima di euforia da cui è circondato il lancio dell'operazione Risanamento è turbato dalle furibonde lotte che si scatenano in Consiglio comunale. L'accordo fra moderati e cattolici su cui poggia la maggioranza di Nicola Amore si rompe nei due anni successivi, per una serie di contrasti sulla concessione dell'appalto. Un voto ostile del Consiglio, il 7 maggio 1887, costringe il sindaco a dimettersi per cedere il posto ad una Giunta presieduta dal principe di Ruffano. L'impressione in città è enorme, perché Nicola Amore gode di vastissima popolarità. Nominato senatore del Regno in riconoscimento dell'appassionata opera prestata nelle drammatiche settimane dell'epidemia, egli ha lottato anche in seguito, energicamente, per affrettare i tempi del Risanamento impiantando a Roma un ufficio tecnico dal quale ha fatto grandinare sul Parlamento e sui ministeri tonnellate di incartamenti, documenti, relazioni, statistiche, proposte di legge. Anche molti decenni piú tardi, la sua amministrazione sarà giudicata come la migliore che la città abbia mai avuto, la piú tenace nell'opera di ammodernamento delle strutture urbane, la piú aliena da contaminazioni politiche o clientelari. Se viene liquidata è soprattutto per un «aspro desiderio di rivincita» dei cattolici e dei vecchi legittimisti.

Dieci mesi dopo, la Giunta Ruffano approva i criteri fondamentali del capitolato d'appalto, respingendo il principio del lotto unico e suggerendo di costruire i nuovi edifici prima che sia stata realizzata la totalità delle demolizioni. Bandita in agosto, la gara è vinta nell'ottobre del 1888 dalla Società per il Risanamento di Napoli costituita da un gruppo di esponenti di banche e di gruppi finanziari: il Credito mobiliare di Firenze, la Banca generale di Roma, la Banca subalpina di Torino, l'Immobiliare dei lavori di utilità pubblica ed agricola di Roma, la ditta fratelli Marsaglia di Torino. Il piano elaborato dalla società prevede la ripartizione della zona di intervento in nove settori, esclusi i suoli lungo la spiaggia, nonché la assunzione di vari obblighi per parte dei costruttori, rispetto alle modalità di espropriazione, alla ricostruzione delle quattro chiese parrocchiali da demolire, alle opere di bonifica di piazza Municipio e alla canalizzazione provvisoria di acque e fogne. In cambio l'amministrazione si impegna a cedere loro aree e materiali, oltre che a garantire un contributo globale pari a 75 milioni di lire.

Operatori e capitali napoletani sono totalmente assenti dalla impresa, con grande scandalo della stampa alle cui critiche feroci e spesso astratte replica, per conto del Consiglio comunale, Alberto Marghieri con due argomenti non trascurabili. Il primo è lapalissiano: non esistono gruppi locali abbastanza solidi da potersi accollare un onere cosí ingente, e non solo sotto il profilo finanziario. Il secondo, viceversa, si dimostrerà infondato: Marghieri è convinto che la soluzione prescelta finirà per convogliare a Napoli una grossa concentrazione economica, destinata a fare della città addirittura il baricentro dei traffici finanziari. In ogni caso, per i modi e le partecipazioni in cui si è realizzata, la costituzione della Società per il Risanamento conferma che gli istituti di credito sono disposti a sovvenzionare l'industria edilizia con una leggerezza che sarà alla radice degli scandali da cui, entro pochi anni, verrà sconvolta la vita pubblica del paese. L'illusione di conseguire enormi profitti con la speculazione sui suoli edificabili e sugli appalti induce le banche del Centro-Nord a trascurare le sane regole amministrative, cosí care in teoria alla borghesia umbertina, per sperperare dissennatamente nel settore ingenti capitali che sarebbe molto piú opportuno investire nell'industria e nell'agricoltura. Il cosiddetto «male della pietra» è uno degli aspetti caratterizzanti di uno sviluppo distorto delle risorse nazionali, che avrà per effetto di accentuare l'arretratezza del Sud ed approfondire il divario economico tra l'Italia e il resto dell'Europa industrializzata.

Un mese prima che la Società per il Risanamento si aggiudichi la gara d'appalto, anche l'amministrazione Ruffano cade sotto i colpi della sinistra parlamentare che politicizza fortemente le elezioni parziali dell'estate 1888, riportando al potere Nicola Amore. Perciò, il 15 giugno dell'89, quando prendono finalmente il via i lavori di demolizione dei quartieri meridionali, spetta a lui pronunciare il discorso ufficiale per la cerimonia che si svolge alla presenza di un forte stuolo di autorità nel vecchio mercato del Porto, ribattezzato come piazza della Borsa. L'alata orazione si chiude, nello stile dell'epoca e del personaggio, con una drammatica invocazione: «Ed ora, in alto il piccone! Abbattete! Cadano sotto le ruine i germi malefici delle infermità e le nuove correnti d'aria e di luce, che si agiteranno su di esse, siano apportatrici di prosperità e di salute». Un'iscrizione murata sul posto ricorda la memorabile giornata, solennizzata dall'intervento dei reali, del cardinale Sanfelice e naturalmente del «popolo festante».

In realtà, sotto le ruine non si annidano soltanto i germi malefici delle infermità, e quanto alle nuove correnti d'aria e di luce esse dovrebbero spezzare anzitutto i miasmi della corruzione dominante tra gli amministratori municipali, i partiti locali e le consorterie romane. È da almeno quindici anni che i partiti locali hanno saldato un'invereconda alleanza con la «canaglia di ogni tipo e qualità», come scrive Sonnino nelle sue corrispondenze alla «Rassegna settimanale» fiorentina, consentendo alla camorra di estendere la propria influenza in tutti i campi della vita cittadina, dalle assunzioni di personale all'esecuzione dei regolamenti comunali, dalle elezioni alle concessioni di licenze ed appalti. Di fronte ad una situazione siffatta, gli stessi commissari regi sono risultati del tutto impotenti, quando non l'abbiano addirittura strumentalizzata per ordine e nell'interesse del ministero dell'interno. Anche l'onesto sindaco Giusso, allorché ha tentato di sfoltire i quadri della sua amministrazione inflazionati dal clientelismo fino alla cifra pazzesca di oltre quattromila dipendenti, ha dovuto affrontare una protesta organizzata con metodi mafiosi da cui non ha esulato neppure un tentativo di assassinarlo. Prefetto e questore, sollecitati da Nicotera, non si sono peritati in quella e in ogni altra circostanza di assicurare l'impunità agli autori di violenze e di brogli immaginabili, grazie ai quali si iscrivono nelle liste dei nuovi elettori i morti, le donne, i minorenni, gli irreperibili e magari due, tre volte i nomi degli *amici* sicuri.

Nel turbine di una lotta cosí ambigua, complicata dai contrasti fra liberali e cattolici, suddivisi a loro volta in sottogruppi e ravvicinati da intese puramente occasionali, Nicola Amore cade una seconda e definitiva volta nel novembre dell'89, dopo aver affrontato le elezioni nella lista di «una lega degli onesti» in cui è il solo ad essere trombato. Sorta in polemica con le presunte malefatte del Consiglio provinciale presieduto dal duca di Sandonato, la «lega» punta all'insediamento di un'amministrazione clerico-moderata da cui il principe di Torella emerge come primo sindaco elettivo nella storia della città. Nell'ombra, l'operazione è benedetta dal prefetto Codronchi; ma da questo momento le vicende municipali, aggrovigliandosi con quelle gravissime che sconvolgono la vita politica nazionale, interferiranno in maniera esiziale sull'andamento dei lavori per il Risanamento, che pure sono cominciati con ritmo abbastanza sostenuto anche per quanto riguarda la costruzione di case popolari. Si apre un decennio tumultuoso per il paese e di riflesso, per Napoli, che come sempre, a cagione della fragilità delle sue strutture economiche e politiche, ne farà le spese in misura esorbitante, fino ad essere trascinata dinanzi al tribunale della pubblica opinione come la vergogna della nazione, Sodoma e Gomorra di tutti i vizi pubblici e privati, Babilonia di camorristi tracotanti e di amministratori disonesti, miseranda patria di una razza giudicata inferiore perfino dai socialisti padani. È il decennio dello scandalo della Banca Romana, delle prime avventure coloniali, della spietata repressione crispina contro i fasci siciliani e infine di quella che la casta militare scatena contro il movimento operaio; il decennio che si apre con una inchiesta sulle malversazioni del comune di Napoli e si chiude con il regicidio di Monza. Le ripercussioni locali sono traumatiche.

Si comincia, nell'autunno del 1890, con due inchieste decise dalla Giunta comunale sulle case economiche e sulle opere del Risanamento, il cui unico effetto si traduce nel congelamento delle obbligazioni che si contava di collocare per un totale di 30 milioni. Serie complicazioni intervengono anche per le operazioni di credito fondiario contemplate nella legge del 1885, che tuttavia disposizioni successive inibiscono tanto alla Banca d'Italia (appena costituita), quanto e piú paradossalmente al Banco di Napoli. Soltanto un intervento diretto del governo sblocca la situazione, limitando però i finanziamenti a 18 milioni e mezzo, che nel giro di nove anni saliranno a poco piú di 43, benché la previsione di spesa della Società ammonti ad oltre 230 milioni. Il quadro appare evidentemente sbilanciato in partenza, anche perché – oltre alla difficoltà di piazzare le obbligazioni – le stime sui ricavi da conseguire con la cessione di aree edificabili si rivelano ottimistiche rispetto alle offerte del mercato. Se a Roma continuano a far difetto la volontà politica e la consapevolezza delle reali dimensioni socio-economiche dell'impresa, a Napoli il disordine amministrativo priva l'opera dell'indispensabile azione di pungolo, di integrazione, di controllo. Nell'estate del 1891 la crisi, accentuata da sensibili divergenze sul riordinamento delle finanze comunali e sulle inadempienze della Società per il Risanamento, sfocia ancora una volta nelle dimissioni della Giunta; Nicotera, tornato al ministero dell'interno, sfrutta immediatamente l'occasione per insediare un suo uomo di fiducia, il Saredo, come regio commissario.

Giuseppe Saredo, personaggio che presto incontreremo in altra veste, è un burocrate ligure di buona preparazione giuridica, di severi principî e di forte vocazione moralistica, tutte qualità che si traducono nell'approntamento di un bilancio preventivo per il 1892, inteso a conseguire il pareggio mediante drastiche economie sul personale ed un pesante aggravio delle imposte. Il nuovo sindaco Fusco, al quale egli lascia l'incarico di realizzare il piano, ha appena intrapreso l'ardua bisogna che cade anche lui, travolto da una bufera di liti, di intrighi e di manovre: nel luglio 1893 arriva l'ennesimo commissario regio, il prefetto Garroni. È un periodo nel quale alla estrema debolezza del potere locale corrisponde lo sbandamento del governo romano, soverchiato dai propri errori, dalle contraddizioni interne alla maggioranza e da crescenti proteste di massa. Il deterrente è rappresentato dall'atroce episodio di Aigues-Mortes, la località dove in agosto un gruppo di sventurati emigrati italiani accusati di lavorare per salari di fame viene assalito e fatto a pezzi da una folla di operai francesi imbestialiti. Nel quadro delle manifestazioni di piazza che scoppiano un po' in tutta la penisola, un tumultuoso corteo si registra il 20 a Napoli, dove la popolazione coglie l'occasione per sfogare il suo disperato malcontento contro il governo e contro Giolitti che lo presiede. La rottura del trattato commerciale con la Francia, intervenuta pochi anni prima, ha avuto ripercussioni funeste per tutta l'economia nazionale, ma ha colpito naturalmente in misura piú dolorosa l'area meridionale, aggravando la recessione del settore agricolo e determinando un vertiginoso rincaro dei generi alimentari di prima necessità.

La tensione perdura fino al giorno 23, quando scoppiano altri e piú drammatici disordini. Quasi tutti i tram sono bloccati da uno sciopero: la folla dà alle fiamme le poche vetture che circolano e si lancia contro le forze dell'ordine, attaccandole a colpi di bastone e con una pioggia di sassi. La polizia perde la testa e risponde a fucilate, lasciando sul terreno parecchi feriti e un morto, un ragazzo di undici anni, il cui corpo esanime è raccolto da uno strillone di giornali che lo mostra, imprecando e piangendo, ai compagni. È il segnale per una macabra, minacciosa processione che – affiancata da un gruppo di «carrozzelle» su cui sono ospitati gratuitamente i manifestanti – si incolonna dietro la salma dello scugnizzo, adagiata in una cesta di vimini. La processione attraversa le vie del centro, si ferma dinanzi alla prefettura, quindi punta sull'ospedale dei Pellegrini dove sono ricoverati i feriti, mentre dai vicoli «sopra i Quartieri» altra gente viene ad ingrossare le file. Dopo pochi giorni però, bruscamente com'è cominciata, l'agitazione si spegne in cambio della semplice promessa del prefetto di ritirare la truppa armata. Siamo ancora e sempre nella città di Masaniello.

Alle spalle dei dimostranti non c'è alcuna organizzazione popolare, laddove i partiti moderati si sono serviti della camorra per esasperare i toni della protesta e riversarne la responsabilità su socialisti ed anarchici. Da parte sua, la stampa, anche quella che inizialmente ha assunto un atteggiamento ostile al governo, finisce per irrigidirsi nella difesa dell'ordine, invocando il pugno di ferro, lo stato d'assedio, l'uomo forte, in altre parole quel Crispi che nel dicembre dello stesso anno, sebbene coinvolto almeno quanto Giolitti nello scandalo della Banca Romana, va al potere ed esercita la piú spietata energia contro i lavoratori della sua isola. Mentre i magistrati militari entrano in azione contro i miseri rivoltosi dei «fasci siciliani», applicando le leggi straordinarie perfino con effetto retroattivo, quelli civili a Roma non si peritano di distribuire assoluzioni tra responsabili anche confessi del penoso scandalo. Del resto, il piú grande avvocato napoletano dell'epoca, Enrico Pessina, non siede forse tra i difensori di quel Tanlongo che Giolitti ha fatto nominare senatore quando la sua colpevolezza era già ampiamente provata? La Napoli per bene, somma nel diritto e nelle arti, grondante di buoni sentimenti e di maniere eleganti, non si fa di questi scrupoli.

Le conseguenze del tracollo bancario si ripercuotono duramente sulla Società per il Risanamento. Nell'inverno del '94 due dei gruppi finanziari piú forti, il Credito mobiliare e la Banca generale, sono costretti a chiudere i battenti, mentre la carenza di liquido mette in crisi anche il settore edilizio, provocando un sensibile rialzo nei costi dei materiali da costruzione e della manodopera. I dirigenti della Società chiedono allora al comune migliori condizioni, una riduzione delle opere assunte con il capitolato d'appalto e forme piú agili di finanziamento, incontrando la massima comprensione nel commissario regio. Una convenzione ed un protocollo stipulati dal Garroni in gennaio vengono recepiti, con molte polemiche ma poche modifiche, dalla nuova Giunta che si insedia in municipio, sindaco il conte Del Pezzo. I rapporti con la Società del Risanamento e con quella dell'acquedotto del Serino sono, tuttavia, all'origine di ulteriori lacerazioni all'interno del Consiglio comunale, in cui va crescendo il peso della componente cattolica che è legata a precisi interessi ma appare altresí estremamente suscettibile di fronte ad ogni manifestazione troppo spinta di laicismo e quindi sempre pronta a rimettere in discussione l'intesa con i gruppi moderati. Se a tutto ciò si aggiunge un meccanismo elettorale tortuoso e paralizzante, si comprende agevolmente come tra la primavera dello stesso 1894 e il febbraio del 1896 si susseguano tre sindaci, quattro Giunte e, alla fine, si torni alla nomina d'autorità del solito regio commissario.

A fronte del blocco conservatore, con il quale sostanzialmente si identificano cattolici e moderati, liberali ed esponenti della sinistra parlamentare, divisi soltanto da rivalità di potere o da antiquati pregiudizi, non si può dire esista una solida opposizione dell'estrema. Giovanni Bovio, l'esponente piú autorevole del radicalismo politico e filosofico, conta qualche seguace soltanto tra i suoi vecchi e nuovi allievi dell'Università; i socialisti sono divisi, emarginati dalle persecuzioni, ancora deboli sul terreno organizzativo e ideologico, anche se nel '90 hanno portato per la prima volta alla Camera un deputato, il ricco e generoso appaltatore Pietro Casilli, popolarissimo in città come organizzatore della «lega per i figli del lavoro». Le premesse della sua elezione, confermata nel '92, sono di natura clientelare e non politica; ciò non toglie che dopo gli incidenti dell'estate '94 il governo prenda a bersaglio il partito, ordinandone lo scioglimento, e che l'anno seguente Crispi si porti personalmente candidato nel collegio di Casilli per contrastarne il successo.

L'amaro epilogo della guerra coloniale e l'eclissi dello statista siciliano non modificano l'angusta tematica degli scontri municipali. La classe dirigente napoletana ha seguito con un sostanziale distacco i drammatici avvenimenti da cui il paese è stato scosso per la politica avventuristica e repressiva della maggioranza di governo. Quando la stampa che se ne fa portavoce ha preso posizione, lo ha fatto per appoggiare senza esitazioni Crispi, soprattutto con «Il Mattino» e «Il Corriere di Napoli», i due brillanti quotidiani fondati da Edoardo Scarfoglio e Matilde Serao all'inizio degli anni novanta. Implicato nello scandalo della Banca Romana, Rocco De Zerbi si è tolto la vita in circostanze poco chiare, lasciando il suo giornale, «Il Piccolo», in mani assai meno capaci; e ad esprimere la voce dell'opposizione democratica sono rimasti solo il «Roma» e «Il Popolo». La stessa spedizione in Abissinia, che pure toccherebbe da vicino la vita economica della città ed in particolare del suo porto, viene seguita con una partecipazione puramente sentimentale: festosi saluti alle navi che salpano, canzonette, titoli altisonanti sui giornali, un atteggiamento inconsapevolmente razzistico nei confronti del nemico africano. Il rovescio che suggella la disgraziata campagna del generale Baratieri è accolto piuttosto come un'inspiegabile jattura che non come la conseguenza degli errori delittuosi del governo.

In municipio, continua la farsa dei sindaci che partono con un ambizioso programma di assestamento finanziario ed organizzativo, per arenarsi subito dopo sulle secche delle beghe elettorali e di tenaci resistenze corporative. Il deficit del bilancio, i lavori di bonifica edilizia ed igienica, i rapporti con le ditte appaltatrici e con la Società dei Tramways, queste ed altre mille questioni cittadine restano regolarmente irrisolte o trovano soluzioni parziali e compromissorie. Anche per il piú pressante di tutti i problemi, il reperimento dei mezzi da assicurare alla Società del Risanamento, si escogitano via via espedienti piú o meno ingegnosi che consentono la prosecuzione dei lavori di stralcio contemplati dalla convenzione del 1894, ma ne spostano il termine ultimo al 31 dicembre 1903. La Banca d'Italia, sotto la guida di Bonaldo Stringher, gioca un ruolo determinante nel salvataggio del gruppo, finendo per assicurarsene il controllo quasi completo.

La popolazione segue l'opera con sentimenti contrastanti, e Eduardo Scarpetta affida ad una pagina della sua autobiografia il melanconico ricordo del 6 maggio 1885, il giorno in cui nel vecchio largo del Castello (ora piazza Municipio) il piccone del Risanamento si abbatte anche sul teatro San Carlino, il locale in cui per oltre un secolo i piú travolgenti Pulcinella del mondo, dai Cammarano ai Petito, dagli Altavilla ai De Martino, hanno suscitato ogni sera irrefrenabili ondate di ilarità. Agli occhi del grande attore, la mesta cerimonia si trasforma addirittura in una carneficina e le vecchie mura sbriciolate, le travi spezzate, le ringhiere contorte, le imposte divelte sembrano vive e fumanti come viscere umane. C'è molta esagerazione nell'immagine, come nell'accorato rimpianto di tutta Napoli, ma non si può dare completamente torto a Scarpetta quando lamenta che il comune non sia riuscito a fare per il San Carlino ciò che a Milano si è pur fatto per il Manzoni, amorevolmente preservato dalla demolizione. Nel 1880, è stato proprio Scarpetta a riaprire il vecchio teatro, restaurato ed abbellito, per una serie di quattro trionfali stagioni che hanno imposto al pubblico non solo il personaggio di don Felice Sciosciammocca, ma anche il repertorio che lo stesso Scarpetta va traendo infaticabilmente dalla riduzione delle piú divertenti *pochades* parigine. Il trapasso alla sua comicità da quella ingenua e popolaresca di Petito è talmente netto che non il restauro, ma l'abbattimento del San Carlino ne appare come un logico ed emblematico corollario.

Giacché in realtà don Eduardo compie un salto di gusto, di stile e di linguaggio, che nel microcosmo del palcoscenico si può considerare come il puntuale contrappunto dell'egemonia che la borghesia va affermando in tutti i campi della cultura e della vita nazionale, ovviamente anche a Napoli, in coincidenza con la saldatura del blocco storico tra industria e latifondo, l'avvento al potere della sinistra e la sua operazione trasformista. Scarpetta conduce anzitutto una vera e propria riforma di carattere tecnico-organizzativo come capocomico e regista, liquidando la vecchia recitazione improvvisata ed enfatica, il trucco pesante e vistoso, le misere scene di carta dipinta, i poveri costumi. Scompaiono anche il colloquio costante e talora indecoroso degli attori con il pubblico nonché la consuetudine altrettanto umiliante della serata d'onore o *beneficiata*, che si traduceva in una sorta di colletta mendicata direttamente dal comico di turno in mezzo agli spettatori. Don Eduardo si preoccupa di conferire ai suoi scritturati una disciplina di lavoro ed una coscienza professionale, anche perché non è figlio d'arte, esce dal ceto medio e non dalla plebe, vanta qualche lettura, mira ad un pubblico diverso.

Le novità sono altrettanto rilevanti sul piano sostanziale. Felice Sciosciammocca è una maschera senza maschera, l'anti-Pulcinella, una sorta di Pierrot piccolo-borghese: il volto coperto di cipria, le scarpe troppo grandi, i calzoni a tubino e la giacchetta a quadri troppo stretta, il bastoncino di bambú, qualcosa di mezzo tra un *dandy* e Charlot. Parla un dialetto già molto vicino alla lingua, un gergo pretenzioso la cui carica di comicità non sta piú nelle sgrammaticature, gli *scontrufoli* dei poveri commedianti analfabeti, ma in una ambizione sociale sproporzionata ai mezzi, quella tipica delle *mezze calzette* che scimmiottano i signori e disprezzano i poveri cristi. La scelta del repertorio nasce dalla stessa ispirazione e non a caso l'esordio al San Carlino, il 7 settembre 1880, è festeggiato con *Tetillo*, una riduzione del *Bebé* di Najac ed Hennequin. Attento alle ragioni commerciali, Scarpetta sa che il pubblico a cui mira è tanto piú cosmopolita in quanto provinciale, preferisce il malizioso *vaudeville* alla farsa plebea e scurrile, invidia la moda raffinata e le abitudini galanti delle grandi democrazie occidentali. Naturalmente, è abbastanza intelligente per non prendersi gioco del mondo che rappresenta e delle sue contraddizioni, cosí come è abbastanza napoletano per non trasformare radicalmente, quando non le capovolge addirittura, le situazioni e le battute dei testi originali, adattandole magistralmente alla psicologia locale.

Il successo è strepitoso, al punto che nelle sole stagioni consumate al San Carlino don Eduardo guadagna la cospicua somma di 30 000 lire, mette su carrozza ed investe i risparmi in un elegante palazzo a Rione Amedeo. Decine di commedie tra cui *Lo scarfalietto* e *Le tre pecore viziose* nel 1881, *Nu frungillo cecato* nell'83, *'E nepute d' 'o sinneco* nell'85, fino al capolavoro *Miseria e nobiltà* rappresentato al «Fondo» nell'inverno del 1888, portano al culmine la popolarità di Sciosciammocca, mobilitando per converso la critica piú sofisticata in una dura polemica contro un tipo di teatro a cui anche Salvatore Di Giacomo rimprovera mancanza di moralità, di verità e di originalità. Federico Verdinois, che già a suo tempo ha espresso un aristocratico disprezzo per i patetici romanzi di Mastriani, giudica le esilaranti riduzioni di Scarpetta disadatte, anzi sconvenienti alle scene partenopee, in contrasto con Michele Uda, un altro autorevole critico disposto ad apprezzare almeno la comicità di don Felice e convinto che, in ogni caso, neppure per il vecchio repertorio dialettale si sia mai potuto parlare di autentico teatro popolare, nel senso che si attribuisce tradizionalmente a quello goldoniano. È un contrasto di fondo che coinvolgerà, successivamente, altri fautori del cosiddetto teatro d'arte, come lo stesso Di Giacomo, Roberto Bracco, Ernesto Murolo, Libero Bovio, anche se con risultati assai difformi e comunque nell'ambito di una equivoca poetica che scaturisce da remore nostalgiche e sentimentali, piuttosto che da un effettivo adeguamento degli strumenti espressivi alla mutevole realtà storica. Con tutto il suo cinismo e la sua superficialità *boulevardière*, Scarpetta ha intuito i tempi nuovi assai piú dei suoi avversari, che rimarranno soffocati per un altro mezzo secolo nella ragnatela di un panorama in gran parte immaginario, travolto insieme con il colera dell'84 e le macerie del Risanamento.

Certo, in quelle macerie franano anche monumenti, testimonianze artistiche, spazi umani cari al cuore e alla cultura napoletana: non è solo don Eduardo a seguire con angoscia il lavoro del piccone nei quartieri a cui è legata tanta parte della storia cittadina. Non si contesta la necessità di una bonifica che appare inevitabile e che anzi taluno, come il Carrelli o i dirigenti dello stesso Collegio degli ingegneri ed architetti, considera del tutto insufficiente; ma si assiste con rimpianto alla dissoluzione di un patrimonio di usanze antichissime. Né manca chi si batta per evitare un massacro indiscriminato delle reliquie storiche, religiose ed archeologiche, nella misura in cui lo permette la coscienza urbanistica dell'epoca che ignora, almeno in Italia e certamente a Napoli, il rapporto tra i monumenti da conservare e l'ambiente in cui sono stati creati. In effetti, il Risanamento è dominato da due esigenze: quella estetica si nutre di un'architettura piuttosto eclettica, con prevalenza del neobarocco, in un'orgia di cariatidi e di loggiati, di nicchie e di mensole; quella urbanistica subordina il nuovo assetto a obiettivi economici ed empirici, al «costrutto pratico». Ci si illude di creare con la sola bonifica edilizia una vita comunitaria più adeguata ai tempi anche se poi, in flagrante contraddizione con questi principî, si trascura completamente la creazione di attrezzature scolastiche e ancor più di zone verdi.

Alla commissione municipale per la conservazione dei monumenti, presieduta da studiosi illustri come Giuseppe Fiorelli e Bartolomeo Capasso, si lasciano scarsi margini di intervento, consentendole tutt'al più di segnalare gli edifici, le fontane, le iscrizioni, i frammenti architettonici da «rispettare» nelle demolizioni, sia nel caso che risulti possibile mantenerli sul posto, sia che si renda necessario traslocarli, adattarli ad un nuovo edificio o conservarli (si pensi agli affreschi, agli stemmi, ai fregi, ai documenti storici, alle tele) nei musei cittadini. Quando tutto manca, si provvede a perpetuare con quadri e disegni il ricordo di edifici e ruderi destinati a scomparire; e nel 1890 un'altra commissione, che ha per segretario il ventiquattrenne Benedetto Croce, si incarica di individuare i nomi più antichi e memorabili delle strade demolite che possono essere imposti a quelle nuove. È tutto un movimento di opinione che prende coscienza di certi valori fin quando negli ultimi mesi del 1891 non nasce, da un incontro di Croce con Di Giacomo, l'idea di una pubblicazione intesa a tutelare i monumenti artistici e architettonici della città; si chiamerà «Napoli nobilissima», come la vecchia guida del Parrino, e vedrà la luce l'anno seguente con il sottotitolo di *rivista di tipografia ed arte napoletana*.

Naturalmente pittori e poeti sono piú sensibili di ogni altro alla scomparsa di un paesaggio che, qui come in tutte le altre metropoli mediterranee, è intimamente legato non tanto agli edifici quanto alle strade, alla vita che vi si svolge, alle creature che vi si aggirano. Dalbono è furioso per la metamorfosi che il Risanamento produce a Margellina, a via Caracciolo, a Santa Lucia, distruggendo il «perduto incanto» che Giacinto Gigante ha fermato per sempre sulle sue tele piene di luce e di movimento. Migliaro è incaricato di arricchire la collezione del Museo di San Martino con quadri che tramandano gli angoli e gli scorci della vecchia Napoli. Nell'opera di Mancini e di Casciaro restano le testimonianze delle strade scomparse alla Marinella, a Capodimonte, al Vomero Vecchio, nella zona bassa. I versi del primo Di Giacomo, che debutta a ventiquattro anni con i *Sunette antiche* e subito dopo, tra il 1886 e il 1888, pubblica *'O Munasterio* e *Zi munacella*, consegnano all'archivio indistruttibile della poesia il vicolo *ntruppecuso e stuorto*, la gente *nzevata e strillazera*, le prostitute, i camorristi, gli usurai, le fattucchiere, i frati di quel mondo fatiscente e vitalissimo. Nel '95, con i sonetti di *A San Francisco*, che piú tardi saranno trasformati in un atto unico, il poeta torna ancor piú indietro nel tempo, fino alla Napoli borbonica di metà secolo, per rievocare la cupa atmosfera di abiezione e di violenza del vecchio carcere, dove *chi dorme, chi veglia, chi fa 'nfamità*, nel dominio incontrastato della camorra.

Anche se Di Giacomo colloca nel passato la truculenta azione di *A San Francisco*, le cose non sono troppo mutate dal 1863, l'anno in cui Marc Monnier ha pubblicato la sua documentatissima inchiesta sull'associazione criminosa, che affonda le radici nei secoli oscuri dell'occupazione spagnola. L'impero che i capi, i *masti* esercitano nelle prigioni sui *picciotti*, i *garzoni* e gli altri detenuti continua ad essere assoluto e va dalla riscossione del *decimo* alle piú crudeli punizioni contro i riottosi o i traditori. Ad un livello piú alto, i camorristi in *guanti bianchi* hanno esteso la propria influenza prima al controllo della prostituzione e del lotto clandestino, quindi ai mercati pubblici e ai trasporti, infine alla vita amministrativa e politica, pervertendo – come scrive Turiello – la stessa lotta dei partiti ed imponendo a tutta la compagine sociale un sistema parassitario che aggrava la miseria della plebe.

2.

L'inchiesta Saredo

La città si avvia al nuovo secolo in un clima di forte tensione, che è il riflesso di una situazione di squilibrio sempre piú accentuato rispetto al Nord. In effetti, fino al 1880 agricoltura ed attività terziarie hanno conservato in tutta Italia un'importanza preponderante, ma nell'ultimo ventennio si sono prodotti mutamenti sostanziali nel modello di sviluppo, in conseguenza della recessione agricola e successivamente dei progressi segnati dall'industria o quanto meno da alcuni suoi rami. L'irruzione dei cereali americani sui mercati europei ha fatto sentire i propri effetti negativi dapprima nella valle padana, quindi e in misura piú drammatica nel Mezzogiorno, dove la proprietà terriera rischierebbe di essere travolta o quanto meno sarebbe costretta ad affrontare le riforme strutturali piú urgenti, se non trovasse scampo nella alleanza politica con le forze imprenditoriali del Nord. Il sostegno del governo e quindi della sinistra meridionale che ne costituisce l'ossatura, risulta indispensabile a sua volta per le forze imprenditoriali, impegnate nell'ammodernamento e nel rilancio dell'apparato produttivo.

Su questa piattaforma, attraverso la guerra commerciale con la Francia e la nuova tariffa doganale del 1887, si arriva alla già citata svolta protezionistica, di cui l'industria italiana ha bisogno per evitare il confronto aperto con i paesi piú avanzati dell'Occidente. Negli anni novanta una fase recessiva, legata soprattutto all'inflazione del mercato finanziario, attenua l'effetto di queste misure e rallenta il decollo, ma senza incidere sulla trasformazione ormai irreversibile del sistema.

In questo quadro l'emigrazione gioca un ruolo decisivo, e non soltanto per la salvezza del latifondo meridionale. Mentre prima del 1880 il fenomeno ha avuto in prevalenza un carattere stagionale ed un raggio relativamente limitato, nell'ultimo ventennio del secolo la tendenza muta radicalmente ed il flusso migratorio si intensifica in proporzioni imponenti: la componente meridionale diventa maggioritaria, gli sbocchi preferiti sono i paesi delle due Americhe – Canada, Stati Uniti, Argentina, Brasile – nei quali si stanno mettendo a cultura sterminate distese di terre vergini. Contemporaneamente, negli stessi Stati Uniti il processo di trasformazione industriale ed urbana subisce una accelerazione esplosiva, che nei primi decenni del Novecento monopolizzerà la quasi totalità della nostra emigrazione. Circa un milione di lavoratori lascia l'Italia tra il 1880 e il 1900; ma nei primi quattordici anni del nostro secolo la media salirà al livello di oltre seicentomila espatri all'anno. Comune inizialmente a tutti i paesi continentali, il fenomeno migratorio diventa un triste privilegio del nostro (e dell'Est europeo), allorché Germania e Gran Bretagna attingono uno sviluppo industriale cosí impetuoso da provocare un regresso dell'incremento demografico ed insieme il pieno impiego della manodopera nazionale.

L'atteggiamento delle forze dominanti nei confronti dell'emigrazione rispecchia ovviamente gli interessi non sempre omogenei del blocco che si viene cementando tra la borghesia agraria del Sud e determinati settori imprenditoriali del Nord. La preoccupazione di preservare il sistema da scosse troppo brusche si intreccia cosí con le crescenti pressioni degli armatori e con la nascente tendenza all'espansionismo coloniale. In principio, i proprietari terrieri si sono dimostrati decisamente ostili a liberalizzare gli espatri, nel timore di veder depressa l'offerta di manodopera e quindi accresciute le richieste salariali e sociali del braccantato: il rigido controllo di polizia che i governi di destra e le prime coalizioni della sinistra hanno esercitato con vaghi pretesti umanitari sull'attività degli agenti di emigrazione, risponde esattamente a questa esigenza. La svolta protezionistica incrina, però, il fronte. I circoli politici che fanno capo alle compagnie liguri di navigazione e i sociologhi legati al gruppo di Alessandro Rossi e di Luigi Luzzati convergono sulla posizione opposta, sostenendo l'opportunità di sopprimere ogni vincolo, salvo una certa tutela da assicurare agli emigrati e la vigilanza da mantenere sugli agenti, di cui in realtà le compagnie mirano ad assorbire le funzioni. Il gruppo è ostile alle spinte imperialistiche affioranti negli anni ottanta; coerente con la propria logica mercantile e riformista, preferisce alle conquiste militari l'impianto di colonie commerciali, ossia la trasformazione delle collettività italiane all'estero in un mercato atto a consentire il collocamento delle nostre esportazioni e l'aumento dei noli marittimi già incentivati del resto dai cospicui premi statali. Anche Sidney Sonnino si pronuncia in favore della liberalizzazione, sostenendo che senza la valvola di sfogo dell'emigrazione nel Mezzogiorno persisterebbe il brigantaggio e in Toscana sarebbe minacciato l'istituto della mezzadria: la motivazione capovolge gli argomenti degli agrari meridionali, ma resta inquadrata in un'ottica conservatrice. In ogni caso, sia che manchi la volontà di ammodernare le campagne, sia che difettino i capitali per farlo, l'emigrazione è vista come la sola alternativa possibile alla rivoluzione sociale, «una forma rozza di politica agraria tendente a scaricare al di fuori i problemi dell'arretratezza interna», esattamente come le sollecitazioni espansionistiche.

La prima legge sull'emigrazione, approvata il 30 dicembre 1888, concilia le persistenti resistenze dei latifondisti meridionali con le pressioni degli imprenditori che l'anno prima hanno provocato la svolta protezionistica. Il suo punto debole sta nella vaghezza dei limiti posti all'attività delle agenzie di reclutamento, le quali possono perciò continuare indisturbate a muoversi come «un potente gruppo di pressione, dotato di stabili rapporti col personale politico locale e con quello di vertice». Quanto alla tutela materiale e morale dell'emigrante, la legge crispina non ne fa cenno, se si eccettui la regolamentazione giuridica del contratto di trasporto che non può essere più pagato con giornate di lavoro o con prestazioni personali. Per giunta essa non menziona neppure un settore fondamentale come quello dell'assistenza all'estero, dove le nostre rappresentanze consolari ricalcano, e non solo per carenza di mezzi, l'inefficienza burocratica ed i pregiudizi classisti dello Stato italiano. Tutti, in patria e fuori, guadagnano sulla pelle degli emigranti, costretti a sbarazzarsi di ogni più modesto avere per affrontare l'avventura del viaggio e dell'insediamento in un paese straniero del quale ignorano lingua, leggi, costumi. Le compagnie di navigazione conducono a loro spese due tipi di speculazione: uno è affidato all'obsolescenza dei bastimenti, i *ferri vecchi*, utilizzati sulle rotte transoceaniche fino ad oltre i limiti dell'usura; l'altro riguarda il numero dei passeggeri, che vengono stivati a bordo come armenti ed in condizioni igieniche raccapriccianti, con una percentuale di decessi molto elevata. Presto camorra e mafia nazionali, in stretto collegamento con quelle americane, trasformeranno il fenomeno in un gigantesco *business*, che includerà il reclutamento dei più sventurati transfughi negli infimi ranghi della malavita statunitense.

Sul finire degli anni novanta il fallimento della politica del Crispi favorisce l'ala riformista che si è sempre battuta all'interno del blocco moderato per la revisione delle norme elaborate nel 1888. Si arriverà cosí, nelle prime settimane del 1901, al varo di una nuova legge che accoglie l'esigenza di una tutela statale sull'emigrazione, sopprimendo la figura dell'agente e sostituendolo con quella del *vettore*, che è poi l'armatore o il noleggiatore, chiamato a rispondere di tutte le garanzie assicurate all'emigrante. La legge segna un innegabile progresso, salvo il solito capitolo dell'assistenza all'estero di cui, più tardi, il fascismo farà il cavallo di battaglia della sua propaganda; ma in complesso conferma che lo Stato liberale accetta passivamente il fenomeno, ovvero il crudele «costo umano», di determinate scelte politiche ed economiche che la sua logica sottintende. I governi successivi non saranno neppure capaci di utilizzare per la trasformazione dell'agricoltura meridionale le rimesse degli emigranti, il «fiume di dollari» che attraversa in senso inverso l'Atlantico e che nei primi tredici anni del secolo sfiorerà i 3 miliardi dell'epoca. L'enorme massa di valuta finisce per affluire al Nord, grazie ad una politica creditizia discriminatoria e al maggior consumo di prodotti dell'industria padana: il solco tra le due Italie diventa sempre piú profondo.

Napoli offre un notevole apporto al flusso migratorio (dalle 3165 partenze registrate nel 1876 si passa nel 1901 a circa 76 000 che cinque anni dopo sfioreranno le 90 000) e ne serba dolorosa memoria nel sentimento popolare e in quella sua ingenua, talora poetica espressione che sono le canzoni. Insieme con il basso livello di vita e con il mancato sviluppo industriale, c'è sicuramente anche l'emigrazione tra le cause del modestissimo indice di incremento demografico di una città che nei primi sessant'anni di vita unitaria vedrà appena raddoppiare la sua popolazione mentre a Roma e Milano il numero degli abitanti aumenta pressappoco del cinquecento per cento. La nostalgia dei compaesani sbarcati a Manhattan o a Buenos Ayres vive nelle note di *O sole mio* o *Torna a Surriento*, per rimbalzare molti anni dopo nell'accorata rievocazione di *Partono 'e bastimente* o nella struggente lettera di *Lacreme napulitane*:

> E nce ne costa lacreme st'America
> a nuie napulitane...
> pe' nuie ca nce chiagnimmo 'o cielo 'e Napule,
> comme è amaro stu ppane!

Chi resta, tuttavia, molto spesso non sta meglio di chi è partito. Gli ultimi anni del secolo registrano anzi un peggioramento della situazione economica della città: il 1898 segna il punto piú acuto dell'esasperazione popolare anche perché coincide con un pessimo raccolto granario e con il rincaro dei noli conseguente alla guerra ispano-americana di Cuba, mentre si avverte solo adesso in tutta la sua gravità il contraccolpo della disfatta coloniale. La protesta, partita da Foggia, dilaga ben presto in tutto il paese, senza che il partito socialista – appena uscito dalla dura prova di due anni prima – riesca ad incanalarla nei binari di un movimento di massa. A Napoli, come ai tempi dei viceré spagnoli, è la mancanza di pane a scatenare la piazza: la prefettura impone un prezzo politico ai fornai, che non se ne dànno per inteso; e il 30 aprile, dopo un infiammato discorso di Arturo Labriola all'Università, scoppiano al Lavinaio i primi sintomi di un'ondata di violenza che non è ancora esaurita il 9 maggio, tanto che quel giorno la folla attacca i reparti dell'esercito, impiegati in servizio di ordine pubblico per ordine esplicito del presidente del Consiglio.

Il bilancio è lo stesso di cinque anni prima: molti feriti ed un morto, con la differenza che adesso il marchese di Rudinì estende a Napoli lo stato d'assedio proclamato a Milano e a Firenze, ordina il sequestro dei giornali di opposizione ed affida ancora una volta ai tribunali militari il compito di giudicare i responsabili veri o presunti dei disordini, particolarmente i socialisti, alcuni dei quali vengono relegati nelle isole mentre altri scampano all'arresto con la fuga. Anche la reazione della stampa benpensante è la stessa di cinque anni prima: perfino il radicale «Roma» tradisce il panico di fronte agli «eccessi» della plebe, che del resto anche Labriola non esita a definire una «razza a parte», specie fossile cristallizzata attraverso i secoli nella condizione animalesca del periodo angioino, sottoclasse negata per definizione ad ogni scatto rivoluzionario ed abbandonata senza difesa alle speculazioni delle camarille cittadine. I legittimisti bollano la repressione dello Stato unitario come l'ennesima prova di uno storico fallimento che riscatta, a circa quarant'anni dall'impresa dei Mille, la memoria del Borbone.

Pur adoperandosi ad attenuare la durezza delle misure poliziesche, l'amministrazione comunale non si lascia scuotere nemmeno dalla tragedia popolare. Due mesi dopo la sommossa, entrata in crisi la Giunta Campolattaro, viene eletto sindaco l'assessore delegato Celestino Summonte, un personaggio scialbo e compromesso, che la voce pubblica accusa di collusione con gli appaltatori dei servizi pubblici di illuminazione e di trasporto. L'aspra battaglia parlamentare dell'estrema sinistra contro Pelloux non trova eco negli ambienti borghesi, né la maggioranza governativa accoglie una proposta avanzata alla Camera dall'onorevole De Martino per l'apertura di un'inchiesta sulla camorra. Sono i socialisti a suonare la sveglia. Il partito ha reagito bene alla persecuzione del marchese Starabba di Rudinì: intorno ad Arnaldo Lucci si è formato un gruppo risoluto che il 1° maggio 1899 pubblica il primo numero di un nuovo settimanale, «La Propaganda», destinato a stabilire un collegamento permanente con l'elettorato attraverso l'analisi e l'approfondimento dei problemi locali. In luglio il gruppo presenta alle elezioni amministrative una lista comune con i repubblicani, convogliando oltre 2700 suffragi sul proprio candidato. Nel gennaio del 1900, tiene in città il I Congresso regionale, con la partecipazione di 200 delegati in rappresentanza di una ventina di sezioni e l'intervento di Andrea Costa. *Un segretariato del popolo*, istituito per difenderne i diritti contro le sopraffazioni delle camarille; ed una Borsa del lavoro, fondata in opposizione con la Camera del lavoro per tutelare gli interessi della classe operaia, sono i risultati piú tangibili del Congresso, dominato da Ettore Ciccotti che poche settimane dopo entrerà alla Camera come deputato socialista della sezione Vicaria.

Sin da dicembre «La Propaganda» ha scatenato una coraggiosa e puntuale campagna contro il malcostume della casta dominante, sollevando uno scandalo di proporzioni nazionali. Il bersaglio piú immediato della battaglia è rappresentato dal deputato Alberto Casale, personaggio emblematico che tira i fili dell'amministrazione e trae cospicui profitti dalla sua losca attività. Il settimanale socialista invita perentoriamente Casale a giustificare i cespiti che gli consentono un fastoso treno di vita, costringendo il parlamentare a sporgere querela, anche se sa di trovarsi in una posizione insostenibile. Labriola e gli altri giovani redattori della «Propaganda» ottengono un successo superiore ad ogni aspettativa; il pubblico ministero attacca la parte civile anziché i convenuti; la collusione del Consiglio comunale ed in particolare del sindaco Summonte con il Casale è palesemente documentata; la carriera del deputato e dei suoi compari stroncata.

La martellante offensiva della sinistra marxista non coinvolge soltanto le cricche locali, ma si estende al governo di Roma che nei quarant'anni trascorsi dall'impresa dei Mille ha spedito a Napoli ben nove commissari regi, utilizzando altresí decine di prefetti e di ispettori, senza conseguire altri risultati che un ulteriore impoverimento della città e la sua completa resa alla malavita politica. L'eco della denuncia è raccolta dalla stampa nazionale. Mentre la Giunta Summonte cola miseramente a picco, il governo si vede costretto a nominare una commissione d'inchiesta che faccia sul serio, anche se le pone il compito riduttivo di dissipare «la nube di sospetti e di accuse» che si è creata intorno «alle cose di Napoli e alla sua vita pubblica». Il decreto è firmato l'8 novembre 1900 da Giuseppe Saracco, il canuto presidente del Consiglio che Umberto I ha designato come successore di Pelloux. Un mese dopo, il re cade a Monza sotto il piombo dell'anarchico Bresci, un emigrante appena tornato dagli Stati Uniti, dove si sono rifugiati molti seguaci di Cafiero e di Malatesta.

La direzione dell'inchiesta è affidata al presidente del Consiglio di Stato, senatore Saredo, lo stesso burocrate che nel 1891 ha retto il municipio come commissario governativo. Alla commissione reale si affida il compito di indagare non solo sugli atti delle amministrazioni comunali, ma anche su tutte le manifestazioni della vita pubblica napoletana e sui rapporti dei privati con gli enti di gestione. Il decreto le conferisce i poteri piú ampi possibili, compreso quello di esigere la presentazione di qualsiasi documento e di sottoporre ad interrogatorio qualsiasi cittadino.

Le si pongono solo limiti di tempo, per non lasciare troppo a lungo la città priva di amministrazione ordinaria: dal maggio 1901, tuttavia, il termine viene spostato all'ottobre dello stesso anno, perché risulta materialmente impossibile svolgere in poche settimane un lavoro di cosí ingente mole. Per la stessa ragione, l'indagine viene circoscritta a Napoli e a due soli comuni della provincia.

I risultati dell'inchiesta sono affidati a due ponderosi volumi in cui figurano anche i verbali delle deposizioni di oltre 1300 testimoni, rastrellati fra parlamentari, funzionari, amministratori attuali e passati, giornalisti, intellettuali ed operatori economici. Ne formano oggetto gli atti dell'amministrazione negli ultimi anni, i bilanci comunali, i contratti per la concessione di appalti, il funzionamento dei pubblici servizi, i lavori del Risanamento. La relazione è preceduta da una lunghissima, singolare premessa a sfondo moralistico, dovuta alla penna del professor Enrico Presutti, che a sua volta si ispira alle idee di Pasquale Turiello, l'autore di *Governo e governanti in Italia*, un saggio nel quale rifulgono l'attaccamento alla monarchia ed una accentuata ispirazione antiparlamentare. Il presidente Saredo comunque condivide in pieno la sostanza delle affermazioni di Presutti, che anzi rivede, corregge, integra di proprio pugno.

Anziché partire da una approfondita analisi dei rapporti tra le classi e da una corretta identificazione dei centri di potere, la relazione muove da una tesi astratta, venata di incredibili pregiudizi, secondo cui la popolazione napoletana sarebbe inadatta per definizione alla vita sociale, a cagione di un pronunciato individualismo che deriverebbe da inclinazioni estetiche, improntate dalla natura ovvero ereditate direttamente dai progenitori ellenici. «Tutti i pregi e tutti i difetti del popolo napoletano, – asserisce con la massima serietà la relazione, – hanno origine da una sua qualità spiccatissima, il predominio del sentimento del bello, derivante o dalla ritenuta origine greca della popolazione o, com'è piú probabile, dai caratteri fisici del territorio che essa occupa». Da questa qualità primordiale scaturirebbero «l'individualismo sviluppato ad un grado che forse non ha corrispondenza in altre parti d'Italia e l'isolamento degli individui». Farebbe eccezione unicamente l'amore per la famiglia ma come ulteriore elemento negativo perché, invece di favorire la partecipazione alla vita comunitaria, la rende impossibile «fecondando la coscienza dell'io» in misura patologica.

Sono idee aberranti che si collegano non solo al clima culturale del momento dominato dal positivismo lombrosiano, ma anche e forse soprattutto al sentimento di frustrazione da cui è posseduta la classe dirigente nazionale di fronte al fallimento del processo unitario. Incapace, per angustia di prospettive ed inconfessati interessi materiali, di individuare i gravi errori commessi nei quattro decenni seguiti alla liberazione del Mezzogiorno, la borghesia settentrionale – non meno che il personale politico romano – ne trasferisce la responsabilità sulla presunta inferiorità etnica degli ex regnicoli. Il brigantaggio, la camorra, il malgoverno amministrativo, la corruzione dei partiti, perfino la disperata miseria della plebe vengono assunti non come la conseguenza di quegli sbagli e di condizioni economiche obiettive preesistenti all'impresa dei Mille, ma come effetto dell'infingardia, della furberia, della mollezza dei meridionali in genere e dei napoletani in particolare.

Ci sono del resto studiosi come Alfredo Niceforo che elevano queste vergognose teorie a livello di dimostrazione pseudoscientifica, utilizzando concetti di morfologia umana e di anatomia comparata: il suo *Italiani del Nord e italiani del Sud* non dispiacerebbe ad Alfred Rosenberg, come farebbe la felicità di Adolf Hitler l'altro libro *L'Italia barbara contemporanea*, in cui l'eminente razzista definisce i napoletani come un popolo femminile, mentre i settentrionali naturalmente sarebbero un popolo maschile, in altre parole una specie di *herrenvolk*. Purtroppo nemmeno i socialisti, con Enrico Ferri alla testa, fanno abbastanza per sfatare un pregiudizio che crea una barriera tra la classe operaia del Nord e il sottoproletariato, i contadini, i rari nuclei operai del Mezzogiorno. In questo periodo, la loro preoccupazione maggiore è di evitare l'isolamento stabilendo una alleanza con le forze borghesi piú avanzate, nel convincimento che il progresso dell'area padana debba comportare ad un certo punto, automaticamente, il risanamento di quella meridionale.

Naturalmente, la reazione degli ambienti locali alla relazione Saredo è violenta, anche se nasce in buona parte nei circoli piú compromessi nel malcostume politico e in particolare tra i giornalisti come Scarfoglio che mascherano, dietro lo sdegno per l'offesa arrecata al buon nome di Napoli, l'irritazione e lo sgomento per le dure accuse di corruzione lanciate dalla commissione inquirente. La critica piú sensata concerne la procedura, talora sommaria e irresponsabile, con cui Saredo ha raccolto le informazioni e definite le conclusioni dell'indagine senza garantire agli indiziati alcuna possibilità di difesa e di controllo. In buona sostanza però, a prescindere dalle prevenzioni regionali e dalle preoccupazioni moralistiche, la commissione reale mette a nudo effettive e pesanti responsabilità della classe dirigente napoletana, senza tacere quelle del governo. In proposito, non hanno certo torto Luigi Einaudi e Gaetano Salvemini ad impostare con forza la cosiddetta «questione morale», anche se i fenomeni di corruzione locale rimangono – in ragione del sottosviluppo politico-economico dell'ambiente – molto al di sotto dello scandalo della Banca Romana o di quelli che nello stesso periodo turbano, in Francia, la vita della Terza Repubblica.

Dopo la premessa di cui si è discusso ed una accurata retrospettiva storica, la relazione Saredo si addentra nell'esame del processo degenerativo a cui Roma capitale, fungendo come pompa aspirante delle migliori risorse e delle intelligenze piú dinamiche della città, ha fornito un contributo decisivo. Il gioco delle clientele, la manipolazione delle liste e i brogli elettorali hanno favorito l'infiltrazione della camorra nella vita politica ed amministrativa, attraverso le «persone interposte», i mediatori corrotti e corruttori che dispensano favori, posti e licenze, perfino sentenze di compiacenti tribunali come graziose concessioni, lautamente remunerate. Abbandonata a se stessa, priva di occupazioni stabili, lasciata nell'ignoranza piú assoluta da una sciagurata politica scolastica, la plebe si è arresa alla prepotenza della malavita o ne ha essa stessa infoltito i ranghi: le sue condizioni sono tali che la città detiene ancora, quarant'anni dopo la liquidazione del regime borbonico, il primato nazionale della mortalità. Né appare meno precario lo stato delle altre classi: tra gli operai si contano fino a 150 000 disoccupati e pochissimi specializzati; tra i borghesi è diffuso lo smarrimento per l'ingerenza di capitali stranieri e il ricatto degli usurai; tra gli aristocratici la decadenza è pressoché generale.

Se Saredo afferma di non poter attribuire alla questione economica un'influenza determinante nello sfacelo della città rispetto a quella «morale», la sua relazione non ignora la parte che va fatta agli errori e all'incapacità della strategia governativa, tanto piú blanda quanto piú è radicata a Roma la cinica convinzione che la plebe napoletana sia inoffensiva sotto il profilo politico e non meriti perciò molta attenzione. Viene confermata punto per punto anche la denuncia dei socialisti della «Propaganda» contro Campolattaro, Summonte e le loro amministrazioni; e vivaci sono le critiche indirizzate all'impostazione e alla realizzazione del Risanamento, in particolare rispetto alle misure che non si sono prese per sistemare in ambienti adatti la popolazione sfrattata, nonché al ritardo nei lavori e nel completamento della fognatura.

Nell'ottobre 1901, quando se ne pubblicano le risultanze, l'inchiesta provoca in tutto il paese grande sensazione. Con tutti i suoi limiti ideologici, essa sottolinea pur sempre la necessità di una drastica svolta amministrativa nella città, nonché l'urgenza di provvedimenti economici e finanziari intesi ad attenuare gli squilibri. I suggerimenti al governo sono piuttosto precisi: municipalizzare i servizi pubblici, ampliare gli impianti portuali, migliorare le comunicazioni ferroviarie, creare una zona franca. Quest'ultima proposta si collega all'esigenza di favorire lo sviluppo industriale, come ha già sostenuto l'anno precedente il sindaco Campolattaro, invocando, tra l'altro, la conduzione di energia elettrica a basso costo dalle sorgenti del Volturno e del Tusciano, l'adozione di efficaci incentivi per gli investimenti dal Nord e dall'estero, e il *drawback* (vale a dire il diritto alla restituzione del dazio riscosso all'entrata della materia prima quando essa esca manufatta). Ne discute anche un giovane economista lucano, Francesco Saverio Nitti, in una serie di studi rigorosamente documentati su base statistica, che conferiscono piena dignità scientifica al pensiero meridionalista, rispetto all'orientamento ancora illuministico dei Sonnino e dei Fortunato. La *questione di Napoli* è al centro della sua polemica, i cui testi fondamentali sono pubblicati negli Atti del Regio Istituto di incoraggiamento della città.

Nitti considera la crisi «assolutamente eccezionale» per una serie di ragioni che vanno dal costante aumento della popolazione e della povertà al costante calo dei costumi, dalla deprimente entità dei depositi bancari e della cifra di affari alla consistenza irrisoria degli impianti industriali e del traffico marittimo. Il problema non si risolve con misure di ordinaria amministrazione, neppure con la promozione del movimento turistico, dei traffici marittimi con l'Oriente o della produzione agricola nella regione campana. La chiave sta nella industrializzazione della città. Per conseguire l'obiettivo, Nitti raccomanda anzitutto di creare un regime amministrativo speciale, munito dei pieni poteri necessari per coordinare e stimolare la realizzazione del programma. L'aggregazione dei comuni limitrofi consentirà quindi all'amministrazione municipale di alleggerire il proprio disavanzo utilizzando le loro piú floride risorse. Sulla base di queste due premesse funzionali, si dovrà puntare ad elaborare un piano di localizzazione delle fabbriche, collegandolo alla creazione della zona franca; convogliare nell'industria locale grandi masse di energia motrice idroelettrica; richiamare con una forte incentivazione tanto i capitali italiani e stranieri, quanto i tecnici che mancano sul mercato locale del lavoro.

Il grande merito di Nitti sta nell'organicità della sua visione e nel rigore della documentazione. I diagrammi, i cartogrammi, le tavole statistiche con cui egli correda la sua analisi, investendo la ripartizione territoriale delle entrate e delle spese statali nei quarant'anni dell'Unità, confermano il nesso inscindibile tra la questione napoletana e i problemi del Paese, contribuendo in misura determinante a sprovincializzare la polemica, anche se lo studioso lucano si illude ancora che la ristrutturazione industriale dell'ex capitale possa diventare «la forza propulsiva» dello sviluppo di tutto il Mezzogiorno, perché «tutto il Mezzogiorno si forma intellettualmente e politicamente a Napoli», verità già discutibile nel momento in cui Nitti la formula e destinata a diventare, negli anni successivi, sempre piú infondata. Assai meno scientifico e lungimirante sarà il dibattito in Parlamento, dove l'iniziativa è assunta da Luzzatti che firma ed illustra una mozione sottoscritta da settantadue deputati, per raccomandare che non siano accettate proposte incompatibili con la «solidità» del bilancio statale. Preoccupazioni analoghe esprime una mozione sottoscritta da Salandra. Le riserve del blocco moderato trovano alimento nella timidezza con cui i deputati del Sud, eccezion fatta per il combattivo Colajanni, partecipano alla discussione. Alla fine, Zanardelli accetta a nome del governo la mozione Luzzatti e decide di affidare ad una commissione il compito di studiare da vicino, attraverso un censimento delle industrie e della manodopera, la situazione economica di Napoli.

Il sindaco Miraglia appoggia vigorosamente i lavori della commissione, battendosi nello stesso tempo a Roma per contrarre un mutuo che gli permette di ripianare il disavanzo delle finanze comunali. Le condizioni sono pesantissime, perché il ministero del tesoro impone un tasso di interesse superiore quasi del doppio a quello che normalmente esige la Cassa depositi e prestiti: è il modo in cui la burocrazia ministeriale concepisce l'intervento in favore della città! Per giunta, nel settembre 1903, mentre la relazione conclusiva della commissione reale è quasi pronta, Miraglia muore di sincope e lascia il posto al marchese Del Carretto, un ufficiale del genio navale che non è tagliato per una simile battaglia e fa mancare, nella fase conclusiva, la forza di pressione necessaria per conservare al progetto di legge il carattere organico riscontrabile nel rapporto conclusivo della commissione reale. Il nuovo presidente del Consiglio, Giolitti, può portare a termine con insolita rapidità l'iter del disegno che sarà approvato dalle Camere sotto il nome di legge 8 luglio 1904 *concernente* provvedimenti per il risanamento economico di Napoli.

Per quanto frammentario, il testo contiene un nucleo di provvedimenti non disprezzabili:

a) *in campo tributario*, prevede l'abolizione o la riduzione dei dazi sulle materie prime e sui generi di maggior consumo, nonché la restrizione della cinta daziaria;

b) *in campo economico*, contempla misure per la creazione di una zona franca o aperta; facilitazioni per l'impianto e l'esercizio di stabilimenti industriali al suo interno; l'assegnazione per dieci anni all'industria napoletana di un ottavo delle commesse statali per le ferrovie. Stabilisce pure che i bacini di carenaggio verranno concessi in gestione al comune ed alla Camera di commercio e che il porto sarà ampliato e sistemato, mentre nella zona adiacente verrà colmato il fossato del Mandracchio;

c) *in campo energetico*, assegna all'amministrazione municipale l'uso gratuito e perpetuo di una forza motrice pari a 16 000 cavalli vapore, attraverso la costituzione di un ente autonomo per lo sfruttamento delle acque del Volturno.

La legge raccomanda, infine, il potenziamento degli istituti di istruzione superiore, tecnici e professionali. È un discreto *pacchetto* di provvedimenti, che sarà tuttavia seriamente compromesso dalla sua applicazione lenta, tardiva e caotica.

3.
I tempi belli

Il periodo a cavallo del nuovo secolo coincide con l'ultima testimonianza che Napoli dà in forma globale della propria autonomia culturale ed etnica prima che la bufera della guerra mondiale la investa, trascinandola come un fiume di detriti nella marea dell'unità finalmente raggiunta, anche se a carissimo prezzo. Cantati da poeti e musicisti, narrati da giornalisti e romanzieri, rievocati da pittori e sospirati da intere generazioni di emigranti, i «tiempe belle 'e na vota» si trasfigurano nella memoria collettiva della città fino a confondersi con una mitica età dell'oro, fatta di innocenza, di allegria, di buoni sentimenti e di paesaggi incantati, che probabilmente non è mai esistita, se non nella malinconia di chi la rimpiange o nella concreta felicità di una cerchia ristretta di privilegiati. Nondimeno, vi si riconoscono con pari convinzione aristocratici e lazzaroni, poveri e ricchi, analfabeti ed intellettuali, fino ad Ernesto Murolo, il poeta della nostalgia, che sospirerà i versi piú ingenui della leggenda:

> E 'a luna guarda e dice:
> «Si fosse ancora overo!
> Chist'è 'o popolo 'e na vota!
> – gente semplice e felice,
> chist'è Napule sincero
> ca pur'isso se ne va!»

Paradossalmente, questa «età dell'oro» di Napoli, del suo dialetto e della sua arte cade nei decenni successivi alla perdita dell'indipendenza. Il brusco impatto con la «piemontizzazione», poi quello meno violento con la comunità nazionale e la sua cultura (che del resto è stata sempre quella degli intellettuali napoletani) hanno l'effetto imprevedibile di rianimare il genio locale. È come se, nella luce del tramonto, gli abitanti della vecchia capitale rivedessero di colpo tutto il loro passato; come se un'ultima illusione trasformasse la misera plebe dei quartieri piú fatiscenti nei popolani felici di Basile e di Cortese, e i borghesi in *landau* alla Riviera di Chiaia nei grandi signori del Vicereame, nelle dame galanti e nei gentiluomini illuminati del secolo XVIII. L'esplosione è retrospettiva: non apre un discorso nuovo, chiude i conti con la vecchia capitale delle Due Sicilie. A partire non sono soltanto gli emigranti: è tutta Napoli che indugia ancora per un istante sul molo della sua storia, prima di intraprendere la navigazione verso una terra che, nonostante tutto, è straniera per i quattro quinti della sua popolazione quasi quanto Buenos Ayres o New York.

Nasce verso il 1880, è stato notato, «quel che non s'era mai visto nei secoli passati, una letteratura d'arte»: teatro, narrativa, poesia, canzone. Il solo precedente che possa spiegare il fenomeno è da ricercarsi nella scuola di Posillipo, fiorita due o tre decenni prima ma contemporanea, per dirne una, di *Te voglio bene assai*. Non si tratta solo della sensibilità con cui i pittori hanno fissato sulla tela, assai prima degli scrittori, l'incanto di un *habitat* che sta per dissolversi in un mondo radicalmente diverso, per quanto ovviamente la loro influenza si avverte soprattutto nel filone paesistico della letteratura di fine secolo, quella impegnata «a descrivere in accenti esaltanti la città e le sue bellezze panoramiche nel diverso mutare delle ore e delle stagioni», i quartieri scomparsi sotto le ruspe del Risanamento, le antiche osterie, le vecchie botteghe, i sobborghi ariosi o profumati che la crescente estensione del tessuto urbano contende alla campagna. La lezione dei maestri di metà secolo torna anche a livello piú modesto nella letteratura di ispirazione folkloristica, che consegna alla memoria come in un vivace documentario una qualità della vita ormai scomparsa, apprezzabile probabilmente proprio nella misura in cui si trasfigura nella leggenda, fatta di mestieri antichissimi e desueti, di costumi ed usanze particolari, di personaggi pittoreschi, di espressioni e richiami aleggianti nelle strade cittadine come l'eco di una dimensione perduta. In questo campo, si può risalire persino piú lontano, che non a Pitloo o a Gigante: si sono fatti i nomi di Leonarco Coccorante, di Smargiassi, dei Fergola, dei Carelli; si è arrivati addirittura, per certe magistrali restaurazioni di testi classici come il *Guarracino*, a ricordare la pittura di «genere» del Seicento napoletano. Proprio questo tuffo, appassionato ed insieme erudito, nella tradizione definisce la caratteristica letteraria (e non popolare) dei migliori componimenti elaborati negli anni a cavallo di fine secolo, misurandone i limiti e la raffinatezza, a patto beninteso di non esagerare perché teatro, narrativa, poesia e canzone napoletana di questo periodo non sono soltanto erudizione o folclore. La loro forza sta invece nel legame profondo tra l'artista e la città, la sua vita, i suoi costumi, gli avvenimenti (si pensi alla emigrazione o alle guerre coloniali) di cui la città è testimone e protagonista.

Il fenomeno, ovviamente, non è accidentale. Sia pure marginalmente, nei termini entro cui la costringe il suo sottosviluppo, anche la vecchia capitale è investita dall'impetuoso sviluppo della borghesia nazionale ed europea, che prende coscienza di sé e della realtà in cui si afferma la sua egemonia, crea industrie, avvia traffici, fruga negli annali e nel ventre della terra, diffonde la cultura, promuove i mass media, s'interroga angosciosamente sui propri destini, denuncia implacabilmente le proprie contraddizioni. Giornalismo ed arte si aprono anche a Napoli agli influssi dei grandi movimenti europei e rispondono, contemporaneamente, alle sollecitazioni della nascente industria culturale, avvertendone forse piú che altrove le insidie proprio in funzione del proprio ritardo, e per la stessa ragione offrendo un'apertura timida, una fiacca risposta. L'intellettuale napoletano ripiega frequentemente sul dialetto e sull'apologia della sua angusta provincia, anziché spaziare sui temi fondamentali che la società capitalistica va proponendo all'umanità piú avanzata: il riscatto delle plebi, l'emancipazione femminile, il tramonto dell'imperialismo, l'audace ricerca intorno all'inconscio individuale e all'origine della materia. D'altro canto, la scelta di una tematica retrospettiva – suggerita dalla carenza di prospettive piú generose e da un'ispirazione tardo-romantica – non esclude un certo aggiornamento culturale. All'impegno realistico di cui si è già parlato, per esempio, non sono certo estranee l'influenza della letteratura francese, sempre vicinissima e determinante per l'intelligenza napoletana; la conoscenza dei grandi narratori russi; la tendenza dominante nell'Europa positivista a considerare l'arte come specchio della società. L'influsso del positivismo, ovviamente, è assai piú forte al Nord, dove esistono strutture sociali ed economiche adeguate a recepirne il messaggio progressivo, empirico, ottimistico. Non a caso a Milano si afferma dapprima un movimento di rottura qual è, con tutta la sua convulsa complessità, la Scapigliatura; quindi la robusta ventata naturalista porta paradossalmente alla ribalta due scrittori emigrati come Capuana e Verga, che nell'ambiente settentrionale hanno affinato la loro capacità di indagine sociale. Nondimeno, è proprio la poetica del grande narratore catanese a dimostrare quanto inconciliabile con quel messaggio sia la realtà storica e psicologica del Mezzogiorno, dove l'approccio veristico serve tutt'al piú «a vedere le cose come *stanno*, senza nessuna speranza di modificarle». Un tuffo nei fatti e poi si torna al sentimentalismo e al pessimismo piú sconsolato.

Alle spalle degli intellettuali napoletani di fine secolo sta un certo lavoro preparatorio che non si esaurisce nella lezione di De Sanctis, nella polemica degli hegeliani o nel torrenziale apostolato di Francesco Mastriani. Un critico come Vittorio Pica si batte, ad esempio, per affermare i princípî della letteratura verista e divulgare i grandi testi di quella slava; giornali specializzati come «Il fantasio» o «La rivista nuova», pagine letterarie di quotidiani piuttosto diffusi come «Il Corriere del Mattino» e «Il Piccolo», critici esperti come il Verdinois aprono la strada ai nuovi talenti. Le occasioni piú diverse mettono in circolo idee nuove, ora che si viaggia di piú e piú velocemente, si stampa piú in fretta, si diffonde meglio ogni tipo di produzione. Nel 1876 il rilancio della festa di Piedigrotta, promosso su iniziativa dei venditori di giornali, crea le premesse per una specie di concorso permanente tra poeti e musicisti popolari, che darà frutti non disprezzabili. Nel 1892, la «prima» degli *Spettri* al teatro Fiorentini introduce fra gli scrittori locali la suggestiva tematica del drammaturgo scandinavo. Due anni dopo, Emile Zola è ospite della libreria Pierro, dove riceve in omaggio i saggi critici di De Sanctis e viene salutato come il maestro della letteratura impegnata, suscitando entusiasmo a tutti i livelli della società partenopea.

Naturalmente, l'estraniamento della vita unitaria è anche la conseguenza dello sconcerto che la brutale annessione del '60 ha creato in un ambiente geloso della propria autonomia. In altre circostanze o in un altro paese, lo sdegno saprebbe tradursi in un programma politico, in una lotta vigorosa ed intransigente per affermare gli ideali e gli interessi soffocati da un maldestro liberatore; qui si traduce in uno smarrimento che suggerisce la fuga a ritroso, il vittimismo, un narcisismo esasperato ed estetizzante. Qualcuno favoleggerà perfino di un presunto *goût du malheur*, attribuendo questo perverso piacere della sofferenza al patrimonio genetico ereditato dai lontanissimi antenati greci, gli stessi che il buon senatore Saredo riteneva responsabili dell'irriducibile individualismo partenopeo. Verosimilmente, la spiegazione è piú semplice e va ricercata nel declino della città. L'angoscioso senso di frustrazione da cui questi intellettuali sono dominati li induce ad attestarsi su posizioni disperatamente conservatrici e soprattutto li spinge a surrogare «la meschina realtà di fatto» in cui vivono «con un sogno di nobiltà ideale». Non concepiscono nemmeno come ipotesi di lavoro la rivolta contro le istituzioni o la degradazione individuale: il poeta maledetto non è in genere di produzione locale, si concilia male con il perbenismo e l'ironia, congeniali a tanti figli del golfo. L'artista napoletano è dominato piuttosto da uno stato d'animo impastato di malinconia per la perdita dell'identità nazionale e di scetticismo nei destini magnifici e progressivi della patria unificata. Egli si chiude cosí in una amara solitudine e fa sfoggio, quando occorre, di uno spirito dimissionario che assume come emblema di disinteresse, di distacco, di una inespugnabile superiorità morale. Non diversamente si comportano molti uomini politici, che in fondo occultano un profondo ossequio alle convenzioni.

La stessa attitudine psicologica si applica, del resto, ai rapporti con la donna, che vengono idealizzati fino al delirio; o con le masse popolari, considerate con una sorta di paternalismo affettuoso e descrittivo che non diventa mai solidarietà operante, e tanto meno guida militante, egemonia.

Si è parlato a buon diritto di una «circolarità statica» nella relazione tra scrittore e lettore, in quello che dovrebbe essere un processo di scambio, di arricchimento reciproco, e che nel caso degli artisti napoletani di questo periodo si risolve invece in un mutuo compiacimento. L'intellettuale condivide senza riserve gli ideali che alimentano il dramma passionale dei suoi concittadini: il culto della famiglia, la religione della donna, la superstiziosa reverenza verso la fede cattolica. Il romanzo, la poesia, il teatro della Napoli fine secolo non affrontano problemi e non alimentano dubbi, sono puramente e semplicemente esistenziali, nella misura in cui registrano le gioie e i dolori dell'uomo napoletano cosí come lo hanno configurato il ritardo storico e il disagio economico del suo ambiente, accettando l'uno e l'altro come una fatalità della sorte, tutt'al piú come un sopruso dei conquistatori che nondimeno si denuncia senza scatti di collera rivoluzionaria né eccessi di disperazione. La famiglia, la donna, la fede, rappresentano il rifugio in cui rintanarsi per non uscirne piú, un loculo in cui tumulare una volta per tutte la sconfitta individuale e collettiva. Per questo, i sentimenti non sono robusti, sono soavi: siamo pur sempre nell'epoca di De Amicis.

Il nodo della contraddizione sta nel ruolo tirannico che l'uomo si riserva all'interno della famiglia, nell'atto stesso in cui tributa un'adorazione quasi mistica alla madre, sacrificandole anche l'amore per la moglie o per l'amante. Ossessionato dall'idolatria per la «vecchiarella», la «santa», egli disprezza – magari senza rendersene conto – le altre donne, suddivise in due categorie del tutto incomunicabili: le «malamente», prostitute e sciantose, che si coprono di gioielli, a costo di dissipare il patrimonio avito, e si contendono eventualmente a colpi di coltello, quando non meritino addirittura il suicidio; e le altre, quelle pure e oneste, che si sposano dopo lunghissimi anni di fidanzamento, consumati costantemente alla presenza dei genitori o dei fratelli, senza altro contatto che caste carezze e pudibondi, fuggevoli baci. A nozze consumate, l'incorporea fanciulla si trasforma in una casalinga condannata ad alternare le gravidanze al bucato, il cucito al ragú. Non c'è scampo: vizi privati e pubbliche virtú.

Quando la voluttà travolge le ultime difese della morale, il risultato non può essere che il dramma, effuso di lacrime e sangue, ed accompagnato dall'inevitabile maledizione divina. La fede cattolica, del resto, rappresenta il piú saldo presidio di questa concezione sessuofobica della vita, che corrisponde ad un universo di tipo tolemaico in cui l'angelo del focolare ruota come un satellite intorno al capo di famiglia, paga di riscaldarsi al calore del suo affetto e della sua potenza virile. Il piacere è un peccato di cui, nei libri o a teatro, si parla solo quando è di scena una donna perduta, anch'essa tuttavia soggetta all'anatema del Signore e dei suoi implacabili ministri e come tale disponibile per ogni genere di rimorso, pentimento ed espiazione, meglio se cruento. In cambio, virtuosi e peccatori possono contare imparzialmente su una altissima ricompensa: non solo il paradiso (o piú spesso il purgatorio), nell'altra vita; ma qui, nella vita terrena, la salvaguardia contro gli infiniti pericoli che minacciano gli abitanti di Napoli da tempi dei tempi: la malattia, la miseria, la disoccupazione, anche la jettatura.

La millenaria eredità pagana ha trasformato la liturgia cattolica in un *covenant* le cui clausole sono minuziosamente calcolate in funzione dei bisogni e delle inadempienze dei fedeli, tanti peccati e tante indulgenze, tante preghiere e tante candele, tanti voti e tante grazie. La mediazione dei preti è tenuta nella massima considerazione, salvo essere tranquillamente scavalcata nel momento in cui l'interessato entra in contatto diretto con il suo patrono, per chiedergli favori personali, rinfacciargli pigrizia e durezza di cuore, riconoscergli poteri taumaturgici o scarso prestigio presso il Padre Eterno. L'anticlericalismo, diffusissimo come risultato della condizione privilegiata che la Chiesa ha mantenuto per secoli nella città, non si traduce mai in un rifiuto della gerarchia e del suo primato. Scetticismo e superstizione prevalgono largamente sulla pietà religiosa, senza rimettere tuttavia in discussione i dogmi fondamentali della fede. La concezione antropomorfica dei santi e dello stesso Signore, che spesso sembra improntata (con una sfasatura caricaturale) ai poemi omerici, non scalfisce minimamente l'autorità dei celesti interlocutori.

Ai guai che l'esistenza quotidiana offre in misura strabocchevole sotto specie realistica o magica, il napoletano non aggiungerà mai di propria iniziativa le conseguenze di una sconsiderata rottura con i poteri costituiti di questo e dell'altro mondo. Si può parlare, insomma, di conformismo come prodotto di un'indole conciliante ed insieme di un'esperienza storica disastrosa, riflesso condizionato che si applica alla famiglia, alla donna e alla fede, e piú in generale a tutti i rapporti sociali. Lo stesso clima benigno che riduce al minimo i bisogni dei ceti indigenti, consente anche di organizzare la vita collettiva all'aperto, nei cortili, nei vicoli, nelle piazze, sulle spiagge, dove le tensioni si allentano facilmente, sono propiziati gli incontri, agevolati pettegolezzi, battute, conversazioni, amori. La mescolanza delle classi negli storici quartieri del centro compenetra gli interessi dei ricchi con quelli dei poveri, accorcia la distanza tra gli uni e gli altri, attenua o addirittura elimina la cosiddetta *invidia sociale*. I signori parlano il dialetto della plebe che, a sua volta, accetta come una fatalità la loro esistenza ed i loro privilegi.

In città, nessuno si scandalizza se Augusto Monaco principe di Arianello conclude i suoi splendidi pranzi facendo circolare tra gli invitati, a guisa di dessert, vassoi colmi di monete d'oro o se don Placido De Sangro duca di Martina fa cambiare l'intero servizio da tavola ad ogni portata, durante i banchetti che offre a nobili ed intellettuali con la sontuosità di un grande di Spagna. Si ride fino alle lacrime per le stranezze di casa Bolsorano, dove un giorno i figli del conte scaraventano in strada dalla terrazza un prezioso pianoforte a coda «per sentire che suono fa» e il conte si rammarica solo di non aver assistito alla scena. Il marchese Caravita principe di Sirignano costruisce a proprie spese un intero rione e regala la strada al comune ospitando per giunta, gratuitamente, scultori e pittori negli appartamenti degli ultimi piani: tutta Napoli va in estasi dinanzi a tanta magnificenza. Di un altro patrizio, il duca di Marigliano, si favoleggia che regali gioielli preziosi alle attrici e agli attori del teatro Sannazzaro, di cui è proprietario, dilapidando un patrimonio presso le sarte, le modiste, i fiorai, gli orefici, che forniscono le sue amiche: all'ora della passeggiata, a Toledo e via Chiaia, passano tra l'universale ammirazione i suoi leggendari equipaggi, «'e cavalle d' 'o ruca». Perdigiorno, balie e commercianti assistono entusiasti alla galoppata che ogni mattina, agli ordini del commerciante irlandese Mr Hubber, dame e gentiluomini compiono nel *trottoir* della Villa comunale, sollevando una nube di polvere e di commenti.

È comune a tutti gli strati sociali il retaggio dei pregiudizi spagnoleschi: la preoccupazione del decoro esteriore, il tabù del «pare brutto», la vanità che localmente – con voce di significativa origine castigliana – si chiama «ofanità». Se n'è già parlato. La stessa borghesia, a differenza di quanto è accaduto altrove, è cresciuta imitando la nobiltà: gretta, egoista, spiritosa ma superficiale, chiusa ai problemi del progresso e della cultura, bigotta per ragioni di conservazione piuttosto che di intima convinzione, negata ad ogni spirito di intrapresa industriale. Ammira i titoli araldici e la scioperatezza degli aristocratici, condividendo senza riserve la loro diffidenza verso tutti i traffici operosi salvo l'usura, che difatti soffoca come una piovra la vita cittadina. I professionisti, i politici, gli amministratori, i pochi operatori economici aspirano a nobilitarsi «per osmosi, per contatto, per consuetudine di scambi», frequentando gli stessi locali dei nobili, servendosi dagli stessi grandi sarti o camiciai o cappellai, imitando il loro *smart* e la loro futilità. La divisione delle classi costituisce per i napoletani di qualsiasi estrazione un dogma che nessuno scrittore si azzarderebbe a discutere, considerando ineluttabile la sopravvivenza di «un proletariato miserabile e senza speranza», come contropartita ovvia di tanta signorile eleganza. La pietà, la carità tengono luogo della giustizia: nessuno se ne sorprende e tanto meno se ne indigna, oppresso od oppressore che sia. Sono termini, del resto, che nessun abitante della vecchia capitale userebbe, perché corrispondono ad una visione del mondo che sembra incomprensibile, scandalosa, peggio ancora: di cattivo gusto.

La città piú povera d'Europa è paradossalmente quella in cui ci si diverte di piú, e non solo direttamente, quando se ne abbiano i mezzi, ma anche e soprattutto indirettamente, quando bisogna accontentarsi di veder divertire gli altri. La contemplazione degli abiti, dei gioielli, delle vetrine, delle sfilate, delle feste è una fonte di diletto, e non di furore, per gli abitanti dei «bassi» e dei fondaci. Ci sono personaggi, non solo patrizi o borghesi, popolarissimi in tutta Napoli per i loro tratti di spirito, la loro follia, l'abilità con cui affrontano situazioni difficili, la spudoratezza con cui fanno debiti per vivere al di sopra delle loro possibilità. Le battute dei giornalisti squattrinati o dei «maghi dello spettacolo» rimbalzano dal *foyer* del teatro al caffè, dal circolo ai quartieri malfamati. Piccoli impiegati o modesti artigiani scrivono versi, compongono canzoni, fanno le ore piccole fino alla chiusura dell'ultimo locale o dell'ultimo acquafrescaio. I filosofi sono noti come i portieri d'albergo, le principesse sono sboccate come le ballerine del Salone Margherita. Quando Crispi si avventura nelle guerre coloniali, i fratelli Mele, proprietari dei grandi magazzini di piazza Municipio, reclutano una serie di commessi di colore tra cui un gigantesco negro, «il moro di Mele», che avvolto in una imponente palandrana si esibisce con grande dignità dinanzi all'ingresso, costituendo un motivo di irresistibile attrazione soprattutto per gli scugnizzi e i popolani che non entreranno mai a fare acquisti nel negozio: il napoletano, che ignora il razzismo, è esilarato dalla novità.

Il transfert dalla realtà alla rappresentazione, e viceversa, non conosce soste. Il palcoscenico sul quale si recita il dramma tragicomico della città, con perfetta consapevolezza dell'uno e dell'altro aspetto della vicenda, è la strada e per i piú poveri, il vicolo, «un corridoio tra vecchi scontrosi palazzi». È il luogo deputato in cui si trascorre la maggior parte della giornata, in cui si lavora, si esercita verso il prossimo (attraverso l'unico legame collettivo che la città consenta, *il vicinato*) quel tipo particolare di solidarietà che corrisponde al temperamento indigeno: piú pittoresco che effettivo, ricco di umori, suoni e colori sgargianti, nutrito di buon cuore e di una impetuosa partecipazione affettiva alle vicissitudini altrui, ma impotente quando non addirittura distratto di fronte alle piaghe endemiche da cui è afflitta la collettività: le inumane condizioni di alloggio e di lavoro, la mendicità, l'abbandono e lo sfruttamento dei minori, la prostituzione, la camorra e ancora l'usura. Istituti civici o servizi sociali che possano sopperire alle esigenze piú elementari dei ceti piú umili, ne esistono ben pochi: l'Annunziata, rifugio dei trovatelli; il Serraglio, ospizio dei vecchi e degli orfani; qualche antichissimo e fatiscente ospedale, piú famoso che efficiente; e finalmente la confraternita religiosa di strada o di quartiere, intesa a provvedere un modesto svago e, al termine della stagione terrena, un decoroso funerale.

Nell'universale depressione economica matura come una reazione solo apparentemente illogica la vocazione al superfluo, ossia la passione per il gioco, per l'azzardo, per le feste, per i banchetti, in una versione beninteso molto riduttiva e spesso utilitaria. Dominano la «riffa» a iniziativa privata e il lotto a gestione pubblica: due modi diversi di una stessa illusione, guadagnare molto – un oggetto, un animale commestibile, un premio – rischiando quel pochissimo denaro che si possiede o che, piú frequentemente, si toglie in prestito. Non è tanto un approdo vizioso, come immaginano gli italiani benpensanti, quanto un espediente surreale per sfuggire alla morsa della miseria e in questo senso appartiene alla giornata quotidiana del popolano e del piccolo-borghese alla stregua di un qualsiasi cespite di lavoro, una specie di impiego immaginario e per di piú dispendioso, ma consolatorio. Soltanto il monte dei pegni fa la concorrenza al banco lotto, di cui spesso rappresenta il necessario complemento. Le feste di carattere liturgico o familiare si risolvono il piú delle volte in termini di innocenti fuochi pirotecnici, una vera mania dei napoletani, o di raduni conviviali.

I cibi sono semplici e gustosi come suggerisce la cucina locale: maccheroni gocciolanti di salsa, pesce fritto, soffritto di maiale, melanzane, peperoni, zucchini, fave, polpette, minestre di verdura, pizze e «calzoni» di ogni genere, sugna pepe e prezzemolo come condimento, il tutto innaffiato generosamente con vino asprino e di Gragnano, piú raramente con un bianco d'Ischia. Sono pure amati i timballi, il ragú, il «sartú» di riso preparato con una ricetta che viene di Francia. Le tavolate seguono un rituale molto preciso, durano ore ed ore, si concludono con l'immersione di saporosi taralli nell'acqua di mare e con discorsi pronunciati dal piú anziano in una sorta di approssimativo italiano che nobilita oratore ed ascoltatori, nonostante il grave imbarazzo per le desinenze, inesistenti nel dialetto. Diffuse varianti sono la gita in barca a Posillipo, il picnic «a lido di mare», ovvero la scarrozzata fuori porta che in talune ricorrenze si trasforma in un devoto pellegrinaggio ai numerosi santuari dei dintorni.

Su tutti è prediletto quello di Montevergine, ubicato in cima al monte Partenio, dove si venera una Madonna bruna, la «Mamma Schiavona», assai miracolosa e tenuta in somma considerazione da bottegai, macellai, cambiavalute e camorristi, tutta gente agiata che può «spendere la lira». La cerimonia è accompagnata infatti da un notevole dispendio di mezzi. Si fittano carrozze a quattro posti, tirate da due cavalli «bardati» con coccarde sparse su tutto il corpo e campanelli tintinnanti dalle orecchie. Ghirlande di fiori e nastri addobbano anche la carrozza, su cui si inerpicano giunoniche matrone, le «maeste», vestite di abiti ricchissimi e colorati tutti allo stesso modo, ingioiellate con una profusione di orecchini, di catene d'oro, di ciondoli e di anelli, troneggianti sotto monumentali pettinature confezionate dalle magistrali «capere» del rione. Alle loro spalle, siedono gli uomini rigidamente abbigliati in completo monocolore, grigio o blu, la paglietta in testa d'estate, la bombetta d'inverno. Si parte il sabato, si onora la Madonna alla mattina della domenica, si torna al pomeriggio in città per traversarla al trotto, da via Marittima a Mergellina, in mezzo a due ali di folla sbalordita e plaudente. Sul lungomare, i festeggiamenti si concludono con la famosa «arretenata» tra *charrettes* a due posti, tirate da un cavallino e guidate dai guappi piú temuti ed esperti della città che si lanciano a corsa pazza fino al traguardo per strappare un trionfo ambitissimo. Se non ci scappa la rissa o addirittura la «coltellata», la giornata si conclude ancora e sempre con una memorabile cena in una trattoria di Posillipo:

> E che tavula speciale;
> 'nterra 'o cato cu' 'e frutte e 'o vino;
> nu mellone dint' 'a cantina;
> 'o cumpare, dint' 'a cucina;
> ca discute c' 'o princepale...

Anche la frequentazione dei cimiteri si può annoverare tra gli svaghi piú apprezzati, dato il rilievo che occupa nella vita cittadina il culto dei morti, preferibilmente identificati con le sofferenti «anime del purgatorio», bisognose di preghiere e di ceri. Il dialogo vivace ed incessante con i defunti si prolunga in sede domestica, tra gli altari, gli altarini e le sacre edicole di cui ogni vicolo della città pullula sin dall'epoca del glorioso padre Rocco. Gli stessi accattoni chiedono la carità in nome dei trapassati che del resto assolvono ad un compito ancor piú importante nelle ore notturne, quando si presentano in sogno ai parenti e agli amici per suggerire loro le infinite combinazioni previste dalla cabala e dalla «smorfia». Per questi tardi nipoti di Virgilio e di Dante, che hanno l'Averno a portata di mano, il confine tra vita e morte è molto relativo. Il camposanto di Poggioreale è tanto familiare quanto una chiesa o una taverna;

del resto, giace in una posizione bellissima, su una collina inondata di sole che si apre su tutto il golfo e chi vi riposa per sempre sa che sarà ricordato con un fiore, una preghiera, una lacrima, una richiesta di consiglio e di aiuto, fin quando i suoi congiunti avranno respiro.

Diversi sono gli usi, non i sentimenti dei «signori», cioè dei borghesi e degli aristocratici, che di solito vivono negli stessi quartieri, ai piani superiori dei palazzi i cui locali terreni sono trasformati in «bassi» e piú raramente in botteghe. Il loro atteggiamento verso la «gente di strada» è bonario e svagato: nessun disprezzo, molta simpatia umana, un certo indefinito stupore per la sporcizia e l'ignoranza in cui sono immersi uomini e donne con cui pure si conserva un commercio quotidiano di rapporti di lavoro, anche di affetti. «È un'altra razza», si dice, ma senza complessi di superiorità: solo una spiacevole constatazione su cui, d'altronde, non è il caso di drammatizzare, come si guardano bene dal fare le stesse vittime. Ci si passa in mezzo, con un saluto cordiale, un buffetto al bambino, un regalino alla sorella, una mancia al padre, una raccomandazione alla madre, e si raggiunge – a piedi o in carrozza – la zona elegante della città, quella situata tra Foria e Mergellina, tra Toledo e Chiaia, tra via Caracciolo e via dei Mille, tra la Carità e la Riviera dove sorgono i ritrovi mondani: circoli, caffè, pasticcerie, teatri, redazioni di giornali. Nel resto della città non si mette neppure piede, se non per recarsi all'ippodromo o in villa.

«Le corse dei cavalli» si svolgono in primavera al campo di Marte ed offrono una grande occasione per sfoggiare la nuova moda. Al rientro in città, *steges*, *breaks*, *mail-coaches* passano al trotto fra scroscianti battimani e squilli di tromba, dalla salita del Museo fino a piazza San Ferdinando, i cavalieri in redingote e tuba, le dame in toilettes sfavillanti che rivaleggiano con quelle delle signore affacciate, lungo il percorso, ai balconi dei palazzi gentilizi. Le defilès mobilitano sarti, modiste, camiciai, come del resto le «prime» al San Carlo; gli appuntamenti con la prosa al Fiorentini, al Mercadante, al Sannazzaro; le serate divertenti al teatro Nuovo o al Salone Margherita. La clientela è raffinata, veste alla moda parigina o londinese, ha un gusto innato per i colori sobri e il taglio severo, cura i particolari con squisita sollecitudine ed intreccia relazioni galanti con una passione che è pari solo alla sua volubilità.

D'estate, è ancora una sparuta minoranza quella che va a villeggiare in alta Italia o in provincia, per non parlare di località straniere. Di solito non ci si spinge oltre «il miglio d'oro», la fascia costiera che si estende da San Giorgio a Cremano a Torre del Greco, ai piedi del Vesuvio, nella zona che i Borboni hanno messo di moda nel Settecento abbellendola con ville incantevoli, spaziose, circondate da parchi, l'aria profumata di resina e di arancio. Offrono poche varianti alla vita di città, salvo la cura termale di Castellammare di Stabia, una gita a Ercolano o a Pompei, molti flirt intrecciati tra i giovanissimi con un candore di stampo vittoriano anche se ammorbidito dall'esuberanza e dalla malizia partenopee. Meta di scampagnate è soprattutto il Vesuvio, la «montagna» azzurra il cui pennacchio fumante suggella, con il pino di Villanova all'altro estremo del golfo, la tradizionale cartolina di Napoli, che sarà immortalata per gli emigranti da una canzone di Gilda Mignonette in una registrazione fonografica diffusa a migliaia di copie oltre oceano. Si sale fino al cratere del Vulcano con la funicolare celebrata dall'altra famosa canzone, si consuma la merenda sul prato, si prende alloggio magari all'hotel Eremo «fra cespugli di ginestre, di leopardiana memoria». La convenzionalità della scena è riscattata dalla cupa dolcezza del luogo, che nel 1906 sarà devastato da una drammatica eruzione.

Cominciano a diffondersi anche i bagni di mare, per quanto consente la «pruderie» umbertina: gli stabilimenti piú accorsati sono il Savoia, che sorge a poca distanza da piazza Plebiscito, e il Risorgimento a via Caracciolo, sulla cui «rotonda» si avvicendano numeri di varietà e cantanti di talento come il giovanissimo Enrico Caruso. Con 50 centesimi si ha diritto ad uno spogliatoio, due lenzuola e lo spettacolo; una scaletta permette alle signore di scendere in acqua in un recinto separato al quale i signori non hanno accesso, anche se c'è già nell'aria un presagio di emancipazione sessuale che esploderà nel primo dopoguerra. Quanto agli sport nautici, a praticarli sono pochi gentiluomini, nessuna donna, nessun ragazzo. Nonostante il loro orgoglio per le bellezze del golfo, i napoletani amano poco la navigazione, compreso il piccolo cabotaggio verso Capri ed Ischia, eccentricità che lasciano volentieri ai visitatori stranieri, dai quali si vanno appena scoprendo le meraviglie di isole quasi vergini, rifugio di scrittori, di esuli politici e di amicizie particolari. Axel Munthe e Maksim Gorkij saranno i piú illustri fra questi viaggiatori illuminati. Gli stessi scavi archeologici, come i musei, sono frequentati in massima parte dai forestieri, perché aristocrazia e borghesia aborrono da un impiego troppo impegnativo del tempo libero di cui pure dispongono in grande abbondanza. Analogo atteggiamento tengono verso il teatro e la letteratura: ogni manifestazione artistica che si presta ad accuse di cerebralismo viene rigorosamente bandita. Lo «scocciatore» è tenuto a vile quasi quanto lo jettatore, sia che eserciti direttamente la sua sinistra influenza, sia che si affidi alle stampe.

Lo sport nazionale degli indigeni è piuttosto la conversazione, palestra ideale per un impegno svelto e tagliente che si esercita nei salotti, nei circoli, soprattutto nei caffè dove si può essere sempre sicuri di trovare un amico o un aneddoto: da Targiani al Museo, da Pizzicato dove si beve in piedi la migliore tazzina del mondo, al Gambrinus in piazza Plebiscito, al Caffè d'Italia a metà di via Toledo, e per giudici e avvocati da Sgambati ai Tribunali. L'aneddotica, una specialità in cui si esercita volentieri lo stesso Benedetto Croce sulle orme del duca di Maddaloni e del marchese di Caccavone, vorrebbe costituire per Napoli «una forma della storia, un modo di rivelare nell'intreccio inestricabile delle variazioni di morale, di costume, di etica e di economia, il mutamento di una società». In pratica è vero il contrario perché queste storie spiritose, che esigono nel narratore un particolare talento non solo nel costruirle ma nel riferirle, nascono sempre dalla nostalgia del tempo perduto, denunciano l'ignoranza o l'arrivismo dei *parvenus*, confrontano la volgarità dei contemporanei con un modello assoluto di raffinatezza e di intelligenza che è aristocratico per definizione.

Con qualche ritardo e un pizzico di provincialismo una simile esercitazione fiorisce in una città che rassomiglia, o vorrebbe rassomigliare ancora, alla capitale di Galiani e di Caracciolo, alla Parigi del duca di Saint-Simon e dell'abate di Scarron. Protagonista dell'aneddoto è, per solito, un grande signore che si distingue «dal filisteo» per un *grain de folie* o un'intellettuale che si prende gioco dell'altrui ottusità, anche quando per caso si tratti di un collega. Benedetto Croce, per esempio, intrattiene una cordiale amicizia con Giovanni Gentile che insegna filosofia in un liceo cittadino. Un giorno si vede arrivare in casa la domestica dell'amico che chiede un libro in prestito per il professore costretto a letto da un attacco di influenza. Credendo di fargli cosa grata, don Benedetto gli manda i *Mémoirs* di Casanova in un'elegante edizione illustrata, ma dopo qualche ora si vede restituire il volume «con la seguente ambasciata: "Dice il professore che non gli interessano". Al che il Croce, scrollando la testa: "Gesú, Gesú – fa – quando Giovanni lo togliete da quelle quattro *stròppole* non capisce piú niente"». E il narratore commenta: «Le quattro *stròppole* erano poi gli studi di filosofici ai quali era piú legata la collaborazione intensa del Gentile col Croce».

I nobili non sono da meno. Il marchese Guglielmo Imperiali, decano del corpo diplomatico e collare dell'Annunziata, suole narrare agli amici la singolare avventura incontrata con il sultano agli inizi della carriera. «Egli era addetto alla nostra ambasciata a Costantinopoli e nella ricorrenza del genetliaco del monarca, il corpo diplomatico doveva sfilare davanti al trono levando una coppa di *champagne* e formulando, in francese, un voto augurale. Quando fu la volta di Imperiali, da vero scugnizzo napoletano costui pensò di apostrofare il Gran Turco con una frase di cui si riproduce soltanto una parte: "... *a màmmeta*". Ma quale fosse la sua sorpresa s'immagini, quando 'Abd ul-'Amid, che non sorrideva mai, si levò, un lampo di maliziosa allegria negli occhi, per rispondere: "*A soreta e ce vaco megli'*"»... Imperiali ignorava che il sultano aveva trascorso in giovinezza qualche anno a Napoli, per studi militari».

Come questa miscela di frivolezza patrizia, di snobismo borghese e di trivialità plebea si trasformi nel messaggio non trascurabile che arte e giornalismo napoletani lanciano negli anni a cavallo del nuovo secolo, può sembrare un mistero soltanto a patto di confondere la sociologia con la vita. Questo popolo possiede una carica di verità e di umanità che è inversamente proporzionale al grado di maturità del suo progresso civile. In senso piú generale, l'imminenza dell'innesto definitivo sul tronco della comunità nazionale mobilita febbrilmente tutte le energie della città. Privilegiare il ripensamento del passato alla proiezione nel futuro rappresenta senza dubbio una rinuncia, ma consente pur tuttavia un grandioso recupero di memorie, di sentimenti, di paesaggi che altrove andranno perduti nella furia indiscriminata dello sviluppo capitalistico.

Non a caso i piú significativi autori di questo periodo si rifanno esplicitamente alla pittura del primo Ottocento, alla musica del secolo precedente o addirittura alla topografia dell'epoca angioina, come se fossero dominati dall'esigenza di mettere in salvo prima che sia troppo tardi i tesori della storia locale, un patrimonio che gli altri italiani non conoscono e probabilmente non saprebbero apprezzare anche se, a suo tempo, l'Europa intera si è compiaciuta di scoprirli. La preferenza riservata all'ambiente dialettale soffoca certamente il respiro dell'opera, ma le conferisce al tempo stesso un accento di verità che è sconosciuto a molti dei nomi piú prestigiosi della letteratura contemporanea, da Carducci a D'Annunzio, «quasi che il restringimento degli orizzonti materiali dell'ispirazione rappresenti uno stimolo ad osservare piú in profondità nella scala dei ceti sociali». Anche l'uso del dialetto appaga, magari inconsapevolmente, l'esigenza di mantenere il contatto con il lettore popolare qui, molto piú che altrove, ancora lontanissimo da ogni sorta di linguaggio nazionale, sia esso il «fiorentino parlato» del Manzoni o l'italiano neoclassico del Carducci. La convenzionalità degli ideali impoverisce la stessa sofferenza senza intaccarne tuttavia la autenticità, perché il sangue che scorre nelle vene dei personaggi è vivo e pulsante; i sogni che tormentano il poeta sono impastati di una disperazione che appartiene a tutti gli uomini, non solo al vicolo o al golfo.

Nei casi migliori, la pagina è tanto tesa da lacerare la cornice rispettabile in cui si vorrebbero contenere le passioni per svelare la contraddizione, fondamentalmente napoletana, tra dolcezza e violenza. La scontentezza non è piú un salto d'umore, un capriccio: appare piuttosto come il riflesso di una inquietudine collettiva, l'insoddisfazione per l'ipocrisia dei falsi miti. La famiglia cosí ingombrante diventa una prigione; la donna cosí idoleggiata, un inferno di passioni; la fede cattolica cosí venerata, una corona di spine. I disinganni della società civile travolgono la barriera del conformismo, seminando corruzione nei recessi piú gelosi, contaminando le ore piú innocenti. La stessa madre «santa» tiranna ed onnivora, risulta alla fine una povera madonna dai sette dolori, trafitta dai coltelli della sua condizione subordinata: schiava dei suoi schiavi.

In un simile contesto, anche il comico scaturisce da una sanguigna vitalità piuttosto che da un meccanismo montato a freddo, con intenzioni evasive e buffonesche. Si affida, per cominciare, ad una gestualità che è connaturata all'esuberanza fisica tipica degli abitanti di questa regione sin dai tempi preromani, attraverso un linguaggio mimico che non descrive ma sintetizza, stenografando un messaggio che sarà recepito con la stessa rapidità, esasperando ed ammiccando scompostamente. In secondo luogo, gioca con vertiginosa bravura sulla parola, la storpia, la accorcia, la allunga, la manipola in un caleidoscopio di «lazzi» che scattano puntualmente nella risata della platea perché arrivano da una lontana tradizione di saltimbanchi e di guitti. Le deformazioni fisiche, segnatamente la gobba (lo «scartiello») e la balbuzie («'o 'ncacaglià»), le corna, la fame, la ottusità del villano appena inurbato o del pezzente appena «resagliuto» rappresentano gli eterni pretesti di ilarità per un pubblico che partecipa con eguale slancio alle vicende tragiche, di cui si immedesima ingenuamente fino al furore. Il senso del teatro è tanto forte, tanto innato, da permeare di sé anche le manifestazioni piú sincere del napoletano che recita perfino quando soffre, in un'ambiguità da cui non sono esclusi neppure i simboli cosí familiari della morte e degli «spiriti».

Nella decadenza non arginabile della città, il gusto musicale che nei secoli passati ha attinto risultati di livello europeo nei teatri e nei conservatori, si involgarisce nella canzone facilmente orecchiabile, ma proprio in questa stagione poeti e compositori ispirati dànno voce al sentimento di tutta la popolazione, non piú soltanto di raffinate minoranze: a suo modo, un fenomeno di democrazia. Come è accaduto in Toscana per la lirica trecentesca, la canzone diventa un patto tra l'artista e la comunità: la melodia corre per le strade e spalanca le finestre, accarezza i capelli delle fanciulle, scuote il pergolato delle osterie di campagna, culla la barca del pescatore, conforta gli emigranti accalcati come bestie nelle stive o già stralunati sui moli americani. I motivi sono elementari: «l'amore, la passione, la disperazione, il tradimento, la natura, i fiori, il cielo, il mare, il destino», ma tutto ciò che essi evocano è «rintracciabile nella realtà», esce da una certa cronaca, da un certo ambiente, da un certo paesaggio; e proprio perché i suoi riferimenti sono tangibili e tipici, la canzone napoletana conquista il mondo. Su scala infinitamente ridotta, le ragioni del successo sono pressappoco le stesse che rendono universale la musica di Verdi, per la sua ineguagliabile capacità di assimilare «le tematiche romantiche» attraverso la sola facoltà «potenzialmente romantica» di cui dispongono gli italiani, e cioè il canto.

Naturalmente, *O sole mio* e *Marechiaro* alimentano negli stranieri il mito di una città inesistente, tutta sole allegria e vezzi amorosi, ma la canzone napoletana piú autentica ne reca ben poca responsabilità. Le fanno eco, su per l'erta dei vicoli, le voci strascicate dei venditori ambulanti, familiare melopea che rimbalza da misteriose assonanze mediterranee contro le mura calcinate di bianco, i balconi lambiti dalle prime luci dell'alba, i terrazzi arroventati dalla canicola della controra. Offrono acqua, carne cotta, pizze, pesce, ricotta, frutta con variazioni iperboliche ed umoristiche che deliziano i potenziali acquirenti: «Nun sò alice, è argiento!», ovvero: «Addorano comm'e nanasse!», «E cosce 'e ronna, 'e cosce 'e ronna».

Voci e canzoni non bastano a soffocare il brontolio della plebe affamata e non sovrastano il fatuo cicaleccio di una borghesia che, tra una battuta e l'altra, si sta suicidando per l'ultima volta come ha già fatto nel '99, nel '21, nel '48; ma servono a sottolineare con un fascino struggente il tramonto di una città che sente svanire la propria grandezza e cerca di stordirsi in una girandola di suoni e di colori.

4.

Scarfoglio e la Serao

Uno dei centri culturali, intorno a cui negli anni a cavallo del nuovo secolo si rianima la vita letteraria napoletana, è il giornale. La città ha già offerto, come si è visto, testimonianze interessanti in questo campo nei primi decenni seguiti all'Unificazione, quando si sono avuti «piccoli giornali», quotidiani cioè di diffusione limitata e di antiquata impostazione tecnica, ma «grandi giornalisti», scrittori come Francesco De Sanctis o saggisti come Rocco De Zerbi, che hanno affrontato con serietà i problemi della società unitaria. Negli anni novanta, mentre altrove si lavora già ad un prodotto moderno come «Il Corriere della Sera», a Napoli fiorisce invece il «giornale personale», la cui influenza è condizionata dall'autorità di chi lo dirige o lo anima, dai suoi editoriali, dalle tesi polemiche o da riferimenti mondani di cui trabocca. Il fenomeno rispecchia l'impreparazione ed il provincialismo del pubblico, il suo distacco dalla realtà, il suo individualismo, e trova puntuale riscontro in campo politico-amministrativo nella prevalenza del notabile sui partiti, sui contenuti ideologici e sui programmi concreti. Non saprebbe tuttavia manifestarsi con successo senza l'apporto di forti personalità come quelle di Edoardo Scarfoglio e di Matilde Serao, che si affermano in ogni senso quali protagonisti della colorita stagione destinata a concludersi con la prima guerra mondiale.

Di famiglia calabrese Scarfoglio nasce a Paganica, in Abruzzo, nel 1860. A vent'anni pubblica una raccolta di versi di dichiarata ispirazione carducciana, per trasferirsi quindi a Roma dove si iscrive all'Università: ulteriore prova della attrazione che la capitale esercita ormai anche sui giovani provinciali dell'ex Regno borbonico. Una discreta cultura, un forte temperamento, l'ingegno esuberante ed aggressivo gli schiudono immediatamente le porte della società intellettuale. Due anni dopo si fa già apprezzare come critico letterario del «Capitan Fracassa», il celebre giornale del Vassallo, e come collaboratore del «Fanfulla», della «Domenica letteraria» e della «Cronaca bizantina» di Sommaruga. Assorbe immediatamente tutti gli umori e i miasmi di un ambiente nel quale fermentano le delusioni della generazione postrisorgimentale, il rancore per il tradimento della Sinistra, il disgusto per una democrazia parlamentare che sembra la sentina di tutti i vizi e di tutti gli scandali dell'epoca. Nello stesso clan vanno compiendo le loro prime prove un altro abruzzese di incomparabile talento, Gabriele D'Annunzio, e la giovane scrittrice Matilde Serao contro cui inizialmente Scarfoglio pronuncerà giudizi molto severi nel *Libro di Don Chisciotte*, una raccolta di recensioni e di riflessioni letterarie. In realtà, i tre finiranno per legarsi in un lungo e fraterno sodalizio.

Matilde è figlia di un patriota napoletano esule in Grecia ed è nata a Patrasso ma dopo l'Unificazione ha studiato a Napoli, vi ha quindi lavorato per tre anni come impiegata nell'azienda dei telegrafi di Stato e vi ha anche pubblicato qualche racconto prima di trasferirsi a Roma. La bruttezza fisica è pari in lei al fascino, all'arguzia e alla vivacità della rappresentazione, una miscela che è resa ancor piú esplosiva dalla stupefacente capacità di lavoro e da un livello di emancipazione che, pur essendo assolutamente superficiale, non è per questo meno inconsueto in una donna italiana di fine secolo. Ad avvicinarla a Scarfoglio non sono soltanto un'istintiva simpatia, l'ammirazione, la passione per il giornalismo, ma anche il comune gusto letterario, incline ai modi del realismo, sia pure in una versione retorica e regionalistica che si ispira piú a Capuana che a Verga. Nel 1885 i due si sposano, travolti da un amore «tenero e inebriante» che suggerisce molte malignità ai colleghi, anche se resisterà a lungo ai tempestosi contrasti e alle reciproche evasioni sentimentali che nel 1902 li porteranno alla separazione legale.

Per ora, comunque, i due giornalisti filano in perfetto accordo e decidono di mettere a frutto il sodalizio anche sul piano professionale, dando vita ad un nuovo quotidiano, «Il Corriere di Roma». Il progetto è di farne un foglio molto moderno, ricco di illustrazioni e soprattutto di notizie e di servizi; ma i mezzi a disposizione sono scarsi. Pochi mesi dopo, minacciati dal fallimento, gli Scarfoglio dovrebbero chiudere bottega se a salvarli non intervenisse, inopinatamente, un bizzarro *deus ex machina* nella persona di Matteo Schilizzi, ricchissimo banchiere israelita che da Livorno si è trasferito, per consiglio dei medici, a Napoli ritrovandovi la salute. Intuendo il valore di Scarfoglio, Schilizzi gli propone di trasferire a Napoli anche il giornale, disposto a saldare senza batter ciglio il pesante disavanzo dell'azienda che ammonta a ben 15 000 lire, somma assai ragguardevole per l'epoca. È cosí che, sul finire del 1887, donna Matilde e il marito sbarcano nella città del loro destino, lanciandosi immediatamente nella mischia con «Il Corriere di Napoli», testata nella quale è stato assorbito anche il vecchio «Corriere del Mattino», di Martin Cafiero. Il successo arriva presto, insieme con una serie di disavventure politiche e personali: adulteri, litigi, viaggi in Oriente e in Africa, duelli, riconciliazioni, sequestri, che pongono la singolare coppia al centro di furibondi pettegolezzi. Nel 1892 i rapporti con Schilizzi si guastano, e Scarfoglio lancia un terzo quotidiano, «Il Mattino», che resterà (insieme con il «Roma»), come la creatura piú vitale del giornalismo napoletano, anche quando i suoi proprietari si divideranno e donna Matilde fonderà nel 1904, tutto per sé, «Il Giorno», che in pratica dirigerà per oltre vent'anni, fino al suo ultimo respiro. Nel senso professionale del termine, un simile ciclo di imprese non ha l'eguale nella storia dell'editoria italiana.

Scarfoglio si è battuto a duello anche con D'Annunzio, a Roma, nel 1887 ma l'anno seguente i due corregionali si sono riconciliati. I vecchi amici si ritrovano a Napoli nell'agosto del 1891, quando Gabriele vi arriva in compagnia del pittore Michetti, accogliendo l'invito che don Eduardo e sua moglie gli hanno rivolto durante la villeggiatura a Francavilla al Mare. Il vate è furibondo con il suo editore Treves, che ha osato ricusare *L'Innocente* perché lo ha giudicato immorale, e nel giro di tre serate legge agli ospiti l'intero manoscritto. L'entusiasmo è tale che «Il Corriere di Napoli» stampa immediatamente il romanzo a puntate, suscitando enorme scalpore e inducendo il critico George Hérelle a fare tradurre sulle colonne dell'autorevole «Le Temps» l'opera di un autore che da quel momento incontrerà in Francia una popolarità senza confronti. Intanto, D'Annunzio si è innamorato di Napoli e vi è rimasto: pubblica *L'Innocente* in volume per i tipi di Bideri, collabora intensamente al «Corriere» e poi al «Mattino», si tuffa nella vita mondana locale e diventa ben presto l'idolo dei circoli eleganti e degli ambienti artistici. Alla sua permanenza a Napoli pone fine uno scandalo clamoroso, provocato dalla relazione del poeta con la contessa Gravina. Nasce una bambina. D'Annunzio è trascinato in tribunale dal marito e condannato: nel giugno 1893, in coincidenza con la morte del padre, è costretto a lasciare definitivamente la città che lo ha sostenuto in un momento difficile della sua carriera e che rimarrà profondamente legata al suo personaggio.

Nella stessa orbita ideale si muove, del resto, l'attività giornalistica di Edoardo Scarfoglio, impastata di avventurismo, di furore verbale, di delirio bellicista e imperialista. Nel suo caso, la filosofia pseudonietzschiana del superuomo scade in una pratica di immoralismo spicciolo, di platealità, di lusso smodato e provinciale: questo «uomo alto, grosso, con un porro sulla guancia e un sigaro dal bocchino di carta tra i denti», questo straordinario editorialista che è capace di emozionare con un articolo di fondo l'intera nazione, ha bisogno di «tante cose costose e stravaganti». Beve una speciale acqua minerale e soltanto «Châteauneuf du Pape», naviga a bordo di panfili principeschi, si abbandona ad amori eccentrici che talvolta conoscono un tragico epilogo, prodiga somme folli per le piú assurde occasioni e naturalmente, per sostenere un cosí dissennato tenore di vita, non può fare a meno di ricorrere alle piú equivoche fonti di finanziamento. Chiusa la parentesi letteraria con i racconti del *Processo di Frine*, si getta corpo ed anima nel giornalismo politico come direttore, inviato speciale, proprietario e amministratore. La sua forza sta in una illimitata spregiudicatezza di cui del resto, ha già dato prova a Roma, quando ha evitato di testimoniare a favore di Sommaruga, da cui pure è stato in larga misura beneficiato, per fargli perdere un processo di diffamazione e sbarazzarsi di un pericoloso concorrente.

A Napoli, soprattutto alla guida del «Mattino», mette il suo opportunismo, la sua aggressività, la perfetta padronanza del mestiere al servizio delle cause piú reazionarie, anche se contrabbanda il sostanziale conservatorismo sotto l'etichetta di una fragorosa contestazione del potere centrale: in questo senso, si può considerare davvero un maestro, l'antesignano di un certo tipo di pubblicistica italiana, alla Malaparte o alla Montanelli, nutrita di apparente irriverenza e di sostanziale conformismo, fatta per sbalordire la borghesia senza insidiarne l'egemonia, anzi secondando il suo disegno di fondo. Come accadrà su scala assai piú vasta e sistematica con il regime fascista, il terrorismo verbale serve in questo caso a pungolare da destra la classe dirigente per renderla pienamente consapevole del suo potere e dell'opportunità di usarne ed abusarne senza remore; ed è naturale che il nemico sia comunque la democrazia, non importa se liberale o socialista.

L'uomo di Scarfoglio è Francesco Crispi, l'ideologia è quella del blocco sociale piú arretrato, sensibile ad un certo tipo di sollecitazione: l'esaltazione del colonialismo, la lotta contro il Parlamento ed il movimento operaio, una particolare forma di meridionalismo «come sentimento paranoico di frustrazione regionale», infinitamente lontano dal meditato impegno critico dei vecchi liberali alla Villari. Il suo giornale, che potrebbe assolvere ad una preziosa funzione di formazione civile, si trasforma in una palestra di retorica malsana e corruttrice, esasperando le tendenze piú anacronistiche del ceto medio napoletano. Nasce da un complesso di inferiorità, cioè dalla inconfessata consapevolezza dell'enorme ritardo che l'Italia accusa rispetto ai paesi imperialisti dell'Occidente, ed insieme da uno spirito di avventura che D'Annunzio esalterà fino al parossismo, la «vocazione africana», del grande giornalista, convinto in buona fede della necessità di scuotere il paese dall'inerzia militare, di restituirlo alle sue «gloriose» tradizioni, di sprofondarlo in un «caldo bagno di sangue», naturalmente in nome della missione civilizzatrice assegnata dalla storia alla razza bianca.

Due anni dopo la firma del trattato italo-etiopico di Uccialli, Scarfoglio parte per l'Harrar, dove conduce un'inchiesta sulle condizioni per una espansione italiana in quella regione, raccontando ai lettori del «Corriere di Napoli» mirabilie sulle risorse naturali del paese. Negli articoli e nei libri di argomento africano che viene pubblicando prima e dopo la sciagurata impresa di Adua, utilizza gli antichi coloni greci di Mileto, i rapsodi delle gesta di oltremare e perfino i disgraziati emigranti, per giustificare il destino colonialista del popolo italiano, che deve strapparsi alla sua presente «viltà» e piantare la propria bandiera su una «terra barbara», come si addice ad ogni nazione civile. Si alimenta dunque di un protervo razzismo l'arroganza di una prosa votata al culto della guerra e ispirata da una sorta di fraintendimento della teoria gfobertiana del primato come diritto del maschio italico a dominare nell'alcova, nella società, nel mondo intero. Non siamo molto lontani dalla «dottrina» del fascismo, sebbene nello scrittore abruzzese siano ancora molto forti la componente individualistica e un furibondo attaccamento alla libertà; ma nel suo caso gioca anche l'ideale, volgarmente travisato, dello Stato forte che la destra hegeliana ha lasciato in eredità alla cultura cittadina e che piú tardi la burocrazia postgiolittiana in larghissima parte meridionale sfrutterà come alibi morale per la sua adesione al regime totalitario.

Quanto il nazionalismo di Scarfoglio sia intimamente legato agli interessi di classe del ceto dominante, e quanto fittizio sia quindi il suo ribellismo, lo dimostra l'accanita opposizione al movimento socialista, quale si palesa già nel 1894, all'epoca della sanguinosa repressione dei fasci siciliani. Duramente critico contro la «debolezza» del governo Crispi nella prima fase della rivolta, il direttore del «Mattino» esulta invece quando il vecchio garibaldino mette a ferro e fuoco la sua isola, scatenando la persecuzione contro il partito dei lavoratori. Le giustificazioni teoriche sono puerili, anche se condite da citazioni letterarie che stordiscono il lettore: la società italiana, tipicamente borghese, ha il dovere di difendersi con tutti i mezzi; il problema sociale non esiste come non esiste il capitalismo; solo nemico delle classi laboriose sarebbe l'esattore delle imposte. Al momento giusto, però, Scarfoglio sa essere molto pratico: nel 1899 polemizza aspramente contro la soppressione dell'imposta sul macinato per difendere gli amministratori del comune; nel 1904, per garantire i profitti degli imprenditori, arriva a definire «manifestazione camorristica» la lotta degli operai napoletani per l'aumento dei salari, o meglio per un loro parziale adeguamento ai livelli del Nord, bollando la plebe «barbara, ignorante, colpita da tutte le degenerazioni morali e fisiche e da tutte le degradazioni morali della miseria».

Il razzismo si trasferisce cosí dall'esterno all'interno, dagli africani ai poveri. I socialisti sono «una setta la quale non merita che il disprezzo e l'odio pubblico», una spugna che «ha assorbito tutti i rifiuti della digestione sociale», una bandiera alla cui ombra si sono raccolti «tutti gli storpi, i rachitici, gli scrofolosi del corpo sociale». La Vicaria che osa mandare alla Camera un deputato socialista è semplicemente «un covo della piú bassa prostituzione, della delinquenza di una popolazione allo stato selvaggio». Con la stessa furente trivialità, Scarfoglio si scaglia contro le istituzioni parlamentari, sebbene nel 1890 abbia invano tentato di candidarsi deputato, di entrare cosí in quel «luogo immondo», in quella «assemblea di analfabeti e di intriganti», di immergersi in quella «cloaca in cui tutte le bassezze e le turpitudini della natura umana» si riversano come in uno stagno maleodorante. La denuncia della farsa parlamentare si traduce nell'apologia del colpo di stato: «un gran colpo di scopa è necessario, bisogna togliersi dai piedi tutte queste vecchie marionette ammuffite e fare piazza pulita». Ancora qualche anno e l'aula sorda e grigia diventerà un bivacco per i manipoli dell'uomo della provvidenza.

Il meridionalismo di Scarfoglio è della stessa lega, si nutre dello stesso delirio di grandezza e della stessa mania di persecuzione, è altrettanto incoerente. Il disprezzo di cui copre le masse popolari diventa il risvolto di una mostruosa congiura nordista quando a Milano si parla della corruzione napoletana o della camorra. L'Eritrea che «Il Corriere di Napoli» ha definito un covo di barbarie, diventa una terra perseguitata come l'Italia del Sud, quando si tratta di polemizzare con i «cari fratelli» della valle padana. Non c'è una cifra, non c'è un ragionamento, non c'è una proposta concreta negli editoriali del «Mattino» che si guardano bene dall'individuare gli interessi reali che stanno a monte del vergognoso sfruttamento delle risorse meridionali, e tanto meno le forze sociopolitiche che a Napoli e nel resto dell'ex Regno reggono il sacco agli sfruttatori. La disinvoltura del giornalista non teme confronti. L'inchiesta Saredo che mette in causa la correttezza personale di Scarfoglio, legato a doppio filo alla losca amministrazione Summonte, trova nel «Mattino» la piú scomposta e indignata opposizione, ma quando ne deriva come conseguenza diretta la promulgazione della legge speciale per Napoli, «Tartarin» non esita ad accollarsene tutto il merito, sostenendo che è stata la selvaggia reazione del «giornale dei meridionali» a dare al governo la forza di realizzare finalmente «un'opera vitale».

La polemica è il suo cavallo di battaglia: verbosa, irrazionale, micidiale come una scarica di lupara. La serie degli articoli scritti per il massacro di Aigues Mortes, in cui s'invoca una risposta militare alla provocazione francese, alimenta pericolosamente il furore della piazza anche se «Tartarino» (che per l'occasione ha italianizzato il suo pseudonimo) tenta in extremis di placare gli animi. La sprezzante critica al matrimonio di Vittorio Emanuele con una rozza principessa montenegrina, bollato come «le nozze coi fichi secchi», sconvolge l'Italia umbertina. Le censure e i sequestri polizieschi non sgomentano l'indomito editorialista, orgoglioso della sua «prosa eresiarca» e dell'enorme consenso di pubblico: durante i tumulti del '98, per esempio, «Il Mattino» parte sparato con un titolo a tutta pagina: *L'occupazione militare a Napoli* e un duro attacco al prefetto Cavasola: *L'uomo cannone*. Anche nei giorni successivi, il quotidiano tiene nei confronti del governo di Rudiní un atteggiamento cosí ostile che il 12 maggio viene soppresso, mentre il suo direttore si sottrae all'arresto rifugiandosi in Svizzera, per riprendere il suo posto soltanto a metà agosto, dopo essere stato condannato in contumacia a otto mesi di carcere per apologia di reato e incitamento alla guerra civile. Naturalmente l'amnistia di prammatica risparmia a Scarfoglio l'onta di una detenzione che, comunque, egli saprebbe sfruttare magistralmente per rilanciare il giornale e la sua personale leggenda.

Supera indenne anche la rischiosa svolta dell'inchiesta Saredo, che non riesce a provare fino in fondo le accuse di intrallazzi, mediazioni illecite, pressioni intimidatorie, finanziamenti ambigui, amicizie equivoche e lusso sfrenato, mosse contro di lui e contro donna Matilde – e riprende la battaglia. Nell'autunno 1903, il tentativo di escludere dal governo Giolitti l'onorevole Rosano, sotto il peso di accuse infamanti che spingeranno il noto avvocato napoletano al suicidio, scatena la collera di Scarfoglio contro «le jene striate di Lombardia, piú grosse e piú grasse di tutte, dal ventre pieno di sanie usuraie; le jene variegate del Piemonte, dalla mascella che non ha riposo; le jene brune di Genova, che nulla farà mai satolle». Un linguaggio cosí demenziale suscita ancora la rispettosa ammirazione dei benpensanti, ma ormai don Eduardo è avviato al declino. Coinvolto in altri scandali, sospettato di collusione con le potenze tripliciste per il suo orientamento dichiaratamente neutralista alla vigilia della guerra mondiale, nemico giurato dei francesi e soprattutto degli inglesi («il popolo dai cinque pasti»), il verboso tribuno è già chiuso da tempo in un suo corrucciato isolamento quando, nel 1917, scompare di scena lasciando ai quattro figli il giornale di cui Mussolini li esproprierà pochi anni dopo la marcia su Roma.

Anche se le affinità psicologiche e culturali sono notevoli, sua moglie ha seguito una strada diversa nel giornalismo, lasciando in ogni caso una traccia assai piú profonda in letteratura. La sua tozza figura campeggia su un panorama di narratori oleografici o didascalici come Amilcare Lauria, Giuseppe Mezzanotte, Onorato Fava, che interpretano la lezione verista nella maniera piú ovvia e convenzionale. Semmai, dal gruppo degli scrittori napoletani di fine secolo si stacca, per il coraggio se non per l'efficacia dei risultati, l'autore delle *Memorie di un ebete*, Giordano Zucchi, che morirà tragicamente a trentacinque anni, dopo aver tentato in chiave morale una dura polemica meridionalista contro gli errori dell'annessione, il naufragio degli ideali risorgimentali, l'angustia del sistema parlamentare. Ma donna Matilde ha ben altro respiro. La sua presenza nella vita napoletana acquista via via un peso, un'incisività, una durata che non trovano l'eguale nella storia del giornalismo e della letteratura dell'Italia moderna. Per quarant'anni, essa è per tutti i suoi concittadini di ogni ceto «'a signora», la signora per antonomasia, una autentica istituzione sociale, leggenda vivente in una città che tende istintivamente a mitizzare ogni personaggio di spicco. La sua capacità di lavoro, che è la contropartita di un temperamento ardente, estroso, quasi virile seppur teneramente materno, rinnova la leggenda giorno per giorno, articolo per articolo, libro per libro. La rubrica quotidiana dei «mosconi» nasce sulle colonne del «Corriere di Roma» per continuare sul «Corriere di Napoli», sul «Mattino», sul «Giorno», fino al 1927, l'anno della morte. L'attività letteraria, cominciata nel 1881 con *Cuore infermo*, si conclude con *Mors mea* nel 1926, arricchendosi di una sterminata profluvie di novelle, bozzetti, racconti, romanzi, saggi, ricordi di viaggio, conferenze, riduzioni teatrali, un complesso di sessantasette volumi alcuni dei quali però «sono molto smilzi», mentre parecchi hanno lo stesso contenuto sotto titolo diverso o rappresentano un rimaneggiamento di lavori precedenti.

Ma la ragione essenziale della sua straordinaria popolarità sta nella verità umana della donna e nella fedeltà che come scrittrice ella sa serbarle in ogni pagina. La sua psicologia, del resto, corrisponde esattamente a quella della sua lettrice alto o piccolo-borghese. Le sue contraddizioni, i suoi limiti culturali sono esattamente quelli della donna napoletana del suo tempo. È sentimentale e romantica come lei, è pronta come lei a commuoversi per la sorte dei poveri e ad indignarsi per i soprusi dei potenti, come lei è perennemente disposta ad esaltarsi per i valori piú scontati; la superstizione religiosa, la monarchia, la mondanità. Scrive in italiano e pensa in dialetto. È ricca, strabocchevolmente ricca di spirito di osservazione, ma poverissima di fantasia. Al suo impegno appassionato corrispondono puntualmente un distacco di fondo, una frigidità morale, il rifiuto di ogni ideologia che possa rimettere in causa i principî tradizionali della comunità. Solo a patto di non conoscere la condizione femminile nella Napoli di fine secolo è lecito stupirsi per l'apparente frattura tra l'ispirazione erotico-mondana e quella spirituale a cui si rifà contemporaneamente donna Matilde. La frattura non esiste né intorno né dentro alla scrittrice, che è sempre sincera.

Pur di rimanere se stessa, «'a signora» accetta tranquillamente le critiche che perfino Scarfoglio le muove e che Renato Serra esaspererà fino al disprezzo, ossia l'accusa di usare «una lingua cattiva imperfettissima»; sa di non saper scrivere, ammira chi scrive bene ma confesserà ad Ugo Ojetti che se per caso imparasse a farlo, non ci proverebbe nemmeno: «Io credo, con la vivacità di quel linguaggio e di quello stile rotto, di infondere nelle opere mie il *calore*, e il calore non solo vivifica i corpi ma li preserva da ogni corruzione del tempo». Quest'ultima, verosimilmente, è una pura illusione in termini estetici mentre è molto apprezzabile, soprattutto è molto napoletana la tensione esistenziale a trasferire sulla pagina il flusso della vita, a cogliere l'attimo ineffabile in cui l'emozione si produce e si dissolve: una rapidità di trapasso che nasce dalla stessa esuberanza della natura locale e la vela di un'ombra costante di tristezza. Per questo, in Matilde come nella gran parte dei suoi concittadini, tra la labilità delle passioni e la malinconia dei rimpianti si apre un contrasto che stupisce, quando addirittura non indigni, l'osservatore esterno. Per questo anche, e non solo per i pregiudizi dominanti nella sua epoca, il sesso occupa un posto assai marginale nell'arte della Serao: il suo erotismo è tutto di maniera. In nessuna delle vecchie città italiane, come a Napoli, la sensualità è sobria, gelosa, piuttosto rarefatta nell'astrazione dell'amore che non realizzata nell'avidità del possesso.

Probabilmente, proprio per la sua costante tensione a catturare nel suo linguaggio «rotto» e approssimativo il «calore» della realtà quotidiana, la scrittrice offre le prove migliori nel periodo di pieno vigore giovanile. Tra il 1880 e il 1905 la Serao conosce una stagione di intensa felicità creativa. Ha esordito ancora adolescente sulle colonne del «Piccolo» di De Zerbi, alla cui memoria rimarrà legata fino a rievocarne per grandi tratti la personalità e le vicende nel romanzo dedicato, diciotto anni dopo, alla *Vita ed avventura di Riccardo Joanna*. I suoi primi lavori, novelle come *Opale* o *Dal vero* e poi *Piccole anime*, sono bozzetti di vita infantile, suggeriti come tutte le sue opere future da esperienze dirette, giacché ella è e sarà sempre una scrittrice «nettamente oggettiva», chiusa ad ogni tentazione fantastica o autobiografica, non tanto per ossequio alla moda verista o ai suoi maestri (Balzac e Zola, anche Mastriani), quanto per un'intima necessità che sta poi alla radice della sua inarrivabile bravura di giornalista. Rappresentare gli ambienti, gli usi, i costumi anche «lessicali»; analizzare lo spaccato della società; osservare uomini e perfino oggetti partendo da un incontenibile slancio sentimentale: questo sta a cuore ad una cronista che non perde tempo a leggere troppi libri, a proporsi grandi ideali o a sottilizzare sugli strumenti linguistici. Si è scritto giustamente che, quando la città sarà devastata dalla guerra e dalla speculazione edilizia, si potrà tornare alle pagine della Serao per ricostruire un itinerario delle sue strade perdute, delle chiese scomparse, delle consuetudini sepolte; per recuperare addirittura «con valore di antiquariato» gli arredi e il mobilio dei suoi gremitissimi interni, in una sorta di frettolosa ma pur lancinante *recherche* che nessun altro dei nostri narratori ha tentato.

I sei anni trascorsi a Roma, il lavoro al «Capitan Fracassa», l'incontro con Scarfoglio e con i suoi amici maturano con singolare rapidità il talento di Matilde, gettando tuttavia anche le premesse del suo sdoppiamento tra osservazione e lirismo. Cosí, in questo periodo, *La conquista di Roma* e il già citato *Joanna* rispondono alla prima sollecitazione e sono non a caso due romanzi, la misura per la quale donna Matilde è meno tagliata, la gabbia entro cui soffre di piú il condizionamento del «metodo» naturalistico. A prescindere comunque dalla ridondanza di dettagli e di effetti, colpisce l'impostazione politica del primo romanzo, tutto giocato nella chiave antiparlamentare e in sostanza antidemocratica che è comune al gruppo di Scarfoglio. Molto piú scarni e vigorosi, a malgrado dei loro limiti, gli articoli del *Ventre di Napoli* di cui abbiamo già parlato e che vent'anni dopo la Serao integrerà con un intervento ancor piú sofferto. Nascono invece dall'ispirazione sentimentale *La virtú di Checchina* e quel *Romanzo della fanciulla* che nel 1895 verrà ripresentato come «romanzo per signore» sebbene in realtà comprenda una serie di racconti, i piú famosi dei quali sono *Telegrafi di Stato* e *Scuola normale e femminile*. La storia del mancato adulterio di Checchina Primicerio con il marchese d'Aragona è una sorta di *Madame Bovary* alla rovescia, perché la bella signora borghese non arriva mai all'appuntamento con l'aristocratico spasimante, pur avendo teoricamente deciso di tradire il suo «grosso» marito; e la Serao vi attinge una misura quasi perfetta mantenendosi una volta tanto al di qua del patetico, lasciandosi anzi guidare da una vena di sottile umorismo nel motivare la salvezza della sua eroina piuttosto con una serie di piccoli accidenti fortuiti che con un inespugnabile senso morale. Le altre due novelle rappresentano il risultato migliore dell'indagine sulle vicissitudini di una comunità femminile, studentesse o impiegate, di cui la scrittrice porta una testimonianza personale, arricchita da una memoria realistica minuziosissima e da una singolare delicatezza di tocco.

Il ritorno a Napoli coincide con il varo dei due giornali che donna Matilde e suo marito improntano all'esigenza di aprire un nuovo dialogo con il pubblico dei lettori quotidiani, conseguendo ben presto tirature tra le 40 e le 50 000 copie, raggiunte a fatica nel Nord dal «Corriere della Sera», nonostante il vantaggio di un retroterra assai piú progredito sotto l'aspetto economico e culturale. Vale la pena di sottolineare, al di là dei discutibilissimi contenuti, il valore di un risultato che segna un'epoca del giornalismo italiano ed un sensibile progresso in assoluto nella manipolazione dell'opinione pubblica. Il successo personale della Serao si lega soprattutto in questo senso, all'invenzione della rubrica mondana che ella condurrà per poco meno di mezzo secolo, prevenendo con enorme anticipo quel gusto del colloquio confidenziale tra intellettuale di consumo e fruitore che i rotocalchi del secondo dopoguerra alimenteranno fino ed oltre i limiti dell'alienazione.

«Gibus», come si firma la scrittrice, battezza dapprima la rubrica «Api, mosconi e vespe» e se la porta dietro dal giornale romano a quello napoletano; ma quando lei e suo marito rompono i ponti con Schilizzi, il banchiere livornese ottiene il riconoscimento legale della proprietà sul titolo e costringe «Il Mattino» ad adottarne uno piú striminzito: i «Mosconi», che donna Matilde utilizzerà in polemica anche con Scarfoglio quando fonderà «Il Giorno». Comunque, nessun imitatore – compreso Ferdinando Russo – riuscirà a far dimenticare il modello originale. La rubrica si apre con un paio di cartelline che offrono a Gibus l'occasione per una serie di variazioni, note di costume, «in una sola parola, capricci dell'intelligenza sul pungolo di alcuni fatti destinati a perire». Seguono, quindi, notizie piú minute sulla vita cittadina, dai ricevimenti a corte alle sfilate di moda, dai balli alle serate teatrali, dai fidanzamenti ai matrimoni, dagli anniversari alle cerimonie, dalle notizie demografiche agli arrivi di personalità di rilievo. Ovviamente, alla base della geniale trovata di donna Matilde c'è soprattutto una ragione diffusionale, l'intenzione di legare al giornale un numero quanto piú vasto possibile di lettori, lusingandone la vanità; e c'è altresí l'ingenuo snobismo della stessa scrittrice che, pur avendo vissuto un'infanzia e un'adolescenza assai modeste, vanta le origini aristocratiche di sua madre, legate al nobile casato greco degli Ypsilanti, e si compiace puerilmente della dimestichezza con la gente del bel mondo, riflettendo anche in questo caso nel proprio provincialismo quello dell'ambiente.

Nel 1907, i giornali della coppia Scarfoglio istituiscono un'altra rubrica caratteristica: quella dei messaggi amorosi a pagamento; alla fine dello stesso anno «Il Giorno» sostiene la propria campagna di abbonamenti promettendo regali, vantaggi, sconti ottenuti a loro volta in cambio di pubblicità. La modernità delle idee è pari alla capacità di creare un circuito familiare con i lettori di cui si coltivano accuratamente l'esibizionismo, l'arrivismo, le piccole curiosità. Pochi anni prima Gibus ha raccolto tutte le sue risposte ai quesiti del pubblico sulle norme di buona creanza in *Saper vivere*, un aureo libretto che scandisce puntigliosamente la liturgia umbertina dei fidanzamenti, delle nozze, della vita di società e perfino dei comportamenti da tenere in periodi di lutto. Non manca, per i lettori piú nobili, il capitolo della «prammatica di corte»; per i piú ricchi, quello riservato alle modalità da seguire in viaggio o in villeggiatura; per le signore piú ardite, l'intermezzo consacrato ad un angoscioso interrogativo: «le donne possono fumare?» Vale forse la pena di citare la conclusione di questo intermezzo, perché svela tutto il brio ed insieme la frivolezza di cui la scrittrice è capace:

> Una donna sentimentale, malinconica, diciamo la parola: piagnucolosa, non dovrebbe mai fumare, mentre tutte le donne di buon umore, spensierate, superficiali, possono adottare la sigaretta. È essa, in generale, un sicuro calmante de' nervi femminili; e i mariti infidi, gli amanti perfidi, dovrebbero insegnare alle loro donne il fumo, perché è una salvaguardia contro molte scene. Però, il fumo è anche uno stupefacente e toglie allo spirito femminile quella lucidità e quella vivezza che ne formano il pregio. Per questa ragione, e per tante altre, alle signore che hanno già cominciato a fumare, è consigliabile di non esagerare nel fumo. In quanto alle signorine, un solo consiglio si può dare: non fumare mai.

Beninteso, la Serao giornalista non si limita a queste banalità, anche se i giorni dell'impegno sui grandi temi del Risanamento sono ormai lontani. Le sue corrispondenze, raccolte in volume, spaziano dal «paese di Gesú» al viaggio dei sovrani italiani a Parigi, dalla tremenda eruzione del Vesuvio agli accorati interventi sui massacri della prima guerra mondiale. I rapporti col fascismo sono inizialmente scontrosi e prudenti proprio per la reazione emotiva di donna Matilde alla grande ecatombe. Nel 1927 Treves pubblica il suo ultimo libro, *Mors mea*, che raccoglie l'eco dell'amara requisitoria di Barbusse contro il militarismo, e viene accolto perciò molto freddamente da tutti i critici già allineati al regime, con la sola nobile eccezione di Roberto Bracco. Poi donna Matilde, ormai settantenne, si lascia conquistare dal fascino corrusco di Mussolini, si fa «ondulare i capelli» per andargli a rendere omaggio e riceve in dono una foto del duce, cosí somigliante al superuomo vagheggiato da Scarfoglio ed esaltato da D'Annunzio, i suoi vecchi amici della Roma bizantina. Poco dopo la riconciliazione, il 25 luglio 1927, «'a signora» china per sempre il capo sulle righe conclusive del suo ultimo corsivo, dedicato alla vedova di Enrico Caruso.

In ogni caso, ella ha cessato da molto tempo di contare sul serio: in qualche modo si è limitata a sopravvivere di dieci anni a Scarfoglio, prigioniera come lui di un mondo che è scomparso con il decennio giolittiano e i primi bagliori della guerra. Sul piano dei risultati estetici, come s'è detto, il meglio è venuto nel primo periodo della sua prodigiosa carriera, fino al momento in cui i veleni della moda e del successo non hanno inquinato la generosa ispirazione iniziale. In *All'erta, sentinella* che è del 1889 sono compresi tre dei racconti piú significativi: *Terno secco*, amabile variazione sul gioco del lotto; *Trenta per cento*, dove purtroppo è appena sfiorato il tema della paurosa ondata speculativa che travolge negli anni ottanta l'economia napoletana; e il celebre *O Giovannino o la morte*, che nel 1912 Ernesto Murolo adatterà alle scene e che sarà ridotto per il cinema per ben due volte, prima nel 1920, quindi nel 1942 col titolo di *Via delle cinque lune* e la regia di Luigi Chiarini. È una *historia calamitatum* densa di enfasi e di commozione, col suo bravo suicidio finale; e tuttavia il personaggio che la domina, «l'umile Chiarina, innamorata sí di Giovannino» che la tradirà con la matrigna, «ma soprattutto innamorata di questo suo amore», come ogni vera donna napoletana, è «fedele all'anima sua e al suo sentire, decisa fin da principio a difenderli anche con la morte», l'umile Chiarina «per questo suo risoluto sentire e voler, è creatura di dramma», come sostiene anche Pancrazi.

Nel biennio successivo, donna Matilde attinge forse al culmine della sua popolarità grazie ai due romanzi di scaltra fattura: *Addio, amore!* che è il suo best-seller in assoluto, e *Il paese di cuccagna*. Il primo apre la serie erotico-sentimentale: il secondo rimette in discussione, questa volta in chiave drammatica, la patologica soggezione di borghesi e plebei napoletani alla mania del lotto. È un formidabile affresco di vita cittadina, sostenuto con mano maestra attraverso un'ambientazione accurata, precisa, incalzante, «una varia e vivace galleria di ritratti», il cui unico limite sta, come al solito, nell'angustia del respiro ideologico. La scrittrice denuncia il carattere viscerale di quella mania ma lo fa essa stessa in modo viscerale, lasciandosi travolgere dal folklore, affastellando i materiali narrativi, ignorando le motivazioni strutturali dello sfacelo di cui la folle speranza nel gioco è soltanto una conseguenza secondaria. Il suo populismo è sempre «una forma di paternalismo mascherato», non va mai alla radice del conflitto tra le classi, tutt'al piú si risolve in una polemica scarfogliesca con il governo e non con la realtà socio-economica che lo condiziona. Non è certo per caso che nel 1894 «'a signora» si troverà a patrocinare, col Fogazzaro, un ambiguo movimento di «cavalieri dello spirito» o che nel 1912 firmerà con *Evviva la guerra!* una serie di articoli e di conferenze dedicati all'apologia delle imprese coloniali.

Si potrebbero citare altri titoli del periodo migliore; *La ballerina*, che è del '99 e traccia il riuscito disegno di una «delicata creatura d'arte»; *Suor Giovanna della Croce*, che è del 1901 e descrive la decadenza di una sepolta viva ma soprattutto della «dolente umanità che le si agita intorno»; la *Storia di due anime*, che è infine del 1904 e viene definito come il suo romanzo piú poetico. Ma ciò che piú importa sottolineare è il tenero, sotterraneo, fortissimo legame che corre tra la scrittrice e la città. Se tutta Napoli nell'estate del 1927 segue i suoi funerali dalla Riviera Chiaia alla collina di Poggioreale; se il mito di Matilde sopravvive alla sua scomparsa e si riflette su quasi tutti gli scrittori napoletani che vengono dopo di lei, da Bernari a Marotta, da Eduardo a Rea, è perché questa donna ha saputo identificarsi, nel bene e nel male, con le pietre e le case la gente i sentimenti i pregiudizi le illuminazioni le viltà che albergano sulle rive del golfo. Non ha dominato questa realtà, se n'è lasciata ubriacare. Non ha studiato, ha guardato. Non ha capito, ha visto. Non ha sistemato, ha descritto. La struttura della sua opera è farraginosa come il disegno urbanistico della vecchia metropoli. La sua commozione e la sua furberia sono le stesse con cui i napoletani si compromettono ogni giorno, giocandosi la storia di domani per un pizzico di cronaca d'oggi. Tutte le sue colpe sono felici, tutti i suoi vizi sono innocenti; e tuttavia, nella sua produzione torrenziale, le pagine incontaminate sono piú rare della neve sul Vesuvio. Matilde Serao, la piú grande narratrice di Napoli, è il capo d'accusa piú schiacciante contro la città.

5.

Salvatore Di Giacomo

Nato appena quattro anni dopo Matilde, e dunque coetaneo di Scarfoglio, Salvatore Di Giacomo sostiene anch'egli il suo noviziato in giornalismo. Ha frequentato il ginnasio al Collegio della Carità, lo stesso dal quale uscirà Benedetto Croce, ed è poi passato al Vittorio Emanuele, l'istituto statale allocato nell'ex convento dei Gesuiti in piazza Dante; e qui ha già offerto qualche prova della sua vocazione nativa fondando il giornale del «Liceo» e stampandovi i primi racconti nei quali si ravvisano i tratti essenziali di un mondo poetico fatto di lieve umorismo, di profonda pietà umana e di desolato pessimismo: tra tutti, notevole *Il curato di Pietrarsa*. Avviato per desiderio del padre agli studi di medicina, li abbandona dopo tre anni per un disgusto provato in occasione di una lezione di anatomia, un trauma di cui egli stesso lascerà una celebre testimonianza nella pagina autobiografica pubblicata qualche anno piú tardi sull'«Occhialetto». Il docente sta sezionando dinanzi agli studenti il cadavere di un povero vecchio deceduto all'ospedale degli Incurabili, dopo averne rasato il capo e averlo pennellato con quattro o cinque «linee di demarcazione» per svelarne plasticamente la «cosmografia» agli assistenti. A rendere ancor piú evidente la spiegazione, alza ogni tanto dal banco di marmo quell'orrendo trofeo che sembra guardare gli allievi «fissamente, con la bocca schiusa, gli occhi bianchi», tanto che a un certo punto Salvatore non ne può piú ed esce dalla sala. Ma il peggio deve ancora venire. Dalla scaletta che collega l'obitorio al piano superiore, scende incontro al giovane un bidello che reca sul capo un secchio. I gradini sono scivolosi: il bidello mette un piede in fallo, il secchio si rovescia ed il suo contenuto, «tre o quattro teste mozze, inseguite da gambe insanguinate», rotola fino ai piedi di Salvatore. Da quell'istante, egli è perduto per la medicina e può dedicarsi all'attività che legherà per sempre il suo nome al sentimento di Napoli e alla storia della poesia.

È la primavera del 1879 quando il diciannovenne Di Giacomo esordisce sulla terza pagina del «Corriere del Mattino», benevolmente accolto da Federico Verdinois che ne è titolare e dal vecchio Cafiero. In principio, la sua collaborazione rappresenta quasi una scommessa con lo stesso Verdinois, autore di un saggio sulle *Nebbie germaniche* che ha diffuso negli ambienti letterari cittadini la tardiva moda del romanticismo tedesco, beninteso secondo quel «gusto Bedermeier» che ne rappresenta una versione un po' goffa e deprimente. I racconti di Salvatore evocano presunte scene di vita universitaria tra Erlangen e Norimberga, ma con un senso cosí raffinato del particolare ed in un'atmosfera cosí nordica da far sospettare addirittura che li abbia tradotti. Per dimostrare che non è vero, anche perché non conosce una parola di tedesco, egli continua a scriverne tanti da poterli piú tardi raccogliere in un volume che sarà pubblicato col titolo *Pipa e boccale*. Ne emerge un altro motivo fondamentale nella sua arte: la percezione della morte come di una presenza irrinunciabile, costante contrappunto della vita e delle sue passioni; un motivo che, via via, perderà la sua carica melodrammatica per attingere una purezza struggente e classica, di stampo leopardiano.

Intanto, la perdita del padre ed una serie di difficoltà economiche, determinate dalla demolizione di alcuni appartamenti di sua proprietà nei quartieri del Risanamento, costringono il giovane a fare controvoglia pratica di cronista giudiziario, dall'83 all'88, per il «Pungolo», quindi per «Il Corriere di Napoli». In questo stesso periodo, egli viene pubblicando le prime raccolte di racconti, *Minuetto settecentesco* e *Nennella*, apparsi sui due quotidiani e su altri periodici, come del resto accadrà per quasi tutta la sua produzione, con un nesso che va sottolineato come essenziale ai fini del dialogo tra lo scrittore ed il pubblico e quindi della sua funzione nella cultura cittadina. Sul «Pungolo» appare anche una inchiesta tra giornalistica ed erudita che Salvatore conduce sul San Carlino, quando il piccone si abbatte sul popolare teatro: sarà raccolta a suo tempo in una «cronaca» (poi, piú ambiziosamente, *Storia*), documento di un interesse destinato ad accentuarsi con la maturità dello scrittore soprattutto quando egli avrà abbandonato il giornalismo per dedicare tutta la sua giornata lavorativa prima alla biblioteca universitaria, quindi e assai piú a lungo alla Lucchesi Palli.

Pur rivelando una sorprendente padronanza tecnica, le prove narrative degli anni ottanta non appaiono congeniali al talento del Di Giacomo. Il suo grande merito consiste nel rifiuto di «varcare la soglia del salotto borghese», nella scelta del costume popolare e piccolo-borghese come materia del racconto, che si ispira ai modi del naturalismo anche se per temperamento egli sente l'influenza di Hugo assai piú che non quella di Zola e indugia, con una scelta deliberata, sulla miseria dei bassi, cioè sulla realtà sociale di Napoli, anziché sugli ambienti mondani. Il limite sta piuttosto nello scarso vigore della rappresentazione, che non supera mai le dimensioni del bozzetto, soffuso di un delicato colore, di un'atmosfera assai intensa, di una sensibilità spesso esasperata da una sorta di «sadismo sentimentale» che gli verrà rimproverata non a torto come una prova di insicurezza, di fragilità.

La documentazione è scrupolosa come esige la moda letteraria: Salvatore visita i quartieri piú poveri, armato di taccuino e di macchina fotografica, ma per riconoscere negli emarginati, nei bambini, negli animali – in tutte le vittime dello sfacelo – la proiezione del suo rifiuto «della lotta per la vita». I suoi personaggi condividono «l'atteggiamento statico dell'animale condannato che si rintana per lasciarsi morire»; ed è singolare come questa immagine ritorni quasi intatta poco meno di un secolo dopo in un'osservazione di Pasolini, per il quale i napoletani costituiscono una grande tribú che vive nel ventre di una città di mare ed ha deciso «senza rispondere delle proprie possibili mutazioni coatte, di estinguersi, rifiutando il nuovo potere, ossia quella che chiamiamo storia, o altrimenti la modernità». La intuizione di Pasolini sarà contestata da destra quale condanna senza appello e da sinistra quale sottovalutazione del contributo che i lavoratori napoletani offrono alla lotta di classe, ma la sua coincidenza con un dato essenziale nella poetica digiacomiana vale almeno ad individuare una costante del temperamento indigeno.

Naturalmente il rapporto tra Salvatore e l'ambiente va assai oltre la sua «depressione cronica» o la sua grande «tristezza autobiografica», che del resto non sono affatto esclusivi nella sua opera e particolarmente negli anni giovanili. Anche se qualcuno si è preso la pena di calcolare che nei suoi versi Napoli è citata per nome soltanto tre volte ed il Vesuvio mai, pochi artisti come lui appartengono al panorama della propria città; ne hanno colto l'essenza musicale e figurativa, contribuendo potentemente a definirla e talora ad inventarla; ne hanno studiato amorosamente il passato; ne hanno percorso quotidianamente le strade e le piazze. La sua giornata è scandita tra le ricerche in biblioteca e i vagabondaggi per «gli antichi decumani, i cardini, le strettoie, gli angiporti». È facile incontrarlo nei vicoli dei vecchi quartieri in cerca di un convento o di un ricordo «con la cravatta nera svolazzante, il bavero della giacca rialzato, lo sguardo assente», e non di meno bellissimo e azzimato come un «guappetiello», secondo l'affettuosa definizione della Serao.

La sua passione per i documenti storici è tale che in un certo periodo, per completare uno studio sui tre conservatori musicali, s'introduce a piú riprese di notte e con una chiave falsa nella biblioteca dei Gerolomini. Raffinato intenditore della cucina tradizionale, pilota i rari amici e le tempestose innamorate in piccole osterie «nascoste», dove assapora «pietanze care al suo palato plebeo», cadendo di tanto in tanto in trasognati silenzi. La sua misantropia, la riluttanza alla conversazione brillante e all'approccio cordiale, nascono da una profonda timidezza. I compagni migliori sono per lui pittori e scultori – Morelli, Dalbono, Migliaro, Gemito, Luca Postiglione – piuttosto che letterati e giornalisti dei quali, scontroso ed ombroso com'è, detesta la loquacità, la superficialità, i pettegolezzi; eppure è capace di sedere per ore al caffè Gambrinus, a discutere e ad ascoltare. Chi gli vuol bene sa che non bisogna interromperlo e neppure sollecitarlo: egli emerge improvvisamente da una meditazione, da un sogno, da un momento di malumore, per accettare il colloquio ed allora sa essere anche pungente ed allegro.

Pittura e musica sono il nutrimento del suo spirito. I maestri dell'impressionismo, anche quelli napoletani con cui trascorre buona parte del suo tempo lo influenzano solo nella misura in cui egli è portato dall'istinto a trasfigurare magicamente la realtà, descrivendola con tocchi rapidi ed essenziali, attraverso allusioni ed accenni. Per gli interni dei suoi primi racconti si individuano sorprendenti affinità con Gioacchino Toma, tematica risorgimentale a parte; per la scabra serietà del suo impegno, si ricordano l'amicizia ed il vivo suo apprezzamento per Michele Cammarano; ma probabilmente è nel giusto chi sostiene che Salvatore attua la sua mediazione poetica filtrando tutta l'esperienza della scuola di Posillipo, in particolare quella di Giacinto Gigante, tanto nell'interpretazione «notturnistica» del paesaggio, quanto in quella «commossa della realtà quotidiana piú modesta, riscattata in forza di sentimenti e di rigore di linguaggio». Di impressionismo si parla anche in un senso piú letterale ed elementare, a proposito dell'ipersensibilità dello scrittore. Egli stesso, in una conversazione con Alfredo Gargiulo, avrà modo di sottolineare che per lui «l'impressione è tutto», qualcosa di piú importante della cultura, di piú determinante dell'ideologia o dell'educazione: un evento, un grido, un motivo che porta l'artista dallo «stato di tranquillità al turbamento».

La sua musicalità si alimenta essa pure con la frequentazione del passato cittadino, gli studi sui conservatori, la lettura di Metastasio, anche «la vocale modulazione della gente napoletana», per quanto ovviamente essa viva di vita autonoma soprattutto nel lirismo fantastico, nella sognante dolcezza, in un metodo calibratissimo di lavoro «nel cui moto, gli affetti e le visioni si fanno lentamente remoti come voce che s'allontana e sembra morire; e pur vivi perché non v'è nel mondo un cimitero dei suoni spenti e degli echi caduti».

Ma dove il nodo, l'amoroso intrigo tra Di Giacomo e la città si fa palese è nella scelta del dialetto, che egli utilizzerà in forma esclusiva per la poesia ed in parte per il teatro. In una simile scelta c'è sicuramente una motivazione non diversa da quella che è stata adottata per spiegare la fioritura della letteratura regionale negli ultimi decenni del secolo, ovvero la ricerca «nell'analisi circostanziata di situazioni concrete» del modo di uscire da una crisi «assai viva delle prospettive ideali». Il rifiuto della lingua nazionale come di uno strumento ancora inadeguato ad esprimere una persistente sovrastruttura culturale e sentimentale sottintende la consapevolezza di uno squilibrio storico, e quindi psicologico, che non accenna ancora a sanarsi per il ritardo con cui si realizza l'unità concreta del paese. Tuttavia, il caso di Salvatore Di Giacomo è assai piú complesso.

In primo luogo, il suo dialetto rappresenta un'invenzione poetica piuttosto che una mera registrazione di tipo documentario o peggio folkloristico; è un riuscito tentativo di conferire dignità linguistica ad un mondo «storicamente arretrato» ed insieme un recupero di antichi e mitici valori che stanno per dissolversi nel nuovo contesto civile a cui lo scrittore si sente irrimediabilmente estraneo, come un artista del dissenso può sentirsi estraneo ad una società rivoluzionaria. Per altro verso, egli percepisce in presa diretta, se cosí si può dire, la bellezza e la ricchezza della «vita plebea» con la quale si misura ogni giorno come cronista, come viandante, come «uomo di pena»; e sa coglierle sulla bocca delle popolane innamorate, dei guappi, degli scugnizzi, dei venditori ambulanti, senza rinunciare per questo alla sua ritrosia nei contatti individuali. Di questi contatti non ha bisogno, oltre ad avere paura e fastidio, perché la sintesi avviene nella silenziosa solitudine della sua fantasia. La struttura sintattica che egli conferisce al proprio vernacolo è quella della lingua colta, ma la materia a cui attinge è popolare, ribollente, colorita, «fragrante», soprattutto nella fase iniziale dell'attività creativa che – come nel caso della Serao – appare piú feconda di quelle successive, probabilmente perché all'alba del nuovo secolo i mutamenti del tessuto della società nazionale si susseguiranno con un ritmo sempre piú incalzante, accentuando fino ai limiti della nevrosi le frustrazioni e l'isolamento della generazione postrisorgimentale.

Comunque negli anni ottanta il punto di non ritorno è ancora molto lontano per Di Giacomo, che accanto a quelle narrative viene affrontando le prime prove liriche e drammatiche. È un periodo di magica fecondità, seppur non privo di incertezze e contraddizioni. Nel 1882 scrive i versi di *Nanní*, una canzone musicata da Mario Costa, cui faranno seguito tra le altre *Carulí*, la splendida *Era di maggio* e la celeberrima *A Marechiare*, esempio clamoroso di mercificazione dell'arte se è vero che Salvatore descrive senza averla mai vista la famosa «fenesta» che verrà poi individuata a caso e fregiata di una lapide ad uso dei turisti.

È stato Martin Cafiero a sospingere il suo redattore sul piano incli-
nato della Piedigrotta per quanto sia indispensabile sottolineare che al
momento gli eccessi dell'industria culturale appaiono remotissimi e che
talora parolieri e musicisti, come appunto nel caso di Salvatore e dei suoi
abituali collaboratori (Costa, Tosti, De Leva, Di Capua) sono artisti autentici la cui fresca ispirazione attinge ad un canto di valore assoluto.
Spesso è il compositore che adatta il motivo ad una lirica di cui si è inva-
ghito alla stregua di qualsiasi altro lettore; e quindi l'operazione risulta
nel complesso piú che genuina, come in tante altre stupende canzoni di-
giacomiane, da *Luna nova* a *Lariulà*, i cui testi del resto coincidono con
la linea poetica dei *Sonetti* che escono in prima edizione nel 1884. Il dialetto vi è arcaico, soavissimo:

> Uocchie de suonno, nire, appassiunate,
> ca de lu mmele la ducezza avite,
> pecché, cu sti guardate ca facite,
> vuie nu vrasiero mpietto m'appicciate?...

Di Giacomo ha letto evidentemente le raccolte che da gran tempo si
sono venute facendo in città dei versi e della musica popolare di Napoli,
della Campania e di altre regioni, con particolare riguardo al Settecento,
un secolo al quale è legato da un acuto senso di nostalgia, il secolo «delle
favole melodiose e idilliche, dove si componeva senza sforzo, senza lotta,
senza il risentimento del distacco, la dissonanza della vita», col quale insomma – come dirà piú tardi un altro poeta italiano – egli si sente in armonia. Si è rilevato, per esempio, che *'E spingule francese*, maliziosa ed
incantevole storia di un venditore ambulante che tenta invano di sedurre
una giovane donna presso cui si è introdotto col pretesto del suo commercio di spille da balia, riproduce quasi alla lettera il canto di Pomigliano d'Arco (o di Frasso Telesino), una vecchia composizione popolare
che egli «completa e commenta con pochi suoi versi». E il discorso si
può ripetere per molte altre canzoni, anche del periodo successivo.

Amori sfortunati o impossibili, «impressioni», scene di straordinaria
e ingenua vivezza guizzano nei sonetti «antichi», primo abbozzo di quel-
l'impegno lirico nel quale Salvatore offrirà i suoi esiti piú alti. Qualcuno
di essi è già consegnato ad una purezza senza tempo, come *Lettera malinconica*:

> Luntana staie, Natale sta venenno:
> che bello friddo, che belle ghiurnate!...
> Friddo 'o paese tuio nne sta facenno?
> pe' Natale ve site priparate?
> Luntane staie... No... siente... nun è overo,

t'aggio ditto 'a buscia... Chiove a zeffunno...
me se stregneno 'o core e lu pensiero...
nun ce vurria sta' occhiu ncopp'a stu munno!...

Contemporaneamente, però, corre ancora in queste composizioni una vena alternativa, fatta di curiosità veristiche, di concitazione drammatica, persino di una scoppiettante comicità, in cui si riflettono al tempo stesso la giovinezza del poeta e le sue esperienze professionali di cronista. Sono storie di ciechi, variazioni sui mestieri o sulle stagioni, ritratti di popolane come la «farenara» del vico dei Sospiri, la friggitrice della Speranzella, la macellaia della Carità, le tre belle figliole del vico degli Scoppettieri, la misteriosa destinataria di una «lettera amirosa» in cui Salvatore fa la delicata ed arguta parodia di un idillio popolaresco:

Ve voglio fa 'na lettera a ll'ingrese,
chiena 'e tèrmene scivete e cianciuse,
e l'aggia cumbinò tanto azzeccosa
ca s'ha d'azzeccà mmano pe nu mese...

La varietà di interessi da cui in questo periodo è sollecitato lo scrittore, sta alla radice degli altri racconti pubblicati tra l'86 e l'88, dei tre poemetti che vedono la luce nello stesso biennio e del suo accostamento al teatro. Gli argomenti e in qualche modo anche l'approccio estetico non sono lontani, in questo caso, dalla tematica di Mastriani e della Serao. «O funneco verde» è il vicolo «ntruppecuso e stuorto», il fondale dirupato e asfissiante, in cui la gente «nzevata e strillazzera» vive come in una tana per scarafaggi il dramma della miseria, della violenza e della superstizione: una sorta di sintetica replica in versi al *Ventre di Napoli*. In *'O munasterio* o nel piú rapido *Zí munacella* rivive quella Napoli dei conventi, delle vocazioni forzate o drammatiche, delle tentazioni malsoffocate, a cui Di Giacomo riserva anche come studioso tanta amorevole attenzione. Un'eco potente delle motivazioni sociologiche del primo periodo di lavoro si ritroverà, dieci anni piú tardi, nel poemetto dedicato *A San Francisco*, testo cosí vibrante di tensione drammatica da renderne inevitabile l'adattamento teatrale, prima come trasfigurazione lirica, poi come vera e propria azione scenica.

Ma al teatro, lo scrittore è già arrivato nell'87 con un'opera buffa, *La fiera*, scritta per lo spartito del maestro D'Arienzo; e quindi, in collaborazione con Goffredo Cognetti, attraverso la riduzione di novelle pubblicate nella raccolta del 1888, *Rosa Bellavita*. Nel dicembre dello stesso anno va in scena per la prima volta *Malavita*, un dramma a forti tinte che ripete, dilatandola, la vicenda di *'O vuto*: un tintore ammalato di tubercolosi, Vito Amante, fa voto dinanzi alla sacra edicola del vicolo di «liberare dal peccato» e sposare una donna di malaffare se il Cristo lo guarirà. Il miracolo si compie e la giovane prostituta, redenta dall'operaio, Cristina la Capuana, se ne innamora perdutamente, ma Vito è incatenato dalla passione di donna Amalia, «avida e sensuale», che lo induce a tradire il giuramento e a rispedire Cristina nella «malacasa». La rappresentazione degli ambienti di malavita napoletana è esplicita fino alla crudezza; il contrasto dei sentimenti è violento, come suggerisce la scuola veristica; il risultato è modesto.

Il palcoscenico tenterà ancora Di Giacomo, anche quando non sarà piú da molti anni «'o guappetiello» e avrà superato i motivi aspramente polemici che hanno opposto lui, Bracco ed altri scrittori alla ridanciana comicità di Scarpetta, in nome del cosiddetto «teatro d'arte». Qualche contributo secondario al repertorio in musica, un «intermezzo giocoso» (*L'abbé Péru*) di atmosfera ancora settecentesca e uno romantico (*Quand l'amour meurt*), ma soprattutto due testi di notevole risalto, *Mese mariano* e *Assunta Spina*. Anche qui il procedimento è quello che piú tardi sarà seguito da Pirandello: l'idea nasce come racconto per svilupparsi, sia pure con minore stringatezza, intorno ad un nucleo drammatico, che nel primo dramma – ispirato alla novella *Senza vederlo* – è di intonazione crepuscolare; nel secondo appare assai piú corale e sanguigno. Durante il «mese mariano» una madre che ha ricoverato in ospizio un figlioletto avuto prima del matrimonio va a visitarlo e gli porta in modesto dono una sfogliatella; ma il bambino è morto e gli impiegati, la suora, l'economo dell'Albergo dei Poveri non osano dare la notizia alla sventurata, che se ne va ignara. Nove anni piú tardi, nel 1909, Salvatore si decide con molte esitazioni ad accettare l'invito dell'impresario del teatro Nuovo e gli consegna, ancora incompleto, il copione ricavato da un racconto scritto alla stessa epoca del *Voto*. Si vuole che il capocomico della compagnia, don Gennaro Pantalena, abbia contribuito in notevole misura ad irrobustire un manoscritto appena abbozzato, specialmente per quanto riguarda le scene iniziali del primo atto che costituiscono una vivacissima rappresentazione, ricca di colore e di ironia, della «grande sala del tribunale penale, a Castelcapuano»; ma l'ipotesi appare discutibile, sol che si pensi all'esperienza diretta che Di Giacomo possiede della vita giudiziaria.

Comunque, Assunta Spina è un personaggio degno di figurare nella galleria delle donne piú felicemente vagheggiate da Di Giacomo che la presenta «vestita da popolana, con qualche eleganza, capelli rossi, grandi occhi neri, un fazzoletto nero [che] le si annoda sulla cima del capo e le passa sotto il mento, nascondendo una ferita alla guancia destra». È il suo amante Michele Boccadifuoco, mezzo beccaio e mezzo guappo, che le ha «tagliato la faccia» per gelosia, perché Assunta è «na femmena curiosa assaie: vò bene, nun vò bene, s'appiccia, se stuta, mo v' 'a strignite int'a na mano, mo ve sfuie comm'a n'anguilla»; e accendendosi, spegnendosi, sfuggendo come un'anguilla, ha fatto la commedia con un agente di pubblica sicurezza. Lo «sfregio» costa a Michele due anni di reclusione. Per evitare che egli sia tradotto in un carcere lontano da Napoli, Assunta cede alle profferte di un giovane impiegato del tribunale, del quale, poi, finisce per innamorarsi; e quando Michele esce di galera, gli confessa il tradimento. La tragedia si consuma, come nel teatro greco, dietro le quinte: l'impetuoso amante si lancia in strada per accoltellare il rivale che sta sopraggiungendo, e quando arriva il brigadiere di polizia, Assunta si addossa la responsabilità del delitto per salvare il fuggiasco. Un passo piú in là e siamo al «grand guignol», a quella che diventerà pochi anni dopo la tipica *sceneggiata* napoletana; ma Di Giacomo riesce naturalmente a conservare una nobile misura, che si esalta soprattutto nel temperamento discontinuo, fremente, appassionato della protagonista, interpretata magistralmente da Adelina Magnetti e portata poi sullo schermo nel 1915 dal regista Nino Martoglio.

Al termine del decennio a cui, in fondo, si riallaccia anche l'idea originaria di *Assunta Spina* la collocazione di don Salvatore nel contesto della città è ormai definita nei suoi tratti essenziali. Napoli è già orgogliosa del suo poeta «aristocratico e popolare», ne apprezza persino «gli umori ingiusti e dispettosi», si rilancia divertita la definizione già celebre di Dalbono: «miezo femmena e miezo criatura». Essa si riconosce nel suo individualismo scontroso, nella sua umanissima pietà, nel suo pessimismo; gli è grata di aver espresso un «superiore mondo poetico» con il suo dialetto, di aver accettato perfino di misurarsi con la canzone, un messaggio cosí accessibile all'animo popolare. Come racconterà Ezekiele Guardascione, «un'aria di rispetto affabile ed intelligente» è ravvisabile «nel saluto del cocchiere, dell'oste, del bottegaio, della fruttivendola» a cui don Salvatore risponde sorridendo «con la sua faccia quadrata, dagli occhi neri e lucenti». Marinetti sosterrà addirittura con qualche enfasi che il poeta è diventato «il confidente, l'indispensabile confidente che ogni napoletano e ogni napoletana cercano e desiderano». Anche negli ambienti culturali cresce la considerazione per Di Giacomo. La pubblicazione della *Storia del teatro San Carlino* coincide, nel 1891, con la prima raccolta in volume delle sue *Canzoni napoletane*. L'anno dopo il poeta fonda con Benedetto Croce, Michelangelo Schipa ed altri «valentuomini» la rivista di «topografia ed arte», «Napoli nobilissima», che durerà fino al 1906, per essere rilanciata con scarso successo dall'editore Ricciardi nel primo dopoguerra. Il progetto si innesta nella fioritura di

una ricerca storica minore, applicata al costume, alle indiscrezioni bio-
grafiche, agli aneddoti, ai teatri, ai mestieri, alle tradizioni popolari e si
propone anche scopi pratici, quali la conservazione dei monumenti e il
miglioramento del patrimonio artistico «disseminato per le vie della città, ma non amorosamente sorvegliato, non coltivato mai».

Croce, nemmeno trentenne e quindi piú giovane di don Salvatore ma
già nume tutelare della cultura locale, nutre una sorta di paterno affetto
e molta ammirazione per lo scrittore da cui è rispettosamente ricambiato.
Gli perdona «svagatezze e bizzarrie» giudicandolo «intelligentissimo e
chiaroveggente» ma anche «talvolta irragionevole, anzi irrazionalissi-
mo»; e semmai gli contesta con un'ombra di compatimento il carattere
troppo suscettibile. Di Giacomo viene misurandosi con una serie di studi
sulle taverne famose della storia napoletana, sulla prigionia del cavalier
Marino nel carcere della Vicaria, sulla repubblica partenopea e sulla rivoluzione del '48, fino alla deliziosa ricerca sulla «prostituzione a Napoli
nei secoli XV-XVI-XVII», per tacere dei lavori che dedicherà piú tardi ai
suoi artisti favoriti: Morelli, Gemito e Dalbono; ma neppure questa
concorrenza marginale che l'amico gli muove sul terreno storiografico ha
il potere di irritare don Benedetto che tutt'al piú si limita a qualche gar-
bata osservazione di carattere tecnico. Cosí, a proposito del saggio sulla
prostituzione, muove obiezioni circa l'uso che Di Giacomo fa di determinate illustrazioni e dei documenti d'archivio: nello stesso articolo,
pubblicato sul «Corriere di Napoli» nell'autunno del '99 e sollecitato
dal poeta-erudito, giustifica perfino la scelta di un argomento che a lui
pare «triste e turpe», dicendosi convinto che a siffatte indagini l'amico
si è dato esclusivamente per seguire «il suo impulso artistico». Il che,
beninteso, non va esente da pericoli secondo Croce, perché, se è vero che
Storia ed Arte sono figlie di una stessa Madre, non è men certo che «l'u-
nione tra esse è un incesto». Si tratta in fondo di una soave stroncatura
alla quale Salvatore replicherà con una serie di interrogativi retorici ma
non privi di efficacia: «Al romanzo, al teatro, all'opera di pittura la storia non rende continuamente servigio? Sí: l'arte e la storia son davvero
sorelle ma non di quelle, d'una qualche mitologica famiglia, le quali si
sbranavano a vicenda. E voi, quando parlate della loro madre, non allu-
dete forse alla Vita?» In altra occasione, piú semplicemente, dirà che per
lui l'antichità «non è uno studio, è un sentimento».

Le schermaglie tra i due celebri napoletani non intaccano comunque
un sodalizio che tocca il culmine nel 1903, quando la «Critica» pubblica
il celebre saggio in cui Croce consacra lo scrittore che gli è caro «per la
schiettezza del suo temperamento e per l'intensità e sobrietà della sua
arte», ricusando per lui ogni limitazione che attenga alla scelta del dia-

letto perché «quando un artista sente in dialetto (ossia concepisce quelle immagini foniche che i grammatici poi classificano con tale nome) egli deve esprimersi con quei suoni». È la denuncia, cosí schiettamente crociana, dell'errore per cui un artista, invece di essere «coltivatore della sua anima» lo sarebbe di un «genere letterario» quale la presunta «poesia dialettale». Nello stesso anno in cui esce il saggio, nasce l'idea di raccogliere tutti i versi di Salvatore in un volume che vedrà la luce nel 1907 per i tipi del giovanissimo editore Ricciardi e che Croce curerà personalmente, compilando anche il glossario e vedendosene ripagato con una dedica al «buon amico, quasi fratello», e «forse piú poeta che filosofo». L'intesa non conoscerà eclissi fino all'avvento del fascismo, quando lo scrittore si lascerà sedurre dalle blandizie del regime, e, perduta la speranza di sedere in Senato, si rassegnerà ad accettare con Pirandello le palme dell'accademia d'Italia. Solo negli ultimi tempi, con l'incalzare della malattia che nel 1934 porterà Salvatore alla tomba, tra i due vecchi amici si produrrà «un affettuoso riavvicinamento».

Il saggio crociano dei primi del secolo anticipa i giudizi che tutta la critica piú avvertita, da Serra a Flora, da Cecchi a De Robertis, da Luigi Russo a Stefanile, andrà stilando negli anni successivi. I versi di Salvatore vanno messi «accanto a certi frammenti di Saffo». L'amore vi è patito «nella sua origine oscura e nel suo mistero»; è amato esso stesso piuttosto che la donna, «in tutte le mille vicende in cui si risolve la sua vita di passione, col suo alternarsi di gioia e di dolori, quelle non troppo profonde, questi non troppo vivi», come lo sentivano o, per essere piú precisi, come Di Giacomo «crede lo sentissero gli uomini e le donne del Settecento». In contrasto con il preziosismo e le suggestioni psicologiche dei maggiori poeti contemporanei, da D'Annunzio a Baudelaire, la materia dei versi digiacomiani «pare semplice, quasi mediocre»; e nondimeno «poche parole cadute dalle sue labbra bastano a creare l'impressione della vita, piena e trasparente; e l'aria circola e lo spazio è aperto e gli uomini e le cose si vedono e si sentono fra sillaba e sillaba di una strofetta breve». È un mondo poetico «mediterraneo» in cui taluno avverte assai forte l'impronta della lettura, meditata e lungamente assaporata, di Metastasio. Il realismo originario è diventato «gioco e fiaba», si è risolto in una metafora, un'estasi «tutta vocale e lirica», dominata da «un senso desolato della solitudine e della tenebra» che si cela negli stessi momenti piú maliziosi e vitali. Perfino nelle canzoni, almeno le piú belle, si compie il prodigio: «gli strumenti di Piedigrotta son sonati dagli angeli-musici del Beato Angelico». Si parla dei poeti provenzali, si parla del Tasso dell'*Armida*, ma anche – per tenersi al presente – di Maeterlink, di Čechov, di Verlaine e di Valéry:

> Nous avons pensé des choses pures
> côte à côte, le long des chemins,
> nous nous sommes tenus par les mains
> sans dire... parmi les fleurs obscures...

Ma Salvatore, come dice Serra, è «qualcosa di unico», per lo strumento linguistico che usa, per la città da cui esce, per il discorso poetico che gli sta a cuore. Egli lo conduce con un affinamento continuo del magistero d'arte e con una crescente esasperazione del tema fondamentale, l'amore, non l'amore beninteso come felicità, come piacere, come «sfizio», semmai come tormentosa sofferenza:

> Ma si è strazio per te,
> ma si quasi te pare ca muore,
> come saie ca è succiesso cu 'me
> tanno è ammore verace, oiné...

Fino al 1905 i fantasmi femminili con cui Di Giacomo combatte la sua dolcissima guerra sono senza volto: una, nessuna e centomila. Anche il tono è meno disperato, le parentesi di gioia e di letizia sono frequenti, il colloquio si allarga ad altre creature, alle cose, alla natura. Nel 1898 escono *Ariette e sunette*, risultato di quattordici anni di lavoro, «insistiti sul linguaggio», che hanno dato al poeta, «alla sua voce, una responsabilità che ormai non sarà piú tradita o delusa». L'esito mirabile, già perfetto, è consegnato a quattro o cinque piccole composizioni in cui la parola è diventata armonia, il canto si è liberato in un registro tenue e indistruttibile:

> Nu pianefforte 'e notte
> sona luntanamente,
> e 'a museca se sente
> pe ll'aria suspirà.
> È ll'una: dorme 'o vico
> ncopp'a sta nonna nonna
> 'e nu mutivo antico
> 'e tanto tiempo fa.
> Dio, quanta stelle ncielo!
> Che luna! e c'aria doce!
> Quanto na bella voce
> vurria sentí cantà!
> Ma sulitario e lento
> more 'o mutivo antico:
> se fa cchiú cupo 'o vico
> dint'a ll'oscurità.
> Ll'anema mia surtanto
> rummane a sta fenesta.
> Aspetta ancora. E resta,
> ncantannose, a penzà.

La notte, la luna, il sole, il mare, le stagioni sono gli «elementi primari», la materia stessa della poesia di Salvatore ma lo spirito che vi soffia è quello d'amore. Finora, per lui, l'amore è «na chitarra – ca nun tene una corda»: oggi sei tu, domani forse sarà un'altra, e poi un'altra, chi sa. È una donna senza volto: eccola, vestita di rosa e seduta su una panchina, nell'aria profumata e leggera d'aprile; eccola che dorme, sospira nel sonno, sembra che rida e stia per parlare; ecco Carolina, per cui Salvatore vorrebbe scrivere un libro dove fossero stampate «quanta 'nzirie» ha preso per lei; ecco Rosina, che diventa piú scortese proprio ora che è il mese di maggio, che ridono le cose, che il profumo delle rose ci stordisce; ecco Caterina, piú capricciosa e mutevole del mese in cui muore l'inverno:

> Marzo: nu poco chiove
> e n'ato ppoco stracqua:
> torna a chiòvere, schiove,
> ride 'o sole cu ll'acqua.
> Mo nu cielo celeste,
> mo n'aria cupa e nera:
> mo d' 'o vierno 'e tempeste,
> mo n'aria 'e primavera...

La disperata malinconia che piú tardi dominerà incontrastata l'anima di Salvatore si affaccia già in questi versi: somiglia al sentimento di morte che sale dalle piante di ortensie esposte dal balcone di un'altra donna senza nome ed inaridite come il sentimento tra i due amanti che non si pensano piú, non si parlano, non si vedono, non si scrivono piú. E tuttavia il poeta è alle soglie di un incontro felice, un momento incantato in cui il tempo sembra magicamente fermarsi:

> Maggio. Na tavernella
> ncopp' 'Antignano: 'addore
> d' 'anèpeta nuvella;
> 'o cane d' 'o trattore
> c'abbaia: 'o fusto 'e vino
> nnanz' 'a porta: 'a gallina
> ca strilla 'o pulicino:
> e n'aria fresca e ffina
> ca vene 'a copp' 'e monte,
> ca se mmesca c' 'o viento,
> e a sti capille nfronte
> nun fa truvà cchiú abbiento...
> Stamma a na tavulella
> tutte e dduie. Chiano chiano
> s'allonga sta manella
> e mm'accarezza 'a mano...
> Ma 'o bbí ca dint' 'o piatto

se fa fredda 'a frettata?...
Comme me sò distratto!
Comme te sí ncantata!...

Salvatore è giunto nell'autunno del 1905 all'appuntamento che ha presagito e temuto da sempre: dopo tante donne che lo hanno incantato ed impaurito, ne incontra finalmente una che lo investe direttamente e concretamente con la violenza di un uragano, una di quelle *tropèe* improvvise che sconvolgono il golfo. Si presenta un giorno al bibliotecario della Lucchesi-Palli una studentessa che sta preparando una tesi sulla sua opera poetica: è bella, alta, bruna, ardita; si chiama Elisa Avigliano ed è figlia di un magistrato. L'artista quarantenne, ormai famoso, è tuttavia ancora scapolo, un figlio di famiglia «tenuto a balia» da mamma e sorella, legato come tanti maschi meridionali ad un morbido rapporto con le sue congiunte; e tergiversa, divaga, parla nelle prime passeggiate con la ragazza di una possibile «amitié amoureuse». Elisa invece va diritta al bersaglio: al suo «buono e caro signor Di Giacomo» scrive una lettera di fuoco, per rifiutare ogni definizione ipocrita e gridargli sul bel viso quadrato che lo ama, per dirglielo rudemente e brutalmente, cosí com'è.

Potrebbe essere l'inizio di un matrimonio felice; è l'avvio di un dramma molto napoletano, molto freudiano, molto digiacomiano. Il poeta usa la gelosia materna come uno schermo per il proprio rifiuto? Il suo rifiuto nasconde un complesso di castrazione, il terrore del rapporto sessuale, la fedeltà ad una idealizzazione patologica della figura femminile? Sono ipotesi che saranno ventilate molti anni piú tardi, quando si scopriranno casualmente molte delle lettere scritte da Salvatore ad Elisa tra il 1906 e il 1911, durante una parte del lunghissimo periodo di fidanzamento che si concluderà solo nel 1916 con il matrimonio. Si parlerà allora di nevrosi, di una radice voyeuristica, insomma di omosessualità repressa; si denunceranno le affinità con la desolazione, il rinvio, la certezza della «totale impossibilità dei rapporti fisici», presenti nell'opera di Giacomo Puccini. Qualcuno accuserà Salvatore di aver sottoposto Elisa ad una lunga ed inumana tortura, proiezione di un carattere debole, di un egocentrismo puerile. E saranno, senza ombra di dubbio, accuse fondate ma terribilmente schematiche, isolate dal contesto storico e culturale in cui vive opera ed ama Salvatore, staccate dalla sua condizione poetica, indifferenti alle sue ragioni esistenziali – come giudicare in Rimbaud il trafficante d'armi o in Pound il propagandista mussoliniano; impietosa e sterile prova di moralismo.

La pagina documenta, invece, come il poeta fosse la prima vittima della propria tortura e riscatta la sua delirante incertezza nella verità lirica della sofferenza. Dimenticato il momento magico della *Tavernella*, Di Giacomo sprofonda nella voragine del suo amore scontento, avvolto di pentimenti e di ombre, di lagrime e di smanie:

> Nun scennere p' 'a Posta! Nun te fermà lla nnanze!
> Essa p' 'a Posta saglie: tu 'o ssaie: tu 'a può ncuntrà!
> E si accummience 'a capo? No, no! Meglio è c' 'a scanze!
> Tu 'a tuorne a fa' fa' janca: te tuorne a turmentà!...

La limpida levità di *Ariette e sunette* è svanita nel tumulto di una passione senza sorriso. Salvatore si dilania in un travaglio che, per essere probabilmente immaginario o almeno irrazionale, non è per questo meno doloroso:

> Amice, perdunateme! Sí, sí, 'a vedette! E ghianca,
> cchiú ghianca 'e ll'ati vote, si ll'aggio vista fà!
> E mo, mo ca nne parlo c'o sciato ca me manca,
> mo stesso, si putesse, llà, llà vurria turnà!

È cambiata la metrica, è cambiato lo stesso sguardo con cui Di Giacomo osserva la realtà che lo circonda (ma non sta cambiando anche Napoli? E la *belle époque* non sta per diventare uno sbiadito ricordo con tutto il suo bagaglio di idilli e di illusioni?) La vena di Salvatore, anche a prescindere dalla tempestosa vicenda con Elisa, si va fatalmente inaridendo, anche se qua e là zampillano ancora versi di sogno, trasalimenti di bellezza e di stupore:

> Mare, liscio e turchino,
> addò pare nchiuvata
> ncopp'a ll'acque na vela
> ianca, ca s'è fermata:
> cielo, celeste cupo,
> ca 'int'a st'acque te mmire;
> e tu, viento liggiero,
> ca mme puorte 'e suspire
> 'e st'arbere d' 'a villa,
> e sbatte cu sti scelle,
> e curre, ncuitanno
> 'e funtane e ll'aucielle;
> sentitela! 'A sentite?
> St'anema ve risponne...

Sono lampi, illuminazioni ormai rare. Mentre il poeta declina, l'uomo arretra sempre piú sgomento dinanzi ai problemi di un'epoca che non capisce e che si illude di esorcizzare affidandosi stancamente ai blocchi dell'ordine, alle soluzioni di forza, alla dittatura, anche questo un trasparentissimo transfert. Nel 1916, l'anno delle nozze con Elisa, ha pubblicato *Canzone e sunette nove* e un volume di novelle, *Garofani rossi*. Quattro anni dopo, escono *L'ignoto* e la ristampa della seconda edizione ampliata di tutte le poesie, la cui lezione definitiva firmerà nel '26. Lo studio sul *Conservatorio dei poveri di Gesú Cristo* e quello di *Santa Maria di Loreto* chiude, praticamente, la sua laboriosa giornata nel 1928, due anni prima che Salvatore resti vittima di un attacco di uricemia, «seguita da una lunga astenia nervosa» da cui non si riavrà piú fino alla notte del 5 aprile 1934, quando morirà come suo padre «di malinconia», mentre Elisa gli sopravviverà di quasi trent'anni in preda ad una amara e tranquilla demenza. L'ultima memorabile composizione Di Giacomo l'ha scritta tanto tempo fa, prima che finisse la guerra, per ricordare un piccolo grillo canterino, «arillo animaluccio cantatore», ma soprattutto per prendere congedo dai suoi fantasmi:

> Sera 'e settembre – luna settembrina,
> ca 'int' 'e nnuvole nere
> t'arravuoglie e te sbruoglie
> e 'a parte d' 'a Marina
> mo faie luce e mo no –
> silenzio, 'nfuso
> quase a l'ummedetà
> strada addurmuta
> (ca cchiú scura e sulagna
> quase s'è fatta mo,
> e ca sento addurà
> comm'addorano 'e sera
> cierti strade 'e campagna)
> arillo
> ca stu strillo
> mme faie dint'o silenzio
> 'n'ata vota sentí...
> Zicrí! Zicrí!
> Zicrí!
> Accumpagnate a casa
> stu pover'ommo,
> stu core confuso,
> sti penziere scuntente,
> e st'anema ca sente
> cadè 'ncopp'a stu munno
> 'n'ata malincunia
> chesta 'e ll'autunno...

Malinconia. Ancora quella parola, quella malattia «che pare fosse ereditaria nella sua famiglia», quella debolezza metereopatica crepuscolare decadente che seduce e corrompe tanti napoletani. Ma che in Salvatore è soprattutto poesia.

Parte settima

Le occasioni perdute

1

Il magistero di Croce

Intorno a don Salvatore, nella Napoli dei primi del secolo, non si coagula un consenso unanime: l'ambiente è troppo vivace e ad un tempo angusto per consentirlo. Dopo la pubblicazione sulla «Critica» del famoso saggio di Croce, qualcuno arriverà a scrivere che il poeta è stato esaltato «al di là del presumibile per un fenomeno di caparbietà singolare», che toglierebbe addirittura «gran valore a tutta l'opera crociana di critico e di esteta». L'autore di questo severo giudizio è Ferdinando Russo, anche lui scrittore e giornalista tra i piú brillanti del momento. Egli si pone come l'antagonista piú risoluto del Di Giacomo, anche se esce dalla stessa matrice culturale e condivide, estremizzandolo, il suo amaro scetticismo sul tempo presente. Non si tratta solo di rivalità letteraria ma anche e soprattutto di una profonda diversità di temperamento.

Bello, spavaldo, estroso, Russo è un piccolo-borghese affascinato dal mondo plebeo, dalla sua sensualità, dalla sua forza. L'armonia lirica che Di Giacomo consegue a prezzo di una cosí angosciosa nevrosi, egli la rifiuta come una menzogna accademica, un sintomo poco virile di debolezza e di languore. Proiettato nel passato della città con la nostalgia di un inguaribile reazionario canta, in un dialetto volgare e sanguigno come un «dichiaramento», gli eroi di un'impossibile rivincita contro la storia: i fedelissimi del Borbone, i camorristi, i paladini dell'antica cavalleria stravolti comicamente ma drammaticamente vivi nella rappresentazione dei cantastorie. Tra il 1895 e il 1919 escono infatti i sonetti dedicati a Gano di Maganza, a Rinaldo, alla gente di malavita, al soldato di Gaeta, al «luciano» del re. Nello stesso spirito, la sua partecipazione alla polemica politica va nella direzione del nazionalismo, del colonialismo, dell'imperialismo, come testimonia fin dal primo numero la rivista «Vela Latina» che Russo dirigerà dal 1913 al 1918. La sua forza sta nella «disperata energia» con cui si cala nella vita, nei sentimenti, nel gergo dei popolani, sublimando la propria aggressività nella loro violenza, denunciando con furente pietà l'ingiustizia consumata ai loro danni dalla società unitaria (*Ncoppa' 'o marciappiede* è del 1898), sgomentandosi di fronte allo spettacolo dell'infanzia abbandonata e dei bassifondi (*'E scugnizze* è dell'anno precedente), commovendosi per l'innocenza antropologica della sua gente (nel 1920 metterà a punto *N' paraviso*, un suo incantevole poemetto del 1891).

Se Ferdinando Russo rimane spesso nei limiti del folklóre, se dà il meglio di sé in una serie sterminata di canzoni d'amore (da *Scètate* a *Quanno tramonta 'o sole*) e sfoga l'estro comico in una girandola di fortunate «macchiette teatrali», se passione meridionalista ed interessi sociologici dell'autore di *'O pezzente e San Gennaro* si risolvono tutto sommato in un populismo di maniera, è soprattutto perché il suo generoso istinto di solidarietà umana è soffocato da un pessimismo senza prospettive. Egli partecipa in questo senso, e nonostante la travolgente esuberanza, del complesso di frustrazione che grava su tutta la cultura cittadina dopo l'unificazione e che Scarfoglio rappresenta, a livello giornalistico, con tanta canagliesca efficacia. Si è già osservato che neppure la Serao e Di Giacomo hanno saputo sottrarsi a siffatto stato d'animo; bisogna aggiungere che ne appare sostanzialmente condizionato anche Roberto Bracco, il drammaturgo che apre uno stimolante discorso negli ultimi quindici anni del secolo e lo conduce con un impegno fino alla prima guerra modiale, per chiudersi successivamente in uno sdegnoso silenzio di protesta contro la dittatura fascista.

Con Bracco, beninteso, siamo ad un caso umano e letterario sensibilmente diverso perché il solo punto che egli abbia in comune con gli altri scrittori napoletani riguarda l'angolazione decadente dei suoi drammi, il senso di fatalità e di disfatta di cui sono pervasi i suoi personaggi. Nel rimanente, fa storia a sé. In primo luogo, la sua ispirazione ideologica è quella di un autentico liberale, incline a rimpiangere non la triviale bonarietà del Borbone ma semmai l'incontaminato rigore della Destra storica: un conservatore coerente che, dopo la marcia su Roma, saprà militare accanto a Giovanni Amendola e respingere fino alla morte ogni compromesso col regime. Diversi sono anche gli strumenti di cui Bracco si serve, la tematica a cui si consacra. Il suo sforzo è proprio quello di conferire dignità di lingua nazionale e di cultura europea ai fermenti dell'ambiente, con un lessico un po' didascalico e soprattutto con un costante richiamo alle voci più espressive della drammaturgia contemporanea, da Becque a Marivaux, da Bataille a Ibsen. L'esperienza positivista, evidente nei primi «drammi sociali» e nelle novelle, si affina via via in un tormentato spiritualismo che rinuncia consapevolmente agli effetti più vistosi per effondersi nelle sottili analisi psicologiche delle «tragedie dell'anima», già presagite in *Don Pietro Caruso* che è del 1898; e quindi messe a fuoco più intensamente nelle storie di rivolta e di sconfitta del primo Novecento: *Sperduti nel buio* che è del 1901, *La piccola fonte* che è di quattro anni piú tardi, *Il piccolo santo* che viene rappresentato per la prima volta nel 1909. Servito dalle migliori interpreti dell'epoca, Tina Di Lorenzo, Virginia Reiter, Irma Gramatica, lo scrittore si piega sui personaggi femminili con la rispettosa simpatia dell'illuminista ma ritraendosene perplesso come da un insondabile mistero, lo stesso del resto in cui sono avvolti tutti i protagonisti delle sue tragedie che si svolgono a loro «insaputa», per «moti oscuri che tentano l'animo loro» e che forse sono gli stessi da cui Bracco sente di essere agitato, uomo di un'altra epoca e di un'altra sensibilità, incapace di dominare la realtà del suo tempo e tuttavia niente affatto disposto a secondarla nei modi magniloquenti o rissosi della letteratura dominante.

Bracco è una voce isolata a Napoli, anche perché tenta di mantenere il contatto con le regioni europee della democrazia e della poesia. Gli altri artisti, fioriti intorno a Di Giacomo e a Russo, restano invece prigionieri di un provincialismo che è il riflesso obbligato non tanto della decadenza della città quanto dello scarso coraggio morale e civile con cui l'affronta la classe dirigente. Musicisti come Di Capua e Gambardella; poeti popolareschi come Capurro e Nicolardi; scrittori colti come Diego Petriccione, Luca Postiglione, Ugo Ricci, Ernesto Murolo, Libero Bovio, Rocco Galdieri; pittori come Antonio Mancini, Vincenzo Irolli, Attilio Pratella, Guido Casciaro, Vincenzo Migliaro; scultori come Vincenzo Gemito attingono risultati qua e là memorabili ma all'interno di una ricerca che rimane estranea alla grande cultura contemporanea, come un fiume che scende impetuoso da alte vette montane per impantanarsi in un delta desertico, limpida corrente che inaridisce nelle dune di una catastrofe comunale.

Di Murolo e Bovio avremo ancora modo di parlare per il periodo tra le due guerre; di Rocco Galdieri, che lascerà pagine degne di Corazzini e di Gozzano, rileggeremo pochi versi di dolorosa serenità di fronte alla morte; di Vincenzo Gemito, il piú grande di tutti, ammireremo l'istinto straordinario che gli consente di rivivere senza conoscerla tutta la vicenda figurativa della storia che conta, dai bronzi di Ercolano ai marmi di Rodin, passando per la fascinosa suggestione di Meisonnier. Ma dal complesso di questa produzione, versi canzoni tele statue, si leverà un messaggio cosí sommesso da essere appena avvertito oltre la cinta daziaria della città, patrimonio piuttosto di ricordi sentimentali che di universali certezze, viatico per gli emigranti nello spazio e nel tempo della città perduta piuttosto che verità assoluta.

Non contraddice a questa definizione municipale la presenza di Benedetto Croce, che pure trasforma Napoli in una cattedra per il suo altissimo magistero, aperto a tutto il mondo civile e sostenuto inizialmente dal serrato dialogo con Giovanni Gentile. La sua dimora di palazzo Arianello e poi quella celeberrima di palazzo Filomarino, nel cuore della vecchia cerchia spagnola, costituiranno per un sessantennio la meta di un incessante pellegrinaggio di filosofi, di scrittori, di saggisti, di vetusti topi di biblioteca e di ardenti giovani, di uomini politici e di visitatori curiosi, senza che tuttavia don Benedetto – come del resto De Sanctis – lasci un solo vero continuatore, susciti un autentico movimento, influisca in qualche modo (se non, forse, negativamente) sui mutamenti sociali e politici della realtà che lo circonda. Ciò non accade, ovviamente, per caso e tanto meno perché l'enorme superiorità intellettuale e l'infaticabile operosità dello studioso di Pescasseroli non si traducano in un'egemonia intellettuale sull'ambiente. Morto a Roma Antonio Labriola nel 1904, Croce rimarrà per oltre mezzo secolo il solo maestro a cui ogni napoletano colto potrà volgersi per apprendere il metodo dell'indagine storiografica, l'ansia dell'obiettività, la sapienza del pensiero che analizza i distinti e li sintetizza nell'unità, il gusto dell'autonomia di ogni emozione estetica. Perfino i pionieri dell'«Ordine nuovo» torinese, i fondatori del futuro partito comunista, verranno idealmente alla sua scuola pur contestandola duramente, per fondere con i principî del marxismo leninista l'insostituibile lezione del suo storicismo che trascende in definitiva le remore della struttura sistematica, attingendo al bisogno «eterno» dell'uomo di pensare se stesso come artefice della storia, quindi anche della lotta di classe, in quanto storia della libertà.

Le grandi tappe della monumentale fatica si iscrivono tutte negli annali cittadini. Dal 1896 al 1899 i saggi sul materialismo storico concludono in negativo la fuggevole parentesi socialista di don Benedetto, senza compromettere la sua amicizia personale con Labriola, da cui è andato a scuola di filosofia morale e i cui testi ristamperà audacemente negli ultimi anni del fascismo. Nel 1902 pubblica il saggio sull'estetica «come scienza dell'espressione e della linguistica generale», che rimarrà un luminoso punto di riferimento, attraverso i successivi aggiustamenti e gli onesti ripensamenti, per tutta la critica italiana, nonostante le cadute palesate dal maestro nell'applicazione pratica del giudizio. L'anno seguente, esce il primo numero della «Critica», la rivista che Croce trasforma in trincea, per combattervi lungo quarant'anni la sua infaticabile «guerra culturale» all'insegna dell'idealismo spiritualistico, contro tutti gli inafferrabili mostri che la società italiana via via va evocando con la sua febbrile crescita: dal positivismo al modernismo, dal socialismo al nazionalismo, fino al piú ripugnante di tutti, il fascismo, che il filosofo si illuderà dapprima di esorcizzare nell'interesse dell'ordine e della conservazione, e che poi – tagliati i ponti con lo stesso, dilettissimo Gentile – avverserà con crescente intransigenza fino al crollo.

Nel 1907 comincia la collaborazione con Giovanni Laterza che, dopo la parentesi iniziale con Sandron, sarà il suo editore esclusivo. Escono per i tipi del grande artigiano barese, nel giro brevissimo di anni che vanno fino alla guerra mondiale, gli studi fondamentali sulla filosofia dello Spirito, su Vico ed Hegel, sulla storiografia, sulla letteratura. Nel dopoguerra, a tacere del torrente di altre opere, note, articoli di alta cultura e di erudita curiosità, Croce incide tre pietre miliari del suo pensiero politico: la *Storia del Regno di Napoli*; la *Storia dell'Italia tra il 1871 e il 1915* e, massima testimonianza di fede nella libertà, la *Storia d'Europa nel secolo XIX*, che esce nel 1932, quando già si sta concentrando intorno a Mussolini il consenso della grande maggioranza degli italiani. Sette anni più tardi *La storia come pensiero e come azione* riaffermerà solennemente la natura «scientifica» dello storicismo, individuandone ancora una volta le ragioni di fondo nella filosofia di Vico, di Kant e soprattutto di Hegel.

Soltanto la morte, nel 1952, porrà fine all'opera mirabile che si intreccia con l'attività pubblica, sporadica ma non marginale, di Croce come dirigente del partito monarchico, ministro della pubblica istruzione, senatore del Regno e, nel secondo dopoguerra, come leader del movimento liberale nel quadro della ricostruzione democratica. Tanto più sorprendente, almeno ad una considerazione affrettata, appare il divario tra la statura del pensatore, la sua fecondità intellettuale e la scarsissima incidenza sull'evoluzione della società nazionale, nonché della stessa vita cittadina. La chiave dell'apparente contraddizione sta, presumibilmente, nella scelta di campo che Croce opera sin dai primissimi anni della sua elaborazione e che si rifletterà, con assoluta coerenza, sul suo comportamento politico.

Già nel biennio 1893-94, il giovane filosofo ha respinto in modo netto ogni contaminazione con il positivismo sulla base di una rigida impostazione che lo porterà a relegare «nel ghetto delle operazioni classificatorie, non veramente conoscitive» le scienze naturali e con esse quelle cosiddette umane, come la sociologia e la psicologia. Nel periodo immediatamente successivo, cade il suo definitivo divorzio dal marxismo, alimentato da una dichiarata simpatia per Bernstein e più ancora per Sorel, che don Benedetto farà conoscere per la prima volta al pubblico italiano in una propria traduzione nel 1907. Accettandolo unicamente come «empirico canone di interpretazione», interessante tutt'al più come strumento per identificare la categoria dell'*utile economico*, egli si sbarazza con perentoria disinvoltura del «marxismo teorico» che più tardi dichiarerà addirittura esaurito «intorno al 1900» in Italia e nel mondo intero. Al disprezzo, sottinteso in questa affermazione, soprattutto per l'inconsistenza ideologica del socialismo indigeno corrisponderanno l'incrollabile opposizione di Croce all'azione pratica del Psi e la diffidenza verso lo stesso riformismo di Giolitti, che si attenuerà soltanto dopo l'esplosione dell'epidemia nazionalista, quando cioè il disegno dello statista piemontese sarà già vicino al fallimento.

Intanto, don Benedetto ha maturato – in concordia discorde con Gentile – i tratti fondamentali del suo pensiero e, conseguentemente, della propria collocazione nel contesto politico-culturale del paese. A partire dalla pubblicazione nel 1906 di *Ciò che è vivo e ciò che è morto nella filosofia di Hegel*, la sistemazione dell'idealismo si profila anche come una «rivoluzione intellettuale e morale» riservata alla sola classe dirigente, anzi come la proposta per la creazione in concreto di un vero e proprio «partito degli intellettuali» che stacca l'uomo di cultura non solo dagli interessi scientifici e dalla riflessione «sulle condizioni concrete dello sviluppo economico», ma soprattutto dalla lotta di classe, giudicata alla stregua di un «valore empirico» rispetto ai valori «universalmente umani», anzi come una delle molte tendenze distruttive che minano l'unità sociale, l'ordine e con essi «l'interesse superiore» del paese. A dispetto delle sostanziali ragioni filosofiche e morali che distinguono la posizione di Croce da quelle dello stesso Gentile e dei nazionalisti, il suo orientamento di fondo coincide obiettivamente con le motivazioni della battaglia che le forze della destra italiana combattono contro il movimento operaio, le istituzioni parlamentari, la stessa democrazia. Aver separato «l'idea dello Stato dalla concreta realtà degli individui che la compongono», essersi illuso di riformare la comunità nazionale esclusivamente attraverso una ideale «società degli studi», condannerà Croce a quella che Togliatti chiamerà «una specie di fatalismo storico», cui egli reagirà troppo tardi, dapprima timidamente alle soglie della tragica conflagrazione mondiale, quindi piú risolutamente all'indomani del delitto Matteotti.

Purtroppo è proprio nel periodo in cui Croce elabora la teoria del distacco che si giocano le sorti della città. La legge speciale del 1904 e la svolta di centro-sinistra dell'anno precedente hanno gettato le premesse per la trasformazione del vecchio aggregato parassitario in una moderna metropoli industriale; ma, alla resa dei conti, nel 1919 il bilancio sarà almeno parzialmente fallimentare. Le cause di un esito che del resto si ricollega al naufragio dello stesso esperimento giolittiano, sono molteplici e vanno dalla pesante influenza dei monopoli settentrionali alla immaturità del movimento socialista, dall'incapacità del personale amministrativo (reclutato nei circoli conservatori e clerico-moderati) alle funeste ripercussioni sull'assetto socio-economico della città dell'impresa tripolina e della prima guerra mondiale. Decisivi si riveleranno altresí il mancato collegamento dei problemi napoletani alla questione meridionale e la cinica strumentalizzazione del tessuto clientelare e camorristico che sta alla base delle fortune elettorali di Giolitti nel Sud. Quanto all'organizzazione socialista, nel fragile contesto locale essa risentirà ancor piú che altrove delle scissioni a catena da cui è tormentato il partito, che nel 1908 perde i «sindacalisti rivoluzionari», nel 1912 i riformisti di destra ed infine nel 1921 i comunisti.

Fino allo scoppio della guerra ed oltre, le vicende dell'industrializzazione e quelle della crisi comunale procedono di pari passo. L'esecuzione della legge speciale del 1904 è affidata all'amministrazione clericomoderata di Del Carretto che per le difficoltà di bilancio, il condizionamento di determinati ambienti e l'inettitudine personale del sindaco, realizza con estrema lentezza i propri adempimenti, senza approntare un piano urbanistico per il rione industriale, né espropriare tempestivamente i terreni per prevenire la speculazione. Anche il riordinamento della rete ferroviaria e l'esecuzione dei lavori del porto vengono sistematicamente trascurati. Nel 1906 una micidiale eruzione del Vesuvio e la esplosione del caso Cuocolo distraggono autorità e opinione pubblica dai temi fondamentali del risanamento economico ed urbano.

L'assassinio di Gennaro Cuocolo e della sua amante Maria Cutinelli, che sembra sia stato deciso in un banchetto di camorristi in una trattoria a mare di Torre del Greco, porta alla luce la persistente potenza di un'organizzazione criminosa che domina anche la vita politica della città, come documenta esaurientemente la stampa socialista. In polemica con la pubblica sicurezza, i carabinieri comprano la testimonianza di un confidente, Gennaro Abbatemaggio, per investire della responsabilità del duplice delitto una banda di malfattori che fa capo ad Enrico Alfano detto «Erricone» e ad un turpe prete, don Ciro Vittozzi, universalmente noto come «il cappellano della camorra». Tre anni dopo il tribunale emette per tutti gli imputati, salvo uno, una pesante sentenza di condanna che verrà confermata sostanzialmente nel 1912 dalla corte d'appello di Viterbo. La verità ultima non sarà mai accertata ma, se è probabile che l'Arma abbia orchestrato una gigantesca montatura su basi fragilissime, è certo che la camorra esce duramente provata dalla vicenda. Si rifarà, abbondantemente, mezzo secolo piú tardi.

Nel frattempo in Comune, dopo breve parentesi commissariale, è tornato l'eterno Del Carretto, appoggiato questa volta dal piú autorevole esponente di parte cattolica, Giulio Rodinò. I radicali borghesi della Lega democratica monopolizzano l'opposizione, ed è probabilmente anche per loro impulso che gli operatori economici protestano contro l'inerzia della Giunta con un memorandum nel quale sono elencate le richieste minime del mondo imprenditoriale napoletano: un'accelerazione dei lavori del nuovo quartiere riservato agli impianti industriali, la sistemazione dei servizi portuali e ferroviari, la definizione del caso legato all'Ente autonomo del Volturno. Ottenere energia a buon mercato è essenziale soprattutto per le piccole e medie aziende. Sia pure ad effetto ritardato, il passo degli industriali ottiene qualche risultato, se è vero che un anno piú tardi, il 30 giugno 1908, il governo si decide a varare una nuova «legge per l'avvenire economico di Napoli». Il decreto prevede un rifinanziamento di 45 milioni per le opere del Risanamento ma tarda talmente a diventare esecutivo che nell'agosto del 1909 l'assessore alle finanze Geremicca si dimette in segno di protesta e due giovani deputati liberali, Porzio e De Nicola, presentano una dura interpellanza alla Camera. Protestano vibratamente anche i proprietari delle fabbriche costruite all'esterno della cinta daziaria, che si sono visti esclusi dai benefici fiscali previsti dalla legge del 1908 per colpa, sostengono, del municipio che ha tollerato iniziative e speculazioni senza predisporre un piano regolatore o un qualsiasi disegno globale per l'espansione della zona. L'accusa non è infondata ma la verità è piú complessa.

La paralisi dell'amministrazione locale non è tanto o non è solo il prodotto di una fiacca volontà politica, quanto piuttosto la risultante di una serie di fattori che vanno dall'arretratezza culturale e impreparazione del ceto dirigente, alla imperante «religione» della correttezza contabile, l'ossessione che ha pesato su tutta la democrazia liberale postunitaria. Nessuna visione moderna, nessuna concezione globale dei problemi che assillano una grande città nell'era industriale; e nemmeno il sospetto, perfino tra uomini di grande talento come Miraglia o Arlotta, del nuovo rapporto da stabilire tra Napoli non piú capitale di un Regno, semmai capoluogo di una regione relativamente piú progredita, e le altre regioni del Mezzogiorno. Soltanto qualche economista come Nitti o qualche tecnico come l'ingegner De Simone intuisce le dimensioni del problema, continuando tuttavia a sopravvalutare la funzione della città nel contesto del Sud. Tra l'altro, Nitti avanza la sua proposta di industrializzazione partendo da un'ipotesi di vitalità del capitale napoletano, tutt'al piú da incentivare con l'intervento dello Stato, che non trova alcun corrispettivo nella realtà, giacché il sistema economico italiano si va strutturando secondo rapporti di forza completamente diversi.

I primi anni del secolo hanno segnato un «ritorno alla prosperità» grazie ad una serie di fatti nuovi, che si possono identificare con la fine della guerra doganale con la Francia, l'incremento dell'emigrazione e delle rimesse di valuta pregiata, la crescente utilizzazione dell'energia elettrica per scopi industriali, l'espansione del movimento cooperativistico. Ma il fenomeno è circoscritto, in massima parte, al triangolo Torino-Genova-Milano: è qui che vengono delineandosi le prime forti concentrazioni di capitale, anzitutto nel settore siderurgico e metallurgico strettamente legato alla produzione bellica; quindi nel settore elettrico e in quello bancario, dove si avverte la presenza decisiva di finanziamenti stranieri, in buona parte tedeschi. Lo stesso tentativo riformista di Giolitti rientra in questa logica ed obbedisce agli interessi, alle pressioni, alle ingerenze dei gruppi trainanti dell'economia, i soli del resto che offrano allo Stato i margini necessari per avviare il dialogo con il movimento dei lavoratori.

A sua volta, il partito socialista non ritiene opportuno sacrificare l'avanzata delle avanguardie operaie ad un eventuale blocco con le masse contadine o con gli sparuti nuclei industriali del Mezzogiorno. La rottura tra Salvemini e il partito, come la stessa scissione dei sindacalisti alla Arturo Labriola e degli autonomisti alla Altobelli, nascono appunto sul terreno del contrasto inconciliabile tra le direttive dello stato maggiore riformista e le esigenze, pur confuse ed approssimative, dei militanti meridionali. Il movimento dovrà aspettare Gramsci per conseguire, almeno in linea teorica, la consapevolezza del nesso inscindibile tra egemonia della classe operaia e politica delle alleanze, in primo luogo con i contadini poveri del Sud.

La situazione quale si prospetta all'inizio del decennio giolittiano indebolisce al tempo stesso gli imprenditori e i lavoratori napoletani, esponendoli senza difesa alla penetrazione del capitale monopolistico e alla gestione di un'amministrazione clerico-moderata che qui può contare anche sullo spregiudicato appoggio dei prefetti e dei questori governativi. Questo non significa che in città, sulla spinta delle due leggi speciali varate tra il 1904 e il 1908, non si venga formando un complesso industriale piuttosto consistente, ma soltanto che si subisce passivamente il condizionamento dei gruppi di pressione settentrionali o stranieri, e di conseguenza delle decisioni strategiche che industria pesante e grande banca impongono al governo; con l'aggravante che il sottosviluppo locale non consente la creazione di un tessuto di piccole e medie imprese, cui probabilmente riuscirebbe piú facile sopravvivere alla congiuntura. Il destino economico di Napoli si lega perciò in modo quasi esclusivo alle scelte fondamentali della classe dominante, soprattutto sul terreno della politica estera: entra in crisi nei periodi di pace che precedono e seguono l'impresa di Libia; s'impenna dopo l'intervento nella guerra mondiale; si ritrova, all'indomani di Vittorio Veneto, stremata ed incapace di riconvertire il proprio apparato produttivo.

In termini industriali, il disegno si realizza attraverso un processo di concentrazione che viene attuandosi nello stesso periodo soprattutto nei tre settori fondamentali: metalmeccanico, elettrico e tessile. Quando si è discussa la legge del 1904, gli esponenti della Camera di commercio hanno battuto a ragion veduta sul tasto delle forniture di ferro. L'articolo 17 del provvedimento è stato elaborato perciò in modo da garantire che il maggior quantitativo di minerale da estrarre nelle miniere toscane sia destinato, fino ad un massimo di 200 000 tonnellate, alle imprese meridionali, anzi «a preferenza» a quelle napoletane. A sollecitare la misura sono stati in particolare due imprenditori locali, Carlo Betocchi e Teodoro Cutolo, cointeressati nella Società ferriere italiane, grossa impresa che progetta l'ampliamento dei suoi altiforni di Torre Annunziata per produrre acciaio a ciclo integrale. Ma la concorrenza non lascia disco verde. Il gruppo Terni, che è il concessionario dei giacimenti elbani e gode del sostegno di due poderosi istituti bancari (la Commerciale e il Credito italiano), risponde fulmineamente alla sfida costituendo nel 1905 la Società anonima Ilva ed impiantando uno stabilimento nella zona di Bagnoli, non ancora servita dal raccordo ferroviario ma prospiciente il mare.

Alle Ferriere italiane non resta che accettare l'accordo con l'Ilva, in modo da costituire una sorta di trust che gradualmente estende il proprio controllo in campo metalmeccanico inglobando le Officine meccaniche, in cui è già confluita la Guppy-Hawthorn, e la Metallurgica Corradini: una concentrazione abbastanza forte, anche in sede politica, da esigere che lo Stato provveda alla costruzione di un molo sulla costa di Bagnoli, all'allacciamento con la rete ferroviaria di questa nuova zona industriale e alla conferma del vincolo sulla destinazione del ferro elbano. Preoccupazioni di ordine ecologico, in questo momento, non ne nutre nessuno, tanto meno l'opposizione: ci vorrà un mezzo secolo per valutare in tutta la sua gravità il danno che la caotica crescita industriale ha provocato nell'ambiente, senza risolverne a fondo i problemi socioeconomici. Intanto, il gruppo si irrobustisce ulteriormente nel 1911, allorché le maggiori imprese siderurgiche nazionali, eccezion fatta per la Ansaldo di Genova, scelgono l'Ilva come società mandataria per sfruttare le agevolazioni fiscali della legge speciale per Napoli. La costituzione di una Società ferro e acciaio consentirà presto allo stesso gruppo di assicurarsi anche il monopolio del mercato tra i grossisti interessati all'acquisto dei laminati in ferro ed acciaio. Non avrà torto chi osserverà piú tardi che la scelta di Napoli è suggerita da altre considerazioni, in aggiunta alle facilitazioni legislative, per esempio il basso costo della forza-lavoro e la possibilità di instaurare in fabbrica una disciplina particolarmente severa, per ottenere dalle maestranze il massimo rendimento.

Agli operatori locali non resta che associarsi al grande giro di affari sostenuto dai finanziamenti del Credito italiano e della Banca commerciale. La stessa fonte alimenta l'altro grosso trust che gli industriali privati del settore elettrico impiantano in città ai primi del 1914, bruciando sul tempo l'operazione avviata dalla legge 1904 in chiave pubblica. Sulla base dell'articolo 25 che garantisce al comune la concessione a titolo gratuito e perpetuo della forza idraulica del fiume, si dovrebbe costituire quell'ente autonomo del Volturno a cui è demandato il compito istituzionale di calmierare il mercato energetico; ma l'ente funzionerà soltanto a partire dal 1917, quando già da cinque anni la Società meridionale di elettricità, massima impresa locale del settore, avrà condotto a termine la costruzione di un imponente elettrodotto che dal secondo salto del Pescara arriva fino alle rive del golfo. Nel 1914 la Sme ha assorbito anche le due maggiori erogatrici di energia, la Napoletana imprese elettriche e la Generale d'illuminazione, con l'avallo della Commerciale, della Bastogi e dei gruppi svizzeri che le controllano. Il gioco, in altre parole, è fatto: il «risorgimento economico-industriale di Napoli» è ormai vincolato alla solida ipoteca della mano privata, che si estende anche al campo tessile.

Nel 1913 nasce dalla fusione tra la Ligure-napoletana e la Roberto Wenner un nuovo colosso – le Manifatture cotoniere meridionali – che si affretta ad entrare con altre aziende nell'Istituto cotoniero nazionale, per assicurarsi una parte dei premi statali di esportazione con cui il cartello si difende dalla concorrenza straniera. Società di assicurazioni, compagnie di navigazione, aziende editoriali (compreso «Il Mattino»), grosse imprese commerciali completano il quadro di un'economia in espansione che vede i suoi esponenti di maggior spicco, i fratelli Ascarelli, Enrico Arlotta, Achille Minozzi, Giorgio Peirce, legati alla grande borghesia del Nord e attestati su posizioni politiche moderate, piú raramente di cauto fiancheggiamento ai partiti radicalsocialisti, sui quali pesa piuttosto l'autorevole e determinante influenza della massoneria. Nel censimento del 1911, Napoli figura al quinto posto nella classifica per numero assoluto di addetti in imprese industriali, con poco piú di 90 000 unità contro le 346 000 di Milano, che precede Torino, Genova ed anche Como; ma molte piccole aziende si sono sottratte al sondaggio per motivi fiscali ed è assai elevato, percentualmente, il numero di operai che lavorano in grandi o medie fabbriche, soprattutto nel settore metalmeccanico. Al nucleo urbano fanno cerchia una serie di comuni fortemente industrializzati come Pozzuoli e, sull'altro versante del golfo, San Giovanni a Teduccio, Torre Annunziata, Castellammare di Stabia.

Il limite di questo sviluppo sta, ripetiamo, nella sua scarsa autonomia. Il grande capitale finanziario e industriale, che ne determina direttamente la dinamica, ha tutto l'interesse di sfruttare un mercato del lavoro depresso senza creare un adeguato mercato di consumo, che ne eleverebbe il potere contrattuale, anche perché è sollecitato in direzione tutt'affatto diversa dalla logica della produzione bellica. Le forze di governo da cui dipendono sovvenzioni, agevolazioni legislative e commesse, in assenza di una visione globale dei problemi meridionali continuano ad utilizzare anche a Napoli i partiti come cinghie di trasmissione della strategia ministeriale, nel quadro di un disegno che non soltanto accetta ma «strumentalizza l'arretratezza» per puntellare la piattaforma elettorale di Giolitti. Per suo conto, blandamente pungolato da un'opposizione «rinunciataria e attendista», il personale dirigente locale difetta dell'unità e dell'energia necessarie per imporre a Roma le ragioni della città. Nel marzo del 1910, occorre un nuovo e risoluto passo degli industriali presso il prefetto, con la minaccia di una serrata generale, per indurre l'amministrazione Del Carretto a spedire nella capitale una commissione, che strappa la promessa di una terza legge speciale per la quale bisognerà comunque aspettare un altro anno.

Questo piccolo successo non basta ad arginare il declino dell'amministrazione moderata, i cui esponenti sono definiti dal socialista indipendente Lucci «gente non atta», non «idonea» a fronteggiare gli avversari e il governo, incline a macchiarsi di «peccati di lesa patria» soprattutto per ignoranza. Del Carretto cerca di difendersi, esponendo arditi progetti per l'ampliamento della città (soprattutto in direzione di Fuorigrotta e dell'Arenella) e presentando il piano regolatore per la «zona aperta» che è poi il quartiere industriale; ma è costretto a dimettersi con la Giunta quando le elezioni politiche dell'ottobre 1913, le prime regolate dal suffragio universale, sanciscono un imponente successo socialista. È un'era che si chiude. Poco prima di Natale, arriva a Napoli come commissario regio il solerte prefetto Menzinger, incaricato di reggere il comune fino alle consultazioni amministrative, che si svolgono il 12 luglio 1914, in un clima radicalmente diverso e già dominato dall'incubo della guerra mondiale.

Per la prima volta nella storia cittadina, le elezioni sono vinte da una coalizione nella quale, accanto ai radicali borghesi di varia estrazione, figura una formazione (almeno in teoria) marxista, l'Unione socialista napoletana. Il nuovo sindaco è, tuttavia, un demoliberale: Pasquale Del Pezzo, duca di Caianello.

2

I socialisti e la guerra

Al movimento operaio napoletano, nel primo decennio del secolo, manca una seria guida ideologica, anche quella che potrebbe venirgli per naturale affinità da un grande intellettuale come Antonio Labriola. Ha un suo peso, ovviamente, la circostanza materiale del trasferimento a Roma che data dal 1887; ma ancor piú decisiva risulta la rinuncia del filosofo a fare politica militante, una rinuncia che coincide paradossalmente con la sua adesione definitiva al marxismo. A parte il temperamento scontroso, sono profonde divergenze teoriche a determinare il distacco di Labriola dai pionieri del partito socialista: nel possibilismo di Andrea Costa ravvisa una totale mancanza di principî; nel riformismo di Turati vede riflessa una concezione ormai piú vicina al positivismo che non al materialismo scientifico.

La rigorosa e un po' astratta fedeltà alla teoria determina una divergenza sostanziale anche a proposito delle imprese coloniali, che i socialisti di tutte le correnti condannano risolutamente, mentre Labriola le appoggia, convinto che rappresentino non soltanto una soluzione positiva al problema dell'emigrazione ma anche, e soprattutto, la premessa necessaria per il consolidamento del capitalismo italiano e quindi dello stesso proletariato. Questo utopistico automatismo, tutto sommato, è tipico di un allievo della scuola hegeliana di Napoli: non a caso Labriola stabilisce, giorno per giorno, una corrispondenza piú fitta con gli esponenti della socialdemocrazia tedesca che non con i dirigenti italiani. Gli ripugna, di costoro, la vocazione revisionista che rischia di ridurre il Psi alla funzione di puro e semplice supporto della democrazia borghese, in nome di quel riformismo «addomesticato» e ministeriale che tra i congressi del 1900 e del 1906 si affermerà come la tendenza dominante del partito. In ogni caso, Labriola ha ormai pochi anni dinanzi a sé per condurre a termine la propria opera. Pubblicati nel biennio 1895-96 i primi due saggi sulla concezione materialistica della storia, stampa gli altri due entro la fine del secolo quando è già ammalato del cancro alla gola che lo porterà alla tomba nel 1904, poco piú che sessantenne. Per quanto la fama del filosofo voli alta fra tutti i rivoluzionari europei, la sua influenza immediata sul socialismo italiano è molto modesta.

In realtà il movimento sta perdendo gradualmente ogni capacità di elaborazione teorica, scosso com'è da convulse lacerazioni interne e dall'incapacità di scelta tra le tentazioni rivoluzionarie e l'allettante offerta di Giolitti per un patto organico con la borghesia progressista. Esitazione fatale (anche a Giolitti), in un momento nel quale le avanguardie reazionarie scattano al contrattacco su tutto il fronte, mobilitando intellettuali e *deracinés* del ceto medio, attraverso le infinite suggestioni filosofiche, letterarie e politiche che si legano ai nomi di Croce e Gentile, di Marinetti e Prezzolini, di Corridoni e Alfredo Rocco, ma soprattutto alla sconvolgente testimonianza personale di Gabriele D'Annunzio. Il partito dell'ordine ha tutti gli strumenti per preparare la guerra e la dissoluzione della democrazia; il movimento operaio, incapace di esercitare la piú modesta forma di egemonia culturale, si avvia quasi inerme al massacro.

A Napoli il fenomeno assume proporzioni ancor piú imponenti perché la disgregazione del tessuto sociale moltiplica le occasioni di acrobazie trasformistiche, confinando di riflesso i gracili nuclei rivoluzionari nel ghetto dell'estremismo. All'opportunismo degli uni corrisponde puntualmente il settarismo degli altri. La battaglia si sviluppa perciò in condizioni particolarmente difficili, nonostante una buona partenza. Nei primi anni del secolo, in effetti, il partito guadagna autorità e consensi grazie alla vittoriosa campagna della «Propaganda» contro l'amministrazione Summonte e alla vigorosa denuncia della collusione tra camorra e polizia, suggerita dal processo Cuocolo. Accanto ai militanti e ai marxisti, tuttavia, il successo attira nelle file socialiste anche personaggi di malcerta estrazione legati alla massoneria e all'apparato giolittiano, ovvero influenzati dalle suggestioni moralistiche della scuola di Giovanni Bovio e degli altri cultori di etica «pullulanti nell'Università». In questo clima un po' ambiguo trova vasta eco il messaggio deviante di Georges Sorel, di cui Croce comincia a tradurre e soprattutto a diffondere le opere principali; ed è un altro Labriola ad innalzare localmente il vessillo del sindacalismo rivoluzionario, insieme con Silvano Fasulo, nuovo direttore della «Propaganda». Arturo Labriola, soltanto omonimo del grande Antonio, è uno studioso di forte e bizzarro ingegno, destinato a svolgere un ruolo primario nella lotta politica ora e per tutto il successivo cinquantennio.

Nel Congresso tenuto a Firenze nel 1908, il Psi decide l'espulsione della frazione sindacalista che in realtà è destinata ad un'evoluzione assai poco rivoluzionaria, perché farà prima da violino di spalla dei nazionalisti nella impresa libica e quindi da pattuglia avanzata dell'interventismo nella guerra mondiale. Una vivace polemica si accende tra il Labriola e Turati, che lo accusa acutamente di rappresentare il punto di vista di «un liberista piccolo-borghese e repubblicano, che riflette in sé i bisogni e i concetti di una parte dell'ambiente meridionale». Il sindacalista napoletano ribatte che il Psi non opera nell'interesse dei lavoratori ma si presta al gioco di Giolitti, il quale non può fare «politica riformatrice seria» e perciò si accontenta di «comprare» i caporioni del movimento. Nella *Storia di dieci anni* pubblicata nel 1910, il secondo Labriola spiegherà con maggiore finezza che l'intesa tra governo e riformisti scaturisce dalla logica dello sviluppo economico: socialismo parlamentare e nuova borghesia escono dallo stesso «alveo protezionista». Per tutta la vita, questa singolare figura di scrittore, di attivista e di uomo politico, confermerà la propria penetrante capacità di analisi, e al tempo stesso, la tendenza ad assumere gli atteggiamenti piú contraddittori, come nel 1936 – quando dall'esilio di Bruxelles esprimerà solidarietà con l'impresa etiopica di Mussolini – e nel 1948 – quando accetterà la candidatura come indipendente nelle liste comuniste. Un esempio non tanto di opportunismo quanto di individualismo esasperato, anch'esso tipico di quel certo «ambiente meridionale» cui alludeva Filippo Turati.

La scissione del 1908 si traduce a Napoli nella costituzione di un gruppo autonomo di sindacalisti rivoluzionari, cui aderisce anche la Borsa del lavoro, che è una sorta di associazione di artigiani e semiartigiani. La sua attività, a parte le disquisizioni teoriche e le rivalità personali, non differisce molto da quella della sezione locale del partito socialista: «crociate di redenzione» della plebe, iniziative umanitarie, assistenza sociale e creazione di circoli che spesso sono usati solo per la propaganda elettorale. Non è infrequente il caso di candidati scelti al di fuori degli iscritti e che a fatica si distinguono dai notabili demoliberali, di cui condividono in buona sostanza il paternalismo. Modestissimo è il dibattito ideologico. Manca quasi completamente, qui come altrove, ogni «seria analisi scientifica della realtà sociale e politica del momento» e, qui piú che altrove, ogni sforzo di tradurre la ricerca teorica in un solido tessuto organizzativo. Perfino chi, come il giovanissimo Bordiga, avverte acutamente questo tipo di esigenza, non esita poi a definire deleterio un soverchio impegno culturale, rimproverando ai «culturisti» di voler disperdere preziose energie del proletariato «con la scuoletta teorica, lo studio, la coscienza dei problemi pratici». Scarsa risonanza trova in città, per la mancanza di contatti con il mondo contadino, la polemica meridionalista di Salvemini, che pure tanto scalpore sta suscitando a Firenze e a Milano. Perfino problemi di interesse immediato, come la creazione di una decente struttura scolastica nei vecchi e nei nuovi quartieri del Risanamento, restano ai margini delle battaglie che pure la sinistra di classe

viene conducendo generosamente sul terreno elettorale e nell'organizzazione del lavoro politico in fabbrica.

La sezione del Psi appoggiata dal «segretario del popolo» registra una
sensibile penetrazione nei quartieri piú popolari della città, la Vicaria e
il Mercato, dove si affermano le candidature di Ciccotti, di Casilli e piú
tardi di Arnaldo Lucci. Nel 1912 l'espulsione dei riformisti dal Congresso
di Reggio Emilia suggerisce agli amici di Labriola l'opportunità di riav-
vicinarsi al Psi col quale fondano una Federazione socialista napoletana,
pur conservando piena autonomia organizzativa. L'obiettivo della nuova
intesa è ancora e sempre di natura elettorale, ma questa volta la posta è
grossa. Giolitti ha ormai «cambiato di spalla al suo fucile» sostituendo il
patto Gentiloni con i cattolici all'alleanza vanamente perseguita con i
socialisti. Prima di lasciar cadere il progetto progressista, è riuscito tuttavia a varare in Parlamento il «suffragio universale», la legge che estende
il diritto di voto agli analfabeti purché abbiano compiuto i trent'anni di
età o prestato il servizio militare. Sono 8 milioni di cittadini che, in pratica, vanno per la prima volta alle urne nell'autunno del 1913: la riforma
fa saltare tutti i vecchi equilibri, costringendo le forze politiche a cercare
idee e uomini nuovi nel quadro di un convulso processo di trasformazione
che segna la sorte del partito liberale e con essa, in prospettiva, quella delle
stesse istituzioni parlamentari.

Cambiato è anche il quadro dell'economia locale che accusa una forte
crisi dopo la conclusione dell'impresa libica e lamenta ripercussioni negative per un importante decreto-legge emanato nel gennaio 1913. Includendo nella cinta daziaria i sobborghi di Fuorigrotta, Bagnoli, Miano e
Piscinola ed inasprendo talune tariffe, il decreto peggiora le condizioni
di vita delle masse popolari ma crea pure serie difficoltà a talune categorie di operatori economici. È per questo che si delinea una vigorosa reazione unitaria: tra febbraio e maggio, si registrano due manifestazioni
molto significative, con scioperi, serrate, comizi ed un tempestoso incontro tra delegazioni miste e d'autorità. Il governo viene accusato apertamente di riservare le commesse belliche, «lavori navali e di artiglieria»,
ai soli cantieri dell'Italia settentrionale, con danno irreparabile per l'industria privata napoletana e i suoi dipendenti. Giolitti ha buon gioco a
replicare che la discriminazione non esiste, mentre esiste uno stato generale di disagio che deriva dalla fine della congiuntura bellica; ma l'intesa
tra le parti sociali, suggerita da un'obiettiva quanto momentanea convergenza, rimane sintomatica.

Se ne scandalizza oltre misura la sinistra socialista, che denuncia la
strumentalizzazione del proletariato, accusando i dirigenti riformisti di
utilizzarlo «come massa di manovra per servire in funzione subalterna agli

interessi della media e della piccola borghesia». Tra gli intransigenti spicca Amadeo Bordiga. È uno studente in ingegneria poco piú che ventenne, che si è iscritto al partito prima ancora di entrare all'Università, vi è rimasto ovviamente dopo l'allontanamento dei riformisti e conduce un'energica attività come propagandista ed organizzatore della plaga vesuviana. A contatto con i vecchi militanti di Portici ed in particolare con Eduardo Venditti, un maestro elementare non privo di «preparazione teorica», il giovane si familiarizza presto con i classici del marxismo; a contatto con le maestranze di Torre Annunziata e Castellammare, affina le sue convinzioni rivoluzionarie. Vi conosce, tra gli altri, Ruggero Grieco, Oreste Lizzadri, Antonio Cerchi, i fratelli Gaeta.

Nemico giurato dell'idealismo e del positivismo come di ogni metafisica, è portato da un temperamento autoritario ed introverso ad estremizzare le proprie opinioni. Per Bordiga non esistono obiettivi intermedi, interessi «locali o di categoria», conquiste immediate, riforme concrete, come non è concepibile auspicare per la classe operaia un acculturamento che si ridurrebbe ad una mera subordinazione alla «organizzazione borghese del sapere». Ciò che conta è il rovesciamento del sistema sociale, traguardo che non si consegue né con l'opportunismo empirico dei riformisti né con le sole battaglie del sindacato, ma esclusivamente attraverso la creazione di «un partito politico rivoluzionario di classe», capace di condurre una lotta senza compromessi contro il capitalismo e quella sua perversa incarnazione che è il militarismo. Proprio alla luce di questa visione rivoluzionaria ed internazionalista, Bordiga palesa il suo sdegno per le intese tra la Federazione napoletana e quell'equivoco conglomerato di speculatori edilizi, imprenditori, «trafficanti del porto» e massoni che mobilitano gli operai per costringere il governo ad incrementare l'industria di guerra.

Alla nitida impostazione teorica, il giovane accoppia un infaticabile attivismo nelle fabbriche e nelle sezioni della provincia, richiamandosi al gruppo massimalista che in campo nazionale è guidato da Mussolini, da Lazzari e dai redattori del settimanale «La soffitta». Del gruppo fanno parte anche taluni militanti, come Repossi e Fortichiari, che dopo la guerra saranno tra i protagonisti della scissione comunista di Livorno e piú tardi formeranno una frazione trockista all'insegna della IV Internazionale. Per ora, Bordiga riorganizza con Oreste Lizzadri e Ruggero Grieco la sezione socialista a Castellammare di Stabia, contribuisce alla fondazione di un circolo Carlo Marx a Portici ed appoggia con altri compagni un memorabile sciopero dei metallurgici dipendenti dalle Ferriere del Vesuvio, che si prolunga per ben otto mesi, dall'agosto 1912 al maggio dell'anno successivo. I contrasti interni si inaspriscono. Le elezioni suppletive del novembre 1912 per il collegio di Montecalvario vedono un candidato di sinistra,

Mario Todeschini, contrapposto a quello ufficiale della Federazione, Salvatore Girardi, democratico costituzionale. Il successo di Girardi indispettisce i soci dei circolo Carlo Marx che reclamano dalla direzione del partito un intervento chiarificatore; ma sebbene l'ispettore sia Lazzari, questi fa opera di mediazione ed invita la Federazione a sciogliere le due frazioni per trasformarsi in un'Unione socialista napoletana alla quale Bordiga e i suoi amici rifiutano la loro adesione, convinti come sono che il compromesso sia manovrato dall'odiata massoneria.

Battono alle porte le elezioni generali dell'ottobre 1913 e le riserve della sinistra non impediscono, sulle ali del «suffragio universale», una forte affermazione delle liste socialiste, che portano alla Camera ben cinque deputati: Sandulli, l'unico iscritto al partito, a Torre Annunziata; Ciccotti ed Altobelli in primo scrutinio; Lucci e Labriola, dopo ballottaggio, in città. Il programma dei quattro indipendenti è un impasto di radicalismo democratico e di retorica populista; in particolare, Labriola basa la sua martellante campagna sull'enunciazione di princípî che ormai, sepolto anche Sorel, si identificano esplicitamente con quelli del riformismo, giudicato «una cosa piú viva, piú vera e piú agile del cosiddetto socialismo rivoluzionario», che pure si affermerà alla guida del Psi nel Congresso di Ancona. In materia di agilità, senza dubbio Arturo Labriola è un esperto insuperabile. Comunque, la sinistra che ha tentato invano di varare le candidature di Mario Bianchi e del Todeschini, deve prendere atto della sconfitta.

Naturalmente, anche la maggioranza clerico-moderata che siede da dodici anni in comune accusa il colpo e propizia con le sue dimissioni l'avvento del commissario regio. Nei sette mesi che precedono le elezioni amministrative del luglio 1914, la sezione locale del Psi rimane tagliata fuori dalle grandi manovre che l'Unione socialista intraprende sotto la regia di Labriola e di Lucci per saldare un'alleanza a vasto raggio, il Blocco popolare, con gruppi di borghesia progressista: riformisti, radicali, repubblicani e soprattutto giolittiani del partito democratico costituzionale. Dopo l'ingresso a Montecitorio, Labriola ha chiesto la tessera del partito ma si è visto poi costretto a restituirla per aver pronunciato, in sostegno alla linea colonialista del governo Giolitti, un discorso che Lazzari e Mussolini considerano scandaloso. La polemica tra il futuro duce del fascismo e il deputato napoletano ha già toccato punte di asprezza tali che l'«Avanti!» ha paragonato Labriola ad Hervé per i suoi periodici accessi di «socialpatriottismo»; e quando lo scontro si rinnova nella primavera del '14 nessuno prevede che pochi mesi dopo il focoso romagnolo scavalcherà Labriola ed Hervé, per allinearsi sulle posizioni dell'interventismo piú scomposto.

Né la caduta di Giolitti in marzo, né il Congresso del Psi tenuto poche settimane dopo ad Ancona intaccano la saldezza del Blocco popolare. La conquista del comune è talmente privilegiata rispetto ad ogni altro obiettivo che ai primi di maggio l'Unione socialista proclama in termini ufficiali il proprio autonomo distacco dal partito, senza preoccuparsi se il controllo della sezione napoletana resta in tal modo nelle mani degli amici di Bianchi e di Bordiga. Costoro ribadiscono dalle colonne di un nuovo settimanale, il «Socialista», che è diretto da Giovanni Lombardi, le bellicose posizioni che verranno messe alla prova, nel giro di pochi giorni, dall'esplosione della Settimana rossa. Saranno giorni scottanti durante i quali Labriola, Lucci e gli altri esponenti «bloccardi» cercheranno di assicurare una certa solidarietà alle masse popolari senza mettere a repentaglio l'intesa elettorale con i gruppi borghesi.

I disordini della Settimana rossa non giungono improvvisi. In realtà è già dalle prime settimane dell'anno che la città è scossa da una serie di agitazioni sindacali e di scontri. La crisi seguita alla conclusione dell'impresa libica ha investito tanto il settore pubblico quanto quello privato, in cui piccole e medie aziende soffrono anche le conseguenze della crescente concentrazione monopolistica. A scendere in lotta sono dapprima i ferrovieri, contro cui il nuovo governo Salandra oppone una resistenza molto ferma, dichiarandosi pronto a fronteggiare un eventuale sciopero con la militarizzazione del personale. A metà aprile tocca alle tabacchine, chiamate ad uno sciopero nazionale di protesta contro il ministro delle finanze Rava, che rifiuta ogni concessione trincerandosi dietro il disavanzo del bilancio. Gravi incidenti si determinano dinanzi alla manifattura Santi Apostoli dove le poche crumire, in gran parte avventizie timorose di perdere il posto, vengono aggredite dalle compagne di lavoro «inferocite». A via Duomo, guardie e carabinieri caricano il corteo delle scioperanti, che reagiscono con un nutrito lancio di sassi e di «proiettili di ogni genere». I giornali descrivono con realistici particolari l'aggressività delle ragazze che «strappano i capelli» alle crumire involate dai questurini sulle carrozzelle, lapidano le guardie e spaccano bottiglie in testa ai carabinieri. Alla fine, si deve mobilitare una compagnia del 39° fanteria per difendere baionette in canna la caserma della pubblica sicurezza a cui il corteo dà l'assalto per liberare gli arrestati.

Appoggiate da elementi anarchici e dai bordighiani del circolo Carlo Marx, tra cui figura anche la pugnace compagna dell'ingegnere, Ortensia De Meo, le tabacchine napoletane respingono il compromesso raggiunto in sede nazionale e proseguono a lungo nell'astensione dal lavoro. La mediazione di Labriola permette viceversa la composizione di un'altra dura vertenza insorta tra i tranvieri locali e la Società dei tramways, diretta da un belga molto rigido e poco comprensivo, il signor Van der Hecht. Altre categorie di lavoratori dell'industria, dell'artigianato e «perfino delle pompe funebri» difendono con lo sciopero il loro modestissimo potere d'acquisto, in un quadro sindacale che vede costantemente contrapposti ai «caporioni» piú risoluti, i dirigenti dell'Unione socialista, preoccupati di attenuare i contrasti per evitare l'indebolimento della loro base elettorale. In un grande comizio, che si terrà il 24 maggio, sarà esposto il programma sul quale convengono sia le componenti popolari che quelle democratiche del Blocco: una serie di riforme nei servizi pubblici, nel settore della casa e della scuola, nella pubblica assistenza; e un progetto di energico intervento presso l'autorità centrale per sollecitare l'attuazione delle varie leggi speciali in favore dell'economia cittadina. Tornano in questo programma la zona industriale, il porto, il raccordo ferroviario, l'ente del Volturno come punti focali per la ripresa, in una prospettiva che ai dirigenti socialisti sembra la piú concreta e che viceversa bordighiani e anarchici bollano come opportunistica.

A sua volta, l'estrema destra accenna a passare al contrattacco. I benpensanti sono disturbati dagli scioperi e preoccupati dalla vitalità del movimento sindacale. Quando si blocca il servizio tramviario, «Il Mattino» ed altri giornali del suo stampo anticipano di qualche anno i motivi ispiratori dello squadrismo, minacciando randellate agli scioperanti e invitando la cittadinanza a difendersi dai loro soprusi senza aspettarsi la protezione di uno Stato troppo indulgente. Le manifestazioni irredentiste del 19 maggio offrono un'altra occasione per impadronirsi della piazza ed anche per dividere il fronte delle sinistre, coinvolgendo repubblicani e riformisti nel chiassoso rilancio del nazionalismo che prepara l'intervento. Ma, naturalmente, sono soprattutto i moti della Settimana rossa a seminare il panico tra i ceti moderati, costringendo i dirigenti dell'Unione socialista ai piú ardui equilibrismi per scongiurare la frattura del Blocco.

A Napoli i moti scoppiano il 10 giugno. Piove: una pioggia «fitta ed insistente» che batte su un centro tranquillissimo e su una periferia industriale già percorsa da serpeggiante inquietudine. Il giorno prima, per protesta contro l'eccidio di Ancona, è stato proclamato lo sciopero ad oltranza. Le leghe operaie che fanno capo alla Borsa del lavoro convocano un comizio al chiuso, al quale socialisti di sinistra ed anarchici rispondono convocandone un altro all'aperto, nei pressi della stazione ferroviaria. A prima mattina, un gruppo di scioperanti si presenta nelle fabbriche di via Marina e dei Granili, per convincere i compagni ad abbandonare in massa il lavoro; alle 10, le stesse aziende fermano le macchine. È un primo successo. Contemporaneamente, all'altro capo della città, i metallurgici dell'Ilva bloccano i treni della Cumana e dopo averne fatto scendere i viaggiatori, li rispediscono al deposito. Anche il porto si paralizza del tutto, mentre i tram si vanno ritirando gradualmente via via che la delegazione sindacale fa opera di persuasione sul personale, quando con le buone, quando con le cattive. A mezzogiorno nei locali della Borsa del lavoro si tiene il comizio cui partecipano circa mille operai, una parte dei quali si accontenta di discorsi contro i poteri costituiti e la società capitalista, nonché dell'ordine del giorno conclusivo che conferma lo sciopero. I piú decisi, invece, finiscono per muoversi verso piazza Principe Umberto, dove anarchici e socialisti di sinistra hanno ascoltato un infuocato comizio di Enrico Villa e si sono già scontrati con la forza pubblica.

È a questo punto che si registrano gli episodi piú gravi. Già lungo il percorso, i lavoratori reduci dalla Borsa del lavoro hanno lanciato due bombe-carta contro una caserma dei carabinieri. Giunti sotto una selva di ombrelli nella piazza Principe Umberto già gremita, i manifestanti applaudono entusiasticamente alle parole di Francesco Cacozza che, issato sulle spalle di un gruppo di giovani, incita la folla a «correre alla vendetta» per lavare il sangue proletario versato ad Ancona. Lo stesso leader anarchico si trascina quindi dietro i suoi fedelissimi per dare l'assalto alla stazione, mentre altri nuclei si disperdono in altre direzioni, chi verso la centrale elettrica della Generale d'illuminazione per togliere la corrente alla città, chi verso la Manifattura tabacchi per impartire una lezione ai crumiri. Non c'è un piano, non c'è una linea politica: è un'esplosione spontanea di collera, anche di vandalismo, che caccia gli scioperanti nella «trappola» (come la chiama Labriola) predisposta dai responsabili dell'ordine.

Alla stazione, gli ultras di Cacozza trovano schierato un drappello di artiglieri al comando del tenente Monney: ne deriva uno scontro a fuoco in cui viene ferito a morte, in circostanze poco chiare, il facchino Sbatelli. Montato su un carro funebre di passaggio, Cacozza rovescia un fiume di ingiurie sui carabinieri che lo arrestano, come arrestano gli anarchici che hanno accompagnato il moribondo all'ospedale della Pace. Fallisce l'irruzione alla centrale elettrica e alla manifattura dei tabacchi, ma la massa degli scioperanti si imbatte in una pattuglia di agenti, tenta di catturarli e ne insegue uno fino ad una latteria che viene devastata quando il poliziotto ha già trovato scampo in caserma. I tafferugli proseguono per tutta la giornata, con comprensibile spavento della cittadinanza e dei bottegai, costretti ad abbassare precipitosamente le serrande. A sera, altri nuclei di scioperanti tentano di dare l'assalto ad una stazione di carabinieri e al vecchio carcere di San Francesco, finendo per trincerarsi dietro barricate improvvisate alla meglio e per darne qualcuna alle fiamme, quando bersaglieri e cavalleggeri accorrono a sloggiarli. A tarda notte, i segni della «strenua lotta» tra forza pubblica e dimostranti sono visibili nelle strade che circondano la stazione e Porta Capuana.

Per i funerali del cittadino ucciso in via Aquila, l'onorevole Labriola ottiene che la polizia si astenga dal servizio d'ordine, lasciandolo ai militanti. All'indomani, un corteo di circa ventimila lavoratori sfila dietro il carro funebre senza dar luogo ad incidenti, salvo qualche intemperanza degli anarchici che portano la cravatta a fiocco e la bandiera nera con le ingenue scritte del movimento: «Senza Dio e senza padroni», un programma che sembra fatto apposta per spaventare i galantuomini. Le esequie si arrestano a piazza Carlo III, dove gli oratori del Blocco cercano di placare gli animi e l'onorevole Lucci, in particolare, invita la folla a tornare «in colonna» al centro per evitare complicazioni. In realtà, l'11 giugno è un altro giorno di paura e di sangue. Anche se gran parte della folla si disperde, ne rimane quanto basta per provocare nuove occasioni di scontro. Un gruppo di circa duemila manifestanti caricato dalla truppa lascia sul terreno un altro morto, fulminato a quanto pare da una sincope, e cerca scampo nella fitta rete dei vicoli intorno al porto: è un ripiegamento che, in qualche modo, anticipa di mezzo secolo la tecnica della guerriglia urbana. Contemporaneamente, tra Portici e San Giovanni a Teduccio, operai delle officine di Pietrarsa bloccano alcuni convogli ferroviari, seminando il panico tra i viaggiatori.

Benché nelle prime ore del pomeriggio il Consiglio generale delle leghe voti a maggioranza la cessazione dello sciopero, i disordini continuano. Un gruppo di «facinorosi» cerca di appiccare il fuoco ad alcuni negozi nella zona del Vasto e, quando accorrono i carabinieri, si rifugia nella casbah del Mercato, dove tuttavia viene inseguito da un nugolo di questurini e di bersaglieri al comando di un certo colonnello Graziani, che si è offerto volontariamente per la bisogna. La scarica di fucileria ordinata dall'ufficiale stende al suolo due morti e un ferito, mentre la polizia rastrella furiosamente un caseggiato sospetto in vicolo Spigoli. Gli operai crepano ma sono i buoni borghesi a spaventarsi. A nome dell'Associazione monarchica liberale Benedetto Croce spedisce un telegramma di plauso al governo Salandra, per la sua opera di repressione «energica e illuminata». Le associazioni cattoliche gli fanno eco esaltando l'esercito in un manifesto che indirizzano ai lavoratori per dissuaderli paternamente dal cadere in tentazioni rivoluzionarie. Ma in campo conservatore c'è chi non si accontenta di telegrammi e manifesti. Squadre di studenti armati di bastone affiancano la polizia, distribuendo manganellate in capo ai dimostranti ed inoltrandosi perfino nei vicoli del Mercato per ridurre gli abitanti a piú miti consigli «inneggiando all'esercito e a casa Savoia». Ai tribunali, magistrati e avvocati applaudono con frenetico sollievo una pattuglia di carabinieri che mette in fuga «a piattonate» i rivoltosi.

L'indomani, rispondendo all'appello dei due giornali di casa Scarfoglio, una folla calcolata dal «Mattino» in 150 000 unità e in ogni caso cospicua, si dà convegno in piazza Plebiscito per esprimere in termini minacciosi la propria protesta contro le agitazioni della «piú lurida canaglia», che sarebbe manovrata dalla «malavita organizzata» e soltanto «camuffata da proletariato». Ne scaturisce un corteo che attraversa tutto il centro per tornare nella stessa piazza, dove vari oratori si affannano a denunciare la presunta corresponsabilità del Blocco popolare negli incidenti. L'iniziativa è partita dai dirigenti cattolici e dagli operatori economici, evidentemente allarmati dalla pericolosa piega presa dagli avvenimenti. Insieme con la dichiarata scelta conservatrice dei clericali, colpiscono come un sinistro presagio altre circostanze: il reiterato appello alla Corona e alle forze armate; l'atteggiamento antioperaio dei giovani universitari e dei professionisti; la simpatia con cui la piccola borghesia impiegatizia e bottegaia guarda, pur senza prendervi parte, alla repressione di disordini che sconvolgono non solo i suoi interessi ma anche le sue tranquille abitudini. In questa fase, anarchici e socialisti di sinistra non si pongono neppure il problema dell'isolamento politico che pochi anni piú tardi sarà determinante per la sconfitta del movimento.

A scadenza ravvicinata, per lo meno a Napoli, le prospettive appaiono meno traumatiche. L'ondata di panico suscitata dalla Settimana rossa coagula le forze della conservazione intorno al «fascio liberale dell'ordine», una formazione alla quale Croce, Di Giacomo, Torraca e il cattolico Francesco Degni assicurano il loro prestigioso consenso, mentre i nomi piú compromessi del vecchio personale clerico-moderato, come Rodinò e Del Carretto, si mantengono prudentemente in disparte. Un poderoso appoggio alla causa viene dalla stampa locale, schierata quasi tutta contro i reali o i presunti pericoli di sovversione. Il solo «Roma» conduce una discreta opera di fiancheggiamento del Blocco popolare, secondando la tattica rassicurante dei dirigenti che, mentre alla Camera difendono con dignitoso fervore i lavoratori contro gli eccessi delle forze dell'ordine, a Napoli lavorano abilmente alla smobilitazione delle masse. Questo comportamento, a cui lo stesso Salandra tributa un omaggio piuttosto insinuante e perciò poco gradito, serve a dimostrare che il Blocco saprà offrire le piú assolute garanzie di serietà e di moderazione, se sarà chiamato a governare la città.

Naturalmente, il cemento che tiene insieme gruppi di cosí diversa estrazione è soltanto elettorale; e l'ala socialista ne rappresenta la componente piú fragile, sia per la sua fragilità ideologica sia per la tenace opposizione della sinistra estrema, che vanta sicuramente una piú salda coscienza di classe ma è lontanissima dalla realtà concreta dell'ambiente. Sui parlamentari socialisti, comunque, si spara a zero da tutte le parti. Mussolini li accusa di cercare il successo nelle consultazioni amministrative per salvare la medaglietta a Montecitorio. Il senatore Croce definisce sprezzantemente il Blocco come «una raccolta di appetiti democratici, inghirlandati di frasi banali». Nella solita ottica settaria, Bordiga dà per scontata l'identità tra i partiti progressisti e quelli conservatori della borghesia, irridendo alla stessa formula dell'alleanza. Accusato a sua volta, nell'ambito delle frenetiche polemiche di partito, di essere un «rivoluzionario di cartapesta», l'ingegnere è costretto ad una mortificante autodifesa per aver accettato un impiego nelle Ferrovie ed essersi appartato nei giorni infuocati della Settimana rossa, anche se finirà per perdere il posto in conseguenza del proprio attivismo.

La debolezza dell'ala socialista consente a repubblicani e giolittiani di giocare un ruolo determinante nella elaborazione della strategia elettorale e nella distribuzione dei seggi. A dieci giorni dal voto, insospettita dall'insistenza dei socialisti sull'imposta proporzionale, la Pro Commercio ritira la propria adesione, riservandosi di votare per i singoli candidati del Blocco che offrano agli operatori economici determinate garanzie. Il «fascio liberale» chiude dal canto suo la campagna con un grande comizio al centro, dove prende la parola anche Croce, ma lo slancio dei conservatori è frenato dalla cauta neutralità del governo che Salandra sottolinea con un telegramma all'onorevole Altobelli per assicurargli che le autorità e le forze di polizia hanno il solo mandato «di garantire la pace pubblica e la libertà del voto». Il 12 luglio, i napoletani vanno alle urne e, nonostante un margine di astensioni che supera il 50 per cento, assegnano la vittoria al Blocco con uno scarto di circa tremila voti. Il gioco delle preferenze sapientemente manipolato favorisce i candidati della sinistra borghese, con una brillante affermazione del notissimo psichiatra Leonardo Bianchi e di Pasquale Del Pezzo duca di Caianello, che sarà il nuovo sindaco. Anche al Consiglio provinciale conquista la maggioranza la lista bloccarda, aperta da popolarissimi personaggi come il Fasulo e Corso Bovio, figlio del vecchio filosofo repubblicano.

Il clamoroso tonfo di una lista di minoranza presentata dalla sezione del Psi in polemica con l'Unione autonoma, conferma l'isolamento degli amici di Bordiga, che va inasprendo sempre piú tenacemente la propria opposizione al parlamentarismo e all'elettoralismo puntando sull'astensionismo «come dato permanente del movimento socialista». A confermare almeno in parte la fondatezza delle sue critiche quando il nuovo sindaco s'insedia in comune, l'11 agosto 1914, nessun assessore socialista figura in Giunta e, quel che è peggio, mancano le premesse per una qualsiasi azione riformatrice. Il cronico disavanzo del bilancio impone un avvio fin troppo circospetto a Del Pezzo, che solo quattro mesi piú tardi sarà in grado di indicare i pochi e limitati settori di possibile intervento: il riassetto urbanistico, il regolamento sanitario, i servizi collettivi. In sostanza si tratta di progetti come quello di costruire nuovi quartieri di abitazione alla Arenaccia e a monte di via Salvator Rosa; o di iniziative locali ma episodiche, come l'acquisto al Vomero di Villa Lucia e della stupenda Floridiana, che vengono sottratte alla speculazione privata. Il duca predispone altresí un'indagine sullo stato dell'industria che in verità è allarmante e tale rimarrà per tutto il periodo della neutralità. La guerra anglotedesca per il dominio degli oceani compromette in misura crescente non solo il traffico marittimo, ma anche il commercio con l'estero e il turismo, due voci essenziali per l'economia della città, mentre l'incertezza del futuro suggerisce una febbrile incetta di viveri, con le ovvie conseguenze sul regime dei prezzi. Dopo l'entrata in guerra una sensibile ripresa si avvertirà nel settore dell'industria pesante, sul quale piovono le commesse dello Stato Maggiore, ma nell'ambito delle medie e piccole aziende la crisi persisterà, anche per la tendenza dei risparmiatori locali a tenere immobilizzati i propri depositi bancari, indirizzandoli sui titoli pubblici anziché verso investimenti produttivi.

In altre parole la Giunta Del Pezzo è troppo assillata da problemi immediati come il carovita e la disoccupazione, per dedicarsi alle riforme e ancor meno all'opposizione rivoluzionaria contro la guerra, tanto piú che molti autorevoli esponenti dell'Unione socialista sono contagiati dalla febbre interventista. Il 30 agosto, pochi giorni dopo l'elezione del nuovo sindaco, il governo Salandra sospende il divieto di lavoro notturno nelle fabbriche per donne e bambini, senza suscitare apprezzabili reazioni negli ambienti sindacali. I molti scioperi che si organizzano a Napoli in questo periodo, quando non siano volti a sollecitare le commesse belliche, si concludono inevitabilmente con la sconfitta dei lavoratori. Il 12 marzo 1915 viene messo in vendita per la prima volta il «pane di guerra», ma la protesta popolare si limita ad una manifestazione di casalinghe, che cercano la solidarietà degli operai e trovano la repressione della polizia. Non infrequenti sono i suicidi per fame. Non restano che gli anarchici e i socialisti di sinistra a sognare ancora una «insurrezione armata generale» per difendere la neutralità e a sfogarsi una serie di piccoli attentati per protestare contro l'intervento.

La sezione napoletana del Psi, animata da Bordiga e da Gerardo Turi, non disarma neppure quando un gruppo di compagni mussoliniani segue il fondatore del «Popolo d'Italia» e costituisce, il 5 febbraio 1915, un fascio interventista, al quale aderiscono anche Silvano Fasulo ed Arturo

Labriola. I due rigorosi internazionalisti giudicano l'interventismo di sinistra come un puro e semplice cedimento sul terreno della lotta di classe, in funzione subordinata rispetto «ai fini imperialistici della guerra borghese». Non ritengono accettabile nemmeno la formula compromissoria («né aderire né sabotare») che la direzione del partito adotterà in maggio al Congresso di Bologna. Tuttavia, all'inflessibilità dell'analisi non corrisponde alcuna possibilità pratica di azione: nel Congresso regionale tenuto in dicembre, il Psi ha contato in tutta la Campania 364 iscritti, di cui appena un centinaio in città; né tutti i militanti condividono il «disfattismo rivoluzionario» di Bordiga. Ci vuole altro per arginare la valanga nazionalista.

Il fatto è che l'intervento ha finito per coincidere con le ragioni culturali e sentimentali, oltre che con gli interessi, di tutta la classe dominante. La posizione di Turi e di Bordiga sfiora l'utopia, perché «la minoranza dinamica» che impone l'entrata in guerra alla «massa inerte» ha in mano tutto il potere, tutti gli strumenti che contano, dall'apparato statale al clero, dall'industria alle banche, dalla stampa all'Università. Salandra è abilissimo a smussare le punte dell'opposizione radicale, mediando infaticabilmente fra le due ali della borghesia e coinvolgendo, soprattutto a Napoli, giolittiani ed ex rivoluzionari nella preparazione psicologica del conflitto. Non si tratta solo, come insinuano i socialisti di sinistra, della speranza di entrare nel governo o del tentativo di strappare concessioni per la Giunta democratica, sebbene in effetti i parlamentari del Blocco si battano con successo a Roma per ottenere approvvigionamenti a buon mercato e l'amnistia per i reati commessi durante la Settimana rossa. L'adesione di un Altobelli o di un Labriola parte, per cosí dire, dal cuore. Il deputato di Stella che è stato già favorevole all'impresa libica, concorda il suo atteggiamento col ministro degli esteri Di San Giuliano in un incontro tenuto nel settembre 1914 alla Consulta; e dopo di allora, non fa mistero del proprio interventismo, manifestandolo in una serie di comizi e nel voto concesso il 20 maggio 1915 ad un governo Salandra che pure Vittorio Emanuele III ha richiamato in carica a Camere chiuse, in spregio di ogni garanzia costituzionale.

Perfino Croce capitola, dopo aver tenuto per mesi un atteggiamento molto riservato, in coraggiosa polemica contro gli «spropositi» propagandistici dell'interventismo democratico sulla «barbarie germanica». Nel momento in cui scrive di essere neutralista come il governo del suo paese, si dichiara anche pronto ad accettare «quella guerra che saremo costretti a fare, quale che sia, anche contro la Germania». Ai primi di gennaio del 1915, avalla la fusione tra l'Associazione monarchica liberale di cui è presidente e l'Unione costituzionale di cui è presidente il giolittiano Arlotta;

ai primi di maggio, senza aspettare che Salandra dichiari la guerra, si fa promotore e diventa presidente di un «comitato per la preparazione civile». Benefiche dame dell'aristocrazia, eminenti membri dell'establishment seguono il suo esempio, ravvivando il tiepido entusiasmo delle classi meno abbienti con una serie di iniziative assistenziali. Poco prima il prefetto ha informato onestamente Salandra che «lo spirito pubblico è contrario alla guerra», ma non saranno queste sottigliezze a fermare le armate del generale Cadorna o a mettere in pericolo gli utili dell'Ilva e delle altre industrie metalmeccaniche. Tra slanci patriottici e problemi materiali, la Giunta Del Pezzo è ridotta intanto al piccolo cabotaggio. Scioperi di macellai e di panettieri sottolineano l'acuto disagio della popolazione e costringono il sindaco a coprirsi a sinistra, imbarcando tre assessori socialisti, quindi affidando ad uno di essi l'Annona. Tuttavia, soltanto nel febbraio 1917 si costituirà un «ente autonomo di consumi», che arriva ad assicurare un minimo di rifornimenti alimentari a prezzi politici, mentre si sollecita imperiosamente dal governo il blocco dei fitti.

Di riforme, manco a parlarne. Nei primi due anni dell'amministrazione democratica, non si va piú in là di un accordo con le società private per la distribuzione dell'energia del Volturno e di un inasprimento della sovraimposta fondiaria, che fa strillare come aquile i proprietari di immobili. Di municipalizzare i servizi pubblici si comincia a discutere solo nell'ottobre dello stesso 1917, quando il giolittiano Presutti ha già sostituito da sei mesi il duca di Caianello. Presutti propone la decadenza della convenzione con la vecchia Società dei tramways napoletana, ma per trasferirla ad un'altra ditta privata: la netta opposizione dell'ala socialista determina le dimissioni del sindaco e porta, il 12 novembre 1918, Arturo Labriola alla testa dell'amministrazione comunale. La lunga marcia del professore attraverso le istituzioni si conclude quindi trionfalmente pochi giorni dopo il vittorioso epilogo della guerra. Il primo sindaco «socialista» di Napoli è destinato tuttavia a rimanere in carica meno di un anno.

3.
I piccoli borghesi

Vicende municipali a parte, la grande guerra segna una svolta netta anche nel costume napoletano, nella psicologia collettiva, nei rapporti tra le classi. La continuità con il passato si spezza di colpo, perché non ha piú il minimo riscontro con la realtà: comincia perciò a diventare ricordo, nostalgia, un mito via via sempre piú sbiadito e logoro che col tempo verrà nutrito piú o meno artificialmente di melenso folklore. L'evoluzione della società unitaria ha stravolto da un pezzo la fisionomia dei gruppi che piú a lungo si sono identificati con i valori della tradizione locale: nobiltà e plebe. La prima, con la corrosione della rendita terriera e di quella immobiliare, ha perduto gli ultimi avanzi della propria agiatezza e con essa il fasto, l'eleganza, l'arguta bonomia che nel bene e nel male l'hanno caratterizzata per secoli. Di riflesso, la plebe si è trovata a smarrire il solo sostegno cui, nonostante il paternalismo e il cinismo della vecchia aristocrazia, aveva potuto appoggiarsi; e senza per questo vedersi inserita nelle file del proletariato industriale, approdo che il sottosviluppo riserva ad un'esigua cerchia del ceto popolare.

È la piccola borghesia, invece, che comincia a farsi timidamente alla ribalta. A Napoli non ha contato mai nulla. Nella capitale borbonica, non aveva ruolo; nel capoluogo unitario ha cominciato ad averne uno, ma umile grigio e stentato, quando la burocrazia crispina e giolittiana se ne è servita per colonizzare il Mezzogiorno attraverso la corruzione e il trasformismo. Poco ha avuto da spartire con gli interpreti piú autentici del genio locale, se è vero che Pulcinella, Mastriani e Ferdinando Russo appartengono essenzialmente al «popolo basso»; che la Serao è, tutto sommato, una snob con qualche iniziale curiosità sociologica presto dissolta; che Salvatore Di Giacomo è chiuso, nella vita e nell'arte, in un aristocratico distacco dalla realtà. Soltanto Eduardo Scarpetta comincia ad accorgersi del ceto di mezzo, concependolo tuttavia come un soggetto comico e individuandolo in un tipo umano oscillante tra l'antica fame e la sospirata prosperità, meschino e «arriffabile» (cioè risibile), che rifà il verso ai veri signori senza riuscirvi e soprattutto senza sapersi scrollare di dosso la goffaggine del «pezzente resagliuto». È anche per questo, probabilmente, che i fautori del «teatro dell'arte» contestano la legittimità del successo di Scarpetta, come se un oscuro istinto di classe li spingesse a distinguersi da un conservatore cosí impietoso che, anche lui del resto istintivamente, si rifiuta di idealizzare la mediocrità e descrive le cose come stanno. Ad accentuare la frattura interviene anche una componente generazionale. L'autore di *Miseria e nobiltà* coglie le *mezze calzette* nella fase di avvio della loro promozione sociale; i Galdieri e i Ricci, i Bovio e i Murolo ne esprimono le esigenze sentimentali e psicologiche nel momento in cui l'affermazione è già realizzata ed è naturale che tentino di valorizzarle, sia pure all'interno dell'angusto orizzonte a cui la piccola borghesia (e dunque anche l'arte da essa espressa) è condannata dalle proprie contraddizioni. I giovani scrittori ne sono vagamente avvertiti non tanto da una consapevolezza teorica, quanto dalla propria maggiore o minore sensibilità, ed altresí dalla maggiore o minore distanza che li separa dalla condizione popolare.

Tutto sommato, i due filoni sono quelli segnati dalle divergenti esperienze di Salvatore Di Giacomo e di Ferdinando Russo, sebbene gli artisti che cominciano a lavorare nel primo decennio del secolo si sforzino di staccarsi da modelli cosí impegnativi e ormai datati anche sotto il profilo linguistico. Il dialetto plebeo rimane infatti valido per un poeta saporoso e graffiante come Edoardo Nicolardi o per un particolarissimo uomo di teatro quale sarà Raffaele Viviani, ma è già una mediazione colta, a mezza strada fra rievocazione e parodia, in un poderoso artigiano come Libero Bovio. Negli altri, in genere, l'uso del vernacolo in alternativa all'italiano si riduce ad un mesto omaggio che si rende al passato per esprimere un'inclinazione malinconica piú vicina ai modi crepuscolari di un Gozzano o di un Corazzini, che non al sentimento popolare. C'è anche la pressione dell'industria culturale ad incalzare questi intellettuali di modeste risorse, costringendoli a garantire una assidua produzione per il teatro, la canzone e il giornale. Ugo Ricci, per esempio, cura come «Triplepatte» la rubrica quotidiana fondata dalla Serao e la trasforma in un ironico osservatorio sul *demi-monde* a cui pure si sente tanto vicino, fornendo in versi ai suoi lettori la ricetta per consolarsi di un amore infelice, di un impiego mancato, di una vita sbagliata.

La «canzonetta» è una macchina ancor piú inesorabile. Murolo, Galdieri, Bovio rovesciano ogni anno torrenti di versi per le strade e le marine come tanti altri «parolieri», da Capurro a Califano, da Armando Gill ad E. A. Mario, dotati di un talento infaticabile e soccorsi dalla vena felice di compositori che spesso non sono nemmeno entrati in Conservatorio. I «pianini» dei vicoli, le «posteggie» dei ristoranti, i «concertini» del varietà e dei salotti di famiglia ripetono senza stanchezza i motivi che evocano voci notturne, cuori ingrati, silenzi incantatori, lacrime napoletane, guappi innamorati, emigranti strappati alle lampare di Santa Lucia e all'aria profumata di Posillipo. Senza le note di Valente e Lama, di Tagliaferri e Falvo, di De Curtis e Gambardella, di Buongiovanni e Nardella, i versi dei poeti resterebbero affidati al giro ristretto dei lettori piú colti, soffocati nella polvere di modeste edizioni locali. In ogni caso, l'ispirazione è assai meno limpida che in don Salvatore, assai meno sanguigna che in Ferdinando Russo. I tempi belli di una volta sono lontani. La Napoli che vive nella melodia con i suoi paesaggi, le strade, i volti, i personaggi, i contrasti della sua antica gente, si identifica sempre meno con la città che va sfiorendo: il rimpianto diventa via via piú forte dell'emozione. E tuttavia in tante di queste canzoni c'è ancora un lampo di felicità creativa, un guizzo autentico di passione e di sarcasmo, una urgenza di fermenti e di umori che portano nel mondo il grido della napoletanità come un messaggio nella bottiglia. È l'accorata testimonianza di un naufragio che non coinvolge tanto gli uomini, quanto le istituzioni superate, le abitudini anacronistiche, il pauroso ritardo rispetto alla società contemporanea. Se conserva in qualche modo una dimensione universale, se la canzone vola ancora tanto alto è grazie alla intensità di sentimento, all'ingenuità di un linguaggio che chiunque può capire come chiunque capirà i canti spirituali dei negri, alla strepitosa bravura di interpreti come Elvira Donnarumma e Gennaro Pasquariello.

Quando invece la trascrizione musicale viene a mancare, come nei testi di teatro o sulla pagina scritta, l'eco si attutisce gradualmente nel tempo fino a spegnersi senza rimedio. Sonetti, commedie, drammi colano a picco sui fondali del golfo come modesti tesori che negli anni futuri nessun critico avrà voglia di disseppellire. Soltanto i vecchi napoletani fantasticheranno dell'epopea, in gran parte immaginaria, di una società artistica fiorita tra il Gambrinus e il Fiorentini, l'angiporto Galleria e la libreria Casella, la redazione del «Pungolo» e quella di «Monsignor Perrelli», spesso risolta in una *bohème* di giornalisti squattrinati, di pittori senza clienti, di attori e sciantose senza scritture, ma tutti pieni, questo sí, di vita, di voglie galanti, di fulminanti battute. Il repertorio che ha scandito le serate felici di quell'epoca – *È' cose 'e dDio, Signorina, Vincenzella*, le riviste di Galdieri – invecchierà irrimediabilmente come le seducenti ed impetuose attrici che lo hanno interpretato: Bianchina Di Crescenzo, Mariella Gioia, Adelina Magnetti. La stessa sorte toccherà alle pagine dei poeti che hanno raccolto l'eredità di don Salvatore e di Ferdinando Russo, per quante volte i vecchi napoletani torneranno a ripetersele come un breviario, negli anni grigi in cui Napoli diventerà definitivamente italiana, e i giovani dimenticheranno anche come era fatta la loro città. Pochi superstiti rileggeranno lo stoico congedo che Rocco Galdieri, destinato a morire a soli quarantasei anni dopo una lunga malattia, indirizza ai suoi amici:

> Me ne vogli'í, cantine cantine,
> pe'copp' 'o Campo, a Puceriale,
> Voglio campà cu' 'e muorte pe'vvicine...
> ca nun sanno fa male.
> Nu'pparlano... Nu'ccantano... So''bbuone...
> E sò''e meglie inquiline:
> sòchille ca nu'ppavano pesone!
> Là m'affitto, cu' poche denare,
> 'na cammarella pe' me surtanto,
> Che mme ne 'mporta ca nun veco 'o mare?
> M'abbasta 'o campusanto!...

In Murolo, il pessimismo si stempera nella sensualità di uno scrittore che forse è il piú vicino di tutti a Di Giacomo, anche per la capacità di rappresentare il paesaggio («ricorda la pittura di Dalbono») privandolo di ogni elemento materiale, di ogni peso, di ogni gravità:

> Na casarella
> pittata rosa
> 'ncòpp' 'e Camaldole
> vurria tené
> piccerenella
> p' 'o sposo e 'a sposa,
> comm'a na cònnola
> pe'mme e pe'tte...

Il ritmo e la pennellata esauriscono tutta la poesia: la canzone precede la musica, come se Metastasio fosse ancora di casa al San Carlo e nulla fosse cambiato nel corso degli ultimi due secoli. Murolo è decisamente un piccolo borghese che sogna, inconsolabile innamorato di un'epoca che non tornerà. Tutto sommato, il piú moderno del gruppo, ruvido ma anche ricco di vigore e di contraddizioni, è Libero Bovio. Appartiene ad un'ottima famiglia, ma ama ed usa il dialetto di basso porto. Anche se scrive canzoni e drammi traboccanti di sentimento, possiede una grossa riserva di ironia che applica senza crudeltà ai suoi poveri eroi: l'oratore analfabeta, il travet senza orizzonti, la fidanzata di lungo corso, il marito cornuto. Placido, bonario, enorme, gira a piedi o in carozzella per tutta la città fino a notte alta, abbandonandosi al piacere della conversazione, ma tutti gli amici hanno il terrore della sua maldicenza. Lavora freneticamente per i giornali, gli editori, la Piedigrotta, le cerimonie ufficiali, le associazioni sindacali, ma è anche l'autore di *Està*, il piú estenuato madrigale che sia stato mai dedicato alla pigrizia di un uomo e di un popolo, alla civiltà dello scirocco e della «controra»:

> Che sole, che sole,
> che sole cucente!
> E chi vo' fa' niente?
> E chi pò fa' niente?
> che bella canzone
> ca sona 'o pianino...
> Mo'nzerr'o balcone
> pe 'nun 'a sentí.
> Che bella figliola,
> ca passa p' 'o vico...
> Mo 'a chiammo e lle dico:
> – Volete salí?
> No, no... cu stu sole,
> 'stu sole cucente,
> nun voglio fa' niente!...

Bovio, che esce da una famiglia tradizionalmente democratica, si adatterà a servire il fascismo senza crederci e senza odiarlo. Non sarà il solo e non sarà per caso: nella scia di Scarfoglio e della Serao, di don Salvatore e di Ferdinando Russo, tutto l'ambiente che scrive sui giornali, compone versi ed assicura il repertorio ai teatri locali, si cura poco di politica e, quando lo fa, lascia vibrare le corde della commozione patriottica, piuttosto che affaticarsi in analisi sociologiche. Se essere socialista «pare brutto», fare del disfattismo è addirittura inconcepibile in una società che tollera il comportamento eccentrico, l'ignoranza, l'adulterio (maschile), i debiti, la passione per il gioco e per i cavalli, ma non saprebbe scendere a compromessi sui due punti-chiave della sua moralità: la Fede e l'Italia. In occasione dell'impresa libica si è celebrata la prova generale del fervido clima di entusiasmo che la guerra del Piave susciterà non tra le masse popolari, ma tra i buoni napoletani che usano la penna e il pentagramma. Perfino Roberto Bracco, nei primi mesi del 1916, rappresenta con la compagnia di Mariella Gioia un dramma (*L'uocchie cunzacrate*) in cui la guerra è accettata sostanzialmente come «movente ideale di purificazione». Sono i giorni in cui tutta la città canta: *'O surdato nnammurato*, il trascinante motivo di Cannio e Califano che racconta la partenza del coscritto per il fronte come un congedo dall'amore e dalla felicità. I poeti si mobilitano tutti o quasi tutti sul fronte interno. In un poemetto di Ernesto Murolo (*Ciao, biondina...*) si esaltano non tanto i motivi che hanno ispirato il nostro intervento, quanto le lacerazioni che ne derivano al cuore della mamma, tema a cui la sensibilità della cittadinanza, e non solo a livello piccolo-borghese, è sempre disponibile. Nel poemetto non mancano i polemici riferimenti d'obbligo agli imboscati e ai profittatori, ma la sintesi piú perfetta dell'ideologia clericonazionalista si ritrova in *'O miercurí d' 'a Madonna 'o Carmene*: la celebre chiesa è gremita di fedeli e tra essi una madre che ha già perduto due figli al fronte, invoca singhiozzando la Madre del Signore perché voglia risparmiarle almeno il terzo. L'iniziale silenzio della statua induce la misera vecchia ad insolentire la Madonna, come si fa del resto abitualmente con san Gennaro quando tarda a compiere il miracolo, ma alla fine:

> ... doi, tre vvoce confuse
> e pò ciento... e pò tutte:
> – È overo! È overo!
> Chiagne 'a Madonna... chiagne!

Nel marzo del 1918, un dirigibile austriaco opera una spettacolare incursione sul centro della città, lasciando cadere tra l'altro bombe su via Santa Brigida. I feriti sono quaranta, i morti sedici, grande panico si diffonde soprattutto nei quartieri popolari e grande vantaggio ne deriva ai banchi del lotto. Ma è il colpo di coda del nemico. Da quattro mesi, dopo il disastro di Caporetto un generale napoletano, Armando Diaz, è stato chiamato al comando supremo in sostituzione di Cadorna. Non si tratta di un geniale stratega ma piuttosto di un manager militare, ricco di diplomazia e di buon senso, l'uomo giusto al momento giusto, capace di utilizzare gli altri generali senza ingelosirli troppo e di mantenere i contatti con gli Alleati, di mediare i rapporti tra il Re soldato e lo Stato Maggiore, di tranquillizzare la classe politica. Un altro napoletano, E. A. Mario (al secolo Giovanni Gaeta) pensa bene di correre in suo soccorso sul piano della guerra psicologica, scrivendo un canto popolare di notevole efficacia, *La leggenda del Piave*, che diventa una specie di inno nazionale e come tale è certamente piú toccante della presente *Marcia reale* e della futura *Giovinezza*. La città non avrà motivi particolari per compiacersi della disfatta ormai inevitabile degli odiati austriaci, ma il 4 novembre 1918 i sentimentali benpensanti potranno consolarsi col pensiero che la battaglia di Vittorio Veneto e il bollettino della Vittoria recano, bene o male, la firma del loro illustre concittadino. Tanto maltrattata dai piemontesi nella fase iniziale dell'Unità, Napoli si vendica nobilmente contribuendo a completarla con una canzone molto orecchiabile, un generale pieno di tatto e molti valorosi combattenti. Quando i superstiti di Caporetto e del Piave torneranno a casa, un altro problema verrà ad aggiungersi a quelli che attendono una soluzione da oltre mezzo secolo: sono giovani socialmente «sradicati ed emarginati», pieni di idee confuse ma risoluti ad imporle con ogni mezzo.

Nel clima pesante del dopoguerra, come scriverà piú tardi Elena Croce, Napoli non ritrova «la volontà di vivere che l'aveva animata dopo l'Unità e che si era espressa in maniera frivola ed estrosa, con molto piú gusto di quanto non sia saputo riconoscere». I margini delle risorse e delle speranze si sono assottigliati paurosamente, l'incapacità della classe dirigente appare nella luce piú cruda. Quando il professor Labriola, una settimana dopo l'armistizio di villa Giusti, entra a palazzo San Giacomo come prosindaco (un piccolo accorgimento per non rinunciare a Montecitorio), la situazione della città è desolante. I trasporti urbani, la viabilità, l'assistenza sanitaria, l'approvvigionamento idrico ed elettrico, tutti i servizi pubblici insomma versano «in stato di sfacelo»; la questione degli alloggi è inasprita dalla mancanza di case e dal rincaro delle pigioni; i prezzi dei generi alimentari sono inflazionati dalla speculazione e dalla pessima distribuzione. I problemi dell'industria sono ancor piú seri. Il «grande sogno» di Nitti, ossia il riscatto della città attraverso la sua trasformazione industriale, è fallito già prima del «maggio radioso», perché non si è tradotto nella creazione di «quel proletariato moderno, quelle condizioni complesse di vita, quell'adulta civiltà capitalistica», che avrebbero trasformato i rapporti sociali e politici nell'ex capitale del Mezzogiorno. La concentrazione delle risorse tecnico-finanziarie sulla produzione di guerra ha aggravato ulteriormente le condizioni degli altri settori, in un quadro reso allarmante dall'obsolescenza degli impianti, dal modesto livello professionale delle maestranze e piú in generale dalla fragilità delle imprese piccole e medie. A questi fattori di arretratezza, si aggiungono la scarsa diffusione e l'elevato costo dei mezzi di comunicazione – piaga millenaria del Mezzogiorno, esasperata nell'immediato dopoguerra dal lento sviluppo dell'elettrificazione ferroviaria e dalla crisi dei trasporti marittimi. Le attrezzature del porto non sono state ampliate né rammodernate, con riflessi esiziali sui costi, sulle tariffe e sulle dimensioni del traffico.

Questo non vuol dire, ovviamente, che non si sia costituito un nucleo capitalistico solido ed agguerrito. Le commesse belliche hanno fatto la fortuna di Bruno Canto e delle Cotoniere meridionali; di Maurizio Capuano e della Società elettrica; di un cospicuo numero di imprenditori siderurgici, metalmeccanici, tessili, molitori, conservieri. Industriali e finanzieri come Teodoro Cutolo, Antonio Arlotta, l'ingegner Pattison, il senatore Scialoja concentrano nelle proprie mani un rispettabile potere economico e quindi esercitano un'influenza determinante in campo politico ed amministrativo, anche attraverso il controllo azionario di quotidiani importanti come «Il Mezzogiorno», «Il Giornale della Sera», lo stesso «Mattino» dove Paolo e Carlo Scarfoglio hanno assunto l'eredità paterna con un piglio molto brillante ed una sostanziale fedeltà alla vecchia linea nazionalimperialista. È in genere gente moderna, colta, agganciata alle centrali di affari europee, ma tenacemente arroccata nella difesa dei propri privilegi; gente che viene prendendo sempre piú chiaramente coscienza dei propri interessi e della propria forza, nel momento in cui il collasso dello Stato demoliberale esaspera la conflittualità nelle fabbriche, in piazza, in provincia. Fattori internazionali di rottura degli equilibri preesistenti, come la rivoluzione russa e feroci contrasti tra le nazioni imperialistiche in margine al trattato di pace, contribuiscono a drammatizzare la dialettica dei contrasti nei quali intervengono nuovi e sempre piú aggressivi interlocutori: il movimento nazionalista e quello comunista, il fascismo, le masse cattoliche della città e della campagna inquadrate nel nascente partito popolare.

Nell'ottobre del '19 le nubi tempestose che si addensano sulla città spazzano, alla vigilia delle elezioni generali, l'amministrazione Labriola. La sua maggioranza si è disintegrata nel corso dell'anno sotto la violenta pressione dei conflitti sociali; in febbraio, gli assessori repubblicani si sono dimessi per una bega sull'annona; in aprile, l'Unione socialista ha ritirato i propri consiglieri (anche alla provincia) per riallacciare i contatti col partito e soprattutto con le masse. Le agitazioni sindacali, avviate nei mesi invernali con un notevole successo dei metallurgici, si sono accentuate tra maggio e giugno suscitando le prime reazioni minacciose della stampa padronale, che ha parlato di incitamento alla guerra civile ed ha salutato con soddisfazione la resa conclusiva degli operai dell'Ilva dopo due settimane di dura lotta.

Appena spento un focolaio, un altro se ne è aperto in conseguenza di un improvviso inasprimento dei prezzi per i generi di prima necessità: perfino i riformisti dell'Unione hanno incitato il popolo all'azione diretta contro i suoi «affamatori», appoggiando tuttavia richieste oltranziste che non sono sorrette da una seria forza d'urto. Tra il 6 e il 7 luglio, in un clima preinsurrezionale, si sono registrati scontri ed episodi di vandalismo che hanno indotto Labriola ad intervenire personalmente per placare la folla, impegnandosi a fissare un calmiere e a decurtare i prezzi di competenza dell'autorità comunale; ma poiché non è stato materialmente possibile mantenere le promesse, ne è derivato un pregiudizio irreparabile per la Giunta bloccarda e per il suo sindaco, che è costretto a rassegnare le dimissioni nell'imminenza della consultazione elettorale fissata per metà novembre. Nel giro di un anno, si succederanno a palazzo San Giacomo due commissari regi, Fagiolari e Verdinois, e sarà altrettanto tempo perduto per Napoli, anche se ormai il discorso formulato in termini municipali ha cessato di avere un senso e tanto meno può acquistarne uno nel momento in cui tutta l'Italia è investita da un processo di radicale trasformazione.

I protagonisti della svolta, a Napoli come altrove, sono per l'appunto gli imprenditori, la destra antiparlamentare e in minore misura i cattolici del partito popolare; la sua sostanza, all'indomani della guerra, sta nel disegno di riconvertire l'apparato industriale per adeguarlo alle esigenze del mercato europeo, addossandone il costo alla classe lavoratrice. A tal fine, le istituzioni democratiche e le libertà sindacali costituiscono un impaccio per il padronato che cerca un alleato per sbarazzarsene e lo trova dapprima nel nazionalismo, ossia nell'organizzazione terroristica degli agrari e degli intellettuali piú arretrati, quindi nello squadrismo fascista, infine nella sintesi che il regime di Mussolini realizzerà tra le due componenti della sovversione reazionaria. Le cronache del dopoguerra napoletano, pur nella loro peculiarità, riflettono puntualmente i termini del drammatico scontro che si produce a livello nazionale. La burocrazia ministeriale, la casta militare legata alla dinastia, l'alto clero, la grande banca, la cultura accademica appoggeranno sempre piú scopertamente il moto eversivo in funzione antisocialista. Il vecchio personale demoliberale che si è formato alla scuola di Giolitti, di Nitti, di Salandra tenterà inizialmente di strumentalizzare il fascismo per ristabilire gli equilibri prebellici, ma sarà travolto dagli avvenimenti e finirà, con pochissime eccezioni, per accettare la servitú del regime. Quanto alle opposizioni, quella costituzionale di Amendola sarà paralizzata dalla fedeltà alla monarchia e dalla diffidenza verso il movimento dei lavoratori; quella socialista confermerà a livello locale la sua carenza di vigore ideologico, di prospettiva strategica, di abilità tattica, dissipando in pochi anni il patrimonio di esperienze accumulate in mezzo secolo di lotte. Per colmo di jattura, la stessa eresia comunistica che si va modellando sul suggestivo esempio della rivoluzione dei Soviet sconterà a Napoli piú che altrove il suo iniziale settarismo.

In città, i popolari sono al lavoro da circa un anno, dalla sera cioè del 30 gennaio, quando il barone Rodinò, Santaseverina ed altri amici hanno fondato la sezione locale: la maggioranza del Direttivo è attestata su posizioni di estrema moderazione seppure di incondizionato lealismo verso l'istituto parlamentare, ma uomini come Francesco Degni esprimono con un certo slancio le posizioni piú aperte di don Sturzo e manifestano un'interessante inclinazione al dialogo con i socialisti. Sull'altra parte della barricata, si è costituito il 14 aprile il primo fascio di combattimento, fondato da Ernesto De Angelis, unico napoletano presente all'adunata milanese di piazza San Sepolcro. Il movimento incontrerà forti resistenze, fino ed oltre il delitto Matteotti, in tutta la Campania per una serie di ragioni che si collegano soprattutto alla struttura socio-politica della zona. La fitta rete di interessi clientelari, che costituisce l'impianto di quasi tutti i partiti, e lo spudorato appoggio dell'autorità governativa permettono alla borghesia locale di mantenere la situazione sotto controllo senza far ricorso, in linea di massima, a formazioni militarizzate del tipo che Mussolini sta creando nella pianura padana o in Puglia, per spezzare la resistenza delle masse contadine organizzate dai socialisti, dai cattolici e dalle cooperative. Nei pochi punti caldi, funzionano da anni le squadre dei mazzieri nazionalisti che fanno capo a Paolo Greco e sono perfettamente integrate nel sistema. D'altronde, l'assetto delle campagne rende ardua la costituzione di leghe contadine perché registra una netta prevalenza di fittavoli e piccolissimi proprietari rispetto alle masse bracciantili; e di conseguenza consente ai proprietari terrieri di comporre facilmente, con le «compiacenti mediazioni dei prefetti», vertenze «il cui connotato dominante è la frammentarietà e la parcellizzazione».

È per questo che a Napoli, come in tutta la Campania, sono quasi esclusivamente i reduci, gli ex arditi, gli ufficiali di complemento in congedo ad affluire nelle file del fascio: ancora piccoli borghesi, che hanno vissuto la guerra come un'eroica avventura dannunziana e non sanno, non vogliono, non possono adattarsi alla mediocre routine di tutti i giorni, anche perché non sono materialmente preparati a farlo né trovano un ambiente produttivo capace di riassorbirne le esuberanti energie. Li spinge a destra il rancore contro la classe operaia che non ha voluto l'intervento, è stata esonerata dalla mobilitazione e per giunta disprezza i combattenti in nome di un astratto antimilitarismo; ma questo impulso, che farà anche degli squadristi napoletani gli ascari sanguinari della reazione, è in parte contrastato da una confusa aspirazione alla bonifica di un mondo politico dominato dall'intrigo, dal parassitismo, dalla collusione mafiosa tra padronato ed apparato governativo. In questa contraddizione consisterà il dramma di Aurelio Padovani, un piccolo Masaniello ignorante e violento che Mussolini utilizzerà fin quando gli farà comodo e che annienterà al momento opportuno senza la minima esitazione.

La terza novità dell'anno, meno importante ma significativa, è rappresentata dalla costituzione di un partito economico che nasce in ottobre, in vista delle elezioni, con il dichiarato intento di difendere gli interessi dei ceti produttivi. La «produttività», cioè il libero gioco della grande impresa, era stata indicata da Nitti sin dai primi anni del secolo come la chiave per il rinnovamento del Mezzogiorno, ma se nella concezione dello statista lucano la formula implicava uno slancio progressista di tutta la società meridionale, nel contesto del dopoguerra essa finiva per coincidere esclusivamente con la difesa di una minoranza privilegia-

ta, «uomini costituenti il fondamento delle piú sicure fortune della città» che si coalizzano «per far trionfare l'economia italiana nel mondo».
Imprenditori, finanzieri, affaristi, eminenti parlamentari di tutte le estrazioni confluiscono nel direttivo del gruppo che, dopo la sconfitta di giugno del movimento operaio, si sente abbastanza forte da affrontare in
prima persona il cimento elettorale affidandosi, per la propaganda, ai
buoni uffici del «Giorno», sempre diretto dalla declinante Matilde
Serao.

Tra i socialisti, acquista sempre maggiore rilievo la figura di Bordiga
come teorico ed organizzatore del gruppo che nel giro di un anno provo-
cherà la scissione di Livorno. Dopo il Congresso di Bologna, la frazione
«comunista astensionista» si è costituita ufficialmente intorno al «Soviet» ed ha incluso nel proprio comitato centrale altri militanti napoletani come Ludovico Tarsia e Roberto Fobert: il suo obiettivo dichiarato è di arrivare alla costituzione di un partito «puramente comunista»
(anche la scelta dell'avverbio è caratteristica dell'intransigenza di Bordiga). Alla fine dell'anno, egli tenta di mettersi direttamente in contatto
con la centrale moscovita della III Internazionale, illustrando in un paio
di lettere (che saranno intercettate dalla polizia italiana) le motivazioni
del suo astensionismo rispetto alla competizione elettorale, del suo insa-
nabile dissenso dalla socialdemocrazia, anche del suo dissenso dai compagni torinesi di «Ordine nuovo» dai quali lo divide un giudizio nettamente negativo sull'utilità rivoluzionaria dei consigli di fabbrica.

A suo avviso i consigli operai, cioè i Soviet italiani, debbono artico-
larsi nel territorio e non nell'officina, per evitare ogni deviazione corporativa e burocratica; ma ciò che conta di piú, al momento, è l'organizzazione di «un potente partito di classe (comunista) che prepari la conquista insurrezionale del potere dalle mani del governo borghese». Appoggiato da giovani di ingegno come Ruggero Grieco ed Alfonso Leonetti,
che hanno già lavorato al suo fianco prima della guerra nella redazione
del «Socialista», Bordiga elabora una piattaforma «antirevisionistica»
molto rigida che parte dalla rivendicazione della piena ortodossia marxista perfino nei confronti dei bolscevichi russi, per arrivare a postulare
come inderogabile la scissione dal Psi, attraverso una durissima polemica contro l'anarco-sindacalismo, il riformismo ed anche la demagogia
della direzione massimalista. A differenza del gruppo torinese, egli non
coglie l'originalità del contributo innovatore di Lenin rispetto alla concezione del partito e alla sua duttilità tattica, né appare capace di collegare
– come faranno Gramsci e Togliatti – lo sviluppo organico del movimento alla realtà sociale e al retaggio storico del paese.

Lo prova, nell'immediato, il contrasto tra il suo irremovibile astensionismo e l'orientamento dei militanti napoletani che intendono viceversa partecipare alla consultazione elettorale di novembre. Con Bruno Buozzi, il loro candidato di punta è Francesco Misiano, l'agitatore calabrese che è appena rientrato da un periodo di prigionia trascorso in Germania, dove è stato coinvolto nei moti rivoluzionari del primissimo dopoguerra: arrestato una prima volta a Torino nel 1915 per aver guidato le manifestazioni contro l'intervento, Misiano è fuggito in Svizzera l'anno successivo ed è stato condannato per diserzione, riuscendo a rientrare in patria soltanto grazie all'amnistia decretata dal governo Nitti. Attraverso la sua candidatura, che suscita l'isterico furore della destra nazionalista, i lavoratori intendono riaffermare provocatoriamente la loro avversione al militarismo, ma Bordiga è troppo chiuso nel suo astratto rigore dottrinario per rendersene conto.

La trionfale elezione dell'ex disertore rappresenta uno dei risultati piú significativi del 16 novembre, anche perché conferma l'avanzata e lo spostamento a sinistra di tutto il socialismo locale, compresa l'Unione napoletana che si scioglie la settimana seguente, per rientrare nel partito ed allearsi agli avversari di Bordiga. L'altra novità emergente è rappresentata dalla forte ed imprevista affermazione del partito popolare, che conquista quattro seggi rispetto ai due del «partito economico» e ai sei della lista democratico-costituzionale che fa capo ad Enrico De Nicola, futuro presidente della Camera. Labriola passa con i suffragi delle Leghe contadine di Giuliano, dopo aver corso quasi da isolato nella lista dell'«Avanguardia»: nel primo discorso che pronuncia alla Camera, l'11 dicembre, delinea una visione molto ottimistica del futuro, in cui il riformismo dei socialisti e la sensibilità sociale dei popolari rappresentano la premessa per il pacifico «svecchiamento» della società presente e la preparazione della nuova.

Da un punto di vista diametralmente opposto, Bordiga prospetta invece l'aggregazione di riformisti e cattolici come il maggiore pericolo per il progetto comunista. Sono le settimane in cui Lenin ha consigliato ai comunisti tedeschi di partecipare alle elezioni: Misiano manifesta sul «Soviet» la stessa opinione, sostenendo che «la tattica varia a seconda delle contingenti, peculiari condizioni»; ma il direttore della rivista postilla sdegnato che «per i comunisti, tattica e princípî formano tutt'uno». Le contingenti, peculiari condizioni del paese, che portano in grembo la tempesta del colpo di stato reazionario, non lo preoccupano affatto.

L'intransigenza di Bordiga

Pur senza abbandonarsi al «misticismo rivoluzionario» di Bordiga, anche l'ala marciante del movimento operaio napoletano appare lontana da una visione realistica dei rapporti di forza. In assenza di un disegno programmatico e di un serio sostegno delle centrali nazionali del sindacato e dei partiti, è la sua stessa combattività – accesa ma episodica – a trascinarla alla disfatta, tanto piú che la neutralità del governo Giolitti nei conflitti sociali e la minaccia di rigori fiscali contro i profittatori di guerra allarmano la «borghesia lavoratrice», inasprendo i termini della lotta. A metà gennaio del '20 la marea degli scioperi sale, coinvolgendo anche i ferrovieri ed isolando quindi la città. La risposta degli «uomini d'ordine» non si fa attendere: il 14 marzo si tiene l'Assemblea costitutiva di una nuova associazione che raccoglie il fior fiore della destra liberale, compresi tutti i senatori napoletani. I discorsi inaugurali sono tenuti da Giovanni Porzio, che con De Nicola è ormai tra gli avvocati piú illustri e popolari di Castelcapuano, e da Leonardo Bianchi, l'eminente psichiatra che pure in tempi non lontani è stato l'animatore dell'intesa bloccarda. È un passaggio di campo significativo.

Molte categorie di lavoratori scendono in lotta per difendere il loro tenore di vita (in maggio, i tranvieri si asterranno dal servizio per ben quaranta giorni), ma il terreno piú infuocato dello scontro è rappresentato ancora una volta dal settore metallurgico, minacciato da una massiccia smobilitazione. Incidenti gravi si verificano il 24 marzo, quando gli operai della Miani e Silvestri innalzano la bandiera rossa sui locali della direzione, dopo averne scacciato gli impiegati. In piena atmosfera di melodramma, una delegazione di industriali si precipita in prefettura ed ottiene dal rappresentante del governo l'immediato intervento della truppa. Militari e poliziotti, appoggiati da pezzi di artiglieria, assediano lo stabilimento dal quale piovono proiettili di ogni genere, mentre gli assediati dànno fiato alle sirene e le loro congiunte fanno minacciosamente ala ai «lugubri apparecchi» della forza pubblica lanciando maledizioni ed ingiurie. Fallito un tentativo di mediazione, i lavoratori si decidono ad arrendersi sventolando bandiera bianca; ma quando il portone della fabbrica si schiude per lasciare passare una barella, i carabinieri ne approfittano per irrompere nel cortile, aprendo un nutrito fuoco di sbarramento che provoca diversi feriti e un morto. Agli operai non resta che sgomberare lo stabilimento, uscendone in fila indiana con le mani alzate, come una banda di briganti borbonici.

Al malinconico epilogo dell'episodio fanno seguito un paio di inutili scioperi generali che incontrano la durissima reazione degli imprenditori. Queste umiliazioni in serie hanno, ovviamente, un effetto disastroso sul morale delle masse napoletane che passano «da uno stato d'animo insurrezionale compresso ad uno sterile e sfibrato rilassamento», presagio della «inevitabile resa». Ad accelerare la quale intervengono le squadre d'azione, che fanno la loro prima apparizione in forze la sera del 23 giugno: a conclusione di un innocuo comizio di tessili e di tranvieri, nei pressi di piazza Dante, un gruppo di arditi al comando del tenente Tonacci lancia sulla folla una bomba a mano, uccidendo un operaio e ferendone altri ventidue. I tutori dell'ordine si muovono solo quando gli squadristi tentano di impadronirsi di una mitragliatrice, ne fermano alcuni ma si affrettano subito dopo a rilasciarli. Beninteso, il movimento operaio nel suo complesso ha ancora una notevole carica di aggressività che potrebbe rovesciare i termini della lotta se i dirigenti del Psi e dei sindacati avessero le idee chiare. È proprio questo, invece, il periodo nel quale si fa piú acuta la lacerazione tra i riformisti che controllano in sede nazionale la Confederazione generale del lavoro, i massimalisti che detengono la maggioranza del partito e la frazione comunista che sta preparando la scissione.

È l'obiettivo al quale si dedica assiduamente, nel corso dell'anno, Bordiga. In maggio, nel convegno che comunisti e socialisti di sinistra hanno tenuto a Firenze, ha potuto constatare che la stragrande maggioranza degli intervenuti, soprattutto i piú giovani, condividono la sua irriducibile ostilità verso ogni tipo di compromissione con la democrazia parlamentare e con lo stesso partito socialista. Nelle settimane successive, accompagnato dalla moglie Ortensia che dirige il lavoro femminile della frazione, visita alcuni paesi dell'Europa occidentale per guadagnare alla linea astensionista una piú vasta influenza nell'ambito dell'Internazionale moscovita, manifestando già in questi contatti quel pronunciato spirito di indipendenza nei confronti dei dirigenti sovietici che sarà tra i motivi essenziali del suo distacco dal movimento.

La sua posizione emerge con maggior forza nel Congresso che la III Internazionale tiene a Mosca a metà luglio e alla quale Bordiga partecipa, senza diritto di voto, insieme con una folta delegazione italiana in cui sono rappresentati comunisti astensionisti, esponenti del gruppo torinese e massimalisti. Lo stesso Lenin interviene, con tutto il peso della sua autorità, in appoggio alle tesi di «Ordine nuovo», lasciando intendere che il saggio sull'*Estremismo come malattia infantile del comunismo* appena pubblicato è rivolto anche a combattere le pericolose deviazioni di Bordiga, incline ad introdurre una logica frazionistica proprio nell'ambito internazionale, senza rendersi conto del carattere di rigida disciplina unitaria che i bolscevichi intendono conferire all'organizzazione mondiale. Ma il tema fondamentale del Congresso, per quanto riguarda il movimento italiano, è un altro. Mosca non è tanto favorevole alla scissione, quanto alla eliminazione dal Psi dell'ala riformista ed in questo senso preme su Serrati, incontrando tuttavia una tenace resistenza nel dirigente che è ancora dominato da preoccupazioni di tipo unitario. In verità, nemmeno i comunisti sono favorevoli al disegno dei capi sovietici perché considerano anche i massimalisti irrecuperabili al disegno del nuovo partito rivoluzionario, nutriti come sono al tempo stesso di demagogia e di irresolutezza. Lenin deve intervenire personalmente una seconda volta per suggerire i termini di un appello al Psi in cui si chiede di liquidare i seguaci di Turati e di prepararsi seriamente all'insurrezione, ritenuta imminente.

L'appello reca la data del 27 agosto 1920. Due giorni dopo in Italia, mentre lo Stato Maggiore socialista è ancora trattenuto in Urss, il partito e i sindacati dànno il via a quella temeraria e sfortunata avventura che è l'occupazione delle fabbriche. Come Gramsci osserverà piú tardi, l'operazione viene lanciata senza adeguata preparazione e, ciò che conta di piú, senza alcuna parola d'ordine intermedia, senza alcuna previsione sulle successive tappe di avanzata. A Napoli, è un'agitazione dei lavoratori del porto ad aprire le ostilità il 1° settembre. All'indomani, resi edotti dal piano di attacco del movimento sindacale, gli industriali decidono di bruciarlo sul tempo proclamando la serrata di tutti gli stabilimenti; la Fiom replica fulmineamente, facendo occupare entro mezzogiorno la maggior parte delle fabbriche piú importanti, sotto gli occhi della forza pubblica che per il momento, in omaggio alla scaltra tattica scelta da Giolitti, non interviene. Pochi giorni dopo l'operazione è completata e i lavoratori, dove è possibile, cominciano anche a produrre in proprio, portando al culmine il furore del ceto padronale e dei giornali che ne esprimono gli interessi. Il 20 settembre, mentre il fronte operaio scricchiola già a livello nazionale, l'Unione industriali, i commercianti e gli esercenti aderiscono ad un comitato permanente «di difesa civile» che è sorto per opporsi «al pericolo di uno sconvolgimento sociale» cui il governo è accusato di rimanere insensibile. In realtà, il presidente del Consiglio ha già approntato la trappola nella quale partito socialista e Cgl andranno a cacciarsi, dopo il fallimento di una riunione tenuta a Milano per varare un piano insurrezionale che nessuno ha il coraggio di sottoscrivere: agli operai si concederà un miglioramento salariale e la promessa di una legge sul controllo della produzione che non sarà mai realizzata. In città la resistenza si prolunga fino al giorno 28, allorché le maestranze decidono di tornare a casa in conformità di due votazioni intervenute alla Fiom e al Consiglio delle leghe.

È la resa ed è anche un disastro per il Psi che esce stritolato dalle elezioni amministrative indette dal regio commissario per il 7 novembre. Contro i suoi 6405 suffragi stanno gli oltre 17 000 dei popolari e soprattutto i 30 000 e piú del blocco conservatore, costituito da «notabili e industriali, generali filofascisti e liberali». I vincitori candidano come sindaco un altro vecchio esponente del Blocco popolare, Alfredo Vittorio Russo, per sfumare il significato del successo; ma Russo palesa scarse doti diplomatiche e dopo pochi mesi viene sostituito da Alberto Geremicca, presidente dell'Associazione monarchica liberale. È una scelta che equivale alla rinuncia ad ogni verniciatura progressista: difatti, per tutto l'anno e mezzo in cui manterrà l'incarico, Geremicca intreccerà proficui contatti con le banche per dare respiro alla finanza comunale e soprattutto per alimentare una «vantaggiosa speculazione edilizia». È il periodo, incidentalmente, nel quale si avviano i lavori per il primo tronco della metropolitana tra la Stazione centrale e Mergellina.

Ma sono sempre piú gli eventi esterni a dominare la situazione cittadina: in primo luogo la scissione comunista. Le divergenze emerse a Mosca e la catastrofica gestione dell'occupazione delle fabbriche hanno reso ormai inevitabile il distacco dal partito: su questo punto gli astensionisti bordighiani e i tattici piú sfumati del gruppo torinese concordano pienamente. Semmai nutrissero ancora qualche dubbio, varrebbe a dissiparli la riunione che la direzione del Psi tiene il 29 settembre, quando decide di respingere l'invito dell'Internazionale ad espellere Turati e i suoi amici, che a loro volta si pronunciano inequivocabilmente contro l'ipotesi rivoluzionaria. Il mese seguente, pur di ottenere l'unificazione della frazione comunista, Bordiga rinuncia provvisoriamente perfino alla pregiudiziale astensionista: un manifesto-programma redatto a Milano il giorno 15, l'intensificazione della propaganda, l'assidua infiltrazione del gruppo torinese nelle fabbriche scandiscono i tempi della preparazione al Congresso. Il «Soviet» è feroce con il partito socialista, «questo vecchio amalgama insuscettibile di rigenerarsi»; ed incita la frazione comunista ad «agire con ogni risolutezza e con la piú inesorabile intransigenza». Da Mosca, Zinov'ev suggerisce ai massimalisti di prendere posto nel nuovo partito. La scissione è scontata.

Il Congresso di Livorno comincia il 15 gennaio 1921, al teatro Goldoni. Quando Bordiga sale alla tribuna, annuncia senza infingimenti la decisione della frazione comunista: essa si proclama, per bocca dell'agitatore napoletano, erede della «sinistra marxista» (un punto sul quale il gruppo torinese non è interamente d'accordo) e come tale lascia il Psi per entrare nell'orbita della III Internazionale. La mattina del giorno 21, le correnti si contano: 100 000 voti vanno ai «centristi» di Serrati, 15 000 ai riformisti, 58 000 ai comunisti. Freddo, tranquillo, quasi «sprezzante», Bordiga torna alla tribuna ed invita i suoi seguaci a ritrovarsi alle 11 della stessa mattina nei locali disastrati del vicino teatro San Marco per deliberare la costituzione del «partito comunista, sezione italiana della III Internazionale». Due sedute di lavoro bastano a gettare le basi organizzative del nuovo movimento, nel cui comitato centrale astensionisti, ordinovisti, massimalisti e militanti della federazione giovanile comunista confluiscono intorno ad Amadeo Bordiga che, pur senza rivestire alcuna carica, è considerato all'unanimità il capo del partito.

Nei 67 articoli dello statuto si riflette, del resto, la sua ferrea concezione della disciplina: è il «regolamento di un esercito», dominato dal criterio della subordinazione del singolo militante «al collettivo, al deliberato degli organi dirigenti». Le iscrizioni e il comportamento dei soci, la stampa di partito, l'attività delle federazioni locali sono soggetti al severo controllo dell'esecutivo nazionale, sulla base di un «accentramento» che si tradurrà nel celebre principio del centralismo democratico. È un punto sul quale non esistono dissensi né tra i comunisti italiani, né tra i partiti della III Internazionale; è la chiave di volta del leninismo, che ha introdotto una rigorosa moralità nella milizia politica, gettando nel contempo le premesse dell'involuzione burocratica e poliziesca che passerà sotto il nome di stalinismo. In sede retrospettiva, Gramsci criticherà altri aspetti della scissione, ossia dell'impostazione che Bordiga ne ha dato a Livorno: l'astrattezza della battaglia congressuale, l'incapacità della frazione di coinvolgere la maggioranza della classe operaia. La «falange di acciaio» che è il partito comunista d'Italia, finirà per essere travolta, pochi mesi dopo, dagli avvenimenti e non solo perché nell'atto stesso dell'arruolamento i militanti dovranno trasformarsi «in distaccamenti per la guerriglia, la piú atroce e difficile guerriglia che mai classe operaia abbia dovuto combattere»; ma anche per il netto quanto erroneo convincimento che nel paese stia per aprirsi «un periodo socialdemocratico», anzi addirittura la prospettiva di «un colpo di stato repubblicano-socialdemocratico» a cui «una frazione piú o meno avanzata della borghesia» starebbe per fornire il suo appoggio.

Per il momento, la personalità di Bordiga domina incondizionatamente il nuovo partito, dalla base ai vertici. «Come capacità generale e di lavoro, ne vale almeno tre», dirà piú tardi Gramsci. La sua orgogliosa indipendenza intellettuale, che lo stesso Gramsci denuncerà a suo tempo come «un fenomeno, una tendenza provinciale», affascina i compagni e gli avversari. L'ortodossia marxista, la fedeltà all'internazionalismo proletario, la ripulsa di ogni contaminazione idealistica sembrano quelle del perfetto rivoluzionario. Perfino il suo angusto moralismo è, in qualche modo, una deformazione provvidenziale per la nascita di un nuovo tipo di militante, agli antipodi del sentimentalismo e dell'opportunismo di troppi socialisti. Del resto, Bordiga è diventato cosí rigoroso, cosí intransigente, cosí «giacobino» proprio per reazione all'ambiente nel quale ha vissuto la propria giovinezza e maturato la propria coscienza: in questo senso, può esere considerato addirittura come una sorta di eroe napoletano alla rovescia. Secondo l'acuta intuizione di Isidoro Azzario, su questa «incorruttibile vestale del fuoco rivoluzionario» la storia della città «pesa come un destino». Bordiga «ha bisogno di richiamarsi sovente alla forza del carattere perché, se cambia opinione, se riconòsce i propri errori, pare che tema di essere confuso con uno dei tanti pulcinella politici labrioleschi di cui è fertile il terreno partenopeo».

In ogni caso, sebbene i militanti meridionali rappresentino soltanto il 10 per cento della nuova organizzazione, all'indomani del Congresso di Livorno essa si estende anche al Sud. Pochi giorni dopo, in località Sant'Antonio Abate si inaugura la sezione napoletana del Pc d'Italia che in marzo organizza a Ponticelli un convegno per dare vita alla federazione regionale. La scissione provoca, di riflesso, un altro avvenimento di notevole importanza locale: induce i soci della vecchia Unione socialista a tornare nelle file del partito in vista delle elezioni generali, che si terranno nel mese di maggio e coincideranno con un brillante successo del Psi anche per la straordinaria popolarità di Arnaldo Lucci. Ma i risultati delle elezioni non hanno piú l'importanza di un tempo. I lavoratori e le loro organizzazioni sono chiamati ormai a battersi su un fronte assai meno pacifico, perché anche in Campania il 1921 è l'anno in cui lo squadrismo passa dall'attività sporadica ad una serie sistematica e massiccia di «spedizioni punitive». Il legame tra il movimento e la destra economica emerge con tutta evidenza nel primo, grave episodio che insanguina le cronache del nuovo anno, l'assalto al municipio di Castellammare di Stabia, uno dei pochi centri della provincia che abbia confermato la fiducia nell'amministrazione rossa.

La Giunta stabiese ha gravato la mano sui tributi, suscitando l'aspra reazione dei negozianti e dei commercianti che si coalizzano in un «fascio dell'ordine» di impronta nazionalistica: una equivoca combinazione alla quale non sono estranei elementi della camorra locale. Il 20 gennaio, il «fascio» organizza un comizio di protesta che, in teoria, è diretto contro la decisione del municipio di intestare la piazza principale della città a Spartaco. Gli amministratori comunali sostengono che si tratta di un innocuo omaggio al gladiatore trace che a suo tempo capeggiò la rivolta degli schiavi; l'opposizione è convinta, invece, che il riferimento sia assai piú attuale, applicandosi al movimento spartachista dei comunisti tedeschi. Storia classica o storia moderna? Al sottofondo economico del conflitto si sovrappone, in altri termini, un motivo polemico che rivela quanto ingenuo estremismo inceppi l'azione dei socialisti e al tempo stesso quanto odio viscerale stravolga la borghesia contro ogni simbolo marxista.

Comunque, il comizio si risolve in un dramma. Il corteo punta minacciosamente sul palazzo municipale dove si sono barricati amministratori, funzionari e militanti operai. Impossibile documentare chi abbia aperto per primo il fuoco, giacché all'improvviso un violento crepitio di colpi si accende tra la piazza, il palazzo e la contigua sede del seminario, lasciando sul terreno numerosi feriti e sei morti, tra cui un sottufficiale dei carabinieri. Come al solito, l'apparato statale entra in funzione a senso unico: le forze dell'ordine fanno irruzione all'interno del municipio e ne sloggiano gli occupanti traendo in arresto circa centocinquanta cittadini, diciannove dei quali sono consiglieri socialisti; il ministero degli interni si affretta a sciogliere l'amministrazione e indice per il mese di aprile nuove elezioni, che suggellano una travolgente affermazione del blocco conservatore, con «forte rappresentanza fascista». Il processo contro i militanti arrestati dall'Arma si concluderà, un anno piú tardi, con un'assoluzione generale.

La valanga nera s'ingrossa. Dopo essersi assicurato il controllo dell'Associazione combattenti, il movimento si diffonde a macchia d'olio nei centri vesuviani e nell'agro nocerino, portando un colpo mortale all'altro caposaldo rosso della provincia, Torre Annunziata, che il 20 febbraio viene espugnata da una spedizione giunta via mare al comando di Padovani e di altri squadristi. Violenza chiama violenza: due giorni dopo, un fascista resta ferito in una zuffa a Pompei; il giorno 25, le camicie nere occupano per rappresaglia tutte le aziende molitorie della zona e tendono un'imboscata notturna ai dirigenti sindacali, ferendone due e trucidando Diodato Bertoni, uno dei protagonisti dell'occupazione delle fabbriche. È un clima da guerra civile che, in teoria, dovrebbe turbare i fautori dell'ordine giacché compromette la difficile ripresa di un'economia profondamente malata, che offrirebbe non poche occasioni di impegno ad una «borghesia lavoratrice» che avesse chiara consapevolezza del rapporto tra i propri interessi e l'avanzamento civile di tutta la provincia: l'elaborazione di una comune piattaforma programmatica tra imprese e maestranze consentirebbe, per esempio, di lottare meglio contro l'invadenza dei monopolî settentrionali, l'indifferenza delle autorità governative, la rassegnata mediocrità di quelle locali.

Ma la classe imprenditoriale napoletana, sempre pronta ad un querulo vittimismo di stampo regionalistico, non manca tanto di «audacia» nel concepire il suo auspicabile «colpo d'ala» (come scriverà piú tardi qualcuno), quanto di indipendenza rispetto ai centri nazionali di potere, dominata com'è da una mentalità parassitaria che le teorie di Nitti e i brillanti paradossi del professor Labriola non sono riusciti neppure a scalfire. Per questo, si conforma all'orientamento generale del blocco conservatore e guarda con crescente simpatia all'eversione fascista, che ingigantisce a ragion veduta il presunto pericolo bolscevico come pretesto per annientare le organizzazioni della classe operaia e con esse le libertà istituzionali. In questo clima fra furbesco ed isterico si inquadrano anche le accuse di complicità con il leninismo lanciate contro il governo Giolitti, al quale in realtà si rimprovera la pretesa di imporre l'aumento delle tasse di successione, la nominatività dei titoli azionari, il controllo pubblico sulle industrie. L'ultimo provvedimento, patrocinato dal Labriola, tende palesemente – secondo la virtuosa denuncia degli industriali e dei commercianti napoletani – «a scemare l'iniziativa e la libertà dell'imprenditore ed a coartarne la libera volontà in tutto quanto si riferisce all'assunzione e al licenziamento degli operai».

A questo punto, il ceto proprietario si pone chiaramente il problema di condizionare il fascismo per utilizzarlo ai fini del dominio di classe. La sola differenza rispetto ai gruppi dirigenti nazionali sta nell'ingenuità con cui i liberali napoletani si illudono di poter strumentalizzare Mussolini, esercitando anche su di lui la magica seduzione del trasformismo, senza pagare pedaggio sul piano delle tradizionali strutture di potere. Un primo tentativo viene azzardato in coincidenza con le elezioni politiche di maggio, quando però è già da due mesi segretario del fascio napoletano Aurelio Padovani, uno spigoloso centurione con il quale bisognerà fare a lungo i conti, un'incognita che complica localmente per qualche tempo il gioco della destra economica e anche del duce.

Massone dichiarato, repubblicano per origini e per convinzioni, Padovani è stato in tempo di pace commesso di negozio, in tempo di guerra capitano dei bersaglieri. È un uomo rozzo, violento, incolto come tanti suoi camerati, ma coraggioso, personalmente integro e dotato per di piú di notevoli capacità organizzative, tanto che s'imporrà presto come il capo incontrastato del fascismo regionale, tesserando in poco piú di un anno e mezzo 70 000 camicie nere, 16 000 volontari della milizia e 100 000 lavoratori aderenti al sindacato nero. È uno dei pochi sansepolcristi che abbiano preso sul serio il programma del '19, ambiguamente venato di aspirazioni socialisteggianti, quello stesso di cui si sentirà di nuovo parlare, altrettanto fumosamente, dopo un quarto di secolo a Salò. Punta perciò sulla matrice popolare del movimento e, se lotta ferocemente contro i partiti operai, non crede di farlo al servizio degli interessi padronali ma soltanto in nome di confuse convinzioni morali che gli suggeriscono contemporaneamente di condurre sul fronte opposto e con la sua massima «intransigenza» (imperativo che ha in comune con Bordiga) una battaglia implacabile contro le vecchie clientele elettorali. Si direbbe che questo rissoso avventuriero abbia letto o assimilato in qualche modo le denunce di Salvemini contro «il ministro della malavita» e le consorterie demoliberali su cui il giolittismo ha fondato il suo dominio nel Mezzogiorno; ma è anche evidente che Padovani non ha capito Mussolini ed è destinato fino alla fine a non capire che l'uomo, al quale lo lega un'adorazione quasi mistica, obbedisce esclusivamente a considerazioni di potere. Gli altri «ras» fascisti che imperversano nelle regioni del Nord, si scontreranno col duce soltanto quando egli avrà normalizzato la «rivoluzione», trasformandola in regime; Padovani, in Campania, dovrà misurarsi assai prima con le camicie azzurre e con l'apparato agrario e clientelare di cui i nazionalisti rappresentano la guardia armata.

Questo non significa, beninteso, che l'ex capitano dei bersaglieri rifugga dalla violenza. Dopo lo «sbarco» a Torre Annunziata, la campagna elettorale è insanguinata dalle sue bande armate che dànno alle fiamme la sezione comunista di Afragola e quella socialista di Grumo Nevano, per piombare quindi il 1º maggio, a Napoli, sulla piazza del Mercato dove Misiano e Bordiga stanno per tenere il rituale comizio. Seminando il panico tra gli inermi dimostranti a colpi di manganello e di pistola, ai sei feriti che lasciano sul selciato aggiungono poco dopo l'uccisione a freddo di un ferroviere: la forza pubblica collabora volenterosamente con gli assassini, caricando a testa bassa i comunisti e traendone alcuni in arresto. Nei giorni seguenti, sono assaltate e devastate le redazioni del «Soviet» e del giornale di Giovanni Amendola, «Il Mondo», che ormai va prendendo sempre piú nettamente le distanze dai fiancheggiatori del fascismo.

Tutti gli altri gruppi si muovono, generalmente, nella direzione opposta. Operatori economici, autorità governative e gerarchie militari prendono atto con crescente soddisfazione delle formali assicurazioni di rispetto per la proprietà e per la libera impresa che personaggi come Nicola Sansanelli offrono a nome del movimento. Giolitti cerca di assorbirne i maggiori esponenti nella lista ministeriale, ma a Napoli soltanto Baistrocchi e Mele stanno al gioco, perché Padovani riesce a convincere i combattenti fascisti a presentare una lista autonoma che è capeggiata dal superdecorato Raffaele Paolucci e conta sull'imprevedibile adesione di Ettore Ciccotti, il popolarissimo deputato già socialista. Le falle si allargano anche in campo cattolico: in aprile, il Comitato provinciale del partito popolare è costretto a dimettersi ed il ministro Rodinò, nominato commissario, si trova a fronteggiare la secessione di un nutrito stuolo di dirigenti che proclamano pubblicamente la necessità di appoggiare i «prodi» fascisti per preservare Napoli «dal pericolo rosso». Quando Francesco Degni, il 12 maggio, pronuncia un coraggioso discorso di intonazione democratica al teatro Politeama, gli squadristi di Padovani irrompono sul palcoscenico e provocano a suon di randellate la sospensione del comizio.

Anche i nazionalisti sbrigano scrupolosamente la loro parte di lavoro. La giornata elettorale del 15 maggio è sconvolta da un'incursione che gli arditi di Franz Navarra compiono nelle roccaforti provinciali delle sinistre: montate su tre camion ed armate fino ai denti anche di bombe a mano, le «fiamme nere» si trasferiscono fulmineamente da Piscinola a Ponticelli, da Resina a Torre del Greco, aprendo il fuoco sui militanti pacificamente riuniti in piazza o rifugiati nelle sedi di partito, e lasciandosi alle spalle un morto ed una diecina di feriti. I carabinieri si fanno vivi all'ultimo momento e soltanto per sottrarre gli squadristi alla rappresaglia dei socialisti che li aspettano alle porte di Torre.

Che imprese del genere suscitino simpatia, anziché indignazione, in taluni strati del ceto medio è confermato ancora una volta dall'esito delle elezioni politiche, che assegnano complessivamente – tra città e provincia – circa 18 000 voti ai fascisti, designando per la prima volta un loro rappresentante al Parlamento, che non sarà Paolucci ma Alfonso Imparato, tipo di losco affarista che si dice legato anche agli ambienti della malavita. La lista filogovernativa dei democratici-costituzionali tiene bene le posizioni mentre i popolari perdono sensibilmente quota in conseguenza della spaccatura tra le due ali del partito. Un successo clamoroso colgono i socialisti anche in sede nazionale, conquistando 122 seggi, contro i 15 che vanno al nuovo partito comunista.

Ma i giochi che contano si fanno, ormai, in sede extraparlamentare, come del resto stanno invocando da tempo quasi tutti i giornali napoletani. Quando a fine giugno cadrà definitivamente il vecchio Giolitti, la

maggioranza composita che sostiene i governi di Bonomi e di Facta reciterà ancora per qualche mese una squallida farsa, intesa a distrarre l'o-
pinione pubblica dall'intrigo che la dinastia e la destra economica stanno
allestendo sotto la regia di Mussolini. Soltanto una ipotetica alleanza tra
socialisti e popolari potrebbe sventare il complotto ed è appunto contro
questa eventualità, del resto altamente improbabile, che si concentrerà
fino ed oltre la marcia su Roma non solo il terrorismo del blocco nazio-
nal-fascista, ma anche l'ostilità di conservatori schiettamente democratici come Amendola e Labriola.

Problemi di non agevole soluzione travagliano d'altra parte lo stesso
schieramento reazionario: la singolare scaltrezza del duce si misura anche sul metro delle complicazioni che gli vengono creando i camerati e i
fiancheggiatori, tanto piú impegnati in un preventivo regolamento dei
conti quanto meno lontano appare l'obiettivo della conquista del potere.
A Napoli, si accentuano le pressioni della destra liberale per isolare Padovani, sospettato di nutrire sentimenti molto tiepidi nei confronti della dinastia, ma per il momento il ras tiene saldamente le fila dell'organizzazione: lo dimostra nel modo piú esauriente l'andamento di una assemblea convocata il 21 giugno alla Galleria Principe di Napoli, dove l'ala
monarchico-liberale è costretta a ritirarsi e la massa degli intervenuti
vota un ordine del giorno di condanna alle «subdole manovre dei falsi
amici, miranti ad inquinare la balda compagine del fascismo». Il patto
di pacificazione che Mussolini stringe il 3 agosto, per motivi puramente
tattici, con i capi del socialismo riformista solleva altre preoccupazioni
nello schieramento conservatore, tanto che lo stesso Amendola traccia
alla Camera le grandi linee di un progetto di governo che dovrebbe escludere i socialisti ma non i fascisti, concependo anzi il loro inserimento
nella maggioranza come la sola possibilità di ripristinare l'ordine e l'autorità dello Stato. Ogni consapevolezza dei motivi di classe che alimentano il terrorismo nero esula dalla visione del deputato di Sarno, il quale
mitizza viceversa il Mezzogiorno come ultima riserva di «saggezza» del
paese.

I fatti si vendicano presto di siffatti vagheggiamenti. Proprio mentre
Mussolini denuncia all'Augusteo il patto di pacificazione, la crisi dell'industria napoletana si aggrava, anche in conseguenza del dissesto dell'Ilva
e del crollo dell'Ansaldo. In agosto, il governo Bonomi delibera una serie di misure concrete per rilanciare i lavori del porto, dell'acquedotto
e della direttissima Napoli-Roma, oltre che per alleviare la situazione
debitoria del comune; ma si tratta di interventi settoriali, in gran parte
neutralizzati dal fallimento della Banca di Sconto, che compromette irrimediabilmente un piano di ricostruzione elaborato dal sindaco Gere-

micca. Alle soglie del nuovo anno, la disoccupazione supera le trentami-
la unità. Stretti fra angustie economiche e difficoltà politiche, i lavoratori
avrebbero bisogno di un saldo punto di riferimento; ma proprio in questo periodo il partito comunista respinge seccamente una proposta avanzata dai socialisti per la creazione di un «fronte unico proletario».

Parte ottava

La notte del regime

Il crollo di Padovani

Il fallimento della «Märs-Aktion» in Germania ha dissolto molte illusioni rivoluzionarie, provocando in seno alla III Internazionale un aspro dissenso tra i dirigenti sovietici che suggeriscono una tattica piú flessibile verso i partiti socialdemocratici e gli oppositori di sinistra che accettano tutt'al piú l'ipotesi di un'intesa sul terreno sindacale. Naturalmente, Bordiga è in prima linea nell'opposizione, tanto che Mosca invita Gramsci ad entrare nell'esecutivo dell'Internazionale per bilanciarvi l'influenza del dirigente napoletano. Gramsci rifiuta perché, al momento, tutto il partito condivide sostanzialmente l'orientamento del suo leader e preferisce concentrarsi sui problemi dell'organizzazione, che procede con risultati concreti anche in Campania, dove alla fine del '21 si contano 396 iscritti a Napoli, 234 a Caserta, 79 a Salerno e 19 ad Avellino. Nel Nord e a Roma si sta sviluppando anche una discreta, benché esigua, formazione paramilitare che potrebbe saldarsi all'iniziativa degli Arditi del Popolo, fronteggiando in campo aperto il terrorismo fascista, se la chiusura settaria della direzione non impedisse sconsideratamente la confluenza.

Bordiga rimane tetragono anche di fronte all'aperta disapprovazione del vertice moscovita, anzi teorizza i suoi inflessibili princípî nelle «tesi di Roma», che costituiranno la base del dibattito per il II Congresso convocato a marzo nella capitale. L'ostilità implacabile contro la socialdemocrazia e il parlamentarismo, il disprezzo per la «democrazia borghese», il timore patologico di ogni «processo di degenerazione» per un partito che si considera *organo* e non *parte* della classe operaia, conducono fatalmente a sottovalutare il pericolo fascista. Neppure le pressioni di Kolarov, l'inviato della III Internazionale al Congresso, valgono a spostare di un pollice Bordiga e il nuovo esecutivo che esce rafforzato dall'accordo tra il gruppo maggioritario e quello torinese. Ogni tipo di alleanza organica, non solo con i riformisti ma con gli stessi massimalisti, viene rigidamente escluso: «il partito non può confondersi con gli altri».

Molto piú spregiudicati, fascisti e imprenditori vengono realizzando giorno per giorno, a Napoli come altrove, il loro fronte unico. Il 1922 comincia male per gli operai: uno sciopero generale, proclamato il 9 febbraio contro la «schiavitú» fascista, fallisce miseramente dopo tren-tasei ore; resta senza risposta la sfida delle Cotoniere meridionali, che attuano una serrata di ben sei settimane, rifiutandosi comunque di assorbire i disoccupati; con un'ennesima delusione si conclude un altro sciopero, proclamato questa volta a fine giugno dai metallurgici, in appoggio ai loro compagni di tutta Italia. Misiano, il popolarissimo dirigente sindacale, è costretto ad espatriare dalla persecuzione dell'estrema destra, che ottiene la sua espulsione dalla Camera e una condanna a dieci anni di reclusione, dopo che gli squadristi lo hanno messo ferocemente alla berlina per le strade di Roma. Nonostante queste disfatte, il morale del proletariato napoletano rimane alto; le elezioni alla Camera del lavoro e al Consiglio generale delle leghe confermano l'adesione della maggioranza alla linea comunista, che viene definita apertamente «di raccoglimento e di organizzazione a lunga scadenza». In altre parole, quasi a riscattare inconsapevolmente gli errori del presente, si lavora per il futuro, si creano i quadri che costituiranno la spina dorsale della resistenza alla dittatura.

Intanto Mussolini brucia i tempi, forte della confusione che regna nel campo nemico dove manca, come egli stesso sottolinea beffardamente, qualsiasi parola d'ordine, qualsiasi piano. In luglio, mentre il terrorismo fascista si scatena in tutta Italia, le dimissioni del primo governo Facta aprono una crisi senza sbocchi. La stampa moderata napoletana si orienta sempre piú concordemente verso la soluzione extraparlamentare, respingendo senza titubanze l'ipotesi di un governo di unità democratica nel quale l'autorità di Nitti dovrebbe avallare l'aborrito connubio tra popolari e socialisti. Contro questo progetto, le squadre d'azione manifestano in concreto la loro ostilità tentando l'assalto all'abitazione di Nitti, in via Monte di Dio, e disturbando sistematicamente i comizi dei suoi sostenitori in provincia. Bordiga imperturbabile detta per «Ordine nuovo» un articolo che contiene tra l'altro questo illuminante concetto: «Saremmo lietissimi se i fascisti butteranno giú il baraccone parlamentare». Avrà modo di esultare piú presto di quanto possa credere. Il 29 dello stesso mese, la Confederazione del lavoro proclama lo sciopero generale a partire dalla mezzanotte del giorno 31, con una decisione frettolosa ed irresponsabile a cui i dirigenti riformisti arrivano quando Turati, reduce dall'udienza al Quirinale, capisce di aver perduto il controllo della situazione parlamentare. Militanti ed operai sono mandati allo sbaraglio contro la reazione delle camicie nere, fermamente risolute ad impedire lo sciopero per imporsi all'opinione pubblica borghese come la sola forza capace di ristabilire l'ordine costituito. Mentre il re si precipita a richiamare Facta, sorta di patetica ed imbelle controfigura del vecchio Giolitti, il quartier generale fascista avverte che scatenerà una rappresaglia feroce nel giro di quarantotto ore. La promessa viene puntualmente mantenuta. Il 1° agosto, i sindacati dànno il via allo sciopero, tra molte perplessità e numerose diserzioni; il 3 si rassegnano a diramare l'ordine di sospensione, nel momento però in cui è già scattata un'offensiva squadristica di inaudita violenza, che semina devastazione e morte in tutto il paese.

Si parla di una «Caporetto del proletariato»: gruppi di operai e di braccianti disorientati entrano nei sindacati fascisti, i ferrovieri si staccano dall'Alleanza del lavoro, la Cgl infrange il patto col partito socialista che, poche settimane dopo, perde tutta l'ala riformista confluita in una formazione politica, il Psu, forte di 61 parlamentari e guidata da Giacomo Matteotti. Ora Mussolini «ha veramente la via sgombera verso il potere». A poche settimane dalla marcia su Roma, egli si preoccupa di stabilire un rapporto piú organico tra il suo movimento ed il Mezzogiorno; o meglio, di giustificare in qualche modo la penetrazione del fascismo in un'area le cui condizioni politiche, sociali ed economiche sono tanto diverse da quelle che ne hanno propiziato l'affermazione nel resto del paese. A sud del Garigliano, è forte il senso dello Stato, è saldo l'attaccamento alle istituzioni, è universale la fedeltà ai valori della morale tradizionale, manca soprattutto quell'organizzazione sovversiva che perfino agli occhi di conservatori illuminati come Amendola giustificherebbe la reazione squadristica. Perché, allora, scardinare il sistema anche dove esso, piú o meno approssimativamente, funziona?

La risposta di Mussolini si articola in tre tempi: una intervista concessa il 12 agosto al «Mattino», un convegno meridionalistico tenuto a Roma il 7 settembre sotto la presidenza di Michele Bianchi, il discorso pronunciato al San Carlo il 24 ottobre. L'intervista al giornale dei fratelli Scarfoglio, intesa essenzialmente a rassicurare gli ambienti conservatori, ha ancora un tono generico che del resto corrisponde alla scarsissima conoscenza che il duce ha, e continuerà ad avere fino a Salò, della psicologia e dei problemi meridionali. Ma già al convegno romano, Padovani delinea il panorama politico del Sud in termini che offrono al capo del governo materia di utile riflessione, dal momento che il ras napoletano denuncia il tentativo dei gruppi clientelari di trovare salvezza in extremis all'ombra dei gagliardetti fascisti. Con l'intuito fulmineo e la totale mancanza di principî che lo contraddistinguono, Mussolini si appropria dell'argomento di Padovani, beninteso per capovolgerne e stravolgerne il senso. In una seconda intervista rilasciata poche ore prima del discorso al San Carlo, attacca infatti duramente «le clientele personali e il localismo politico», ma solo per avvertire i burattinai che il compito di tirare i fili sta per passare nelle sue mani, in cambio di una garanzia molto precisa di cui il fascismo si fa carico anche nel Mezzogiorno: «togliere gli impacci dello Stato che soffocano le energie individuali». I Canto, gli Arlotta, i Capuano non chiedono di meglio; i proprietari terrieri che stanno alle spalle dell'onorevole Greco e delle sue camicie azzurre afferrano al volo. C'è finalmente qualcuno che saprà gestire la politica della «produttività» assai piú efficacemente ed energicamente di Nitti, sempre che ottenga la delega incondizionata dei gruppi di potere contro cui Padovani si illude di poter scatenare le sue squadre d'azione e i sindacati fascisti.

In due mesi è maturata anche localmente una situazione che autorizza il duce ad inasprire il proprio linguaggio. Il fallimento dello sciopero generale ha indotto socialisti e comunisti a mettere sotto processo i dirigenti piú tiepidi, da Lucci a Borraccetti. Prestigiosi mediatori come Arturo Labriola si sono attestati sulla posizione astratta dello studioso che valuta con distacco scientifico il rapporto tra le parti sociali, senza rendersi pienamente conto del mortale pericolo che corre la democrazia. Nel grande discorso pronunciato il 1º ottobre a Sala Consolina da Amendola, è emerso in tutta la sua gravità l'equivoco di fondo che sta alla base dell'atteggiamento suo e dell'intero schieramento liberale: la discriminazione introdotta fra i partiti in nome di un valore assoluto, quello «nazionale», di cui si espropriano socialisti e cattolici perché votati ad interessi particolari.

Il fascismo, secondo Amendola, va almeno parzialmente esente da questa accusa. È, sí, antidemocratico ed antiliberale perché teorizza (e pratica) la violenza e quindi va esecrato come candidato alla dittatura; ma dal momento che non può non dirsi «nazionale», in forza di quella «italianità» che commuove perfino un vecchio democratico come Napoleone Colajanni, non deve essere discriminato, anzi va considerato partito di governo. A Mussolini si riconosce altresí il merito di recare un sostanzioso contributo alla lotta contro il giolittismo, sistema che anche Amendola come Nitti considera frutto di un'intesa perversa tra il partito socialista e i ceti borghesi arricchiti dal protezionismo di Stato. In nome del Mezzogiorno «dei notabili e dei galantuomini» il deputato di Sarno sbarra la porta al riformismo, sola realizzazione possibile di una moderna democrazia industriale, per lasciarla socchiusa al movimento fascista sempre che sappia liberarsi dalla minoranza «dei malcontenti, degli squalificati e degli irregolari» ereditati dal sindacalismo rivoluzionario. Non è troppo diversa la posizione che Nitti manifesta nel discorso tenuto, negli stessi giorni, a Lauria, per riproporsi come l'uomo-guida del blocco democratico-costituzionale. Esclusa ogni possibilità di accordo con socialisti e popolari, propone di raccogliere «del fascismo la parte ideale che è stata la causa del suo sviluppo», cioè di integrare Mussolini in una combinazione governativa che dovrebbe essere controllata naturalmente da chi possiede la necessaria competenza tecnica. L'economicismo esasperato acceca Nitti al punto di suggerirgli una grottesca profezia: «un governo di reazione non è assolutamente possibile; non è possibile alcun sogno di dittatura. La monarchia consente all'Italia ogni ordinamento piú democratico».

Se questi sono gli uomini che devono arginare la penetrazione fascista nel Sud, il gioco per il duce è fin troppo semplice. Pochi giorni dopo, infatti, Napoli è invasa da quarantamila squadristi in assetto di guerra che fanno la prova generale della marcia su Roma in un'atmosfera che oscilla tra il teppismo, la goliardia e un rozzo romanticismo. I manipoli neri bivaccano al campo sportivo dell'Arenaccia e in vari edifici scolastici della città. La mattina del 24 ottobre, dopo una rumorosa adunata dinanzi alla sede del fascio napoletano in piazza Santa Maria degli Angeli, una parte dei gregari viene incolonnata verso il teatro San Carlo per ascoltare la parola del capo. Non sono i soli a celebrare lo storico evento: nella splendida sala si affollano autorità e spettatori di illustre fama, dal sindaco Geremicca al senatore Croce, dal vicepresidente della Camera Pietravalle al rettore magnifico Miranda, pronti come tutti gli altri a salutare l'oratore con un grande applauso di sortita ed a sottolineare con autentiche ovazioni i passaggi piú felici dello storico discorso. Naturalmente Mussolini non si rivolge soltanto alla platea locale perché segue una strategia ben piú ambiziosa, ma bada egualmente a gettare le basi di una intesa con la conservazione meridionale, anzi a dettare le sue dure condizioni per un negoziato ormai inevitabile.

Progetti economici, piani di riforme, programmi di bonifica del Sud non ne enuncia: ignora il problema e continuerà a valutarlo per tutto il ventennio essenzialmente in termini retorici, rinunciando in ogni caso a risolverlo, per tentare ancora una volta come Crispi l'avventura coloniale. È unicamente in termini politici che egli inquadra il patto con la destra garantendo la conservazione della dinastia, l'esautoramento dell'istituto parlamentare, la riforma dello Stato in senso autoritario, la difesa degli interessi meridionali, se non addirittura la «meridionalizzazione dell'Italia in funzione unitaria» come invocano i fratelli Scarfoglio. In cambio, il duce rivendica molto energicamente al suo movimento il primato del potere nei confronti della stessa casa Savoia, avvertendo al tempo stesso «notabili e galantuomini» che dovranno anch'essi fare i conti con il fascismo. Il monito riguarda Nitti e, soprattutto, Amendola. «Qui ci sono altri fenomeni di tristizia politica che, se sono meno pericolosi del bolscevismo, non sono meno nocivi allo sviluppo della coscienza nazionale». È come se parlasse Aurelio Padovani. «Io vedo il fascismo che raccoglie tutte queste energie, che disinfetta certi ambienti, che toglie dalla circolazione certi uomini, che ne raccoglie altri sotto il suo gagliardetto».

Lo stile è limpido, il tono è minatorio. In sala, applaudono tutti: autorità, parlamentari, operatori economici, filosofi e squadristi, ma c'è tuttavia uno spettatore che ha trasalito d'orgoglio quando il duce ha promesso di disinfettare certi ambienti e di togliere certi uomini dalla circolazione. Il 24 ottobre 1927, Aurelio Padovani vive una delle giornate piú felici della sua vita. Alla luminosa mattinata teatrale in cui Mussolini ha mostrato di condividere alla lettera il suo programma politico, succede un pomeriggio altrettanto esaltante. Su sollecitazione dell'ex capitano dei bersaglieri, il Comando di corpo d'armata ha imbandierato il palazzo Salerno come nelle grandi ricorrenze nazionali, per celebrare la sfilata dei quarantamila squadristi ai quali anche le camicie azzurre di Paolucci e di Franz Turchi rendono omaggio, sia pure a denti stretti, in piazza San Ferdinando. Poco dopo, il municipio offre un ricevimento ai graditi invasori; in serata, si completano i festeggiamenti con l'irruzione degli squadristi nella redazione napoletana del «Mondo», che viene selvaggiamente devastata, anche se si fa circolare la voce che Mussolini ne avrebbe fatto «categorico» divieto. Per tutta replica, in un'intervista al suo giornale, Amendola denuncia severamente l'inconsistenza del programma fascista per il Mezzogiorno e la «nuova retorica» della crociata contro le clientele locali. A quest'ora, il duce ha già lasciato la città per rientrare a Milano, dopo un convegno notturno in un albergo del lungomare con i capi fascisti che restano a Napoli ancora un giorno per approfondire il dibattito sulla linea da seguire nel Sud.

Quando anche le ultime squadre ripartono, obbedendo al beffardo richiamo di Michele Bianchi, che è il segretario del partito («a Napoli ci piove, che ci stiamo a fare?»), Padovani comincia a preparare con Carafa d'Andria il piano che dovrebbe scattare localmente in sincronia con la marcia su Roma: millecinquecento camicie nere si attesteranno nei pressi di Qualiano, per puntare verso la città ed impadronirsi dei suoi gangli vitali. Senonché qui, a differenza di quanto sta accadendo nel resto d'Italia, gli squadristi hanno la disavventura di imbattersi in un ufficiale serio, il maggiore Radice, che alla testa di poche centinaia tra fanti e carabinieri si fa incontro ai rivoltosi, impantanati nel fango sotto una pioggia battente, ed impone lo sgombero dei reparti entro due ore: i fascisti accettano l'ultimatum e spariscono. È quindi in assoluta tranquillità che l'indomani Napoli apprende, dalle edizioni straordinarie dei quotidiani, come Vittorio Emanuele III abbia risolto la crisi rifiutandosi di firmare lo stato d'assedio e chiamando Mussolini al Quirinale. Mentre costui porta al monarca «l'Italia di Vittorio Veneto», un gruppetto delle sue camicie nere semina il panico nei pubblici locali partenopei, taglieggiando proprietari e clienti. La stampa locale saluta con esultanza l'umiliazione del Parlamento, mentre il sindaco Geremicca spedisce al nuovo presidente del Consiglio un telegramma traboccante di deferenza. «Monarchia liberale» ed in genere gli ambienti conservatori preferiscono mettere l'accento sul ruolo dominante che la dinastia manterrebbe anche nei confronti del trionfatore, una tesi che trova singolare conferma nelle scorrerie compiute, il 2 novembre, dai «cavalieri del re». Si tratta di un gruppo di «facinorosi della peggior specie», lazzaroni che in nome di Sua Maestà irrompono nei quartieri popolari, devastando sedi di partito e di organizzazioni sindacali, saccheggiando negozi e tentando addirittura di penetrare nel Duomo per rubare il tesoro di san Gennaro.

Ma se questo rigurgito di Santa Fede costituisce semplicemente un episodio di delinquenza comune, ben altro rilievo assumono dopo la marcia su Roma le iniziative dell'onorevole Greco, le cui bande accentuano la loro aggressività, prendendo ostentatamente le distanze dai fascisti ed entrando spesso in conflitto con i fedelissimi di Padovani, a cui si rimprovera anche di dedicarsi con troppo ardore al lavoro di organizzazione sindacale tra le masse «tradite» dai socialisti. È soprattutto in periferia che i nazionalisti lavorano per sottrarre i fasci all'influenza del pericoloso repubblicano ed utilizzarle in funzione di interessi clientelari o camorristici. Quando incontrano resistenza, è guerra aperta, come a Qualiano il 4 dicembre, come ad Afragola alla vigilia di Natale: quattro feriti nel primo caso, un morto nel secondo. Padovani non si rende conto di essere gradualmente sempre piú isolato e tiene duro, anche se il partito gli ha inviato un segnale molto eloquente incaricando Edmondo Rossoni di ribadire, in un discorso tenuto al Politeama, la concezione interclassista ed antisindacale del movimento. Dopo un'offerta larvata di conciliazione dell'onorevole Greco, che lascia cadere nel vuoto, l'ex capitano dei bersaglieri ha chiamato a rapporto i responsabili di quarantasette fasci regionali, per confermare pubblicamente la propria avversione ad ogni accordo con i nazionalisti, accusandoli di reclutare indiscriminatamente i peggiori arnesi del terrorismo agrario.

L'incapacità di ragionare in termini di classe preclude a Padovani un'esatta comprensione del fenomeno che si sta sviluppando non solo in

Campania ma in tutto il Sud. Proprio a partire dal momento in cui Mussolini è stato chiamato al Quirinale, la destra meridionale ha deciso di affidarsi ai nazionalisti per difendere gli equilibri politici ed economici che garantiscono i suoi privilegi. Il reclutamento indiscriminato delle camicie azzurre non è casuale, come non è casuale il parallelo riflusso di gran parte del personale politico già nittiano e giolittiano nella maggioranza che sostiene il governo. Naturalmente, Mussolini non ha alcuna fretta di risolvere il problema napoletano; anzi, ha tutto l'interesse di non prendere partito tra i suoi squadristi e i nuovi alleati. Il nemico da colpire non sta certo a destra. Meno di due mesi dopo la conquista del potere, egli ordina una «battuta» anticomunista che è fatta per stringere intorno al futuro regime tutto il blocco conservatore, comprese la dinastia e la curia vaticana.

Al solito, gli avversari si lasciano sorprendere. Come è già accaduto per l'occupazione delle fabbriche, i principali dirigenti dei partiti operai sono lontani dal paese, nel momento della marcia su Roma: dirà piú tardi Trockij che i compagni italiani non si sono resi conto del pericolo fascista perché si pascevano di illusioni rivoluzionarie. È stato in effetti il IV Congresso dell'Internazionale a richiamare a Mosca, un paio di settimane prima, due nutrite delegazioni del Pc e del Psi, le quali si sono trovate con stupore e non senza fastidio dinanzi al perentorio invito dei dirigenti sovietici ad accelerare le trattative per la fusione, visto che i riformisti hanno preso la loro strada. Si tratta di un progetto irrealizzabile, che nessuno dei due partiti è disposto ad appoggiare. I massimalisti prendono tempo col pretesto di chiedere l'avallo della loro direzione appena rientrati in Italia; i comunisti si dividono. Bordiga si scontra duramente con Lenin e con gli altri esponenti dell'esecutivo, avanzando «obiezioni dottrinarie» che mandano in bestia Bucharin («Bordiga vuol fissare l'ignoto, e intanto se ne sta a braccia conserte») e inducono Ràkosi ad offrire per la seconda volta a Gramsci la segreteria del partito italiano, disponendone come di cosa propria. Gramsci rifiuta in segno di rispetto e di solidarietà personale con il suo leader, ma se ne separa in sede di votazione, con gli altri rappresentanti del gruppo torinese, appoggiando la tesi dell'Internazionale. Anche Bordiga finisce per accettarla, elevando però fiere proteste e soprattutto manifestando la ferma intenzione di non lavorare piú alla testa di un partito cui i compagni del Komintern impediscono praticamente di far politica: è il preannuncio del passaggio della sinistra all'opposizione interna, rispetto alla nuova maggioranza che si forma intorno ai dirigenti usciti dall'esperienza dell'«Ordine nuovo».

Mussolini ha seguito attentamente le vicende del Congresso, pronto a trarne pretesto per scatenare l'operazione repressiva che deve decapitare il piú agguerrito partito antifascista, rassicurando nel contempo lo schieramento liberale. Il 29 dicembre, allorché l'«Avanti!» stampa il testo del documento moscovita sulla fusione, tutti i firmatari italiani vengono deferiti all'autorità giudiziaria. All'atto del rimpatrio, finiscono in carcere, con migliaia di militanti comunisti, gran parte dei membri dell'esecutivo, quasi tutti i componenti del Comitato centrale, piú un centinaio tra segretari federali del partito e della federazione giovanile. Uno dei primi ad essere arrestato è Amadeo Bordiga, sorpreso il 3 febbraio mentre esce dalla sede clandestina di Roma, in via Frattina, dove una perquisizione porta al ritrovamento di una grossa somma in sterline che corrisponde alla «sovvenzione» della III Internazionale, ricevuta dalla sezione italiana per il tramite della commissione commerciale sovietica a Londra. È una manna per la stampa fascista e fiancheggiatrice, che può finalmente documentare le fonti del finanziamento, l'oro di Mosca, prova provata dei sentimenti «antinazionali» dei comunisti e della loro soggezione ad una potenza straniera. Il Pc si trova ad essere falcidiato nel periodo piú delicato delle trattative con i socialisti, mentre imperversa la reazione; ma ha già maturato una tale consapevolezza morale ed organizzativa da poter passare immediatamente all'illegalità, cooptando nella segreteria nuovi dirigenti, tra cui Palmiro Togliatti.

Ora, comunque, il fascismo ha le carte in regola per assicurarsi l'appoggio nazionalista anche nel Mezzogiorno. A dirimere le beghe locali, viene delegato Giovanni Giuriati che a metà febbraio presiede una commissione per la «pacificazione» tra camicie nere ed azzurre. L'unico ostacolo è Padovani. Convinto di interpretare le direttive di Mussolini, egli ritiene che la fusione debba tradursi nell'assimilazione individuale dei nazionalisti come disciplinati gregari del Pnf ed arriva al punto di rifiutare la tessera all'onorevole Greco. Quando il Gran Consiglio emana tassative disposizioni contro l'affiliazione alla massoneria, Padovani obbedisce prontamente dimettendosi dalla sua loggia, anzi mettendo tutte le proprie cariche a disposizione del partito, che gliele conferma. A metà aprile, convoca i segretari provinciali, i consoli della milizia e i dirigenti dei sindacati fascisti per sollecitarne la solidarietà: è un'indiscutibile prova di forza, che culmina nella stesura di un violentissimo documento col quale il ras viene a collocarsi in una posizione di autonomia tanto spinta da sconfinare nella ribellione. Il 1° maggio, il duce spedisce al turbolento luogotenente un telegramma di elogio per la sua opera «di epurazione politico-morale», come se la grave manifestazione di indisciplina fosse passata senza conseguenze, ma sedici giorni dopo il moralizzatore napoletano è chiamato a rapporto dal capo e si sente proporre una soluzione ambigua che in realtà equivale ad una sconfessione; dovrebbe andare a comandare la milizia nella zona di Bologna, proprio cioè dove lo squadrismo è stato da sempre al servizio degli agrari, mentre Paolo Greco sarà ammesso nel gruppo parlamentare fascista, in attesa di ricevere la tessera.

Finalmente Padovani comincia a capire. Indignato per la proposta di Mussolini, si dimette dal partito e dalla milizia, contando sulla fremente reazione degli squadristi e degli operai napoletani piú vicini alle sue posizioni, per ritornare a galla. In effetti, non mancano di scoppiare tumulti, manifestazioni di protesta, offerte di dimissioni in massa; ma in complesso, non esistono le premesse per resistere seriamente ad un meccanismo che ormai s'identifica in larga parte con l'apparato governativo. La sera del 21 arriva in città il quadrumviro Italo Balbo, che convoca in prefettura tutti i consoli della regione per ammonirli all'obbedienza incondizionata. Tre giorni dopo, la Giunta esecutiva del Pnf approva un ordine del giorno mussoliniano che respinge le dimissioni di Padovani, lo espelle per «grave ostinata indisciplina» e nomina una commissione per riorganizzare il fascio di Napoli. Quale nuovo comandante di zona della milizia è designato il generale Fara, un ufficiale dei bersaglieri che ha avuto ai suoi ordini in guerra il ribelle. Il giorno 24, dopo un lungo colloquio col vecchio superiore, Padovani firma un proclama in cui annuncia di piegarsi alle decisioni del partito ed invita i suoi fedelissimi a restare nei ranghi, anche se lancia contro Mussolini la freccia del Parto inquadrando la propria disavventura nella giusta battaglia contro «i fornitori dello Stato arricchitisi durante la guerra». Accusa, insomma, il fascismo di fare il gioco dei «pescecani».

Mentre Paolo Greco viene invitato ad iscriversi anche al partito, segnandovi un ingresso trionfale che anticipa l'imminente fusione tra camicie nere ed azzurre, il suo antagonista esce provvisoriamente di scena. La vicenda personale di Padovani avrà un tragico epilogo che scuoterà la vita cittadina e vi lascerà una traccia profonda per anni, fino a cancellarsi nel grigiore del generale conformismo. Nelle elezioni del 1924, il ras ormai esautorato tenta di varare una lista di disturbo, che viene respinta dalla commissione competente con un pretesto di ordine formale. Le sue infuocate dichiarazioni contro la «corruzione ideologica» del fascismo, ormai lontano dalle «origini» diciannoviste nonché dai «palpiti» e dagli «ineluttabili bisogni» del popolo, rimangono inascoltate. Ridotto ai margini del dibattito politico, ma tuttora sostenuto dalla simpatia di amici e di lavoratori, Padovani si apparta per un paio di anni dalla lotta. Il 16 giugno 1926, nel giorno del suo onomastico, riceve l'omaggio floreale e chiassoso di una piccola folla di simpatizzanti, tra cui molti autisti di *side-cars*, le motocarrozzette in servizio pubblico di tassí che sono venute di moda nel dopoguerra e i cui addetti egli ha organizzato e valorizzato a suo tempo nel sindacato fascista. Affacciandosi dal quarto piano della sua abitazione in via Generale Orsini, alle spalle di Santa Lucia, l'ex capitano dei bersaglieri risponde sorridendo alle ovazioni della folla, circondato da un nugolo di conoscenti che si stipano con lui sul balcone. Si volta, appoggiandosi al parapetto, per rientrare in casa, quando ringhiera e colonnine di cemento cedono di schianto ed una voragine si apre sotto i piedi di Padovani e di altri dodici sventurati, solo quattro dei quali sopravviveranno. Un *side-car* trasporta a folle velocità il capitano ai Pellegrini, dove però i chirurghi non riescono a strapparlo alla morte.

I solenni funerali che si svolgono a spese del Comune suggellano, nel tetro silenzio della città, la singolare vicenda dell'ultimo campione del ribellismo napoletano senza prospettive e senza coerenza. Mussolini e il segretario del Pnf si fanno rappresentare da alati messaggi, guardandosi bene dall'intervenire di persona alle esequie, mentre si affrettano a spedire sul posto un altro normalizzatore, Achille Starace, con il compito di ristabilire una volta per tutte la disciplina. Il gerarca pugliese, destinato a diventare negli anni trenta il simbolo piú ottuso e retrivo del regime, si insedia a Napoli e nel giro di poche settimane emargina dai sindacati e dai fasci tutti gli elementi legati in qualche modo a Padovani, per passare quindi le consegne all'onorevole Mazzolini. L'anno seguente, il processo istruito contro la società che ha costruito l'edificio di via Generale Orsini si conclude con una blanda condanna a cinque anni per due dei costruttori: uno di essi è, notoriamente, tra i finanziatori del partito ma il tribunale si rifiuta prudentemente di prendere in considerazione anche la sola ipotesi del delitto politico, su cui in città si nutrono pesanti sospetti.

Accidentale o meno che sia, la morte di Padovani suggella drammaticamente un'avventura di cui un solo osservatore democratico, Guido Dorso, coglie il senso disperato ma rispettabile, innestandola nel filone della tragedia di un Mezzogiorno incapace come sempre di trovare sbocchi rivoluzionari alla sua sete di giustizia.

2

L'opposizione sconfitta

Una sorte non meno amara attende l'opposizione antifascista. Nell'estate del '23, mentre Bordiga continua dal fondo del carcere la sua tenace polemica contro la «degenerazione opportunistica» del Komintern e si ritira anche dal Comitato centrale del Pc, Mussolini porta con la riforma Acerbo il primo colpo di piccone alle istituzioni democratiche. Di fronte ad una revisione del meccanismo elettorale che riduce al minimo i margini della dialettica democratica, reagiscono duramente i due rappresentanti piú eminenti dell'illuminismo meridionale, Amendola e Labriola, puntando con animosa polemica sulla rivalutazione del Parlamento, sul rifiuto di ogni discriminazione fra i cittadini, sulla denuncia della «manomissione illegalistica» che dei poteri statali viene compiendo il governo fascista. Nelle settimane successive, il fronte si allarga: il «Roma» torna a spostarsi sulle tradizionali posizioni di sinistra democratica accusando Mussolini di insensibilità per i problemi del Sud, mentre sulle colonne del «Giorno» il generale Bencivenga conduce una serrata analisi dei suoi errori in campo internazionale.

Nessuna riserva di principio o di fatto nutrono, viceversa, gli imprenditori napoletani che sono indotti anzi ad intensificare i contatti con il governo fascista per sollecitarne l'aiuto contro le crescenti difficoltà congiunturali. In luglio il nuovo sindaco Angiulli e il prefetto accompagnano una delegazione che presenta a Mussolini un memoriale nutrito di urgenti e dettagliate richieste: l'accoglienza è superiore ad ogni aspettativa, perché il presidente enuncia una serie di mirabolanti promesse, destinate a restare «per lungo tempo sulla carta», tra cui una forte sovvenzione al Comune, uno stanziamento ancora piú cospicuo per i lavori della Direttissima e della nuova stazione marittima, la elettrificazione delle ferrovie secondarie e, finalmente, qualche commessa di ripiego per le officine industriali. Borghesia capitalista, stampa e clero si effondono in una serie di liriche manifestazioni di riconoscenza per l'illustre benefattore, al quale il 31 luglio il Consiglio comunale decide di conferire la cittadinanza onoraria. Pochi giorni prima, la sezione nazionalista della città ha deliberato di sciogliersi per confluire compatta nelle file del Pnf, ma il capitolo del fascio napoletano è ancora aperto e resterà molto agitato fino al successivo mese di novembre, quando Roma deciderà di porre fine una volta per sempre ai rigurgiti di ribellione dei padovaniani, insediando come commissario straordinario Ernesto Belloni, autorevole gerarca milanese estraneo alle beghe locali ed incaricato esplicitamente di riallacciare buoni rapporti con la destra conservatrice.

Il terreno è tutt'altro che sfavorevole, perché Mussolini sta offrendo prove incontestabili della sua devozione alla causa dell'ordine. Il 18 ottobre si è celebrato a Roma il processo contro Amadeo Bordiga ed altri trenta dirigenti comunisti: anche se il tribunale ha avuto l'onestà di mandare assolti quasi tutti gli imputati, il dibattito ha coronato un'inaudita azione persecutoria contro il Pc d'Italia attraverso arresti, perquisizioni, sequestri in serie della stampa di partito. Nella circostanza, Bordiga ha ottenuto un memorabile successo personale, difendendosi con molta dignità e denunciando con freddo coraggio la «politica partigiana del governo». Il presidente del tribunale Carlizzi ha ascoltato senza batter ciglio la requisitoria del rivoluzionario napoletano, la cui fede non è scossa neppure dal crescente dissenso con il Komintern: «Il partito comunista può essere malmenato e mal ridotto ma non prenderà mai le vie dell'adattamento e della prudente dissimulazione, necessarie a farsi tollerare dai prepotenti». Ciò non significa affatto che Bordiga abbia cambiato idea rispetto alla propria collocazione nel movimento, dove ormai è in rotta aperta con Gramsci, o nell'Internazionale, dove è pressoché isolato nell'appoggio alle tesi di Trockij: appena scarcerato, torna ad appartarsi sdegnosamente a Napoli, mentre i suoi compagni riprendono il posto di combattimento in una situazione resa ancor piú precaria dal decreto-legge che Mussolini ha varato in estate per limitare i diritti dell'opposizione.

Il 28 ottobre, cinque giorni dopo la scarcerazione dei dirigenti comunisti, il «Giornale d'Italia» festeggia il primo anniversario della marcia su Roma pubblicando una intervista con Benedetto Croce, sotto un titolo (*Tener fede al liberalismo ed aiutare cordialmente il fascismo*) contro cui non risulta che il filosofo abbia protestato; né si vede, in verità, come avrebbe potuto farlo quando tutte le sue affermazioni si risolvono sostanzialmente in una giustificazione del «gruppo che domina, e perciò governa» attualmente a Roma «come tutti i governi». Nell'intervista Croce non cessa di proclamarsi liberale ma precisa di sentirsi tale allo stesso modo di come si sente «napoletano o borghese meridionale», mentre le camicie nere «sono di diversa esperienza e temperamento, e piú giovani»: manca, insomma, qualsiasi contrapposizione in nome di un principio morale o politico; anzi c'è l'esplicito riconoscimento che non esistono forze alternative al governo e che, pertanto, ogni «cangiamento» vada deprecato da chi non voglia tornare «all'anarchia del 1922». Una settimana dopo, don Benedetto esprime in una lettera aperta pubblicata dallo stesso giornale un appoggio senza riserve alla riforma Gentile, eccellente progetto di riordinamento degli studi in chiave idealistica che ha il solo torto di segnare il trionfo della scuola di classe.

L'atteggiamento di Croce è tanto piú grave, in quanto favorisce il disegno mussoliniano di dare spazio nel Mezzogiorno ai fiancheggiatori liberali e nazionalisti per comprometterli nel sostegno alla dittatura. Lo illustra nel modo piú abile e trasparente Francesco Giunta, alla vigilia delle elezioni generali della primavera 1924, in un discorso pronunciato al San Carlo il 27 gennaio per invitare alla collaborazione i ceti moderati del Sud. Lo confermano, un mese piú tardi, le trattative che il duce avvia personalmente con Enrico De Nicola per convincerlo a capeggiare la «grande lista nazionale», cioè il listone governativo, in cui confluiranno molti profughi di quella vecchia classe politica che Padovani ha tentato invano di liquidare e che Paolo Greco trasferisce trionfalmente all'ombra dei gagliardetti.

Lusingato dall'omaggio che Mussolini rende alla sua fama e alla sua probità, De Nicola finisce per accettare la candidatura, definendola come l'adempimento di un dovere che intende assolvere senza rinnegare i propri convincimenti liberali, «per le maggiori fortune d'Italia». Vi rinuncerà clamorosamente, con un altro tratto caratteristico della sua tortuosa psicologia, alla vigilia della chiusura della campagna elettorale, allorquando Amadeo Bordiga lo sfiderà ad un contraddittorio che il grande avvocato non oserà affrontare, col pretesto di evitare incidenti ma plausibilmente per paura dello scandalo e, soprattutto, delle brucianti argomentazioni di un interlocutore cosí loico. Dal testo del discorso, fatto pubblicare sulla stampa locale, si rileva che De Nicola intendeva ribadire la sostanziale adesione alle tesi basilari del nazionalfascismo, tradendo ancora una volta la tenace illusione della destra liberale di sfruttare il trasformismo di Mussolini al servizio del proprio.

Il clamoroso ritiro del presidente della Camera non impedisce una schiacciante affermazione del «listone» nelle elezioni del 6 aprile, sia pure in sede regionale assai piú che in città, dove le liste di opposizione si difendono brillantemente. Eliminato Padovani, la forza traente del fascismo in Campania è ormai quella nazionalista, ma l'antifascismo napoletano non si rassegna ancora alla prospettiva del regime, stringendosi intorno al partito comunista e al blocco costituzionale di Giovanni Amendola. Il Pc manda alla Camera l'ex massimalista Alfani e quintuplica i propri suffragi, sebbene Bordiga abbia rifiutato ostinatamente la candidatura suscitando lo sdegno dei compagni di direzione. L'episodio non è rimasto senza seguito: Tasca, il capo della frazione di destra, ha proposto misure disciplinari nei confronti del gran testardo, mentre Togliatti ha preferito deferire il caso al Komintern i cui dirigenti esitano tuttavia a colpire l'autorevole compagno italiano al quale, appena poche settimane prima, hanno concesso addirittura l'autorizzazione a pubblicare una nuova rivista di cultura marxista, «Il Prometeo».

La vendetta di Mussolini per il successo elettorale della lista comunista arriva, verso la fine del mese, sotto forma di una nuova ondata repressiva, che porta all'arresto di diciannove dirigenti del partito e degli Arditi del Popolo. L'intimidazione vale indirettamente anche per Amendola, ma questi non se ne lascia affatto sgomentare. Il 20 maggio, in una riunione che si tiene in una galleria d'arte di via dei Mille, costituisce l'Unione meridionale, organismo cui aderiscono esponenti democratici della più varia estrazione: uomini di cultura come Arangio-Ruiz e Roberto Bracco, giornalisti come Del Secolo e Scaglione, liberali come De Caro, riformisti come Caggese e Crobert, nonché i dirigenti antifascisti che hanno riconquistato da poco la maggioranza in seno alla Associazione dei combattenti. I limiti dell'Unione coincidono ovviamente con quelli del pensiero di Amendola. Si parla ancora di un Mezzogiorno votato essenzialmente all'agricoltura in contrapposizione con la «plutocrazia industriale, siderurgica, mercantile del Nord», alla quale soltanto il fascismo sarebbe asservito; si rinuncia ad elaborare una seria riflessione sull'esito delle recenti elezioni; si manca di valutare il significato della crescente prevalenza dei nazionalisti in seno al fascio napoletano; non si denuncia come meriterebbe l'azione di fiancheggiamento della destra liberale. È fin troppo facile, per Bordiga, smascherare la sostanza classista delle posizioni di Amendola assimilandole, con l'abituale settarismo, a quelle fasciste.

Il manifesto programmatico dell'Unione meridionale viene pubblicato il 9 maggio, un mese prima del delitto Matteotti, sfida brutale con cui il fascismo lascia cadere definitivamente la maschera della legalità costituzionale, costringendo l'opposizione a scendere in trincea ed imponendo una scelta netta ai fiancheggiatori che per anni hanno tentato di salvarsi l'anima. C'è ancora qualcuno, come i fratelli Scarfoglio, che tenta l'impossibile distinzione tra il duce e lo squadrismo oltranzista, ma Labriola ha facile gioco a ricordare che è stato il discorso pronunciato da Mussolini dopo le elezioni a condannare a morte il segretario del partito socialdemocratico, mentre Bracco individua coraggiosamente nel delitto la matrice terroristica del movimento che ha portato Mussolini al governo. Impetuosa è la risposta delle città alla gravissima provocazione: combattenti, mutilati, studenti, operai, professionisti manifestano la loro collera, nonostante i tentativi di intimidazione delle camicie nere, ed attuano disciplinatamente la mattina del 27 giugno uno sciopero generale di dieci minuti. Dopo un severo appello agli intellettuali del professor Arangio-Ruiz, pubblicato dal «Mondo», tutti i partiti di opposizione sottoscrivono un manifesto unitario con la sola eccezione dei comunisti, che si limitano ad associarsi ad un ordine del giorno in cui si esigono le dimissioni del ministero, lo scioglimento della milizia e le elezioni generali.

Per una fatale coincidenza, i dirigenti del partito sono a Mosca anche nel momento in cui la banda Dumini rapisce Matteotti, innescando la piú grave crisi che il fascismo abbia conosciuto dall'avvento al potere. Lacerati dalle lotte di frazione, hanno tenuto a Como in maggio un convegno segreto nel quale Bordiga è stato accusato da Gramsci di condividere le posizioni deviazionistiche di Trockij. A fine mese, una delegazione della quale Gramsci non fa parte ha raggiunto l'Unione Sovietica per seguire i lavori del V Congresso del Komintern, dominato da un'aspra polemica contro le socialdemocrazie: Bordiga vi è stato severamente censurato, ma si è visto affidato il rapporto sul fascismo e lo ha concluso con la previsione della sua imminente disfatta. Del resto, pur avendo ottenuto il definitivo accantonamento del dirigente napoletano e la soppressione del «Prometeo», la maggioranza centrista del partito condivide ancora la sua allergia ad ogni intesa con gli altri partiti antifascisti, quelli che lo stesso Bordiga definisce «la peste democratica». Ne faranno fede nei mesi seguenti la dissociazione dall'opposizione aventiniana, bollata come semifascista, e il ritorno a Montecitorio dei deputati comunisti il giorno della riapertura delle Camere.

Le divisioni interne, le esitazioni, il marasma ideologico del fronte antifascista consentono, paradossalmente, a Mussolini di uscire rafforzato dalla crisi. Il 25 giugno, il senatore Croce ha concesso ancora il suo voto di fiducia al governo, definendolo in un'intervista come «un ponte di passaggio» verso la restaurazione di un regime liberale «piú severo», nel quadro di «uno Stato piú forte». Il delitto Matteotti è stato una cosa «orribile» ma forse avrà il provvidenziale effetto di accelerare il processo di trasformazione del movimento che, in verità, «ha risposto a seri bisogni ed ha fatto molto di buono». Nel coro universale di sdegno si leva a Napoli un'altra voce stonata, quella del cardinale arcivescovo Alessio Ascalesi, che pronuncia parole di pacificazione il cui beneficiario, al momento, non può essere che Mussolini. Con ben altra energia Amendola lotta in città alla testa della secessione aventiniana, prigioniero della sua devozione alla monarchia, ma votato ormai a battersi contro la dittatura fino all'ultimo respiro. L'opposizione napoletana si misura duramente con la realtà tra la metà e la fine di agosto.

La mattina del giorno 17 dovrebbe svolgersi, nella sede del partito popolare in via dei Sette Dolori, una riunione di tutti i gruppi antifascisti per ascoltare un rapporto di Arturo Labriola e concertare un'azione comune. È una iniziativa che il fascismo considera alla stregua di un intollerabile affronto: dapprima, il prefetto tenta di impedire il convegno negando arbitrariamente la sua autorizzazione; quindi si muovono le squadracce di Navarra e di Turchi. Una piccola folla si è raccolta allo Spirito Santo, poco lontano dalla sede del partito popolare, quando manganellatori e militi portuali si scagliano selvaggiamente contro i manifestanti, picchiando anche i deputati che si qualificano come tali e i tutori dell'ordine. Nel parapiglia, due cittadini restano uccisi. Mentre Labriola deve rinunciare a parlare ad un comizio improvvisato in piazza Dante, nugoli di teppisti in camicia nera si spargono per la città, sparando contro le finestre del «Mattino», ammazzando uno sventurato artigiano nel quartiere di Montecalvario, dilagando a mano armata in altri rioni popolari. Gli scontri si ripetono nei giorni successivi fino al 23 allorché una squadra d'azione si azzuffa con un pugno di operai socialisti in via Tribunale e sul selciato rimangono una ventina di feriti: per protestare contro l'episodio, i mutilati democratici escono in corteo e fanno chiudere alcuni negozi in segno di lutto, ma i paladini del combattentismo aggrediscono alla cieca anche loro.

Neppure di fronte a questo rigurgito di violenza, che Mussolini sintetizzerà con un minaccioso discorso il 31 agosto, i partiti antifascisti trovano un punto d'incontro. Tutta la stampa napoletana pubblica, il 12 settembre, una lettera di Roberto Bracco a Sem Benelli, in cui l'autore di *Uocchie cunzacrate* definisce fascisti e comunisti come «i nemici di ieri, i rivali di oggi, gli alleati di domani». Il 14 ottobre si svolge a Resina un convegno clandestino del partito comunista, nel corso del quale Gramsci offre a Bordiga di collaborare nonostante tutto con la maggioranza centrista dell'esecutivo: Bordiga, appena eletto segretario della Federazione locale, respinge l'offerta e sostiene l'opportunità di restare a tutti i costi fuori dal fronte delle opposizioni, bollando duramente l'Aventino. I dissensi tra i suoi nemici e la benevola neutralità di casa Savoia hanno permesso, comunque, a Mussolini di superare le settimane piú difficili, tanto piú che negli ultimi giorni l'uccisione del deputato fascista Casalini gli ha offerto il pretesto per lanciare un'accesa controffensiva propagandistica. La sua tecnica è sempre quella di colpire ferocemente l'antifascismo operaio, mettendo viceversa in opera tutte le possibili lusinghe per vincere la resistenza degli ambienti borghesi. Il 10 ottobre il governo scioglie l'amministrazione comunale e, nominato senatore il sindaco Angiulli, insedia come regio commissario Alberto Geremicca: è il premio all'ala liberale piú disposta a collaborare con il fascismo. Due giorni prima, il presidente del Consiglio è venuto a Napoli per inaugurare la fiera campionaria; il giorno 15, rientrando in sede, decide uno stanziamento straordinario di circa mezzo miliardo per risolvere i problemi piú urgenti della città. La somma è rilevante, l'impressione notevole.

Il movimento democratico gioca, senza troppa convinzione, le ultime carte. Il 4 novembre, combattenti ed ex arditi antifascisti celebrano solennemente la Vittoria con una sfilata attraverso le vie del centro che mobilita diecine di migliaia di cittadini. Il giorno 7 i comunisti tengono comizi clandestini in qualche fabbrica per solennizzare l'anniversario della rivoluzione sovietica. Il 19, gli operai tessili scendono in sciopero per protestare contro una nuova serrata delle Cotonerie meridionali. Un militante di Barra, Raffaele Perna, è ucciso qualche giorno dopo da un caposquadra della Milizia. Il 22, infine, cinque deputati napoletani si rifiutano di votare la fiducia al governo: tra essi, Giovanni Porzio, che pure è stato eletto nel «listone». In ogni caso, si tratta di episodi marginali che, in un senso o nell'altro, non mutano il corso degli eventi come non lo mutano le gravissime rivelazioni sulle responsabilità delittuose di Mussolini che Cesarino Rossi, ex capo dell'ufficio stampa del Pnf, pubblica a dicembre sul «Mondo». La pregiudiziale antioperaia fa premio sul problema morale; e il paese non si muove, anzi non avverte neppure l'imminenza della minaccia. Ancora il 2 gennaio 1925, Bordiga scrive all'esecutivo comunista per illustrare le tesi che si propone di sostenere nel dibattito precongressuale: non esclude che il fascismo possa «lasciarsi trascinare a una violenta reazione», ma considera molto piú probabile che finisca per adottare un «metodo politico di sinistra». Il giorno dopo, Mussolini pronuncia alla Camera il discorso che consacra il colpo di stato.

Passano altre ventiquattr'ore e l'esecutivo del partito comunista, rivalutando indirettamente Bordiga, giudica le brutali dichiarazioni del capo del governo alla stregua di «un semplice episodio che non sposta sostanzialmente la questione», mentre Gramsci aggiunge di suo che Mussolini mira semplicemente a crearsi le condizioni piú favorevoli «in vista di una soluzione di compromesso». Dovrà trascorrere piú di un anno perché il gruppo uscito dall'«Ordine nuovo» maturi con le tesi di Lione un'analisi ben piú realistica del fenomeno fascista, questa «forza infernale evocata dallo stregone», ossia dalla borghesia agraria e capitalista, «che non vuole ritornare nell'abisso, che non vuole servire ma dominare». Allora sarà troppo tardi per scongiurare la buia notte del ventennio, ma non abbastanza per preparare nel lungo termine la riscossa del movimento dei lavoratori.

Il discorso del 3 gennaio segna una svolta senza ritorno anche per l'opposizione moderata. Il giorno dopo, Amendola bolla sul «Mondo» la figura di Mussolini come «un caso patologico», denunciandone senza mezzi termini la folle ambizione e la personale volgarità. In effetti, il contributo di molte forze politiche e culturali al successo del fascismo smentisce un'interpretazione psicologica che tornerà anche nell'analisi crociana del fenomeno. Già nello stesso mese di gennaio una commissione di diciotto eminenti giuristi intraprende, per incarico del capo del governo, lo studio di una drastica revisione dello statuto albertino. Il 21 aprile Giovanni Gentile pubblica un «manifesto degli intellettuali fascisti» che il duce ha corretto di proprio pugno e che sancisce l'adesione al regime di molte personalità di rilievo, anche estranee al movimento: tra i napoletani, Salvatore Di Giacomo, Lorenzo Giusso, Agostino Lanzillo e Ferdinando Russo. Questa volta, Croce rompe ogni indugio e replica, il 1° maggio, con un contromanifesto («una risposta di scrittori, professori e pubblicisti italiani») che in pratica segna la dichiarazione di guerra dell'intelligenza liberale al regime del colpo di stato, sia pure in chiave di difesa pressoché esclusiva «di alcuni statuti intellettuali» e non di tutte le libertà democratiche. Lo sottoscrivono diecine di personalità, i nomi piú noti e rispettabili della cultura nazionale e locale: accanto a Luigi Einaudi, ad Emilio Cecchi, a Salvemini, a Salvatorelli, illustri esponenti della conservazione meridionale come Giustino Fortunato e Giovanni Amendola; giornalisti come Floriano De Secolo e lo stesso Paolo Scarfoglio; luminari dell'insegnamento universitario come Michelangelo Schipa, Luigi Lordi, Guido De Ruggiero; economisti come Epicarmo Corbino; critici come Adriano Tilgher; artisti come Matilde Serao e Roberto Bracco; esponenti cattolici come Francesco Degni.

A loro modo, anche questi antifascisti borghesi, i firmatari del manifesto Croce che non lo rinnegheranno, i professori universitari che non giureranno fedeltà al governo, i giornalisti che si rifiuteranno di servire il regime entrano nella clandestinità, quando non sono costretti come Nitti e Labriola a scegliere l'esilio. Il regime non si lascia commuovere da un'opposizione che è tanto piú inerme e disorganizzata di quella comunista. Nell'agosto dello stesso 1925 Mussolini insedia come alto commissario della provincia il prefetto Michele Castelli, una sorta di proconsole che per sette anni condizionerà la vita politica, amministrativa ed economica della città, spartendo il potere piuttosto con i segretari federali del partito nazionale fascista che non con i podestà, sostituiti d'imperio ai sindaci di elezione popolare e ridotti ad un ruolo puramente formale. Il fatto che nell'adempimento del suo ufficio Castelli dimostrerà onestà equilibrio ed efficienza, torna ad onore del burocrate di formazione giolittiana, non del regime che lo ha imposto liquidando gli ultimi brandelli delle autonomie locali.

Nello stesso periodo, la scure della dittatura si abbatte sui partiti che sono messi praticamente fuorilegge, e sulla stampa che viene privata di ogni libertà. I giornali di partito si vedono falcidiati dai sequestri, sgominati dalle minacce, dagli assalti a mano armata, dagli incendi, fin quando saranno definitivamente proibiti. Per i quotidiani di informazione, dove non basta cambiare direttore come si cambia proprietà: è la sorte che tocca alla famiglia Scarfoglio che, nonostante una penosa palinodia di Paolo, viene espropriata in due tempi del «Mattino», trasferito sotto il controllo del Banco di Napoli. Quando la Serao morirà, due anni dopo, sarà la fine anche del «Giorno», mentre il vecchio «Roma» si vedrà costretto da un incolmabile passivo a cercare anch'esso rifugio sotto le capaci ali del Banco. Un pesante silenzio cade sulla città piú chiassosa, pettegola e divertente della penisola.

Tra il '25 e il '26, gli attentati di Zaniboni e della Gibson consentono a Mussolini di puntare con ritmo sempre piú incalzante al potere assoluto, attraverso l'erosione delle superstiti garanzie statutarie ed il varo delle leggi speciali, il cui bersaglio principale sarà costituito ancora dal partito comunista, l'unico attrezzato in qualche modo, sul piano psicologico ed organizzativo, ad affrontare l'attività semillegale e poi illegale del tutto. La situazione disperata dei comunisti italiani, martellati dalla repressione della polizia politica e della magistratura, indebolisce anche il loro potere contrattuale nei confronti dei dirigenti sovietici: Togliatti sarà il piú pronto a rendersene conto, mentre Gramsci tenterà con maggiore coraggio di salvare le ragioni nazionali del partito e Bordiga accentuerà fino alla rottura la sua sdegnosa opposizione, parallelamente all'emarginazione di Trockij.

Il dissenso non nasce soltanto dalla pretesa sovietica di condizionare l'Internazionale, in ossequio alla teoria staliniana del socialismo in un solo paese, ma si nutre anche di profonde divergenze ideologiche. Il gruppo che fa capo a Gramsci e a Togliatti è indotto, fin quando Mosca glielo consentirà, ad analizzare sempre piú dialetticamente la natura del fascismo come fenomeno di massa, ben distinto dalla democrazia borghese e dalla socialdemocrazia, perché rappresenta un capitalismo in ascesa ed una classe emergente, la piccola borghesia. Il gran testardo respinge in blocco questa analisi, accusando paradossalmente la «centrale» di eresia neohegeliana e crociana, «una vera scuola napoletana in materia di filosofia»: discutibile ma straordinaria intuizione che aiuta a comprendere meglio la polemica gramsciana degli anni successivi, il «partito nuovo» di Togliatti, il compromesso storico di Berlinguer. E non è la sola illuminazione preveggente del rivoluzionario napoletano, tenace quanto Trockij nel denunciare l'involuzione burocratica con cui lo stalinismo va sclerotizzando il movimento.

Senonché nell'immediato le posizioni teoriche e pratiche di Bordiga si scontrano duramente con la realtà. Il Pci non può isolarsi nell'Internazionale, e quand'anche fosse possibile un'altra linea, l'apparato saldamente controllato dai centristi non consentirebbe all'opposizione di sostenerla. Il Congresso tenuto a Lione nel gennaio del 1926 riserva alla sinistra poco piú del 9 per cento dei voti. Un mese dopo, a Mosca, il suo leader si scontra personalmente con Stalin e sente pronunciare dalle sue labbra, senza rendersene conto, l'irrevocabile condanna: «Bordiga, *che non considero né marxista né leninista*», preludio dell'espulsione che arriverà immancabilmente, sia pure con quattro anni di ritardo, nel 1930.

3

Il malinconico 1927

Quelli che corrono dal 1926 al 1939 sono, per il movimento operaio come per tutti i democratici, anni di spietata persecuzione quale il nostro paese non aveva mai conosciuto nel corso della sua storia unitaria. Diversamente da quanto farà Hitler, Mussolini non colpisce per pura ferocia e neppure, come Stalin, per una forma di maniacale sospetto: egli obbedisce ad un freddo calcolo politico, proponendosi di estirpare ogni residuo di opposizione organizzata per gettare le basi di un consenso totalitario, al quale puntualmente arriverà tra il 1932 e il 1935. I suoi strumenti sono la polizia e il Tribunale Speciale per la difesa dello Stato, due organismi che vengono utilizzati senza alcun rispetto dei principî piú elementari dello stato di diritto. Per costituire il tribunale speciale, esclude la magistratura ordinaria e sceglie ufficiali della milizia o delle forze armate che gli offrano la garanzia di una fanatica fede fascista. Per asservire al regime la pubblica sicurezza trova l'uomo adatto nel capo della polizia, Arturo Bocchini, che crea un servizio speciale per la repressione dell'antifascismo, l'Ovra, ed infiltra nelle fabbriche e negli uffici, al confino e in prigione i suoi confidenti, disseminandoli anche nelle redazioni dei giornali, nei ministeri, nelle caserme, nei caffè. Si dà una caccia spietata alla stampa clandestina e si considera reato anche la sola critica verbale al capo del governo o al Pnf, dopo che nel codice si è introdotta la pena di morte per gli attentati al duce e le forme piú gravi di attività sovversiva. Creato nel 1927, il «casellario politico centrale» ha già schedato dopo un anno centomila antifascisti tra «fuorusciti», condannati, sorvegliati e semplicemente sospetti.

Se gli altri partiti si sbandano sotto i colpi di maglio della dittatura, segni di cedimento cominciano ad avvertirsi anche in quello comunista. Catturati al rientro da Lione o da Mosca, quasi tutti i dirigenti sono finiti dinanzi al Tribunale Speciale che infligge una condanna a venti anni di reclusione a Gramsci, Terracini e Scoccimarro. Si salva il solo Togliatti, che ripara a Mosca. Inizialmente, il Pci sottovaluta la portata di questa nuova ondata repressiva, illudendosi di potere continuare a battersi come nel quinquennio precedente e mandando allo sbaraglio nel lavoro illegale i migliori militanti. Quando gli esponenti della «destra», prima Tasca, poi Tresso, Ravazzoli e Leonetti, criticano aspramente in direzione questa pratica suicida, il partito li espelle; ma in realtà la razzia poliziesca è cosí micidiale che a metà dello stesso anno in tutta Italia restano soltanto 6771 iscritti. Anche se si respinge come disfattistica la prudenza della «destra», bisogna imparare a muoversi nella clandestinità, con la prospettiva di una lotta lunga e aspra.

La «frana» è particolarmente sensibile nel Mezzogiorno, dove al momento non si contano piú di quattrocento tessere, centoventi delle quali a Napoli. Il comunismo campano vive con particolare intensità questo periodo di smarrimento perché perde il suo dirigente piú autorevole: per un altro singolare paradosso, infatti, a questo punto i piú eminenti antifascisti napoletani si scambiano i ruoli rispetto al recente passato, nel senso che i piú accomodanti diventano inflessibili nella lotta al regime, mentre il piú intransigente finisce addirittura per estraniarsene. Arrestato con gli altri dirigenti del suo partito, Amadeo Bordiga è assegnato al confino di polizia, prima ad Ustica dove incrocia fuggevolmente Gramsci, quindi a Ponza dove continua a battersi contro la linea ufficiale della direzione, conquistando alle proprie tesi una notevole aliquota dei centoquaranta deportati. Egli non si rende conto, evidentemente, che la svolta staliniana al vertice dell'Urss e del Komintern inasprisce l'intolleranza verso tutte le forme di dissenso, segnatamente se sono assimilabili in qualche modo al trockismo.

Il 28 gennaio 1930, cedendo anche alle sollecitazioni di Mosca, l'Ufficio politico del Pci avverte i comitati regionali che l'orientamento ideologico e l'attività frazionistica dell'ex segretario ne consigliano l'esclusione non solo dagli organi direttivi ma dalle file dello stesso partito. La situazione precipita quando Bordiga viene liberato dal confino e rientra a Napoli, commettendo due errori fatali: chiede al governo il permesso di tornare sull'isola, per continuare l'attività professionale già avviata negli anni della deportazione; e respinge l'invito ad espatriare. L'episodio è narrato dal figlio di Amendola, Giorgio, che è entrato da poco nelle file comuniste. In un abboccamento clandestino molto imprudente, a piazza Municipio, egli offre a Bordiga l'aiuto del partito per passare la frontiera e mettersi al lavoro presso il Centro estero. Con enorme stupore del giovane militante, Bordiga rifiuta sprezzantemente l'offerta ed aggiunge apprezzamenti ingenerosi per i compagni, «i poveri fessi», che si sono lasciati incarcerare.

La misura è dunque colma quando, nel corso di una riunione che il

Comitato centrale tiene in marzo a Liegi, Togliatti propone il provvedimento piú drastico, motivandolo anche con il contegno tenuto da Bordiga «alla fine del suo periodo di deportazione». Mancano testimonianze sicure per valutare un'accusa cosí grave contro un rivoluzionario che ancora pochissimi anni prima ha tenuto testa sdegnosamente al tribunale borghese e che lo stesso Togliatti descriverà piú tardi come un dirigente che «sapeva comandare e farsi ubbidire», «energico nella polemica con gli avversari», circondato di enorme prestigio. Molti dubbi sono leciti, sia perché rientra nella prassi della gestione staliniana il malcostume di gettare fango sui comunisti rei o sospetti di deviazioni ideologiche, sia perché la polizia fascista si è sempre servita di vociferazioni e di calunnie per seminare discordia nelle file dei deportati. È un dato di fatto, comunque, che alla gravissima misura votata all'unanimità dal Comitato centrale l'espulso oppone una reazione sorprendentemente blanda per un uomo del suo temperamento: non risponde, non si difende, non mobilita neppure i suoi seguaci ancora stretti intorno al «Prometeo». Né il mistero finisce qui. Una volta incassata l'espulsione, Bordiga rinuncia a far politica attiva anche con i compagni che piú tardi confluiranno nella IV Internazionale, mantenendo con essi appena qualche vago contatto, per dedicarsi invece alla professione privata e agli studi. Se si esclude, come sembra plausibile, che abbia assunto una decisione siffatta per paura o per stanchezza, resta da concludere che egli possa avervi acceduto per fatalismo, cioè per la convinzione che una lunga notte stia per calare sulla democrazia italiana e che l'involuzione del movimento comunista renda vano ogni impegno.

Lasciato tranquillo dal regime ed oggetto per questo di altre calunniose accuse dagli stalinisti, Bordiga rimarrà silenzioso fino alla Liberazione, per riprendere quindi in qualche modo, ormai vecchio e malato, l'attività rivoluzionaria accanto agli amici «internazionalisti». Negli anni sessanta pubblicherà, anonima, una *Storia della sinistra comunista* scritta in collaborazione con un gruppo di compagni, lasciando una serie di altri scritti che saranno raccolti postumi sotto il titolo *Russia e rivoluzione marxista*. Forse proprio in queste pagine, che riaffermano una fede deterministica nella ineluttabilità della rivoluzione «proletaria» come conseguenza delle contraddizioni interne allo sviluppo del capitalismo, sta anche la spiegazione – naturalmente, non la giustificazione – della singolare rinuncia di Bordiga a battersi contro il fascismo.

Ben diverso il contegno dei democratici borghesi che egli ha cosí aspramente censurato in altri tempi. Mentre Giovanni Amendola muore in esilio a Cannes nell'aprile del '26, per le conseguenze della criminosa aggressione squadristica patita nove mesi prima a Montecatini, Benedetto Croce raccoglie intorno alla sua casa di palazzo Filomarino e alla sua «Critica» le forze migliori, soprattutto giovanili, della cultura liberale. L'impassibile teorico della storia come storia dello spirito approfondisce la ricerca nel solco di Bertrando Spaventa, di Hegel, soprattutto di Vico, riscoprendola come storia della libertà, la cui «religione» è un impegno nel presente a non piegarsi né al materialismo comunista né all'attualismo fascista. Il rifiuto del regime nasce cosí da una ipotesi conservatrice che prescinde dalla lotta di classe, tanto che lo stesso fascismo viene visto come un incidente, una parentesi piú o meno lunga che non ha antecedenti e non avrà conseguenze, una malattia dell'etos collettivo che affligge per un certo periodo la società italiana senza appartenerle organicamente.

La pregiudiziale moderata dell'atteggiamento di Croce suggerisce a Mussolini, che si vanta grottescamente di non aver mai letto una sola pagina della sua opera sterminata, una certa tolleranza non solo per i contatti che il filosofo mantiene in Italia e all'estero con gli ambienti antifascisti, ma anche per gli studi e le note che viene pubblicando sulle colonne della esemplare rivista di Laterza e i saggi storico-politici che stampa in questi anni. Se n'è già accennato. Sono in verità testimonianze fondamentali, che segnano la sintesi piú alta della nostra cultura tradizionale: la *Storia del Regno di Napoli*, che è del 1924, ma soprattutto la *Storia d'Italia dal 1871 al 1915*, la *Storia dell'età barocca in Italia* e la mirabile *Storia d'Europa nel secolo XIX*, che escono tra il 1928 e il 1932: monumenti di sapienza e di limpidissima scrittura, ma anche documenti conclusivi di una civiltà che la guerra mondiale, prim'ancora del fascismo, ha definitivamente sepolto.

Ciò nondimeno, il magistero di Croce dispiega una influenza morale intellettuale e politica senza confronti sulle giovani generazioni, non solo napoletane e non solo liberali, proprio perché può essere ancora esercitato pubblicamente, mentre i dirigenti dell'antifascismo radicale e marxista languono in carcere o in esilio. La lezione crociana forma le coscienze al culto delle virtú civili e modella gli intelletti alla riflessione sull'unità dei distinti, strumento prezioso per intendere dialetticamente il reale e preservare l'emozione estetica dall'inquinamento di fattori estrinseci, quali il moralismo e la propaganda. Né appare trascurabile il riflesso che dal pensiero del filosofo napoletano si riverbera, come Bordiga ha intuito, sull'elaborazione ideologica dei giovani comunisti di «Ordine nuovo» e indirettamente sulla prospettiva politico-culturale di tutto il partito comunista italiano, che finirà per colorarsi fortemente di storicismo, soprattutto quando si sarà liberato della pesante ipoteca staliniana.

Meno positiva risulta la presenza di don Benedetto e degli intellettuali che gli fanno corona, nel processo di sprovincializzazione della cultura napoletana in campo letterario ed artistico. La frattura tra la vecchia metropoli e le correnti piú vive del gusto contemporaneo, già profonda nel primo quindicennio del secolo, è stata accentuata dalla guerra e dal travagliato periodo che ha fatto seguito al suo epilogo. Un regime sciovinista e bigotto come quello fascista è fatto per aggravare l'isolamento di una città che sta perdendo la sua identità originale senza riuscire ad inserirsi con un ruolo attivo nella realtà della nazione unitaria. Non riescono a conferirglielo, ovviamente, l'esausto patriziato né tanto meno la plebe che l'evoluzione economica condanna ormai alla condizione comune al sottoproletariato urbano di tutte le società industriali, senza innocenza e senza speranza. Questo ruolo attivo non può darglielo per ora neppure la classe operaia, umiliata dalla sconfitta politica e ridotta, nelle sue frange piú avanzate, ad una resistenza che è l'esatto contrario di un'egemonia.

Della borghesia, della sua abdicazione prima ai centri di potere economici del Nord quindi al blocco nazionalfascista, della sua incapacità di rappresentare le ragioni della città, pur nell'ambito della restaurazione capitalistica, si è già detto abbondantemente. Ma anche nella sua parte migliore, che è appunto quella dell'antifascismo liberale e crociano, la classe media napoletana rimane tenacemente rivolta al passato, chiusa ad ogni forma di sperimentalismo, ferma su una linea tradizionalista che è in qualche modo piú arretrata perfino rispetto a talune avanguardie vicine al fascismo: movimenti ambigui, ma stimolanti come lo *strapaese* del «Selvaggio» o il Novecentismo; voci solitarie e sconsolate, ma altissime come quelle di Montale e di Pirandello, uno dei firmatari del manifesto Gentile. Sono tutte esperienze che il magistero di Croce ignora o respinge (sembra «rimangiarsi col gusto» quanto ha «concesso col cervello») e che, in ogni caso, rimangono estranee all'ambiente intellettuale napoletano, tanto piú dominato dai fantasmi di un irripetibile passato, quanto piú dolorosamente avverte intorno a sé la radicale trasformazione del contesto sociale, del quadro urbano, del paesaggio.

Nel 1925 si aprono la Litoranea e la via del Parco del Castello; l'anno successivo comincia la costruzione di via Petrarca e si firma il contratto con le imprese che creeranno il rione Sannazzaro-Posillipo e taglieranno a monte di Mergellina la quarta funicolare. Nel 1927, l'alto commissario Castelli rivede la convenzione con la Società laziale impegnandola ad urbanizzare due aree: quella che corre lungo l'asse di via Leopardi e quella parallela al tracciato della Direttissima Napoli-Roma, che diventerà via Nuova Bagnoli. Le colline di Posillipo e del Vomero, agresti appuntamenti per le fantasie dei poeti, cominciano a nereggiare di edifici; le trattorie a lido di mare e le piccole taverne «'ncopp'Antignano» cominciano a scomparire. Tra la Stazione centrale e San Giovanni a Teduccio si dilata la compatta zona industriale che non risolverà i problemi della popolazione ma, in cambio, affretterà il processo di degradazione del golfo.

Senza dubbio, lo spirito partenopeo è duro a morire, parte per la sua intrinseca originalità, parte per le condizioni di sottosviluppo in cui la città sprofonda. Il dialetto resiste come può all'appiattimento della lingua unitaria ed alla lentissima alfabetizzazione della plebe: Napoli, bene o male, continua a «cantare». Se la Serao, Ferdinando Russo e lo stesso Di Giacomo si avviano stancamente a concludere la loro stagione, gli autori della seconda generazione sono ancora giovani, salvo Bracco che sfiora i sessant'anni. Fra i giornalisti, morto Edoardo Scarfoglio nell'anno di Caporetto, restano la vedova e i figli, e con loro una piccola folla di non disprezzabili talenti, cronisti e recensori pieni di brio, di curiosità, di gusto, che perpetuano una tradizione conforme all'indole brillante e superficiale dell'ingegno napoletano. Qualcuno di essi, come quelli che hanno firmato il manifesto Croce o l'umorista Francesco Bufi, resisterà impavido alle lusinghe e alle minacce del regime; ma la stragrande maggioranza della categoria, condizionata dall'indole stessa della professione, finirà per allinearsi malvolentieri alle direttive del regime, pur continuando a coltivare in privato, tra i caffè e l'angiporto della Galleria, tra i salotti e le sale da concerto, la sua ironica avversione per un'ortodossia che uccide l'intelligenza prim'ancora che la libertà. Sarà un antifascismo di piccolo cabotaggio, saldamente controllato dai sussidi ministeriali e dagli informatori dell'Ovra, come è del resto di piccolo cabotaggio la poesia degli scrittori superstiti, curatori fallimentari piú che eredi della maggiore letteratura locale.

C'è un solo scrittore di razza, in questo periodo, che però non ottiene riconoscimenti di sorta, o tutt'al piú gode di una certa considerazione soltanto come l'attore formidabile che è, perché osa trasferire sulla pagina e sulla scena la lingua, i problemi e i sentimenti della plebe; ed è Raffaele Viviani. Ma Viviani sta per essere relegato nel ghetto degli artisti invisi al regime proprio perché recita in dialetto e spalanca il boccascena sul mondo che oltre mezzo secolo prima Mastriani ha rappresentato nei suoi torrenziali romanzi. Quel mondo è rimasto fermo, impantanato nella sua disperata miseria, ancorato alla sua sanguigna violenza, estraniato in perpetuo dal benessere e dalla cultura dell'Italia unita: la grandezza di Viviani, al di là della discontinuità e del frammentarismo del suo teatro, sta esattamente in questa testimonianza provocatoria che stride aspramente con i buoni sentimenti e le molli cadenze del *milieu* piccolo-borghese, caro a Galdieri, a Murolo, a Ricci, a Bovio.

Senza sapere nulla di Marx e di Brecht, lasciandosi anzi guidare esclusivamente da un istinto che contraddice la sua personale condizione, il comico stabiese ha cominciato sin dal 1911 a sostituire alle improvvisazioni del varietà un testo scritto (*Il vicolo*), in cui la canzone drammatica diventa un racconto autentico e compatto. Nei quindici anni che seguono, la sua produzione scorre fluida, graffiante, esplosiva, come una grande cavalcata tra i luoghi deputati della vita popolare: Porta Capuana, le «tavernelle», lo scalo marittimo, i caffè, le locande, la campagna, le feste popolari di Piedigrotta e di Montevergine, il circo equestre di terz'ordine, gli sposalizi, i concertini dei ciechi, le carovane degli zingari; un'opera napoletana da tre soldi lacerante, dissonante, talora melodrammatica ma travolgente come un'epopea e corredata dalla musica originale che l'autodidatta Viviani inventa fischiettando, recuperando senza neppure saperlo il folk dei bassifondi e della provincia.

Il regime opera pressioni di ogni genere sull'artista per indurlo ad affrontare una tematica meno dirompente e vi riuscirà infatti piú tardi, quando lo smarrimento nel conformismo generale e la decadenza fisica solleciteranno Viviani all'improbabile recupero di personaggi positivi, dal «gruppo di cartone» all'ultimo scugnizzo di una «Napoli frack» come la immagina l'ufficio stampa e propaganda del partito. Ma nessun gerarca distruggerà il patrimonio di dolente e beffarda bellezza che lo scrittore si lascia alle spalle, i canti d'amore e di malavita, della strada e della festa, gli stupendi canti del lavoro che – insieme con le commedie migliori, da *Tuledo 'e notte* a *Vetturini da nolo* – Viviani incide nello stesso bronzo di Gemito:

> Maletiè, va'chiuove a mmare
> ca dimane è n'ata festa!
> Sta jurnata ca ce resta,
> fance almeno faticà.
> Ccà ce servono 'e denare
> p' 'o pesone e p' 'a maesta.
> Niente cielo a faccia e' pesta
> ca 'e guagliune hann' 'a magnà!
> Maletiè, va chiuove a mmare,
> ca si no l'appaltatore
> sta semmana 'e quarant'ore
> ce'a fa'e trenta addeventà...
> ... Canta, ca 'a fatica ce se spassa;
> na criatura già se lassa,
> n'ata è pronta p'arrivà.

Canta, ca cantanno 'o muro cresce;
n'ato figlio ca me jesce,
n'atu masto n'aggi' 'a fa'.

La mano della censura ministeriale è assai piú leggera, anche quando si tratti di repertorio in dialetto, per le truculente «sceneggiate» care al pubblico di periferia e per la rivista, un genere che nasce dalle ceneri del *café chantant* e dell'operetta, nel particolare clima tra esistenziale e libertino del dopoguerra, il clima dei tabarins e della cocaina, il clima dei romanzi di Guido Da Verona e di Pitigrilli, che gli squadristi hanno portato nelle giberne insieme con quelli di Maurice Dekobra e di Mario Mariani, sognando tra una spedizione punitiva e l'altra dolicocefale bionde e madonnine degli *sleepings*. La rivista recupera la *soubrette* classica di fine secolo ma la circonda di graziose ballerine seminude, che rappresentano la versione indigena delle *girls* americane, con una spruzzatina di paprika danubiana; ed arricchisce lo spettacolo di scenette derivate dal vecchio repertorio comico, movimentandole con spunti satirici di attualità, molto moderati, molto sorvegliati, che dànno, comunque, al pubblico l'illusione di potere ancora ridere delle patrie istituzioni.

A Napoli, il genere conosce grande fortuna, prima nella sala del Teatro Nuovo poi, quando il locale viene distrutto da un incendio, nel restaurato teatro dei Fiorentini. Si vuole che lo stesso principe ereditario frequenti assiduamente la rivista, folgorato dall'avvenenza di Charlotte Bergmann e Lucy D'Albert, le divette che hanno ereditato i lustrini e gli strass di Anna Fougez e di Lydia Johnson. I testi sono spesso spiritosi e, con licenza dei superiori, pungenti: li scrivono Maria Scarpetta, Mario Mangini, Michele Galdieri, tutti figli d'arte che aggiornano sapientemente gli spunti dei padri. A valorizzarli sulla scena provvede l'incomparabile bravura di attori che sembrano usciti dalla commedia dell'arte: Vincenzino Scarpetta, Raffaele Di Napoli, Agostino Salvietti, Nino Taranto, la Scarano, la vecchia Giuseppina Bianco e, piú dotati di tutti, i tre fratelli De Filippo e Antonio De Curtis, in arte Totò, che cominciano appena adesso a gremire le platee.

Nelle sale piú popolari, Napoli continua ad applaudire vecchi macchiettisti come Nicola Maldacea e Peppino Villani, interpreti ineguagliabili della canzone come Gennaro Pasquariello ed Elvira Donnarumma, melodie incantate ed argute come quelle di Lama e Tagliaferri, Nardella e Falvo, E. A. Mario ed Armando Gill. È lo stesso periodo in cui la città vive una breve ma intensa stagione come centro di una singolare produzione cinematografica. In questo settore, come s'è già notato in passato per tante altre iniziative, si gioca inizialmente un ruolo pionieristico, per arrendersi poi all'intraprendenza del Nord. Già prima della guerra si sono arrivate a contare fino a dieci case di produzione, che hanno sfruttato abilmente lo scenario del golfo e i maggiori interpreti della scena locale per imporsi nel nuovo genere. Tornata la pace, il mercato si presenta assai più promettente e i primi a rendersene conto sono due intraprendenti personaggi, Emanuele Rotondo e Gustavo Lombardo. Il primo, proprietario di una Miramare Film, si lancia sul filone della «sceneggiata», che è poi semplicemente una storia costruita intorno ad una canzone di successo. Già ampiamente collaudata in teatro, graditissima al pubblico più ingenuo, la formula consente al Rotondo di inondare, tra il 1919 e il 1927, i cinematografi cittadini e quelli americani frequentati dagli emigranti, con una profluvie di lacrimose storie d'amore, di onore e di morte, che in qualche modo si collegano anche con il repertorio *Grand Guignol* di Federico Stella e di Bella Starace Sainati, due idoli della plebe partenopea. Lo schermo è ancora muto ma in sala un pianista al mattino, un'orchestra al pomeriggio, commentano melodiosamente, spesso improvvisando, l'appassionante vicenda interpretata da attrici popolarissime come Lyda Borelli, Pina Menichelli, Italia Almirante Manzini e la giovane concittadina Francesca Bertini.

Produttore di maggiore spicco è Gustavo Lombardo, un socialista di buona famiglia che ad un certo punto ha preferito alla lotta di classe la più remunerativa attività di distribuzione dei film. Si deve alla sua iniziativa se prima della guerra sono stati prodotti film di grandi ambizioni come *La divina commedia* e il celeberrimo *Cabiria*, sceneggiato da Gabriele D'Annunzio; e si deve alla modernità delle sue vedute se si fa strada l'idea di una preventiva indagine di mercato e dell'esclusiva nel settore distributivo. La guerra non è ancora finita che l'estroso imprenditore crea finalmente una sua casa di produzione, la Lombardo Film, installando gli *studios* in un edificio di via Cimarosa, al Vomero. Quando incontra un'avvenente attrice, Leda Gys, se ne innamora e la sposa, ha trovato anche la protagonista ideale per le sue pellicole che nel giro di dieci anni assommeranno a circa cinquanta, una cifra degna dei colossi di Hollywood. Ma a questo punto, purtroppo, l'industria napoletana non ha più ossigeno per respirare: il cambiamento dei gusti, l'invasione della produzione straniera, la carenza di capitali costringono le altre case locali a chiudere i battenti e inducono lo stesso Lombardo a trasferirsi a Roma, dove si sta concentrando tutto l'apparato del cinema italiano, «l'arma più forte» che Mussolini intende tenere sotto controllo.

Nessuna banca, e tantomeno il Banco di Napoli, intuisce l'opportunità di assicurare il finanziamento ad un'industria che potrebbe costituire una fonte di lavoro e di ricchezza. Per la città muore un'altra speranza. E del resto è tempo di amarezza, tempo di tristi congedi: insieme con l'illusione dei fantasmi dello schermo, se ne vanno anche i vecchi poeti, gli scrittori dell'epoca bella, malinconicamente sopravvissuti a se stessi. Nel 1927 muoiono, quasi insieme, Matilde Serao e Ferdinando Russo, la narratrice del *Paese di cuccagna* e il poeta dei cantastorie, dei luciani, dei guappi. Sopravvivrà per altri sette anni il piú grande di tutti, Salvatore Di Giacomo, ma languendo, chiudendosi sempre piú nevroticamente in uno «scontroso» silenzio, deperendo sconsolatamente, accanto alla sua Elisa. Il regime, cui egli ha aderito con la candida ignoranza di un uomo di altri tempi, gli riserba un'ultima umiliazione, negandogli il seggio al Senato: il pregiudizio, o il sospetto, verso la letteratura dialettale è stato piú forte della stessa volontà di Mussolini, che comunque lo ha chiamato all'accademia d'Italia.

Il 1927 è anche l'anno del discorso dell'Ascensione, che offre al capo del governo l'occasione per compiacersi della disciplina restaurata nel fascismo campano, dopo la burrascosa parentesi del caso Padovani. Spente le voci dei poeti e dei ribelli, ferito a morte Amendola, relegato al confino Bordiga, il dittatore può vantarsi di avere ristabilito l'ordine anche a Napoli. Il 6 gennaio 1928, la stagione lirica del teatro San Carlo s'inaugura con una composizione di Pietro Mascagni, un altro accademico d'Italia, parole di Edmondo Rossoni e di Libero Bovio. È il *Canto del lavoro*; e celebra, naturalmente, la mirabile sintesi corporativa tra proletariato e capitalismo, tra cultura e politica, tra il giovane sindacalismo fascista e la vecchia piedigrotta napoletana. Una serata simbolica.

4.
Rassegnazione e resistenza

Napoli vive in un'altalena di speranze, di rassegnazione e di rivolta i tredici anni che corrono dalla definitiva affermazione del regime totalitario alla dichiarazione di guerra contro le democrazie occidentali. Piú tardi, si dirà che lo spirito mite e scanzonato della città non si è mai piegato all'aggressiva retorica della dittatura e che, semmai, determinati strati della popolazione si sono rifatti nostalgicamente al fascismo nel secondo dopoguerra, parte per l'esasperazione delle contraddizioni socio-economiche, parte per una sorta di corriva pietà verso i vinti. Naturalmente, anche se non destituite di fondamento, queste affermazioni rispecchiano in modo generico ed approssimativo una realtà che, alla prova dei fatti, risulta assai piú articolata e cangiante.

È vero, anzitutto, che la normalizzazione imposta da Mussolini al movimento campano è accolta con pronunciato favore da buona parte della borghesia professionistica ed imprenditoriale: l'iniziale perplessità verso le forme piú rozze dello squadrismo si attenua sensibilmente a mano a mano che il regime dimette gli atteggiamenti canaglieschi e scapigliati della «prima ora», relega in provincia o in colonia i suoi esponenti piú scomodi, e rivela la propria autentica natura di presidio dell'ordine costituito. La durezza con cui si impone, insieme con la «pace sociale», un certo tipo di cultura, un dato modello di insegnamento e di codice penale, di famiglia e di costume, di informazione e di spettacolo, non solo non offende il ceto medio napoletano ma, al di là dello scherzo bonario e della barzelletta graffiante, viene valutata come una solida garanzia di salvaguardia dei valori. La superstiziosa sensibilità cattolica della cittadinanza è lusingata naturalmente dalla stipulazione dei Patti lateranensi e il cospicuo ascendente del cardinale arcivescovo Ascalesi, già segnalato per le sue dichiarate simpatie verso il fascismo, gioca un ruolo determinante nell'orientamento conformistico delle organizzazioni clericali dopo il 1929. Ciò non significa, beninteso, che l'Azione cattolica rinunci, prima e dopo l'aspro scontro intervenuto nel 1931 con gli estremisti farinacciani, a svolgere un'attività capillare di organizzazione e di indottrinamento della gioventú; ma che è costretta a farlo con la massima circospezione, mettendo l'accento sul momento religioso anziché su quello politico di un intervento che si esplica con efficacia anche nel campo assistenziale, e quindi in direzione dei quartieri e dei ceti piú umili. Una cauta impronta antifascista è conferita al settore giovanile da Angelo Jervolino, che per un certo periodo lo coordina anche a livello nazionale, contribuendo alla formazione dei quadri che saranno utilizzati dopo la liberazione dalla democrazia cristiana. Anche in altri centri della Campania si avverte la benefica influenza degli insegnamenti di preti poco teneri con il regime come monsignor Edoardo Alberto Fabozzi, che è assistente per lunghi anni alla Fuci, e il gesuita Giovanni Aromatisi, che affianca Mario Riccio nella guida del Movimento laureati cattolici.

La sotterranea dissidenza di questi ambienti irrita ma non preoccupa Mussolini che si adopera ad alimentare il consenso dei napoletani dedicando una certa attenzione ai loro problemi, anche se non riesce ad inquadrarli in un disegno programmatico di largo respiro. Ad un anno dalla celebrazione sancarliana per il *Canto del lavoro*, viene insediato a palazzo San Giacomo il primo podestà littorio, che non a caso è un gentiluomo, il duca di Bovino, coadiuvato da altri due patrizi, Niutta e Maresca di Serracapriola, simboli tangibili della salda alleanza tra la «rivoluzione» fascista e la vecchia classe dirigente contro cui Padovani si era illuso di combattere. Nello stesso periodo, si celebrano le «fauste nozze» tra il principe ereditario Umberto e la principessa Maria José di Brabante, che vengono chiamati a Napoli, come era accaduto in gioventú a Vittorio Emanuele, per consolare l'ex capitale borbonica e soprattutto per bilanciare l'influenza della duchessa d'Aosta. Elena d'Aosta, nata Orléans, vedova del comandante della III armata e madre di due principi che Mussolini tiene di riserva come antagonisti dei Savoia-Carignano, vive nella reggia borbonica di Capodimonte. Gode in città di vaste simpatie che mette incondizionatamente al servizio del regime insieme con i figli: il primogenito Amedeo scriverà una limpida pagina di gloria sull'Amba Alagi nel corso della seconda guerra mondiale; il cadetto Aimone accetterà nello stesso periodo la corona di un ipotetico Regno di Croazia, che Mussolini gli affida senza neppure potergli garantire una parvenza di potere.

Al di là della propaganda ma in stretta connessione con le sue esigenze, il regime spiega anche un notevole fervore di opere pubbliche, giovandosi dell'accorta mediazione dell'alto commissario e del suo successore Baratono. Nel 1929 si apre tra il Molo Beverello e il Chiatamone un nuovo tunnel, la galleria della Vittoria, che in pratica raddoppia le vie di comunicazione tra Nord e Sud. L'anno successivo l'Istituto per le case popolari impianta una serie di comprensori nel rione Duca d'Aosta e nel nuovo rione Miraglia a Fuorigrotta, dove si è sviluppato intorno all'Ilva il secondo polo industriale della città. La costante espansione demografica, irresponsabilmente favorita dalla dittatura, impone modifiche sostanziali del tessuto urbano, che tuttavia vengono realizzate con criteri antiquati ed estranei ad ogni considerazione per il patrimonio economico culturale dei vecchi insediamenti. Nel 1935, la ricostruzione della sede centrale del Banco di Napoli in via Roma e il risanamento del rione Carità sconvolgono il centro storico, deturpandone irrimediabilmente la fisionomia ispano-borbonica, senza risolvere (anzi aggravando) i problemi dei ceti artigianali e popolari, costretti a traslocare nei ghetti di periferia. Piú razionale la trasformazione del quartiere di San Pasquale a Chiaia in una zona residenziale che si inserisce tra via dei Mille e la Riviera. Nell'ottobre dello stesso anno si inaugura al rione Luzzatti lo stadio Giorgio Ascarelli, grandioso ed elegante impianto che sottolinea la crescente passione della folla per il gioco del calcio; e con esso una piscina coperta consacrata al «XXVIII ottobre». Contemporaneamente si amplia lo scalo aereo di Capodichino e si rimette a nuovo la Villa Comunale.

Due anni piú tardi si vara un progetto ancor piú ambizioso: la bonifica dell'intera area di Fuorigrotta, un complesso di edifici ed installazioni fieristiche, teatrali e sportive che dovrebbe esaltare, sullo sfondo della conquista dell'Impero, la funzione di Napoli quale ipotetico ponte fra la penisola e i dominî africani. La tetra magniloquenza del disegno architettonico corrisponde al velleitarismo di quello politico: nella zona, in cui sono stati demoliti ben settemila vani, sorge una sorta di squallido monumento funebre alle colonie, il cui effetto indotto si traduce in un'urbanizzazione accelerata e miseranda di Fuorigrotta. Nel maggio del '38, la visita di Hitler suggerisce altri lavori di restauro, limitati però ad un nucleo microscopico della città. In ossequio alla campagna razziale, l'impianto dedicato al «mecenate» sportivo Giorgio Ascarelli, un imprenditore israelita che pure a suo tempo si è compromesso con il fascismo, diventa stadio Partenopeo; ed è una delle poche manifestazioni di intolleranza, di cui la ristretta ed assimilatissima colonia di ebrei napoletani, duecentosettanta famiglie in tutto, soffrirà fino alla occupazione germanica. In definitiva, nel settore urbanistico il risultato piú rilevante del ventennio sarà un nuovo piano regolatore generale, approvato nel 1939. Sia pure con limiti molto seri, determinati in buona parte dalle pressioni delle grandi società immobiliari, il piano offrirebbe una piattaforma per uno sviluppo meno caotico dell'espansione edilizia se lo scoppio della seconda guerra mondiale non impedisse alle autorità comunali di emanare il corrispondente regolamento di esecuzione, lasciando in vita quello di quattro anni prima e consentendo cosí alla speculazione privata di prosperare all'ombra di un equivoco, cioè di un documento che in realtà non è mai diventato operativo.

La salvaguardia dell'ordine e dei valori tradizionali, l'appoggio della dinastia e dell'alto clero, il monopolio delle fonti di informazione ed il fascino personale di Mussolini convogliano verso il regime il consenso pressoché unanime della cittadinanza. Nell'ultima farsa elettorale inscenata con il plebiscito del 25 marzo 1934, soltanto 92 irriducibili cittadini oppongono il loro «no» agli oltre 470 000 «sí» di fervidi o distratti ammiratori del dittatore. L'impresa di Etiopia porta alle stelle l'entusiasmo dei napoletani, nonostante le conseguenze negative dello sforzo bellico e delle «inique sanzioni»: forti rincari dei prezzi dei generi alimentari, ulteriori restrizioni nel traffico portuale e nel commercio con l'estero, esperimenti di difesa antiaerea che suonano sinistro presagio per il futuro. Tutte le occasioni sono buone per la martellante propaganda che si rovescia su una città ancora legata sentimentalmente ai ricordi delle spedizioni di Adua e di Tripoli: la partenza dei soldati e delle camicie nere per il Mar Rosso, la partecipazione alla guerra della principessa Maria José nelle benefiche vesti di crocerossina, l'offerta della fede nuziale alla patria e soprattutto l'aggressiva polemica del duce contro i paesi «demoplutocratici» e la Società delle Nazioni. Per i giovani l'Africa evoca un paesaggio di avventure e di gloria o anche, piú semplicemente, una occasione ideale per sistemarsi. Per gli anziani il cosidetto «assedio economico» funziona come un alibi per la definitiva capitolazione al regime, come nel caso di Arturo Labriola che abbandona l'esilio di Bruxelles per correre a bruciare il suo grano d'incenso sull'altare del genio di Mussolini, con un'ennesima acrobazia che deve far sorridere nel bunker del suo cinismo l'ingegner Bordiga.

Quale simbolico rappresentante della città, il segretario federale Picone salpa volontario per le lontane terre del Tigrai il 14 marzo 1936, in lieve ritardo sulla storia ma sempre in tempo per partecipare all'atto conclusivo dell'impresa. Nel discorso con cui, la sera del 9 maggio, Mussolini annuncia l'ingresso in Addis Abeba del maresciallo Badoglio si dispiega un talento coreografico ed oratorio che nessuna folla è in grado di apprezzare quanto quella napoletana. Centinaia di migliaia di cittadini convenuti dinanzi agli altoparlanti di piazza Plebiscito e dintorni seguono palpitanti, nelle fantasmagoriche luci della sera, le frasi scandite dal duce per ploclamare la riapparizione dell'Impero su colli fatali di Roma: un giorno di esaltazione in cui ben pochi tra gli stupefatti ascoltatori dubitano che al regime appartenga un trionfale e lungo futuro.

In realtà, disciolta la magica atmosfera di euforia evocata dallo stregone di palazzo Venezia, la città si trova a fare i conti con una situazione economica e psicologica assai poco esaltante. La strategia industriale che la dittatura ha applicato a Napoli fino a questo punto non brilla per ampiezza né per vigore di prospettive: l'impasto di statalismo e di liberismo a cui si rifà ripete in sostanza la formula del decennio giolittiano, anche perché risponde alle sollecitazioni degli stessi interessi e degli stessi gruppi di pressione, a tutto danno della media e piccola impresa locale. Il punto di partenza è la negazione della questione meridionale che Mussolini considera risolta una volta per tutte dal fascismo, precludendo alla pubblicistica ogni possibilità di caldeggiare una seria ed organica politica di riforme, anche se è proprio di un discorso globale che avrebbe bisogno il Mezzogiorno per spezzare la soffocante cerchia di sottosviluppo in cui si dibatte fin dal primo giorno dell'Unificazione. Nonostante i suoi trascorsi socialistici e le brillanti intuizioni di determinate esigenze della civiltà di massa, il duce non mostra neppure di sospettare l'utilità di qualsiasi politica di piano, fosse pure al servizio del capitale monopolistico del Nord. Quando egli consente, nel 1934, la pubblicazione di una rivista formalmente dedicata alle «questioni meridionali», al plurale, lo fa appunto per negare che esse abbiano ancora il potere di turbare l'universale felicità e il diffuso benessere dell'era fascista, anche se naturalmente – tra osservazioni tecniche e seriazioni statistiche – qualche elemento critico finisce pur sempre per filtrare, nel nuovo stile ermetico che sta venendo di moda anche tra scrittori e giornalisti, oppressi dall'occhiuta censura del regime.

Inizialmente, oltre che alle già citate «opere del regime», gli interventi governativi nell'area partenopea si limitano al potenziamento della mano pubblica e alla distribuzione di commesse statali. Mentre si tutelano incondizionatamente la rendita urbana e la speculazione edilizia (sia pure in maniera meno spudorata di quanto si farà nel ventennio successivo), si punta soprattutto a dilatare il settore terziario, gettando le premesse per il catastrofico collasso degli enti locali nel secondo dopoguerra. La rinuncia a qualsiasi tipo di programmazione organica accentua la depressione del settore industriale e ancor piú di quello commerciale. Come ha confermato il censimento del 1927, a pochissime aziende di rilevanti proporzioni in grado di assicurare ammortamenti ed investimenti, si contrappone un pulviscolo di botteghe artigianali e di «rivendite al minuto», prive delle risorse tecnologiche e finanziarie che sarebbero indispensabili per tenere il passo con i tempi. In questo campo, la strategia del Banco di Napoli è ancor piú retriva ed improvvidente di quella del governo centrale anche se, a partire dal 1926, esso ha perduto le caratteristiche di istituto di emissione, per ampliare le proprie partecipazioni nelle banche locali, nelle imprese, nelle aziende commerciali ed editoriali.

Prima ancora che esploda la crisi del 1929-32, il panorama industriale della città risulta sconvolto dalla recessione di settori tradizionalmente robusti (metalmeccanici, tessili, cotonieri), per non parlare del ristagno nel settore export-import e soprattutto dell'ecatombe di aziende minori. In mancanza di ogni coordinamento tra l'iniziativa locale e gli interventi esterni, spesso suggeriti esclusivamente da ragioni politiche, è proprio il tessuto capillare dell'apparato produttivo a pagare il prezzo piú alto per la politica economica che Mussolini persegue dal momento in cui ha definitivamente concluso la sua alleanza con la Confindustria. Si tratta di razionalizzare il sistema, ristrutturando l'impresa capitalistica e riorganizzando il credito; è ovvio che gli anelli piú deboli della catena siano i primi a saltare. Non a caso, i quarantamila disoccupati «ufficiali» di Napoli nel 1930 sono già diventati, l'anno dopo, sessantamila.

Soltanto qualche anno piú tardi la città avvertirà i benefici della creazione dell'Iri, l'Istituto per la ricostruzione industriale voluto da Mussolini e realizzato nel 1933 dal napoletano Beneduce, con «compiti temporanei di finanziamento delle attività industriali e di smobilizzo delle partecipazioni azionarie pervenute allo Stato attraverso i risanamenti bancari». Sorto per attutire gli effetti piú devastanti della grande depressione, l'Istituto finirà per assolvere a compiti assai piú impegnativi come strumento dell'intervento pubblico, prima e soprattutto dopo la seconda guerra mondiale; ma la sua influenza sullo sviluppo dell'economia napoletana sarà solo parzialmente positiva (sistemazione della Metalmeccanica, creazione del Centro aeronautico di Pomigliano d'Arco) per una serie di ragioni che vanno dall'esitante politica di incentivi dell'autorità centrale alla fiacca risposta dell'ambiente.

La classe lavoratrice napoletana e ancor piú le centinaia di migliaia di disoccupati e sottoccupati sono esposti senza difesa ai contraccolpi delle ristrettezze economiche con cui il regime si misura nel quadro della crisi mondiale. Un inasprimento delle condizioni di vita si avverte per esempio nella prima metà del 1931, quando il governo denuncia ufficialmente che oltre settecentomila italiani sono privi di occupazione fissa ed introduce nelle fabbriche il sistema Bedaux per accelerare i ritmi di produzione. In febbraio, tremila operaie delle Cotonerie meridionali azzardano uno sciopero, mentre sui muri della zona industriale compare una scritta disperata: «Dite al Duce che il popolo ha fame». A partire dal semestre successivo, si comincia a registrare invece un certo miglioramento, anche se si calcola che nel giro di sette anni i salari abbiano perduto tra un quarto e la metà del loro valore nominale. Un calo dei prezzi e l'avvio della produzione bellica portano sollievo, l'anno seguente, almeno in taluni strati della popolazione; ed è in questo clima che l'impresa etiopica viene salutata con grandi speranze ed il suo epilogo trionfale alimenta un diffuso entusiasmo.

Anche l'attività dell'opposizione segue le alterne fasi della situazione politico-economica, scontrandosi con infinite difficoltà che non sono rappresentate soltanto dalla durezza della repressione ma, almeno fino al 1938, anche dal crescente disinteresse dell'opinione pubblica per un dibattito che è ridotto ormai ad una pura girandola di slogan propagandistici. La stessa mobilitazione totalitaria che la dittatura impone alle sue organizzazioni di massa, rimane puramente esteriore perché prescinde da una partecipazione consapevole, giudicandosi pericolosa persino la discussione intorno alla cosiddetta «dottrina» del fascismo e a quel corporativismo che pure il regime presenta come la soluzione ottimale dei conflitti sociali. Il servilismo diventa la condizione necessaria per la sopravvivenza, particolarmente per chi opera nella pubblica amministrazione, nella scuola, nell'università, in giornalismo e in genere nel settore dei *mass media*, tenuto personalmente dal duce sotto costante controllo. I guasti che il sistema provoca nella coscienza collettiva della nazione ed in quella individuale dei cittadini, sono incommensurabili e potranno essere meglio valutati nel successivo ventennio, quando i giovani borghesi foggiati dal regime costituiranno il nerbo della burocrazia, dei corpi separati, della magistratura, degli istituti di istruzione pubblica rivelando – per dirla con Eugenio Curiel – tutta la «nefasta influenza» del fascismo, la diseducazione agli ideali di tolleranza e di progresso, il disamore per la cultura e l'impegno politico, in una parola il qualunquismo che contrabbanda la difesa dei privilegi di classe sotto l'etichetta di un «infinito scetticismo».

La devastazione è piú lacerante in una città come Napoli che denuncia da decenni le frustrazioni provocate dagli errori e dalle storture del processo unitario. Il tambureggiamento della stampa quotidiana e della radio, la mancanza di informazioni sul mondo esterno e l'angusta circolazione delle idee che ne deriva, finiscono per deformare anche il senso dei rari messaggi che filtrano attraverso le maglie della censura: film americani e francesi, alcuni capolavori e no della letteratura anglosassone, pochi saggi politici liberali o marxisti di cui è comunque proibita la traduzione per evitare la diffusione di pubblicazioni sovversive tra i lavoratori, tenuti in sospetto assai piú degli intellettuali borghesi. Si pubblicano per esempio anche in italiano le opere di Trockij, considerato come un irriducibile nemico del comunismo, mentre si ammettono solo le edizioni francesi e inglesi dei testi fondamentali di Lenin, che circolano di mano in mano in una ristrettissima cerchia di iniziati. Ci sono librerie come quelle di Detken e Rocholl a piazza del Plebiscito o di Guida a Port'Alba, dove gli antifascisti si ritrovano come carbonari per leggere e commentare le ultime novità di Parigi, di Londra, di New York. Ci sono caffè, come quelli di Toledo o di via Costantinopoli, i cui frequentatori sono assiduamente sorvegliati dalla polizia. Ci sono salotti, come quelli di Benedetto Croce o di Giustino Fortunato, di Diomede Marchesi o di Roberto Bracco, corsi universitari come quello di Carlo Cassola o di Enrico Presutti, dove si respira clandestinamente l'aria della libertà come se si consumasse una droga. Ci sono circoli di innamorati del cinema dove si discute sulle opere di Pabst o di Renoir, di Clair o di Vidor, come di spiragli aperti sulla realtà. Coraggiosi presidi ed insegnanti tengono viva nei migliori licei della città, come l'Umberto I e il Giambattista Vico, la fiamma della cultura classica che è contemporaneamente scuola di moralità e di democrazia.

Per la maggior parte, questi valentuomini – nell'impossibilità di manifestare apertamente le proprie idee o il dissenso da quelle imperanti – si inducono a rifugiarsi negli affetti familiari, negli studi, nelle private professioni. Le strutture dei partiti borghesi, come dello stesso partito socialista, dei sindacati, delle cooperative, sono state schiantate dallo squadrismo e dalle leggi speciali. A Napoli troverà fievole eco negli anni trenta anche la costituzione dei gruppi che nel resto del paese tornano ad innalzare la bandiera del socialismo democratico: il Centro interno di Rodolfo Morandi e l'intrepida Giustizia e Libertà dei fratelli Rosselli, spina dorsale del futuro partito d'azione, con cui sono collegati tuttavia alcuni gruppi, come quello che fa capo ad Enrico Sereni, un ittiologo di grande valore che dirige l'Acquario. Da Roma si ordinerà di rendere la vita difficile ai professori universitari che non pronunciano il giuramento di fedeltà, ai giovani che frequentano i salotti liberali, perfino agli avvocati come Claudio Ferri o Giovanni Napolitano, che accettano sistematicamente la difesa degli imputati dinanzi al Tribunale Speciale. I giornalisti senza tessera scrivono ancora sui fogli fascisti ma devono rinunciare alla firma e ad ogni argomento men che innocuo, in un ambiente che è attentamente sorvegliato non solo dall'Ovra ma da colleghi che ne accettano gli stipendi o esercitano uno zelo implacabile nella professione dell'ortodossia. In questi strati sociali, la pressione della dittatura diventa col tempo meno pesante traducendosi però in un'ambigua indulgenza che finisce per risultare piú corruttrice della iniziale violenza.

Ben altro è l'atteggiamento nei confronti dell'opposizione clandestina che viene soprattutto dal partito comunista, forte di una salda coscienza politica e di un'organizzazione capace di trasformare gli agitatori in rivoluzionari professionali, per affrontare la lotta al nemico fascista come una guerra guerreggiata. A Napoli una simile concezione della milizia politica non si scontra soltanto con l'indole tenera e conciliante della popolazione ma anche con il suo temperamento incostante, critico, ribelle al freno della disciplina e di una applicazione fanatica da cui viene soffocata ogni *douceur de vivre*. I primi anni di reclutamento sono perciò stentati, limitandosi a pochi intellettuali di avanguardia e ai giovani che dall'interno delle stesse organizzazioni del regime ne vengono gradualmente scoprendo la vergogna e il ridicolo, mentre nei nuclei piú combattivi della classe operaia l'isolamento accentua una tendenza al settarismo che non deriva soltanto dalla predicazione di Bordiga, ma nasce da un vecchio complesso di superiorità nei confronti della plebe. Localmente, dunque, le difficoltà sono maggiori di quelle che il partito incontra anche nel resto della penisola, dopo la diaspora dei suoi dirigenti piú qualificati in carcere, al confino e in esilio.

Tra il 1926 e il 1929, l'organizzazione rinasce spontaneamente per iniziativa di minuscoli gruppi che in un primo momento non hanno le idee molto chiare e non comunicano neppure tra loro. La prima saldatura di cui si abbia notizia, avviene quando alcuni militanti operai della Precisa e delle Officine ferroviarie meridionali (tra cui Gennaro Rippa, Franco Panico, Salvatore Cetara, Giuseppe De Sanctis) ed il tipografo Salvatore Castaldi entrano in contatto con Emilio Sereni, fratello di Enrico, e Manlio Rossi-Doria, due giovani studiosi che lavorano a Portici nell'Istituto di agraria, dove è preside il padre di Bordiga. Un'inchiesta di tipo sociologico condotta tra i contadini del Mezzogiorno fa maturare nei due intellettuali quell'adesione al marxismo che era già suggerita da letture, da incontri, da esperienze vissute in un particolare ambito familiare. Una cellula embrionale esiste già dal 1928 e fa capo all'abitazione privata di Emilio Sereni, un altro fratello del quale, Enzo, ha abbracciato invece le teorie sioniste ed è partito per la Palestina. Nello stesso anno, i due israeliti rimasti in Italia pubblicano un foglio clandestino, «L'antifascista», al quale collabora anche un giovane medico, Eugenio Reale, che ha già fatto qualche prova come dirigente dell'associazione goliardica Corda Fratres, insieme con Pasquale Schiano. Presto Reale allaccia rapporti con Giorgio Quadro e Gennaro Capaccio, due operai comunisti dell'ente autonomo Volturno, e con intellettuali già militanti o genericamente ostili al regime, come Mario Palermo, e Vincenzo Ingangi, Eugenio Mancini, Vincenzo Catalano, Gregorio e Vito Nunziante, Vincenzo La Rocca, il magistrato Giannattasio e l'avvocato Antonio D'Ambrosio.

Un'altra isola di resistenza è costituita dalla Libreria del Novecento, aperta nei pressi di Piazza del Gesú da due seguaci di Bordiga, Ugo Arcuno e Salvo Mastellone, le cui inclinazioni trockiste non sbarrano il passo ai clienti delle piú diverse estrazioni politiche: il giovanissimo poeta salernitano Alfonso Gatto, il pittore Paolo Ricci, lo scrittore Carlo Bernard e suo cugino Guglielmo Peirce, bizzarro artista che appartiene al ramo cadetto e decaduto di una famiglia di origine inglese molto influente negli ambienti industriali. Sono tutti ragazzi squattrinati ed arditi, che sopportano male il clima di conformismo in cui ristagna la cultura napoletana e respingono risolutamente l'olimpica lezione crociana. Anche Peirce, come Ricci e lo stesso Antonio D'Ambrosio, si diletta di pittura collocandosi naturalmente con i suoi amici su posizioni d'avanguardia che contrastano in modo clamoroso con le tendenze accademiche favorite dal regime. Dopo aver fondato un movimento «circumvisionista» che mira alla resa globale della realtà, il gruppo brucia le tappe dell'eresia, passando prima al «costruttivismo», quindi al «distruttivismo attivista», sostenuto dal lancio di un manifesto raccolto anche dalla stampa ufficiale per merito di Giuseppe Ungaretti e di Arnaldo Frateili, che si accorgono della novità e ne intuiscono le implicazioni eversive, mettendo cosí involontariamente in allarme la polizia.

Vive e studia a Napoli, in questi anni, il figlio ventenne di Giovanni Amendola, Giorgio. Fortemente segnato dalla tragedia, il ragazzo non si rassegna alla prospettiva di pacifici studi che gli è garantita dal generoso aiuto di Albertini e di altri amici del padre, e tanto meno alla equivoca protezione che Mussolini vorrebbe accordargli. Il suo destino è la politica, il suo tormento è la dura sconfitta che il fondatore dell'«Unione nazionale» ha conosciuto con l'Aventino, prima ancora di essere fisicamente liquidato dagli squadristi di Montecatini. È già andato oltre il liberalismo quando ha scoperto Gobetti ed ha trovato nelle sue pagine la definizione del proletariato come «classe portatrice di libertà e di progresso». Ad un certo punto non gli bastano piú nemmeno le intelligenze che ha stabilito a Roma con Ugo La Malfa e Sergio Fenoaltea, nei circoli socialliberali di «Non mollare». Lo stesso austromarxismo, sulle cui posizioni indugia fuggevolmente, finisce per deludere la febbre di rivincita che brucia un temperamento solo in apparenza sereno e distaccato.

Gli incontri che Amendola fa a Napoli risultano, in un duplice senso, decisivi per quella che piú tardi egli definirà come «una scelta di vita». Proprio perché porta un certo nome, tutti gli antifascisti e gli intellettuali piú noti della città gli spalancano le porte dei salotti, gli parlano e lo ascoltano. Impara cosí ad apprezzare il severo costume di Benedetto Croce, la saggezza antica di Giustino Fortunato, la conversazione brillante e paradossale di Arturo Labriola. Coglie per istinto la finezza di Gino Doria o di Raffaele Piccoli, un brillante docente di letteratura inglese. Riconosce con commozione negli amici di suo padre gli ex redattori del «Mondo», l'adamantina moralità di Giovanni Amendola. Discute di libri con Gaspare Casella, di letteratura con Francesco Flora, di storia con Adolfo Omodeo. Pochi giovani hanno la fortuna di una simile educazione sentimentale, di un simile approccio alla cultura; ma Giorgio non se ne lascia sedurre. Questi contatti gli dànno invece il senso di un mondo irreparabilmente tramontato, che non si piega alla dittatura ma ha smarrito, nello stesso tempo, ogni fiducia nella possibilità di contrastarle il passo con una lotta senza quartiere, alla quale bisognerebbe sacrificare consuetudini di vita ormai immutabili per età, attitudini psicologiche, condizione sociale.

Il giovane cerca una strada diversa e la trova quando conosce i fratelli Sereni, in particolare quando stabilisce un fraterno e dialettico sodalizio con Emilio, il comunista. Se i testi di Antonio Labriola e di Plechanov lo introducono al dibattito sul materialismo storico, i saggi di Lenin gli offrono la risposta rivoluzionaria ai problemi che assillano l'Italia e il mondo: il fascismo, la questione meridionale, i rapporti tra Stato e rivoluzione, il naufragio dell'Internazionale socialdemocratica, la rivolta dei popoli coloniali contro l'imperialismo. Nei primi mesi del 1929, il giovane prende contatto con i militanti operai che frequentano la casa del Granatello e in novembre, nel giorno anniversario della rivoluzione bolscevica, chiede formalmente l'iscrizione al partito. Anche se Gramsci non lo conosce ed egli non ha ancora letto Gramsci, l'ingresso del figlio di Giovanni Amendola nelle file comuniste sembra la simbolica conferma dell'intuizione storicistica di cui si è nutrito il gruppo di «Ordine nuovo», della sua fede nella continuità tra la grande cultura nazionale e i principî ideali del movimento operaio. Gli amici liberali e socialisti di Giorgio apprendono con costernazione la notizia, mentre Nello Rosselli lancia da Parigi un grido d'allarme: «se non ci muoviamo perderemo tutti i migliori».

In realtà non si tratta solo di muoversi, ma di muoversi in un certo modo, di creare un certo tipo di organizzazione e di inquadrarla in una certa strategia. Il Pci lavora concretamente in questa direzione, forte della sua ideologia, della sua disciplina ed anche dell'appoggio politico ed economico che gli viene dal Komintern. La capitolazione di Togliatti nei confronti di Stalin parte proprio dalla consapevolezza che da solo, in un'Europa sempre piú dominata da regimi fascisti o reazionari, il partito italiano conoscerebbe l'amara sorte di tutti gli altri partiti democratici; ed è a questa consapevolezza che l'antico collaboratore di Gramsci sacrifica momentaneamente, con freddo machiavellismo, anche le sue convinzioni piú profonde. Superato lo sbandamento dei primi anni di clandestinità, si decide di ricucire la tela dei contatti in Italia, partendo dalla testa di ponte di Parigi, dove funziona il Centro estero. Nel giugno del 1930, si affida la costituzione di un Centro per l'interno ad un gruppo di emissari inviati nelle città e nelle campagne italiane con il compito di ravvivare la resistenza dei vecchi e dei nuovi compagni e di spiegare la linea elaborata dalla direzione del partito.

A questo punto, però, il gruppo del Granatello ha già stabilito rapporti con il Centro estero, cui è stato collegato dallo studente Nicola Potenza, residente in Francia. La direzione spedisce a Napoli un «corriere», Barbara Tresso, che prepara il viaggio a Parigi di Emilio Sereni. Le notizie che egli porta sono incoraggianti: cellule si vanno formando all'Ilva e alla Precisa, alla Miani & Silvestri e alla Centrale elettrica Capuano, ai Bacini e Scali, al Porto, tra gli artigiani. Si delinea anche una ripartizione dei compiti tra i quadri dirigenti: Manlio Rossi-Doria ha la responsabilità del lavoro in fabbrica, Sabatino Laurenza cura il settore dei contadini, il delicato incarico dell'elaborazione politico-culturale dei materiali di partito è svolto dallo stesso Sereni e dalla sua compagna Xenia. Le fonti sono scarse: «Stato operaio», la rivista ideologica del partito e «l'Unità», che viene riprodotta clandestinamente a Portici, nel laboratorio medico di Reale e in altre tipografie fidatissime. L'albero mette radici. Nella primavera dello stesso 1930 si tiene una prima riunione allargata, col pretesto di una gita collettiva all'antro della Sibilla nei pressi del lago d'Averno: su questo sfondo virgiliano, una trentina di militanti discutono sotto la direzione di Sereni i problemi dell'organizzazione in città e in provincia. In agosto, Rossi-Doria tiene un secondo convegno a Melito con una quindicina di compagni.

Ormai sembra maturo il tempo per passare all'azione, sia pure una semplice azione dimostrativa. In occasione della festa di Piedigrotta, che il 7 settembre convoglia un'enorme folla nelle strade del centro, vengono diffusi centinaia di manifestini che incitano i napoletani a lottare contro il fascismo. La polizia ne scopre nelle strade, nelle vetture tranviarie, sui tavolini dei caffè, perfino sui carri allegorici che sfilano da Toledo alla chiesa della Madonna, verso Mergellina. Pochi giorni dopo un certo Senise, che ha partecipato alla riunione del lago di Averno ed è cognato di un ex agente di pubblica sicurezza, mette gli uomini di Bocchini sulle tracce di una quarantina di comunisti, tra cui i due docenti dell'Istituto di agraria, Franco Panico, Ciro Picardi e molti operai dell'Ilva. Catturati nel corso di una fulminea retata, i cospiratori sono assicurati alla giustizia fascista e trascinati dinanzi al Tribunale Speciale, che condanna

Sereni e Rossi-Doria a quindici anni di reclusione come «individui irriducibili, ormai perduti alla causa della patria». L'ossatura del partito vacilla sotto il duro colpo, ma non si sfascia. La responsabilità del lavoro cittadino passa ad Amendola: il Centro interno apprende quanto è accaduto da una cartolina cifrata che egli spedisce con l'indicazione del recapito di riserva, la libreria presso cui lavora ancora come commesso. Nell'aprile dell'anno successivo, riceve l'ordine di partecipare al IV Congresso del Pci che si tiene in Germania, a Colonia, e passa le consegne ad Eugenio Reale. Al Congresso, centrato su un rapporto molto duro di Togliatti contro le socialdemocrazie, il delegato napoletano si segnala per un intervento sulla questione meridionale che è chiaramente ispirato dalle tesi di Sereni sulla saldatura tra movimento contadino e «rivoluzione proletaria».

Il secondo semestre del 1931 è caratterizzato da un irrigidimento della dittatura non soltanto contro l'opposizione comunista ma, piú in generale, contro ogni dissidenza interna allo stesso Pnf. La crisi economica è in via di superamento, l'alleanza di Mussolini con la Confindustria condiziona definitivamente la sua politica interna ed economica: al Congresso corporativista di Ferrara, Bottai è costretto a creare un cordone sanitario intorno alle pericolose posizioni di Ugo Spirito, ma paga egualmente le sue civetterie revisionistiche con l'estromissione per quattro anni dal governo. Mentre si accentua il populismo di facciata del duce, la sua polizia realizza un'offensiva a tappeto contro gli avversari del regime. Nel giro di due anni, 792 antifascisti vengono arrestati, 374 sottoposti a misure amministrative, 429 messi sotto inchiesta. Nella grande maggioranza, pressappoco l'80 per cento, si tratta di comunisti, 60 dei quali appartengono al piccolo esercito degli emissari, dei corrieri e dei dirigenti del Centro interno. Eugenio Reale è catturato nel giugno del '31 a Casamicciola, dove presta assistenza medica al Pio Monte della Misericordia: sarà condannato a dieci anni di reclusione anche se ne espierà soltanto tre, grazie all'amnistia promulgata nel 1934 per la nascita di Maria Pia, primogenita dei principi ereditari. Con lui finisce in carcere Gennaro Rippa, liberato l'anno dopo. Il giovane avvocato napoletano Clemente Maglietta, «appartenente a famiglia dabbene» ma iscritto al partito comunista, viene arrestato a Pescara, processato dal Tribunale Speciale e condannato a sette anni.

La tela dell'opposizione sembra definitivamente lacerata, mentre Mussolini celebra il decennale della «rivoluzione» e prepara l'impresa di Etiopia. Ma sarà proprio l'avventura coloniale a mettere in moto il meccanismo di reazioni internazionali da cui il regime uscirà stritolato.

5.
Nel turbine della disfatta

La conquista dell'Impero è un episodio marginale nella storia d'Europa: il fatto decisivo è l'avvento al potere di Hitler in Germania. In nome del capitalismo tedesco e della sua demenziale ideologia, il nazionalsocialismo lancia al mondo una sfida che distrugge gli equilibri internazionali stabiliti dal trattato di Versailles e ribaditi, in sostanza, dalla decisione di Stalin di rinunciare all'utopia della rivoluzione permanente per concentrarsi sulla edificazione del «socialismo in un solo paese». Dopo tre anni di lucida preparazione, il führer passa alla fase realizzativa del suo programma, rimilitarizzando la Renania ed intervenendo risolutamente accanto a Mussolini nella guerra civile spagnola. L'isolamento sovietico e, in prospettiva, l'isolazionismo americano non hanno piú ragione di sussistere: il primo ad intuirlo è Stalin, che opera un radicale mutamento di rotta nei confronti delle democrazie occidentali e nei rapporti con gli altri partiti antifascisti del continente.

La svolta si delinea già all'inizio del 1934, in coincidenza con il XVIII Congresso del partito comunista sovietico, ma diventa esplicita un anno dopo, quando il Komintern è chiamato ad ascoltare il rapporto del bulgaro Dimitrov, appena scampato dal carcere nazista grazie alla magistrale autodifesa con cui ha smascherato il carattere provocatorio dell'incendio del Reichstag. L'Internazionale comunista, che è ormai solo una cinghia di trasmissione della politica di Stalin, abbandona l'insensata identificazione tra socialdemocrazia e «socialfascismo» per consacrare ufficialmente la nuova linea di unità fra tutte le forze disposte a battersi contro la strategia terroristica dei dittatori, che marciano a passo di carica verso la costituzione dell'Asse. In Spagna, questa linea entra drammaticamente in contraddizione con le spinte estremistiche degli anarchici e dei trockisti; in Francia segna, provvisoriamente, il suo trionfo con la formazione del fronte popolare.

In Italia, naturalmente, bisogna battere altre strade. I dirigenti del Pci disseminati tra Mosca, Parigi e Madrid si adeguano tanto piú prontamente alla svolta in quanto essa coincide con le posizioni originarie del gruppo di «Ordine nuovo» e con l'intimo convincimento dello stesso Togliatti, che Dimitrov chiama al suo fianco nel direttivo del Komintern. Designato alla segreteria del partito, Ruggero Grieco fa appello alla «eredità rivoluzionaria dei Garibaldi, dei Pisacane, dei fratelli Bandiera», affermando in tal modo un rapporto di continuità tra Risorgimento e movimento operaio che corrisponde al pensiero del capo spirituale del partito, Antonio Gramsci, ora moribondo nelle carceri fasciste. Beninteso questa corrispondenza è mancata totalmente negli anni piú oscuri della lotta al «socialfascismo» e non si rispecchia affatto nella persistente prassi interna del partito, ispirata ad una sorta di mistica devozione nei confronti di Stalin e ad un'interpretazione settaria, spietata, gesuitica del centralismo democratico. Ne ha fatto amara esperienza, in carcere, lo stesso Gramsci in conseguenza del suo dissenso dalle posizioni assunte a Mosca da Togliatti. Come dirà Emilio Lussu, le parole d'ordine del Centro continuano a cadere, nonostante l'apertura frontista, «numerose, contraddittorie e non perciò meno dogmatiche», anche se lo spirito di sacrificio dei militanti trasforma perfino la supina obbedienza alle direttive sovietiche in un elemento di coesione e di forza.

Nell'ovvia impossibilità di realizzare in patria qualcosa di lontanamente simile ad un fronte popolare, si tenta di modificare il tipo d'intervento operativo, liquidando la «struttura illegale» per collegarsi a preferenza con i militanti non ancora costretti alla clandestinità. La situazione non si presenta facile, soprattutto per chi vive all'estero ed ha perduto il contatto con la realtà del paese. In un primo momento, quando il corpo di spedizione italiano entra in Abissinia, si suggerisce ai compagni di fare propaganda disfattista tra i soldati e di penetrare nelle organizzazioni fasciste di massa, soprattutto nei sindacati, per far leva su un ipotetico malcontento popolare nel caso altrettanto ipotetico di un fallimento dell'impresa. Al successo di Badoglio corrisponde una fase di «delusione e di amarezza» alla quale si reagisce con un errore eguale e contrario, se è vero che nell'agosto 1936, poche settimane dopo il trionfale discorso di Mussolini, il Pci lancia un clamoroso appello, diretto ai lavoratori fascisti, per invitarli a lottare in nome del vecchio programma sansepolcrista del 1919. Mosca critica duramente l'iniziativa, costringendo molti dei dirigenti che figurano tra i firmatari dell'appello a precisare di non essere mai stati interpellati da chi ha elaborato il documento, cioè da Togliatti.

Ma l'intervento in Spagna precipita le contraddizioni del regime, consentendo all'opposizione di ricucire ed irrobustire la sua trama. Se molti dei condannati del Tribunale Speciale, come Amendola Reale e Sereni, si rifugiano all'estero approfittando dell'amnistia, altri dirigenti prendono il loro posto, mentre i socialisti e gli affiliati di Giustizia e Libertà guadagnano terreno grazie alla mobilitazione nella guerra di Spagna. A Napoli, Gennaro Rippa torna a lavorare con Antonio D'Ambrosio e Gregorio Nunziante, riallacciando i fili di un'organizzazione che resta ancora assai debole, tanto che pochissimi comunisti, tra cui Clemente Maglietta, partono per arruolarsi nelle brigate internazionali. Nondimeno i severi impegni militari del governo, l'alleanza con la Germania nazista, le difficoltà economiche finiscono per favorire l'opera di proselitismo degli antifascisti. Come Emilio Sereni rivela in una relazione stesa a Parigi subito dopo il suo espatrio, l'economia italiana è stretta in una morsa tra le angustie dell'autarchia e le esigenze della produzione bellica. Il blocco quasi totale dei traffici con l'estero colpisce larghi settori dell'industria ed ancor piú il commercio e il turismo, vibrando un duro colpo al tenore di vita delle masse popolari e piccolo-borghesi. Lo sviluppo della produzione di guerra favorisce i grandi gruppi monopolistici arroccati nel triangolo del Nord, alleviando la disoccupazione operaia, ma costringe al tempo stesso il regime a sacrificare almeno in parte i criteri di vigilanza e di discriminazione che gli hanno permesso di tenere lontani dalle fabbriche i lavoratori sovversivi.

Per altro verso, la definitiva subordinazione alla grande industria e la necrosi burocratica del partito, esasperata dalla gestione Starace, aprono falle sempre piú vistose nel tessuto delle organizzazioni fasciste anche fra gli intellettuali. Un sintomo interessante è rappresentato dalla pubblicazione di un romanzo di Carlo Bernard, *I tre operai*, che Rizzoli stampa all'inizio del 1934 in una collezione dedicata ai giovani. In un primo tempo, lo scrittore poco piú che ventenne pensa ad una storia del movimento dei lavoratori a Napoli ma, al ritorno del servizio militare, preferisce scegliere un modulo narrativo che assorba la tematica del saggio in una vicenda umana piú vicina al suo gusto, definito assai piú tardi da un severissimo critico «morbido e scarsamente realistico, piú crepuscolare in fondo che propriamente decadente». Nonostante questi presunti limiti, il romanzo di Bernard suscita scandalo negli ambienti fascisti perché colloca al centro della sua indagine un mondo, una situazione, personaggi del tutto insoliti nel panorama letterario del ventennio; e per di piú, rievoca episodi come l'occupazione delle fabbriche a Napoli nell'immediato dopoguerra, di cui la censura ha fatto sparire perfino il ricordo. Teodoro Anna e Marco, i tre operai, sono scontenti della loro condizione e considerano il lavoro di cui sono costretti a caricarsi «faticoso e degradante»: ragioni supplementari per indignare le vestali dell'ortodossia, come il giornalista napoletano Domenico Mancuso e il figlio dello stesso Mussolini, Vittorio, che accusano Bernard di avere scritto un libro comunista, mettendo in moto reazioni di tipo squadristico contro l'autore e inducendolo a rifugiarsi a Parigi.

Una violenta stroncatura riserva al romanzo anche Elio Vittorini, allora ventiseienne, che dalle colonne del giornale fascista di Firenze, «Il bargello», lo attacca come portatore di un'ideologia reazionaria che mira ad imborghesire la classe operaia. «Mi fanno ridere – osserva Vittorini – gli scrittori che credono di scrivere per il popolo narrando la storia di qualche disoccupato». Ad additare il libro «al pubblico vilipendio» come prodotto sovversivo, aggiunge lo spietato censore, può essere stato soltanto «uno di quelli che vedono un disonore nazionale in ogni cosa stampata che non trasuda la soddisfazione». Intanto Bernard rimane due anni all'estero e quando torna in Italia accusa la pressione dell'ambiente nell'impostazione assai piú «letteraria» e conformista del nuovo romanzo, *Quasi un secolo*, che pubblicherà nel 1940. Subito dopo, per ragioni indipendenti dalla campagna lanciata dal regime contro i termini e i nomi stranieri, comincerà a firmare Carlo Bernari non solo i nuovi libri ma anche la ristampa dei *Tre operai* che tocca le centomila copie dopo la Liberazione, allorché viene salutato come il piú precoce annuncio della stagione neorealista.

L'avventura dello scrittore napoletano come la stessa stroncatura di Vittorini, il futuro direttore del «Politecnico», possono essere considerate emblematiche a loro volta di un certo fermento, non privo di ambiguità, che lievita tra il 1932 e il 1936 all'interno del «sistema» e che s'intensifica progressivamente dopo l'intervento nella guerra civile di Spagna. Si tratta, almeno inizialmente, di un'opposizione ben distinta da quella clandestina dei partiti democratici perché si riallaccia piuttosto alle due «anime» del fascismo, alimentandosi della stessa confusione ideologica in cui si mantiene a ragion veduta il movimento. L'etichetta rivoluzionaria che gli si applica ufficialmente suggestiona gruppi refrattari non tanto alla logica totalitaria del partito unico quanto alla sua subordinazione agli interessi del grande capitale. Ci sono giovani che avvertono imperiosamente l'esigenza di vedere realizzate quelle istanze di giustizia sociale che Mussolini pretende di trasferire sul terreno dello scontro tra potenze plutocratiche e proletarie; cosí come ci sono esponenti di generazioni piú anziane, anche a livello delle alte gerarchie, che si ribellano al «tradimento» degli ideali diciannovisti, vagamente connessi alle lontane esperienze dell'anarco-sindacalismo o a quelle piú recenti di un ordinamento corporativo promesso sin dal 1926 e mai realizzato per la dichiarata ostilità della Confindustria.

Un forte malcontento si diffonde altresí fra intellettuali e professionisti di formazione crociana, meno impegnati sul terreno socio-politico ma piú sensibili alle manifestazioni di goffaggine, di intolleranza, di incultura della classe dirigente in «orbace». Agli occhi di questi neoliberali, la egemonia dei grandi gruppi di affari passa in seconda linea di fronte alla stupida pretesa di applicare il cosiddetto «stile» fascista ai momenti piú fatui della vita quotidiana, attraverso l'imposizione del «voi», il divieto della stretta di mano, la campagna demografica, la girandola delle adunate, l'esaltazione della vita scomoda e dell'eroismo a tutti i costi, in una parola un clima di tensione artificiosa nel quale tutto ciò che non è proibito diventa obbligatorio. Lo «stile» fascista, cosí come si delinea nei fogli d'ordine del partito, nelle «veline» del ministero della cultura popolare, nei film di propaganda, sarebbe soltanto ridicolo in tempi normali ma diventa insopportabile ed offensivo a partire dal momento in cui comincia a esser chiaro che il regime sta precipitando l'Italia in un baratro.

Il centro in cui si coagula la dissidenza è rappresentato dall'organizzazione universitaria dei Guf, che Mussolini ha creato nella lusinga di mobilitare la gioventú borghese intorno alle bandiere della dittatura. Poiché è obbligatorio prendere la tessera per iscriversi alla facoltà ed è proibito sostenere gli esami senza l'uniforme del partito, si suppone che il Guf debba diventare una fucina di fedelissimi destinati ad alimentare i quadri dirigenti del futuro. Marginalmente svolgono una funzione di critica talora vivacissima anche taluni fogli delle federazioni provinciali del Pnf, caduti in mano ad elementi eterodossi (ce ne sono di quelli, come Ruggero Zangrandi, che si infiltrano addirittura nella redazione del «Popolo d'Italia»), ma il processo di fusione delle opposizioni si accelera a partire dal 1934, quando si dà il via ai littoriali della cultura, dell'arte e dello sport.

Sono competizioni programmate ogni anno in una sede diversa, per stimolare il senso agonistico e l'emulazione intellettuale tra gli studenti in camicia nera e fazzoletto azzurro: l'idea sarebbe geniale se non fosse controproducente, almeno per le intenzioni del duce che commette anche l'errore, del tutto inspiegabile nella sua ottica, di riservare una censura assai piú blanda a quanto dicono e scrivono i ragazzi del Guf. Per la prima volta dopo dieci anni si apre, cosí, uno spiraglio nella cortina di silenzio che è calata sul paese dopo il colpo di stato. I giovani universitari hanno modo di muoversi, di conoscersi, di confrontare le proprie opinioni e di esprimerle in maniera sempre piú esplicita, come nessun cittadino ha potuto fare dal 1925 in avanti. Dai dibattiti dei littoriali l'ondata di anticonformismo rifluisce sulla stampa locale degli stessi Guf, fin quando i ribelli non si accontentano piú di appoggiare i pochi gerarchi che tentano di modificare il sistema dall'interno, ma decidono di passare all'azione organizzandosi in gruppi o prendendo addirittura contatto con l'opposizione clandestina.

Le prime edizioni dei littoriali si svolgono a Firenze e a Roma in un'atmosfera piuttosto tranquilla. Nel 1936, a Venezia, si avvertono già i segni di una diffusa inquietudine, tanto che il famigerato Starace e l'inverosimile ministro della educazione nazionale, l'ex quadrumviro De Vecchi di Val Cismon, un monumento di ignoranza e di rozzezza, vengono pubblicamente fischiati e «sbeffeggiati» durante la cerimonia inaugurale. L'anno seguente, a Napoli, si passa dall'espressione di una scurrile insofferenza di tipo goliardico a meditate manifestazioni di nuclei che valutano il senso politico delle loro iniziative. Beninteso le idee e gli orientamenti sono ancora molto confusi. La generazione che va maturando la sua rivolta contro la dittatura è tagliata fuori da una grande cultura europea e da una libera informazione politica. Esce in gran parte da un ceto medio che appoggia il fascismo o vi si è rassegnato per paura del bolscevismo. Ha frequentato scuole in cui pochi docenti democratici non possono materialmente arginare l'opportunismo dei colleghi, il diluvio della propaganda, il condizionamento dei programmi ministeriali. Ha studiato la storia su testi vergognosamente addomesticati ed ha imparato a scrivere in una lingua tardo-dannunziana traboccante di retorica. Nelle organizzazioni giovanili, nelle adunate oceaniche, nella lettura dei giornali, nell'ascolto della radio, ha assimilato uno sfrenato culto per Mussolini, per la violenza, per la guerra. In più non trova altri sbocchi per la sua esuberanza e per la sua più o meno legittima ambizione se non nell'ambito di uno Stato totalitario la cui immoralità sta proprio nella mancanza di alternative, o meglio nell'unica alternativa che lascia aperta tra corruzione ed eroismo. In queste condizioni, patteggiamenti ed equivoci sono inevitabili fino a quando la guerra non espropria almeno parzialmente il regime del suo potere di coercizione.

A Napoli, anche se non mancano vigili gerarchi al vertice federale e studenti di convinta fede fascista, le delegazioni più avvertite trovano un ambiente propizio per trasformare i littoriali in una palestra di libera discussione, se non addirittura di agitazione eversiva. Nelle file del Guf cittadino si sono messi in luce, nelle prime edizioni della manifestazione, giovani di talento tutt'altro che zelanti nei confronti della dittatura, tra cui Italo Busetto (sarà valoroso comandante partigiano a Milano nella guerra di Liberazione), Federico Frascani, Mario Stefanile, Enrico Altavilla, Antonio Amendola (fratello di Giorgio); ed ancora Nino Lo Pinto, Pasquale Pentagna, Luigi Compagnone, scrittore quest'ultimo di spiriti anarchici, poco più che ventenne, il quale ha anche tentato di espatriare per arruolarsi nelle Brigate internazionali.

Con lui ed i suoi amici ha preso contatto Ruggero Zangrandi, a nome di un curioso movimento «universalista» che è fiorito a Roma, con l'inconsapevole protezione di Vittorio Mussolini, spostandosi su posizioni sempre piú eretiche. Gli «universalisti» si propongono di concentrare il dibattito su taluni punti-chiave come la polemica di costume contro lo «spirito borghese», un'interpretazione anticapitalistica ed antimperialista del fascismo, l'aperta ostilità contro il nazismo tedesco e le sue aberrazioni razzistiche, note per ora soltanto in sede teorica. Altri giovani, provenienti dai Guf del Nord, per esempio Franco Lattes (Fortini) e Pietro Bianchi, Gaetano Tumiati e Giancarlo Vigorelli scelgono un terreno diverso, scontrandosi con i componenti delle commissioni giudicanti su problemi estetici a sfondo politico come quelli che si riflettono nelle insanabili divergenze tra il nuovo ministro dell'educazione nazionale Bottai, fautore del «premio Bergamo» di pittura, e Roberto Farinacci, cane da guardia dell'ortodossia, che ha organizzato il «premio Cremona» a edificazione dell'ottimismo di Stato.

Quanto sia arduo il collegamento tra gli antifascisti potenziali che partecipano ai littoriali della cultura e dall'arte e la classe politica che il regime ha messo al bando, lo dimostra il rifiuto del senatore Croce di ricevere una delegazione di studenti che gli chiede un colloquio. Nello stesso anno, Croce ha curato personalmente la pubblicazione di un volume di scritti di Antonio Labriola, includendo nel libro anche il testo integrale dello storico «manifesto» di Marx ed Engels, con un'iniziativa che ha suscitato grande eco tra gli intellettuali. Non meno problematici sono i contatti con l'organizzazione clandestina comunista che, per prudenza cospirativa e per settarismo, non si fida di questi ragazzi abbigliati «in orbace, camicia nera e stivali» come perfetti fascisti. Del resto, la manifestazione vivrà soltanto un'altra stagione di anticonformismo, quella che coincide nel '38 con i littoriali di Palermo, dove fa scandalo il Convegno delle arti figurative per l'intervento provocatorio di giovani già legati al movimento di opposizione come Antonello Trombadori, Duilio Morosini, Bruno Zevi, il cattolico Pier Emilio Gennarini, il pittore Renato Guttuso. A questo punto, però, i gerarchi del Guf e del partito sono già mobilitati contro infiltrazioni del genere, per modo che le ultime edizioni, organizzate nel '39 a Trieste e nel '40 a Bologna, risultano assai piú sbiadite. Nel marzo del '39 la Federazione fascista di Napoli favorisce o almeno tollera l'iniziativa di un suo qualificato esponente, Mimí Mancuso, che dà vita a un settimanale politico-letterario, «Belvedere», nell'intento di attirare i piú irrequieti tra i giovani intellettuali nell'ambito della fronda di partito, all'insegna della «rivoluzione ininterrotta». In realtà, animatore del periodico diventa uno dei «littori» di

due anni prima, Mario Stefanile, che mette la sua non superficiale preparazione al servizio di un'intelligente opera di sprovincializzazione, battendosi contro le tendenze culturali dominanti, difendendo «a spada tratta» scrittori autentici come Montale, Quasimodo e Gadda, inserendosi
con qualche cautela nella battaglia che Vittorini, Bilenchi e Pratolini vanno combattendo a Firenze alla sinistra del partito. Il respiro cosmopolita delle letture di Stefanile, che vanno da Hemingway a Faulkner, da
Gide a Valéry, a Paul Eluard, segna un salto di qualità nel giornalismo
letterario cittadino.

Si tratta, tuttavia, di un intervento limitato al settore culturale ed
espresso per di più nel linguaggio cifrato dell'ermetismo. «Belvedere»
non esercita alcuna influenza, e tanto meno alcun freno, sulla dissidenza
politica che va accentuandosi tra gli universitari, anche se dopo il '38
le autorità non consentono più a determinati elementi di figurare tra i
vincitori dei littoriali, manifestazione che sarà sospesa dopo l'entrata in
guerra dell'Italia, quando tutti gli studenti saranno chiamati via via alle
armi come presunti «volontari», proclamati tali in un empito di slancio
guerriero dal segretario nazionale dei Guf. Pochi giorni prima del fatale
giorno, prende ad uscire il «IX Maggio», settimanale del Guf di Napoli
che è diretto, in pratica, dal caporedattore Adriano Falvo. Nei tre anni
di vita del giornale, esso diventa il punto di riferimento per un gruppo di
studenti che si sono già orientati o si vanno orientando verso l'adesione
al marxismo: ideologo del gruppo è Renato Galdo Galderisi, che cadrà
più tardi nella lotta di Liberazione in Jugoslavia, mentre Renzo Lapic-
cirella vanta una preparazione politica più duttile ed è già legato per ragioni familiari al fronte clandestino. Con loro lavorano Luigi Compagnone, Massimo Caprara, Guido Botta, Gianni Scognamiglio, Maurizio
Barendson, Guido Petri (un delicato poeta che morirà, suicida, pochi
mesi dopo), Giorgio Napolitano, Antonio Ghirelli, Luciana Viviani figlia
del grande attore e suo marito Riccardo Longone. Questi ultimi sono
amici del pittore Paolo Ricci, l'ex «distruttivista», e di altri intellettuali
sovversivi che frequentano il suo studio a villa Lucia alla Floridiana: è
uno dei canali attraverso cui i «gufini» del «IX Maggio» entrano in contatto con il Pci.

La guerra di Spagna ha messo a dura prova le strutture del partito,
che nel '35 ha già visto arrestare una quarantina di militanti. I servizi
di pubblica sicurezza accentuano la vigilanza anche tra gli ascoltatori
delle emittenti straniere: Radio Mosca, dai cui microfoni parla Palmiro
Togliatti sotto il nome di Mario Correnti; e Radio Milano, che trasmette
da Barcellona. In proposito un episodio comico si inserisce nella tragica
storia del 1938, anno particolarmente duro per gli antifascisti: il 14

febbraio, il prefetto di Napoli segnala al ministero che è stato denunciato un fabbricante di bretelle, certo Luigi Tarallo, reo di aver comprato un apparecchio radio in ventiquattro rate. Poiché lo sventurato versa notoriamente «in disagiate condizioni economiche», il burocrate mussoliniano ne deduce che l'acquisto è stato fatto non «per possedere soltanto un mezzo di divertimento, ma per avere piuttosto la possibilità di ascoltare i comunicati radio antifascisti dall'estero».

Sotto la guida di D'Ambrosio e di Rippa, i militanti napoletani si riuniscono quando e dove possono, anche a Vietri sul Mare, nei locali di una fabbrica di ceramiche il cui direttore, Ugo De Feo, è entrato nel partito. Non si tratta soltanto di ascoltare le emittenti straniere, ma di discutere i problemi sempre piú gravi del momento e le possibili iniziative. A circa un anno dalla morte di Gramsci, arrivano dall'Unione Sovietica le sconvolgenti notizie sul nuovo processo contro «il blocco dei destri e dei trockisti», che segue quelli già orchestrati nel biennio precedente. Tra le vittime del terrore staliniano c'è anche un compagno ben noto, Giuseppe Rimola detto «Micca», genero di Arturo Labriola, che scompare in un lager nello stesso periodo in cui Francesco Misiano, esule da anni, si spegne tristemente in un sanatorio della Crimea. Tre mesi dopo l'inizio del processo, in maggio, Hitler restituisce a Mussolini la visita fatta in Germania nel '37 e viene accolto trionfalmente anche a Napoli, dove assiste ad una poderosa rassegna navale nelle acque del golfo, che lo illude sulle risorse militari dell'alleato. In luglio, comincia sui giornali e sulle riviste scientifiche un'inverecondia campagna antisemitica che prelude al varo delle leggi emanate dal Gran Consiglio nel mese di novembre «per la difesa della razza» ariana, alla quale gli italiani apprendono inopinatamente di appartenere. Contro l'avventurismo del regime si intensificano propaganda ed agitazione degli antifascisti, si distribuiscono volantini, si diffonde in misura crescente la stampa clandestina. Durante la Piedigrotta, a Napoli, la polizia scopre manifestini che inneggiano al «cattolicesimo universale» e denunciano l'antisemitismo come una mostruosità estranea alla tradizione e alla sensibilità degli italiani: li hanno preparati l'insegnante Carlo Rossini, il lavorante sarto Raffaele Cristilli ed un operaio meccanico già arrestato come sospetto comunista nel 1937, Salvatore Cacciapuoti.

Nelle reti dell'Ovra finiscono anche D'Ambrosio, il professor Carlo Rossi, Gerardo Pecherat, Carlo Alpi, Pasquale Donadio e Valentino Ventura, tutti deferiti al Tribunale Speciale e condannati a pene varianti tra i quattro e i vent'anni di reclusione. Altri operai, tra cui Guido Borrelli e Domenico Sito, sono catturati a Ponticelli e spediti al confino. Del direttivo cittadino rimane miracolosamente a piede libero il solo Rippa, che ricomincia con inflessibile tenacia a ricostituire le cellule piú colpite, giovandosi dell'appoggio di Eduardo Spinelli, di Vincenzo La Rocca e di altri cittadini che continuano, nonostante tutto, ad affluire nel partito. La tensione aumenta nel 1939, quando l'apparato industriale viene febbrilmente mobilitato nel quadro della preparazione alla guerra che la conferenza di Monaco ha soltanto dilazionato e che l'accordo Molotov-Ribbentrop stipulato in agosto, dopo il fallimento delle intese con le democrazie occidentali, finisce per accelerare. L'asprezza della lotta fa passare in secondo piano anche le dispute ideologiche che si accendono, invece, violentissime tra i dirigenti incarcerati o costretti al confino. A Napoli, come in altri centri industriali, l'organizzazione sviluppa il lavoro di reclutamento, puntando soprattutto sull'Arsenale, sulla O. M. di Pozzuoli, sui Bacini e Scali, sulle Industrie aeronautiche (l'Inam) e sulle caserme. Fioccano cosí le condanne per propaganda antifascista, detenzione di materiale clandestino, tentativi di sabotaggio, vilipendio alle forze armate e al duce, disfattismo e notizie tendenziose. Anche il professor Renato Caccioppoli, un nipote di Bakunin, finisce in prigione con altri intellettuali sotto l'accusa di complotto comunista ed è sottoposto, a quanto pare, anche a tortura perché rifiuta di fornire notizie sull'organizzazione. I trockisti vicini a Bordiga partecipano attivamente alla lotta, al contrario del loro ispiratore, sotto la guida di Ludovico Tarsia ed Ugo Arcuno.

Operai intellettuali e studenti, partiti dalle esperienze sociali piú diverse, si vanno saldando in un fronte unico contro la guerra fascista anche se il movimento resta largamente minoritario fino a quando Napoli non è investita in pieno dalla bufera della guerra. Nel '39 due fuggevoli visite del duce e la proclamazione della non belligeranza hanno fatto sperare alla popolazione che il mediatore di Monaco saprà tenere il paese fuori dalla conflagrazione scoppiata il 1° settembre, con l'ingresso delle truppe tedesche in Polonia. Un esperimento di difesa da attacco aereo simulato e la distribuzione delle carte annonarie spazzano le ultime illusioni: la folla che si aduna in piazza, il 10 giugno, per ascoltare il discorso che segna l'inizio della tragedia, è molto diversa, assai piú grigia, silenziosa e depressa di quella che quattro anni prima ha salutato l'epilogo dell'impresa di Etiopia. La fame, il freddo, l'ignoto si spalancano dinanzi all'infelice città.

Una notte di novembre, la prima squadriglia di ricognitori britannici si affaccia altissima sulle colline. Si aspetterà ancora un intero anno prima che il nemico osi una incursione diurna, saggiando le deboli resistenze dell'artiglieria antiaerea, ma da quel momento non ci sarà piú pace, di notte e di giorno, per le centinaia di migliaia di napoletani che lottano con la borsa nera o vedono partire i propri congiunti per il fronte. Alle sofferenze della vita quotidiana si aggiungono lo scoramento e l'indignazione per i racconti dei soldati e degli ufficiali reduci dai teatri di operazione sull'impreparazione con cui si è affrontata una guerra cosí immane, sulle condizioni vergognose in cui le nostre forze armate sono costrette a combatterla, sul disprezzo in cui l'alleato germanico tiene il nome italiano. Anche i ceti sociali che non hanno mai negato il loro consenso a Mussolini cominciano ad aprire gli occhi, mentre i gruppi politici e di opposizione serrano le file in vista dell'ormai vicino tracollo del regime. Il 1942, in questo senso, è un anno di svolta.

A Capua, i comunisti Corrado Graziadei e Paolo Ricci, che tiene i contatti per conto del partito napoletano, stampano alla macchia in casa di un operaio delle Ferrovie dello Stato il giornale clandestino «Il Proletario», che viene distribuito in tutta la regione. La cospirazione politica coinvolge i cattolici. Da Roma porta le istruzioni del movimento che si sta costituendo intorno all'ossatura del vecchio partito popolare un ex collaboratore di don Sturzo, Giuseppe Spataro, che affida a Mario Riccio la responsabilità del coordinamento in tutto il Mezzogiorno. Riunioni notturne si tengono nella sede dell'azione cattolica giovanile, allo Spirito Santo, e in casa degli altri esponenti: Rodinò, Jervolino, Notarianni, Venuti, Origo e Selvaggi, che sarà il primo prefetto antifascista della città. Riccio si reca spesso a Roma, dove incontra Spataro in un appartamento di via Cola di Rienzo e De Gasperi nei pressi della Biblioteca Vaticana, dalla quale il futuro presidente del Consiglio non si allontana mai troppo per timore della polizia fascista. I cattolici democratici sono apertamente in polemica con il cardinale Ascalesi, imputandogli un imprudente e talora entusiastico appoggio al regime. Il loro programma è contenuto in una serie di appunti che Spataro fa tenere al Riccio, allora legale del Banco di Napoli, le cosiddette «idee ricostruttive» alle quali si ispirerà il nuovo partito.

Anche gli operai e gli intellettuali socialisti, tra i quali Pasquale Schiano e l'avvocato Rocco D'Ambra, ritrovano la fiducia nella lotta, galvanizzati dall'esempio del partito comunista e di Giustizia e Libertà. Beninteso, si tratta di un movimento assai poco compatto, nel quale si mescolano liberali di sinistra, radicali, repubblicani e socialisti di tutte le sfumature. Ne è animatore infaticabile, ricco di coraggio e di buonumore oltre che di qualità politiche, Pasquale Schiano: già nel '35, Schiano e i suoi amici, in contatto con l'organizzazione dei fratelli Rosselli, si sono riuniti in un Centro meridionale che si rifà al pensiero e all'eredità morale di Giovanni Amendola. Il Centro opera in tutto il Sud, anche se ha il suo recapito principale a via Mezzocannone: ne fanno parte Gennaro

Fermariello, Claudio Ferri, Adriano Reale, Emilio Scaglione, che mantengono intelligenze tanto in campo liberale quanto in campo socialista. Nell'ambito della stessa famiglia Croce, la figlia del filosofo Elena e suo marito Raimondo Craveri, nonché Adolfo Omodeo che di don Benedetto è intimo sodale, sono vicini al gruppo. Cosí si dica per il professor Improta, un docente che ha perduto la cattedra universitaria per aver rifiutato il giuramento di fedeltà alla dittatura e che mette a disposizione del Centro il suo studio di piazza Dante. Un altro recapito si trova a piazza Augusteo, nel palazzo del cinema, dove gli avvocati Rocco D'Ambra e Gennaro Amendola ospitano riunioni clandestine animate dall'intervento di socialisti massimalisti come lo stesso D'Ambra e Raffaele Cardillo e di anarchici come Ugo Margiotta e Cesare Zanetti. Attivi nella cospirazione sono pure i socialisti Anteo Roccia e Oreste Lizzadri, Lelio Porzio, Nicola Salerno, Renato Luigi Sansone, Giovanni Lombardi, Giuseppe Benvenuto, Scipione Rossi, mentre Marco Pasanisi ed Enzo De Luca che sono ufficiali in servizio permanente si occupano del settore militare.

Allo scoppio della guerra, il Centro discute sulla opportunità di sabotarla, nonostante i sentimenti patriottici che lo animano, e decide che bisogna accelerare l'azione antifascista. Negli ultimi mesi del '40 Cardillo ed alcuni operai socialisti del Porto e della Navalmeccanica sono arrestati sotto l'accusa di aver lanciato manifestini disfattisti. Scritte in rosso contro la guerra di Mussolini appaiono sui muri della città ad opera di Pasanisi, D'Ambra e Giovanni D'Antona. Altre manifestazioni del genere ed altri arresti si susseguono nei mesi successivi, finché l'intero gruppo di piazza Augusteo cade nelle reti della polizia politica, messa sulle sue piste da due delatori che si sono infiltrati agevolmente perché provenienti dal confino e quindi insospettabili. L'insufficienza di prove risparmia ai congiurati una dura condanna.

A questo punto, comunque, il Centro meridionale si è già saldato al partito d'azione, che è uscito dal Congresso clandestino tenuto alla fine del '42 a Firenze, una formazione assai composita in cui ai liberalsocialisti di Giustizia e Libertà si affiancano repubblicani, radicali, massoni e perfino qualche liberale gobettiano. È Ugo La Malfa che propone il nome del nuovo partito, in omaggio alle tradizioni mazziniane, e in polemica con la vocazione socialista della grande maggioranza degli aderenti, tra i quali Lussu e Cianca. Nel gennaio del '43 esce il primo numero di «Italia libera», il giornale clandestino del partito di cui gli azionisti napoletani si affrettano ad organizzare la distribuzione come hanno già fatto, non senza qualche infortunio giudiziario, per il «Becco giallo» (un settimanale satirico stampato in Francia) e per l'«Osservatore romano», che nella rubrica «Acta diurna» commenta gli avvenimenti della guerra con un'impostazione palesemente antifascista. L'autore della rubrica, Guido Gonella, viene privato da Mussolini prima della cattedra universitaria, poi della libertà personale.

Sempre negli ultimi mesi del 1942, la questura scopre un complotto di giovani intellettuali appartenenti a famiglie della buona borghesia e quasi tutti alle armi come allievi o ufficiali. Sono Amedeo Matacena, Roberto Ricciardi, Enzo Picone, Giovanni Ruggiero, Francesco Pistolese, Giuseppe Amati, amici che da tempo hanno scelto la strada dell'antifascismo o che vi sono arrivati negli ultimi tempi sulla base delle loro amare esperienze di guerra. Ritrovandosi insieme nella città martoriata, in licenza di convalescenza o per esami, decidono di passare all'azione e preparano due numeri di un giornale volante, «La libertà», in cui affermano la certezza della sconfitta fascista entro il 1943. All'inizio di quest'anno, messi sull'avviso dal ritrovamento di un volantino nella caserma in cui il Ruggiero presta servizio come allievo ufficiale medico, gli agenti piombano in casa del Pistolese, vi sorprendono i giovani cospiratori e poche settimane dopo li traggono in arresto. È marzo, il mese che vede esplodere nel triangolo industriale del Nord i grandi scioperi operai: intimidite dal prestigio delle famiglie degli arrestati e sbigottiti dalla prospettiva dell'imminente sfacelo, le autorità rinunciano a deferire Pistolese e i suoi compagni al Tribunale Speciale, limitandosi a spedirne due al confino e ad ammonire gli altri, che in teoria dovrebbero restare affidati alla sorveglianza della polizia.

Ma ormai nella città schiantata dai bombardamenti e dalla fame tutte le strutture dello Stato e del Pnf sono saltate. L'offensiva aerea degli alleati si è accentuata a mano a mano che le loro basi si sono avvicinate all'obiettivo grazie ai successi colti in Africa settentrionale: cosí Napoli, che si è illusa di trovare sulla «quarta sponda» lavoro e pane per i suoi figli, ne riceve terrore e sterminio. L'era dei bombardamenti diurni a tappeto si apre il 4 dicembre 1942, con un'incursione che costa la vita a non meno di novecento persone, sorprese nel porto (dove viene centrata una nave da guerra, l'*Attendolo*), nella zona circostante alla Posta centrale e in altri quartieri popolari. Il 28 marzo dell'anno successivo una nuova sventura funesta la città. Mentre si celebra la festa dell'aeronautica, salta in aria nel porto, a poca distanza dal ponte della Maddalena, la *Caterina Costa*, una nave carica di munizioni e di carburante per aerei. I frammenti dell'esplosione, «pezzi di carri armati, migliaia di proiettili e spolette di ogni genere», piovono su tutta la fascia costiera, da San Giovanni a Bagnoli, provocando almeno seicento morti tra i civili e spargendo il panico dovunque.

Con il 1943, i bombardamenti si aggravano di giorno in giorno, fino allo spaventoso appuntamento del 17 luglio, una sorta di segnale per i congiurati dell'imminente colpo di stato, che vede rovesciare su Napoli tonnellate di bombe, a ondate successive, dalle carlinghe di 97 fortezze volanti, 179 *Marauders* e 164 *Lightnings*, poi scomparsi in direzione di Roma. Le incursioni seminano la distruzione nel tessuto urbano, ne dissestano il sottosuolo, ne annientano i servizi. Il patrimonio edilizio subisce una perdita complessiva di oltre 230 000 vani, particolarmente nei quartieri Mercato, San Lorenzo e Pendino, i piú densamente abitati e i piú poveri. Danni irreparabili sono arrecati alle centrali elettriche, alla rete telefonica, al materiale tranviario e ferroviario, al gasometro, agli impianti ferroviari e alle opere portuali, agli alberghi.

La carenza di ricoveri attrezzati e di una efficiente difesa contraerea facilita la selvaggia attività dell'aviazione alleata. La mancanza sempre piú frequente di luce, di gas, di acqua rende ancor piú dolorosa l'esistenza quotidiana soprattutto per le donne del popolo e per i lavoratori a reddito fisso, che non tengono dietro al vertiginoso rincaro dei prezzi e alla febbrile corsa per gli approvvigionamenti sul mercato nero. Lo spirito popolare, avvezzo da sempre ai patimenti, reagisce all'apocalisse con violenza per ora solo verbale. Nei ricoveri, da quando è saltata in aria la *Caterina Costa*, si canta a denti stretti una quartina degna del migliore Ferdinando Russo:

> Scoppia 'a bomba 'e ll'aeroplano,
> scoppia 'a nave dint'o puorto,
> o mannaggia chi v'è muorto,
> chesta storia adda fení!

Che la storia stia veramente per finire comincia ad essere chiaro anche per i napoletani piú rassegnati o piú fedeli al fascismo il 19 luglio, quando un comunicato del Corpo d'armata affisso su tutti i muri della città impartisce alla popolazione civile le istruzioni relative allo «stato di allarme», che sarà proclamato nel caso di imminente attacco del nemico sulla Campania. Sbarcati in Sicilia, anziché arenarsi sul «bagnasciuga» come ha promesso Mussolini nel suo ultimo discorso, gli angloamericani avanzano senza incontrare apprezzabile resistenza. Pochi giorni dopo la resa di Augusta, lo storico Adolfo Omodeo scrive una nobile lettera alle autorità alleate, per ammonirle a non confondere il popolo italiano con i suoi oppressori, ma ormai la regina del «mare nostrum» deve prepararsi al peggio: divieto di circolazione fuori dai centri abitati ed anche in città limitatamente alle ore del coprifuoco, divieto di pesca e di navigazione nel golfo. In caso di attacco effettivo, il manifesto prevede lo «stato di emergenza», che comporta la paralisi totale: fermi i mezzi di trasporto, chiusi pubblici locali e scuole, tutta la popolazione consegnata in casa o nei ricoveri antiaerei. Il giorno prima sono piovuti sull'abitato, insieme con le solite bombe, volantini che contengono un minaccioso messaggio firmato da Roosevelt e da Churchill: «L'unica speranza che l'Italia ha di sopravvivere sta in una capitolazione, che non sarebbe disonorevole, data la potenza soverchiante delle forze militari delle Nazioni Unite». Non ci sono alternative: «Se continuate a sostenere il regime fascista, asservito alla potenza militare dei nazisti, voi dovrete subire le conseguenze della vostra scelta».

Naturalmente, i miseri napoletani non possono permettersi alcuna scelta ed hanno cosí scarsa voglia di «sostenere il regime fascista» che, una settimana dopo il lancio del messaggio alleato, salutano con tripudio la notizia della caduta di Mussolini. Tutta Napoli si riversa per le strade, qualche finestra si illumina come a sfida dopo mesi di tenebroso oscuramento, i simboli del fascismo vengono strappati dai muri. Dappertutto la folla dà l'assalto ai gruppi rionali del Pnf, li mette a ferro e fuoco, scaraventa dalle finestre i mobili, le sedie, i ritratti di Mussolini. Alla fiumana di popolo che si accalca in via Toledo parla dagli uffici del «Mattino» Emilio Scaglione. Il sollievo per la fine della dittatura alimenta l'ingenuo convincimento che la pace sia a portata di mano. Nessun fastidio viene arrecato ai fascisti che scompaiono prudentemente dalla circolazione, compreso l'ultimo federale Siniscalchi, il quale in verità ha operato in tempi tragici con probità e zelo. Nei due principali giornali cittadini cambiano i direttori. Paolo Scarfoglio, uno dei vecchi proprietari della testata, torna al «Mattino» in sostituzione di Arturo Assante, un fascista che ha avuto qualche noia con la polizia politica per giudizi poco deferenti verso l'alleato germanico. Al «Roma», Emilio Scaglione prende il posto di Carlo Nazzaro, anziano giornalista lucano che ha servito sempre il regime senza riserve ma con una certa discrezione, anche perché è un *routinier* della professione ed ha vissuto piuttosto nei ridotti dei teatri e negli studi dei pittori, che non a contatto dei gerarchi.

Gli antifascisti napoletani salutano con commozione il ritorno alle battaglie democratiche del collaboratore di Giovanni Amendola e taluno di essi gli segnala con sdegno le ambiguità sempre piú palesi del governo Badoglio. Il nuovo primo ministro si è limitato, per ora, a collocare due funzionari di sua fiducia in prefettura e in municipio, cambiando anche il questore e designando come nuovo rettore magnifico dell'Università il professor Omodeo. I quarantacinque giorni dimostrano abbondantemente, a prescindere dalla intensificazione dei bombardamenti alleati, che il regime del maresciallo segna un mutamento solo formale rispetto a quello di Mussolini. Col pretesto delle esigenze militari, si proibiscono pubbliche manifestazioni, cortei e perfino raduni in luogo chiuso. Quando a Pozzuoli prima, poi a Torre Annunziata gli operai scendono in piazza per invocare piú democrazia, l'autorità di governo non esita a ordinare la repressione a colpi di moschetto e di bombe a mano.

Terrorizzato dalla presenza dei tedeschi e impegnato nelle difficili trattative con gli alleati, Badoglio tenta disperatamente di congelare la situazione interna, ma deve fare i conti con la collera popolare e con la mobilitazione dei partiti democratici. Il 4 agosto, poco dopo le 13,30, si scatena senza preallarme una delle piú drammatiche incursioni di tutta la guerra: «piú di 100 fabbricati distrutti, enormi incendi, i lamenti dei moribondi e dei feriti sotto le macerie, centinaia di cadaveri per le strade». La basilica di Santa Chiara, «la piú bella e la piú illustre della città», costruita tra il 1318 e il 1328 in stile gotico provenzale e rifatta nel Settecento, è una «immane cataratta di rovine». Una bomba colpisce il Maschio Angioino, penetrando perpendicolarmente nella torre di San Giorgio. La stessa volta di ferro della Galleria Umberto è schiantata in molti punti: sulla città è piovuto «come un ciclone di schegge».

Gli antifascisti si muovono. I dirigenti del partito d'azione formano un «fronte nazionale» aprendolo ad esponenti di ogni tendenza e chiedono un'udienza al prefetto badogliano, Soprano, per illustrargli la gravità del momento, ma costui si limita a dichiararsi lieto dell'iniziativa di «lor signori», ammonendoli a «stare attenti ai comunisti», che in effetti sono in prima linea nella lotta al nazifascismo. Da Roma la direzione del Pci ha mandato a Napoli un funzionario, Marcello Marrone, incaricato di prendere contatto con i responsabili locali, con le cellule e con i compagni che via via rientrano dal carcere, dal confino, dall'esilio per riprendere il loro posto di lotta: tra essi, Eugenio Reale, Salvatore Cacciapuoti, Ciro Picardi, Valentino Ventura. Il 15 agosto, in una casa colonica di Poggiomarino, si tiene la prima riunione di massa con l'intervento di circa centocinquanta militanti che, superata l'emozione dell'incontro e la caotica confusione del dibattito, designano una commissione incaricata di «coordinare l'azione da svolgere su una linea politica precisa». Sette giorni dopo, un'altra riunione di una settantina di antifascisti si svolge a San Giacomo dei Capri, nelle campagne di Cappella dei Cangiani in casa del barone Perilli, socialista. La segnalazione di un delatore mette in allarme carabinieri e poliziotti, che piombano sul posto accerchiando e catturando oltre la metà dei presenti. Quarantanove tra militanti comunisti, socialisti e anarchici vengono tradotti a Poggioreale, dove resteranno fino al 10 settembre. Taluni di essi, denunciati dai fascisti nel successivo periodo dell'occupazione tedesca, saranno deportati in Germania dove morirà tra gli altri un comunista vomerese, certo Matania.

In tutta la Campania, prefetti questori e generali difendono energicamente la continuità delle istituzioni, mentre i partiti democratici sono troppo impegnati nell'arduo compito di riorganizzare le proprie strutture per mantenere efficacemente i contatti con le masse; e anche quando, come nel caso dei comunisti, si preoccupano di farlo, si muovono ancora in gruppi isolati, senza coordinazione. Forse è eccessivo parlare di «livelli oscuri d'un antifascismo di massa che non troverà nei partiti del Cln una interpretazione adeguata»; ma è fuori discussione che sono l'odio per le autorità costituite; il disgusto per il regime, il disprezzo per il suo malgoverno e la pessima condotta della guerra, soprattutto le catastrofiche condizioni di vita a determinare l'opposizione istintiva e talora la rivolta tra i lavoratori urbani e i contadini. La coscienza di classe sopperisce in qualche modo alla scarsa consapevolezza politica e alla carenza di una guida efficace che, d'altro canto, è impossibile dopo la spietata repressione del ventennio.

Modellate sulla lunga consuetudine della dittatura, le misure di sicurezza del governo badogliano scattano ogni volta che la popolazione tenta di esprimere la sua furente volontà di pace. Morti e feriti si sono già registrati a Pozzuoli, a Napoli, a Portici, a Scafati, a Salerno (dove Luigi Cacciatore sta ricostruendo tenacemente il partito socialista, collegandosi alle «masse proletarie dell'Irno e del Nocerino»). Il 1° settembre, nonostante il divieto espresso dalle autorità militari, un gruppo di giovani inscena un corteo che da piazza Dante risale per via Roma lanciando slogan e distribuendo manifestini: undici studenti e il tipografo che ha stampato il materiale propagandistico finiscono nel carcere militare di Sant'Efremo. Nello stesso giorno, gravissimi incidenti si registrano a Torre Annunziata e a Castellammare di Stabia, dove operai, donne, bambini tentano una dimostrazione rudemente stroncata dai reparti di carabinieri e di truppa. Gli scontri si prolungano fino a sera, con centinaia di arresti. Solo tre militanti comunisti sono, tuttavia, trattenuti e verranno liberati a furor di popolo dopo due settimane, appena in tempo per scampare alla cattura da parte dell'esercito tedesco. A Napoli, commissioni di lavoratori delle fabbriche di Pozzuoli e di Bagnoli, guidate dai sindacalisti Roveda e Buozzi, si fanno ricevere il 4 settembre dal ministro dell'industria e del lavoro Piccardi, per illustrargli la situazione desolante degli impianti industriali. Il «Roma» parla di un piano governativo per il trasferimento nel Nord degli operai napoletani, ormai quasi tutti senza lavoro.

Ma gli eventi precipitano. Quattro giorni dopo arriva l'annuncio dell'armistizio. La sera dell'8 settembre, Radio Algeri lancia alle 18 il messaggio di Badoglio, che viene ritrasmesso dal giornale radio italiano delle 20,30, subito dopo un allarme aereo. La notizia si diffonde fulmineamente in ogni angolo della città. Un corteo improvvisato si forma a via Foria e raggiunge piazza della Carità, dove un operaio comunista appena liberato dal carcere parla alla folla. Molte abitazioni private ed anche gli uffici della prefettura e del comando militare, in piazza del Plebiscito, sono illuminati nella illusione che l'infernale incubo delle incursioni aeree sia ormai fugato per sempre. In un salone del comando, il generale Deltetto cena con il console generale di Germania a Napoli: doveva restituirgli una cortesia e non ha ritenuto opportuno disdire l'invito.

6.
Partigiani e sciuscià

Poche ore dopo l'annuncio dell'armistizio, comincia lo sbarco alleato in Campania. Sono le 4,14 del 9 settembre quando prendono terra nel golfo di Salerno, sull'arco costiero compreso fra Agropoli e Minori, avanguardie del Corpo d'armata americano e di quello britannico agli ordini del generale statunitense Mark Clark. La sorpresa iniziale e l'appoggio di poderosi mezzi aeronavali neutralizzano in un primo tempo la reazione dei reparti tedeschi, nelle cui file affiorano anche sintomi di stanchezza e di nervosismo tanto che a Napoli si diffondono voci di un imminente sganciamento verso Nord. Ma lo smarrimento dei generali di Hitler dura poche ore. Il responsabile dello scacchiere italiano maresciallo Kesselring garantisce una resistenza senza quartiere, mentre il Führer ha già deciso di vendicarsi del «tradimento» di Badoglio, mettendo a ferro e fuoco la penisola ed appoggiando l'iniziativa di Farinacci per la creazione di un governo-fantoccio fascista. L'importante è che la defezione sul fronte Sud non contagi gli altri paesi europei associati o occupati dagli eserciti del Terzo Reich: «il destino dell'Italia deve essere un esempio per tutti».

La direzione della controffensiva nel Mezzogiorno passa al generale Vietinghoff, comandante dell'armata che ha sgomberato la Sicilia. In Campania sono disponibili al momento le tre divisioni del XIV Corpo d'armata per un complesso di ventimila uomini; nella provincia di Napoli opera in particolare la divisione Hermann Goering, il cui comando è installato a Maddaloni; in città il compito di mantenere l'ordine resta affidato al colonnello Scholl, un ufficiale che conosce bene il nostro paese perché vi ha soggiornato a lungo come rappresentante di una fabbrica di lampadine. Quanto agli italiani, sono concentrati nella regione circa sessantamila uomini, divisi tra il XIX Corpo d'armata del generale Pentimalli, il comando territoriale del generale Deltetto, i reparti del generale Marino adibiti alla difesa del porto e delle isole. Sebbene il morale della truppa sia basso e l'armamento di pessima qualità, una notevole aliquota di soldati e di ufficiali inferiori appare pronta ad applicare le istruzioni di Badoglio che nella famosa «memoria 44.OP» suggerisce, sia pure in termini ambigui, di opporsi con le armi ad ogni provocazione proveniente da «altra parte» che non sia quella alleata.

Le misure approntate da Kesselring si dimostrano efficaci. Dopo sei giorni il contrattacco germanico ha ristretto cosí pericolosamente la testa di ponte alleata, da imporre al Quartier Generale di Algeri l'intensificazione dei bombardamenti aerei e l'invio di massicci rinforzi navali e terrestri. Clark ha vissuto ore di panico, arrivando a proporre il reimbarco: sono stati soprattutto gli inglesi a tenere duro. Determinante per i tedeschi risulta, in ogni caso, la minaccia rappresentata dall'avanzata dell'VIII Armata britannica, che marcia a tappe forzate da Taranto, al comando di Montgomery, l'eroe della campagna nordafricana: il giorno 16, per sfuggire alla morsa, Vietinghoff inizia una cauta e progressiva manovra di ritirata che coincide con l'occupazione di Salerno e di Capri da parte degli angloamericani. Saranno necessarie, tuttavia, altre due settimane di aspri combattimenti per portare gli alleati alle porte di Napoli.

Per la popolazione della città sono giorni di attesa e di sofferenze inenarrabili. Il colonnello Scholl ha ricevuto da Hitler l'ordine di non abbandonare la metropoli senza averla ridotta ad un cumulo di «cenere e fango» e di conseguenza elabora un piano di distruzione totale. L'intera giornata del 9 settembre e la mattina del 10 trascorrono in relativa tranquillità, anche perché si suppone che al corpo di sbarco alleato basteranno pochi giorni per coprire i 70 chilometri che lo separano dal suo obiettivo principale. Al contrario del generale Gonzaga, che si fa trucidare dal nemico pur di non accettare la resa, i suoi colleghi Deltetto Pentimalli e Marino lasciano passare le prime trentasei ore senza predisporre le piú elementari misure a salvaguardia del loro onore e della città. «Non irritare i tedeschi e trattare bene gli inglesi» è il temerario consiglio che Deltetto fornisce ai reparti piú impazienti; né ottengono migliore udienza i dirigenti democratici che da qualche giorno hanno costituito un «comitato dei partiti antifascisti» nel quale confluiscono comunisti e socialisti, cattolici, liberali, azionisti, nonché gli esponenti della democrazia del lavoro, una formazione di vecchi notabili radicali.

La sera dell'8 settembre, appena udito il messaggio di Radio Algeri, il comitato tiene una riunione clandestina a via Salvator Rosa, in casa di Fausto Nicolini e di suo genero Giovanni Cassandro, due intellettuali molto vicini a Croce. Tutti gli intervenuti convengono sulla necessità di approntare una resistenza armata e di sollecitare a tal fine l'appoggio delle autorità militari; e poiché il comandante della piazza navale, ammiraglio Turr, ha già preso apertamente posizione in favore dei tedeschi, si decide di interpellare il generale Deltetto, che gode fama di antifascista.

All'indomani costui non rifiuta di ricevere una delegazione capeggiata da Emilio Scaglione, ma respinge seccamente la richiesta di intervenire con i propri reparti o di armare i civili. La stessa risposta otterrà, poco dopo, Rosalbino Santoro, latore di un'analoga richiesta a nome dell'Associazione degli ex combattenti e dei mutilati. Il generale preferisce formare ronde miste italo-germaniche per «incutere alla popolazione sentimenti di rispetto» nei confronti dell'ex alleato, e firma un manifesto «contro gli elementi irresponsabili provocatori di disordine».

In effetti nel pomeriggio del giorno 10 i napoletani sono stati costretti a rompere la tregua dall'atteggiamento provocatorio dei soldati hitleriani, che si abbandonano ad un indiscriminato saccheggio nei depositi e nei magazzini, spogliando la popolazione delle sue ultime risorse. Mentre scontri isolati si producono in ogni angolo della città, ventisette soldati tedeschi sono affrontati, catturati e disarmati, alla Riviera di Chiaia, da agenti della polizia «metropolitana»; ma l'epicentro degli incidenti è piazza Plebiscito, teatro di violente sparatorie in cui perdono la vita anche due motociclisti germanici. Il primo bilancio delle vittime è assai piú pesante per gli italiani: 7 morti e 30 feriti tra i combattenti, 6 civili assassinati ad Arco Felice, 10 ufficiali fucilati nel Nolano.

Alla feroce risolutezza del nemico si contrappone la pavidità di Deltetto e degli altri ufficiali superiori, che fanno liberare su due piedi i prigionieri tedeschi e ordinano che siano loro restituite le armi, i camion e perfino le autoblinde di cui si sono impadroniti i rivoltosi. Il generale Pentimalli cambia cinque volte in due giorni la sede del proprio comando, prima di mettersi in borghese e rendersi definitivamente irreperibile. Impartite le istruzioni per il pacifico sgombero delle caserme e la loro consegna al nemico, anche Deltetto abbandona l'ufficio e corre a rifugiarsi nel convento delle Palme. Piú tardi, Emilio Scaglione accuserà dalle colonne del «Roma» i due generali felloni di «impreparazione, incapacità, negligenza, pusillanimità, corruzione», in una parola di «tradimento»; ma quando saranno processati, un anno dopo, Deltetto e Pentimalli rovesceranno tutte le responsabilità sulla truppa, affermando che «tutti scappavano». Saranno condannati a vent'anni di reclusione ciascuno.

Napoli rimane, comunque, in balia della rappresaglia nazista. La mattina del giorno 12 su tutti i muri della città viene affisso un bando nel quale il colonnello Scholl comunica di aver assunto ufficialmente i pieni poteri, proclama lo stato d'assedio e ordina il coprifuoco dalle 20 di sera alle 6 del mattino. Il comandante germanico assicura la sua protezione ai cittadini disciplinati, mentre promette di passare per le armi chiunque agisca «apertamente o subdolamente» contro i suoi uomini, riservandosi di distruggere e ridurre a «rovine» il luogo dove il fatto sia stato consumato e i «dintorni». Ogni soldato tedesco «ferito o trucidato» sarà vendicato cento volte. La fucilazione è comminata altresí ad ogni cittadino che manchi di consegnare, entro le ventiquattro ore, armi e munizioni in suo possesso. Il bando si chiude con una giustificazione che è sintomatica dello spirito con cui i napoletani stanno reagendo alla brutalità tedesca e della resistenza che potrebbero opporre se fossero appoggiati dall'esercito: «Questi ordini e le già eseguite rappresaglie si rendono necessarie perché un grande numero di ufficiali e di soldati germanici, che non fanno altro che adempiere ai propri doveri, furono vilmente assassinati o gravemente feriti, anzi in alcuni casi i feriti anche vilipesi e maltrattati in modo indegno da parte di una popolazione civile». Le sgrammaticature sono certamente di mano del traduttore fascista, ma la sostanza del bando è di puro stampo hitleriano.

La sera del giorno precedente le forze di Scholl hanno costretto a capitolare soldati del 40° Fanteria e carabinieri della sezione Porto che hanno difeso accanitamente, dall'alba al tramonto, il palazzo dei Telefoni in via Depretis: quattordici carabinieri, catturati ed avviati sulla strada di Aversa, sono costretti a scavarsi la fossa e quindi massacrati. Le ultime scaramucce si combattono ancora la mattina del 12, che è una tristissima domenica, alla caserma Pastrengo e a Castel dell'Ovo: la guarnigione del forte finisce anch'essa per arrendersi al nemico, che fucila otto marinai. Ora la bandiera uncinata sventola su tutte le caserme e i comandi; le batterie contraeree sono tutte espugnate; una valanga di autocarri e di mezzi blindati si rovescia dalle colline verso il centro della città, che deve diventare un silenzioso deserto. Nella zona del Rettifilo si porta a termine un fulmineo rastrellamento che permette ai tedeschi di catturare circa quattromila civili: caricati sui camion, verranno istradati al Nord, dove tuttavia riacquisteranno miracolosamente la libertà. L'operazione piú spietata viene condotta contro il complesso di edifici che fanno parte dell'Università degli Studi, considerata un covo di intellettuali antifascisti, con il magnifico rettore Omodeo alla testa, e quindi condannata all'annientamento.

È festa e l'anno accademico non è ancora cominciato, talché in sede si trovano soltanto il custode, qualche impiegato e la professoressa Bakunin, che vi abita; di altri professori e di studenti, nemmeno l'ombra. Ciò nonostante i soldati di Scholl pretendono di essere stati bersagliati dall'edificio e procedono prima al saccheggio, quindi all'incendio di tutti i locali, compresi la segreteria, la biblioteca e il prezioso archivio della Società Reale. Il Rettifilo, le strade e i vicoli adiacenti si trasformano in una bolgia di esplosioni e di urla: i nazisti penetrano nelle case, ne snidano gli abitanti, ne devastano le suppellettili. Sei tra civili e marinai uccisi nel corso del rastrellamento giacciono senza vita sulle scale della Borsa. Un altro marinaio, «un bel ragazzone alto e robusto» di cui non si è mai conosciuto il nome, viene trascinato verso l'Università col pretesto che avrebbe attaccato un autocarro. Alla folla che segue muta e sbigottita la scena, un civile italiano, «alto, sbarbato e roseo in viso, vestito di grigio con accuratezza, anzi con eleganza», forse un gerarca napoletano, ordina di inginocchiarsi dinanzi al rogo e addita l'infelice marinaio: «Quest'uomo ha gettato delle bombe a mano sui tedeschi, sarà fucilato». La folla rimarrà inginocchiata quasi tre ore, sarà costretta ad applaudire i carnefici, verrà ripresa da un operatore cinematografico per conto del dottor Goebbels, che vuole documentare al mondo l'abiezione del popolo italiano e la severità del Terzo Reich. Il ragazzo urla, piange, invoca la mamma mentre gli aguzzini lo costringono a salire i gradini del palazzo in fiamme, dal quale si sprigiona un calore insopportabile a molti metri di distanza, e lo legano al cancello rovente. Nove soldati si dispongono in cerchio con i fucili puntati: un ordine secco e la raffica abbatte il marinaio, finito da un ufficiale con una pistolettata alla fronte. Le fiamme dell'incendio si levano dall'Università fino a tarda notte, perché i nazisti impediscono ai pompieri di intervenire.

Per quattordici giorni, il bando di Scholl paralizza la città. Il contrattacco sulla testa di ponte nel golfo di Salerno consente al tedesco di sviluppare i suoi piani attraverso la rapina sistematica, la distruzione delle fabbriche e la razzia degli uomini. Anche i giganteschi impianti dell'Ilva di Bagnoli, miracolosamente risparmiati dai bombardieri alleati, sono minati, schiantati, ridotti ad un cumulo di rovine. I camion vengono caricati di tutti i materiali, i beni, gli oggetti, i preziosi che la soldataglia riesce a rapinare. Per converso, la famosa organizzazione germanica è incapace di garantire un minimo di servizi pubblici e di approvvigionamenti alimentari alla popolazione, che deve ricomprare alla borsa nera anche la propria roba rubata dal nemico. Le condizioni sanitarie in cui Scholl lascia la città, ingombra di macerie sotto cui marciscono decine di cadaveri, fanno temere di ora in ora l'insorgere di un'epidemia. Nelle strade sconvolte dalle bombe, brulicanti di insetti, invase perennemente da un tanfo insopportabile, l'ordine è mantenuto da squadre di SS col mitra imbracciato e dai fascisti mobilitati dal nuovo federale repubblichino, l'avvocato Tilena, uno squadrista semisconosciuto che assume l'incarico il giorno 22 trasferendo la sede del partito da via Medina, al Vomero, in via Cimarosa. Una forma di collaborazionismo piú discreta assicurano il commissario al comune Solimena ed il prefetto Soprano, che nello stesso giorno ha istituito con un manifesto il servizio obbligatorio del «lavoro nazionale», chiamandone a rispondere tutti i giovani dai quindici ai trent'anni.

Alle sollecitazioni delle autorità, la popolazione oppone una risposta sprezzante: nella caserma Vincenzo Cuoco affluiscono soltanto 300 volontari per la milizia fascista; all'ordinanza del prefetto obbediscono 150 giovani su un totale di 30 000 precettati. Sebbene Scholl offra un compenso di «lire 1000 e viveri» per ogni prigioniero alleato che gli venga consegnato, neppure uno dei molti indiani, francesi, russi, inglesi ed americani evasi dai campi di concentramento o paracadutati viene denunciato: la città sta morendo di inedia, ma respinge «il ricatto della fame». Ancor piú forte, naturalmente, è la solidarietà per i militari italiani nascosti nei rifugi piú impensati, per gli uomini che si sono sottratti al rastrellamento nazista e per gli antifascisti. Il silenzio scende su tutti i depositi, gli scantinati, le grotte in cui sono state ammucchiate le armi scampate alla razzia. In silenzio si preparano alla riscossa i gruppi democratici che l'armistizio ha costretto a tornare nella clandestinità. I dirigenti comunisti, minacciati esplicitamente di deportazione e di morte dai bandi di Scholl, sono scomparsi dalla circolazione: tròvano ospitalità in casa di compagni e magari dormono ogni sera in un posto diverso. L'organizzazione continua però a mantenere i collegamenti, soprattutto a Ponticelli, al Vasto, a Chiaia, al Vomero, per merito di vecchi militanti o di giovani operai sconosciuti alla polizia che hanno il tempo di dedicarsi interamente all'attività cospirativa perché quasi tutte le fabbriche sono chiuse o distrutte. Le riunioni si tengono nelle ore del coprifuoco; nottetempo non pochi audaci costellano i muri della città di manifestini con la scritta: «Morte ai tedeschi». Nessuno le cancella.

Al movimento di resistenza manca, tuttavia, una direzione unitaria e quindi la possibilità di preparare in modo organico il trapasso dall'occupazione tedesca a quella alleata. La situazione è tanto caotica, anche nelle file comuniste, che vi trovano e vi troveranno sempre piú spazio le iniziative di elementi ex bordighiani, trockisti e socialisti rivoluzionari. La rivolta esplode, dunque, come un moto in gran parte spontaneo nel quale, accanto alla impostazione politica e alle approssimative strutture dei partiti, giocano i fattori piú diversi: la stolta ferocia ed anche l'inconfessata paura dei nazisti, incalzati per la prima volta dal nemico sul territorio continentale; l'esasperazione popolare per le condizioni sempre piú intollerabili di vita, i saccheggi, le razzie; la presenza di migliaia di militari ed ex prigionieri di guerra, sbandati ma non del tutto inermi né tanto meno rassegnati alla prepotenza germanica; la certezza, infine, dell'arrivo imminente e della vittoria finale degli angloamericani. Toccato il fondo della disperazione, constatata per diretta esperienza la disintegrazione dei poteri costituiti, bruciata ogni fiducia nei valori tradizionali della società borghese, la popolazione piú scettica e paziente d'Europa diventa paradossalmente la protagonista della prima rivolta europea contro la dominazione hitleriana. Tutti i ceti sociali, le donne, i giovanissimi partecipano alla rivolta. Vistosa è la sproporzione tra i miseri mezzi di cui dispongono i ribelli e lo strapotente armamento di un nemico che si ispira ad una concezione di guerra totale senza precedenti nella storia. La crescente vicinanza del corpo di spedizione angloamericano agevola, anche sotto il profilo psicologico, il compito dei patrioti; ma l'andamento delle quattro giornate di Napoli, dopo le prime trentasei ore di resistenza seguite all'annuncio dell'armistizio, documenta eloquentemente le qualità morali e il coraggio del popolo napoletano.

Insieme con il progressivo indebolimento delle posizioni tedesche, la causa scatenante della rivolta può essere individuata nella ordinanza che il colonnello Scholl dirama il giorno 26, per ribadire i termini del decreto Soprano sul servizio obbligatorio del lavoro. Denunciando il «sabotaggio» praticato dai napoletani, Scholl avverte che a partire dall'indomani ronde militari fermeranno gli inadempienti e fucileranno «senza indugio» coloro che avranno contravvenuto all'obbligo di presentarsi ai centri di smistamento. La minaccia porta al culmine il risentimento della popolazione a cui, tre giorni prima, lo stesso Scholl ha imposto lo sgombero di una fascia costiera «larga 300 metri e comprendente tutto il litorale», che ha significato immensi disagi per oltre trentacinquemila famiglie. Non basta piú, dunque, aspettare gli alleati; bisogna lottare contro il nemico per impedire che il suo disegno di distruzione e di morte sia realizzato fino in fondo. E si lotta, dal 27 settembre al 1º ottobre, senza remissione.

Il panorama della rivolta è estremamente confuso tanto da rendere possibile tutt'al piú l'identificazione dei principali nuclei della guerriglia: il Vomero, con «le sue ampie strade alberate, i suoi parchi, le sue ville, i suoi dirupi e i suoi nascondigli»; la vasta zona a valle della Arenella e di Capodimonte; il triangolo tra Poggioreale, il Vasto e la Ferrovia; i quartieri del centro tra piazza Dante e Montecalvario. In provincia, dove la lotta è mille volte piú difficile e la rappresaglia piú crudele, sono gli antifascisti di antica milizia ad animare la resistenza nei sobborghi operai. Le armi per misurarsi nell'impari confronto sono quelle insufficienti e antiquate che si possono reperire nelle fabbriche dove le hanno depositate i soldati dell'esercito dissolto, nelle caserme dove i tedeschi le hanno lasciate, al distretto militare, a Sant'Elmo, in prefettura. Partecipano ai combattimenti nella cerchia urbana almeno 1600 partigiani, 153 dei quali cadono sul campo insieme con circa 500 civili, mentre altri 160 restano feriti o invalidi. Via via, alla spontaneità della rivolta si sostituisce un assetto piú razionale dei comandi, una determinazione piú precisa degli obiettivi. Per quanto non manchino divergenze anche clamorose tra elementi rivoluzionari e attendisti, l'inserimento dei comunisti e degli altri patrioti politicizzati rinsalda la consistenza e la consapevolezza dei gruppi di combattimento.

Matura nel tardo pomeriggio del giorno 26, ancora una domenica, la decisione di armarsi e di restituire colpo su colpo al nemico. Gli hitleriani hanno cominciato la razzia a largo raggio bloccando i tram, i vicoli, le chiese: irrompono nei caseggiati a colpi di mitra; seminano il panico con i camion e i mezzi blindati che circolano a gran velocità in ogni angolo della città e sparano all'impazzata, arrestandosi solo per rastrellare tutti gli uomini a portata di mano ed ammucchiarli come bestie sugli autocarri. Quando non uccidono e non deportano, rubano; quando non rubano, disseminano mine nelle fabbriche ancora intatte, sotto i binari della ferrovia, sotto i ponti. Una colonna di carri armati è calata da Capodichino per spalleggiare i reparti in azione ed accrescere lo sgomento; ma Napoli ha cessato di aver paura e comincia a dare sfogo al suo odio.

Un gruppo di ricoverati, tra cui alcuni ex confinati politici, tiene una riunione all'ospedale degli Incurabili e decide di passare all'azione, proprio mentre a piazza Giardinetti un centinaio di cittadini liberano i giovani che i tedeschi stanno per caricare sui camion. Forse è questa la prima scintilla della rivolta. Al mattino del 27, la città si sveglia dal suo sogno angoscioso in un inferno di esplosioni: sono le mine che scoppiano, gli incendi che Scholl ha fatto appiccare a tutti gli edifici pubblici, i tunnel, le centrali dei servizi urbani, i grandi alberghi e i ristoranti del lungomare, le barche alla fonda a Santa Lucia. I cittadini che cercano un po' di cibo, i patrioti che si armano rischiano ad ogni istante la vita. Un bambino di otto anni è ucciso alla Cappella dei Cangiani, il vecchio comunista Antonio Pianta è fulminato al distretto; un violento scontro si produce dinanzi ai grandi magazzini della Rinascente, messi a sacco dai nazisti. Scortati dalle camicie nere, sfilano i deportati in marcia verso l'ignoto. In piazza Dante, al Vasto, nei paesi della periferia operaia si distribuiscono le armi, si organizza la guerriglia. Al Vomero i patrioti si impadroniscono di una batteria contraerea. Sulla costa, il tenente dell'aeronautica Agresti recupera i fucili gettati in mare dai tedeschi servendosi degli scugnizzi come sommozzatori: il piú attivo è Salvatore Gagliota, un ragazzo privo della gamba sinistra. Affiorano i nomi dei primi capi della rivolta: Occhiuzzi, Ciffoni ed Orbitello nella zona di nord-est; il vecchio bordighiano Antonio Tarsia e il «capitano» Enzo Stimolo al Vomero e poi Giulio Schettini e il principe Amoroso di Aragona, lo scultore Rubino, il maggiore Francesco Amicarelli, il ferroviere Tito Murolo, militari e civili, popolani e borghesi.

Martedí 28, il moto prende forza, dilaga. Si spara dai tetti, dalle terrazze, dalle finestre, dalle prime barricate. A mezzogiorno, un pugno di patrioti ferma a via Foria un autocarro germanico carico di munizioni, uccide due soldati e ne cattura un terzo. Una banda di partigiani del Vasto assalta un reparto che esce dall'albergo Bella Napoli, fulmina quattro tedeschi sotto i portici della Stazione, scopre un carico di mine ammucchiate per far saltare i binari. La battaglia si accende ai Vergini, a Chiaia, a via dei Mille. Sin dalle prime ore dell'alba, al Vomero, i giovani che si sono armati nel deposito di Sant'Elmo si stanno battendo contro i cecchini fascisti e i tedeschi agli ordini di Stimolo, che finisce per rifugiarsi a villa Belvedere, mentre quarantasette ostaggi sono rinchiusi dal nemico allo stadio del Littorio. Al centro della città è il capitano medico Stefano Fadda ad organizzare la resistenza: mobilita uomini e ragazzi del quartiere, distribuisce le armi trovate in prefettura, innalza barricate sulle quali tre scugnizzi, Mario Menichini, Filippo Illuminati e Pasquale Formisano perderanno la vita, meritandosi la medaglia d'oro al valor militare. Il piú giovane ha dodici anni, il piú anziano ne conta diciassette. Ancor piú piccolo è Gennaro Capuozzo, un bimbo undicenne ucciso da una cannonata mentre spara da una finestra del convento delle Filippine: anche lui sarà decorato alla memoria con la massima onorificenza militare. Barricate sorgono dappertutto. Un tentativo di rappresaglia dei nazifascisti, nei pressi di porta Capuana, viene duramente rintuzzato da una banda di quaranta popolani, che piú tardi stanano cecchini fascisti appostati sulla Torre degli Arditi.

Le azioni piú salienti della giornata si verificano al primo pomeriggio nella zona di nord-est. Mentre un reparto di guastatori è intento a collocare un carico di dinamite per far saltare il ponte della Sanità, un fitto fuoco di fucileria lo sorprende, ferisce due tedeschi a morte, mette in fuga gli altri. Agli ordini del sottotenente Del Prete partecipa all'azione anche una giovane operaia, Maddalena Cerasuolo, reduce da un duro combattimento appena sostenuto al vico Trone a Materdei per salvare dal saccheggio una fabbrica di scarpe. A sera Amicarelli dà l'assalto alla caserma Vincenzo Cuoco, dove sono trincerati i legionari di Tilena: il giorno dopo, il federale repubblichino si costituirà al commissariato di polizia.

Di fronte alla crescente resistenza della popolazione, Scholl ordina alle truppe corazzate di piombare sulla città, ma carri armati ed autoblinde incontrano difficoltà insormontabili sulla via della Doganella, battuta dal fuoco di una batteria di cannoni da 37/54 che i patrioti hanno montato sulla collina. Otto «tigre» sono bloccati o distrutti, altri cinque finiscono su un campo minato a Capodimonte. Anche il tentativo di far saltare in aria il grande serbatoio dell'acquedotto fallisce per l'energico intervento dei partigiani. Col passare delle ore, i blocchi stradali prendono maggiore consistenza e si attrezzano in funzione dell'obiettivo di tagliare al nemico la via della ritirata o almeno di rendergli piú arduo lo sganciamento. Al Vomero il settuagenario Tarsia crea un «fronte unico rivoluzionario» che dirige tutta la guerriglia dai locali del liceo Sannazzaro. Postazioni di mitragliatrici e turni di guardia sono allestiti a Santa Teresa, in piazza Mazzini, al Vasto; dappertutto si costituiscono comandi di settore, si preparano dormitori, si accumulano armi e munizioni. Nella zona industriale Marrone e gli altri dirigenti comunisti partecipano attivamente ai combattimenti con armi prelevate nella caserma Garibaldi. Nelle file dei patrioti affluiscono soldati, ufficiali, marinai, sbandati di ogni regione (soprattutto siciliani), operai, studenti, scugnizzi. Non mancano gli intellettuali come l'anziano professore Parente, un altro crociano, che si trova mescolato come per caso alla guerriglia ma la combatte coraggiosamente al rione Materdei e piú tardi sarà il primo a stampare un foglio nella città appena libera: «La barricata». Perfino il direttore del carcere militare di Sant'Efremo, Bonomi, si unisce ai partigiani.

Le ultime due giornate di lotta sono affrontate, cosí, con una visione piú lucida ed un'organizzazione piú razionale. I patrioti di via della Misericordiella bloccano via Foria, un'arteria molto importante, all'altezza della metropolitana di piazza Cavour. Tra il Museo e piazza Dante, per ostacolare gli automezzi nemici si utilizzano vetture tranviarie e «basoli», i selci vesuviani che lastricano le strade. Non manca qualche mitragliatrice, fortunatamente reperita, a rendere piú solido il baluardo. Al mattino del 29 lo sgombero delle truppe di occupazione è già giunto ad uno stadio molto avanzato, ma molti uffici ed alberghi restano saldamente presidiati, compreso ovviamente il comando di Scholl che è installato all'albergo Parker, sul Corso, mentre il grosso dei reparti è raccolto nel bosco di Capodimonte, al campo Littorio e alla cappella dei Cangiani. I partigiani devono, dunque, fronteggiare non una ritirata caotica ma uno sganciamento eseguito in perfetto ordine, «secondo i piani prestabiliti». Durissimi scontri si registrano soprattutto in collina e in periferia. Particolarmente attivi sono i partigiani di Stimolo che attaccano in forze soldati hitleriani a piazza Vanvitelli, mentre il capo del «fronte unico rivoluzionario» organizza la caccia alle spie, i primi approvvigionamenti di farina, l'assistenza medica. Anche nella zona costiera, tra piazza Amedeo e Posillipo, il transito di camionette e di autocarri germanici diventa di ora in ora piú arduo, finché i patrioti non assumono il controllo del quartiere, installando a sera un comando in via dei Mille.

L'efficacia di queste azioni è tale da indurre il comando tedesco a martellare la città con il fuoco di una batteria impiantata alla specola di Capodimonte e quindi, nelle prime ore del pomeriggio, a giocare per la seconda volta la carta dei mezzi corazzati. Distrutta la postazione partigiana di artiglieria, tre carri armati calano da Capodichino verso Santa Teresa aprendosi la strada con i cannoncini e le mitragliere. Altri mezzi blindati scendono dalla Doganella. Vittime e danni sono ingentissimi, ma la spedizione punitiva manca i suoi obiettivi fondamentali: liberare i nuclei tedeschi intrappolati in città e spezzare la resistenza della popolazione. In un consiglio di guerra che i patrioti tengono al parco Cis di via Salvator Rosa, con la partecipazione di Eugenio Mancini, si discutono non solo i problemi della guerriglia ma quelli della riorganizzazione di un minimo di vita civile dopo la Liberazione: se la riunione conferma la comune volontà di lotta, serve anche a sottolineare il dissenso tra militari badogliani e antifascisti. La materia del contrasto riguarda soprattutto l'opportunità di creare un corpo di volontari per partecipare alla guerra antinazista dopo lo sgombero della città.

Mentre si tiene il consiglio di guerra, al Vomero il «fronte unico rivoluzionario» affida a quindici patrioti comandati dal tenente Abbate il compito di espugnare il campo Littorio, dove i quarantasette ostaggi catturati il giorno prima sono prigionieri di una settantina di guastatori tedeschi agli ordini del maggiore Rachtel (o secondo altre fonti, Sakau). Il «capitano» Stimolo sopravviene con altri uomini a dare man forte all'Abbate per completare l'accerchiamento dello stadio ed intimare la resa ai tedeschi. Al primo rifiuto del loro comandante, i partigiani rispondono avanzando concentricamente sul campo con un fitto fuoco di fucileria e bloccando le strade di accesso. Le perdite sono copiose e si teme, per giunta, che sopraggiungano mezzi corazzati in appoggio ai guastatori che continuano a difendersi tenacemente nonostante la mancanza di munizioni e di acqua. Al tramonto, il maggiore si rassegna a trattare con Stimolo che gli garantisce via libera in cambio della vita degli ostaggi, ma pretende di essere accompagnato all'albergo Parker per chiedere l'autorizzazione di Scholl; ed è lo stesso Stimolo a scortare l'ufficiale in camionetta. Nel frattempo alla Pigna un pugno di guerriglieri tiene a bada un'autocolonna germanica che avanza da Soccavo, la impegna col favore delle tenebre in uno scontro a fuoco, la induce a proseguire verso Marano.

Nulla dimostra la forza della rivolta popolare piú eloquentemente dell'accoglienza che Scholl riserva al capo partigiano. Egli accetta tutte le sue condizioni, chiedendo tuttavia che i patrioti accompagnino gli uomini del maggiore Rachtel (o Sakau) all'albergo Parker, donde tutti i tedeschi ancora presenti in città partiranno l'indomani mattina per Bagnoli. Alle prime luci dell'alba del 30 settembre, il colonnello lascia Napoli in una macchina italiana, protetto da quattro poliziotti che sventolano fazzoletti bianchi per assicurargli, secondo accordi intervenuti con il Comitato antifascista, l'incolumità. Un'ora piú tardi comincia ancora alla Pigna un prolungato, cruento scontro fra un reparto germanico armato fino ai denti e un gruppo di giovani patrioti che finiscono per essere sopraffatti. Cinque di essi cadono in combattimento; altri sette feriti vengono fucilati sul posto dai nazisti, che abbandonano quindi la zona prima di essere raggiunti. Nella stessa mattinata, gli equipaggi di quattro carri armati scesi da Capodichino su piazza Ottocalli, saccheggiano le case circostanti e catturano diciotto ostaggi, due dei quali saranno assassinati piú tardi. Incursioni analoghe si registrano alla Doganella, in via Tanucci, al ponte di Casanova – ed è ancora la morte per operai, studenti, donne, vecchi.

Sono tuttavia gli ultimi sussulti della lotta. A piazza Trieste e Trento quattro giovani attaccano una pattuglia di tedeschi che armeggiano intorno al teatro San Carlo, forse per minarlo, e ne ammazzano due mettendo in fuga gli altri. Sul lungomare, gli uomini del tenente Agresti snidano i residui centri di fuoco nemici fino a Posillipo. Altri partigiani si dedicano per tutta la giornata a rastrellare i pochi franchi tiratori ancora in circolazione, mettendone tre o quattro al muro. In realtà, la città che non conosce ferocia né odio durevole, sta per tornare all'antica rassegnazione. Ancora per poche ore i patrioti, uomini e ragazzi laceri, qualcuno in uniforme, altri con il solo elmetto, armati alla meno peggio col vecchio «modello 91», talora con un mitra o una grossa pistola strappati al tedesco, spesso con il tascapane pieno di bombe a mano, faranno la guardia alle barricate o la ronda nei quartieri dove soprattutto i dirigenti comunisti tentano di organizzare i primi approvvigionamenti e di dare uno sbocco politico alla rivolta. Al fronte antifascista è mancata, tuttavia, l'unità necessaria per organizzare l'ultimo assalto, quello decisivo, generale, che avrebbe potuto scatenare l'insurrezione rivoluzionaria. Il colonnello Scholl è appena scomparso dietro le ultime case di Fuorigrotta che le autorità badogliane si precipitano a normalizzare la situazione: il ministro Piccardi assume i pieni poteri in prefettura in nome del governo di Brindisi ed invita i patrioti a «riprendere disciplinatamente» le loro occupazioni, mentre ufficiali governativi si presentano ai vari comandi di settore ricevendone spesso accoglienze tutt'altro che cordiali.

Alle 9 del 1° ottobre arrivano al ponte della Maddalena pattuglie britanniche dei King's Dragon Guards mentre cannoni ed aerei tedeschi bombardano ancora per rappresaglia i quartieri nordorientali. Due ore dopo i primi carri armati americani al comando del colonnello Kraegge fanno il loro ingresso nella città giubilante di entusiasmo e di sollievo. Insieme con «La barricata» e con il foglio comunista «Il grido del popolo», esce un numero-manifesto del «Roma», alla cui direzione è tornato Emilio Scaglione che, «salito su un carro armato, ha abbracciato e baciato i primi carristi liberatori». Il Comitato antifascista, che presto si trasformerà in Comitato nazionale di liberazione, li saluta con un manifesto nel quale offre «il volontaristico concorso armato per l'espulsione dell'invasore e la necessaria collaborazione amministrativa, intesa ad assolvere e facilitare il compito a cui, da questo momento, ciascuno deve accingersi con fede, con tenacia, con disinteresse: la ricostruzione».

Il Cln punta sulla formazione di un corpo di volontari che dovrebbe rappresentare, poco piú che simbolicamente, le ragioni dell'antifascismo sul fronte di guerra. Sono i liberali, gli azionisti, i socialisti ad avviare l'iniziativa. Croce, trasferito da Sorrento a Capri negli ultimi giorni della occupazione tedesca, ne parla con un autorevole esponente del Comando americano, il generale Donovan, che sembra d'accordo. Anche Badoglio, interpellato a Brindisi da Tarchiani e Raimondo Craveri, finge di approvare l'iniziativa contro cui in realtà muoverà accortamente le sue pedine, determinato a giocare in favore della dinastia la carta dell'intervento di quello che resta del regio esercito. Si costituisce comunque un Comitato esecutivo nel quale a Croce, Tarchiani e Craveri si affianca l'uomo che dovrebbe comandare il corpo dei volontari, il generale Pavone, messo a riposo a suo tempo dal regime per sentimenti antifascisti. Pavone è amico di Pasquale Schiano, uno degli animatori della resistenza napoletana, e può contare sull'appoggio del principe Caracciolo di Castagneto, un diplomatico aderente al partito d'azione che mantiene i contatti con il Cln di Roma e gode di un certo prestigio anche tra gli Alleati.

L'illusione dura pochi giorni. Il «gruppo combattenti d'Italia» si è già formato ed ha cominciato l'addestramento in una caserma di Bagnoli allorché, il 2 novembre, «una secca comunicazione del Comando alleato pone termine nel piú brusco, anzi nel piú brutale dei modi alla sua esistenza». Churchill e, piú blandamente, Roosevelt hanno già scelto Badoglio e Vittorio Emanuele III come i soli «garanti» disposti a mettersi al loro servizio senza condizioni e soprattutto senza inquinamenti sovversivi. Tutto sommato, i napoletani dovranno accontentarsi della medaglia d'oro che sarà concessa alla città, per aver saputo ritrovare «con superbo slancio patriottico» in mezzo ai lutti e alle rovine la forza di cacciare dal proprio suolo le soldatesche germaniche, sfidandone «la feroce, disumana rappresaglia» e additando a tutti gli italiani «la via verso la libertà, la giustizia, la salvezza della Patria».

Lutti e rovine, in verità, superano ogni immaginazione. Le condizioni della città, al momento dell'ingresso delle truppe alleate, sono disperate. Il porto è ridotto ad un «lugubre cimitero di navi». Nell'immenso tessuto urbano, che rimarrà per mesi privo di energia elettrica e di trasporti pubblici, gli abitanti sloggiati dai bombardamenti si ammucchiano nei ricoveri antiaerei, nelle stazioni della metropolitana e delle funicolari, tra le macerie, nelle grotte, nei cunicoli dove contendono lo spazio ad enormi e famelici ratti. Le requisizioni alleate renderanno ancora piú acuto il problema degli alloggi. La scarsezza di acqua costringe donne, vecchi e bambini a lunghissime file dinanzi alle poche fontane pubbliche ancora in funzione. Se il servizio di nettezza urbana è inesistente, tragica è la situazione sanitaria: gli ospedali semidistrutti mancano di farmaci, di plasma sanguigno, di bende; riesce difficile perfino seppellire i morti. Alla fine dell'anno esploderà un'epidemia di tifo petecchiale contro cui le autorità alleate interverranno energicamente, installando quarantatre stazioni profilattiche ed organizzando la disinfestazione obbligatoria a base di Ddt, un nuovo prodotto che fa miracoli, come ne fa la penicillina. La disintegrazione dell'apparato burocratico, la stasi del commercio legale, la distruzione delle fabbriche gettano nell'indigenza decine di migliaia di famiglie. Solo gradualmente torneranno in funzione alcuni reparti dell'Ilva, fonderie e laminatoi, officine tessili e canapifici, piccoli cementifici, tutti gli impianti insomma che gli operai sono riusciti almeno parzialmente a salvare col rischio della vita e che gli alleati utilizzano per lo sforzo bellico, manifestando ammirazione per l'operosità e la duttilità dei lavoratori napoletani.

Ad esasperare le sofferenze della popolazione si aggiungono i bombardamenti germanici, la difficoltà degli approvvigionamenti e il dilagare dell'inflazione. Nell'euforia della liberazione, gli abitanti rinunciano in gran parte alle cautele con cui si sono difesi dalle incursioni angloamericane e per questo l'offensiva aerea tedesca, che comincia il 21 ottobre e si conclude il 14 maggio dell'anno seguente, produce gravissime perdite, portando a ventitremila il numero totale dei napoletani uccisi dai bombardamenti. Altre vittime sono provocate dallo scoppio delle mine di cui i nazisti hanno disseminato gli edifici pubblici: l'esplosione piú grave investe, il 7 ottobre, l'edificio della Posta centrale. La carenza di mezzi di comunicazione aggrava il problema dei rifornimenti. Le autorità alleate, che nei primissimi giorni hanno distribuito quantitativi limitati di pane bianco, sono assillate dalle necessità di privilegiare il trasporto di armi e di forniture militari. Razionano, perciò, i pochi generi che sono in grado di assicurare, limitando inizialmente la distribuzione quotidiana a 150 grammi di pessimo pane e 40 di pasta ancor piú scadente. Si sopravvive soltanto grazie alla borsa nera, ben presto organizzata in grande stile con la cooperazione determinante dei militari alleati, non solo per quanto riguarda i generi alimentari ma anche per le sigarette ed ogni altro articolo commerciale, non esclusi i carri armati, le navi *liberty* e le bombe a mano. Ingigantisce cosí un processo inflazionistico che è nell'ordine naturale delle cose, anche perché il governo militare alleato si è affrettato a stampare un enorme volume di *AM-lire*, la moneta di occupazione che nel giro di poche settimane pareggia l'intera massa di moneta italiana in circolazione nel territorio liberato, per un complesso di 16 miliardi di lire.

Corruzione e malavita sono la conseguenza inevitabile di un simile stato di cose. Chi non dispone di difese economiche o culturali, è travolto. Molti napoletani riescono ad ottenere un impiego dalle autorità di occupazione, magari accettando i compiti piú umili, improvvisandosi scaricanti del porto, facchini, camerieri, autisti, perfino cantanti lirici o caricaturisti, pur di superare l'abisso. Ma nel suo complesso, dopo aver patito tre anni di terrore ed essersi battuto con tanto coraggio contro il tedesco, la popolazione è troppo provata per serbarsi fedele ai tabú tradizionali: appare dominata da un senso invincibile di passività, come chi è in balia di un uragano. Ben disposta nei confronti degli Alleati, non manifesta tuttavia la minima intenzione di affiancarli nelle operazioni belliche contro i nazisti. Tutto ciò che chiede è di sopravvivere e per riuscirvi si adatta a qualsiasi espediente: contrabbando, furto, prostituzione diventano i settori trainanti dell'industria napoletana, quella che l'antica saggezza di Pulcinella chiamava «la fabbrica dell'appetito». La città si trasforma in un crogiolo ribollente, si vende e si danna ogni giorno, si copre di piaghe, si stordisce in un vortice di irreale gaiezza. Gli scugnizzi che hanno gettato bombe nei cingoli dei «tigre» di Scholl, si ritrovano *sciuscià*, mariuoli, ruffiani della madre e della sorella, manutengoli dei piú sordidi ed incredibili affari. Migliaia di virtuose popolane e di compunte ragazze del ceto medio battono il marciapiede con feroce avidità, sono diventate «segnorine» disposte a barattare le proprie grazie contro una scatoletta di *corned beef* o un pacchetto di *Chesterfield*. Le piú fortunate si fanno impalmare da un vincitore e lasciano il maledetto paese che sembra condannato per l'eternità alla miseria e alla vergogna.

Miseria e vergogna non nascono da una vocazione patologica della gente napoletana, ma semplicemente dallo sfacelo in cui l'avventura fascista ha gettato l'Italia, annientando le sue risorse materiali e spirituali, spalancando il suo territorio all'offesa di due eserciti nemici, distruggendo il suo prestigio internazionale. Ne fanno amarissime esperienze gli esponenti dei partiti che, subito dopo la Liberazione, cercano proprio a Napoli e da Napoli di risollevare dal fango il tricolore, nella generosa lusinga di imporre agli Alleati il rispetto per il contributo che la Resistenza antifascista ha portato e può portare alla loro causa. In realtà si tratta, almeno fino a questo momento e in questa parte del paese, di un contributo modesto. I gruppi moderati si riducono a pochi notabili il cui prestigio, fatta eccezione per Croce, è limitato alla sfera locale. Il partito socialista può contare «su vecchi quadri, qualcuno molto esperto e capace come Luigi Cacciatore o come Nino Gaeta e su una tradizione che ha messo le sue radici nelle "isole rosse"», ma è inflazionato di avvocati, professori ed ex parlamentari, gente che rappresenta soltanto se stessa anche quando vanti un passato rispettabile. Per di piú, la confusione ideologica già sofferta nel primo dopoguerra si è accentuata negli ultimi anni del regime con l'infiltrazione di estremisti, massimalisti, anarchici, tutti combattenti intrepidi nell'ora dell'insurrezione ma funesti in quella delle scelte politiche.

I comunisti stanno appena un po' meglio. Il 1º ottobre si sono contati in una riunione semiclandestina tenuta a piazza Cavour, ed erano circa duecento dei quali appena una cinquantina di iscritti. Un movimento di massa non esiste in tutto il Mezzogiorno. Esiste invece una differenza di fondo nella formazione individuale: i reduci dal confino, dalle galere, dall'esilio sono aggiornati sulle esperienze che il partito ha vissuto dopo la «svolta», mentre i vecchi militanti legati ai ricordi e alle polemiche del '26 contestano i funzionari che vengono «da lontano» e che hanno assimilato la mentalità stalinista. Se si aggiunge che fortissime divergenze separano, in questo periodo, anche il Centro di Roma da quello di Milano, il settarismo dottrinario di Scoccimarro dall'empirismo rivoluzionario di Longo, la sottigliezza politica di Amendola dal rigore intransigente di Secchia, si comprende meglio lo sbandamento del gruppo che a Napoli dirige il partito dall'ottobre '43 all'aprile '44 sotto la guida di Eugenio Reale e di Velio Spano, un militante rientrato in patria dalla Tunisia con altri compagni come i fratelli Gallico e Maurizio Valenzi.

Del resto, per ovvie ragioni, Bordiga ha influenzato fortemente il comunismo napoletano. Antonino Tarsia, il capo dei patrioti del Vomero, è fratello di Ludovico già braccio destro dell'ex segretario del Pc d'Italia. Vicino alle sue posizioni è Enrico Russo, un trockista che ha combattuto anche nella guerra di Spagna e che organizza a Salerno la prima Confederazione del lavoro, bruciando sul tempo il partito. Bordighiani sono, dal piú al meno, Antonio Cecchi, Eugenio Mancini, Libero ed Ennio Villone, Mario Palermo, Vincenzo Ingangi che verso la fine di ottobre diventano protagonisti della «scissione di Montesanto». Il gruppo tenta, il giorno 23, di occupare la sede ufficiale della Federazione campana, alla salita San Potito, per indurre alle dimissioni il Comitato federale. Di fronte all'abile reazione di Reale e Spano, che prendono tempo per mobilitare i quadri operai della periferia rossa e della provincia, Mancini decide di impiantare un'altra Federazione regionale in un edificio di via Montesanto. La polemica è cosí aspra da trasferirsi sulle colonne del «Risorgimento», il solo quotidiano autorizzato dalle autorità di occupazione, sul quale tra il 28 e il 30 compaiono due comunicati delle contrapposte organizzazioni. La scissione è dunque sancita pubblicamente. Due mesi dopo, grazie alla mediazione di Vincenzo La Rocca, il dissenso è parzialmente composto, alcuni degli scissionisti rientrano nei ranghi e Salvatore Cacciapuoti viene nominato segretario della Federazione. La linea del partito rimane, tuttavia, molto rigida nei confronti del governo Badoglio, cui si nega ogni collaborazione, sebbene il 13 ottobre esso abbia dichiarato guerra alla Germania ed ottenuto dagli Alleati il riconoscimento della «cobelligeranza».

In una conversazione radiofonica tenuta, tre giorni dopo, dai microfoni di Mosca, Togliatti ha preso posizione in senso radicalmente diverso, suggerendo ai partiti antifascisti di entrare a far parte del governo Badoglio, per trasformarlo in un «governo democratico di unità nazionale» ed affrontare agli ordini del maresciallo la lotta di liberazione. La questione istituzionale va accantonata. Il giorno 22 dello stesso mese, ancora a Mosca, i ministri degli esteri dei tre governi alleati hanno messo a punto una risoluzione sul problema italiano basata sugli stessi princípi. Togliatti è il solo «veggente», l'unico nostro dirigente che conosca i disegni dei tre governi e sia in grado di interpretare in particolare quelli di Stalin. I suoi compagni di direzione, a Roma come a Milano e a Napoli, ignorano o sottovalutano queste indicazioni anche se svolgono una paziente opera di mediazione in seno al Cln per evitare una lacerazione tra l'ala moderata e quella giacobina, rappresentata da socialisti ed azionisti. Costoro dànno voce all'indignazione di tutti gli antifascisti italiani contro la dinastia che è stata complice del fascismo per vent'anni e contro Badoglio che ha abbandonato il paese alla vendetta tedesca. Temono inoltre, assai ragionevolmente, che il maresciallo utilizzi le benemerenze della cobelligeranza per restaurare ad un tempo la monarchia, il capitalismo e il vecchio Stato borghese; ma mostrano di ignorare i reali rapporti di forza internazionali, la divisione già scontata delle zone d'influenza tra gli Alleati, la preminente importanza che riveste agli occhi di Stalin l'apertura del secondo fronte rispetto a tutti i problemi politici dell'Occidente europeo. Togliatti invece «conosce perfettamente i limiti entro i quali può agire un movimento popolare nell'Italia liberata del 1943-45»; e come lui li conosce Alcide De Gasperi, che presto emergerà come il solo antagonista di grande statura del movimento comunista.

I fatti confermano puntualmente la diagnosi. Lasciando a Badoglio il controllo delle sole province pugliesi, Foggia esclusa, gli angloamericani creano un governo militare alleato dei territori occupati, l'Amgot, affidando l'amministrazione della Campania al colonnello Hume, che mantiene in carica tutti i funzionari badogliani ed instaura una rigorosa censura sulla stampa. Alla direzione del «Risorgimento» il monarchico Paolo Scarfoglio controbilancia gli slanci democratici di Emilio Scaglione, malvisto anche da Croce che piú tardi riuscirà ad imporre come direttore unico il liberale Floriano Del Secolo. Al comune resta in carica il commissario Solimena affiancato da una giunta designata dal Cln mentre il posto lasciato vacante da Soprano viene assegnato ad un prefetto di carriera, il Cavaliere. Il governo alleato consente agli antifascisti di commemorare Giovanni Amendola, il 19 dicembre, ma impedisce che si tenga a Napoli il convegno antifascista spostato poi a Bari per la fine del gennaio 1944. La solenne assise di tutte le forze democratiche del Mezzogiorno si risolve in un «grande comizio antimonarchico», dominato virtualmente da Croce: la mozione conclusiva che esclude ogni possibilità di collaborazione con Badoglio ed esige l'abdicazione di Vittorio Emanuele III, lascia completamente indifferenti tanto il maresciallo quanto le autorità angloamericane. Occorrerà tutta la diplomazia e la sapienza giuridica di Enrico De Nicola per persuadere il re ad annunciare che nominerà Umberto suo luogotenente generale il giorno in cui Roma sarà liberata.

Una certa democratizzazione della vita pubblica napoletana coincide con la sostituzione, pochi giorni dopo il Congresso di Bari, del colonnello Hume con il suo collega Charles Poletti, un italoamericano che ha vissuto e studiato nel nostro paese. Convinto assertore del «New Deal» rooseveltiano, Poletti nomina in aprile il democristiano Selvaggi nuovo prefetto e sceglie come sindaco il vecchio avvocato Gustavo Ingrosso, un radicale che pochi mesi dopo sarà chiamato alla presidenza della Corte dei conti e sostituito da Gennaro Fermariello. Sostenuti dal Cln di cui sono espressione, prefetto e sindaco collaborano attivamente con il governatore militare per migliorare lo stato dei servizi pubblici e dei rifornimenti alimentari, avviando altresí il processo di epurazione contro gerarchi e funzionari fascisti. Il 16 maggio, con una solenne rappresentazione dell'*Aida*, riapre i battenti il teatro San Carlo.

Nonostante la tenace resistenza dei tedeschi ad Anzio e a Cassino, la guerra si allontana da Napoli dando respiro alla vita della città, che conosce tuttavia altri giorni di panico a fine marzo per una paurosa eruzione del Vesuvio. Si rianima anche la dialettica tra le forze politiche: in novembre, Badoglio ha già rimpastato il suo governo designando due liberali, Epicarmo Corbino e Vito Reale, tra i sottosegretari; in febbraio si trasferisce a Salerno. Altri due mesi e scoppia quella che Nenni chiamerà «la bomba Ercoli». Partito da Mosca il 16 febbraio, Palmiro Togliatti («Ercole Ercoli») arriva ad Algeri il 21 marzo, una settimana dopo il riconoscimento del governo Badoglio da parte dell'Unione Sovietica. Il pomeriggio del giorno 27, il capo del partito comunista sbarca a Napoli dal *Tuscania* e si presenta inatteso, in compagnia dell'avvocato Adriano Reale, alla sede della Federazione a San Potito. Il 1º aprile, tiene una conferenza stampa in cui enuncia i fondamenti della «svolta di Salerno», suscitando enorme scalpore nel partito, nei paesi, nei circoli angloamericani. Un memorandum della commissione alleata di controllo denuncia la minaccia che viene dal riconoscimento sovietico e dall'arrivo di Togliatti «per quella spinta verso le estreme che è corollario inevitabile di un'economia in pezzi e dei pericoli dell'inflazione». In un discorso al Consiglio nazionale del Pc, lo stesso «Ercoli» delinea i tratti essenziali della sua concezione del partito di massa, il «partito nuovo», di cui parlerà piú diffusamente il 14 aprile al cinema Modernissimo in un rapporto ai quadri napoletani.

Le resistenze all'interno del Pc sono minime: Togliatti ha sbloccato una situazione che non presentava vie d'uscita. Anche gli azionisti e i socialisti accettano, sia pure a malincuore, la «svolta»; Croce addossa agli alleati la responsabilità di aver respinto ogni approccio delle forze democratiche, permettendo in tal modo ai comunisti di presentarsi come benemeriti del paese e di entrare nel governo. Il 22 aprile, infatti, Badoglio forma il nuovo ministero che comprende lo stesso «Ercoli» tra i cinque ministri senza portafoglio, il comunista Fausto Gullo come ministro dell'industria lavoro e commercio, piú i comunisti Pesenti e Palermo come sottosegretari. L'ex scissionista napoletano, un signore simpatico e bonario che esce da una famiglia molto agiata, darà ottima prova al dicastero della guerra. Per la città, comunque, i giorni dell'occupazione alleata sono contati: il 5 giugno Roma viene liberata e Poletti vi si trasferisce subito dopo, lasciando il proprio posto al colonnello John W. Chapmann. Ancora due mesi e l'Amgot si sposta al nord, mentre il colonnello Temperley assume il comando della «III regione meridionale». Napoli si avvia a tornare, definitivamente, italiana.

Parte nona
Si compie l'Unità

Il massacro urbano

Negli anni che corrono dal 1944 al 1992 si aggravano paurosamente le responsabilità che pesano sulla classe dirigente locale e nazionale per il modo in cui è stata realizzata l'Unificazione, per la mancata trasformazione industriale di Napoli, per le condizioni di sottosviluppo civile e culturale in cui è stata abbandonata la popolazione. Sono responsabilità che pesano inizialmente sul personale monarchico e su quello democristiano. Nel primo quindicennio, infatti, la democrazia cristiana delega alla destra monarchica il governo cittadino, per ottenerne in cambio l'appoggio ad una strategia i cui cardini sono rappresentati dalla rottura con le sinistre e dalla restaurazione del vecchio meccanismo capitalistico. Il Congresso che il partito cattolico tiene proprio a Napoli nel 1947 suggella ufficialmente il clima di guerra fredda imposto dalla congiuntura internazionale e sapientemente sfruttato all'interno per gettare le premesse del nuovo regime. Tre anni dopo, i sindaci clericali del centro-destra lasciano il posto all'amministrazione di Achille Lauro nei cui confronti si condurrà un'opposizione assai duttile mentre le si garantisce il larvato sostegno del governo centrale, delle autorità tutorie, degli istituti di credito ed anche del principale quotidiano cittadino, «Il Mattino», che torna nelle edicole a partire dal 1950 per condurre (sotto la direzione di Giovanni Ansaldo) un'abile campagna di fiancheggiamento del laurismo. Il momento piú emblematico di questa complicità è rappresentato dall'alleanza che, in occasione delle elezioni amministrative del '54, Silvio Gava stringe con monarchici e missini per strappare alle sinistre il comune-chiave di Castellammare di Stabia.

Si tratta, beninteso, di una delega provvisoria a cui la democrazia cristiana si piega sulla base di un'analisi realistica del sottosviluppo locale e, in termini piú vasti, della necessità di coprirsi a destra per condurre piú a fondo la sua offensiva contro il Pci. Ciò è tanto vero che, negli stessi anni, i dirigenti cattolici creano le premesse per surrogare il loro sistema di potere a quello, rozzo e folcloristico, delle cricche e dei notabili meridionali. Sono del 1950 la creazione della Cassa per il Mezzogiorno e la riforma agraria. È del 1954 il Congresso democristiano, tenuto ancora a Napoli, nel quale Fanfani e gli altri esponenti della seconda ondata preparano la giubilazione di De Gasperi e del superstite nucleo dirigente di estrazione «popolare». In quella stessa occasione, la democrazia cristiana decide di rinunciare all'intesa con la Confindustria, orientandosi verso la penetrazione nelle aziende a partecipazione statale e negli enti locali, alla cui testa saranno insediati elementi di fiducia della segreteria, in grado di assicurare al partito una consistente rete di influenze clientelari e contemporaneamente una fonte di finanziamenti, che resterà per molti anni incontrollata. Ancora: è del 1957 la proroga per dieci anni di quel prezioso strumento che, a tal fine, si è rivelato essere la Cassa del Mezzogiorno. Sono, per concludere, del 1958 i primi interventi del ministro democristiano degli interni per controllare, censurare e quindi scalzare la giunta monarchica di Napoli, in parellelo con lo spostamento del baricentro governativo dall'area di centro-destra a quella di centro-sinistra.

Se nel resto del Paese le risultanze passive di siffatta strategia trovano una parziale contropartita in un sensibile progresso in termini di libertà e di benessere per larghi strati sociali, per il Mezzogiorno e piú in particolare per Napoli il bilancio è quasi interamente negativo. Non potrebbe accadere diversamente, in primo luogo perché il sottosviluppo delle regioni meridionali è funzionale al modello di sviluppo imposto dall'apparato produttivo nazionale, che si identifica in un'industria di trasformazione i cui margini di profitto sono garantiti esclusivamente dal supersfruttamento della forza-lavoro, e quindi soprattutto da un abbondante flusso migratorio. Un decollo economico del Sud legherebbe la manodopera alle regioni di origine, promuovendone per di piú la capacità contrattuale a livello sindacale e politico. In conflitto con questa prospettiva entrano anche gli interessi del personale moderato che dirige il governo e la pubblica amministrazione ed è quindi indotto, come ai tempi di Giolitti, a conservare nel Mezzogiorno un'imponente riserva di voti e di consensi popolari, da rastrellare direttamente attraverso le organizzazioni cattoliche o indirettamente, fin quando sia necessario, attraverso i partiti di destra.

Naturalmente, questi gruppi non sono disposti ad offrire i propri servigi gratuitamente e il prezzo che ottengono, a Napoli, è di potersi abbandonare pressoché indisturbati al saccheggio dell'unica risorsa disponibile, il territorio, sul quale in effetti si abbatte il flagello di una selvaggia speculazione sui suoli e di un'edilizia da rapina. Qualcosa del genere accade, nello stesso periodo, a Roma con la differenza che la vecchia capitale del Sud costituisce una preda assai piú docile e indifesa. Nel contesto meridionale, la città rappresenta l'anello piú debole della catena, sia perché esce distrutta dai bombardamenti e dalle devastazioni della guerra, sia perché nel corso dei decenni seguiti all'Unificazione non è riuscita a trovare una sua nuova e vitale collocazione economica. Opere letterarie come *La pelle* di Malaparte e *La galleria* di John Horne Burns, grandi film neorealisti come *Paisà* di Rossellini e *Sciuscià* di De Sica restano a testimoniare lo sfacelo materiale e morale in cui versa Napoli quando i comandi alleati passano le consegne alle autorità italiane. In quei mesi, il ceto medio e il proletariato industriale hanno subito dolorosi oltraggi al loro senso etico, al loro decoro e al loro livello di vita, ma la plebe che ha conosciuto un'effimera parentesi di canagliesca euforia, finisce per ritrovarsi in una condizione infinitamente peggiore, piú povera, piú smarrita, piú desolata di prima, relegata ai margini di una ricostruzione economica che non la riguarda e di una riscossa democratica che non la coinvolge, estranea com'è ai suoi sentimenti e alla sua comprensione.

Dilaga cosí nel '45 il Movimento dell'Uomo Qualunque, organizzato e gestito dal giornalista napoletano Guglielmo Giannini; si afferma cosí, nel referendum istituzionale del '46, il travolgente successo del movimento monarchico che si assicura circa l'80 per cento dei suffragi. Pochi giorni dopo il discusso avvento della Repubblica, le turbe dei fedelissimi di casa Savoia invadono minacciosamente le strade della città, muovono all'assalto della Federazione comunista, sono respinte dai militanti e dalla polizia lasciando sul selciato nove morti e decine di feriti. Non tratta solo di teppisti prezzolati, ma anche di autentici popolani, molti dei quali hanno combattuto con eguale furore contro il tedesco. La destra può quindi contare su una base di massa come pegno per l'intesa con la democrazia cristiana: è la piattaforma elettorale sulla quale l'armatore napoletano Achille Lauro costruisce le proprie fortune politiche, in funzione della ricostruzione della flotta che è stata annientata dalle vicende belliche ed anche di un vago quanto ambizioso progetto di potere personale.

L'uomo non va sottovalutato. Già deputato alla Camera dei fasci e delle corporazioni, poi accusato dai fascisti di collusione con gli inglesi nelle cui banche ha depositato durante la guerra buona parte del suo patrimonio finanziario, Lauro è stato internato per breve tempo nel campo di concentramento di Coltano ma ne è uscito presto, ossequiato dal console generale di Gran Bretagna, per rimettersi febbrilmente al lavoro. Incolto e dispotico, ma intelligente, energico, assai piú avveduto di quanto non voglia far credere, forte di innegabili capacità imprenditoriali, il «comandante» intuisce le grandi possibilità che gli schiudono i primi anni della ricostruzione. Dopo qualche esitazione, si colloca a ragion veduta nel campo monarchico, aprendo al tempo stesso un discreto dialogo con De Gasperi, dal quale ottiene lusinghieri riconoscimenti e soprattutto il pagamento a tempo di primato dei danni di guerra. Ad appoggiarlo, si mobilitano i vecchi fascisti napoletani tuttora fedeli a Paolo Greco, gli aristocratici legati alla dinastia per ragioni di rango o di carriera, i notabili della destra economica e della borghesia professionistica, tutta gente che scorge nella democrazia un serio pericolo per i suoi privilegi, le baronie, i profitti.

È con questo stato maggiore che Lauro entra, per la prima volta, nel luglio del 1950 a palazzo San Giacomo. Per rastrellare i voti della plebe, ha usato i metodi piú spregiudicati puntando sulla fame e sull'ignoranza, sul sentimentalismo e sulla superstizione, perfino sul fanatismo sportivo per la squadra di calcio cittadina. Ma l'asse portante della sua propaganda elettorale è stato il rancore che la città nutre dal 1860 contro lo Stato unitario, il senso di frustrazione e di vittimismo largamente diffuso in tutti i ceti sociali nei confronti del Nord. In realtà, come tutti i vecchi trasformisti meridionali alla Depretis o alla Scarfoglio, di questo Stato che pretende di osteggiare e degli interessi capitalistici che la classe dirigente nazionale tutela, Lauro è un duttile strumento: a Napoli tuona all'opposizione, a Roma i suoi parlamentari rispondono disciplinatamente all'appello ogniqualvolta i governi democristiani abbiano bisogno del loro suffragio o della loro astensione. L'anticomunismo è un alibi buono per tutte le stagioni politiche. In cambio, oltre a molti favori e a molte indulgenze ministeriali, il «comandante» ottiene dal Banco di Napoli la proprietà di un quotidiano, il «Roma», la cui fisionomia tradizionalmente democratica sarà stravolta al servizio della causa monarchica e delle nostalgie fasciste, naturalmente soprattutto della flotta Lauro.

Se in questo periodo il movimento democratico è costretto a mantenersi sulla difensiva, le ragioni sono molteplici e non tutte riconducibili ai rapporti di forza locali. Distruggendo gran parte degli impianti industriali, la guerra ha indebolito e disorientato i lavoratori delle fabbriche, anche se nel complesso essi continuano a rappresentare la piú forte concentrazione operaia del Mezzogiorno. La lotta clandestina e le quattro giornate costituiscono una esperienza troppo limitata rispetto alla dura ma preziosa scuola della Resistenza che da Roma al Brennero si è prolungata per molti mesi. Lo stesso Comitato di liberazione nazionale ha avuto scarso peso e nessuna capacità di aggregazione anche in virtú dei contrasti tra i partiti e all'interno di ciascuno di essi. Il partito d'Azione, diviso tra il richiamo liberale e la vocazione socialista, precipita verso l'auto-annientamento. Il Psi minacciato costantemente da scissioni a catena sulla destra e sulla sinistra, conta a Napoli su modeste tradizioni cospirative e stenta a trovare un modulo organizzativo che gli consenta di tradurre il consenso dell'elettorato in una linea autonoma. I suoi esponenti di spicco, Oreste Lizzadri, Lelio Porzio, Schiano, Sansone, Gaeta, e poi l'ex azionista Francesco De

Martino, si orientano perciò – con maggiore o minore entusiasmo – verso l'unità d'azione anche in sede sindacale con il partito comunista, che è forte del prestigio conquistato nell'attività clandestina e vanta un'organizzazione centralizzata, agguerrita ed allergica ad ogni tentazione clientelare. A sua volta, però, il Pci si muove tra grandi difficoltà, che dipendono sia dall'isolamento in cui gradualmente il sistema tende a relegarlo anche in sede nazionale ed internazionale, sia dalle modeste dimensioni della base su cui può far leva l'apparato per costruire il partito di massa che vuole Togliatti.

L'azione svolta dal segretario generale nei primi mesi del suo ritorno in patria, quando Napoli rimane per qualche tempo «un centro di direzione politica» per tutta l'Italia liberata, produce effetti profondi che potranno essere valutati però soltanto a gioco lungo. Capovolta la linea del partito nei confronti del governo Badoglio e delineato nel rapporto al «Modernissimo» il volto del partito nuovo, Togliatti ha avuto anche il tempo e la lungimiranza di realizzare una terza operazione, non meno importante delle altre due: ha messo l'occhio su un gruppo di intellettuali napoletani di estrazione borghese che non esiterà ad inserire tra i quadri dirigenti, o addirittura nella propria segreteria, forse anche per bilanciare la spinta stalinista dei vecchi militanti usciti dal confino, dal carcere o dall'emigrazione. È un modo ardito di utilizzare la disponibilità democratica di giovani che lo sfacelo del fascismo, la disfatta militare e le tumultuose esperienze dell'immediato dopoguerra hanno avvicinato al «comunismo come speranza». Non si tratta soltanto degli scrittori e degli artisti che, con la mediazione di Sereni e di Giorgio Amendola, sono entrati nel partito tra il 1930 e il 25 luglio; ma anche degli studenti universitari e degli ufficiali di complemento che escono dai Guf, dai littoriali, dalla lotta armata.

Buona parte dei ragazzi che hanno lavorato nella redazione del «IX Maggio» e nell'ufficio cultura dei Guf di Napoli si sono ritrovati, tra la fine del '43 e l'inizio del '45, dinanzi ai microfoni della stazione radio che il Psychological Warfare Branch ha installato come centro di propaganda alleata, ma che funziona anche come modernissima scuola di giornalismo e di spettacolo. Non costituiscono un gruppo compatto, giacché sono divisi non tanto e non solo da contrasti di natura ideologica, quanto da una profonda divaricazione di scelte, di vocazioni, di temperamenti. Alcuni di essi entrano o restano nel Pci: per esempio Massimo Caprara, che in un primo momento ha dato vita ad un brevissimo esperimento con la rivista «Latitudine», nutrita di interessi prevalentemente letterari, finisce poi per lavorare a diretto contatto con Togliatti. Un'iniziativa interessante assume Pasquale Prunas che pubblica per qualche tempo, con Gianni Scognamiglio, «Sud», un settimanale che per il taglio e la modernità dei contenuti anticipa, in qualche modo, con mezzi modestissimi, «Il Politecnico» di Vittorini, anche se con molta confusione di idee e di informazioni. Vicino alle posizioni di Prunas si colloca il «Gruppo Sud», al quale aderiscono taluni dei giovani artisti piú interessanti del momento, da De Fusco a Waschimps, mentre già nel '44 Paolo Ricci ha promosso la creazione di una «Libera associazione degli artisti», aperta a tutte le tendenze della moderna cultura figurativa.

Su questo sfondo di vivaci fermenti, si colloca «La Voce», un quotidiano di «unità democratica» a cui dànno vita nel '47, in piena atmosfera di fronte popolare, comunisti e socialisti. In un primo tempo, sotto la direzione effettiva di Michele Pellicani, il giornale incontra un notevole successo popolare; piú tardi, affidato a Mario Alicata, accentuerà la sua ispirazione meridionalista ma andrà perdendo quota via via che la guerra freddda irrigidirà il Pci su posizioni di chiusura, proprio mentre in città soffia piú impetuoso il vento della restaurazione. Con la terza pagina della «Voce», Alicata assolve però ad una funzione molto importante nel senso che, oltre ad ospitarvi collaboratori come Bernari, Pratolini, Alfonso Gatto, Vittorini, Anna Maria Ortese, la trasforma in un punto d'incontro tra i giovani scrittori napoletani che lavorano sull'incandescente materiale della città devastata: con gli altri, Michele Prisco, Mario Schettini, Luigi Incoronato, Aldo De Jaco. La presenza piú imponente, per assiduità di impegno e potenza di rappresentazione, è quella di Prisco, uno scrittore venuto da Torre Annunziata, che si ricollega esplicitamente alla grande esperienza letteraria dell'Ottocento per recuperare i personaggi, i sentimenti, l'ambiente pigro ed estenuante della provincia vesuviana, anche se piú tardi dilaterà la sua ispirazione a una tematica piú alta e ambiziosa. In ogni caso, l'ondata neorealistica è la risposta di una generazione alla sfida che letteratura e cinema nazionali propongono nell'immediato dopoguerra anche attraverso la voce già autorevole di uno scrittore napoletano come Carlo Bernari, ma che sarà esaltato soprattutto da Eduardo De Filippo con memorabili testi teatrali quali *Napoli milionaria* e *Filumena Marturano*.

È la sera del 26 marzo 1945 che si rappresenta per la prima volta, al teatro San Carlo, *Napoli milionaria*, struggente riflessione sui guasti materiali e soprattutto morali provocati dalla guerra. Eduardo vi ha segnato una svolta netta rispetto ai modi e ai contenuti del «teatro umoristico» condotto per una quindicina di anni, con successo crescente, assieme ai fratelli Titina e Peppino. La pura comicità dei primi atti unici, l'impegno patetico sui testi di Paola Riccora e di Gino Rocca, l'evasione paradossale maturata via via negli ultimi anni, non bastano piú al primo dei tre figli illegittimi di Scarpetta. Un sodalizio di rispettosa amicizia e di fecondo lavoro con Luigi Pirandello è stato decisivo per l'autore-attore che, a contatto con il maestro siciliano, è andato affinando la sua dolorosa sensibilità, il suo spirito di osservazione «instancabile, ossessivo», l'ineguagliabile «orecchio» che gli permette di colmare le lacune di una volenterosa preparazione da autodidatta.

Eduardo chiude la grande stagione dell'arte napoletana aperta dalla Serao e da Di Giacomo. A differenza di Viviani, egli rimane prigioniero in buona misura della sua origine piccolo-borghese, non contraddetta ma semmai esasperata dalla crisi economica e sociale della classe. Il suo moralismo e la sua misantropia sono il frutto di una sofferta nostalgia di valori tramontati, piuttosto che dell'ansia per un mondo nuovo, cui pure andrà la simpatica politica dell'uomo De Filippo. La sua amarezza scaturisce essenzialmente dalla decadenza della famiglia e dei buoni costumi. Ma questa posizione va considerata nel contesto dell'ambiente storico e psicologico da cui nasce l'arte di Eduardo, nella chiave di un'ambiguità che è ormai una caratteristica congenita nell'intellettuale napoletano, diviso tra timore e disprezzo per la realtà, tra ipocrisia e rivolta, tra slancio verso il nuovo e tenace fedeltà non alle sovrastrutture della società dominante ma piuttosto a sentimenti che si giudicano eterni: la dolcezza, la tolleranza, la malinconia, una sconsolata saggezza.

Anche il dialetto di Eduardo è lontano dal vernacolo beffardo e violento di Viviani. Qualcuno vi avverte «la misteriosa melopea che sale dalle vecchie, corrose mura di Napoli», ma al canto dolente lo straordinario attore è capace anche di alternare scatti improvvisi e irrazionali, berci e cachinni impietosi: la sua voce, bassa e strisciante, sa impennarsi in una sorta di rictus in cui il commediante, il figlio di Sciosciammocca e di Pulcinella, si ricorda all'interprete per ammonirlo sulla precarietà della sua stessa tragedia. Come tutti i mostri sacri della scena mondiale, recita senza gesticolare e senza alzare il tono della voce, talora non ha neppure bisogno di parlare, mantenendo rispetto ai personaggi e alle situazioni, la flemma disperata dell'osservatore intorno a cui la vita scorre con un ritmo cui è vano adeguarsi – ma di suo dispone di qualcosa in piú, una corda folle, quel guizzo da «clown», quella facilità del «lazzo» che gli è arrivata nel sangue da secoli di elaborazione popolare.

La vibrazione morale e l'ironia da cui è pervasa la sua scrittura non lasciano posto ad alcun compiacimento, e tanto meno al sentimentalismo. La consapevolezza del potere degradante che la miseria esercita e dell'ipocrisia umana vela di serietà anche le sequenze piú farsesche del teatro di Eduardo; ed è come se dalle sue battute Napoli uscisse prosciugata, disinquinata, «scabra ed essenziale» come i ciottoli del mare montaliano, cosí diverso da quello del golfo. Se è vero che non guarda al futuro, la meditazione di Eduardo sul passato e sul presente della città rassomiglia a un lavoro di scavo prodigiosamente lieve e profondo, che restituisce intatta la sua permanente verità: dialetto, sapori, odori, principî etici ma anche superstizione, fame, paura, egoismo, avidità golosa di sensazioni e di ricchezza.

Naturalmente, non tutti i testi che Eduardo verrà presentando dopo *Napoli milionaria* e *Filumena Marturano* (stupendo ritratto di donna) avranno la loro intensità umana e nemmeno la felicità farsesca di *Sik Sik artefice magico* o di *Natale in casa Cupiello*, i due capolavori del periodo anteguerra. Nondimeno, nel giro di tre anni, egli scrive altre due commedie di alto livello – *Questi fantasmi!*, che è forse perfetta, e *Le voci di dentro* – recuperando quella dimensione surreale che nella sua arte, come nel temperamento di tanti napoletani, convive organicamente con il senso immediato della concretezza. Successivamente, alternando brusche cadute a intuizioni prodigiose come *Sabato domenica e lunedí* o *Gli esami non finiscono mai*, Eduardo andrà estendendo la propria fama molto al di là dei confini nazionali, conquisterà platee esigenti come quelle inglesi o sovietiche, sperimenterà anche nel cinema e in televisione la propria consumata valentia. Oltre settant'anni di palcoscenico faranno di lui l'artista piú significativo del nostro teatro e della cultura napoletana.

Non sono soltanto gli scrittori neorealisti e la figura dominante di De Filippo a ravvivare l'immediato dopoguerra. Un singolare contrappunto, in chiave di mitizzazione nostalgica del passato, offre da Milano Giuseppe Marotta che comincia ad elaborare la sua rivisitazione di una Napoli effimera, perché tutta inventata dalla memoria. Marotta torna in qualche modo alla Serao e a Di Giacomo, mentre Domenico Rea recupera l'immediata e la sulfurea violenza di una tradizione assai piú antica che risale, attraverso le favole di Basile, fino alle radici pagane del folk regionale, la stessa fonte a cui attinge inconsapevolmente quel fenomeno di comicità insieme surreale e concretismo che è Antonio De Curtis, in arte Totò, prodigiosa maschera in cui si fondono la scurrilità primitiva della plebe e il funambolismo dell'avanguardia.

Ma il trapasso dalla tematica di una comunità circoscritta ad argomenti e modi di respiro piú ampio si avverte in altri autori ed in altre istituzioni cittadine. In Luigi Compagnone, lo sdegno contro le ingiustizie sociali è temperato dal gusto del grottesco, dalla mutevolezza degli umori, da una vena picaresca che a sua volta è contraddetta da un senso angoscioso di paura e di morte. In Raffaele La Capria, il conflitto non è determinato dall'istinto ma dalla ragione: egli si rifiuta di esprimere in termini naturalistici la realtà del paesaggio napoletano non solo perché è convinto dell'impossibilità di fare ormai romanzo, ma perché avverte dolorosamente la degradazione della città; e al tempo stesso le è troppo connaturato per non capire che «il mondo mentale mente in misura monumentale quando resta troppo solo». *Ferito a morte* dà un senso amaro di sconfitta e di inutilità, il suo protagonista sprofonda nell'azzurro del suo golfo come nell'abisso in cui si è calato il fuoruscito a Parigi o a Mosca, il miliziano della guerra civile di Spagna, l'ostaggio dei lager nazisti e stalinisti. Piú tardi verrà «L'Armonia perduta» a dar ragione storica a quel conflitto.

Il ritardo con cui questi scrittori filtrano Kafka o Joyce, Eliot o Spender, rivela pateticamente la condizione di clausura in cui Napoli e il fascismo li hanno imprigionati. Non meno fragile è la tenuta del gruppo neorealista nell'impatto con la guerra fredda e con l'aspra fatica della ricostruzione. Le dure vicende dei primi anni cinquanta troncano di colpo il periodo di entusiasmo e di fervore che ha vissuto la città, disperdendo nelle piú diverse direzioni i giovani intellettuali e molti costringendone a cercare altrove lavoro, come nel caso di Giuseppe Patroni Griffi, di Francesco Rosi, e di tanti giornalisti, professionisti, scienziati, tecnici. Dopo un fuggevole esordio come narratore, Patroni Griffi si volgerà al teatro, staccandosi dal vecchio gruppo per una dichiarata indifferenza ai problemi politici e un piú pronunciato interesse per i rapporti psicologici come si vengono delineando nel tumulto della società emergente, dove sentimenti, costume, sesso, lingua sono rimessi continuamente in discussione. Francesco Rosi si caratterizzerà invece come regista cinematografico, alla scuola di Luchino Visconti, non solo per la vigorosa padronanza del mezzo quanto per un severo impegno civile di cui *Salvatore Giuliano* e *La mani sulla città* rappresentano i primi esempi significativi.

In ogni caso, concluso il dopoguerra, Napoli non offre piú spazio alle individualità isolate. I margini del discorso si restringono in misura soffocante. La battaglia culturale rimane affidata alle formazioni istituzionali, che sin dagli ultimi anni dell'Ottocento hanno tenuto il campo: quella che si raccoglie ancora intorno alla ideale cattedra di Croce e quella che si richiama direttamente al movimento operaio. È di ispirazione crociana «Aretusa», la prima rivista culturale pubblicata nell'Italia liberata tra il marzo del '44 e il gennaio del '45, per iniziativa di Elena e Raimondo Craveri, e firmata prima da Francesco Flora, poi da Fausto Nicolini. Nel febbraio del 1947 si inaugura l'Istituto di studi storici che il grande intellettuale affida alla direzione di Federico Chabod, dopo la morte prematura di Omodeo. Tra i giovani che frequentano l'Istituto, si distinguono il filosofo Raffaello Franchini, lo storico Rosario Romeo, Vittorio De Caprariis, Francesco Compagna, Renato Giordano. Quando Benedetto Croce muore, nel 1952, Compagna e i suoi amici hanno già avviato quel lavoro di revisione dello storicismo idealistico che li porterà a allinearsi sulle posizioni del «Mondo» di Mario Pannunzio e a dare vita, due anni piú tardi,

a «Nord e Sud», una rivista «di cultura liberale, meridionalista ed europei-
sta, aperta ai socialisti e critica del socialismo, impermeabile alle lusinghe
del sinistrismo, alle suggestioni del classicismo, alle illusioni che derivano
dalle sommarie ricette del populismo». Il gruppo raccoglie anche l'eredità
meridionalistica di Guido Dorso, morto prematuramente nel 1947.

Nello stesso anno in cui esce il mensile di Compagna, il 1954, vede la
luce un periodico diretto da Amendola, Alicata e De Martino, «Le Cronache meridionali», a cui darà un contributo determinante Gerardo Chiaro-
monte che, insieme con Giorgio Napolitano, è l'esponente di maggiore
spessore politico tra i giovani scelti da Togliatti. Anche se l'impronta comunista vi è preponderante, la rivista riuscirà a conservare un respiro unitario
almeno fino al 1959. Naturalmente lo sviluppo del Mezzogiorno è il tema
fondamentale delle «Cronache», sulle cui colonne si accendono anche serrate polemiche su Levi e Scotellaro a proposito della civiltà contadina e si
delinea un primo dibattito sui quaderni di Gramsci.

Dopo il '59, il trasferimento a Roma di molti redattori e soprattutto le
crescenti difficoltà nei rapporti con i socialisti provocheranno un graduale
declino delle «Cronache», che dal 1960 usciranno in una diversa veste
tipografica, per chiudere definitivamente i battenti quattro anni dopo. In
realtà, il destino della rivista è strettamente intrecciato a quello della battaglia politica culturale e meridionalistica perseguita dai comunisti tra l'arrivo di Togliatti in Italia e all'organizzazione della maggioranza di centro-
sinistra. Le condizioni di inferiorità in cui il partito affronta questa battaglia si sono palesate già nei primi mesi seguiti al passaggio dei poteri dai
comandi alleati alle autorità italiane, accentuandosi in coincidenza con il
referendum istituzionale. In questo quadro, si cercano intese non solo con
il partito socialista ma con tutti i democratici disponibili e persino con
alcuni esponenti del vecchio establishment, come l'ottuagenario Arturo
Labriola, il professor Corbino, l'ingegner Cenzato, attraverso organismi
unitari che operano in campo economico, culturale, amministrativo, e
soprattutto sul fronte del Mezzogiorno. Nel dicembre del '47 ad un «convegno del popolo meridionale», che si tiene a Pozzuoli, intervengono settemila delegati di tutte le regioni del Sud, per dare vita al Fronte del Mezzogiorno che sopravviverà anche alla bufera del 18 aprile e si trasformerà
successivamente in Movimento per la rinascita del Mezzogiorno. Un
secondo «congresso del popolo meridionale» si terrà nel 1954, quando tuttavia il tessuto unitario appare già lacerato in piú punti. Il punto debole di
questa strategia non sta tanto nella labilità di certi connubi puramente stru-
mentali, quanto nella scarsissima presa che la politica di unità nazionale
può avere, nell'immediato, sulla plebe trincerata nei vicoli e nei bassi

dei quartieri popolari come in una casbah ostile, che resta fedele al re e vota Lauro.

Nel momento in cui si impadronisce del Comune, il «comandante» esercita un'influenza modesta in sede nazionale ma incontra pochi ostacoli nella gestione del potere cittadino e se ne serve essenzialmente per assicurarsi il consenso delle masse popolari e il sostegno della nuova classe economica che è uscita dalle rovine della guerra, quella degli speculatori di aree fabbricabili e degli impresari edili. Nei confronti dei ceti piú umili, attua una politica di interventi assistenziali e di lavori pubblici che ricalca le orme del peggiore regime borbonico. A speculatori ed appaltatori Lauro lascia mano libera, senza riguardo alcuno per la salvaguardia del paesaggio, del tessuto urbano, dei servizi igienici e sanitari di una città di cui pure si proclama intemerato campione.

La premessa per realizzare il massacro di Napoli è la totale mancanza di una disciplina urbanistica. Funzionari governativi, amministratori comunali, architetti, ingegneri, giuristi, il fior fiore dei professionisti e dei docenti universitari, si lasciano mobilitare e corrompere per fornire giustificazioni alla violazione delle leggi e dei regolamenti, delle norme piú elementari di ogni convivenza civile. Tecnici ed urbanisti si assumono la responsabilità di un saccheggio che infligge alla città danni infinitamente piú gravi di quelli provocati dai bombardamenti angloamericani e dalle devastazioni germaniche. Il golfo piú incantevole del mondo viene trasformato in un'immensa, maleodorante, pestifera cloaca: il mare non bagna piú Napoli. Il «paradiso abitato da diavoli» viene trasformato in un inferno di voragini, di crolli, di fogne a cielo aperto, di squallidi dormitori privi dei servizi piú essenziali. La pirateria edilizia distrugge il verde delle colline, isterilisce la campagna, oscura il sole, converte il piú incantevole panorama di Europa in un incubo di cemento. Distrutta l'economia del vicolo, la popolazione piú povera viene ammassata nei comprensori della cintura esterna, dove la delinquenza la prostituzione e il contrabbando sono la sola alternativa alla disoccupazione e si compie una mutazione antropologica che cancella gli ultimi tratti della gentile indole partenopea.

I primi vandali sono piccoli imprenditori e approfittano delle norme legislative, nazionali e del piano di ricostruzione varato nel settembre del 1945 dalla Giunta Fermariello, per accumulare cospicui guadagni. L'impreparazione dei dirigenti antifascisti cospira con l'avidità dei costruttori nel seppellire definitivamente l'eccellente piano regolatore del '39, col pretesto che sarebbe non solo anacronistico ma illegittimo per mancanza di piani particolari di esecuzione. Gli intralci della burocrazia indigena e di quella romana fanno il resto: il nuovo Pgr elaborato dalle prime amministrazioni democratiche tarda ad essere approvato fino alla primavera del

'52, quando naturalmente la Giunta laurina rifiuta con pretestuose motivazioni procedurali di ratificarlo. Mentre proclama di aver avviato «un profondo e complesso» studio per un nuovo disegno regolatore, lo scrupoloso sindaco offre sei anni di totale caos urbanistico ai suoi amici imprenditori, ai suoi consiglieri, ai suoi parlamentari, i nuovi lanzichenecchi che mettono avidamente «le mani sulla città», come denuncerà con estremo vigore il film girato da Rosi nel '63.

Ma a questo punto, il peggio è già accaduto. Nei dieci anni che vanno dal 1951 al 1961, si concedono 11 500 licenze edilizie per la costruzione di circa 300 000 vani, in buona parte con caratteristiche residenziali e quindi inaccessibili ai ceti meno agiati. Posillipo, il Vomero, i Colli Aminei sono presi d'assalto mentre la costruzione dell'ignobile rione San Giuseppe - Carità estende la metastasi al cuore del centro storico, riducendo ai minimi termini la popolazione dei vecchi quartieri e le sue possibilità di sopravvivenza. Quando la commissione urbanistica insediata da Lauro porta a termine nell'autunno del '58 lo studio del nuovo «disegno regolatore», il commissario del governo Carrera lo approva senza esitazione, sebbene esso metta a disposizione della speculazione edilizia oltre 1 200 ettari nella cerchia urbana e quasi 3000 nel comprensorio provinciale, prevedendo fra l'altro la creazione di una obbrobriosa città-satellite nella zona di Cuma. Prima che il progetto venga ratificato a Roma, il tessuto cittadino subisce altri guasti irreparabili grazie alle «varianti» autorizzate nella zona del Drizzagno (al corso Vittorio Emanuele), al Vomero, all'Arenella, a Fuorigrotta, Capodimonte, Posillipo, dove si edifica anche sui suoli che il piano prebellico destinava a verde pubblico.

Del resto proprio a proposito del Pgr del '39 scoppia uno scandalo inaudito: il tribunale di Napoli è costretto ad aprire un procedimento contro ignoti per la «falsificazione continua di copie ed originali» del documento. Gli speculatori e i loro complici sono intervenuti materialmente sulle tavole del piano giacenti al comune e all'archivio di Stato, facendone sparire tutta la «zona agricola» che diventa edificabile con un semplice cambio di colori, dal verde al giallo. I malfattori ignorano l'esistenza di un terzo originale, depositato a Roma presso il ministero dei lavori pubblici, grazie al quale il falso può essere puntualmente ricostruito, ma in ogni caso corruzione, incuria ed avidità rimangono impunite.

Intanto volge al termine l'era del laurismo. Ancora nel '53, il governo favorisce il successo elettorale del comandante, stanziando i fondi per una ennesima legge speciale e permettendo, senza muovere un dito, che il deficit municipale sia quadruplicato. Dopo la strepitosa conferma ottenuta nelle elezioni del '56, che gli assegnano oltre il 51 per cento dei suffragi cittadini, Lauro riceve attestati di correttezza amministrativa dal presidente

Segni e dal ministro degli interni Tambroni, anche se il nuovo segretario del partito Fanfani comincia a premere sull'autorità tutoria perché porti alla luce le gravi irregolarità della gestione di Palazzo San Giacomo. Il 6 gennaio 1958, il comandante cede il timone all'ex segretario federale fascista Nicola Sansanelli, appena in tempo per evitare la personale umiliazione dello scioglimento del Consiglio comunale, che sarà deciso con decreto del 15 febbraio. In maggio, le elezioni politiche generali falcidiano i voti monarchici mentre la Dc supera a Napoli la soglia del 40 per cento: a difendere l'intesa con Lauro resta ormai soltanto una sparuta pattuglia di clericali, come lo stesso Segni o come l'onorevole Riccio, che partecipa con un alato discorso alla cerimonia ufficiale dell'inaugurazione di un osceno grattacielo di 104 metri innalzato, in spregio a tutte le norme urbanistiche, tra via Medina e il nuovo rione Carità, auspice la giunta monarchica, proprietaria la Società cattolica di assicurazione.

La consultazione amministrativa del novembre 1960 consente al comandante di recuperare qualche posizione e tornare per l'ultima volta in comune, ma si tratta di un fuggevole rilancio: nel paese va maturando una situazione nuova che impone soluzioni diverse da quella centrista, ufficialmente sepolta dal Congresso democristiano tenuto a Firenze nell'ottobre del '59. Se n'è resa conto perfino la componente «dorotea» del partito, che in cambio della sua adesione ha chiesto ed ottenuto la liquidazione della segreteria Fanfani. Per un verso, i margini su cui comincia a contare l'apparato produttivo sembrano consentire un esperimento riformista, mediante l'associazione dei socialisti al governo; per un altro verso, la crisi esplosa nel movimento comunista mondiale, dopo la rivoluzione di Ungheria e le rivelazioni di Chruščёv sui crimini di Stalin, suggerisce il tentativo di isolare il partito italiano. Il centro-sinistra mira all'uno e all'altro obiettivo.

Beninteso, trapiantare meccanicamente la formula non sarebbe possibile neppure a volerlo. Già nei cinque anni che sono seguiti al Congresso del '54, i fanfaniani raccolti intorno a Paolo Barbi hanno dovuto fare i conti con i vecchi notabili, i Leone, gli Jervolino, i Rodinò, i Rubinacci, soprattutto i Gava. In effetti, dopo Firenze, il senatore Silvio Gava si trova ad essere l'interprete piú autorevole delle deliberazioni congressuali, nella interpretazione moderata che la sua collocazione dorotea e la congiuntura locale suggeriscono. Il personaggio ha dimenticato le sue esperienze di tenace antifascista e di pur blando sindacalista, dopo che il successo di Castellammare ha rappresentato la pista di lancio per il gruppo di potere che si viene costituendo intorno a lui, ai figli Roberto ed Antonio, ai loro familiari e clienti. Titolare di importanti dicasteri negli ultimi anni e membro influente del comitato ministeriale per il Mezzogiorno, può mettere il suo prestigio al servizio di una svolta che particolarmente in Campania si tradurrà in una nuova «organizzazione del trasformismo», basata non piú sul vecchio congegno clientelare ma su una spregiudicata utilizzazione degli strumenti che governo, Cassa per il Mezzogiorno, enti di riforma ed aziende a partecipazione statale mettono a disposizione della Democrazia cristiana. È una concezione assai piú moderna di quella laurina, assai piú omogenea agli stessi interessi dei gruppi monopolistici del triangolo padano, una concezione che si dimostrerà a lungo vincente anche in virtú delle risorse di audacia, di risolutezza, di cinismo di Silvio Gava e dei suoi figli, in particolare di Antonio, che alla fine del 1960 entra nel Consiglio provinciale, proprio mentre suo padre assume la presidenza del gruppo democristiano al Senato. Secondo l'analisi di Allum, il clan dei Gava costruisce il suo «impero» politico-economico attraverso una serie di interventi orientati essenzialmente su quattro settori: la manovra dei pubblici investimenti, il controllo dei finanziamenti pubblici, il coordinamento delle banche private della regione, la speculazione edilizia.

Sebbene si realizzi in forme assai diverse da quelle che caratterizzano il malgoverno monarchico, l'influenza del clan si dimostra altrettanto esiziale per le sorti della città. La fine della fase paleocapitalistica si traduce in un ulteriore aggravamento delle condizioni in cui vive la plebe napoletana, che con il tramonto del «comandante» perde anche l'illusione di partecipare attivamente alla lotta politica. Peggiora anche, per quanto inverosimile possa apparire, il clima morale in cui questa lotta si svolge. Nell'ottobre del 1962 la Democrazia cristiana conquista la maggioranza in Consiglio comunale grazie al passaggio non disinteressato nelle sue file di sette consiglieri monarchici che il «Roma» bollerà con grossolana arguzia come i «sette puttani». All'interno dello stesso partito cattolico si accende una girandola di repentine conversioni, di tradimenti, di riconciliazioni, insomma un incessante trapasso dei suoi esponenti piú prestigiosi dall'una all'altra corrente sulla base di considerazioni esclusivamente opportunistiche, con la conseguenza che neppure la formula di centro sinistra garantisce continuità e rispettabilità alla nuova amministrazione.

Il nuovo quadro politico non rallenta lo sfacelo della città, ma rende piú complesso e raffinato l'assalto della speculazione. Non si tratta piú di gruppi avventurosi, di colpi di mano, di brutale saccheggio: entrano in scena, con una piú sofisticata complicità di amministratori e tecnici, le grandi compagnie immobiliari, i possenti istituti di credito, la Sme, l'Isveimer, la stessa Iri. Gli interventi non sono piú suggeriti da smodata sete di potere o da spregevoli interessi, ma da nobili fini sociali: l'esigenza di sviluppare l'edilizia economica e popolare, la necessità di assicurare la «grande viabilità» per risolvere i problemi del traffico, il bisogno di creare un secondo «centro direzionale» alla Stazione dopo quello ignominioso del rione San Giuseppe-Carità, l'opportunità di ampliare e razionalizzare l'area di sviluppo dell'industria napoletana.

Per conseguire siffatti obiettivi, è indispensabile un progetto urbanistico agile, moderno, funzionale, che possa essere accettato dagli alleati socialisti e magari anche dall'opposizione. Non bisogna avere molta fretta: per varare il nuovo piano regolatore infatti passano nove anni, quanti ne corrono dal 1962 al 1971. Bisogna altresí scegliere gli uomini giusti: nel '62 il sindaco democristiano Palmieri insedia la commissione di studio che comprende anche due esperti superiori ad ogni sospetto, l'ingegner Amadeo Bordiga e l'architetto Luigi Cosenza, ed è presieduta dall'architetto socialista Piccinato. Dopo un anno, Piccinato presenta una relazione molto puntuale, che parte da una corretta analisi di errori e delitti finora commessi, per prospettare soluzioni di grande interesse, soprattutto in ordine al decongestionamento della fascia costiera. Nel '65 Piccinato viene opportunamente sostituito con il professor Jossa per modo che nella Giunta può chiedere le due varianti per il centro direzionale e la tangenziale e nel luglio del '68 il Consiglio comunale può approvare il piano, che aspetterà altri tre anni per ottenere la ratifica ministeriale.

La speculazione edilizia fa tesoro della lunga attesa. Piú devastatrice della lava del Vesuvio, la colata di cemento continua ad avanzare in tutte le direzioni, verso Secondigliano e Ponticelli, verso i Camaldoli e la Cappella dei Cangiani, verso Pomigliano e Nola. Tutte le occasioni sono buone per chiedere valanghe di licenze edilizie, tutti i pretesti sono validi per concederle o per apportare varianti al piano del '39. Il trasferimento della facoltà di medicina in un'area dello Scudillo destinata alla città universitaria offre il destro ad appaltatori, pubblici funzionari, docenti e parenti di spartirsi le spoglie di una colossale rapina. L'avvio dell'operazione Alfa Sud mobilita decine di imprese per la costruzione di duecentomila vani. In nome delle sacre esigenze dell'edilizia popolare, un ministro ed un ente pubblico trasformano una vasta zona agricola fra Fuorigrotta e Soccavo in un immondo lager, il rione Traiano, che rappresenta forse l'esempio piú classico di alienazione urbana. È un «informe ammasso» di case privo di verde, carente di strade e di servizi, con un impianto di fogne assolutamente inadeguato, «tagliato al centro da un vallone scosceso e in piú punti franoso» che è anche il solo e pericolosissimo spazio a disposizione per i giochi dei bambini. Ma quando entreranno in scena le grandi immobiliari, le banche e le aziende a partecipazione statale per realizzare nel contesto del Pgr 1968 la tangenziale e il nuovo centro direzionale, le cose non andranno molto meglio, anche se il Consiglio superiore dei lavori pubblici apporterà al progetto notevoli e meritorie modifiche. Il centro direzionale, riadattato a centro di servizi, sarà installato in una «zona priva di efficaci collegamenti con la città e il retroterra». La pur utilissima tangenziale implicherà la devastazione di un'importante area archeologica, distruzioni del verde e del paesaggio, «profonde incisioni» sui fianchi del Monte Barbaro e del cratere degli Astroni, senza contare l'enorme costo finale dell'opera che verrà utilizzata come autostrada a pedaggio, soluzione assurda in una città cosí povera. L'ampliamento dell'area industriale si tradurrà, infine, in un potenziamento degli impianti di raffineria e del centro siderurgico, con letali conseguenze per l'inquinamento del golfo tra Posillipo e Bagnoli, fin quando non entrerà in crisi la stessa Italsider.

Sul territorio saccheggiato con tanta criminosa imprevidenza si moltiplicano di mese in mese le voragini, le frane, i crolli, gli sprofondamenti, i dissesti che provocano vittime a decine ed enormi danni. Nel '66 il sindaco Principe demanda ad una commissione di esperti il compito di analizzare la situazione del sottosuolo cittadino: sono i difetti di progettazione, il mancato rispetto delle norme piú elementari di costruzione, le paurose inadeguatezze del sistema fognario, a provocare tanti disastri. Ma, dal momento che alle diagnosi non seguono adeguate misure e la speculazione edilizia continua ad imperversare, altre sciagure si verificano fino al settembre del '69, quando una paurosa voragine si spalanca in via Aniello Falcone sotto i piedi di uno sventurato farmacista che perisce nel sinistro. Allora il dibattito si trasferisce dal comune al Parlamento e il ministro dei lavori pubblici Natali è costretto a nominare una commissione d'inchiesta le cui risultanze conclusive sono rese note dopo l'approvazione del Pgr '58: è «l'almanacco di Gotha degli assassini della città», una durissima denuncia, un disperato appello per la punizione dei colpevoli almeno sotto la specie di sanzioni finanziarie e per la salvezza delle loro vittime. La commissione Natali centra tuttavia il punto focale del problema quando scrive che occorrono misure «adeguate a riequilibrare la drammatica situazione economica in cui versa la città, senza le quali ogni intervento di carattere strettamente urbanistico non avrebbe possibilità di successo».

Lo squilibrio economico è determinato dall'enorme divario tra lo sviluppo dell'industria a partecipazione statale e la contrazione dell'industria privata, e di conseguenza dalla esiguità dei livelli occupazionali. Non c'è settore in cui non prevalga l'iniziativa dell'Iri. Dalla siderurgica al cemento, dall'industria meccanica a quella elettronica, dai tessili ai trasporti, dai telefoni al settore automobilistico, la mano pubblica supplisce alla carenza di intraprese private accollandosi perdite ingenti ma offrendo altresí il proprio apparato alla manovra politica del partito di maggioranza relativa. Il gigantesco sforzo del gruppo non basta comunque, da solo, a provocare il decollo industriale della città. Il censimento del 1971 accerta che, su una popolazione oscillante intorno ad 1 200 000 abitanti, quella attiva non supera le 362 000 unità e che gli addetti alle industrie manifatturiere sfiorano appena i 73 000, mentre gli addetti alle attività terziarie private superano 130 000. La distruzione del centro storico ha accelerato la fine tendenziale della cosiddetta economia del vicolo, aggravando ulteriormente la situazione delle masse popolari.

Conclusione

Alle soglie del terzo millennio la città appare sull'orlo del collasso. Nei decenni seguiti alla liquidazione del laurismo, Napoli è diventata senza dubbio *italiana* nel senso che ha perduto ogni particolarismo piú o meno folcloristico, passando «da una arretratezza tradizionale e quindi tendenzialmente immobilistica, a un sottosviluppo ma di tipo capitalistico e quindi tendenzialmente dinamico». Ha visto però, al tempo stesso, caratterizzare questo processo di trasformazione da eventi e fenomeni che ne hanno ulteriormente indebolito il tessuto sociale fino a lacerarlo.

Due anni dopo il censimento del 1971 un'epidemia di colera scoppiata in pieno agosto rivela drammaticamente all'opinione pubblica nazionale le condizioni igienico-sanitarie da terzo mondo in cui vivono gli strati piú umili della popolazione, nonché la paralisi che chiusure corporative, clientelismo e corruzione hanno prodotto nelle istituzioni cittadine. L'amministrazione di centro-sinistra che dalla metà degli anni Sessanta in poi ha sostituito quella laurina non è riuscita ad impostare un progetto efficiente di riordinamento del territorio e dell'apparato produttivo, anche se ha segnato un progresso in termini di omologazione al resto del Paese.

Il predominio esercitato nella Democrazia Cristiana dalla componente dorotea che localmente fa capo ad Antonio Gava e controlla la maggior parte dei centri di potere, dagli istituti di credito all'informazione passando attraverso i principali enti di gestione, ha finito per comprimere ogni iniziativa riformatrice degli altri gruppi di maggioranza, non escluso quello socialista. In questo periodo il Psi oscilla tra la spinta a governare il cambiamento nella città e la tentazione di aprire la strada di palazzo S. Giacomo ai comunisti, in omaggio alla strategia degli «equilibri piú avanzati» alla quale si ispira il segretario generale del partito, il napoletano Francesco De Martino, illustre docente universitario di provenienza azionista.

Sebbene i sindaci e gli assessori al Bilancio che nel decennio 1965-75 si sono susseguiti nei punti nevralgici dell'amministrazione siano sempre stati democristiani, una parte non lieve di responsabilità per la mancanza di una linea generale di intervento va addossata ovviamente tanto agli alleati di giunta quanto, e ancor piú, al governo centrale. L'iniziativa pubblica è rimasta in effetti settoriale, approssimativa (come nel caso dell'Alfa Sud di Pomigliano d'Arco) o addirittura deleteria (come nell'ostinata scommessa sull'Italsider di Bagnoli, condivisa dalle sinistre e dal sindacato). D'altro canto il comparto privato, nonostante i duri contraccolpi che la nazionalizzazione dell'industria elettrica ha comportato per la SME, un tempo gruppo-guida dell'economia napoletana, ha lanciato qualche segnale di ripresa specialmente nell'ambito delle piccole e medie imprese, senza sapere esprimere però alcuna capacità egemonica sulla cultura politica della città. Ancora: il Banco di Napoli si è limitato e si limita ad una navigazione di piccolo cabotaggio, permettendo agli istituti di credito del nord di rastrellare quote rilevanti del risparmio meridionale. E la crisi dei noli marittimi complicata dalla rivoluzione tecnologica dei «containers» ha trovato impreparati i dirigenti dell'Ente Porto, che perde quotidianamente terreno rispetto agli altri scali mediterranei anche in conseguenza del crollo del traffico passeggeri. La fatiscenza della locale organizzazione turistica e culturale fa il resto.

Si raccomanderebbe insomma una azione «programmata», al fine di allargare la base produttiva dell'area metropolitana e collegarne lo sviluppo alle esigenze della Regione, magari anche in una proiezione piú ampia, a nord verso Roma, a sud verso il resto del Mezzogiorno e i paesi del Maghreb. Ma azione «programmata» non si ha in campo industriale e tanto meno sul piano urbanistico. Taluni intellettuali laici, come Francesco Compagna, il direttore di «Nord e Sud» che opera anche come dirigente del Partito Repubblicano, si battono invano per la «deportazione» di qualche centinaio di migliaia di abitanti, ossia per la creazione di un'area alternativa, edificabile verso una zona come Villa Literno dotata di efficienti trasporti, in cui allogare fabbriche, uffici, nuove abitazioni e servizi adeguati. Servirebbe a decongestionare un immenso agglomerato, il cui indice di affollamento di natalità sfiora ormai medie asiatiche, ma non si muove nessuno.

Lo spettacolo deprimente che offrono le istituzioni e le pesanti conseguenze che si abbattono sulla forza-lavoro, i cui indici di disoccupazione salgono febbrilmente, propiziano in questi anni una impetuosa avanzata elettorale del Pci, che sta polarizzando consensi sul piano nazionale anche in forza della crescente laicizzazione del Paese, confermata nel 1974 dal fallimento del referendum clericale contro il divorzio. Il fenomeno riguarda l'Italia nel suo complesso ma il fatto che ne sia investita, in dimensione cosí cospicua, la città dimostra che il particolarismo del passato costituisce soltanto uno sbiadito ricordo e che lo stesso sentimento di diversità della gente napoletana rappresenta ormai un semplice motivo di nostalgia. Per dirla con Raffaele La Capria, l'armonia di un tempo è irreparabilmente perduta.

I progressi comunisti seguono un ritmo incalzante. Nel referendum sulla legge Fortuna-Baslini, il 12 maggio 1974, oltre il sessanta per cento degli elettori napoletani respinge la richiesta di abrogazione; nelle consultazioni amministrative del 15 giugno 1975, il trentadue e cinque per cento vota per il Pci, che conquista il primato cittadino distanziando la Dc di quattro punti; nelle elezioni politiche generali del 26 giugno 1976 i suffragi per le liste comuniste si impennano oltre l'inverosimile quota del quaranta per cento, con lo scudo crociato fermo sotto il trenta e il Psi scivolato al minimo storico del quattro e sette.

Le indicazioni delle amministrative sono inequivocabili; sul Pci, divenuto partito di maggioranza relativa, incombe l'onere di designare il sindaco e formare la giunta. È soprattutto la Dc a tenere fermo su questo punto, con il deliberato proposito di mettere in difficoltà l'avversario per capovolgere la sconfitta elettorale in un successo politico. Gli amici di Gava non si lasciano tentare come farà Moro dalla prospettiva di una «terza fase» né tanto meno accetteranno a palazzo S. Giacomo, come farà Andreotti piú tardi a palazzo Chigi, di partecipare ad un esecutivo da compromesso storico. Se ne accorge a sue spese il professor Galasso, un altro docente universitario di obbedienza repubblicana, che fallisce nell'estate del 1975 il tentativo di realizzare un'intesa unitaria tra le forze democratiche.

Perciò il 27 settembre, dopo tre mesi di «defatiganti» trattative, è Maurizio Valenzi, anziano capo-gruppo comunista in consiglio comunale, ad accollarsi l'incarico di costituire con i socialisti una giunta che ottiene l'appoggio di Democrazia Proletaria, sparuta pattuglia di eredi dei gruppuscoli extraparlamentari, ma non del partito cattolico, disposto appena a garantire a determinate condizioni un «sostegno tecnico» revocabile ad ogni occasione. I 37 voti su 80 di cui dispone il primo sindaco comunista della storia di Napoli diventeranno 40 dopo le trionfali elezioni politiche dell'anno successivo, il cui esito induce socialdemocratici e repubblicani ad integrare l'amministrazione Valenzi. Si tratta, comunque, di un margine pur sempre «risicato» che non basterebbe neppure ad assicurare l'approvazione del bilancio senza il consenso «contrattato o imposto» alle condizioni della Democrazia Cristiana. Mutata la congiuntura politica generale, quel consenso sarà ritirato definitivamente il 6 luglio 1983, allorché sul capo degli amministratori municipali calerà la spada di Damocle da cui sono stati costantemente minacciati per sette anni.

La penosa condizione di precarietà nella quale si è trovata ad operare spiega, tuttavia, solo in parte il fatto che la gestione Valenzi si chiude con un passivo contabile per centinaia di miliardi e un bilancio complessivo tutt'altro che entusiasmante. La giunta rossa ha mostrato molta inesperienza e scarsa progettualità, scarsa fantasia. Il Pci, che ne costituiva la forza trainante, si è impegnato con risultati discreti sul terreno della correttezza amministrativa, del riordino della macchina burocratica, dell'assistenza alle categorie disagiate, della lotta all'abusivismo edilizio. Niente di piú. Lo stesso sindaco, forte di una formazione cosmopolita e di un indiscutibile carisma morale, ha proiettato solo all'esterno un'immagine della città positiva e rassicurante. Probabilmente, il freno alla giunta rossa è venuto soprattutto dall'ossessione dei comunisti di realizzare anche nel Mezzogiorno, come sosterrà l'ala piú intransigente del partito, quelle «piú larghe intese» con la Democrazia Cristiana che Berlinguer insegue dal 1973 come un miraggio per la legittimazione a pieno titolo del suo partito, con notevole scetticismo crea l'ipotesi dell'alternativa di sinistra.

Al di fuori di queste considerazioni, la mancata elaborazione di una strategia di vasto respiro per la ripresa della città è stata accentuata indubbiamente da difficoltà obiettive, che si sono presentate agli amministratori social-comunisti in un contesto funestato da mille jatture: dalla fame di case alla pressione di almeno 180 mila disoccupati, dalla situazione igienico-sanitaria dei quartieri popolari all'altissimo tasso di mortalità infantile, dall'inquinamento del golfo al caos del traffico in un tracciato urbano sconvolto dalla speculazione, fino alle infiltrazioni camorristiche negli stessi sindacati comunali e nelle cooperative degli ex detenuti. Con un enorme debito consolidato sulle spalle, Valenzi e i suoi assessori hanno dovuto fare i conti con il «sistema perverso» del finanziamento agli enti locali, praticamente controllato dal governo centrale.

Il colpo di grazia arriva, il 23 novembre 1980, con il «terremoto freddo», che non produce i danni rilevanti di altre zone interne ma colpisce egualmente la città nel senso che provoca il collasso di «un organismo edilizio dalla vitalità già precaria per vetustà, sovraffollamento, insufficiente manutenzione, danni del passato». E purtroppo, insieme con il tessuto urbano, corrode anche quello sociale, «come testimoniano fenomeni delinquenziali diffusi».

L'osservazione è del 1981 ma in effetti è già da qualche anno che la criminalità organizzata sta mutando gradualmente fisionomia, comportamenti, campi di attività. I settori tradizionali, che andavano dal controllo dei mercati all'ingrosso al contrabbando, cominciano a passare in seconda linea, con pesanti conseguenze sui livelli di sopravvivenza dei 60 mila sventurati che gravitano intorno al commercio piú o meno clandestino di sigarette. Dalla metà degli anni Settanta si apre alla camorra un nuovo, florido, devastante mercato che è quello del traffico e dello spaccio di stupefacenti. Si parla di una delega delle centrali internazionali a cui fanno capo la produzione e la distribuzione planetaria dei narcotici: in un primo tempo, si riserverebbe alla malavita napoletana il solo commercio dell'eroina, per aggiungere a partire dal 1985 lo smercio della cocaina, con una concessione in esclusiva valida non solo per il mercato italiano, ma anche per quelli tedesco e scandinavo.

Nei primi anni Novanta un numero imprecisato di cosche, divise da aspre e cruente rivalità intestine, controlla i quartieri cittadini e i sobborghi piú degradati utilizzando in complesso decine di migliaia di gregari, tra cui molti minorenni che, in forza della loro non punibilità, sono impiegati per omicidi, rapine, sequestri, furti e «scippi», oltre che come corrieri per lo spaccio di droga. Le cosche, si moltiplicano grazie ai vertiginosi guadagni tratti anche dal racket delle estorsioni, dal gioco clandestino d'azzardo e dall'industria, tipicamente napoletana, dei «falsi»: videocassette pirate, orologi, pelletterie, abiti «firmati». Una parte degli introiti affluisce dal mondo imprenditoriale dove, gradualmente, al sistema dell'estorsione pura e semplice si viene sostituendo la partecipazione alla gestione di aziende legali, quando non addirittura la brutale espropriazione dei legittimi proprietari.

Il ragguardevole volume di liquidità, calcolato intorno ai 5 mila miliardi annui, finisce per alimentare la proliferazione di piccole e medie «finanziarie», banche d'affari che sono in grado, grazie al riciclaggio di denaro sporco, di offrire prestiti a tassi oltremodo convenienti. Ma il settore al quale la camorra dà la scalata con incalcolabili profitti è quello degli appalti e sub-appalti di lavori pubblici, un tipo di infiltrazione contro il quale non serve neppure il rimedio della sospensione o dell'ineleggibilità degli amministratori sospetti.

In complesso la diffusione tentacolare della criminalità, organizzata con criteri di modernità e di ferocia, rappresenta per Napoli una catastrofe sociale giacché determina una sorta di mutazione genetica negli abitanti di ogni età e di ogni ceto sociale, coinvolgendoli anche soltanto passivamente in un turbine di denaro mal guadagnato, di infami scelleratezze e di triviali consuetudini di vita. Una accumulazione capitalistica di tipo e di proporzioni barbariche si abbatte sulle fragili articolazioni della comunità, sconvolgendo perfino i riti e il codice della vecchia camorra, cosí profondamente radicata nel costume popolare. Sono le caratteristiche stesse della gente napoletana, la sua ironia, la sobrietà, la rassegnazione al dolore, ad essere stravolte dall'irrisoria facilità del guadagno, mentre in parallelo la rivoluzione consumistica cancella anche tra i ceti privilegiati secoli di eleganza e di buone maniere.

Il personale amministrativo e politico non sfugge, naturalmente, ad un rapporto almeno clientelare con i figuri che controllano il mercato del malaffare e con esso quello dei voti. E, quand'anche non si lasci corrompere e si sottragga ad ogni equivoco condizionamento, come pure spesso accade, si trova comunque ad affrontare situazioni ingovernabili, in un ambiente corroso da mille veleni. Si spiega cosí il decennio di crisi endemica che il Comune, cosí come del resto la Regione, vive dopo il siluramento della giunta Valenzi, con una sequenza di sei sindaci scelti nell'ambito di un'alleanza di centro-sinistra che viene rilanciata dai successi elettorali del Psi craxiano e dalla lenta frana dei consensi riservati al Pci. Il socialdemocratico Picardi, i democristiani Scotti e Forte, i socialisti D'Amato, Lezzi e Polese, piú un paio di commissari governativi si alternano a palazzo S. Giacomo: un carosello di uomini e di programmi che, anche nel caso non infrequente di amministratori incontaminati, finiscono per esaurire la loro carica riformatrice di fronte ad ostacoli di ogni tipo, aggravati dalla persistente rinuncia del governo, del Parlamento e dell'industria pubblica a realizzare, magari di concerto con la Comunità europea, un intervento radicale sul territorio.

Evidentemente, una città dalle risorse umane e storiche di Napoli non si arrende alla propria decadenza senza lottare. Segnali di risveglio si colgono in effetti, all'inizio degli anni Novanta, nel settore urbanistico, nella crescita di imprese medie a discreto livello tecnologico, nella fioritura di iniziative culturali e scientifiche. Acquistano prestigio internazionale gli Istituti di studi storici e filosofici, il Suor Orsola Benincasa, la stazione zoologica Antonio Dohrn, l'Osservatorio vulcanologico del Vesuvio, taluni centri di ricerca delle università, il laboratorio di biogenetica del CNR. Operano con respiro europeo la Fondazione Napoli Novantanove e la Fondazione Premio Napoli.

Sul piano artistico è il teatro che tiene tradizionalmente banco, palesando anche dopo la morte di Eduardo riserve inesauribili di energie, di talenti, di attori sapienti e di autentici scrittori come Roberto De Simone, Manlio Santanelli, Enzo Moscato e il povero Annibale Ruccello, un valente commediografo stroncato in giovane età. Piú depressa appare invece la società letteraria, sgomenta e come frastornata di fronte ad una decomposizione dei sentimenti, ad uno stravolgimento della realtà che superano ogni possibilità di rappresentazione.

*Stampato nel giugno 1992 per conto della Casa editrice Einaudi
presso Milanostampa s. p. a., Farigliano (Cuneo)*

C.L. 12974

Einaudi Tascabili

Napoli nel catalogo Einaudi

Letteratura e teatro

Eduardo De Filippo, *I capolavori di Eduardo*
– *Le poesie di Eduardo*
– *'O penziero e altre poesie di Eduardo*
Eduardo Scarpetta, *Miseria e nobiltà*
Ramondino-Müller, *Dadapolis. Caleidoscopio napoletano*
Domenico Rea, *Gesú, fate luce*

Saggistica

Gérard Delille, *Famiglia e proprietà nel regno di Napoli. xv-xix secolo*
Cesare De Seta, *Città, territorio e Mezzogiorno in Italia*
Storia d'Italia. Le regioni
La Campania, a cura di Paolo Macry e Pasquale Villani
Gérard Delille, *L'ordine dei villaggi e l'ordine dei campi* e Anna Giannetti, *La strada dalla città al territorio: la riorganizzazione spaziale del Regno di Napoli nel Cinquecento*, in *Storia d'Italia. Annali 8*
Nicola De Blasi e Alberto Varvaro, *Il regno angioino*, in *Letteratura italiana*, a cura di Alberto Asor Rosa. *Storia e geografia*. i. *L'età medievale*
Salvatore S. Nigro, *Il Regno di Napoli*, in *ibid*. ii**. *L'età moderna*
Nicola De Blasi e Alberto Varvaro, *Napoli e l'Italia meridionale*, in *ibid*. ii*. *L'età moderna*
Rosario Contarino, *Napoli*, in *ibid*. iii. *L'età contemporanea*

Annotazioni

Annotazioni

Annotazioni